Die Enthüllung der inneren Wahrheit

*Die innerste Essenz aller Buddhalehren
sowie ergänzende Erläuterungen der Methoden,
um in den tiefgründigen Pfad der Sechs Vajrayogas einzutreten.*

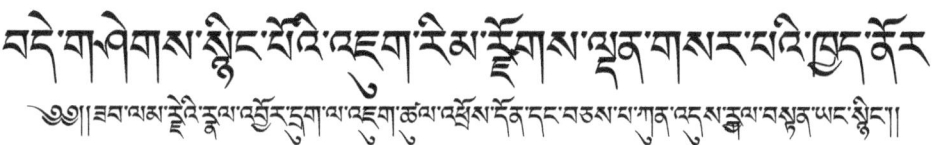

— BAND EINS —
Die äußere Wirklichkeit

von Shar Khentrul Jamphel Lodrö

Dzokden
SAN FRANCISCO, USA

DZOKDEN
3436 Divisadero Street
San Francisco, California
USA 94123

Produzentin dieses Buches ist die gemeinnützige Organisation DZOKDEN, die sich die Manifestation von Frieden und Mitgefühl in dieser Welt zum Ziel gesetzt hat. Dazu fördert sie die Herstellung und Verbreitung von qualitativ hochwertigem Schulungsmaterial auf Basis der tiefgründigen Kalachakra-Lehren.

Weitere Information finden Sie unter
dzokden.org

Copyright © 2022 Dzokden

Autor: Shar Khentrul Jamphel Lodrö
ÜbersetzerInnen: Eliane Maria Degonda, Sabine Fischer, Peter J. Gall, Peter Lukes
Herausgeberin: Ulrike Holzer

Paperback (Deutsch): 978-1-7349115-3-4
E-Book (Deutsch): 978-1-7349115-4-1

Library of Congress Control Number: 2021911486

Danksagung:
Khentrul Rinpoche dankt allen, die dieses Buch in deutscher Sprache ermöglicht haben, insbesondere den Übersetzerinnen und Übersetzern, der Herausgeberin sowie Christian Punzengruber für das Layout und Martin Schaurhofer für die Koordination. Möge ihr Einsatz dazu führen, dass alle fühlenden Wesen in ihrem Leben Friede und Harmonie verwirklichen und so das G oldene Zeitalter von Shambhala erfahren.

Inhalt

Danksagungen	VII
Einführung	IX

TEIL EINS: RAUM FÜR REFLEXION SCHAFFEN

1	Den Geist verstehen	1
2	Mit destruktiven Geisteszuständen arbeiten	27
3	Wie man meditiert	57
4	Stufen der Meditation	89

TEIL ZWEI: ÜBER DIE GEGENWÄRTIGE SITUATION NACHDENKEN

5	Wie man Dharma praktiziert	117
6	Das karmische Gesetz von Ursache und Wirkung	139
7	Die leidhafte Natur der zyklischen Existenz	181
8	Die kostbare Gelegenheit, die ein menschliches Leben bietet	229
9	Über Tod und Vergänglichkeit reflektieren	255

TEIL DREI: VERTRAUEN IN EINEN PFAD ENTWICKELN

10	Einen spirituellen Pfad wählen	283
11	Einführung in den Buddhismus	307
12	Das Grundlagen-Fahrzeug	343
13	Das Große Fahrzeug	373
14	Das Vajra-Fahrzeug	407

ANHÄNGE

1	Die einundfünfzig Geistesfaktoren	447
2	Überblick über Band Eins	459

Glossar	469
Über den Autor	511

Danksagungen

Im Namen des Tibetisch-Buddhistischen Rime-Instituts möchte ich mich bei allen bedanken, die an der Verwirklichung dieses Buches beteiligt waren. Zuallererst natürlich unserem gütigen Lehrer Khentrul Rinpoche, dessen tiefgründige Belehrungen und geduldige Führung das Kalachakra-System uns allen zugänglich gemacht hat. Wir sind ewig dafür dankbar, dass wir die Gelegenheit haben, solch einen unglaublichen Pfad kennenzulernen und an der Vorbereitung dieser Buchreihe teilhaben zu dürfen.

Wir möchten speziell den Mitgliedern des Redaktionsteams danken, die so fleißig während des letzten Jahres diese letzte Ausgabe vorbereitet haben. Wir schätzen die Bemühungen von Vanessa Mason, Holly Reilly und Val Mason aufrichtig. Wir sind sehr dankbar für jegliche Unterstützung und Feedback, die wir von der ganzen TBRI Gemeinschaft bekommen haben, besonders von Julie O'Donnell, deren unermüdliche Bemühungen hinter den Kulissen die Bedingungen für uns geschaffen haben, unsere Arbeit zu machen. Wir möchten auch Edward Henning für seine Großzügigkeit danken, mit der er viele seiner Ressourcen, Kalachakra betreffend, geteilt hat.

Wir haben unser Bestes gegeben, um die Absicht von Rinpoches Lehren so gut wie möglich wiederzugeben. Trotzdem entschuldige ich mich für etwaige Fehler, die wir aufgrund unserer eigenen Einschränkungen versehentlich gemacht haben. Wir würden uns über jegliches Feedback, das Sie uns geben, freuen.

Es ist unser aufrichtiges Bestreben, dass dieses Buch Ihnen einen authentischen Zugang zum Kalachakra-Pfad bietet. Möge es Nutzen in Ihrem Leben bringen und möge es für Sie und alle fühlenden Wesen der Grund sein, um dauerhaftes, echtes Glück und Freiheit von Leid zu erlangen.

Möge dies der Grund sein, dass Rinpoche ein langes und gesundes Leben führt, möge seine große Vision für das Gedeihen des Jonang-Dharma verwirklicht werden und das Goldene Zeitalter von Shambhala sich manifestieren.

Venerable Tenpa'i Gyaltsen (Joe Flumerfeldt)
Belgrave, Australien
Oktober 2015

Buddha Shakyamuni

Einführung

„Enthüllung der inneren Wahrheit" wurde geschrieben, um den spirituellen Pfad darzulegen, wie er von Buddha Shakyamuni gelehrt wurde. Im gesamten Text habe ich versucht, die Kernprinzipien der Lehren des Buddhismus auf ansprechbare Weise darzustellen, ohne dabei die Essenz der alten Weisheit Buddhas zu verlieren. Es ist meine Hoffnung, dass „Enthüllung der inneren Wahrheit" Ihnen ein zielgerichtetes und mitfühlendes Leben ermöglichen wird.

Wenn Sie ein Dharmabuch wie dieses in die Hand nehmen, lesen sie nicht nur einfach die Worte des Autors. Durch „Enthüllung der inneren Wahrheit" verbindet man sich mit der beispiellosen Weisheit des Buddha und man lernt die großen Praktizierenden der Vergangenheit und Gegenwart kennen, die den Buddhadharma verwirklicht haben. Diese buddhistische Ahnenlinie, Übertragungslinie genannt, ist von entscheidender Bedeutung für die spirituelle Entwicklung, da es ihre Geschichten, Kommentare und Erkenntnisse sind, auf die wir uns als Anleitung und Inspiration verlassen.

Die Lehren Buddhas wurden für eine Vielzahl von Menschen gelehrt, von denen jeder Unzufriedenheit und Leiden auf unterschiedliche Weise erlebte. Infolgedessen bietet das Studium dieser Lehren verschiedene Vorteile, nach denen wir alle streben können. Grundsätzlich können wir praktische Hilfsmittel finden, die uns dabei helfen, unseren Alltagsstress abzubauen und ein sinnvolleres Leben zu führen. Auf einer tiefgründigeren Ebene können wir unser unglaubliches Potenzial verwirklichen und die Ursachen für lang anhaltendes, aufrichtiges Glück für uns und andere kultivieren.

Unter allen Lehren Buddhas ist es für mich das System des Kalachakra-Tantra, dem ich mich am meisten verbunden fühle. Meiner Meinung nach ist dies das geschickteste System, um dieses außergewöhnliche Potenzial zu realisieren und die Erleuchtung in einem einzigen Leben zu verwirklichen. Während die meisten Menschen diese Lehren als fortgeschrittene esoterische Praktiken betrachten, ist der Kalachakra-Pfad eigentlich ein vollständiges System, das für Praktizierende auf allen Stufen ihrer spirituellen Entwicklung geeignet ist.

DIE ENTHÜLLUNG DER INNEREN WAHRHEIT

ÜBERSICHT ÜBER DEN KALACHAKRA-PFAD

Kalachakra heißt wörtlich *Rad* (chakra) der *Zeit* (kala). Es ist der Name eines Systems von Praktiken, das mit Buddha Shakyamuni entstand und bis heute in einer ungebrochenen Linie durch die Jahrhunderte weitergegeben wurde. Das Kalachakra-System zielt darauf ab, Menschen dabei zu helfen, ihre Erfahrungen so zu verstehen, dass sie mehr Frieden und Harmonie in ihrem persönlichen Leben und in ihren Beziehungen zu anderen entwickeln können.

Das Kalachakra ist insofern einzigartig, als es Lehren zu einem umfassenden Themenspektrum bietet, das eine Vielzahl von Praktizierenden auf verschiedenen Stufen ihrer spirituellen Entwicklung unterstützt. In einem einheitlichen Rahmen finden wir eine Fülle an tiefster Weisheit, die in ihrem Ansatz sowohl unmittelbar relevant als auch direkt ist.

Das Hauptthema von „Enthüllung der inneren Wahrheit" ist die Vorstellung des vollständigen Kalachakra-Pfades. Der Pfad ist von Natur aus fortschreitend und bietet Schritt-für-Schritt-Anweisungen, um durch die vielen Schichten der gelebten Erfahrung zu führen. Ich habe diesen Pfad in drei Bände aufgeteilt, in denen jeder Band auf eine bestimmte Realitätsebene ausgerichtet ist und sich linear von grob nach subtil bewegt. Daher wird empfohlen, das Material der Reihe nach zu studieren, damit die notwendigen Grundlagen für jede nachfolgende Übung entwickelt werden können.

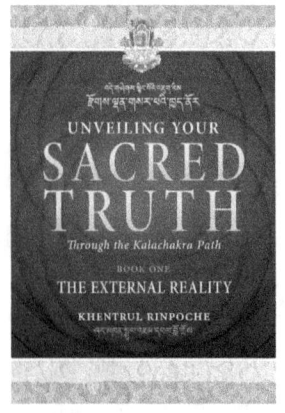

Band Eins:
Die äußere Wirklichkeit

Wir beginnen unsere Reise, indem wir zunächst die Eigenschaften unserer unmittelbaren Erfahrung untersuchen. Insbesondere betrachten wir die gewöhnliche Welt, der wir jeden Tag begegnen, mit dem Ziel, die Weisheit zu entwickeln, die es uns ermöglicht, ein sinnvolleres und ausgeglicheneres Leben zu führen. Zu diesem Zeitpunkt liegt der Fokus auf pragmatischen Strategien, die fest in einem erfahrungsorientierten Ansatz zum Verstehen der Realität verankert sind.

Dieses Buch stellt viele potentiell neue Ideen vor, die dazu herausfordern, über die Natur unseres gemeinsamen Universums in einem weiteren Sinne nachzudenken. Diese Ideen bilden die Grundlage für das Verständnis einer buddhistischen Weltsicht, die wiederum die Grundlage für ein tiefgründiges System kontemplativer Praxis bildet.

Bitte denken Sie daran, dass es in dieser Phase des Studiums nicht notwendig ist, persönlich eine buddhistische Weltanschauung anzunehmen, um aus den Methoden, die davon inspiriert sind, Nutzen zu ziehen. Wenn Sie auf eine Idee stoßen, die Sie gar nicht akzeptieren können, dann ist das in Ordnung. Anstatt eine Idee völlig abzulehnen, lassen Sie es einfach sein und konzentrieren Sie sich darauf, mehr Erfahrung durch die verschiedenen Übungen im Buch zu entwickeln. Mit der Zeit werden Sie wahrscheinlich bemerken, dass sich das eigene Verstehen verändert hat und Sie eine neue Sichtweise auf die Dinge erlangt haben. Auf diese Weise kann sich die persönliche Sichtweise auf natürliche und organische Weise entwickeln.

Dieser Band wurde in drei Teile unterteilt, von denen jeder eine andere Phase der spirituellen Reise darstellt. Es gibt verschiedene Möglichkeiten, dieses Material zu studieren, aber ich würde raten, es in aufeinanderfolgenden Zyklen zu machen. Beginnend mit dem Fokus auf dem ersten Teil liest man ihn vom Anfang bis zum Ende. Dann geht man zurück und liest ihn wieder durch, aber während dieses Durchgangs verbringt man mehr Zeit, sich mit den Übungen vertraut zu machen. Man fährt auf diese Weise fort, bis man merkt, dass man ein relativ stabiles Verständnis des Materials hat und bereit ist, zum nächsten Teil des Buches überzugehen.

Teil Eins – Raum im Leben schaffen

Für den größten Teil der Menschen ist der Hauptgrund, ein Buch wie dieses auszuwählen, das grundlegende Bedürfnis, viele der Probleme und Hindernisse zu meistern, denen wir in unserem täglichen Leben begegnen. Während wir im Westen einen gewissen materiellen Wohlstand entwickelt haben, fehlt uns oft die Fähigkeit, die vielen Herausforderungen zu bewältigen, die dieser Lebensstil mit sich bringt. Manchmal fühlt es sich an, als würden wir in einem Ozean ertrinken, während wir versuchen den Kopf über Wasser zu halten.

Solange wir uns in einer solchen Situation befinden, haben wir nur eine geringe Chance, unsere Erfahrung auf sinnvolle Weise zu verändern. Daher muss der allererste Schritt der sein, eine gewisse Stabilität in unserem Leben zu finden und einen Raum zu schaffen, in dem wir Entscheidungen treffen, die zu mehr Glück, Frieden und Harmonie führen.

Dazu können wir zwei hauptsächliche Methoden anwenden: *Buddhistische Psychologie* und die Praxis der *Meditation*. Zusammen bieten diese Methoden eine Fülle von Werkzeugen, mit denen wir unsere Erfahrungen beobachten, Probleme erkennen und tragfähige Strategien entwickeln können, um auf möglichst konstruktive Weise zu reagieren.

Wenn unser Geist stabiler wird, können wir mit den vielen Höhen und Tiefen des Lebens besser umgehen. Es ist, als hätten wir uns aus dem Wasser auf ein Rettungsfloß gezogen und können uns endlich ausruhen und Atem holen. Da wir weniger damit beschäftigt sind, Wasser zu treten und unseren Kopf über den Wellen zu halten, haben wir mehr Zeit, darüber nachzudenken, was wirklich wesentlich für uns ist.

Teil Zwei – Über unsere gegenwärtige Situation reflektieren

Der nächste Schritt auf unserer Reise besteht darin, unseren neuen Aussichtspunkt zu nutzen, um die Natur der Realität, in der wir leben, eingehend zu untersuchen. Allzu oft vernachlässigen wir es, anzuhalten und zu sehen, was wirklich vor sich geht. Als Folge davon kann unsere Wahrnehmung dessen, was wichtig ist und was nicht, verzerrt werden. Wir werden verwirrt und verbringen all unsere kostbare Zeit damit, uns auf Dinge zu konzentrieren, die letztendlich nicht in der Lage sind, uns dauerhaftes, echtes Glück zu bringen.

Durch die systematische Analyse von vier Themen, die als die *vier Überzeugungen der Entsagung* bekannt sind, erfahren wir, wie unsere individuellen Handlungen eine direkte Rolle bei der Beibehaltung unbefriedigender Situationen spielen. Indem wir unser Verständnis weiter ausbauen, beginnen wir auch zu erkennen, dass die Entscheidungen, die wir in der Gegenwart treffen, ständig unsere Zukunft prägen. Auf der Grundlage dieses Verständnisses entwickeln wir ein Verantwortungsgefühl, wie wir unser Leben nutzen können, und die Entschlossenheit, die uns gegebenen Bedingungen voll zu nutzen.

Aufgrund dieser Überlegungen stellen wir möglicherweise fest, dass sich unsere Prioritäten zu verschieben beginnen. Wir beginnen zu erkennen, dass das, was wir früher als den wahren Ursprung für Glück gehalten haben, in Wirklichkeit der Grund für Leid ist. Indem wir das erkennen, richten wir unsere Aufmerksamkeit auf die Suche nach Methoden, die tatsächlich in der Lage sind, die Ergebnisse zu erzielen, nach denen wir streben. An diesem Punkt können wir den Wunsch entwickeln, uns mehr auf die Ausübung eines spirituellen Pfads zu konzentrieren. Wir können diesen Prozess mit dem Absuchen des Horizonts vergleichen, um in der Ferne eine Insel zu sehen und uns zu entschließen, mit unserem Rettungsfloß in die Sicherheit des trockenen Landes zu paddeln.

Teil Drei – Vertrauen in einen Pfad entwickeln

Mit dem starken Wunsch nach Veränderung besteht die nächste Herausforderung darin, den geschicktesten Weg zu finden, um diese Veränderung herbeizuführen. Wir sind alle einzigartige Individuen mit einzigartigen Bedingungen, mit denen man arbeiten kann. Daher müssen wir eine Reihe von Methoden finden, die für unsere persönlichen Bedürfnisse besonders passen. Wie jemand, der krank ist, müssen wir ein Medikament finden, das geeignet ist, unser spezifisches Leiden zu heilen.

In den vielen tausend Jahren der menschlichen Geschichte sind viele Weisheitstraditionen entstanden, die jeweils eine breite Palette von Lehren und Methoden bieten, die dazu verwendet werden können, dem Leben einen bedeutenderen Sinn und Zweck zu geben. Auf dieser Stufe unserer spirituellen Entwicklung ist es wichtig, ein breites Bewusstsein der verschiedenen Traditionen zu schaffen, damit wir Vertrauen in den Pfad, den wir gewählt haben, entwickeln können.

Der Kalachakra-Pfad, der in diesen Bänden präsentiert wird, leitet sich von der Jonang-Tradition des tibetischen Buddhismus ab. Um zu verstehen, wie diese Tradition mit anderen Formen des Buddhismus zusammenhängt, werden wir uns näher mit den zentralen Lehren des Buddhas und den verschiedenen Interpretationen befassen, die sich aus diesen Lehren ergeben. Dies liefert uns einen allgemeinen theoretischen Kontext zum Verständnis der in den nachfolgenden Büchern beschriebenen Praktiken.

Am Ende dieses Buches sollten Sie alle Informationen haben, die Sie benötigen, um zu wissen, ob Sie diesen Pfad fortsetzen möchten. Wenn wir in die nächste Phase der Entwicklung eintreten, werden sich Herausforderungen ergeben, wenn Sie daran arbeiten, konstruktive Gewohnheiten aufzubauen. Aus diesem Grund brauchen Sie großes Vertrauen in das, was Sie tun. Bei einigen Menschen wird dieses Vertrauen sehr schnell entstehen, während es bei anderen einige Zeit dauern kann, Zweifel auszuräumen. Was auch immer der Fall ist, solange Sie ehrlich zu sich selbst und zu anderen sind, können Sie sicher sein, dass Sie in die richtige Richtung gehen.

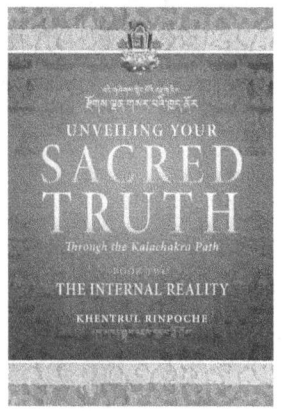

Band Zwei: Die innere Wirklichkeit

Indem wir uns nach außen richten, können wir Strategien entwickeln, das zu bewältigen, was in unserem Leben auftaucht. Wir können Wege finden, unsere Weisheit anzuwenden, um konstruktiv gegen Widrigkeiten vorzugehen. Aber wie effektiv unsere Strategien auch sein mögen, sie können keine langanhaltende Transformation bewirken, die fähig ist den Kreislauf unseres Leidens zu durchbrechen und die Tür für echtes Glück zu öffnen. Dafür müssen wir uns nach innen wenden. Wir müssen direkt auf unseren eigenen Geist schauen und anfangen sein natürliches Potenzial zu erfahren.

Im zweiten Band erforschen wir die phänomenologische Welt der Erscheinungen und wie diese Erscheinungen tatsächlich existieren. Während wir auf theoretischer Ebene weiter mit Konzepten arbeiten, verlagern wir unseren Schwerpunkt zunehmend in Richtung direkter Erfahrung. Es reicht nicht aus einfach zu verstehen, was passiert, wir müssen eine direkte Erfahrung von den beschriebenen Konzepten machen. Indem wir Verständnis in Erfahrung umwandeln, können wir diese Ideen wirklich in unsere Art des Seins integrieren. Dieser Prozess der Umwandlung wird durch verschiedene Übungen ermöglicht, die als *Vorbereitende Übungen zum Kalachakra* (Ngöndro) bekannt sind.

EINFÜHRUNG

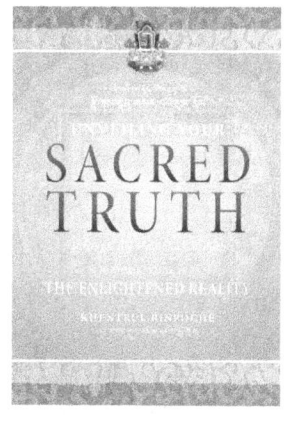

Band Drei:
Die erleuchtete Wirklichkeit

Durch die Arbeit mit unserer inneren Wirklichkeit verfeinern wir nach und nach unsere Fähigkeit, zwischen den unreinen Erscheinungen der äußeren Wirklichkeit und den reinen Erscheinungen der erleuchteten Wirklichkeit zu unterscheiden. Es ist wie das Reinigen der Linse eines Teleskops – wenn wir die groben Verdunkelungen aus unserem Geist beseitigt haben, so sind wir in der Lage, einen Blick auf unsere wahre Natur zu erhaschen. Obwohl diese wahre Natur noch nicht voll offenbart ist, liefert uns dieser erste Blick eine Basis, mit der wir arbeiten können, bzw. eine Grundlage, auf der man sich weiterentwickeln kann.

In den vorigen beiden Büchern arbeiteten wir mit Lehren, die allen tibetisch-buddhistischen Traditionen gemeinsam sind. In diesem abschließenden Buch konzentrieren wir uns auf die einzigartigen Praktiken, die speziell im Kalachakra-Tantra dargelegt werden. Den Praktizierenden, die bereit sind, sich diesem Pfad zu widmen, bieten diese tiefgründigen Methoden alles, was nötig ist, um in einem einzigen Leben die Erleuchtung zu erlangen.

DAS BESTE AUS DIESEM BUCH HERAUSHOLEN

Während Sie den Inhalt durchlesen, kann es hilfreich sein, einige wesentliche Punkte zu beachten. Das Folgende ist ein allgemeiner Ratschlag, der für jede Art von Dharmastudium gilt, unabhängig davon, ob man ein Buch liest oder eine Belehrung hört.

Die richtige Einstellung, um Dharma zu studieren

Wenn wir den buddhistischen Lehren begegnen, ist es wichtig, eine Haltung von großer Begeisterung zu erzeugen. Wenn wir erkennen können, dass wir durch diese Lehren zu Ansichten geführt werden, die uns letztendlich zu großem Frieden und Glück führen können, sollte dies eine relativ leichte Aufgabe sein. Das Kultivieren eines klaren und wachen Geistes ist jedoch eine Fertigkeit, die Zeit braucht, um sich zu entwickeln. Man muss sich lange darum bemühen die verschiedenen Hindernisse zu überwinden, die möglicherweise auftreten. Eine Lehre, die diese Schwierigkeiten hervorhebt, ist bekannt als die *Drei Fehler des Gefäßes*:

1. Wir sollten nicht wie ein **umgekehrtes Gefäß** sein, auf das Flüssigkeit geschüttet wird; wir sollen also nicht abgelenkt oder so engstirnig sein, dass die Lehren nicht durchdringen können. Hören Sie mit einem offenen, bereiten Geist zu.

2. Noch sollten wir wie ein **Gefäß mit einem Loch** sein. Gleichgültig wie viel Flüssigkeit hineingegossen wird, sie tropft ab und wir behalten nichts von dem, was gelernt wird.

3. Schließlich seien Sie kein **Gefäß mit Gift**. Vermeiden Sie, Vorurteilen und fixen Ideen zum Opfer zu fallen. Dies wird dazu führen, dass Sie missverstehen, was Sie hören, und den Dharma in etwas manipulieren, das er nicht ist – wie Nektar, der in Gift gegossen wird.

Versuchen Sie bei jedem Kapitel eine offene und aufgeschlossene Haltung zu bewahren, die sich voll und ganz mit dem Material beschäftigt, frei von Vorurteilen und wertenden Einstellungen. Überprüfen Sie ab und zu, welche Qualität der Aufmerksamkeit Sie beim Lesen einnehmen. Erinnern Sie sich an diese einfache Lehre, wann immer Sie Inspiration brauchen, um die eigene Studienmethode zu verbessern.

Eine Pause machen, um nachzudenken

Im ganzen Buch habe ich verschiedene Übungen eingefügt, die Sie als Gelegenheit nutzen können, über das Material nachzudenken, das Sie gerade lernen. Es ist wichtig, dass wir uns nicht von der Theorie überwältigen lassen. Wenn Sie die Lektüre durch kurze persönliche Nachdenkphasen unterbrechen, können Sie wertvolle Einblicke gewinnen, wie sich das Material auf die persönliche Erfahrung bezieht.

Selbst wenn ein Abschnitt nicht mit einer bestimmten Übung abschließt, ist es trotzdem eine gute Angewohnheit, Textpassagen auszuwählen, sie ein paar Mal durchzulesen und sicherzustellen, dass Sie wirklich verstehen, was gesagt wird. Dann legen Sie das Buch weg und überlegen, wie sich diese Lehren auf das Leben beziehen. Denken Sie an Beispiele aus der eigenen Erfahrung, die die verschiedenen Grundsätze veranschaulichen.

Eine weitere gute Angewohnheit ist es, Fragen zu formulieren, die beim Lesen auftauchen. Halten Sie einen Notizblock bereit und, wenn eine Frage aufkommt, notieren Sie diese einfach. Wenn Sie mit dem Lesen eines Abschnitts fertig sind, schauen Sie die Fragen an und prüfen Sie, ob sie beantwortet wurden. Wenn die Frage weiter besteht, dann erwägen Sie, das Thema mit einer Lehrerin bzw. mit einem Lehrer oder mit anderen spirituellen FreundInnen zu besprechen, wenn sich die Gelegenheit ergibt.

Freude an der Reise entwickeln

Letzten Endes bin ich zuversichtlich, dass die zeitlose Weisheit des Buddha-Dharma die Fähigkeit hat, Ihnen ein gewisses Maß an Nutzen zu bringen, wenn Sie ein offenes Herz und einen offenen Geist bewahren, wie intensiv auch immer ihre Motivation ist.

Erinnern Sie sich, dass es eine Entdeckungsreise ist, ein Prozess der Transformation. Es wird Zeit brauchen, bis sich die Konzepte und Übungen im Geist entwickeln. Deshalb ist es wichtig, mit sich selbst geduldig zu sein. Arbeiten Sie die Ideen in Ihrem eigenen Tempo durch und nehmen Sie sich so viel Zeit, wie Sie brauchen. Nachdem Sie ein paar Kapitel durchgelesen haben, gehen Sie diese noch einmal durch, um herauszufinden, ob sich Ihr Verständnis verändert hat. Oft kann man feststellen, dass spätere Lehren neues Licht auf frühere werfen, Schichten ablösen und eine tiefere Bedeutung aufdecken.

Entwickeln Sie vor allem ein Gefühl der Freude über diese wertvolle Gelegenheit. Sie sollte weder trocken noch ermüdend sein. Betrachten Sie sie stattdessen als ein Abenteuer und genießen Sie die Herausforderungen, die sie bietet. Im Buddhismus sprechen wir davon, die Samen für zukünftige Verwirklichung zu legen; dies bedeutet einfach, dass jede Verwirrung, der wir hier und jetzt gegenüberstehen, die Grundlage für zukünftiges Verständnis ist.

"Im Geist der AnfängerInnen gibt es viele Möglichkeiten,
aber im Geist der ExpertInnen gibt es wenige"
– *Shunryu Suzuki* –

TEIL EINS

Raum für Reflexion schaffen

KAPITEL EINS

Den Geist verstehen

Denken Sie an den Beginn Ihres Tages zurück, an den allerersten Moment, an den Sie sich erinnern können. Da schlafen Sie, vielleicht mitten in einem Traum, und dann erwachen Sie plötzlich. Manchmal ist es völlig klar, es gibt keinen Zweifel, man weiß definitiv, dass man wach ist. Die Sonne scheint durch das Fenster und die Traumwelt, in der Sie vor einigen Momenten waren, gibt es nicht mehr. Zu anderen Zeiten jedoch kann es ein bisschen verwirrend sein und mitunter ist man sich der Dinge nicht sicher, vielleicht träumt man noch immer, vielleicht ist man schon wach; vollständig klar ist es nicht.

Jedenfalls, letztendlich gewinnt die wache Welt und Sie steigen aus dem Bett und der Tag beginnt. Viele von uns haben eine Art Morgenroutine, eine Reihe von Handlungen, die wir tagein, tagaus unternehmen. Eine Angewohnheit, die sich über Jahre entwickelt hat, die uns manchmal vorkommen lässt, als wären wir auf Autopilot geschaltet, und vielfach sind wir uns dessen nicht einmal bewusst, was wir tun. Da gibt es das Erlebnis des Duschens, das Geräusch des Wasserhahns beim Aufdrehen, das Plitsch und Platsch der Wassertropfen, die man auf der Haut fühlt, und der Anblick von Dampf, der die Glasscheiben beschlägt. Jeden Moment erfahren wir einen beständigen Strom von Information: Bilder, Geräusche, Geschmäcker, Gerüche und Empfindungen, die sich alle zu einer reichen sinnlichen Erfahrung zusammenfinden.

Aber es sind nicht nur die Sinne, nicht wahr? Während Sie sich mit Shampoo das Haar einschäumen, beginnen Gedanken des Tages aufzutauchen. Vielleicht ist heute ein besonders wichtiger Tag, wie etwa der Beginn eines neuen Jobs. Vielleicht ist man ein bisschen besorgt oder unsicher, wie die neuen Kollegen oder der neue Chef sein werden. Vielleicht ist es Aufregung. Sie erinnern sich vielleicht an all die harte Arbeit, die Sie bis zu diesem Punkt gebracht hat.

Alle diese Gedanken, Gefühle und Erinnerungen formen verschiedene Ebenen unserer Erfahrung der Welt.

Im Buddhismus nennt man diesen konstanten Fluss der Erfahrung „Geist". Wie ein Spiegel reflektiert der Geist das, was ihm vorgesetzt wird. Der Geist ist nicht die H_2O-Moleküle der Wassertropfen, er ist unsere subjektive Erfahrung dieser Wassertropfen, die auf die Haut treffen. Ebenso ist er nicht die Lichtwellen, die in die Augen fallen, auch nicht die Energieimpulse, die den Sehnerv entlangfahren. Er ist nicht einmal das Netzwerk von Nervenzellen, das die Sehrinde im Gehirn aktiviert. Was er wirklich ist, ist das Erlebnis einer heißen, seifigen Dusche, während die Sonne durch das Fenster scheint.

Wenn es um Körper oder Geist geht, wen pflegen wir in unserem Leben mehr zu betonen? Was ist wichtiger: die objektive physische Welt der Dinge „da draußen" oder die subjektive Erfahrungswelt der Dinge „hier herinnen"? Drehen Sie den Fernseher auf und schauen Sie, worauf sich die Werbung konzentriert. Zum größten Teil scheint es in der westlichen Gesellschaft einen überwältigenden Glauben zu geben, dass die physische Welt die wichtigste ist. Da gibt es die Auffassung, dass all unsere Probleme gelöst werden können, wenn wir nur gelernt haben, unsere physische Welt in der richtigen Weise zu manipulieren.

Wenn wir innehalten und ernsthaft diese Idee analysieren, werden wir viele Widersprüche entdecken. Es gibt viele schöne Menschen da draußen, die alles besitzen, was sie schon immer haben wollten, und die dennoch total unglücklich sind. Sie könnten in den extravagantesten Häusern wohnen und dennoch ist ihr Erleben von Langeweile und Unzufriedenheit geprägt. Andererseits könnte jemand unter den ärmsten Bedingungen leben und trotzdem zufrieden und glücklich sein. Sie mögen keinen anderen Besitz haben als die Kleider auf dem Leibe, sind aber dennoch zufrieden und voller Freude.

Vor die Wahl gestellt, was würden Sie bevorzugen: ein Leben voller Freude oder eines voller Trauer? Ich denke wir sind uns einig, dass wir klarerweise das erstere bevorzugen. Gleichgültig wie die äußeren Bedingungen sein mögen, wenn wir Glück erfahren können, dann wird dieses immer gewinnen. Wenn man erkennt, dass Glück im Geist stattfindet, dann sollte es klar sein, dass der Geist das wichtigste Phänomen ist, das es zu verstehen gilt.

Daher ist es eher überraschend, wie wenig unsere westliche Kultur von ihm weiß. Glücklicherweise haben alte Weisheitstraditionen, wie etwa der Buddhismus, eine Menge Zeit investiert, eine solide *Wissenschaft des Geistes* zu entwickeln. Im ersten Kapitel untersuchen wir die verschiedenen Merkmale des Geistes, wie sie in der *Buddhistischen Psychologie* verstanden werden und wie wir damit arbeiten können, um die vielen Probleme zu überwinden, denen wir in unseren Leben begegnen.

DER GEIST – WAS IST DAS?

Wir werden damit beginnen, zuerst ein Gefühl dafür zu entwickeln, was der Geist ist. Dafür müssen wir einige häufige Missverständnisse beseitigen, die in unserer Gesellschaft weit verbreitet sind. Das größte Missverständnis ist, dass der Geist das Gehirn *ist*. Es gibt diesen Glauben, dass der Geist im Grunde eine physische Entität ist und unsere Erfahrungen aus dieser Entität entspringende Eigenschaften sind. Auf Grund dieser Annahme durchforsten Wissenschaftler die verschiedenen Nervenzellen und Synapsen des Gehirns, um zu verstehen, wie unsere Erfahrungen daraus entstehen. Bisher waren sie erfolglos.

Was sie herausgefunden haben ist, dass es eine sehr enge *Korrelation* zwischen der elektrischen Aktivität im Gehirn und den entsprechenden Erfahrungen im Geist gibt. Das würde andeuten, dass es zwei getrennte Arten von Phänomenen gibt, die in der Lage sind, sich gegenseitig zu beeinflussen. Verschieden und dennoch verbunden.

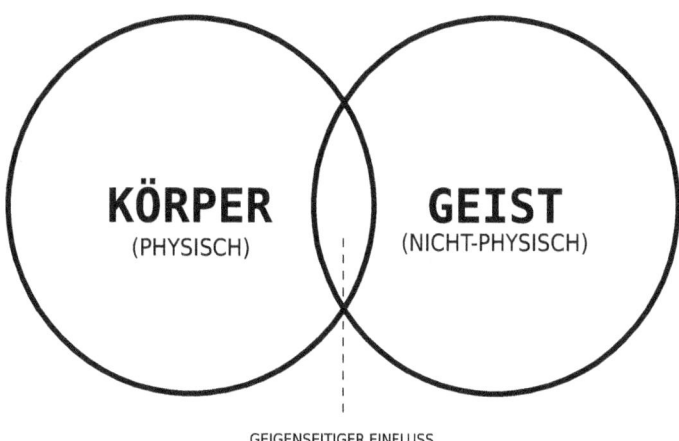

Abbildung 1-1: Die Beziehung zwischen Körper und Geist.

Nach der buddhistischen Psychologie ist der Geist nicht-physischer Natur. Das heißt, er besteht weder aus Teilchen, noch existiert er an einem bestimmten Ort innerhalb von Raum und Zeit. Stattdessen wird er als klar und wissend beschrieben. Die Klarheit bezieht sich hier auf die grundlegende Fähigkeit des Geistes, Erscheinungen hervorzurufen, während das Wissen die Fähigkeit des Geistes ist, sich dieser Erscheinungen bewusst zu sein.

Während die Aktivität im Gehirn die Erscheinungen beeinflusst, die im Geist entstehen, kann nicht gesagt werden, dass das Gehirn das Gleiche ist wie der Geist. Ebenso sind die Gedanken und Ideen, die im Geist entstehen, in der Lage, die elektrische Aktivität im Gehirn zu beeinflussen, was zur Bildung neuer Nervenbahnen führen oder bestimmte körperliche Verhaltensweisen auslösen kann. Es ist eine zweispurige Straße, deren Richtungen sich gegenseitig beeinflussen. Um dies in Aktion zu sehen, lassen Sie uns ein sehr einfaches Experiment durchführen: Hören Sie für eine Sekunde auf, dieses Buch zu lesen, heben Sie ihren rechten Arm und senken sie ihn wieder.

Sehen wir uns an, was bei dieser scheinbar einfachen Aktivität vor sich ging. Verschiedene Wellenlängen von Licht, die von der Seite dieses Buches zurückprallen, treten in Ihre Augen ein und werden in elektrische Impulse umgewandelt. Diese Impulse wandern in das Gehirn, wobei sie verschiedene Nervenzellen aktivieren, und diese Gehirnaktivität bewirkt, dass die Erscheinung von Buchstaben im Geist entsteht. Das Bewusstwerden dieser Buchstaben bewirkt dann, dass ihre Bedeutung erscheint. Dieses Bewusstsein der Bedeutung veranlasst wiederum ein Muster von Nervenzellen zu feuern und der elektrische Impuls reist durch das Nervensystem in den Arm, wodurch sich die Muskeln zusammenziehen. Der Arm hebt sich. Nach einer gewissen Zeit löst die Erinnerung an die Bedeutung des Gelesenen eine weitere Kettenreaktion aus, die zum Absenken des Arms führt. All diese kleinen Interaktionen zwischen Körper und Geist geschehen in einer unglaublich kurzen Zeitspanne, so schnell, dass wir sie als fast augenblicklich wahrnehmen.

Obwohl es zweifellos eine starke Beziehung zwischen dem Gehirn und dem Geist gibt, argumentieren Buddhisten, dass diese Beziehung nur einen kleinen Teil der Gesamtkapazität des Geistes darstellt. Wir können den Geist als den gesamten Raum und das Gehirn als ein einzelnes Sonnensystem innerhalb dieses Raumes betrachten. Allein durch Kontemplation über das Sonnensys-

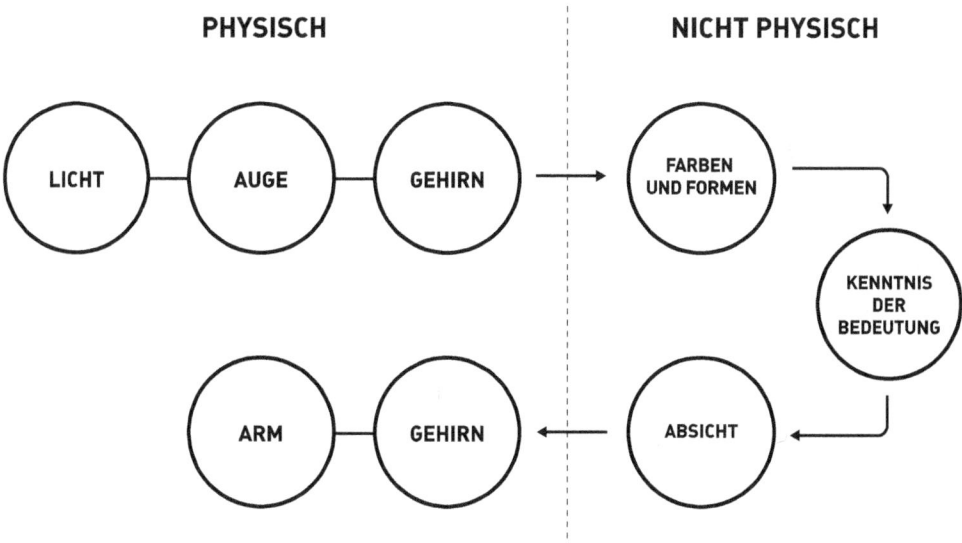

Abbildung 1-2: Eine einfache Darstellung, wie sich Körper und Geist gegenseitig beeinflussen.

tem staunen wir über seine Größe und Form, vielleicht werden wir sogar neugierig auf seine Herkunft. Aber in dem größeren Plan der Dinge ist es doch nur ein System innerhalb einer Galaxie innerhalb eines Universums. Während andererseits der Raum allgegenwärtig ist, widersetzt er sich jedem Versuch, sein schieres Ausmaß zu begreifen. Was auch immer in diesem Raum entsteht, der Raum wird niemals verändert und doch könnte ohne den Raum nie etwas entstehen.

Wenn wir akzeptieren, dass der Geist nicht-physisch ist, müssen wir akzeptieren, dass physische Phänomene den Geist nicht erkennen können. Es besteht die allgemeine Überzeugung, dass alles, was existiert, durch physikalische Messungen nachweisbar sein muss. Bevor es nicht gemessen wird, wird angenommen, dass es nicht existiert. Das ist jedoch ein Irrglaube. Während unsere Maschinen Fluktuationen subtiler Energie oder Verschiebungen in Quantenfeldern nachweisen können, werden sie niemals in der Lage sein, die entsprechenden Erscheinungen nachzuweisen, die im Geist entstehen. Was sie feststellen können, sind die entsprechenden Einflüsse, die diese nicht-physischen Phänomene auf die physische Welt haben. Letztlich führt dies zu der Schlussfolgerung, dass das einzige, was in der Lage ist ein nicht-physisches Phänomen zu erkennen, ein anderes nicht-physisches Phänomen ist – in diesem Fall der Geist selbst.

Indem sie das erkannten, unternahmen die großen yogischen Meditierenden und Philosophen wie Siddhartha Gautama (Buddha Shakyamuni) große Anstrengungen, um eine Reihe mentaler Techniken zu entwickeln, den Geist direkt mit dem Geist zu beobachten. Durch die anhaltende Beschäftigung mit diesen Techniken lernten sie, dass der Geist trainiert und konditioniert werden kann, um bestimmte wünschenswerte Qualitäten zu manifestieren. Tatsächlich konnten sie durch die Arbeit mit dem Geist die Art und Weise, wie sie mit ihrer Welt in Verbindung traten, vollständig verändern.

Wenn wir den wissenschaftlichen und technologischen Fortschritt im letzten Jahrhundert betrachten, kann man leicht sehen, dass unser Wissen über die Welt ein bedeutendes Wachstum erfahren hat. Das geschah nicht über Nacht. Es bedurfte zahlloser Menschen, die ihre Zeit und Mühe darauf verwendeten, die Geheimnisse des physikalischen Universums aufzudecken. Ebenso widmeten die großen Meditierenden der Vergangenheit ihre Leben der Entdeckung der wahren Natur des Geistes. Sie gaben alle weltlichen Bequemlichkeiten und Vergnügungen sowie die Sorge um Namen und Ruhm auf, um diese verborgene Natur zu entdecken und alle mit dem Geist verbundenen Phänomene zu verstehen. Die folgenden Abschnitte untersuchen nun einige der Entdeckungen, die diese Meister gemacht haben.

DIE KONTINUITÄT DES GEISTES

Eine der ersten Beobachtungen dieser Meister ist, dass Etwas nicht aus Nichts entsteht. Auch kann sich nicht Etwas plötzlich in Nichts verwandeln. Genau wie bei der physikalischen Energie gilt hier das Prinzip der Erhaltung. Energie wird niemals erschaffen und wird auch nicht zerstört, sie wird lediglich transformiert und rekonfiguriert. Ebenso ist der Geist eine Kontinuität, in der jeder Moment den nächsten hervorbringt, der wiederum den nächsten hervorbringt und so weiter und so fort.

In jedem gegebenen Moment muss ein Moment unmittelbar vorhergegangen sein, der als Grundlage für den nächsten Moment diente. Das bedeutet, dass wir keinen Anfang des Geistes finden können. Es gab nie einen Moment, in dem Nichts zu Etwas wurde.

Die Tatsache, dass ein Moment entsteht, ist auch die Grundlage für den nächsten Moment. Welche Erfahrung entsteht, wird von den gegenwärtigen Bedingungen abhängen. Während der nächste Moment nicht genau der gleiche wie der vorherige sein wird, wird er immer noch Geist sein und daher können wir auch dem Geist niemals ein Ende setzen. Es wird niemals einen Moment geben, in dem Etwas zu Nichts wird. Auf diese Weise können wir sagen, dass der Geist ein Prozess der Transformation ohne Anfang und Ende ist.

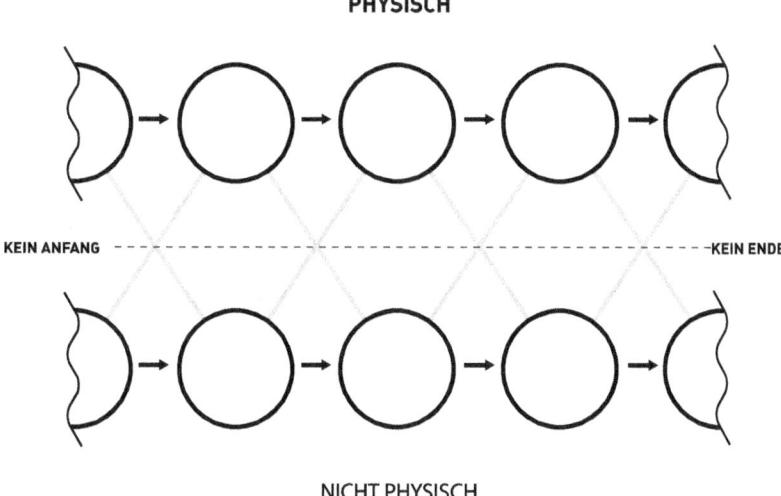

Abbildung 1-3: Das endlose Kontinuum der Veränderungen von Moment zu Moment.

Dieser Prozess kann als das *Äußere Rad der Zeit* (Kalachakra) bezeichnet werden. In diesem Zusammenhang bezieht sich „Rad" auf den endlosen Prozess der Bewusstheit von Moment zu Moment; ein Zyklus ohne Anfang, ohne Mitte und ohne Ende. Während „Zeit" sich auf kontinuierliche Bewegung und Veränderung bezieht; die ständig wechselnden Erscheinungen im Geist, die sich aus der gegenseitigen Beeinflussung zwischen physischen und nicht-physischen Phänomenen ergeben.

Warum ist all das für uns wichtig? Es ist wichtig, weil dieses Verständnis uns helfen kann, die kausale Verbindung zwischen unseren vergangenen, gegenwärtigen und zukünftigen Erfahrungen zu erkennen. Wir können leicht erkennen, dass wir einige Erfahrungen lieber mögen als andere. Diejenigen, die wir mögen, nennen wir Glück, während diejenigen, die wir nicht mögen, Leiden genannt werden können. Indem wir analysieren, welche Bedingungen Glück hervorrufen und welche Leiden verursachen, können wir unser Verhalten entsprechend verändern. Was wir Training des Geistes nennen, ist einfach der Prozess, bewusst zu gestalten, wie sich unser geistiges Kontinuum entwickelt.

DIE ENTHÜLLUNG DER INNEREN WAHRHEIT

Übung 1.1 – Sich zurück durch die Zeit bewegen

- *Sitzen Sie ruhig mit geradem Rücken und entspannen Sie Ihren Geist.*

- *Überlegen Sie, wo Sie gerade sind. Wie sind Sie hierhergekommen? Welche Ereignisse führten zu diesem Moment? Wenn Sie verschiedene Handlungen erkennen, überlegen Sie, welche Gedanken zu diesen Aktionen geführt haben. Gehen Sie langsam zurück und rekonstruieren Sie die kausale Kette der Ereignisse vom jetzigen Moment bis zu dem Moment, als Sie am Morgen aufgewacht sind.*

- *Betrachten Sie nun die letzte Woche. Wählen Sie einige Momente aus, die Sie besonders beeindruckt haben. Denken Sie sowohl an die geistigen Erfahrungen als auch an die körperlichen Handlungen, an denen Sie beteiligt waren. Gehen Sie weiter zurück, als würden Sie einer Spur von Brotkrumen folgen.*

- *Schauen Sie noch weiter zurück, betrachten Sie die wichtigsten Ereignisse, die während des letzten Jahres passiert sind. Überlegen Sie, wie jedes dieser Ereignisse zu diesem gegenwärtigen Moment beigetragen hat, den Sie gerade erleben.*

- *Nun schauen Sie zurück in ihrem Leben und identifizieren Sie verschiedene Momente, von denen Sie denken, dass sie für Sie als Person von Bedeutung waren. Überlegen Sie, wie diese Wendepunkte Ihre nachfolgenden Entscheidungen beeinflusst haben.*

- *Gehen Sie innerhalb der Zeit, die Sie betrachten möchten, in so viele Details wie möglich. Wenn Sie vom Denken müde sind, ruhen Sie sich kurz aus.*

DIE SUBTILITÄT DES GEISTES

Eine andere bedeutende Entdeckung der großen Kontemplativen der Vergangenheit war, dass der Geist viele Schichten der Subtilität hat. Jede Schicht baut auf den darunter liegenden Schichten auf und bildet so eine aufwendigere und spezifischere Konfiguration. Wenn der Geist ausreichend trainiert ist, kann er diese verschiedenen Ebenen unterscheiden.

Diese Idee ist der Vorstellung von Subtilität in der physischen Welt sehr ähnlich. Auf sehr grobem Niveau können wir uns Feststoffe, Flüssigkeiten und Gase vorstellen. Das sind Dinge, die jeder erfahren kann. Durch unser Verständnis der Grundgesetze der Physik können wir lernen, wie diese verschiedenen Arten von Materie interagieren.

Auf einer subtileren Ebene können wir uns Atome mit ihren verschiedenen atomaren Komponenten vorstellen (Elektronen, Neutronen, Protonen usw.). Auch hier gilt: Wenn wir die verschiedenen Gesetze verstehen, die hier zum Tragen kommen, können wir noch größere Veränderungen auf der gröberen Ebene bewirken. Denken Sie nur daran, wie wir Elektrizität manipulieren, damit wir so viel Technologie betreiben können.

Noch subtiler ist das Niveau der Quantenteilchen. Auf dieser Ebene brechen die Gesetze der klassischen Physik zusammen und alles funktioniert auf eine ganz andere Weise. Die Unterschiede sind so groß, dass die wissenschaftliche Gemeinschaft immer noch untersucht, wie diese Ebene die anderen beeinflusst. Mit der Zeit, da bin ich mir sicher, werden wir einige wirklich außergewöhnliche Entdeckungen aus dieser Forschung erleben.

Genau wie bei der physischen Welt können wir innerhalb des Geistes drei Hauptebenen der Subtilität identifizieren:

1. **Grober Geist:** Auf einer groben Ebene sind alle physischen und mentalen Aspekte unserer Erfahrung eng mit dem Gehirn verbunden. Es ist die sehr offensichtliche Ebene der Erfahrung, die uns sofort durch unsere verschiedenen Sinne präsentiert wird. Auf dieser Ebene identifizieren wir uns auch mit einem „Ich", das spezifisch für eine einzelne Person ist und nur ein einziges Leben andauert. Rationales Denken und Intuition sind zunehmend feinere Grade des groben Geistes.

2. **Subtiler Geist:** Dann gibt es die subtile Ebene des Geistes, die mit einer Art mentaler Stammzelle verglichen werden kann. Der Geist ist dort völlig unkonfiguriert, sodass er in beliebig vielen verschiedenen Kon-

figurationen auftreten kann. Obwohl wir ihn in diesem Stadium nicht unbedingt als menschlichen Verstand bezeichnen können, kann er als individueller Geistesstrom identifiziert werden. Es ist dieser subtile Geist, der in der Lage ist, eine endlose Sequenz von Leben hervorzurufen, in der jedes Leben eine Konfiguration des Geistes ist, wie etwa ein Mensch oder ein Tier. Wir können ihn uns wie Wasser vorstellen, das abwechselnd flüssig und fest gefroren ist. Die Art von Geist, die durch meditatives Training entwickelt wird, konzentriert sich im Allgemeinen auf den unkonfigurierten Zustand dieser subtilen Ebene des Geistes.

3. **Sehr subtiler Geist:** Der sehr subtile Geist ist der Geist des Klaren Lichts, auch bekannt als unsere Buddhanatur oder Grundleuchtkraft. Er hat überhaupt keine physische Basis und ist weder menschlich noch ein individuelles Kontinuum, da er über alle diese Kategorien hinausgeht. Der sehr subtile Geist kann nur vollständig durch den Geist selbst entdeckt werden, mittels höchster Konzentration und Meditationspraxis. Die fortgeschrittenen Praktiken, die im buddhistischen Tantra vorgestellt werden, sind speziell dazu gedacht, einem Kontemplierenden diese Ebene des Geistes zu eröffnen.

Grad	Physisch	Nicht-Physisch
Grob	Atome und Moleküle: feste Stoffe, Flüssigkeiten und Gase	Sechs Sinne: Bilder, Geräusche, Gerüche, Geschmäcker, taktile Empfindungen und mentale Ereignisse
Subtil	Sub-atomare Partikel: Protonen, Neutronen, Elektronen	Unkonfigurierter Geistesstrom
Sehr Subtil	Quantenteilchen: Leptonen, Quarks, Bosonen	Geist des Klaren Lichts (ursprüngliche Weisheit oder Buddhanatur)

Tabelle 1-1: Ebenen der Subtilität in Körper und Geist.

Wenn wir dieses Verständnis der verschiedenen Ebenen des Geistes mit der Tatsache verbinden, dass der Geist eine endlose Kontinuität ist, gelangen wir zu der Erkenntnis, dass der Geist vor diesem Leben existiert hat und nach diesem Leben weiter bestehen wird. Von dem Moment an, in dem wir geboren werden, bis zu dem Moment, in dem wir sterben, erleben wir im Allgemeinen eine bestimmte Konfiguration eines groben Geistes. Nachdem wir gestorben sind, löst sich dieser grobe Geist auf und alles, was übrig bleibt, ist der subtile Geist. Aus diesem subtilen Geist entsteht ein neuer grober Geist. Wir nennen diesen Prozess *Reinkarnation*.

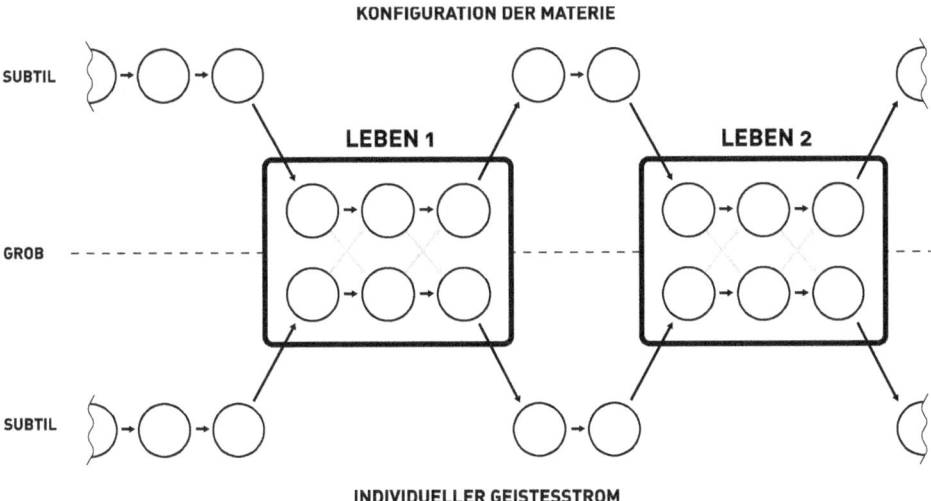

Abbildung 1-4: Die Bildung und Auflösung von Leben im Lauf der Zeit.

Hochverwirklichte Meditierende sind in der Lage, ihren subtilen Geist so zu kontrollieren, dass sie effektiv die Form, die ihr nächster grober Geist annehmen wird, auswählen können. Dieser Grad an Kontrolle ermöglicht es ihnen, eine Kontinuität der Praxis über Leben hinweg aufrechtzuerhalten und dadurch einen fortlaufenden Prozess der Beherrschung ihres Geistes zu ermöglichen. Weil sie nicht all ihre „Forschungen" vergessen, können sie auf immer subtilere Ebenen der mentalen Erfahrung zugreifen.

Eine genauere Untersuchung durch Wissenschaftler und Gelehrte hinsichtlich der Vorstellung, dass Geist getrennt von der physischen Existenz besteht, könnte die Anwendung kontemplativer Forschung in anderen wissenschaftlichen Disziplinen fördern. Es ist interessant darüber nachzudenken, welche Entdeckungen die Wissenschaft machen könnte, wenn die Vorstellung angenommen würde, dass Geist nur durch den Geist selbst untersucht werden kann.

EIN MODELL DES GEISTES

Langsam, langsam bauen wir ein Modell auf, wie der Geist funktioniert. Je mehr Details wir diesem Modell hinzufügen, desto mehr Informationen stehen uns zur Verfügung, um Entscheidungen zu treffen. Denken Sie daran, dass wir nicht das Subjekt des Geistes studieren, damit wir einfach ein nettes Modell einer nicht greifbaren Sache haben. Stattdessen ist es unser Ziel, dieses Modell zu nutzen, um konstruktive Entscheidungen in unserem Leben zu treffen. Durch eine derartige Untersuchung des Geistes versuchen wir, die Quelle unseres Leidens zu identifizieren und praktische Strategien zur Überwindung dieses Leidens zu entwickeln.

Im Buddhismus gibt es viele verschiedene Arten, den Geist einzuordnen. Wir können mit ihm als einzelnem Objekt arbeiten, wie wir es oben getan haben, oder wir können ihn in verschiedene Bestandteile aufteilen. Jedes Klassifizierungssystem hebt verschiedene Aspekte hervor, wie der Geist funktioniert. Zusammengenommen ergeben diese Klassifikationen ein vollständigeres Bild von dem, was vor sich geht.

In den folgenden Abschnitten werden wir eine Reihe von Klassifikationen betrachten, die sich auf die groben und die subtilen Ebenen des Geistes beziehen. Da die sehr subtile Ebene nur fortgeschrittenen Yoga-Praktizierenden zugänglich ist, werden wir das künftigen Diskussionen vorbehalten.

Primäre und sekundäre Arten des Geistes

Die allgemeinste Einteilung des Geistes besteht darin, ihn einfach in zwei Kategorien zu teilen:

1. **Primäre Arten des Geistes:** Ein primärer Geist ist unsere Erfahrung der grundlegenden Wahrnehmung. Es ist das, *wessen* wir uns bewusst sind. Es gibt verschiedene Arten von primärem Geist, die jeweils durch die Arten von Objekten identifiziert werden, die sie wahrnehmen. Zum Beispiel wird ein visuelles Bewusstsein, das Gestalten und Formen wahrnimmt, als primärer Geist betrachtet. Während die gröberen Bewusstseinsebenen meist objektiver Natur sind, gibt es auch subtilere Ebenen, die sich auf die subjektive Erfahrung eines Handelnden oder Beobachters konzentrieren.

2. **Sekundäre Arten des Geistes:** Ein sekundärer Geist ist eine besondere Art und Weise, mit einem Objekt in Beziehung zu treten. Es geht mehr darum, *wie* wir uns über etwas bewusst sind. Die verschiedenen Arten von sekundärem Geist werden jeweils durch die Art der Beziehung definiert, die zwischen einem wahrgenommenen Subjekt und einem wahrgenommenen Objekt entsteht. Ein Beispiel wäre der sekundäre Geist der „Aufmerksamkeit", dessen Funktion es ist, den Geist mit einem bestimmten Aspekt des erscheinenden Objekts zu beschäftigen.

Die Verwendung der Begriffe „primär" und „sekundär" sollte nicht in Bezug auf die Zeit verstanden werden. Stattdessen sind sie beide gemeinsam auftretende Eigenschaften des Geistes und finden gleichzeitig statt. Das Wort „primär" bezieht sich hier mehr auf die grundlegende Natur dieser Arten des Geistes. Es ist die Erkenntnis, dass es ohne die Wahrnehmung von Subjekt und Objekt keine Grundlage für Beziehungen geben würde.

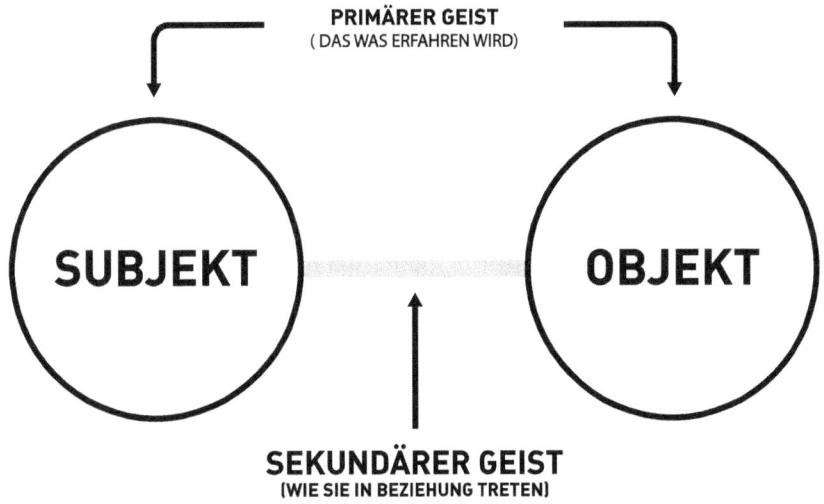

Abbildung 1-5: Wie der primäre und sekundäre Geist eine dualistische Ansicht etablieren.

Diese beiden Kategorien bieten uns die Möglichkeit für verschiedene Arten der Analyse. Durch das Studium der primären Arten des Geistes können wir einen Eindruck der grundlegenden Komponenten gewinnen, aus denen der Geist besteht. Das Studium der sekundären Arten des Geistes ermöglicht uns zu verstehen, wie die verschiedenen Arten von Komponenten miteinander in

Beziehung stehen. Insbesondere sind wir in der Lage, Beziehungsmuster zu identifizieren, die harmonischen Erfahrungen förderlich sind, und solche, die zu Problemen führen.

Die acht Arten des Bewusstseins

Wir werden uns nun die verschiedenen Arten von primärem Geist ansehen, die wir auf der groben und der subtilen Ebene erfahren können. Denken Sie daran, dass das, was wir allgemein als Geist bezeichnen, tatsächlich ein zusammengesetztes Phänomen ist, das aus vielen verschiedenen Arten von Geist besteht, die auf verschiedenen Ebenen funktionieren. In diesem Fall wird die Art des Geistes, auf die wir uns konzentrieren werden, *Bewusstsein* genannt. Bewusstsein bezieht sich auf jedes Gewahrsein, das durch die dualistische Beziehung zwischen Subjekten und Objekten bedingt wird. Wir können die Kontinuität eines solchen Bewusstseins einen *Geistesstrom* nennen. Da jede Person einen einzigartigen Blickwinkel hat, wird ihr Geistesstrom gleichermaßen einzigartig sein. Wenn wir unseren eigenen Geistesstrom betrachten, können wir zwei Hauptkategorien des Bewusstseins identifizieren:

Sinnesbewusstsein

Ein Sinnesbewusstsein ist jegliches Bewusstsein, das direkt an ein körperliches Sinnesorgan gebunden ist. Zum Beispiel entsteht unser visuelles Bewusstsein, wenn Licht von einem Objekt reflektiert wird und mit dem Sinnesorgan Auge in Kontakt kommt. Die Information wird in ein bestimmtes Muster von elektrischer Aktivität übertragen, was wiederum das Erlebnis von Farben und Formen zur Folge hat.

Abbildung 1-6: Komponenten eines Sinnesbewusstseins.

Wenn wir dieses Grundmuster auf alle anderen Sinnesorgane ausweiten, können wir fünf Formen von Sinnesbewusstsein unterscheiden:

Objekt	Sinnesorgan	Bewusstsein	Erfahrung
Lichtwellen	Augen	Visuell	Farben und Formen
Vibrationen	Ohren	Akustisch	Rythmus und Töne
Chemische Verbindungen	Nase	Olfaktorisch	Gerüche
Chemische Verbindungen	Zunge	Gustatorisch	Geschmäcker
Gestalt der Materie	Körper	Taktil	Wahrnehmung von Festigkeit, Flüssigkeit, Hitze und Bewegung

Tabelle 1-2: Die fünf Arten von Sinnesbewusstsein.

Alle diese Formen des Bewusstseins werden direkt im Geist wahrgenommen, was bedeutet, dass Erfahrung entstehen wird, wenn diese Bedingungen zusammenkommen. Sie sind nicht-konzeptueller Natur. Sie sind auch extrem grobe Formen des Geistes, da sie stark von der physischen Präsenz der Sinnesorgane abhängen. Entferne das Sinnesorgan und das entsprechende Bewusstsein wird im Geist nicht mehr entstehen.

Auf ähnliche Weise können wir sehen, dass sich die entsprechenden Qualitäten unserer Arten von Sinnesbewusstsein mit der Zeit verschlechtern, wenn sich unsere Sinnesorgane verschlechtern. Die Sicht wird verschwommen, Geräusche werden dumpf, Geschmäcker werden fade. Einiges davon kann durch Technologie (Brille oder Hörgeräte) korrigiert werden oder durch eine Operation, um das Sinnesorgan zu reparieren (z. B. Entfernen von grauem Star). All dies deutet auf die Tatsache, dass das Sinnesbewusstsein nicht immer klar die Realität darstellt, die ihm präsentiert wird. Manchmal erhalten wir nur einen teilweisen oder verzerrten Aspekt davon.

Geistiges Bewusstsein

Wenn der Geist nicht von einem Sinnesorgan abhängt, können wir ihn als geistiges Bewusstsein bezeichnen. Im Gegensatz zu den fünf Arten von Sinnesbewusstsein hat das geistige Bewusstsein die Fähigkeit, sich dessen, was wahrgenommen wird, bewusst zu sein. Wenn wir zum Beispiel eine Blume wahrnehmen, ist das visuelle Bewusstsein wie ein Spiegel, der Details wie Farbe und Form widerspiegelt, aber es hat keine Kenntnis dessen, was es widerspiegelt. Das visuelle Bewusstsein sieht das Objekt, aber das geistige Bewusstsein *kennt* das Objekt. Es ist diese Grundlage des Bewusstseins, das in der Lage ist, konzeptuelle Modelle zu erzeugen, die Phänomene darstellen, welche von einem Sinnesbewusstsein wahrgenommen werden können oder auch nicht. Wenn wir das geistige Bewusstsein betrachten, können wir drei verschiedene Kategorien des Geistes identifizieren:

1. **Grobes geistiges Bewusstsein:** Das ist der rationale Geist. Es besteht aus Gedanken, mentalen Bildern und subjektiven Gefühlen (wie etwa Emotionen). Dies ist die Art von Erfahrung, die die meisten von uns mit dem Wort „Geist" verbinden. Es hängt sehr stark vom Zustand des Gehirns als Unterstützung ab. Wenn das Gehirn geschädigt ist, ist unsere Kapazität eingeschränkt, dieses grobe geistige Bewusstsein vollständig zu manifestieren. Die Erfahrung, die wir „Erinnerung" nennen, tritt auf, wenn das grobe geistige Bewusstsein mentale Bilder erzeugt, die vergangene Erfahrungen nachbilden.

2. **Verblendetes Bewusstsein:** Diese Art Bewusstsein bezieht sich auf jede falsche Wahrnehmung der Realität. Insbesondere bezieht es sich im Allgemeinen auf die falschen Wahrnehmungen, die wir in Bezug auf unser Gefühl von einem Selbst haben. Diese Art von Bewusstsein liefert die Grundlage für die Entwicklung aller möglichen verzerrten Geisteszustände, die wir „Verblendungen" nennen. Manche Verblendungen sind grob, während andere subtiler sind. Sie haben alle gemeinsam, dass sie unser Verständnis von Realität verzerren und die Bedingungen dafür schaffen, dass wir Leid erfahren.

    Das verblendete Bewusstsein kann sehr schwer zu erkennen sein, weil es dazu führt, dass eine Vielzahl von Konzepten im groben geistigen Bewusstsein auftauchen. Mit so vielen herumwirbelnden Gedanken ist es oft schwer, die falschen Vorstellungen zu erkennen, die es antreiben. Durch meditative Praxis ist es möglich den Geist ausreichend zu beruhigen, um diese verblendeten Zustände des Geistes identifizieren zu können. Es gibt vier grundlegende Missverständnisse, die die Wurzel dieses Bewusstseins bilden.

Das erste ist der Glaube an ein substanziell existierendes Selbst. Das ist die Überzeugung, dass das Ego als eine Art getrennter Einheit existiert, die wir als „Selbst" bezeichnen. Das zweite ist die Überzeugung, dass dieses Ego Eigenschaften besitzt, die in einer bestimmten Weise existieren und die Bedingungen dafür liefern, „wie" das Selbst existiert. Drittens gibt es unsere Überzeugung, dass dieses Selbst wichtiger ist als jeder andere, was als Selbstbezogenheit bezeichnet werden kann. Schließlich gibt es die Ignoranz, die Überzeugung, dass dieses Selbst inhärent existiert, unabhängig davon, ob wir es als solches bezeichnen. Bis wir das verblendete Bewusstsein beseitigen, wird unsere Wahrnehmung immer von diesen vier Missverständnissen und den geistigen Verblendungen beeinflusst sein, die daraus entstehen. Wie ein Glas schmutziges Wasser ist die reine Natur unseres geistigen Bewusstseins durch die Anwesenheit dieser verblendeten Konzepte verdeckt.

3. **Grundbewusstsein:** Die subtilste Form des geistigen Bewusstseins wird das Grundbewusstsein (auch Alayavijñana oder Substratbewusstsein) genannt. Es ist die Grundlage allen Bewusstseins – wie wir über die Welt, unsere Umwelt denken und sie erfahren, alle gefühlten oder wahrgenommenen Objekte und sogar, wie uns unser Körper erscheint. Es ist die Grundlage des Geistes und der Speicher, der die anderen Arten des Bewusstseins bedingt. Alle unsere gewohnheitsmäßigen Neigungen sind in diesem Bewusstsein gespeichert und es ist dieses Bewusstsein, von dem angenommen wird, dass es sich von Leben zu Leben fortsetzt. Es wird als neutral betrachtet, da es auf dieser Ebene kein Konzept von Gut oder Böse gibt. Es gibt nur die Wahrnehmung dafür, dass man bewusst ist. Es ist dieses Bewusstsein, das das verblendete Bewusstsein irrtümlicherweise als ein „Ich" begreift. Dieses grundlegende Gefühl von einem Selbst wird dann durch das grobe geistige Bewusstsein mit verschiedenen Eigenschaften weiter ausgebaut.

Das Grundbewusstsein kann mit den tiefsten Meerestiefen verglichen werden. Unsere Emotionen und Gedanken sind die turbulenten Wellen an der Oberfläche, die, obwohl sie Teil des Ozeans sind, das Wasser tief unten nicht stören. Wenn wir bewusstlos oder ohnmächtig sind oder uns in einem tiefen Zustand der meditativen Versenkung befinden, lösen sich alle anderen Bewusstseinsebenen zurück in dieses Grundbewusstsein auf. Alles wird in dieses unendliche Kontinuum absorbiert. Wenn der verblendete Geist eliminiert wurde, entsteht das Grundbewusstsein in einer reinen Form.

Übung 1.2 – Den groben Geist erkennen

- *Sitzen Sie für einige Momente still, um den Geist zu beruhigen.*

- *Sehen Sie sich mit offenen Augen langsam um. Werden Sie sich der vielen Farben und Formen gewahr, die Sie mit Ihren Augen sehen können. Schließen Sie für einen Moment die Augen und beobachten Sie, wie sich diese Farben und Formen verändern. Öffnen Sie die Augen wieder und beobachten Sie, wie die Erscheinungen wieder entstehen. Das ist Ihr visuelles Bewusstsein.*

- *Werden Sie sich mit geschlossenen Augen bewusst, welche Geräusche sich gerade manifestieren. Machen Sie sich ein Bild von den Qualitäten der Klänge und wie sie sich im Laufe der Zeit verändern. Beobachten Sie, wie die Klänge einander überlagern und zu einem Gesamterlebnis beitragen. Das ist das Hörbewusstsein.*

- *Verbringen Sie einige Zeit damit, verschiedene Aromen zu riechen. Vielleicht wählen Sie einige Speisen und werden sich der Variationen von Gerüchen bewusst, die durch Ihre Nase strömen. Das ist das Geruchsbewusstsein.*

- *Kosten Sie auch verschiedene Lebensmittel. Schauen Sie, ob Sie die verschiedenen Komponenten dessen, was Sie schmecken, unterscheiden können. Beobachten Sie, wie der Geschmack entsteht, wenn das Essen Ihre Zunge berührt, wie er verweilt, nachdem das Essen geschluckt wurde, und schließlich, wie er sich mit der Zeit auflöst. Das ist das Geschmacksbewusstsein.*

- *Drücken Sie mit Ihrer Hand auf etwas Hartes. Fühlen Sie die Festigkeit des Objekts, die Härte. Trinken Sie etwas Wasser und behalten Sie es in*

Ihrem Mund. Spüren Sie das Gefühl der Flüssigkeit, die herumschwappt. Scannen Sie jetzt durch den Körper und beobachten Sie alle Bereiche, die heiß oder kalt sind. Beachten Sie, wie sich manche Bereiche aktiver anfühlen als andere. Werden Sie sich der Bewegung Ihres Atems beim Ein- und Ausströmen bewusst. Fühlen Sie das Zusammenziehen und das Ausdehnen Ihrer Brust oder Ihres Bauchs. Suchen Sie schließlich nach Bereichen im Körper, in denen keine besondere Empfindung auftritt. Versuchen Sie ein Gefühl für die leeren Zwischenräume zu bekommen. Das ist das Tastbewusstsein.

- *Sitzen Sie jetzt für einen Moment ruhig da und stellen Sie sich vor, dass Sie mitten im Frühling auf einer schönen Wiese sitzen. Am Rande der Wiese ist ein Wald von hohen Bäumen, die ihre Schatten über den Boden werfen. Der Himmel ist klar und die Sonne scheint. Sie können die Wärme auf der Haut spüren. In der Ferne ist ein kleiner Teich. Sie können die Wellen sehen, die die Fische erzeugen, die direkt unter der Oberfläche schwimmen. Versuchen Sie sich wirklich so zu fühlen, als wären Sie tatsächlich in dieser Landschaft. Das ist das grobe geistige Bewusstsein.*

Insgesamt können wir acht verschiedene Bewusstseinsarten identifizieren. Von diesen acht werden sechs als grob betrachtet: die fünf Arten des Sinnesbewusstseins und das grobe geistige Bewusstsein. Das verblendete Bewusstsein ist eine Mischung aus groben und subtilen Erscheinungen des Geistes, während das Grundbewusstsein als subtil betrachtet wird.

Subtilität	Art	Bewusstsein
Grob	Sensorisch	1. Sehbewusstsein
		2. Hörbewusstsein
		3. Geruchsbewusstsein
		4. Geschmacksbewusstsein
		5. Tastbewusstsein
	Geistig	6. Grobes geistiges Bewusstsein
Grob und Subtil		7. Verblendetes Bewusstsein
Subtil		8. Grundbewusstsein

Tabelle 1-3: Zusammenfassung der acht Arten des Bewusstseins.

Wie geistiges Bewusstsein entsteht

Um die Dynamik zwischen diesen verschiedenen Arten von Bewusstsein zu verstehen, können wir ein einfaches, fünfteiliges Modell verwenden, das als die *fünf Aggregate* bekannt ist. Jeder Schritt veranschaulicht den sequentiellen Prozess, in dem ein geistiges Bewusstsein erzeugt wird. Dieser Prozess ist wie folgt definiert:

1. **Form:** Wir beginnen mit Erscheinungen, die in einem Sinnes- oder geistigen Bewusstsein auftauchen. Wir können diese Erscheinungen als *Formen* bezeichnen. Unter der Annahme, dass alle unsere Sinnesorgane richtig funktionieren, erhalten wir normalerweise sechs verschiedene Informationsflüsse, die den sechs Sinnen entsprechen (fünf physischen und einem geistigen). Diese Formen schaffen den objektiven Fokus unseres Geistes. Da dieser Prozess von Natur aus in einem Moment stattfindet, sagen wir, wenn wir uns auf die Erscheinung des Geistes als Objekt des geistigen Bewusstseins beziehen, dass das gegenwärtige Bewusstsein sich eines früheren Moments des geistigen Bewusstseins gewahr wird.

2. **Wahrnehmung:** Das gegenwärtige geistige Bewusstsein kann immer nur einen Informationsstrom zu einem bestimmten Zeitpunkt wahrnehmen. Während wir den Eindruck haben, dass die Wahrnehmung von Dingen wie Sichtbarem und Schall gleichzeitig stattfindet, ist dies in Wirklichkeit eine Illusion, die durch unser geistiges Bewusstsein erzeugt wird, das mit sehr hoher Geschwindigkeit zwischen diesen beiden hin und her springt. Wenn sich das geistige Bewusstsein eines bestimmten Stroms von Erscheinungen bewusst wird, hinterlässt das einen mentalen Eindruck im Geist. Dieser Eindruck wird *Wahrnehmung* genannt. Die Hauptfunktion der Wahrnehmung besteht darin, ein geistiges Bild zu schaffen, mit dem das geistige Bewusstsein eine Verbindung herstellen kann.

3. **Gefühl:** Auf der Grundlage der Eigenschaften dieses geistigen Bildes wird der Geist eine erste Reaktion erfahren. Diese Reaktion ist die grundlegendste Beziehung, die zwischen dem wahrgenommenen Objekt (dem mentalen Bild) und dem wahrnehmenden Subjekt (dem Gewahrsein dieses Bildes) gezogen wird. Es wird erzeugt, wenn das mentale Bild die verschiedenen gewohnheitsmäßigen Neigungen auslöst, die im Grundbewusstsein abgelegt sind und sich als ein Zwang äußern, entweder mit dem Objekt zu interagieren oder sich von ihm zu trennen.

4. **Geistige Formationen:** Sobald die anfängliche Verbindung zwischen Subjekt und Objekt hergestellt ist, wird eine ganze Reihe miteinander verbundener kognitiver Muster entstehen. Wir können das Grundbewusstsein als ein großes zusammenhängendes Netzwerk betrachten. Wenn eine Neigung aktiviert wird, dann bewirkt dies, dass andere Neigungen aktiviert werden, wie Wellen, die durch das Hineinwerfen eines Steines in einen Teich erzeugt werden. Diese Neigungen manifestieren sich in einer Vielzahl von konzeptuellen Bezeichnungen, die die Art der Beziehung, die Sie mit dem Objekt entwickeln, formen oder beeinflussen. In gewisser Weise baut der Geist eine Geschichte um das anfängliche Gefühl auf und reichert die Details mit konzeptuellen Überlagerungen an.

5. **Bewusstsein:** Der resultierende Moment des geistigen Bewusstseins, der aus diesem Prozess erwächst, hängt von der Art der Geschichte ab,

die von den geistigen Formationen entworfen wurde. Wenn die Geschichte auf verblendeten Missverständnissen basiert, dann wird die Interpretation der Erfahrung im Widerspruch zur Realität stehen. Diese Verzerrung wird als Grundlage dafür dienen, dass Leiden in Form von unangenehmen Gefühlen entsteht. Ebenso wird, wenn die Interpretation der Realität entspricht, sie als Grundlage für die Entstehung von Glück dienen.

Um diesen Prozess zu verstehen, können wir ein einfaches Beispiel verwenden:

Stellen Sie sich vor, Sie sitzen in einem Restaurant. Sie haben gerade Ihre Mahlzeit beendet und warten auf den Nachtisch, ein schönes großes Stück Schokoladekuchen. Der Kellner kommt zum Tisch und serviert das Dessert. Zu Ihrem Entsetzen ist es ein Stück Zitronenkuchen. Sie sehen empört zu dem Kellner auf und sagen: „Wo ist mein Schokoladekuchen?"

Schauen wir uns an, was im Kopf vor sich geht. Lassen Sie uns zuerst mit der Form beginnen. Ihr visuelles Bewusstsein erfährt die Erscheinung eines weißen Kreises mit einem hellbraunen Dreieck, gefüllt mit etwas, das wie ein gelblicher Klecks aussieht. Ihr geistiges Bewusstsein greift diese Farben und Formen auf und baut im Kopf ein geistiges Bild auf. Sie hassen Zitronenkuchen und Ihre erste Reaktion auf diese Form ist Abscheu. Und jetzt fangen die geistigen Formationen an. Das ist kein Schokoladekuchen. Das ist ein Zitronenkuchen. Ich hasse Zitronenkuchen. Ich möchte Schokolade, nicht Zitrone. Warum ist dieser Zitronenkuchen hier? Warum hat diese Person mir dieses schreckliche Ding gebracht? Warum passieren solche schlimmen Dinge immer mir? Und so weiter und so fort.

Während wir Konzepte um diese Erfahrung herum aufbauen, erstellen wir eine Rückkopplungsschleife. Unser Gefühl der Abneigung wird umso stärker, je mehr wir die Flammen anfachen. Irgendwann wird es so stark, dass wir etwas dagegen tun müssen. In diesem Fall verzerrt sich Ihr Gesicht zu dem, was allgemein als Wut bezeichnet wird, und Sie schlagen verbal auf den armen Kellner ein.

Die Dinge sind nicht immer so übertrieben, wie ich sie hier schildere. Manchmal sind unsere Reaktionen sehr subtil und die konzeptuellen Überlagerungen sind gleichermaßen subtil. Ein andermal können sie viel schlimmer sein. Denken Sie zum Beispiel an einen Vorfall von extremer Gewalt auf der Straße. Durch dieses einfache Modell beginnen wir zu begreifen, wie die Art, wie wir eine Situation verstehen, eine wichtige Rolle in unserer allgemeinen Erfahrung dieser Situation spielt.

ZUSAMMENFASSUNG

- Der Geist ist die Quelle all unseres Glücks und ist daher das wichtigste Phänomen, das wir verstehen müssen.

- Der Geist ist nicht dasselbe wie das Gehirn. Er ist ein nicht-physisches Phänomen, das grobe Aspekte hat, die eng mit dem Gehirn verbunden sind, und subtile Aspekte, die nicht mit ihm verbunden sind.

- Der Geist ist eine ewige Kontinuität der Erfahrung ohne Anfang und Ende.

- Der gegenwärtige Moment des Geistes ist das Ergebnis früherer Geistesmomente, während die zukünftigen Momente die Ergebnisse des gegenwärtigen sind. Das bedeutet, dass wir durch die Schulung des Geistes in der Gegenwart die Erfahrungen, die in der Zukunft entstehen werden, formen können.

- Der Geist operiert auf verschiedenen Ebenen der Subtilität: grob, subtil und sehr subtil.

- Der Geist kann in primäre und sekundäre Arten von Geist unterteilt werden, wobei die primären Arten des Geistes dazu dienen zu beschreiben, was dem Geist erscheint, und die sekundären Arten des Geistes, um zu beschreiben, wie wir mit diesen Erscheinungen umgehen,

- Es gibt acht Formen von primären Arten des Geistes: fünf Arten von Sinnesbewusstsein und drei Arten von geistigem Bewusstsein.

- Wir können die Art, wie ein Geistesbewusstsein entsteht, durch die Verwendung von fünf Kategorien beschreiben: Form, Wahrnehmung, Gefühl, gestige Formationen und Bewusstsein.

Manjushri, Bodhisattva der Weisheit

KAPITEL ZWEI

Mit destruktiven Geisteszuständen arbeiten

Im vorherigen Kapitel haben wir angedeutet, dass der Geist der Hauptgrund dafür ist, ob wir Glück oder Leid erfahren. Unsere äußeren Zustände, wie die Menschen und Umstände, die unser Leben jeden Tag umgeben, können nur als Bedingungen wirken, die unsere Erfahrungen formen. Um ein positiveres und konstruktiveres Leben zu erreichen, müssen wir daher verstehen, wie der Geist funktioniert.

Jeder von uns kann sich an Zeiten im Leben erinnern, wo wir Angst, Wut oder Traurigkeit gefühlt haben. Durch unser Studium der verschiedenen primären Arten des Geistes können wir ein allgemeines Verständnis darüber erlangen, wie Bewusstsein entsteht, aber wir sind nicht in der Lage, genau zu bestimmen, was diese unerwünschten Geisteszustände verursacht. Um ihre Ursachen genau zu diagnostizieren (und damit zu verstehen, wie sie zu beheben sind), brauchen wir ein detaillierteres Modell, von dem aus wir arbeiten können. Das Folgende ist ein solches Modell.

DIE EINUNDFÜNFZIG GEISTESFAKTOREN

Ein Geistesfaktor ist eine bestimmte Art, den Geist mit einem Objekt zu verbinden. Diese verschiedenen Arten von Beziehungen beeinflussen, wie ein Moment des geistigen Bewusstseins erfahren wird. Sie können so verstanden werden, wie die verschiedenen Zutaten, aus denen eine Tasse Tee gemacht wird. Abhängig von den relativen Mengen der Zutaten wird das resultierende Erlebnis des Tees unterschiedlich sein.

Im nächsten Abschnitt werden wir einen allgemeinen Überblick über die sechs Kategorien der Geistesfaktoren geben, die in der buddhistischen

Psychologie festgestellt werden. Der Kürze halber werde ich nicht auf alle Geistesfaktoren eingehen. Wenn Sie eine vollständigere Darstellung möchten, lesen Sie bitte den Anhang in diesem Buch.

1. Allgegenwärtige Geistesfaktoren

Diese erste Gruppe von Geistesfaktoren bildet die grundlegendsten Bestandteile für einen Moment der Erkenntnis. Da sie in jedem einzelnen Moment des Sinnes- und geistigen Bewusstseins auftauchen, werden sie als *allgegenwärtig* bezeichnet. Diese Faktoren sind meist an die Mechanismen der direkten Wahrnehmung gebunden und bilden eine Grundlage für die Entstehung des begrifflichen Geistes. Es gibt fünf *allgegenwärtige Geistesfaktoren*:

1. **Empfindung:** Die Empfindung liefert die grundlegende Verbindung, die absolut notwendig ist, damit der Geist ein Objekt mit den sechs Sinnen erfahren kann. Wenn ein Sinnesbewusstsein einen Gegenstand durch ein Sinnesorgan wahrnimmt, entsteht eine Empfindung. Es ist nicht nur das jedem bekannte grobe Gefühl, sondern auch das subtilere Empfinden, das jede Wahrnehmung durchdringt. Diese Empfindungsqualität ist in jedem geistigen Zustand vorhanden und umfasst alle unmittelbaren Assoziationen mit dem Objekt, seien sie angenehm, unangenehm oder neutral. Sie finden innerhalb einer Nanosekunde statt. Wichtig zu verstehen ist, dass jede Art von Bewusstsein, die entsteht, in jedem Augenblick der Erfahrung ein Element der Empfindung enthält.

2. **Unterscheidung (oder Differenzierung):** Unterscheidung ist, wenn unser Sinnesfeld eine ungewöhnliche Eigenschaft eines Objekts oder ein herausragendes Merkmal eines Objekts aufnimmt und ihm eine konventionelle Bedeutung zuschreibt. Es etikettiert oder benennt das Objekt nicht, erkennt es aber als eine Sache und nicht als eine andere. Zum Beispiel, um Licht von Dunkelheit zu unterscheiden oder einen Tisch vom Hintergrund, sind keine Worte erforderlich. Dies alles geschieht sofort, gleichzeitig und ständig mit allem, was wir erleben. Ohne zu unterscheiden, könnte der Geist das Objekt nicht mit weiteren mentalen Prozessen verbinden.

3. **Absicht (oder Willenskraft):** Dies ist der bewusste und spontane Drang, der den Geist dazu bringt, sich mit Objekten zu befassen und sie zu erkennen. Es kann auch ein bewusstes Ziel sein, welches das Handeln leitet. Ohne Absicht könnte der Geist seine Aufmerksamkeit nicht auf ein Objekt lenken. Jede mentale Aktivität hat eine Absicht.

4. **Kontakt:** Kontakt ist die Art, wie wir uns mit einem Objekt verbinden. Es geschieht durch das Zusammentreffen dreier Faktoren: dem vorhergehenden Moment des Bewusstseins (welches eine beliebige Art des Bewusstseins sein kann), dem Objekt und der Sinnesfähigkeit. Ohne Kontakt könnte der Geist dem Objekt nicht begegnen und eine Beziehung oder ein Gefühl dazu herstellen. Der Geist unterscheidet, ob ein Objekt der Wahrnehmung angenehm, unangenehm oder neutral ist. Das liefert die Grundlage, ob man das Objekt mit einem Gefühl von Glück, Unglück oder Gleichgültigkeit erlebt.

5. **Aufmerksamkeit (und mentales Engagement):** Geistiges Engagement ist das Ausrichten des Bewusstseins auf ein Objekt, indem man ein gewisses Maß an Aufmerksamkeit darauf richtet. Jede Art von Bewusstsein, egal wie kurz es auftritt, beschäftigt sich immer mit einem bestimmten Objekt. Aufmerksamkeit ist in jedem Sekundenbruchteil bei allen Wesen vorhanden, und ohne sie könnte der Geist nicht auf einem Objekt fixiert bleiben, das von irgendeinem der sechs Sinne erfahren wird, was zu einem vollständigen Verlust der Stabilität führen würde.

Wenn einer dieser Geistesfaktoren fehlt, kann eine Beziehung zwischen Subjekt und Objekt nicht hergestellt werden. Solange alle fünf aktiv sind (egal wie stark), hat man zumindest die Basis für eine Verbindung, die dann das Auftreten anderer Geistesfaktoren unterstützen kann. Wenn man diese allgegenwärtigen Geistesfaktoren stärkt, kann man die von ihnen geschaffene Verbindung stärken. Je stärker die Verbindung ist, desto mehr Informationen wird Ihr Geist zur Verfügung haben und desto genauer wird seine Wahrnehmung der Realität sein.

Übung 2.1 – Herstellen einer Verbindung

- *Sitzen Sie für einige Momente still, um den Geist zu beruhigen.*

- *Wählen Sie eine bestimmte Art von Bewusstsein, auf die Sie sich konzentrieren möchten. Dies kann einer der fünf Sinne oder das geistige Bewusstsein sein. Versuchen Sie eine besondere Erfahrung zu bestimmen, die Sie als Analyseobjekt verwenden möchten.*

- *Betrachten Sie das Thema, das Sie gewählt haben. Vielleicht ist es die visuelle Erscheinung einer Blume oder einer Tasse. Was auch immer das Phänomen ist, legen Sie im Kopf das Szenario fest, in dem Ihnen das Thema in den Sinn kam. Beachten Sie, was tatsächlich erscheint. Diese Erscheinung ist die Empfindung.*

- *Was sind die Details dieser Empfindung? Was sind ihre Eigenschaften? Bekommen Sie ein Gefühl dafür, wie der Geist die Empfindung vom Hintergrund isoliert und trennt. Wie deutlich erscheint Ihnen diese Empfindung? Diese Trennung des Gegenstandes ist die Unterscheidung.*

- *Worauf ist Ihr Geist gerichtet? Ist er an die Empfindung gebunden oder steht die Empfindung nicht so sehr im Zentrum? Diese Ausrichtung des Geistes ist die Absicht.*

- *Nun überlegen Sie, wie diese Empfindung im Geist entsteht. Durch welche Sinnesfähigkeit nehmen Sie sie wahr? Erinnern Sie sich an die drei Bedingungen: Objekt, Sinnesfähigkeit und Bewusstsein. Identifizieren Sie jede einzelne davon. Zum Beispiel könnten die Lichtwellen das Objekt sein, das Auge die Fähigkeit, und wenn sie sich treffen, entsteht ein visuelles Bewusstsein einer Blume. Dieses Zusammenkommen von Bedingungen ist der Kontakt.*

- *Zu guter Letzt, wie stark ist Ihre Auseinandersetzung mit dieser Empfindung? Sind Sie vollständig in diese Empfindung vertieft oder nimmt sie nur einen Teil des Geistes ein? Diese Stärke des Fokus ist die Aufmerksamkeit.*

2. Objektbestimmende Geistesfaktoren

Durch die allgegenwärtigen Geistesfaktoren ist der Geist in der Lage, eine Verbindung zu den Erscheinungen, die in den sechs Sinnen entstehen, herzustellen. Die nächste Gruppe der Geistesfaktoren ermöglicht es dem Geist tatsächlich zu wissen, was ihm erscheint. Dieses Wissen zeigt sich in Form einer bestimmten Gewissheit, dass das Objekt dies ist und nicht das. Insgesamt gibt es fünf *objektbestimmende Geistesfaktoren*:

- **Streben:** Streben beschäftigt sich mit dem Wunsch oder der Absicht, etwas zu erreichen oder zu erhalten, gleichgültig ob es sich lohnt oder nicht. Es ist der Geist, der sich für ein Objekt interessiert und es genauer kennenlernen möchte. Streben dient als Grundlage für Anstrengung und erzeugt Fleiß.

- **Glaube (feste Überzeugung):** Glaube ist das stabile Festhalten an einem bestimmten Objekt oder Subjekt, so wie es ist; die feste Überzeugung haben, dass es das und nicht jenes ist. Vielleicht gibt es einen offensichtlichen Beweis dafür, dass das, was geglaubt wird, tatsächlich wahr ist, oder es gibt viele Hinweise dafür, entweder durch direkte Erfahrung, logisches Denken oder schriftliche Quellen. Man kann auch ohne Hinweise annehmen oder „blind" glauben. In jedem dieser Fälle entsteht der Glaube in direkter Beziehung zum Objekt oder Subjekt.

- **Achtsamkeit:** Achtsamkeit kann als eine Art „geistiger Klebstoff" bezeichnet werden, der ein Objekt im Fokus hält und es im Geist klar aufrechterhält. Es ist so, als ob man ein Bild heraufbeschwört, indem man im Gespräch darauf Bezug nimmt. Dies kann über einen langen oder kurzen Zeitraum geschehen. Das Objekt kann auch im gegenwärtigen Moment vorhanden sein. Achtsamkeit wird erreicht, indem man das Gewahrsein für seine Gedanken, Handlungen und Motivationen verfeinert.

- **Konzentration:** Konzentration bedeutet, dass man den Geist einspitzig in eine Richtung auf ein einzelnes Objekt oder ein Untersuchungsthema fokussiert, ohne Ablenkung. Das ist ein Zustand eines unabgelenkten

Fokus, genau wie ein Faden, den man zu einer feinen Spitze dreht, um ihn durch ein Nadelöhr zu fädeln.

- **Weisheit:** Weisheit ist das Gegenmittel zum Zweifel. Es ist ein unterscheidendes Gewahrsein. Es fügt der Unterscheidung eines Erkenntnisobjekts eine gewisse Entschlossenheit hinzu, die die Realität eines Objekts kennt, unabhängig davon, was es ist. Zu verstehen, dass die gesamte konventionelle Existenz auf einer subtilen Ebene unbeständig ist, ist ein Beispiel für Weisheit. Wahre Weisheit führt immer zu Frieden und Ruhe, denn sie lehrt uns, dass alles voneinander abhängig ist, und zeigt uns ganz klar, was das Beste für uns und für andere ist. Das unterscheidet sich stark von einigen Arten von Wissen, die schädlich sein und zu großem Leid führen können, wie zum Beispiel dem Entwerfen von Waffen. Natürlich ist das Wissen selbst nicht schädlich, aber es basiert nicht auf wahrer Weisheit.

Wenn diese Geistesfaktoren stark sind, ist die Sicherheit in Bezug auf das Wahrgenommene ebenfalls stark. Mit größerer Sicherheit werden Sie in der Lage sein, der Situation entsprechend effektiver zu handeln. Wenn diese Faktoren schwach sind, besteht eine große Unsicherheit darüber, was tatsächlich passiert. In weiterer Folge erhöht sich die Wahrscheinlichkeit, Fehler zu machen.

Übung 2.2 – Wissen, was ein Objekt ist

- *Sitzen Sie für einige Momente still, um den Geist zu beruhigen.*

- *Wählen Sie eine bestimmte Art von Bewusstsein, auf die Sie sich konzentrieren möchten. Das kann einer der fünf Sinne oder das geistige Bewusstsein sein. Versuchen Sie ein bestimmtes Erlebnis zu identifizieren, das Sie als Ihr Analyseobjekt verwenden möchten.*

- *Wie interessant finden Sie das Objekt? Machen Sie sich klar, wie sehr das Objekt Ihre Aufmerksamkeit fesselt. Den Wunsch, sich mit dem Objekt zu beschäftigen, nennt man Streben.*

- *Wie fest hält Ihr Geist das Objekt? Haben Sie die Überzeugung, dass Sie das Objekt tatsächlich auf realistische Weise erleben, oder gibt es Zweifel? Könnte das, was Sie erleben, eine Illusion sein? Die Stärke der Gewissheit, dass das Objekt so ist, wie es erscheint, ist der Glaube.*

- *Wie stabil ist Ihr Begreifen des Objekts? Behalten Sie nur ein momentanes Engagement, oder ist der Geist in der Lage, für eine gewisse Zeit mit dem Objekt zu verweilen? Diese Stabilität des Geistes, die das Objekt kontinuierlich hält, ist Achtsamkeit.*

- *Wie konzentriert ist der Geist? Hält er das Objekt einspitzig oder wird er von vielen verschiedenen Objekten abgelenkt? Sind Sie vollständig in das Objekt vertieft oder ist Ihre Aufmerksamkeit geteilt? Die Fähigkeit, sich einspitzig zu fokussieren, das ist Konzentration.*

- *Wissen Sie, was Sie wahrnehmen? Ist es ein Tisch, ein Stuhl, ein Geräusch, ein Gedanke? Was ist es? Die Fähigkeit, verschiedene Eigenschaften zu unterscheiden und tatsächlich zu wissen, was sie sind, ist Weisheit.*

3. Wurzelverblendungen

Während die allgegenwärtigen und objektbestimmenden Geistesfaktoren für uns nicht unbedingt leicht zu beobachten sind, sind sie dennoch die Grundlage, auf der alle anderen konzeptuellen Arten des Geistes aufgebaut sind. Die verbleibenden Gruppen von Geistesfaktoren sind alle deutlichere Beispiele für die verschiedenen Arten von Konzepten, die beeinflussen, wie wir mit einem Objekt in Beziehung stehen.

Jeder Geistesfaktor, der den Geist aufwühlt, wird als Geistesgift bezeichnet. Sie werden auch als Befleckungen und verblendete Verdunkelungen bezeichnet. Es sind störende, negative Emotionen, die dazu führen können, dass wir unsere Gelassenheit und unsere Selbstbeherrschung verlieren, und die uns dazu bringen ungünstige Entscheidungen zu treffen. Indem wir uns selbst und anderen Leiden zufügen, können wir Verblendungen als Schlamm sehen, der wie Klebstoff an uns festsitzt und die guten Eigenschaften verdunkelt, die wir in uns haben.

Eine Verblendung ist eine spezifische Art, sich mit Objekten zu verbinden, die nicht im Einklang mit der Realität steht. Sie alle beinhalten ein gewisses Maß an Verzerrung. Aus diesem Grund gelten sie als Teil des *getäuschten Bewusstseins*. Wie wir sehen werden, gibt es eine große Vielfalt von abgeleiteten Verblendungen, aber sie können alle zu sechs *Wurzelverblendungen* zusammengefasst werden.

1. **Anhaftung:** Sich an die positiven Eigenschaften eines wahrgenommenen Objekts klammern.
2. **Abneigung:** Sich an die negativen Eigenschaften eines wahrgenommenen Objekts klammern.
3. **Unwissenheit:** Einen bestimmten Aspekt der Realität nicht kennen.
4. **Falsche Sichtweise:** Aktiv an eine falsche Vorstellung glauben.
5. **Stolz:** Daran glauben, dass die eigenen Qualitäten denen der anderen überlegen sind.
6. **Verblendeter Zweifel:** Kein Vertrauen in etwas haben, was wahr ist.

Da diese Geistesgifte eine wichtige Rolle in unserer Erfahrung von Leiden spielen, werde ich sie später in diesem Kapitel ausführlicher behandeln.

4. Sekundäre Verblendungen

Von den sechs Wurzelverblendungen sind drei besonders mächtig: Anhaftung, Abneigung und Unwissenheit. Diese drei werden oft als die Drei Gifte bezeichnet, da sie für eine Vielzahl von zerstörerischen Geisteszuständen verantwortlich sind. Insgesamt gibt es zwanzig abgeleitete geistige Verblendungen, die nach der Wurzelverblendung gruppiert sind, mit der sie jeweils am meisten verwandt sind:

Wurzelverblendung	Geistesfaktor
Abneigung	1. Zorn
	2. Groll
	3. Feindseligkeit
	4. Grausamkeit
Anhaftung	5. Geiz
	6. Erregung
	7. Selbstverliebtheit
Abneigung und Anhaftung	8. Eifersucht
Unwissenheit	9. Verheimlichung
	10. Faulheit
	11. Lethargie
	12. Mangel an Vertrauen
	13. Vergesslichkeit
	14. Achtlosigkeit
Anhaftung und Unwissenheit	15. Täuschung
	16. Heuchelei
Anhaftung, Abneigung und Unwissenheit	17. Gewissenlosigkeit
	18. Schamlosigkeit
	19. Fehlende Selbstbeobachtung
	20. Ablenkung

Tabelle 2-1: *Die zwanzig sekundären Verblendungen.*

5. Tugendhafte Geistesfaktoren

Im Gegensatz zu den Verblendungen werden tugendhafte Geistesfaktoren aus einem genauen Verständnis der Realität abgeleitet. Weil sie frei von Verzerrungen sind, können sie als Gegenmittel gegen die verblendeten Geisteszustände wirken. Wenn sie vorhanden sind, haben sie eine beruhigende oder harmonische Wirkung auf den Geist. Diese elf *tugendhaften Geistesfaktoren* sind:

1. Vertrauen
2. Schamgefühl
3. Anstand
4. Nicht-Anhaftung
5. Nicht-Hass
6. Nicht-Unwissenheit
7. Fleiß
8. Geschmeidigkeit des Geistes
9. Gewissenhaftigkeit
10. Gleichmut
11. Gewaltlosigkeit

6. Veränderliche Geistesfaktoren

Die letzten Geistesfaktoren haben das Potenzial, entweder tugendhafte oder verblendete Geisteszustände zu sein. Da sie von Natur aus neutral sind, werden sie den allgemeinen "Geschmack" der anderen Geistesfaktoren, die gerade da sind, annehmen. Diese vier *veränderlichen Geistesfaktoren* sind:

1. Schlaf
2. Bedauern
3. Grobes Erkennen
4. Unterscheidungsfähigkeit

Von diesen sechs Kategorien tragen die ersten beiden zur Qualität der wahrgenommen Informationen bei. Die dritte und vierte Kategorie sind verzerrte Interpretationen der Realität und müssen deshalb aufgegeben werden, während die fünfte Art der Geistesfaktoren kultiviert werden sollte. Die sechste Art sollte geschickt in Verbindung mit den tugendhaften Geisteszuständen entwickelt werden.

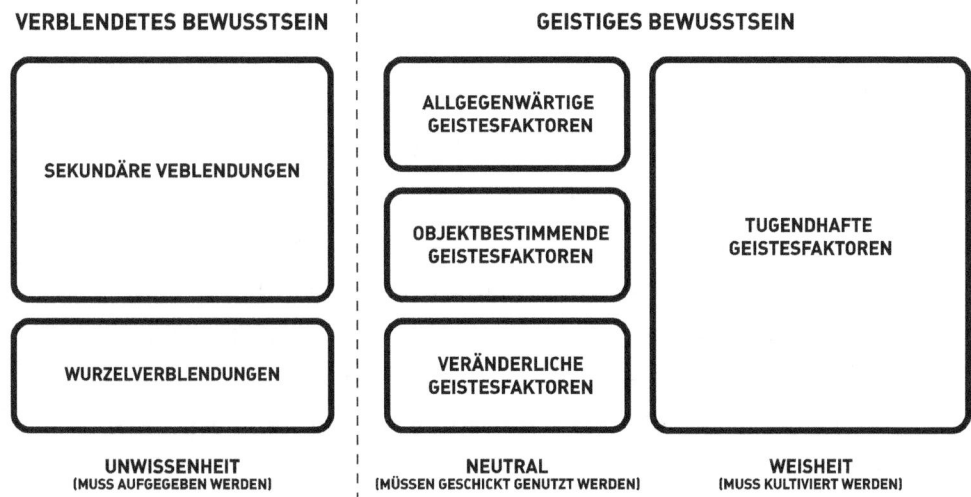

Abbildung 2-1: Überblick über die „Einundfünfzig Geistesfaktoren".

EINE GÜLTIGE WAHRNEHMUNG HERSTELLEN

Mit unserem wesentlich detaillierteren Modell des Geistes können wir nun erkennen, wie das, was wir erleben, nicht immer mit der Realität übereinstimmt. Verzerrungen können durch die physischen Sinnesorgane, durch die verzerrten Konzepte des getäuschten Bewusstseins oder durch eine Kombination aus beiden eingeleitet werden. Einfach gesagt, wie unser Geist Dinge wahrnimmt, ist häufig nicht so, wie die Dinge wirklich sind. Aus diesem Grund wird es immer wichtiger zu überlegen, wie wir wissen können, ob unsere Erfahrungen gültige Darstellungen der Realität sind oder nicht.

Um diese Frage zu beantworten, müssen wir zuerst die verschiedenen Arten von Phänomenen identifizieren, die wir wahrnehmen können. Im Allgemeinen gibt es drei Arten:

1. **Offensichtlich:** Offensichtliche Phänomene können leicht durch unsere fünf Arten von Sinnesbewusstsein sowie das geistige Bewusstsein wahrgenommen werden. Beispiele umfassen Dinge wie einen Stuhl, eine Emotion, eine Erinnerung oder einen Elefanten. Das sind Phänomene, die jeder Mensch in der Lage sein sollte, wahrzunehmen.

2. **Verborgen:** Ein verborgenes Phänomen ist jedes Phänomen, das nicht direkt wahrgenommen werden kann. Ein Beispiel für ein solches Phänomen ist die subtile Vergänglichkeit unserer Körper. Obwohl der Körper sich jede Sekunde viele tausend Mal verändert, während sich die Zellen ständig teilen und regenerieren, ist diese ständige Umwandlung vor unseren Augen verborgen. Um diese Bewegung zu erkennen, müssen wir Technologie einsetzen, um unsere Sicht, oder Meditationspraktiken, um die Qualität unseres Geistes zu verbessern. Auf diese Weise können wir sehen, dass ein verborgenes Phänomen nicht von Natur aus verborgen ist. Es ist nur deshalb verborgen, da die notwendigen Bedingungen nicht vorhanden sind, damit es offensichtlich wird.

3. **Sehr verborgen:** Ein sehr verborgenes Phänomen ist ein Phänomen, das so komplex ist, dass wir es weder mit den groben noch mit den subtilen Arten des Geistes wahrnehmen können. Ein Beispiel für ein solches Phänomen ist das Verständnis aller Ursachen und Bedingungen, die zu den spezifischen Mustern einer Pfauenfeder geführt haben. Ein anderes Beispiel ist, alle Ursachen zu verstehen, die die momentane Erfahrung von Glück oder Leid eines Einzelnen bestimmen.

Wir können eine gültige Wahrnehmung als eine beliebige Erfahrung definieren, die einen gegebenen Aspekt eines Phänomens genau kennt. Um ein gültiges Wissen über jede der oben genannten Arten von Phänomenen zu entwickeln, müssen wir uns auf folgende Arten der Wahrnehmung stützen:

Direkte Wahrnehmung

Eine direkte Wahrnehmung ist alles, was dem Geist auf der Basis eines unverzerrten Sinnes- oder geistigen Bewusstseins erscheint. Ein Beispiel wäre unsere Fähigkeit, eine Blume anhand ihres Geruchs zu erkennen. Der ungeschulte Geist kann offensichtliche Phänomene meist nur über die physischen Sinne oder das grobe geistige Bewusstsein direkt wahrnehmen. Subtilere Formen der direkten mentalen Wahrnehmung sind möglich, aber solange wir unseren Geist nicht durch die Praxis der Meditation trainiert haben, treten sie so schnell auf, dass wir uns ihrer nicht bewusst werden.

So wie die Meditation unsere Fähigkeit verbessern kann, Phänomene direkter wahrzunehmen, können auch physikalische Technologien unsere sensorische Kapazität erweitern. In der Wissenschaft verwenden wir alle Arten von Geräten, um Phänomene zu erfassen, die außerhalb der Reichweite unserer normalen menschlichen Fähigkeiten liegen. Man denke nur daran, wie ein riesiges Teleskop es ermöglicht Galaxien zu beobachten, die Milliarden von Lichtjahren entfernt sind, oder wie eine einfache Sequenz von Zeitrafferaufnahmen uns die Bewegung von Pflanzen oder Gletschern zeigen kann.

Von allen Formen der gültigen Wahrnehmung bringt die direkte Wahrnehmung die größte Gewissheit. Denn wenn sie direkt ist, gibt es sehr wenige Verzerrungen oder Überlagerungen zwischen Ihrem Geist und dem beobachteten Phänomen. Glücklicherweise haben alle Phänomene das Potenzial, direkt erkannt zu werden, sogar die verborgenen und die sehr verborgenen Phänomene. Wenn der Geist richtig trainiert ist und alle Verzerrungen beseitigt sind, gibt es keine Hindernisse mehr für das, was wir erfahren können.

Logische Argumentation

Wenn Sie ein Phänomen nicht direkt beobachten können, müssen Sie sich damit begnügen es indirekt zu erkennen. Wir tun dies, indem wir ein konzeptuelles Modell aufbauen, das die gegebenen Phänomene repräsentiert. Auf der Grundlage dieses Modells sind wir fähig logische Schlussfolgerungen zu ziehen, die uns helfen unser Wissen zu erweitern.

Nehmen wir als Beispiel das Feuer. Feuer ist ein offensichtliches Phänomen und deshalb können wir es durch direktes Erleben erkennen. Von dieser Erfahrung ausgehend können wir ihm verschiedene Eigenschaften zuschreiben. Zum Beispiel, dass es Rauch erzeugt, wenn es brennt. Ausgehend von diesem sehr einfachen Modell können wir folgern, dass jedes Mal, wenn wir Rauch sehen, ein entsprechendes Feuer vorhanden sein muss. Auf diese Weise können wir, selbst wenn wir das Feuer nicht direkt wahrnehmen können, es indirekt durch die direkte Wahrnehmung eines Zeichens erkennen, wie etwa des Rauchs, der in den Himmel aufsteigt.

Die Wissenschaft verwendet logisches Denken, um indirekt eine große Vielfalt von Phänomenen zu kennen. Überlegen wir, wie wir dazugekommen sind, die Ursprünge unseres Universums zu kennen. Niemand ist jemals in der Zeit zurückgereist und hat den Urknall erlebt. Statt dessen haben Wissenschaftler mathematische Modelle entwickelt, die es ihnen ermöglichen die kausale Abfolge auf der Grundlage von gegenwärtigen Beobachtungen zurückzuverfolgen.

Damit logisches Denken in unserem Geist eine gewisse Kraft hat, müssen wir Vertrauen in das Modell haben, von dem das Argument abhängt. Vertrauen in ein gegebenes Modell wird entwickelt, wenn direkte Beobachtungen gemacht werden können, um es zu bestätigen. Nehmen wir als Beispiel ein gut entworfenes wissenschaftliches Experiment: Die Wissenschaftlerin erstellt zuerst eine Hypothese – eine Vorhersage für ein bestimmtes Ergebnis basierend auf einem gegebenen Modell. Dann wird ein Experiment durchgeführt, das eine Anzahl direkter Beobachtungen liefert. Diese Beobachtungen werden mit der Hypothese verglichen und entweder unterstützen sie das Modell oder nicht. Mit jeder unterstützenden Beobachtung wächst unsere Überzeugung, dass ein Modell die Realität genau wiedergibt.

Im Buddhismus gilt das Gleiche. Das Modell des Geistes, das wir bisher untersucht haben, ist das Ergebnis umfangreicher Forschungen, die von fortgeschrittenen kontemplativ Praktizierenden durchgeführt wurden. Da sie sich intensiv mit dem Training ihres Geistes beschäftigten, konnten sie immer mehr direkte Beobachtungen machen und viele Phänomene, die anderen verborgen waren, wurden ihnen klar. Dann nutzten sie ihre Beobachtungen, um ein Modell zu erstellen, dass es Menschen ohne die gleiche Schulung ermöglicht, die verborgenen Aspekte des Geistes indirekt zu erkennen. Dieses Modell kann von jedem getestet werden, der bereit ist die kontemplativen Experimente durchzuführen, die in ihren Lehren dargelegt werden.

Vertrauen in eine Autorität

Wie viele Leute haben tatsächlich ein Quark gesehen? Ich denke, für die überwiegende Mehrheit von uns sind Quantenteilchen ein sehr verborgenes Phänomen. Wir haben einfach kein Gefühl dafür, was sie sind oder wie sie existieren. Wir wissen, dass es Modelle gibt, um zu beschreiben, wie die Quanten-Realität funktioniert. Die Modelle werden durch extrem komplexe Mathematik dargestellt, die für den ungeschulten Geist nicht nachvollziehbar ist. Deshalb können wir sie nur durch die Aussage von Leuten erkennen, die die Modelle verstehen und auf der Grundlage dieser Modelle Experimente durchgeführt haben.

Wir nennen diese Leute „Autoritäten". Eine Autorität ist jemand, von dem wir glauben, dass er über ein gültiges Wissen bezüglich eines bestimmten Phänomens verfügt. Wir entwickeln Vertrauen in diese Menschen aus einer Reihe von Gründen:

1. **Erfahrung:** Wenn wir die Ausbildung kennen, die eine Person durchlaufen hat, gewinnen wir Vertrauen in ihren Status als Experte in einem bestimmten Bereich. Hier vertrauen wir sowohl auf das gesamte Wissen, das an diese Person weitergegeben wurde, als auch auf die Erfahrung, die sie durch die Umsetzung dieses Wissens in die Praxis entwickelt hat. Denken Sie daran, welches Vertrauen Sie einer Ärztin entgegenbringen, die seit zwanzig Jahren praktiziert, im Gegensatz zu einem Arzt, der gerade seine medizinische Ausbildung abgeschlossen hat.

2. **Konsistenz:** Wenn wir erlebt haben, dass eine Autorität in Bezug auf Themen, die wir verstehen können, recht hat, haben wir größeres Vertrauen, dass sie auch bei Dingen, die wir nicht verstehen können, recht hat. Ein Beispiel wäre das Vertrauen in die wissenschaftliche Gemeinde. Da die Wissenschaft in unserem Alltag viele konkrete Vorteile hervorgebracht hat, haben die meisten Menschen kein Problem damit, „wissenschaftlichen Fakten" zu vertrauen. Dies geschieht trotz einem minimalen oder gar keinem Verständnis für die Wissenschaft hinter diesen Fakten.

3. **Motivation:** Der Grad des Vertrauens, den wir jemandem entgegenbringen, hängt auch wesentlich von der wahrgenommenen Motivation ab, weshalb diese Person eine bestimmte Information teilt. Wenn sich die Person als vertrauenswürdig erwiesen hat und wir sehen, dass sie uns wirklich helfen will, ist es viel leichter das, was sie sagt, als wahr zu akzeptieren. Zumindest erkennen wir ihre Aufrichtigkeit in Bezug auf ihr Wissen und daher denken wir nicht, dass sie versucht uns zu täuschen.

Es liegt dann an uns zu entscheiden, ob wir ihrer Idee vertrauen oder nicht. Nehmen Sie als Beispiel zwei Menschen, die Ihnen ein bestimmtes Medikament empfehlen. Auf der einen Seite gibt es einen Vertreter eines Pharmaunternehmens, der uns sein neuestes Produkt verkaufen möchte. Auf der anderen Seite hat man einen Freund, der Biochemiker ist und glaubt, dass Ihnen dieses Medikament helfen kann. Wem würde man mehr vertrauen?

Wie wir in unserem Studium des Buddhismus entdecken werden, gibt es viele Vorstellungen von Phänomenen, die wir zu diesem Zeitpunkt nicht direkt wahrnehmen können. Einige dieser Vorstellungen können indirekt durch logisches Denken bewiesen werden, aber nur, wenn man Vertrauen in die vorgestellten Modelle entwickelt.

Wenn wir die Qualitäten des historischen Buddha (die Quelle dieser Modelle) betrachten, können wir zu verstehen beginnen, warum er als gültige Informationsquelle betrachtet wird. Erstens können wir sehen, dass alle seine Einsichten aus seiner direkten Erfahrung während eines intensiven Trainings als kontemplativer Praktizierender entstanden sind. Er entwickelte die Bedingungen, dass diese Erfahrungen in mehr als sechs Jahren engagierter Forschung entstehen konnten, gefolgt von weiteren vier Jahrzehnten, in denen er diese Erkenntnisse in die Praxis umsetzte. Seither werden seine Lehren von Millionen von Menschen im Laufe von mehr als zweitausend Jahren praktiziert, was beweist, dass sie effizient und imstande sind die behaupteten Ergebnisse zu produzieren. Schließlich ist Buddhas Motivation letztendlich eine des höchsten Mitgefühls, durch das jedes gelehrte Wort speziell dazu ersonnen wurde Leid zu lindern. Aus diesen Gründen wird der Buddha als eine echte und vertrauenswürdige Autorität betrachtet.

Glücklicherweise hielt der Buddha selbst nichts von einem blinden Glauben. Stattdessen ermutigte er seine Schüler seine Lehren in die Praxis umzusetzen und selbst zu sehen, welchen Nutzen sie daraus ziehen könnten. Im Allgemeinen ist es dann besser für neue Ideen offen zu sein; sie als eine Art „Arbeitshypothesen" zu betrachten. Dann können wir sie im Laufe der Zeit mit unserer eigenen Erfahrung testen und mehr Vertrauen in ihre Wahrheit entwickeln.

Phänomen	Art der Wahrnehmung	Beziehung	Sicherheitsgrad
Offensichtlich	Direkte Wahrnehmung	Direkt	Stark
Verborgen	Logische Erklärung	Indirekt (durch **konzeptuelle** Modelle)	Mittel
Sehr versteckt	Vertrauen in Autoritäten	Indirekt (durch Vertrauen)	Schwach

Tabelle 2-2: Arten, die Realität zu erkennen.

DESTRUKTIVE EMOTIONALE ZUSTÄNDE BEWÄLTIGEN

Durch unser Studium der buddhistischen Psychologie waren wir in der Lage, die wesentlichen Mechanismen zu erkennen, wie unsere Erfahrung entsteht. Wir haben ein theoretisches Verständnis geschaffen für unsere verschiedenen Arten von Erfahrungen und für die verschiedenen Arten, wie wir diese Erfahrungen verstehen. Jetzt ist es an der Zeit, all diese Theorie in die Praxis umzusetzen. Wir müssen lernen, wie wir diese Ideen in unser Leben integrieren, damit sie uns helfen können, die Qualität unserer gelebten Erfahrungen zu verbessern. Um dies zu erreichen, werden wir uns die sechs Wurzelverblendungen genauer ansehen, um spezifische Strategien zur Reduzierung ihres zerstörerischen Einflusses zu identifizieren.

Der allgemeine Ansatz besteht darin, sich mit bestimmten heilsamen Geisteszuständen vertraut zu machen, die als Gegenmittel gegen die Geistesgifte wirken. Das Training ist ziemlich einfach:

1. Finden Sie heraus, welche Verblendungen in Ihrer Erfahrung auftreten.

2. Entwickeln Sie die Gegenmittel gegen diese Verblendungen in einem formellen Training.

Durch diesen Prozess wenden wir effektiv eine Gegenkraft gegen die verblendeten Geisteszustände an. Mit Beharrlichkeit werden wir das Geistesgift so sehr schwächen, dass es nicht mehr die Fähigkeit hat, uns zu überwältigen. Dies wird ein größeres Selbstvertrauen angesichts von Schwierigkeiten bringen und uns letztendlich zu größerer Stabilität und Gelassenheit im Leben verhelfen.

Die sechs Wurzelverblendungen und ihre Gegenmittel

Zu Beginn des Trainings liegt der Fokus auf der Entwicklung der Klarheit darüber, was die einzelnen Geistesgifte sind und welche Gegenmittel verwendet werden können, um ihrem Einfluss entgegenzuwirken.

Anhaftung

Anhaftung tritt dann auf, wenn wir ein Objekt festhalten oder uns zu innig daran anklammern. Das Objekt kann eine Person, ein Gefühl, ein bestimmter materieller Besitz oder sogar eine Idee sein. Was immer es ist, Anhaftung bewirkt, dass wir uns sozusagen anketten und die wünschenswerten Eigenschaften dieses Objekts übertreiben. Das erzeugt ein heftiges Verlangen, den Gegenstand zu besitzen oder ihn niemals loszulassen. Die Natur der Anhaftung schränkt unsere Sichtweise ein und macht uns blind für ihre Auswirkungen auf uns und unsere Mitmenschen.

Das Problem der Anhaftung besteht darin, dass sie ein Trugbild aufbaut, das vom Objekt nicht erfüllt werden kann. Wir fangen an, das Objekt als eine wahre Quelle des Glücks zu sehen, und wir leiden, wenn sich dieser Glaube unweigerlich als falsch erweist. Denken Sie zum Beispiel an das, was wir oft als „romantische Liebe" bezeichnen. Wenn man sich verliebt, sieht man nur die positiven Eigenschaften des Partners. Man sieht den Partner als perfekt an und glaubt, dass die Art und Weise, wie man sich fühlt, ein direktes Ergebnis des Zusammenseins ist. Anfangs ist man unzertrennlich, aber im Laufe der Zeit bemerkt man kleine Mängel. Sie sind zunächst unbedeutend, weil die Anhaftung noch sehr stark ist. Irgendwann werden die Unvollkommenheiten jedoch größer und die Scheinwelt, die man aufgebaut hat, bricht zusammen. Wenn man eine realistischere Sichtweise auf den/die PartnerIn entwickeln kann, besteht die Chance einer längeren Beziehung. Wenn man sich jedoch an das Fantasiebild anklammert, ist es unwahrscheinlich, dass die Erwartungen erfüllt werden, und eine Trennung ist fast sicher.

Das Gegenmittel zur Anhaftung ist, eine realistischere Sichtweise auf das Objekt des Anhaftens aufzubauen anstatt die Fantasie anzuheizen. Warten Sie nicht, bis die Blase zerplatzt; betrachten Sie stattdessen die unbeständige

Natur des Objekts und wie es sich im Laufe der Zeit verändert. Stellen Sie sich das Objekt in verschiedenen Situationen vor und wie es nicht immer so sein wird wie jetzt. Bleiben wir noch beim Beispiel der romantischen Liebe. Um eine gesündere und ausgewogenere Beziehung zum Partner/zur Partnerin aufzubauen, sollte man über ihre negativen Eigenschaften nachdenken und sich bewusst sein, dass der oder die PartnerIn nicht perfekt ist und dass deren Unvollkommenheiten ebenso ein Teil von ihnen ist wie die Eigenschaften, für die man sie so sehr liebt. Allgemein gesagt, versuchen Sie ein umfassenderes Verständnis für das Objekt der Anhaftung zu entwickeln, welches mehr Eigenschaften des Objektes berücksichtigt als nur die, denen man verhaftet ist.

Übung 2.3 – Sich in der Realität erden

- *Sitzen Sie für einige Momente still, um den Geist zu beruhigen.*

- *Bestimmen Sie ein physisches Objekt, an dem Sie sehr hängen. Es sollte etwas sein, von dem Sie sich nur schwer trennen könnten.*

- *Denken Sie jetzt an die verschiedenen Eigenschaften dieses Objekts. Beginnen Sie mit allem, was Sie daran lieben. Dadurch manifestiert sich die Anhaftung. Beobachten Sie, wie es sich anfühlt.*

- *Betrachten Sie nun die Eigenschaften des Objekts, die Sie nicht für so großartig halten. Denken Sie über die verschiedenen Unvollkommenheiten nach oder über die verschiedenen Möglichkeiten, wie es besser sein könnte. Nachdem Sie einige Zeit mit dem Nachdenken über die Fehler dieses Objekts verbracht haben, beobachten Sie, wie Sie sich jetzt dem Objekt gegenüber fühlen.*

- *Nehmen Sie sich etwas Zeit, um ein Gefühl für das Gleichgewicht zwischen den Eigenschaften zu finden, zu denen Sie sich hingezogen fühlen, und denjenigen, die Sie als unbefriedigend empfinden. Betrachten Sie die Gesamtheit des Objektes, nicht nur einen Aspekt. Sehen Sie sich an, wie sich dieses Objekt im Laufe der Zeit verändert hat.*

- *Lassen Sie alle Gedanken wieder los und ruhen Sie sich einen Augenblick aus.*

Abneigung

Ärger, Angst, Groll und Hass sind alle Manifestationen von Abneigung. Sie können sich die Abneigung als das Gegenteil der Anhaftung vorstellen. Anstatt nach den wünschenswerten Eigenschaften eines Objekts zu greifen, ergreifen wir stattdessen die unerwünschten. Wie beim Anhaften bauen wir ein Fantasiebild auf, nur versuchen wir diesmal uns zu überzeugen, wie schrecklich das Objekt ist. Die Natur der Abneigung besteht darin, das Objekt abzulehnen und davon wegzukommen.

Wir können das in dem Moment sehen, wenn jemand etwas tut, das uns beleidigt, indem er vielleicht etwas sagt, das unsere Gefühle verletzt. Unser Geist reagiert auf den Schmerz, indem er sich eine Geschichte über diese Person erzählt: „Warum war er so gemein zu mir? Was habe ich ihm denn getan? Er ist so eine selbstsüchtige und lieblose Person. Ich wünschte, jemand würde ihn so verletzen, wie er mich. Er verdient es nicht glücklich zu sein." Sehr schnell wachsen Wut und Hass im Geist, bis wir die andere Person vollständig dämonisiert haben. Manchmal kann es so aus dem Ruder laufen, dass wir jahrelang an diesem Groll festhalten und uns die ganze Zeit unglücklich fühlen.

Und das ist das wahrhaft Traurige am Hass. Die einzige Person, die er verletzt, ist die Person, die den Hass in ihrem Geist behält. Solange wir es zulassen, dass Abneigung unser Leben beherrscht, können wir nicht das Gefühl von Frieden erfahren. Das Gegenmittel gegen Abneigung besteht darin, ein Gefühl größerer Verbindung oder Nähe zum Objekt unserer Abneigung zu entwickeln. Wenn das eine Person ist, können wir darüber nachdenken, dass sie genau wie wir glücklich und frei von Leiden sein will. Der Grund, warum sie um sich schlägt, ist, dass sie verwirrt ist und von geistigen Verblendungen beherrscht wird. Auf dieser Basis können wir Mitgefühl für sie entwickeln. Anstatt sie abzulehnen können wir den Wunsch hegen, dass sie echtes Glück und Wohlbefinden erfahren möge, sodass sie aufhören kann, andere zu verletzen.

Es wird natürlich einige Leute geben, bei denen es uns sehr schwer fällt Mitleid mit ihnen zu empfinden. Vielleicht haben wir das Gefühl, dass ihr Verhalten so abscheulich ist (wie etwa bei einem Serienmörder), dass sie unser Mitgefühl nicht verdienen. Mitleid mit jemandem zu empfinden bedeutet nicht, dass man sein Verhalten gutheißt. Es bedeutet, dass man erkennt, dass die Person krank ist und leidet. Man versucht den aufrichtigen Wunsch zu entwickeln, dass sie von dieser Krankheit befreit werden möge, denn nur dann wird sie aufhören diese schrecklichen Dinge zu tun. Wenn wir mit schwierigen Menschen arbeiten, müssen wir klein anfangen und unsere Fähigkeit aufbauen. Wenn wir lernen mit geringfügigen Ärgernissen zu arbeiten, können wir letztendlich unser Mitgefühl aufbauen und lernen, mit denen Frieden zu schließen, bei denen wir erfahren haben, dass sie uns selbst oder andere tief verletzt haben.

Übung 2.4 – Mitgefühl mit jenen, die uns verletzen

- *Sitzen Sie für einige Momente still, um den Geist zu beruhigen.*

- *Denken Sie an eine Situation, in der das Gefühl auftauchte, dass jemand Sie störte oder verärgerte. Erstellen Sie das Szenario im Geist neu und fügen Sie so viele Details wie möglich dazu, damit die Erfahrung im Geist lebendig wird. Ohne sich überwältigen zu lassen, lassen Sie zu, dass Abneigung entsteht, und beobachten Sie, wie es sich anfühlt.*

- *Konzentrieren Sie sich jetzt auf diese Person. Warum glauben Sie, hat sie getan, was sie getan hat? Was nahm die Person aus ihrer Sichtweise wahr und was bewegte sie? Was nahmen Sie wahr und was glauben Sie, was geschehen ist?*

- *Versuchen Sie ein Gefühl für den Geisteszustand dieser Person zu bekommen. Können Sie das Vorhandensein von Verblendungen feststel-*

len? Wenn ja, welche? Wie haben diese Verblendungen die Handlungen motiviert, die Ihre Gefühle ausgelöst haben?

- *Nun stellen Sie sich das gleiche Szenario vor, wenn diese Person von diesen Verblendungen frei gewesen wäre. Glauben Sie, dass sie auf die gleiche Weise gehandelt hätte? Wie hätte sich dieses Szenario anders abgespielt haben können?*

- *Indem Sie den verzerrten Einfluss der Verblendungen auf diese Person erkennen, lassen Sie den Wunsch entstehen, dass diese Person frei von diesen zerstörerischen Geisteszuständen sein möge.*

- *Ruhen Sie Ihren Geist für einige Momente aus.*

Unkenntnis der Wahrheit

Es gibt zwei Arten von Unwissenheit, die wir berücksichtigen müssen: die Unkenntnis der Wahrheit und die falsche Sichtweise. Die Unkenntnis der Wahrheit bezieht sich auf ein bloßes „Nicht-Wissen" darüber, wie die Realität tatsächlich existiert. Da wir bestimmte Phänomene nicht kennen, können wir nicht verstehen, was in unserer Erfahrung vor sich geht, und deshalb treffen wir unkluge Entscheidungen.

Ein gutes Beispiel dafür ist unsere Unkenntnis über das Gesetz von Ursache und Wirkung. Die meisten von uns sind sich nicht bewusst, welche Arten von Handlungen zu welchen Ergebnissen führen, und daher verwickeln wir uns irrtümlicherweise in alle möglichen Aktivitäten, die genau das Gegenteil von dem bringen, was wir suchen.

Das Gegenmittel zu dieser Art von Unwissenheit besteht darin, sich durch Lernen und Nachdenken mit den Lehren vertraut zu machen. Im Augenblick machen Sie genau das. Allein in diesem Kapitel haben Sie etwas über die Natur des Geistes gelernt. Hoffentlich hilft Ihnen das erworbene Wissen, mit Erfahrungen konstruktiver umzugehen.

Übung 2.5 – Gelegenheiten zum Lernen erkennen

- *Sitzen Sie für einige Momente still, um den Geist zu beruhigen.*

- *Betrachten Sie Ihre gegenwärtige Situation. In welcher Umgebung leben Sie derzeit? Mit welchen Aktivitäten beschäftigen Sie sich derzeit? Welchen Menschen begegnen Sie?*

- *Mit welchen Problemen sind Sie in diesem Zusammenhang konfrontiert? Identifizieren Sie eine Reihe von Beispielen in Ihrem Leben, von denen Sie glauben, dass sie verbessert werden könnten. Berücksichtigen Sie all Ihre Hoffnungen und Träume und was Sie Ihrer Meinung nach brauchen, um sie verwirklichen zu können.*

- *Welches Wissen fehlt, wodurch Ihre Fähigkeit eingeschränkt wird, diese Hindernisse zu überwinden oder Ihre Ziele zu erreichen? Nennen Sie einige Themen, von denen Sie glauben, es wäre hilfreich, mehr darüber zu erfahren.*

- *Überlegen Sie, wie Sie mehr über diese Themen erfahren könnten. Könnten Sie einen Kurs besuchen oder ein Buch kaufen? Kennen Sie jemanden, mit dem Sie über diese Themen sprechen könnten? Denken Sie an die verschiedenen Informationsquellen, auf die Sie Zugriff haben und fassen Sie den Entschluss, weiter nachzuforschen.*

Falsche Sichtweise

Die zweite Form der Unwissenheit ist die Unkenntnis darüber, dass man an einer falschen Sichtweise festhält. Mit dieser Art von Unwissenheit haben wir nicht nur keine Kenntnis der Realität, wie sie wirklich ist (Unkenntnis der Wahrheit), sondern wir glauben sogar, dass sie auf eine falsche Art und Weise existiert. Es ist eine aktive falsche Vorstellung der Realität. Wir können falsche Ansichten durch unsere Kultur oder durch falsche Interpretation unserer Erfahrungen entwickeln.

Zwei sehr verbreitete Formen der falschen Sicht sind, den Dingen zu viel Existenz beizumessen (was Eternalismus genannt wird) oder zu wenig (was Nihilismus genannt wird). Beide Ansichten verursachen ein verzerrtes Verständnis der Realität. Wenn wir verzerrte Annahmen verwenden, haben auch alle Konzepte, die wir darauf aufbauen, die gleiche Verzerrung. Dies führt dazu, dass wir unsere Erfahrung drastisch falsch interpretieren, und das hindert uns daran die Wahrheit zu erkennen. Es ist dieser alles durchdringende Einfluss, der die falsche Sicht zur Wurzel für viele andere Verblendungen macht.

Das Gegenmittel gegen das Arbeiten mit einer falschen Sichtweise besteht darin, diese falsche Sichtweise mit logischer Beweisführung oder direkter Erfahrung in Frage zu stellen. Weil eine falsche Sichtweise nur eine Erfindung des Geistes ist, wird sie nicht von der Realität gestützt. Wenn wir tatsächlich untersuchen, wie Dinge existieren, zerbricht die falsche Sichtweise, da sie der Analyse nicht standhalten kann.

Übung 2.6 – Die Nicht-Existenz infrage stellen

- *Sitzen Sie für einige Momente still, um den Geist zu beruhigen.*

- *Denken Sie an eine Idee, von der Sie sicher oder zumindest ziemlich sicher sind, dass sie nicht existiert. Stellen Sie sich vor, jemand würde zu Ihnen kommen und über diese Idee zu sprechen beginnen. Vielleicht ist es die Idee, dass unser Geist eine ewige Kontinuität ist, die Leben für Leben wiedergeboren wird. Vielleicht ist es die Idee, dass alle Phänomene von sich aus physischer Natur sind. Versuchen Sie Ihre erste Reaktion darauf zu erkennen, ob Sie an die gewählte Idee glauben oder nicht.*

- *Überlegen Sie nun die Gründe, warum Sie (nicht) an diese Idee glauben. Bestimmen Sie alle Argumente, warum dieses Phänomen eben existieren kann oder nicht.*

- *Wechseln Sie dann die Positionen und versuchen Sie sich vorzustellen, dass Sie die Idee verteidigen. Wie würden Sie auf jedes der Argumente antworten? Welche Gründe könnten Sie sich vorstellen, warum jemand an diese Idee (nicht) glauben sollte?*

- *Welche der beiden Seiten (Herausforderer und Verteidiger) haben Ihrer Meinung nach die größere Überzeugungskraft? Hat der Analyseprozess Ihren Glauben an die Idee gestärkt oder geschwächt? Wenn Sie sich so sicher waren, dass etwas nicht existiert, könnten Sie sich jetzt mit dem Gedanken anfreunden, dass dies möglich sein könnte? Versuchen Sie ein Gefühl für die Richtung zu bekommen, in die sich Ihr Geist bewegt.*

- *Ruhen Sie den Geist für ein paar Augenblicke aus.*

Stolz (Arroganz)

Dieses Geistesgift manifestiert sich als ein Weg, um das Ego zu schützen. Wir alle haben bestimmte Eigenschaften, mit denen wir uns identifizieren. Im Laufe der Zeit halten wir uns an diesen Qualitäten fest und betrachten sie als besser als die der anderen Menschen. Die Natur des Stolzes besteht darin, zu isolieren und sich von den anderen in der Umgebung zu trennen.

Wenn wir größeres Selbstvertrauen entwickeln wollen, kann ein gewisser Grad Stolz auf die eigenen Fähigkeiten vorteilhaft sein. Das Problem ist, wenn Sie eine Haltung der Verachtung oder der Respektlosigkeit gegenüber anderen einnehmen, kann das dann zu allen Arten von Dünkel und übersteigertem Selbstvertrauen führen. Wenn wir zu diesem Extrem kommen, hören wir auf, von anderen zu lernen. Wir verschließen uns und verkümmern.

Das Gegenmittel gegen Stolz ist, größere Demut zu entwickeln. Wir können dies tun, indem wir sehr komplexe Themen betrachten, über die wir nichts wissen. Hier ist das Ziel, Ihre eigenen Grenzen zu erkennen. Indem Sie den Wunsch pflegen, von anderen zu lernen, stellen Sie sich direkt gegen eine Haltung, die glaubt alles zu wissen.

Eine andere nützliche Technik ist, über die vielen Arten nachzudenken, wie Sie von anderen abhängen. Durch Erkennen der Wohltaten, die Sie von anderen Menschen erhalten, lernen Sie deren Anwesenheit in Ihrem Leben zu schätzen. Dies stärkt das Zusammengehörigkeitsgefühl und hilft, alle auf die gleiche Ebene zu bringen.

Übung 2.7 – Dankbarkeit für die, die Ihnen helfen

- *Sitzen Sie für einige Momente still, um den Geist zu beruhigen.*

- *Stellen Sie sich alle Ihre besten Eigenschaften vor. Denken Sie an alles, was Sie wirklich besonders und einzigartig macht. Inwiefern sind Sie besser als andere? Lassen Sie ein Gefühl von Stolz entstehen. Wie fühlt es sich an?*

- *Jetzt betrachten Sie all ihre Schwächen. Betrachten Sie die Bereiche des Lebens, in denen Sie nicht besonders geschickt sind. Denken Sie an Beispiele von Leuten, die in gewissen Bereichen besser sind als Sie. Hegen Sie Wertschätzung für ihre Talente. Wie fühlt es sich an?*

- *Wenn Sie zurückblicken, wie haben Sie die Eigenschaften erworben, auf die Sie stolz sind? Haben sich diese Eigenschaften auf natürliche Weise manifestiert oder haben sie sich im Laufe der Zeit entwickelt? Wer hat Ihnen geholfen, sie zu entwickeln? Denken Sie an die Rolle, die Ihre Eltern und Lehrer gespielt haben, um Sie auf Ihrem Weg zu unterstützen. Denken Sie an all die Leute, die es Ihnen ermöglichten, die Erfahrungen zu sammeln, die Sie zum Lernen brauchten. Stellen Sie sich vor, wie ihr Leben verlaufen wäre, hätten sie Ihnen nicht geholfen, als Sie es brauchten. Lassen Sie ein Gefühl der Dankbarkeit diesen Leuten gegenüber entstehen.*

- *Wenn sich Ihr Fokus von Ihnen weg und zu den anderen hin verlagert, stellen Sie fest, ob dieses Gefühl des Stolzes noch stark ist.*

- *Ruhen Sie den Geist für ein paar Augenblicke aus.*

Verblendeter Zweifel

Die Menschen betrachten den Zweifel oft nicht als schwerwiegende Verblendung, aber in der Tat ist es ein sehr negativer Geisteszustand. Um irgendetwas zu erreichen, müssen wir davon überzeugt sein, dass wir unser Ziel erreichen können. Handlungen mit Zögern oder Bedenken auszuführen, kann sie abschwächen und uns dazu führen, dass wir auf halbem Wege aufgeben. Wenn wir uns auf Aktivitäten nie vollständig einlassen, können wir die Vorteile nie voll ausnutzen, die diese Aktivitäten bieten. Wir müssen uns dieser Art von Zweifel bewusst sein.

Nehmen wir an, Sie möchten lernen, wie man meditiert: Sie beginnen in einen Meditationskurs zu gehen, wo Sie verschiedene Techniken lernen. Sie fühlen sich gut, wenn Sie sie anwenden. Sie sind sich aber nicht sicher, ob Sie auch Zeit dem Üben widmen möchten. Es gibt einfach so viel zu tun und Sie glauben nicht, dass Sie imstande sind die Zeit dafür aufzubringen. Da das Vertrauen fehlt, sich dem wirklich zu widmen, üben Sie nur ab und zu. Das Ergebnis ist, dass die Praxis niemals wirklich an Schwung gewinnt. Am Ende verlieren Sie das Interesse und versuchen etwas anderes.

So funktioniert der Zweifel. Er saugt die Kraft aus Ihren Handlungen und bewirkt, dass Sie ständig hin und her springen. Ohne Überzeugung können Sie nicht bei der Sache bleiben. Sie driften immer ab und bringen nie etwas fertig. Das Gegenmittel zu dieser problematischen Haltung ist es, Zeit zu investieren, um Vertrauen in Ihre Aktivitäten zu entwickeln. Sie können die verschiedenen Vorteile in Betracht ziehen, die eine Handlung bringen wird. Sich vorzustellen, was Sie alles tun können, wenn Sie die Aktivität abgeschlossen haben, wird Ihrer Entschlossenheit Energie hinzufügen und Ihnen die Kraft geben, angesichts der Zweifel nicht zu zögern. Anstatt eine sinnvolle Vorgehensweise aufzugeben, lernen Sie angesichts von Schwierigkeiten durchzuhalten und das zu beenden, was Sie begonnen haben.

Übung 2.8 – Die Überzeugung stärken

- *Sitzen Sie für einige Momente still, um den Geist zu beruhigen.*
- *Wählen Sie etwas, wonach Sie sich persönlich sehnen; etwas, was Sie schon immer machen wollten, wozu Sie aber nie wirklich gekommen sind. Vielleicht möchten Sie eine regelmäßige Meditationspraxis ent-*

wickeln oder die Neigung, wütend zu werden, abbauen. Vorzugsweise ist es etwas, das einige Zeit in Anspruch nehmen wird; etwas, das erhebliche Anstrengungen erfordert.

- *Stellen Sie sich alle Vorteile vor, wenn Sie dieses Ziel erreichen. Ermitteln Sie die Gründe, warum diese Aktivität für Sie eine gute Sache wäre. Wie wird es Ihnen im Leben helfen?*

- *Bedenken Sie nun alle Nachteile, wenn Sie das Ziel nicht verfolgen. Welchen Problemen werden Sie begegnen? Wie wird Nichtstun die gegenwärtige Situation verändern?*

- *Stellen Sie sich Ihr Leben vor, nachdem dieses Ziel erreicht ist. Stellen Sie sich das Wissen vor, dass Sie erworben haben. Stellen Sie sich die Fähigkeit vor, die Sie entwickelt haben werden. Hauchen Sie dieser Vision so viel Leben ein wie möglich und stärken Sie die Sehnsucht, diese mögliche Zukunft Wirklichkeit werden zu lassen.*

- *Ruhen Sie den Geist für ein paar Augenblicke aus.*

Wenn Sie mit jeder dieser Meditationen in regelmäßigen Sitzungen arbeiten, kann das helfen verblendete Geisteszustände zu schwächen, sodass sie in Ihrem alltäglichen Erleben nicht mehr so stark auftreten. Denken Sie daran, dass unsere Gewöhnung an diese Geistesfaktoren sehr stark ist, und rechnen Sie daher damit, dass dieser Prozess einige Zeit brauchen wird. Wenn Sie aber sowohl geduldig als auch konsequent sind, werden Sie sicher Resultate sehen.

Verblendung	Gegenmittel
Anhaftung	Kontemplation über die Mängel der Objekte oder ihre unbeständige Natur
Abneigung	Kontemplation über liebende Güte und Mitgefühl
Unwissenheit	Studium und Reflektion der Lehren
Falsche Sichtweise	Fordern Sie Ihre Sichtweise durch logische Argumentation und Meditation über die Natur der Realität heraus.
Stolz	Kultivierung von Demut und Bewußtheit der gegenseitigen Abhängigkeit
Verblendeter Zweifel	Entwicklung von Vertrauen und Hingabe

Tabelle 2-3: Zusammenfassung der Wurzelverblendungen und ihrer Gegenmittel.

ZUSAMMENFASSUNG

- Geistesfaktoren sind sekundäre Arten von Geist, die die Beziehung zwischen einem bestimmten Subjekt und einem bestimmten Objekt beschreiben.

- Es gibt sechs Kategorien von Geistesfaktoren: allgegenwärtige Geistesfaktoren, objektbestimmende Geistesfaktoren, Wurzelverblendungen, sekundäre Verblendungen, tugendhafte Geistesfaktoren und veränderliche Geistesfaktoren.

- Wir müssen uns auf gültige Wahrnehmungen verlassen, damit wir möglichst konstruktive Entscheidungen in Bezug auf die in unserer Erfahrung auftauchenden Situationen treffen können.

- Es gibt drei Arten von Phänomenen, die wir wahrnehmen können: offensichtliche, verborgene und sehr verborgene.

- Es gibt drei entsprechende Formen der gültigen Wahrnehmung: direkte Wahrnehmung, logisches Denken und Vertrauen in die Autorität. Offensichtliche Phänomene können wir durch direkte Wahrnehmung erkennen. Verborgene Phänomene können wir indirekt durch logische Schlussfolgerung erkennen. Sehr verborgene Phänomene können wir indirekt erkennen, indem wir verlässlichen Quellen glauben.

- Um mit den Verblendungen zu arbeiten, müssen wir zunächst feststellen, wann eine Verblendung entstanden ist. Sie können auch Ihre eigene Erfahrung überprüfen, um Muster zu erkennen und Erkenntnisse daraus zu ziehen. Wenn Sie einige Problembereiche identifiziert haben, können Sie über die Gegenmittel gegen diese Verblendungen nachdenken. Je vertrauter Sie mit den Gegenmitteln sind, desto schwächer wird die Verblendung werden.

- Es gibt sechs Wurzelverblendungen: Anhaftung, Abneigung, Unwissenheit, falsche Sichtweise, Stolz und verblendeter Zweifel.

KAPITEL DREI

Wie man meditiert

Die buddhistische Psychologie ist großartig, wenn es darum geht, mehr Bewusstsein dafür zu schaffen, wie wir mit unserem Geist umgehen. Sie ist jedoch insofern begrenzt, da die Erkenntnisse in direktem Zusammenhang mit der Geistesqualität stehen, die wir gerade haben. Wenn unser Geist von Dumpfheit, Zerstreutheit oder jeglicher Art unkontrollierter Emotionen überwältigt wird, ist die Qualität der Informationen im besten Fall oberflächlich. Um auf eine tiefere Ebene des Verständnisses zu gelangen, müssen wir neue Methoden erlernen, um unseren Geist zu einem effektiveren Analysewerkzeug zu machen.

Meditation kann dazu verwendet werden, um unseren Geist zu reinigen und zu verfeinern. Auf einer Ebene kann es zu einem ausgeglicheneren, ruhigeren und friedlicheren Leben beitragen, während es uns auf einer tieferen Ebene helfen kann, einen unglaublich starken und fokussierten Geist zu entwickeln. Wenn, aus buddhistischer Sicht, diese beiden Aspekte zusammengebracht werden und mit der Entwicklung von größerem Mitgefühl und dem Loslassen der Anhaftung an weltliche Belange kombiniert werden, haben sie das Potenzial, uns zur Entdeckung unserer eigenen erleuchteten Natur zu führen.

Das ist möglich, weil Meditation direkt mit dem geistigen Bewusstsein arbeitet, das nicht-physischer Natur ist. Da das geistige Bewusstsein nicht wie die verschiedenen Arten von Sinnesbewusstsein durch den physischen Körper begrenzt ist, hat es das Potenzial, sich bis zu einem unendlichen Grad an Subtilität zu verfeinern. Aus diesem Grund kann die Meditationspraxis zu wahrhaft außergewöhnlichen Ergebnissen führen.

WAS IST MEDITATION?

In den letzten Jahrzehnten hat die Meditation auf der ganzen Welt langsam an Beliebtheit gewonnen und viele Menschen haben von den vielen Vorteilen für die Gesundheit und als Stressmanagement erfahren. Leider wird die Bedeutung von Meditation im Allgemeinen missverstanden, wird begrenzt und häufig grob vereinfacht. Meditation ist viel mehr als nur sich hinzusetzen, um sich zu entspannen. Meditation ist wie ein riesiger Ozean, der eine erstaunliche Schatzkammer verschiedener Fertigkeiten und Methoden umfasst.

Aus buddhistischer Sicht wird Meditation am besten als die technologische Grundlage für die *Wissenschaft vom Geist* beschrieben. Sie ist das Elektronenmikroskop, das den kontemplativen Praktizierenden ermöglicht, tief in ihre eigene Erfahrung zu blicken und wertvolle Einsichten in die Natur ihrer Realität zu erhalten. So wie ein Wissenschaftler die Welt durch verschiedene Technologien beobachten kann, so kann auch ein Kontemplativer Beobachtungen unter Verwendung verschiedener Meditationsstile machen. Unabhängig von der Form der Meditationspraxis ist der Zweck immer die direkte Beobachtung von Erfahrungen, um einen Prozess der persönlichen Selbstfindung zu ermöglichen.

Das tibetische Wort für Meditation ist *Gom* und bedeutet „Gewöhnung" und den Prozess des „vertraut Werdens". Es bedeutet zu lernen, die wahre Natur der Erfahrung zu erkennen und sich daran zu gewöhnen. Einfacher ausgedrückt heißt es, uns selbst durch die Arbeit mit unserem Geist zu verstehen. Wenn Sie Meditation praktizieren, gewöhnen Sie sich immer mehr an ein wahreres Gefühl dafür, wer Sie sind, und machen diese Sichtweise solider und stabiler. Anstatt nur etwas Intellektuelles zu sein, kann diese Ansicht dann Teil Ihrer lebendigen Realität werden und die Entwicklung von tieferer Weisheit und tieferem Mitgefühl ermöglichen.

Grundsätzlich können wir Meditation als ein Werkzeug betrachten, um das geistige Wohlbefinden zu kultivieren und ein besseres Gleichgewicht in unserem Leben zu erreichen. Nehmen wir zum Beispiel die gewohnte Anspannung, die wir in unserem Körper mit uns tragen. Diese Anspannung entsteht aus einer Kombination spezifischer kultureller Einflüsse und eines zwanghaften Flusses ungesunder Denkmuster. Unsere mentalen Zustände bewirken im Wesentlichen, dass Energie in verschiedenen Teilen des Körpers eingeschlossen wird, was zu Unbehagen und allgemeinem Mangel an Wohlbefinden führt. Durch Meditation ist es möglich, diese diskursiven Gedanken zu beruhigen und eine ausgewogene Perspektive zu finden, aus der heraus wir uns mit der Welt verbinden können. Dieses Gleichgewicht bringt größere Leichtigkeit in unsere Körper, wodurch wiederum die aufgestaute Energie freigesetzt wird, was uns ermöglicht effektiver und mit klarerem Geist zu handeln.

Obwohl Stressabbau sehr wohltuend sein kann, ist es wichtig zu wissen, dass dies nicht der Hauptzweck der Meditation ist. Aus buddhistischer Sicht muss unser Ziel immer darin bestehen, über die oberflächlichen Erfahrungen der Glückseligkeit hinauszugehen und die Art und Weise, wie wir mit unseren täglichen Erfahrungen umgehen, durch Meditation völlig zu verändern. Auf diese Weise ist die Meditation keine Flucht vor der Härte der Realität sondern eine Möglichkeit, sich intensiver mit allem zu beschäftigen, was im Leben geschieht.

KATEGORIEN DER MEDITATION

Wenn wir die breite Palette von Meditationstechniken betrachten, können zwei allgemeine Kategorien von Übungen unterschieden werden:

1. **Meditation des ruhigen Verweilens (Shamatha):** Diese erste Kategorie bezieht sich auf eine Sammlung von Techniken, die dazu dienen, einen besonders fokussierten und flexiblen Geist zu entwickeln, der als einspitzige Konzentration bekannt ist. Die wesentliche Natur dieser Praktiken besteht darin, den Geist zu trainieren, seine volle Aufmerksamkeit auf ein ausgewähltes Objekt zu lenken, solange es der Meditierende wünscht. Das Objekt, das verwendet wird, kann bei verschiedenen Meditationstechniken erheblich variieren. Diese Form der Meditation kann mit der Entwicklung eines laserähnlichen Geistes verglichen werden, mit dem äußerst genaue Beobachtungen des Geistes gemacht werden können.

Der Name Shamatha (wörtlich „ruhiges Verweilen") wird auch verwendet, um den Zustand zu beschreiben, der als Resultat dieser Techniken erzeugt wird. Wenn der Meditierende in dieser Praxis voranschreitet, ruht sein grober Geist und offenbart immer subtilere Ebenen des Geistes. Wie ein Taucher, der durch die turbulenten Wellen der Oberfläche hinabtaucht, kann er in den ruhigen, unbewegten Tiefen des Ozeans verweilen. Was wir „Shamatha erreichen" nennen, bedeutet, dass der Meditierende sein Gewahrsein im Grundbewusstsein ruhen lässt. Dieser Zustand wird als glückselig, ruhig und extrem klar bezeichnet.

2. **Einsichtsmeditation (Vipashyana):** Die zweite Form der Meditation bezieht sich auf alle meditativen Techniken, die aktiv Einsicht in die Natur eines gegebenen Phänomens suchen. Wir können uns die Meditation des ruhigen Verweilens als ein sehr leistungsfähiges Mikroskop vorstellen und die Einsichtsmeditation als die Experimente, die Sie mit diesem Mikroskop durchführen. Die essentielle Natur dieser Meditationsform besteht darin, dass sie die Merkmale eines Phänomens durch direkte Beobachtung dieses Phänomens analysiert. Wir können das ausweiten, um die indirekte Beobachtung eines Phänomens durch konzeptuelle Schlussfolgerungen einzuschließen. Aus diesem Grund können wir die Einsichtsmeditation auch als „analytische Meditation" bezeichnen.

Wenn wir an eine Kerze denken, ist Shamatha wie die Stabilität der Flamme, während Vipashyana wie die Helligkeit ist. Um ein Bild klar sehen zu können, benötigt man eine Flamme, die sowohl gleichmäßig als auch hell ist. Um die wahre Natur Ihrer Erfahrung zu entdecken, benötigen Sie einen Geist, der ebenfalls stabil und klar ist. Das bedeutet nicht, dass Shamatha und Vipashyana vollständig voneinander getrennt sind. Viele Lehrer vergleichen diese beiden Methoden mit zwei Enden eines Stocks oder zwei Seiten einer Hand. Je ruhiger und einspitziger Ihr Geist ist, desto eher werden Sie Einsicht entwickeln. Je mehr Einsicht Sie entwickeln, desto leichter ist es für Ihren Geist, konzentriert und ruhig zu sein. Um negative Emotionen und unproduktive mentale Zustände vollständig auszurotten, müssen beide vorhanden sein. Das wird die *Vereinigung von Shamatha und Vipashyana* genannt.

DIE GRUNDSTRUKTUR DER MEDITATIONSPRAXIS

Unabhängig davon, welche Technik Sie gerade bevorzugen, verwenden alle formalen Meditationsübungen eine ähnliche Struktur:

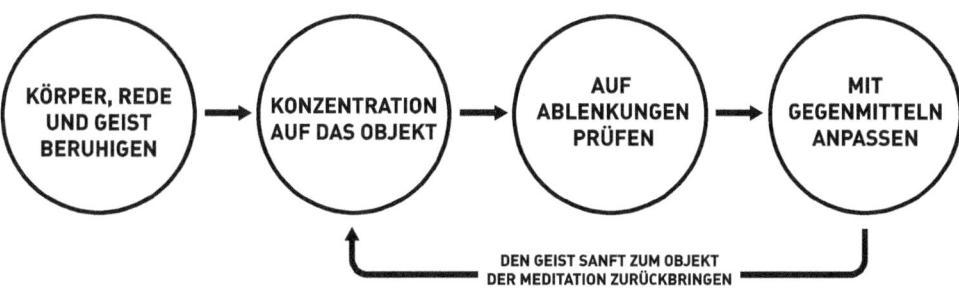

Abbildung 3-1: Struktur einer typischen Meditationssitzung.

Dieses grundlegende Verfahren kann verwendet werden, um ein relativ einfaches Objekt wie den Atemfluss zu beobachten, oder es kann dazu verwendet werden, um ein komplexeres Objekt, wie etwa ein detailliertes geistiges Bild, zu beobachten. Welches Objekt wir auch wählen, wir nutzen zwei grundlegende Fähigkeiten, um die Qualität unseres Geistes zu trainieren:

1. **Achtsamkeit:** Das ist unsere Fähigkeit, uns daran zu erinnern, was wir beabsichtigen. Wenn wir achtsam sind, sind wir vollständig mit unserem Objekt beschäftigt. Es ist das Gegenteil von Ablenkung. Wir können es uns wie den Klebstoff vorstellen, der uns mit einem Objekt verbunden hält.

2. **Innenschau:** Das ist unsere Fähigkeit, sich dessen bewusst zu sein, was gerade im Geist geschieht. Sie ist wie ein Wächter, der in der Lage ist, „nachzusehen" und sicherzustellen, dass wir nicht von irgendeiner Erregung mitgerissen werden oder in Nachlässigkeit versinken. Innenschau erlaubt es uns, die Qualität des Geistes zu kontrollieren. Sie ist ein Auslöser, um Achtsamkeit zu wecken und unsere Aufmerksamkeit zurück auf das Objekt zu lenken.

Wenn diese beiden Fähigkeiten zunehmen, wird der Geist immer feiner. Die spezifischen Eigenschaften, die diesen Geisteszustand kennzeichnen, sind:

1. **Entspannung:** Durch den Meditationsprozess lernt der Körper, seine gewohnten Anspannungen loszulassen, was zu einem glückseligen Gefühl von Weite und Leichtigkeit führt. Diese Qualität ist das Fundament, auf dem sich unsere Aufmerksamkeit so lange halten kann, wie wir es wünschen.

2. **Stabilität:** Durch die wiederholte Anwendung von Achtsamkeit wird der Geist vom ausgewählten Objekt absorbiert. Das wird mit dem Erreichen eines Zustandes von „flow" verglichen, in dem man sich vollkommen auf das konzentriert, was man tut, ohne Ablenkungen.

3. **Klarheit:** Durch die Kultivierung der Innenschau können wir ein stärkeres Gewahrsein dafür schaffen, was im Geist geschieht. Dieses Gewahrsein ermöglicht es uns, immer mehr Aspekte des Objekts zu erfassen, es ist wie Fernsehen in HD.

Diese drei Eigenschaften sind wie die Wurzeln, der Stamm und die Blätter eines Baumes. Wenn unsere Praxis wächst, werden die Wurzeln der Entspannung tiefer, der Stamm der Stabilität wird stärker und die Blätter der Klarheit reichen höher.

DIE VORTEILE VON MEDITATION

Der Schlüssel zur Meditation liegt darin, eine Kontinuität der Praxis zu entwickeln, die es ermöglicht, diese Eigenschaften im Laufe der Zeit aufzubauen. Eine der größten Herausforderungen für einen Anfänger bei der Meditation ist es, die Disziplin aufrechtzuerhalten, die erforderlich ist, um diese Kontinuität zu entwickeln. Wenn wir unsere Begeisterung zum Üben verlieren oder bemerken, wie wir das immer wieder aufschieben, kann es hilfreich sein, über die verschiedenen Vorteile nachzudenken, die eine gesunde Meditationspraxis in unser Leben bringen kann:

1. **Erhöhtes Gewahrsein:** Die Meditationspraxis erhöht unser Gewahrsein dafür, was in unserem Leben vor sich geht. Mit größerer Bewusstheit können wir lernen, das Leben ruhiger und klarer anzugehen. Das kann Ihnen helfen, sich präsent und geerdet zu fühlen, mit einem stärkeren

Gefühl der Verbundenheit zu all Ihren Erfahrungen. Anstatt von Ihren Emotionen und Gedanken dominiert zu werden, können Sie lernen, sich stärker mit dem Leben zu beschäftigen, ohne Ihre Perspektive zu verlieren.

2. **Schafft Platz für Entscheidungen:** Die Meditationspraxis bietet Ihnen Raum für konstruktive Entscheidungen. Je weniger Sie auf äußere Ereignisse mit Abwehr reagieren, desto besser können Sie verstehen, wie unterschiedliche Situationen entstehen. Diese Einsicht gibt Ihnen die Möglichkeit, zu entscheiden, wie Sie am besten reagieren. Auf diese Weise können Sie mehr Weisheit, Geduld und Güte in Ihre Beziehungen bringen.

3. **Verbessert die Gesundheit:** Geist und Körper sind untrennbar miteinander verbunden. Zerstörerische Geisteszustände können zu einer Vielzahl von Krankheiten beitragen. Durch Meditation können Sie verbesserte Fähigkeiten der Bewältigung, Gedächtniserinnerungen, höhere Effizienz der Gehirnfunktionen, bessere Schlafmuster, erhöhte Entspannungsreaktionen, weniger Angstzustände und Depressionen und in einigen Fällen eine Abnahme chronischer Schmerzen entwickeln. Während Meditation kein Wundermittel ist, hat sie nachweislich einen erheblichen Einfluss auf die allgemeine Gesundheit derer, die sie praktizieren. Es wurde belegt, dass sie den Blutdruck und die Herzfrequenz senkt, die Immunfunktionen verbessert und bei einer Vielzahl von körperlichen Erkrankungen wie Herzkrankheiten, Diabetes und sogar Krebs hilfreich ist. Wenn die wissenschaftliche Gemeinschaft ihre Forschungen über die Zusammenhänge von Meditation und Gesundheit weiterführt, werden sich wahrscheinlich weitere Vorteile ergeben.

4. **Macht Erleuchtung möglich:** Letztendlich jedoch liegt für die buddhistischen Praktizierenden der größte Vorteil einer echten Meditationspraxis darin, dass sie der Schlüssel ist, das Tor zur Erleuchtung aufzuschließen. Das geschieht dadurch, dass sie uns mit der geistigen Schärfe versieht, die erforderlich ist, um die wahre Natur der Realität zu beob-

achten. Durch Meditation können wir die sehr subtile Ebene unseres Geistes erkunden und unser größtes Potenzial freisetzen.

Unabhängig von Ihrer persönlichen Absicht erhalten Sie zweifellos viele Vorteile aus dem Transformationsprozess, den die Meditationspraxis zu bieten hat, wenn Sie sich aufrichtig auf diese Reise begeben.

EINE MEDITATIONSPRAXIS BEGINNEN

Nun, da wir uns mit den allgemeinen Aspekten der Meditation bekannt gemacht haben, können wir uns damit beschäftigen, was nötig ist, um eine persönliche Meditationspraxis zu entwickeln. Wenn wir gerade erst anfangen, ist es wichtig, die Dinge nicht zu kompliziert zu machen. Meditation ist eigentlich ein sehr einfacher Prozess. Der Schlüssel ist, sich die Chance zu geben, die Vorteile dieses Prozesses zu erfahren.

Dafür müssen wir zunächst in unseren vollen Terminplänen Platz schaffen, um damit beginnen können, uns mit diesen Techniken vertraut zu machen. Wir haben die Tendenz, zu glauben, dass wir keine Zeit haben, aber das ist eigentlich nicht wahr. Wir nehmen uns für alle möglichen Tätigkeiten Zeit, die uns keinen nennenswerten Nutzen bringen. Tatsächlich tragen viele der Aktivitäten, an denen wir beteiligt sind, direkt zu unserem persönlichen Leiden bei. Bevor wir also anfangen Ausreden zu suchen, warum wir nicht meditieren können, müssen wir unbedingt einen ernsthaften Blick auf unsere täglichen Gewohnheiten werfen.

Übung 3.1 – Die Zeit finden

- *Sitzen Sie für einige Momente still, um den Geist zu beruhigen.*

- *Betrachten Sie Ihren Tagesablauf. Beginnen Sie mit dem Aufstehen bis zum Schlafengehen. Bekommen Sie ein Gefühl dafür, womit Sie Ihre Zeit verbringen. Was sind Ihre Prioritäten?*

- *Betrachten Sie nun die Vorteile, die Sie aus diesen Aktivitäten ziehen. Was ist zum Beispiel das Ergebnis von zwei Stunden Fernsehen? Wir sollen nicht über diese Aktivitäten urteilen, sondern nur herausfinden, was es Ihnen bringt.*

- *Können Sie in Ihrem Zeitplan irgendwelche Möglichkeiten sehen, zehn, fünfzehn oder dreißig Minuten Zeit zu erübrigen, um allein zu sein und sich der Entwicklung Ihres Geistes zu widmen? Wenn nicht, gibt es irgendwelche Gewohnheiten, die Sie reduzieren könnten, um Platz in Ihrem Zeitplan zu schaffen? Was würde zum Beispiel passieren, wenn Sie fünfzehn Minuten früher als normal aufstehen würden? Wären Sie bereit, fünfzehn Minuten Träumen zu verlieren, um ein besseres Gleichgewicht in Ihrem Leben zu entwickeln? Betrachten Sie andere Änderungen, die Sie in Ihrer alltäglichen Routine vornehmen könnten, die Ihnen mehr Möglichkeiten zum Üben bieten würden.*

Ein Meditationsobjekt auswählen

Sobald wir eine Zeit für unsere Meditationspraxis geschaffen haben, können wir beginnen, unser Augenmerk auf ein geeignetes Objekt zu lenken. Wir können wählen, ob wir ausschließlich mit einer Art eines Meditationsobjektes arbeiten möchten, oder wir können aus einer Vielzahl von Methoden wählen. Es gibt tatsächlich unendlich viele Meditationsobjekte, die für Menschen mit unterschiedlichen Temperamenten und Persönlichkeitstypen geeignet sind.

Ihre Wahl kann auf Ihren Erfahrungen oder Vorlieben basieren, oder ein Lehrer kann Ihnen eine Möglichkeit empfehlen. Ein bestimmtes Objekt wird normalerweise ausgewählt, um Ihnen dabei zu helfen, bestimmte Schwächen zu überwinden oder auf Ihren Stärken aufzubauen. Wenn Sie zum Beispiel ein reizbares Gemüt haben, kann die liebevolle Güte ein geeignetes Objekt sein, da es als Gegenmittel gegen Ihren Ärger wirken kann. Wenn Ihre Persönlichkeit mehr auf Gefühle ausgerichtet ist, werden Sie sich möglicherweise zu einer Praxis der Andacht hingezogen fühlen, bei der Sie das geistige Bild eines Buddha als Objekt verwenden. In ähnlicher Weise können für Menschen, die viel nachdenken, bestimmte analytische Meditationsformen geeignet sein.

Wenn es Ihre Absicht ist, eine einspitzige Konzentration zu erreichen, können Sie, mit zunehmender Konzentration, Ihren Fokus auf Objekte richten, die zunehmend subtiler werden. Am Anfang ist ein sich bewegendes Objekt, wie langsames Gehen oder Atmen, möglicherweise am besten geeignet, aber ab einem bestimmten Punkt ist es besser, sich auf ein stabiles, nicht bewegliches Objekt, wie ein heiliges Bild oder eine mentale Visualisierung, zu konzentrieren. Denken Sie immer daran, dass wir, um die subtilen Zustände unseres Geistes zu erreichen, letztendlich direkt mit dem geistigen Bewusstsein arbeiten müssen.

Traditionellerweise können die Objekte der Meditation in acht Kategorien eingeteilt werden:

1. **Atemmeditationen:** Wenn Ihr Geist vorwiegend mit zu vielen Gedanken behaftet ist (was bei unseren geschäftigen und angespannten Lebensstilen üblich ist), kann die Konzentration auf den natürlichen Fluss des Atems ein wirksamer Weg sein, um Körper und Geist zu entspannen. Es beinhaltet spontane Atmung und kontrolliertes Atmen. Die Verwendung des Atems als Meditationsobjekt wird später im nächsten Kapitel ausführlich beschrieben.

2. **Geistige Vorstellungen:** Für diejenigen mit christlichem Hintergrund oder anderen glaubensorientierten Religionen, die sich zum Gebet oder zu Andachtsübungen hingezogen fühlen, kann es am effektivsten sein, sich ein heiliges Wesen, wie Jesus, die Jungfrau Maria oder Buddha, vorzustellen. Eine Visualisierung könnte auch etwas so Einfaches sein, wie sich eine Kerze oder Blume vorzustellen.

3. **Mantrameditationen:** Besonders geeignet für Personen mit einem intuitiven Persönlichkeitstyp, wird hier ein Klang oder eine Gruppe von Silben wiederholt. Sie können sich, abhängig von Ihrem persönlichen Temperament, zu einer bestimmten Form hingezogen fühlen. Einige Beispiele aus dem Buddhismus werden in der folgenden Tabelle aufgeführt:

Buddhaaspekt	Mantra	Eigenschaften die man entwickelt
Manjushri	OM AH RA PA TSA NA DHI	Weisheit
Chenrezig	OM MANI PADME HUM	Mitgefühl
Vajrapani	HUM VAJRA PHET	mitfühlende Kraft und Stärke
Medizinbuddha	TAYATA OM BEKANZE BEKANZE MAHA BEKANZE RADZA SAMUDGATE SVAHA	Heilen
Grüne Tara	OM TARE TUTTARE TURE SVAHA	Stärke, um Hindernisse zu überwinden und alle Aktivitäten zu verwirklichen

Tabelle 3-1: Häufige buddhistische Mantras.

4. **Bewegungsmeditationen:** Achtsamkeit auf Körperbewegungen, wie langsames Gehen oder Yoga, ist ein weiterer wirksamer Fokus zur Entspannung und zur Konzentration des Geistes. Für die Gehmeditation können Sie sich auf jede einzelne Bewegung jedes einzelnen Fußes konzentrieren und sie mit dem Atem synchronisieren: Einatmen, sich des linken Fußes bewusst sein, Ausatmen, sich des rechten Fußes bewusst sein. Sie können auch langsames Gehen mit einem Mantra wie „Buddho" kombinieren, das in der thailändischen Tradition häufig verwendet wird. Bei jedem Schritt rezitieren Sie leise eine Silbe.

5. **Meditation auf Energiezentren (Chakras):** Energiezentren sind eine andere Art von Meditationsobjekt, obwohl sie im tibetischen Buddhismus im Allgemeinen in fortgeschrittenen Übungen verwendet werden. Wenn man diese Übungen als Anfänger durchführt, ist dies wie der Bau eines Hauses ohne solides Fundament und wird wahrscheinlich keinen besonderen Nutzen bringen. Mehrere nicht-buddhistische Yogaschulen bieten kraftvolle Methoden zur Aktivierung der Chakren an und können für bestimmte Menschen sehr wirksam sein.

6. **Jhana-Meditationen:** Sobald ein Meditierender den Zustand von Shamatha erreicht hat, kann er oder sie durch einen Prozess zunehmend subtilerer Zustände der Versenkung, die als Jhanas bekannt sind, fortschreiten. Mehr über diese Techniken erfahren Sie in meinem Buch „An Authentic Guide to Meditation".

7. **Analytische Meditationen:** Es ist möglich, den Denkprozess als meditatives Objekt zu verwenden. In dieser Praxis wählt der Meditierende ein Thema zum Nachdenken, wie Vergänglichkeit, liebende Güte oder Karma. Die Praxis besteht darin, einen Gedankengang aufrecht zu erhalten, ohne sich in Ablenkungen zu verlieren. Wir werden diese Meditationsform in den folgenden Kapiteln genauer untersuchen.

8. **Gewahrseinsmeditationen:** Diese Art der Meditation konzentriert sich darauf, den Geist selbst als Objekt der Meditation zu beobachten. Das kann objektiv geübt werden, indem man sich auf den Raum des Geistes und die verschiedenen Inhalte dieses Geistes (wie Gedanken, Gefühle usw.) konzentriert, oder man kann sich subjektiv auf das Gewahrsein selbst konzentrieren. In beiden Ansätzen entwickeln Sie einen Geist, der nicht abgelenkt und frei von Festhalten ist.

Die ersten fünf Kategorien betonen ausdrücklich die Entwicklung der einspitzigen Konzentration, während die letzten drei Kategorien stärker auf die Entwicklung von Einsichten ausgerichtet sind. Davon abgesehen hat jede Kategorie das Potenzial, sowohl Konzentration als auch Einsicht zu entwickeln.

Schwerpunkt	Objekt	Persönlichkeitstyp
Konzentration	Atmung	Tendenz zu exzessiven Gedanken
	Mentale Visualisation	Hingebungsvoll
	Mantrarezitation	Intuitiv
	Bewegung	Rastlos
	Energiezentren	Fokussierter Geist
Einsicht	Mentale Absorption	Fortgeschrittener Praktizierender
	Analyse	Denker
	Gewahrsein	Entspannt

Tabelle 3-2: Arten von Meditationsobjekten.

Die richtige Umgebung für die Meditation schaffen

Damit aus einem Samen ein Baum werden kann, sind bestimmte Bedingungen erforderlich, wie fruchtbarer Boden, Sonnenlicht und Regen. Auf ähnliche Weise benötigen wir verschiedene äußere und innere Bedingungen, um den Geist in der Meditation zu trainieren. Nachfolgend sind die Hauptbedingungen aufgeführt, die Sie benötigen, um den Nutzen aus Ihrer Praxis zu maximieren.

Der richtige Ort

Es ist hilfreich einen Ort vorzubereiten, der der Meditationspraxis förderlich ist. Idealerweise sollte er ruhig, sauber, störungsfrei und frei von Unterbrechungen oder Ablenkungen sein. Bestimmte Standorte sind für verschiedene Arten von Übungen geeignet. Zum Beispiel kann eine ruhige Waldumgebung zur Entwicklung von Ruhe und Konzentration beitragen, während ein Ort mit weiter, unbeschränkter Sicht effektiv sein kann, um Einsicht zu gewinnen. Eine Umgebung, die laut ist oder viele Ablenkungen enthält, kann für Anfänger hinderlich sein, aber wenn man trotz solcher Herausforderungen eine gute Meditationspraxis entwickeln kann, kann dies tatsächlich zu einer größeren Verwirklichung führen.

Die richtige Körperhaltung

Wie wir gesehen haben, kann unser Geist erhebliche Auswirkungen auf unseren physischen Körper haben. Ebenso hat der Körper einen wichtigen Einfluss auf unseren Geisteszustand. Es ist daher sehr wichtig, dass wir eine körperliche Haltung einnehmen, die der Entwicklung eines stabilen Geistes förderlich ist. Solange wir Wesen in einem Körper sind, müssen wir geschickt darin sein, welchen Gebrauch wir von unserem Körper machen. Wenn der Meditierende mit einem Passagier verglichen wird, der einen großen Ozean überqueren möchte, kann der Körper wie ein Boot betrachtet werden, das uns hinüberbringt. Sobald wir auf der anderen Seite angekommen sind, wird das Boot nicht mehr benötigt.

Während der Meditation ist es wichtig, dass unsere Haltung es erlaubt, entspannt und bequem zu sein und gleichzeitig einen wachen und bewussten Zustand aufrechtzuerhalten. Die von uns gewählte Haltung hat einen direkten Einfluss auf unsere Fähigkeit, unter Umständen längere Zeit bewegungslos zu bleiben. Daher lohnt es sich, sich die Zeit zu nehmen, um die richtige

Position zu finden. Die folgenden Haltungen können sowohl für formale als auch für zwanglose Meditationssitzungen verwendet werden:

1. **Sitzen:** Beim Sitzen sollten Sie einen bequemen, geraden, gepolsterten Stuhl, einen Meditationshocker oder ein Kissen auf dem Boden verwenden. Die Hände ruhen entweder im Schoß oder auf den Oberschenkeln, der Rücken ist gerade wie ein Pfeil und das Kinn ist leicht angezogen.

2. **Hinlegen:** Wenn Ihr Geist erregt ist, können Sie auch mit den Armen an der Seite und offenen Händen auf dem Rücken liegen. Diese Haltung sollte allerdings vermieden werden, wenn Ihr Geist träge ist. Um eine größere Klarheit des Geistes zu unterstützen, können Sie auf der rechten Seite mit der rechten Hand unter dem Gesicht liegen, die Beine zusammen mit leicht gebeugten Knien und den linken Arm auf der linken Seite des Körpers.

3. **Gehen und stehen:** Achten Sie auf eine aufrechte, aber entspannte Haltung, wobei Ihre Arme auf natürliche Weise vor Ihrem Körper herabhängen. Sie sollten Ihre rechte Hand in der linken halten, oder Sie können Ihre Finger verschränken, wenn Sie dies schwierig finden.

Die Sieben-Punkte-Haltung des Vairochana

Für die buddhistische Meditation hat sich eine bestimmte Haltung als besonders effektiv erwiesen. Jeder Aspekt dieser Haltung hilft dem Meditierenden, den Energiefluss im Körper zu kontrollieren, was ihm wiederum hilft, höhere Konzentrationszustände zu erlangen. Die Haltung besteht aus den folgenden Merkmalen:

1. **Beine (gekreuzt):** Idealerweise sollten die Beine in der sogenannten Vajra-Haltung gekreuzt werden, wobei der linke Fuß auf dem rechten Oberschenkel und der rechte Fuß auf dem linken Oberschenkel ruht. Wenn diese Position zu schwierig ist, reicht jede bequeme Haltung mit gekreuzten Beinen aus, obwohl beachtet werden muss, dass mehr Stabilität erreicht wird, wenn das Gesäß angehoben wird, sodass die Hüf-

WIE MAN MEDITIERT

7. AUGEN HALB GEÖFFNET
6. MUND UND GESICHT ENTSPANNT
5. KOPF GERADE
4. SCHULTERN WAAGRECHT
3. RÜCKEN GERADE
2. HÄNDE IM SCHOSS
1. BEINE GEKREUZT

Abbildung 3-2: Sieben wichtige Punkte für eine stabile Meditationshaltung.

ten nach vorne kippen. Da unsere Körper sehr empfindlich auf unsere Umwelt reagieren, kann Sie das Sitzen auf dem Boden mit der riesigen Erde darunter verbinden und Ihnen ein Gefühl für deren große Energie vermitteln. Eine gute Position mit überkreuzten Beinen sorgt für ein hervorragendes körperliches Gleichgewicht und stellt auch eine Verbindung von Methode und Weisheit dar.

Ebenso wichtig wie die korrekte Position ist für das Sitzen, dass es auch bequem ist. Die optimale Sitzhaltung trägt zur Entwicklung Ihrer Meditation bei. Bequemes Sitzen bedeutet, dass Sie in Ihrer Meditation weniger abgelenkt werden und Sie es viel einfacher finden werden, Ihren Körper zu entspannen. Daher könnten Sie es vorziehen, auf einem Stuhl zu sitzen, mit entspannten Beinen, die Knie im rechten Winkel, das Gesäß durch den Stuhl unterstützt und dabei daran denken, den Rücken gerade zu halten.

2. **Hände (im Schoß):** Die Hände sollten locker im Schoß liegen, die rechte Hand auf der linken mit den Handflächen nach oben. Für weibliche Meditierende ist es möglicherweise effektiver, die linke Hand oben auf die rechte zu legen. Die Daumenspitzen sollten sich etwas unterhalb des

Nabels berühren. Die Position der Hände drückt die Vereinigung von Methode und Weisheit während der Übung aus. Sie sollten ein Gefühl der Entspannung von den Schultern bis zu den Handgelenken und bis zu den Händen spüren, sodass sich etwaige Spannungen in Ihrem Oberkörper lösen.

3. **Rücken (Rückgrat gerade):** Der Körper sollte aufrecht wie ein Pfeil gehalten werden oder wie ein Stapel goldener Münzen, die übereinander geschichtet sind. Es sollte darauf geachtet werden, sich nicht seitwärts, rückwärts oder vorwärts zu neigen. Ein gerader Rücken hilft Ihrem Geist, wachsam und aufmerksam zu bleiben und hat auch einen enormen Einfluss auf die inneren Winde – die subtilen Bewegungen der Energie, die in Körper und Geist zirkulieren. Diese Winde stehen in engem Zusammenhang mit dem Atem und können bei bestimmten fortgeschrittenen Übungen mit großer Wirkung eingesetzt werden. Sobald Sie sich in Position gebracht haben, nehmen Sie sich einen Moment Zeit, um sich Ihren Körper von der Spitze Ihres Kopfes bis zu Ihrer Basis vorzustellen. Sie können während der gesamten Meditation leichte Anpassungen vornehmen, um sicherzustellen, dass Ihre Haltung ausgeglichen und gerade ist. Das Ziel ist, ruhig, entspannt und wachsam zu bleiben, denn steif und unbeweglich zu sein ist ein Hindernis für das Gewahrsein.

4. **Schultern und Ellbogen (zurückgezogen und ein wenig vom Körper entfernt):** Die Schultern und Arme sollten etwas nach hinten gezogen und leicht gebogen sein, sodass sie gleichmäßig an beiden Körperseiten liegen. Dies hilft den Lungen sich richtig auszudehnen und unterstützt die Atmung während der Meditation. Die Ellbogen sollten etwas vom Körper entfernt bleiben.

5. **Kopf und Nacken (Kinn leicht gesenkt):** Der Kopf sollte gerade und zentriert sein; nicht zu hoch oder zu tief geneigt. Halten Sie das Kinn leicht eingezogen und die Nase in einer Linie mit dem Nabel. Versuchen Sie den Nacken nicht seitwärts oder nach hinten zu beugen.

6. **Mund (Gesicht entspannt und die Zungenspitze berührt den oberen Gaumen):** Die Zähne und Lippen sollten in einer natürlichen Position gehalten werden, wobei sich die Zähne kaum berühren. Das Entspannen von Gesicht und Kiefer hilft, übermäßiges Schlucken zu vermeiden, während die Zungenspitze sanft hinter den oberen Zähnen platziert wird, um den Geist zu schärfen und Trockenheit oder zu starken Speichelfluss zu vermeiden. Wenn Ihr Geist ziemlich erregt ist und Sie es schwierig finden, einen ruhigen Zustand zu erreichen, kann das Platzieren der Zunge hinter die unteren Zähne helfen, den Geist zu lockern und zu beruhigen.

7. **Augen (über die Nasenspitze hinaus blicken):** Die Augen sollten weder zu weit geöffnet noch ganz geschlossen sein. Wenn sie zu weit geöffnet sind, können Sie leicht abgelenkt werden, und wenn sie vollständig geschlossen sind, kann Ihr Geist träge oder dumpf werden. Zu Beginn kann es jedoch hilfreich sein, die Augen sanft geschlossen zu halten, um den Körper in einen tieferen Zustand der Entspannung zu versetzen. Nachdem Sie eine Weile so meditiert haben, werden Sie ganz von selbst ausgeglichener und möchten vielleicht die Augen leicht öffnen. Wenn Sie ein visualisiertes Objekt als Fokus für die Meditation verwenden oder wenn Sie feststellen, dass Ihr Geist zu erregt ist, werden Sie wahrscheinlich davon profitieren, wenn Sie Ihre Augen schließen.

   Es gibt verschiedene Methoden, um Ihren Blick zu lenken. Die erste ist, direkt vor Ihnen auf eine nicht allzu helle Farbe zu blicken oder auf einen angenehmen oder heiligen Gegenstand, wie eine Blume oder ein Bild des Buddha. Die zweite, verbreitetere Methode besteht darin, die Augen nach unten zu richten, sanft und gelassen in den Raum knapp vor der Nasenspitze zu schauen. Halten Sie Ihre Augen still, ohne zu stark zu fokussieren, und lassen Sie natürliches Blinzeln zu. Beide Methoden sind für Anfänger geeignet. Bei anderen speziellen Meditationsmethoden blickt man mit weit geöffneten Augen nach oben in einen weit ausgedehnten Raum. Dies kann sogar ganz von selbst passieren, wenn der Geist ein gewisses Maß an Ruhe erreicht hat und klare Einsicht aufzutauchen beginnt.

Jede Person, die die *Sieben-Punkte-Haltung von Vairochana* durchhält, unabhängig davon, wie schwer oder schmerzhaft sie zunächst wirken mag, wird sie mit der Zeit als äußerst bequem und förderlich für die Gesundheit finden. Der Hauptvorteil ist jedoch, dass sie Ihre Meditationspraxis und Ihre geistige Entwicklung langfristig unterstützt. Wenn Sie nicht daran interessiert sind intensiv zu üben und Shamatha zu erlangen, ist es genauso effektiv, in jeder Position zu üben, in der Sie sich wohl fühlen und einfach entspannen können.

Die richtige Einstellung

Für buddhistische Praktizierende bezieht sich die richtige Einstellung auf viele wichtige innere Bedingungen, z. B. die richtige Motivation und Absicht. Diese Aspekte sind für den erfolgreichen Fortschritt auf dem spirituellen Weg notwendig. Für diejenigen jedoch, die erst mit einer Meditationspraxis beginnen, kann die richtige Einstellung in einem praktischeren Sinn betrachtet werden. Wenn Sie in Ihre Praxis eintreten, sollten Sie Ihre persönliche Geschichte loslassen und alle Ihre Sorgen über die Vergangenheit oder Zukunft aufgeben. Versuchen Sie, Ihren Geist in diesen gegenwärtigen Moment zu bringen, frei von Ablenkungen und Erwartungen. Vor allem sollten Sie sich nicht entmutigen lassen, wenn Ihre Praxis nicht gut läuft, und vermeiden, sich von Stolz und Aufregung mitreißen zu lassen, wenn Sie während der Meditation „gute" Erfahrungen machen.

Einleitende Übungen

Um die Meditation mit einem ruhigen und aufnahmebereiten Geist zu beginnen, ist es nützlich, einige vorbereitende Übungen durchzuführen:

1. **Die schlechte Luft ausatmen:** Die erste davon ist eine kurze Praxis aus der tibetischen Tradition, die darin besteht, alle Ihre Unreinheiten als Rauch zu visualisieren und sie mit drei tiefen Atemzügen kraftvoll durch Ihre Nasenlöcher auszublasen. Dies hilft, die kontraproduktiven Energieströme, die mit Anhaftung, Abneigung und Verblendungen verbunden sind, aus dem feinstofflichen Körper zu entfernen. Da Atem und Geist eng miteinander verbunden sind, ist diese Praxis ein hervorragender Ausgangspunkt für jede Meditation.

Die Wissenschaft hat auch entdeckt, dass drei tiefe Atemzüge das parasympathische Nervensystem einschalten, wodurch die Entspannungsreaktion im Körper ausgelöst wird.

2. **Den Körper schaukeln:** Die zweite Vorübung besteht darin, Ihren Körper von Seite zu Seite zu schaukeln, bis er zu seiner natürlichen Ruheposition kommt. Überprüfen Sie, ob Ihre Wirbelsäule gerade ist, ohne angespannt zu sein, und entspannen Sie sich in der Position. Ziel dieser Übung ist es, ein stabiles Fundament für die Meditationspraxis zu schaffen.

3. **Sich aller äußeren Phänomene bewusst werden:** Werden Sie sich jetzt Ihrer sensorischen Erfahrung bewusst, indem Sie aufnehmen, was um Sie herum zu hören, zu schmecken, zu riechen und zu sehen ist. Ziel ist es, den Geist vollständig in den gegenwärtigen Moment zu bringen, ohne sich in einer Geschichte zu verlieren. Seien Sie einfach präsent.

Übung 3.2 – Eine einfache Übung der Achtsamkeit auf den Atem

Einleitende Übungen:

- *Nehmen Sie sich einen Moment Zeit, um Ihre Haltung zu überprüfen und sicherzustellen, dass Sie entspannt und dennoch wachsam sitzen.*

- *Machen Sie drei lange tiefe Atemzüge und stellen Sie sich bei jedem Ausatmen vor, wie Sie all Ihre Bedenken und Sorgen loslassen.*

- *Lassen Sie Ihren Körper sanft von Seite zu Seite schwingen, damit sich Ihr Körper in die richtige Position einpendelt.*

- *Lassen Sie nun bewusst alle Erinnerungen an die Vergangenheit und alle Pläne für die Zukunft los. Bringen Sie Ihr Bewusstsein in diesen gegenwärtigen Moment. Das ist Ihre Zeit und für die Dauer dieser Sitzung ist nichts anderes wichtig.*

Hauptübung:

- *Lassen Sie Ihr Bewusstsein Ihren Körper vollständig ausfüllen, wie eine nebelartige Wolke, die sich von der Spitze Ihres Kopfes bis zu dem Punkt erstreckt, an dem Ihr Körper auf den Boden trifft. Werden Sie sich hier einfach der verschiedenen Berührungsempfindungen in Ihrem Körper bewusst.*

- *Identifizieren Sie unter diesen Sinneseindrücken jene Empfindungen, die Sie mit dem ständigen Rhythmus Ihrer ein- und ausgehenden Atemzüge in Verbindung bringen. Sie müssen nichts tun, um diese Empfindungen zu erzeugen, beobachten Sie einfach, welche Empfindungen auf natürliche Weise entstehen.*

- *Versuchen Sie, Ihr Gewahrsein für einen vollständigen Atemzyklus aufrechtzuerhalten. Beobachten Sie, wie es sich anfühlt, wenn die Luft einströmt. Beobachten Sie, wie es sich anfühlt, wenn das Einatmen aufhört und die Luft auszuströmen beginnt. Beobachten Sie, wie es sich anfühlt, wenn die gesamte Luft entweicht. Beobachten Sie, wie es sich anfühlt, während Sie darauf warten, dass der nächste Atemzug kommt.*

- *Nehmen Sie sich etwas Zeit, um sich mit diesem Prozess vertraut zu machen.*

- *Nutzen Sie nun jeden Atemzug als Gelegenheit, alle Spannungen in Ihrem Körper und Geist weiter abzubauen. Wenn Sie ausatmen, lassen Sie zu, immer entspannter zu werden, während Sie gleichzeitig klar und präsent bleiben.*

- *Benutzen Sie Ihre Fähigkeit der Innenschau und kontrollieren Sie sich hin und wieder, um sicherzustellen, dass Sie nicht in eine Benommenheit geraten oder einschlafen. Wenn Sie feststellen, dass Sie ein wenig müde werden, dann klaren Sie Ihren Geist auf, indem Sie mehr Aufmerksamkeit auf das Einatmen richten. Wenn Sie wieder präsent und engagiert sind, kehren Sie zur Konzentration auf das Ausatmen zurück.*

- *Fahren Sie auf diese Weise für den Rest der Sitzung fort.*

HINDERNISSE FÜR DIE MEDITATIONSPRAXIS

Meditieren zu lernen ist nicht einfach. Für die meisten Menschen kann es das erste Mal sein, dass sie sich bewusst bemühen, ihren Geist zu betrachten, und sie sind erstaunt, wie laut er eigentlich ist. Den Geist auf ein einzelnes Objekt zu konzentrieren mag relativ einfach klingen, aber in Wirklichkeit ist dies eine sehr große Herausforderung und genau wie das Erlernen einer anderen Fähigkeit erfordert es Übung.

Sich der Hindernisse bewusst zu werden, mit denen man im Allgemeinen in der Meditationspraxis konfrontiert wird, ist ein wichtiger Schritt, um Fortschritte in Ihrer Praxis zu machen. Dieses Wissen ermöglicht es Ihnen, den aktuellen Zustand Ihres Geistes zu verstehen, was Ihnen dann ermöglicht, die geeigneten Methoden anzuwenden, um Hindernisse zu überwinden. Die Hindernisse, die während der Meditation entstehen, sind oft die gleichen wie die Hindernisse, die im täglichen Leben entstehen, sodass Sie, indem Sie lernen mit ihnen in formalen Sitzungen umzugehen, eine sehr nützliche Fähigkeit entwickeln. Das Bewusstsein für die Hindernisse kann Ihnen auch helfen, eine realistischere Einschätzung Ihrer gegenwärtigen Fähigkeit vorzunehmen und damit unrealistische Erwartungen an Ihre Praxis zu vermeiden. Das erleichtert es im Laufe der Zeit konstruktive Gewohnheiten zu entwickeln. Auf einer weiter fortgeschrittenen Ebene kann es Ihnen auch helfen, genau zu bestimmen, in welchem Stadium des Meditationspfades Sie sich befinden und wie Sie noch weiter vorankommen können.

Die fünf Fehler und die acht Gegenmittel

Die fünf Fehler und acht Gegenmittel geben uns einen wirksamen Rahmen, um die Hindernisse zu erkennen und zu überwinden, die unsere Meditationsfähigkeit beeinträchtigen. Sie beschreiben die verschiedenen Hindernisse für eine erfolgreiche Meditation, die entstehen, wenn man durch die verschiedenen Aufmerksamkeitszustände geht, die zu Shamatha führen. Das Wissen um diese Fehler und ihre Gegenmittel kann Ihnen helfen, sie so schnell und effektiv wie möglich zu beseitigen, nicht nur während der Meditation, sondern auch im täglichen Leben. Die fünf Fehler sowie die entsprechenden Gegenmittel lauten wie folgt:

1. Faulheit

(Gegenmittel: Streben, Vertrauen, Eifer, geistige Geschmeidigkeit)

Faulheit ist ein träger Geisteszustand, der uns daran hindern kann, überhaupt erst einmal auf dem Kissen zu sitzen. Sie kann daher ein Haupthindernis für unsere Meditationspraxis sein. Sie kommt in verschiedenen Masken daher, es ist mehr als nur herumzuhängen und nichts zu tun. Wir können drei Arten von Faulheit identifizieren:

1. **Selbstgefälligkeit:** Diese liegt vor, wenn wir Desinteresse haben und vom Meditieren nicht begeistert sind. Selbstgefälligkeit liegt vor, wenn wir lieber auf der Couch liegen und fernsehen.

2. **Mangel an Selbstvertrauen:** Dies bezieht sich auf das mangelnde Selbstvertrauen in unsere Fähigkeit zu meditieren und erzeugt das Gefühl, wir könnten unmöglich irgendwelche Realisationen, wie etwa Shamatha oder andere Verwirklichungen, erreichen.

3. **Ständig beschäftigt sein:** Auch aktive Faulheit genannt, kann diese Art ziemlich trügerisch sein, da sie immer dann auftritt, wenn wir uns mit vielen weltlichen Aufgaben beschäftigen. Wir können die Energie finden, um Freunde zu treffen oder ins Kino zu gehen, aber der Gedanke an Meditation macht uns plötzlich müde.

Faulheit kann überwunden werden, indem man das *Vertrauen* in die ausgezeichneten Eigenschaften entwickelt, die die Meditation sowohl in unserer Praxis als auch in unserem täglichen Leben hervorbringen kann; nur dann werden wir die Meditation so schätzen, dass sie zu einer höheren Priorität in unserem Leben wird. Je mehr wir die Vorteile erkennen, desto mehr *Streben* nach der Praxis werden wir haben, was wiederum die Entwicklung von *Eifer* und *freudigem Enthusiasmus* fördert. Durch die Kraft der Vertrautheit können wir *körperliche und geistige Geschmeidigkeit* erreichen – eine einzigartige und glückselige Flexibilität von Körper und Geist.

Wenn Sie entmutigt werden, weil Sie nicht das Gefühl haben, Fortschritte zu machen, kann es hilfreich sein, die unglaublichen Anstrengungen zu erkennen, die wir in anderen Bereichen unseres Lebens unternommen haben, wie zum

Beispiel bei der Erziehung von Kindern oder dem Erlernen eines Handwerks. Wenn wir wirklich über die Vorteile der Meditation nachdenken, können wir zu dem Schluss kommen, dass es sich lohnt, Zeit und Mühe der Entwicklung unseres Geistes zu widmen.

2. *Die Anweisungen nicht kennen oder vergessen*
(Gegenmittel: Achtsamkeit)

Dieser Fehler bezieht sich auf einen Mangel an Achtsamkeit, wie man richtig meditiert. Er tritt auf, wenn das Meditationsobjekt vergessen wurde oder die Anweisungen nicht ausreichend gelernt wurden, sodass der Geist häufig zu anderen Objekten wandert. Ein zu häufiges Ändern des Meditationsfokus, insbesondere innerhalb einer einzelnen Sitzung, ist ebenfalls ein Zeichen für diesen Fehler.

Als Abhilfe dafür soll ein Grad an *Achtsamkeit* kultiviert werden, der es Ihnen ermöglicht, das Objekt der Meditation im Gedächtnis zu behalten, und der verhindert, dass Sie die Anweisungen vergessen. Achtsamkeit bezieht sich sowohl auf das Erinnern an die Anweisungen als auch auf das Engagieren des Geistes, damit er vom Objekt „voll" wird. Sobald Sie eine gewisse Achtsamkeit aufgebaut haben, können Sie beginnen, *Wachsamkeit* zu entwickeln. Das bedeutet, den meditierenden Geist selbst zu beobachten und zu erkennen, wann der Geist vom Objekt abgekommen ist, selbst auf subtile Weise. Sie können dann entsprechend Abhilfe schaffen. Es ist wie ein nicht teilnehmender Kommentator, der über das berichtet, was passiert, aber nicht mitmacht.

3. *Geistige Dumpfheit und Unruhe*
(Gegenmittel: Wachsamkeit)

Grobe Unruhe

In den Anfangsstadien der Meditation kann der Geist ziemlich unruhig wirken. Er bewegt sich häufig in Richtung äußerer Reize, z. B. zu Geräuschen von Aktivitäten, die um uns herum auftreten. Er wandert auch ständig weg und denkt an alles Mögliche. Es könnte ein Lied sein, ein Erlebnis während des Tages oder eine Idee, was man zum Abendessen kochen könnte, aber auf jeden

Fall etwas anderes als das Meditationsobjekt. Diese Unruhe entsteht, wenn die Konzentration zu fest gehalten wird oder Sie sich nicht ausreichend entspannt haben und dadurch die Spannung in Ihrem Körper halten. Wenn der abgelenkte Geist sein Objekt der Konzentration vollständig verlässt, kann das ganz einfach zu erkennen sein. Am Anfang kann es jedoch einige Minuten dauern, bis der ungeübte Geist tatsächlich bemerkt, dass das Objekt aus den Augen verloren wurde. Grobe Unruhe wird oft mit der Bewegung einer Wolke verglichen, die leicht zu erkennen ist, wenn sie auftritt.

Die Anwendung des Gegenmittels ist zu diesem Zeitpunkt im Allgemeinen nicht zu schwierig und es gibt mehrere Dinge, die Sie versuchen können. Sie können das Objekt absenken, indem Sie sich vorstellen, dass es ziemlich schwer ist. Es kann hilfreich sein, den Körper zu entspannen, indem Sie sich auf die körperlichen Empfindungen konzentrieren oder die Zunge mit geschlossenen Augen gegen die unteren Zähne halten. Eine weitere Technik, um den Geist zu bändigen, besteht darin, einen schwarzen Punkt am Sitz zu visualisieren. Wenn Sie sehr zappelig sind, wird Sie körperliche Bewegung ermüden und bewirken, dass der Geist weniger umherschweift. Anfänglich wandernde Gedanken können einige Zeit in Anspruch nehmen, um erkannt zu werden, aber mit der Zeit und Praxis wird es natürlich, sich dessen bewusst zu werden.

Grobe Dumpfheit

Sie entsteht, wenn dem Geist die Klarheit fehlt und er sich übermäßig zurückzieht. Wir fühlen uns matt und sind kurz davor einzuschlafen. Hier bezieht sich Klarheit auf einen klaren, frischen und hellen Geisteszustand und nicht auf die Klarheit des Meditationsobjekts.

Sie können das Objekt der Meditation aufhellen oder erhöhen, indem Sie Ihre Augen leicht anheben oder genauer auf seine Details achten, als ob Sie bei Verlust des Objekts vom Rand einer Klippe fallen würden. Die Erinnerung an etwas Erfreuliches oder Inspirierendes oder die Vorstellung eines weißen Lichtes an Ihrer Stirn zwischen den Augen kann auch den Geist erhellen. Eine andere Technik besteht darin, an einem erhöhten Ort mit einem weiten Ausblick zu meditieren oder einen Ort zu finden, der frisch und luftig ist. Auch Wasser ins Gesicht zu spritzen, im Freien zu trainieren und eine leichte Diät einzuhalten, können helfen.

Sie müssen jedoch sehr vorsichtig sein, um Müdigkeit durch Faulheit von Müdigkeit zu unterscheiden, weil Sie wirklich Ruhe brauchen. Es ist erwähnenswert, dass eine ungesunde Einstellung gegen sich selbst, etwa dadurch, dass man unrealistische Erwartungen in die eigene Praxis hat, sich als Müdigkeit manifestieren kann. Wenn Sie wirklich müde sind, werden Sie sich trotz der Anwendung der oben genannten Mittel weiterhin müde fühlen. In diesem Fall ist es wichtig sich auszuruhen, da zu harter Druck kontraproduktiv sein kann.

Subtile Unruhe

Subtile Unruhe ist schwerer zu erkennen und tritt auf, wenn ein Teil des Geistes bequem auf dem Meditationsobjekt ruht, während ein anderer Teil, ohne dass Sie es bemerken, abgeschweift ist. Das ist viel schwieriger zu erkennen und wird mit einem sich schnell bewegenden Affen verglichen.

Um subtile Unruhe zu beheben, müssen Sie eine besonders starke und kraftvolle *Wachsamkeit* entwickeln. Das kann nicht durch intellektuelle Mittel erreicht werden, sondern nur durch eigene Erfahrung und Übung. Durch die Energie, die durch wiederholtes Üben gewonnen wird, wird Ihr Geist schließlich in der Lage sein, subtile Unruhe, sobald sie auftritt, zu erkennen, und schnell zum Objekt zurückkehren.

Subtile Dumpfheit (Sinken)

Der Fehler der subtilen Dumpfheit oder des Sinkens ist für Anfänger normalerweise kein Problem, da sie in der Regel zu unruhig sind. Sie wird nur erkannt, wenn ein Meditierender fortgeschrittener ist und sich auf das Objekt mit einem gewissen Grad an Beständigkeit konzentrieren kann. Subtile Dumpfheit tritt auf, wenn Fixierung und etwas Klarheit, aber keine Intensität vorliegt. Dies bedeutet, dass wenig Vitalität oder Kraft vorhanden ist, mit der das Objekt gehalten wird. Das ist viel schwieriger zu erkennen und zu beseitigen. Tatsächlich stecken viele Meditierende hier fest und haben das Gefühl, dass ihre Meditation sehr gut läuft. Das ist eine häufige Falle.

Das Mittel gegen subtiles Sinken ist die Entwicklung einer besonders starken, kraftvollen und lebendigen Intensität, die nur mit unglaublicher Disziplin aufgebaut werden kann. Das ist nichts, was man mit dem Verstand beschreiben kann, das wird nur von geschulten Praktizierenden erfahren. Es kann auch helfen den Geist aufzufrischen, indem Sie über ein Thema nachdenken, das Sie inspiriert, wie Dankbarkeit gegenüber Ihren Lehrern und den unglaublichen Nutzen des Geistestrainings. Diese Gedanken erheben den Geist und richten ihn auf.

4. *Mangelnde Anwendung*
(Gegenmittel: Anwendung von Abhilfen)

Das bedeutet, dass nicht genügend Maßnahmen ergriffen werden, um Dumpfheit, Unruhe oder Faulheit zu korrigieren, wenn sie auftreten. Sie versäumen es, das Mittel anzuwenden, weil Sie oft zu lethargisch oder selbstgefällig sind.

Die Abhilfe besteht darin, Maßnahmen zu ergreifen und das *entsprechende Gegenmittel* anzuwenden. Manchmal kann es helfen, die Meditation zu unterbrechen, indem man eine Weile herumgeht, den Körper dehnt, das Gesicht mit kaltem Wasser besprizt oder etwas frische Luft schöpft. Wenn Sie dann zu Ihrem Platz zurückkehren, wird es Ihnen vielleicht leichter fallen, Ihre Meditation wieder aufzunehmen. Wiederum kann es auch helfen, sich an die vielen Vorteile der Meditationspraxis zu erinnern.

5. *Übermäßige Anwendung*
(Gegenmittel: Gleichmut)

Das ist der Fehler, wenn man Mittel einsetzt, wenn sie nicht notwendig sind, oder wenn man sie übermäßig einsetzt. Ein Beispiel könnte sein, dass Sie, obwohl Sinken und Unruhe erkannt und korrigiert wurden, dennoch weiterhin noch mehr Korrekturmaßnahmen anwenden.

Das Gegenmittel gegen dieses Problem ist die Anwendung von *Gleichmut*. Mit anderen Worten, lassen Sie es gut sein.

Wenn Sie sich diese fünf Fehler und acht Gegenmittel merken, werden Ihre Meditationen keine zufälligen Angelegenheiten mehr sein, sondern ein dynamischer Prozess, von dem Sie sicher profitieren werden.

Fehler	Gegenmittel
1. Faulheit	1. Streben
	2. Vertrauen
	3. Eifer
	4. Geschmeidigkeit des Geistes
2. Nichtwissen oder Vergessen der Instruktionen	5. Achtsamkeit
3. Geistige Dumpfheit oder Unruhe	6. Wachsamkeit
4. Mangelnde Anwendung von Gegenmitteln	7. Anwendung der Gegenmittel
5. Übermäßige Anwendung von Gegenmitteln	8. Gleichmut

Tabelle 3-3: Die fünf Fehler und die acht Gegenmittel

Die fünf Hindernisse

Wie die fünf Fehler können die fünf Hindernisse Ihre Praxis vollständig beherrschen. Während Sie jedoch auf dem Meditationspfad voranschreiten, werden sie allmählich schwächer und schwächer, sodass Sie einen Geist entdecken können, der von Natur aus ruhig und klar ist.

1. Sinnliches Verlangen

Sinnliches Verlangen bezieht sich auf eine Anhaftung an Gegenstände der fünf Sinne – attraktive Anblicke, Klänge, Gerüche, Geschmäcker und Tastempfindungen. Wenn wir meditieren, versuchen wir, unsere Sinne zu transzendieren, indem wir die Sorge um unseren Körper loslassen. Daher manifestiert sich dieses Hindernis, wenn unser Geist zu Ablenkungen „geht", wie zum Beispiel dem Schmerz in unserem Rücken, dem Geruch des Gegrillten vom Nachbarn oder der Musik, die aus dem Nebenzimmer kommt.

Der Schlüssel zur Überwindung dieses Hindernisses besteht darin, es nach und nach aufzugeben. Zuerst können Sie lernen, achtsam und empfänglich für Sinnesobjekte zu sein, ohne auf sie zu reagieren, und allmählich werden Sie weniger geneigt sein, von ihnen in der Meditation abgelenkt oder „weggezogen" zu werden.

2. Böswilligkeit

Böswilligkeit erscheint in der Meditation als Abneigung gegen das Objekt der Konzentration oder der Meditation selbst, was dazu führt, dass der Geist woanders hin wandert. Sie kann auch durch Schuldgefühle oder übertriebene Erwartungen gegen einen selbst gerichtet sein.

Das Gegenmittel gegen dieses Hindernis besteht darin, Liebe und Güte gegenüber dem Objekt der Abneigung zu erzeugen. Meditation kann manchmal wie eine lästige Arbeit erscheinen, daher kann es hilfreich sein, sie als lieben Freund anzusehen, den man lieben und schätzen gelernt hat. Freundlich zu sich selbst zu sein ist auch sehr wichtig, denn wenn Sie lernen, Ihre Fehler zu verstehen und den Mut haben, ihnen zu vergeben, können Sie sie loslassen und weitermachen.

3. Dumpfheit und Schläfrigkeit

Dieses Hindernis bezieht sich auf eine Schwere des Körpers und die Dumpfheit des Geistes, die die Achtsamkeit unbeständig werden lässt. Es kann tatsächlich dazu führen, dass man beim Meditieren einschläft, ohne es überhaupt zu merken.

Der Schlüssel zur Überwindung der Dumpfheit besteht darin, zuerst Frieden mit ihr zu schließen und aufzuhören sie zu bekämpfen; andernfalls neigt der Geist dazu, wild zwischen Dumpfheit und Unruhe hin und her zu pendeln. Wenn Sie sich in einem entspannten Zustand befinden und beginnen, in die Dumpfheit abzugleiten, ist es wichtig, den Geist leicht anzuspannen und Ihre Wachsamkeit zu steigern, als ob Sie am Rande einer Klippe entlang gehen würden. Sie können auch über die wertvolle Gelegenheit nachdenken, Ihren Geist durch Meditationsübungen oder andere inspirierende Themen zu entwickeln. Wenn Sie sich jedoch immer noch müde fühlen, ist es am besten, sich einfach auszuruhen, anstatt die Meditation zu erzwingen. Manchmal ist nicht Dumpfheit das Problem, sondern eher eine negative Einstellung, da wir dazu neigen, in die Dumpfheit zu flüchten, wenn wir nicht mögen, was wir tun.

4. Unruhe

Unruhe entsteht, wenn sich unser Geist dauernd von einem Gedanken zum nächsten und wieder zum nächsten bewegt, wie ein Affe, der ständig von Ast zu Ast schwingt.

Die Unruhe wird überwunden, indem man ein inneres Gefühl der Zufriedenheit entwickelt, frei von Erwartungen und zufrieden damit, ruhig und still zu sein. Es kann auch helfen die Meditation aufzulockern und dafür zu sorgen, dass der Körper entspannt bleibt.

5. Unsicherheit oder Zweifel

Dieses Hindernis entsteht, wenn wir uns innerlich Fragen stellen, während wir versuchen, den Geist zu beruhigen und auf das Meditationsobjekt zu fokussieren. Wir können uns fragen: „Kann ich das tun?" „Warum sorge ich mich darum, was für einen Sinn hat das?" Zweifel kann auch die Form einer ständigen Bewertung annehmen: „Welche Aufmerksamkeitsstufe habe ich wohl erreicht?" oder „Wie schreitet meine Praxis voran?" Solche Fragen sind Hindernisse, da sie zur falschen Zeit gestellt werden und dadurch nur der Zerstreuung dienen.

Das kann überwunden werden, wenn wir verstehen, warum wir uns die Zeit zum Meditieren nehmen, klare Anweisungen haben, bevor wir beginnen, und einen guten Lehrer, der uns leitet. Selbstzweifel können mit Entschlossenheit und Erfahrung überwunden werden, während die Einschätzung der Meditation am Ende der Sitzung weitaus geschickter ist als während der Praxis.

Hindernis	Gegenmittel
1. Sinnliches Verlangen	Reduzierung des sensorischen Einflusses durch Achtsamkeit
2. Böswilligkeit	Liebe und Güte zu sich selbst
3. Dumpfheit und Schläfrigkeit	Erkennen und nicht bekämpfen
4. Unruhe	Kultivierung von Zufriedenheit
5. Unsicherheit und Zweifel	Die Vorteile von Meditation verstehen und wissen, was man tut

Tabelle 3-4: Die fünf Hindernisse.

ZUSAMMENFASSUNG

- Meditation ist eine Sammlung von Techniken, mit deren Hilfe wir unseren Geist mit positiven Eigenschaften vertraut machen können.

- Es gibt zwei Hauptformen der Meditation: die Meditation des ruhigen Verweilens und die Einsichtsmeditation. Die Meditation des ruhigen Verweilens wird auch als Shamatha bezeichnet und beinhaltet die Verfeinerung der Geistesqualität. Die Einsichtsmeditation wird auch als Vipashyana bezeichnet und hilft uns, Weisheit über die Natur der verschiedenen geistigen Phänomene zu entwickeln.

- Es gibt zwei Fähigkeiten, die wir während einer typischen Meditationssitzung nutzen: Achtsamkeit und Innenschau. Achtsamkeit hält unseren Geist mit dem Meditationsobjekt in Verbindung, während die Innenschau uns zu erkennen hilft, wenn unser Geist abgelenkt ist.

- Meditation hilft uns, drei positive Eigenschaften des Geistes zu entwickeln: Entspannung, Stabilität und Klarheit. Entspannung ermöglicht es uns, unsere Aufmerksamkeit über längere Zeit aufrecht zu erhalten. Stabilität ermöglicht es uns, unseren Geist auf ein Objekt zu fokussieren. Klarheit erlaubt uns, immer subtilere Eigenschaften des Objekts zu beobachten, über das wir meditieren.

- Meditation hat viele Vorteile, wie z.B. Steigerung unseres allgemeinen Gewahrseins, Schaffung von Raum für weise Entscheidungen, Verbesserung unserer körperlichen Gesundheit und die Möglichkeit, unser spirituelles Potenzial zu entwickeln.

- Um die Vorteile der Meditation zu erfahren, müssen Sie sich Zeit für regelmäßige Praxis nehmen.

- Es gibt verschiedene Meditationsobjekte, die Sie wählen können, abhängig von Ihrem Persönlichkeitstyp und Ihren speziellen Bedürfnissen.

- Teil des Aufbaus einer erfolgreichen Meditationspraxis ist es, den richtigen Ort, die richtige Haltung und die richtige Einstellung zu haben.

- Es gibt viele Hindernisse, die in der meditativen Praxis auftreten können. Durch das Verständnis der fünf Fehler und der fünf Hindernisse können Sie die Fähigkeit entwickeln, Gegenmittel anzuwenden und dadurch die Qualität Ihrer Sitzungen zu verbessern.

KAPITEL VIER

Stufen der Meditation

Meditation ist ein Prozess, der sich über einen längeren Zeitraum entwickelt. Es ist ein Prozess, der speziell dazu gedacht ist, den Geist zu zähmen und flexibel genug zu machen, damit wir ihn auf konstruktive Weise nutzen können. Wir können uns unseren Geist wie ein mutwilliges Schaf vorstellen, das ständig von der Herde davonläuft. Während der Hirte sich um die anderen Schafe kümmert, wandert dieses eine Schaf immer wieder in die Berge. Der Hirte sucht dieses Schaf, findet es schließlich und bringt es nach Hause. Aber das Schaf ist hartnäckig und rennt davon, sodass der Hirte dieses Schaf besonders gut im Auge behält, damit er es fangen kann, bevor es zu weit weg geht. Jedes Mal fängt er das Schaf gelassen ein und bringt es zurück zur sicheren Herde. Der Hirte wird sich dieses kleinen Schafes so bewusst, dass er es bald fangen kann, sobald es einen Huf in Richtung der Berge bewegt. Schließlich lernt das Schaf bei der Herde zu bleiben und der Hirte muss ihm nicht mehr nachlaufen.

Auf ähnliche Weise lernt der Meditierende durch die Nutzung der beiden Fähigkeiten Achtsamkeit und Innenschau, den Geist auf beständige Weise zu überwachen und zu lenken. Je mehr wir diese Eigenschaften einsetzen, desto stärker werden sie. Im Laufe der Zeit erlauben sie uns, den Geist so zu konditionieren, dass er nicht mehr unter all seinen Ablenkungen verloren geht und in der Lage ist, effektiver für alle Aufgaben, die wir vorhaben, eingesetzt zu werden.

Durch jahrelange kontemplative Forschung haben die großen Meditierenden der Vergangenheit eine einheitliche Abfolge von Stufen identifiziert, die eine Praktizierende durchlaufen wird, wenn sie sich mit diesen Praktiken befasst. Diese Erfahrungen bilden eine klare Landkarte, der wir alle folgen können, um unsere Position innerhalb dieses Prozesses zu erkennen. Wie wir sehen werden, kann es hilfreich sein, die eigene Entwicklung genau einschätzen zu können, um auf die verschiedenen Hindernisse aufmerksam zu werden, denen wir voraussichtlich auf jeder Stufe begegnen.

DEN ATEM ALS OBJEKT VERWENDEN

Um diesen Prozess zu veranschaulichen, werden wir durch die einzelnen Phasen der Meditation gehen und die taktilen Empfindungen des Atems als Meditationsobjekt verwenden. Für Menschen mit einer sehr geschäftigen, anregenden Umgebung, die zu übermäßigem Denken und Angstzuständen neigen, ist die *Achtsamkeit auf den Atem* eine besonders effektive Methode, um die nervöse Energie zu überwinden, die diese Probleme antreibt. Von allen Methoden, die Buddha gelehrt hat, war diese mit Abstand die populärste.

Die Übungen in diesem Kapitel beziehen sich speziell auf das *Satipatthana-Sutta* aus der Theravada-Tradition. Buddha gab diese Belehrung, um zu zeigen, wie die Achtsamkeit auf den Atem als Grundlage für die Vereinigung von Shamatha und Vipashyana genutzt werden kann. Der erste Teil dieser Belehrung enthält Anweisungen für sechzehn Arten der Fokussierung auf den Atem (Anapanasati), die alle dazu dienen, den Geist wirkungsvoll zu beruhigen und gleichzeitig eine klare Wahrnehmung für die eigenen gegenwärtigen Erfahrungen zu entwickeln. Zusammen stellen diese Praktiken eine schrittweise Entwicklung dar, die in fünf Stufen zusammengefasst werden kann:

1. Achtsamkeit auf die Gegenwart
2. Den Geist auf das Objekt ausrichten
3. Den Geist auf dem Objekt halten
4. Feinabstimmung des Geistes
5. Den Geist vereinen

Ich werde diese Stadien im Folgenden ausführlicher beschreiben, aber vorerst genügt es zu wissen, dass die ersten beiden Stufen die Entwicklung der Entspannung betonen. Der dritte Punkt betont die Ausbildung der Achtsamkeit, die zu einer erhöhten Stabilisierung der Konzentration führt. Dagegen betonen die vierte und fünfte Stufe die Kultivierung größerer Klarheit oder

Lebendigkeit der Aufmerksamkeit, basierend auf den Grundlagen der zuvor entwickelten Entspannung und Stabilität.

Der Fortschritt durch diese Phasen ist nicht schwarz-weiß. Während einer Sitzung können Sie verschiedene Stufen zu verschiedenen Zeiten erreichen. An manchen Tagen können Sie die erste Stufe erleben, während Sie an anderen Tagen die dritte Stufe erleben. Wir können daher unsere derzeitige Leistungsfähigkeit auf der Grundlage der durchschnittlichen Erfahrung mehrerer Sitzungen über einen bestimmten Zeitraum genauer abschätzen. Wenn Sie ständig eine bestimmte Phase erleben, kann davon ausgegangen werden, dass Sie diese Stufe „erreicht" haben. Denken Sie jedoch daran, dass das Festhalten an diesen Stufen als Dinge, die es zu erreichen gilt, eine Reihe von Hindernissen in Ihre Praxis bringen kann. Es ist viel besser, eine entspannte und geduldige Haltung zu bewahren, die frei von unnötigen Erwartungen ist.

Innerhalb der tibetischen Tradition werden diese fünf Stufen der Meditation auf der Grundlage von neun Zuständen der Aufmerksamkeit verstanden. Diese Lehre wurde erstmals vom großen indischen Gelehrten Kamalashila in seinem Kommentar zu den Lehren des Buddha Maitreya präsentiert. Diese neun Aufmerksamkeitszustände sind folgendermaßen definiert:

1. Den Geist auf ein Objekt ausrichten
2. Kontinuierliches Ausrichten
3. Stückhaftes Ausrichten
4. Geschlossenes Ausrichten
5. Den Geist zähmen
6. Den Geist beruhigen
7. Den Geist vollständig beruhigen
8. Einspitzigkeit
9. Müheloses Verweilen

Der Hauptunterschied zwischen diesen beiden Ansätzen besteht darin, dass sich die fünf Stufen stärker auf die zu entwickelnde Geistesqualität konzentrieren, während sich die neun Aufmerksamkeitszustände stärker auf die Art der auftretenden Hindernisse konzentrieren.

DIE FÜNF STUFEN UND NEUN ZUSTÄNDE DER AUFMERKSAMKEIT

Um ein detailliertes Verständnis dieses Prozesses zu erlangen, werden wir die beiden Systeme in einer einzigen Präsentation zusammenführen. Die Beziehung jeder Stufe relativ zu jedem Aufmerksamkeitszustand wird in der folgenden Tabelle dargestellt:

Meditationsstufe	Aufmerksamkeitsstufe	Betonung
1. Aufmerksamkeit auf den gegenwärtigen Moment		Entspannung
2. Den Geist auf ein Objekt ausrichten	1. Den Geist ausrichten	
	2. Kontinuierliches Ausrichten	
3. Den Geist auf dem Objekt halten	3. Stückhaftes Ausrichten	Achtsamkeit
	4. Geschlossenes Ausrichten	
	5. Zähmen	
4. Feinabstimmung des Geistes	6. Beruhigen	Wachsamkeit
	7. Vollständig beruhigen	
5. Den Geist vereinen	8. Einspitzigkeit	
	9. Müheloses Verweilen	

Tabelle 4-1: Die fünf Stufen und neun Zustände der Aufmerksamkeit.

Stufe 1 – Achtsamkeit auf den gegenwärtigen Moment

Für viele von uns ist das Leben ein ständiges Bombardement durch sinnliche Stimuli und das verzweifelte Jonglieren mit einem scheinbar endlosen Strom von Handlungen, die man tun muss. Es überrascht daher nicht, dass, wenn wir uns zum ersten Mal zur Meditation hinsetzen, es ziemlich schwierig sein kann, achtsam auf dem Meditationsobjekt zu verharren. Ziel dieser ersten Stufe ist es daher, einen aufnahmefähigen Geisteszustand zu schaffen, der sich tatsächlich auf das Objekt einlassen kann.

Die traurige Realität ist, dass, egal wie sorgfältig wir den Ort für unsere Praxis auswählen, es immer etwas gibt, das uns ablenkt. Zum Beispiel das Geräusch eines Hundes, der in der Ferne bellt. Dieses Geräusch könnte eine Reihe von Gedanken auslösen: „Ich muss etwas Futter für meinen Hund kaufen. Ich hoffe meinem Hund geht es gut. Ich vermisse meinen Hund. Ich kann es nicht erwarten meinen Hund wiederzusehen." Bevor wir es wissen, verlieren wir uns in einer Kaskade geistigen Geplauders.

Um die Möglichkeiten unserer Umwelt, solche Ablenkungen auszulösen, zu verringern, müssen wir uns darin üben, die Bedingungen um uns herum zu akzeptieren. Anstatt auf die äußeren Reize zu reagieren, nehmen wir sie einfach wahr und akzeptieren sie, ohne von ihnen mitgerissen zu werden. Nutzen Sie den Atem, um den Körper bewusst zu entspannen, und verankern Sie Ihr Bewusstsein, um im Moment präsent und in Ihrem Körper gegenwärtig zu sein.

Übung 4.1 – In den gegenwärtigen Moment entspannen

- *Nehmen Sie eine bequeme Meditationshaltung ein und beschäftigen Sie sich mit den vorbereitenden Übungen. Nehmen Sie drei lange tiefe Atemzüge und lösen Sie alle Spannungen. Schaukeln Sie den Körper sanft, um die Körperhaltung zu stabilisieren. Lassen Sie alle Erinnerungen an die Vergangenheit und Gedanken an die Zukunft los und bringen Sie Ihren Geist in diesen gegenwärtigen Moment.*

- *Bringen Sie Ihr Gewahrsein an die oberste Stelle Ihres Kopfes. Während Sie ausatmen, stellen Sie sich vor, die gesamte Energie in diesen Bereich Ihres Körpers freizusetzen. Entspannen Sie ihn vollständig.*

- *Verlagern Sie nun Ihr Gewahrsein nach unten und bringen Sie es in den Bereich Ihres Gesichts. Werden Sie sich der taktilen Empfindungen in diesem Bereich bewusst. Atmen Sie aus, lösen Sie alle Spannungen und entspannen Sie sich vollständig.*

- *Bewegen Sie sich langsam durch den Körper nach unten und halten Sie an jedem Punkt für einen Moment an. Bemühen Sie sich bewusst, die*

> *Empfindungen in diesem Bereich zu beobachten, und lösen Sie dann mit dem Ausatmen die ganze Spannung.*
>
> - *Während dieses Prozesses bewahren Sie einen ruhigen, aber wachen Geist, der sich mit der Aktivität beschäftigt und mit dem arbeitet, was sich Ihnen gerade präsentiert.*
>
> - *Wenn Sie mit dem Scannen durch Ihren Körper fertig sind, ruhen Sie sich für einige Augenblicke in den entstandenen Empfindungen aus. Beobachten Sie einfach, wie Sie sich fühlen.*

Stufe 2 – Den Geist auf ein Meditationsobjekt ausrichten

„…wie ein Wasserfall, der über Felsen herabstürzt."

Wenn Sie zuerst die Achtsamkeit auf den gegenwärtigen Moment kultivieren, werden Sie entdecken, wie ein wacher Geist mit einem entspannten Körper koexistieren kann. Um jedoch eine direktere Art der Konzentration zu entwickeln, kann es hilfreich sein, den Fokus auf ein einzelnes Objekt zu beschränken, in diesem Fall Ihren Atem. Wenn Sie direkt zu Stufe zwei übergehen würden, ohne den Körper in den gegenwärtigen Moment zu entspannen, würden Sie sehr wahrscheinlich sowohl Ihren Geist als auch Ihren Körper einengen und so jede bereits bestehende Spannung verschlimmern, was Sie daran hindert sich mit der Praxis zu beschäftigen.

Gemäß der ersten Zeile des Satipatthana-Sutta ist der effektivste Weg, diese Praxis zu beginnen, einfach zu beobachten, wie Sie den Atem erleben:

Einatmend sich des kurzen Atemzugs bewusst sein, ausatmend sich des kurzen Atemzugs bewusst sein.
Einatmend sich des langen Atemzugs bewusst sein, ausatmend sich des langen Atemzugs bewusst sein.

Der Schlüssel zur Meditation auf dieser Stufe ist es, einen entspannten Geisteszustand aufrechtzuerhalten, und das größte Hindernis, dem Sie gegenüberstehen werden, ist die Neigung Ihres Geistes, den Atem zu kontrollieren. Diese

Anleitung ermöglicht es Ihnen daher, sich des natürlichen Atemflusses bewusst zu sein und gleichzeitig dem Drang, ihn zu kontrollieren, zu widerstehen. Das Loslassen der Neigung, den Atem zu kontrollieren, indem man einfach merkt, wann er aus eigenem Antrieb stoppt, hilft Ihnen sich zu entspannen. Während Sie Ihre Aufmerksamkeit auf die Länge der Atemzüge richten, erhöht sich Ihre Wachsamkeit.

Um eine größere Entspannung zu erreichen, ist es von Vorteil, den Atem im ganzen Körper zu spüren, aber Sie können es als natürlicher empfinden, sich auf einen bestimmten Bereich, wie die Brust, den Bauch oder die Nasenlöcher, zu konzentrieren. Wenn Sie sich der „Atmung" des ganzen Körpers bewusst werden, wird Ihr Atem auf natürliche Weise subtiler und glatter. Dieses Gefühl wird als innerer Wind bezeichnet, der sich manchmal wie Energieströme, die durch den Körper wandern, anfühlen kann. Sie können sich diesen subtilen Atem vorstellen, wie er durch die einzelnen Teile zirkuliert, oder Sie können sich vorstellen, dass Ihr ganzer Körper ausatmet und einatmet, wie eine Welle. Wenn Sie Ihre Zunge hinter die unteren Zähne legen und das Ausatmen verlangsamen, kann das Ihrem Körper auch helfen, sich zu entspannen.

Übung 4.2 – Achtsamkeit auf den Atem zur Entspannung

- *Nehmen Sie eine bequeme Meditationshaltung ein und beschäftigen Sie sich mit den vorbereitenden Übungen.*

- *Führen Sie einen kurzen Scan von oben nach unten durch Ihren Körper durch und lösen Sie durch Ausatmen alle Spannungen.*

- *Lassen Sie Ihr Bewusstsein den ganzen Körper ausfüllen; entspannt und locker.*

- *Werden Sie sich der taktilen Empfindungen bewusst, die mit Ihrem Ein- und Ausatmen einhergehen. Dazu gehören das Auf und Ab der Brust oder des Bauches oder das Gefühl, dass sich Luft durch die Nasenlöcher bewegt. Es spielt keine Rolle, identifizieren Sie einfach die Empfindungen, die darauf hindeuten, dass Sie atmen.*

- *Nehmen Sie die geistige Haltung eines unparteiischen Beobachters ein. Beobachten Sie nun, wie sich diese Empfindungen im Laufe der Zeit entwickeln. Achten Sie besonders auf die relative Dauer jeder Phase des Ein- und Ausatmens. Machen Sie sich eine Notiz im Geist, wann sie lang sind oder wann sie kurz sind.*

- *Wenn Sie feststellen, dass Ihr Geist mit vielen Gedanken angefüllt ist, dann können Sie einen sehr spezifischen Gedanken erzeugen, indem Sie die Atemzüge zählen. Am Ende des Ausatmens zählt man geistig „Eins". Dann lassen Sie alle Anstrengung beim Ausatmen los. Auch hier gilt: Beobachten Sie den Atemfluss, zählen Sie „Zwei" und lassen Sie beim Ausatmen wieder los. Wiederholen Sie diesen Vorgang, indem Sie bis Zehn zählen und dann wieder zurück bis Eins.*

- *Wenn sich der Geist beruhigt hat, hören Sie auf zu zählen und kehren Sie einfach zur Beobachtung der relativen Dauer jedes Atemzuges zurück.*

- *Am Ende der Sitzung lassen Sie alle Anstrengungen los und verweilen Sie im gegenwärtigen Moment.*

Diese Stufe der Atemmeditation entspricht ungefähr den ersten beiden der neun fortschreitenden Aufmerksamkeitszustände, die im tibetischen System festgelegt sind. Der Fokus liegt hier darauf, die Meditationsanweisungen zu verstehen und einen entspannten Zustand von Körper und Geist zu erreichen. Diese ersten beiden Aufmerksamkeitszustände sind:

1. **Den Geist auf ein Objekt ausrichten:** Am Anfang ist es sehr anstrengend, den Geist auf das Objekt zu fixieren. Ihre Fähigkeit, den Fokus aufrechtzuerhalten, wird zunächst sehr begrenzt sein und es wird nur kurze Momente geben, in denen Ihnen das gelingt. Es könnte sogar den Anschein haben, dass Ihr Geist mehr gestört ist als vor dem Beginn der Meditation. Sie könnten das Gefühl bekommen, dass Ihre abschweifenden Gedanken zunehmen. Das bedeutet jedoch wahrscheinlich, dass Sie

sich erst jetzt des üblichen Zustands Ihres Geistes bewusst werden. Diese Erkenntnis ist eine hervorragende erste Errungenschaft.

Dieser erste Zustand wird durch die Kraft des Hörens erreicht, indem man den Anweisungen des Lehrers über die Methode der Meditation und das zu wählende Objekt zuhört. Er ist erreicht, wenn Sie den Geist für mindestens ein oder zwei Sekunden auf das gewünschte Objekt der Meditation richten können. Wenn Ihr Objekt der Atem ist, kann dies beim ersten Versuch erreicht werden, aber wenn Ihr Objekt eine komplexe Visualisierung ist, kann es mehrere Wochen dauern, um das zu schaffen.

2. **Kontinuierliches Ausrichten:** In dieser Phase sind die Ablenkungszeiten noch länger als die Konzentrationsphasen, aber die Perioden, in denen Sie fest am Objekt bleiben können, werden häufiger. Der Geist wird stabiler und Sie können gelegentlich für etwa eine bis fünf Minuten einen ununterbrochenen Fokus beibehalten. Es besteht auch das Gefühl, dass abschweifende Gedanken abnehmen. Dieses Stadium wird durch die Kraft der Reflexion erreicht. Sie sind in der Lage, den Geist auf das Objekt zu fixieren, müssen sich aber trotzdem die Anweisungen immer wieder mit Bedacht in Erinnerung rufen.

Diese ersten beiden Aufmerksamkeitszustände zielen darauf ab, den Geist mit einem Objekt zu verbinden, und dies erfordert konzentriertes Engagement. Die Hauptfehler, die an diesem Punkt zu überwinden sind, sind *Faulheit* und das *Vergessen des Meditationsobjekts*.

Auf dieser Stufe wird die Bewegung der Gedanken durch den Geist mit einem Wasserfall verglichen, der über Felsen stürzt. Das bedeutet nicht, dass die Menge unserer Gedanken zunimmt, sondern eher, dass wir sie zum ersten Mal wahrnehmen.

Aufmerksamkeitsstufen	Hauptfehler	Kraft	Bewegung
1. Den Geist ausrichten	Faulheit	Hören	Wie ein Wasserfall
2. Kontinuierliches Ausrichten	Das Objekt vergessen	Reflexion	

Tabelle 4-2: Den Geist auf ein Meditationsobjekt ausrichten.

Stufe 3 – Den Geist auf dem Meditationsobjekt halten

„Wie ein Fluss werden, der durch eine Schlucht fließt."

Auf der vorherigen Stufe haben Sie begonnen, eine ständige Konzentration auf den Atem zu erfahren, indem Sie Ihre Aufmerksamkeit auf ein Gewahrsein seiner Dauer richten oder die Atemzüge zählen, während der Körper immer entspannter wird. Sobald Sie mit dieser Methode eine gewisse Stabilität entwickelt haben, können Sie Ihre Aufmerksamkeit einfach mit dem Atemzug fließen lassen, indem Sie ihm über die gesamte Dauer folgen. Ihr Geist wird stärker vom Atem gefesselt, vom ersten Moment der Einatmung bis zum letzten Moment. Sie bemerken die Lücke dazwischen und folgen dann dem Ausatmen vom Anfang bis zum Ende. Auf diese Weise, wenn Ihr Körper bereits ganz entspannt ist, beginnen Sie, eine kontinuierliche Achtsamkeit zu entwickeln, gefolgt von Wachsamkeit. Dem Sutta zufolge sollten Sie einfach:

Beim Einatmen sich des gesamten Körpers (des Atems) bewusst sein,
Beim Ausatmen sich des gesamten Körpers (des Atems) bewusst sein.

Diese Anweisung bezieht sich normalerweise auf die Länge des Atems, obwohl einige es so interpretieren, dass Sie sich des Atems, der sich durch Ihren gesamten Körper bewegt, bewusst sein sollten. Wie im vorherigen Stadium sollten Sie sich auf den Atem konzentrieren, wo immer er natürlich fließt, und Ihren Fokus absenken, wenn Sie sich mehr entspannen müssen (z.B. zum Bauch) und ihn höher legen, wenn Sie Ihre Wachsamkeit erhöhen müssen (z.B. zur Nasenspitze). Gleichzeitig sollten Sie jedoch während der Atmung ein peripheres Bewusstsein für den ganzen Körper aufrechterhalten.

Das Ziel dieser Phase ist es, so sehr in den Atem zu versinken, dass Sie nicht durch Geräusche, visuelle Eindrücke oder gar unbequeme Empfindungen im Körper abgelenkt werden. Dies ist besonders nützlich, wenn Ihr Körper müde ist. Anstatt Ihrem Geist zu erlauben, getrübt zu werden, sollten Sie wachsame Bemühungen einsetzen, um Ihren Fokus zu verstärken und jeden Moment des Atems klar festzuhalten.

Übung 4.3 – Achtsamkeit auf den Atem für die Entwicklung von Stabilität

- *Nehmen Sie eine bequeme Meditationshaltung ein und beschäftigen Sie sich mit den vorbereitenden Übungen. Scannen Sie kurz ihren Körper und nehmen Sie einen entspannten, aber wachen Geisteszustand ein.*

- *Richten Sie Ihre Aufmerksamkeit auf die Region Ihres Unterleibs und werden Sie sich der taktilen Empfindungen bewusst, die mit dem Atem einhergehen.*

- *Versuchen Sie für die Dauer eines einzelnen Atemzuges zu beobachten, wie sich der Zyklus dieses Atemzuges entwickelt. Beachten Sie zuerst den Beginn des Atemzugs. Wie fühlt es sich an, wenn der Atem in den Körper zu strömen beginnt?*

- *Dann beachten Sie die Mitte. Wie fühlt es sich an, wenn der Atem anhält und sich der Fluss nach außen umkehrt?*

- *Beachten Sie schließlich das Ende. Wie fühlt es sich an, wenn der Atem auf natürliche Weise freigesetzt wird, ohne sich anstrengen zu müssen?*

- *Sobald Sie mit jeder Phase des Zyklus vertraut sind, beobachten Sie dann, wie es sich anfühlt, wenn ein Atemzug endet und der nächste beginnt.*

- *Werden Sie sich dieses ständigen Ein- und Ausströmens bewusst. Beobachten Sie den gesamten Zyklus mit entspanntem, aber engagiertem Geist.*

- *Am Ende der Sitzung lassen Sie alle Anstrengungen los und ruhen Sie sich einfach im gegenwärtigen Moment aus.*

Die entsprechenden Aufmerksamkeitszustände, die darauf abzielen, Achtsamkeit und dann Wachsamkeit zu etablieren, lauten wie folgt:

3. **Stückhaftes Ausrichten:** In diesem Stadium werden Sie sich aller Ablenkungen Ihrer Konzentration bewusst und haben die Fähigkeit entwickelt, durch die Kraft der Achtsamkeit den Geist zum Objekt der Meditation zurückzubringen, sobald er wandert, so als ob Sie einen Flicken über ein Loch in einem Stoff legen würden. Auf diese Weise stellen Sie Ihre Konzentration neu ein und können ununterbrochen konzentriert bleiben, in der Regel für etwa fünf bis zehn Minuten. Sie fangen an, achtsamer zu werden und kommen so zu einer echten Meditation, bei der Ihre Aufmerksamkeit in praktisch allen Ihren Meditationssitzungen die meiste Zeit auf das Objekt gerichtet bleibt. Schon in diesem dritten Zustand anzukommen, ist eine große Leistung und kann einen großen Unterschied in Ihrer Fähigkeit darstellen, den Geist im Alltag zu kontrollieren.

4. **Geschlossenes Ausrichten:** Ihr Fokus ist an diesem Punkt so stark, dass der Geist die Fixierung auf das Objekt niemals vollständig verliert und grobe Unruhe kein Hindernis mehr ist. Der Geist zieht sich daher aus einem breiten Spektrum von Dingen zurück und Ihr Fokus verengt sich weiter. Obwohl man das Objekt kontinuierlich halten kann, ist es immer noch notwendig ein wachsendes Maß an Klarheit oder Intensität zu entwickeln und sich auch mit subtiler Erregung auseinanderzusetzen. Das trifft zu, wenn ein Teil Ihres Geistes vom Objekt der Konzentration abweicht, Sie es aber nicht vollständig verlieren. Während dieses vierten Zustands wird die Kraft der Achtsamkeit erreicht, da Sie nun fähig sind, das Objekt mit einer solchen Stabilität zu halten, dass Sie leicht zu ihm zurückkehren können, wenn Sie abgelenkt wurden. Allerdings müssen Sie noch sicherstellen, dass diese Stabilität nicht auf Kosten der Entspannung geht. Möglicherweise müssen Sie Techniken anwenden, um den Geist zu entspannen, um mit subtiler Erregung umzugehen, wie z. B. die Zunge hinter den unteren Zähnen zu halten.

5. **Den Geist zähmen:** Wir haben jetzt die Fähigkeit entwickelt, grobe Dumpfheit und Unruhe zu überwinden, und wir haben die Umsicht oder Wachsamkeit unseres Geistes erhöht. Das Haupthindernis in diesem Zustand ist die subtile Dumpfheit oder das Sinken, das entsteht,

wenn der Rückzug des Geistes von äußeren Objekten zu weit fortgeschritten ist. Als stabiler und friedlicher Geisteszustand getarnt, besteht die große Gefahr, dass subtile Dumpfheit nicht erkannt wird. Es erfordert daher viel Disziplin und Anstrengung, sie zu überwinden. Die Beseitigung dieses Hindernisses erfordert eine stärkere Wahrnehmung mit zunehmender Wachsamkeit. Es kann eine Herausforderung sein, die Stabilität dabei nicht zu beeinträchtigen, und kann manchmal ein ziemlich heikler Balanceakt sein. Auf dieser Stufe müssen wir durch Inspiration einen angeregten Geist erzeugen, indem wir uns beispielsweise an die guten Eigenschaften von Shamatha oder die Lehren des Buddha erinnern. Das hilft, das Meditationsobjekt anzuheben und es kleiner oder schärfer zu machen. Hier müssen wir sicherstellen, dass die Zunge jetzt hinter den oberen Zähnen liegt.

In dieser Phase entstehen immer wieder ungewollt Gedanken, obwohl sie jetzt statt wie ein Wasserfall wie ein Fluss fließen, der sich sanft durch eine Schlucht bewegt. Obwohl es immer noch ein wenig Widerstand gegen das Üben gibt, werden die Ergebnisse unserer Bemühungen durchaus deutlich.

Aufmerksamkeitsstufen	Hauptfehler	Kraft	Bewegung
3. Stückhaftes Ausrichten	Grobe Unruhe	Achtsamkeit	Wie ein Fluss, der durch eine Schlucht fließt
4. Geschlossenes Ausrichten	Grobe Dumpfheit	Achtsamkeit	
5. Zähmen	Subtile Dumpfheit	Wachsamkeit	

Tabelle 4-3: Den Geist auf dem Meditationsobjekt halten.

Stufe 4 – Feinabstimmung des Geistes

„Wie ein Fluss, der langsam durch ein Tal fließt."

Nachdem Sie mit einem hohen Maß an Disziplin eine kontinuierliche Achtsamkeit für den Atem erreicht haben, müssen Sie dann den Atem beruhigen. Wenn Sie zu früh zu dieser Stufe springen, können Sie Opfer von Dumpfheit und Schläfrigkeit werden. Sie müssen daher sicherstellen, dass Sie die vorherigen Schritte abschließen und den ganzen Atem erfassen, bevor Sie versuchen können, ihn zu beruhigen, so wie Sie zuerst ein wildes Pferd fangen müssen, bevor Sie es zähmen können.

Das Sutta fährt fort und gibt die Belehrung:

Beim Einatmen den Körper (des Atems) beruhigen,
Beim Ausatmen den Körper (des Atems) beruhigen.

Hier können Schwierigkeiten auftreten, da wir die vorherigen Stufen mit viel Willenskraft erreicht haben. Was jetzt erforderlich ist, ist ein sanftes und beständiges Loslassen. Das kann ein fein ausgewogener Balanceakt werden und kann dazu beitragen, den Atem zu verringern und mehr Betonung auf die Entspannung des Körpers zu legen.

Das Sutta fährt fort:

Während des Einatmens sich der Freude bewusst sein,
während des Ausatmens sich der Freude bewusst sein.
Während des Einatmens sich des Glücks bewusst sein,
während des Ausatmens sich des Glücks bewusst sein.

Dies bezieht sich auf die Entstehung von Freude und Glück (Piti und Sukha auf Pali), wenn sich der Atem beruhigt – wie das goldene Licht der Morgendämmerung, das am östlichen Horizont erscheint. Sie entwickeln nun die volle Aufmerksamkeit auf den „schönen Atem" und es bleiben nur noch Spuren von abschweifendem Denken übrig. Wenn Sie mühelos lange Zeit beim Objekt verweilen und eine große Menge an Freude und Glück erleben können, wird der Geist sehr konzentriert.

Übung 4.4 – Achtsamkeit auf den Atem für die Entwicklung von Klarheit

- *Nehmen Sie eine bequeme Meditationshaltung ein und beschäftigen Sie sich mit den vorbereitenden Übungen. Scannen Sie kurz den Körper und nehmen Sie einen entspannten, aber wachen Geisteszustand ein.*

- *Bringen Sie Ihr Bewusstsein auf die Oberlippe, gleich am Eingang zu den Nasenlöchern. Werden Sie sich der subtilen Empfindungen dort bewusst, wenn der Atem ein- und ausströmt. Lassen Sie alle anderen Empfindungen und Erfahrungen in den Hintergrund treten. Lassen Sie Ihr volles Interesse auf diesem kleinen Bereich ruhen.*

- *Unterscheiden Sie bei jedem Atemzug sorgfältig den Fluss der Empfindungen. Erkennen Sie, dass die Empfindungen entstehen, ohne dass Sie etwas tun müssen. Nehmen Sie die geistige Haltung ein, ein passiver Beobachter zu sein, wie ein alter Mann, der auf einer Parkbank sitzt und die Vögel beobachtet.*

- *Entspannen Sie sich in dieser Art der Beobachtung, frei von dem Versuch, den Atem in irgendeiner Weise zu kontrollieren und ohne von Ihrem Objekt der Meditation abgelenkt zu sein.*

- *Wenn der Atem subtiler wird, wird es schwieriger, die Empfindungen zu erkennen. Seien Sie zufrieden, dass Sie nichts tun müssen, um irgendwelche Empfindungen zu „erzeugen". Beruhigen Sie Ihren Geist noch weiter und betrachten Sie das Objekt intensiver. Lassen Sie sich vollkommen vom Fluss des Atems absorbieren.*

- *Am Ende der Sitzung lassen Sie alle Anstrengungen los und ruhen Sie sich einfach im gegenwärtigen Moment aus.*

Sie können nun zum nächsten Schritt übergehen, der gemäß dem Sutta folgendermaßen lautet:

Beim Einatmen den Geist wahrnehmen, beim Ausatmen den Geist wahrnehmen.

Auf dieser Stufe ist Ihre Aufmerksamkeit so verfeinert, dass der Atem vollständig zu verschwinden scheint und durch ein subtileres *erworbenes Zeichen* (Nimitta) ersetzt wird. Die physische Empfindung des Atems und Ihr Tastsinn sind ausgeschaltet, da Sie den Atem jetzt als rein mentales Objekt erleben, das einige als weißes Licht, blaue Perle oder vielleicht als Gefühl der Verzückung wahrnehmen. Wie der Vollmond, der hinter den Wolken auftaucht, hat sich die Welt der fünf Sinne aufgelöst und der Geist kann deutlich gesehen werden. Dieses subtile Objekt wird nun zum Fokus Ihrer Meditation und führt Sie zu den höheren Zuständen der Aufmerksamkeit.

Das erworbene Zeichen ist wie ein scheues Tier, das Ihnen nur dann nahe kommt, wenn Sie absolut still sind. Es ist auch wie ein dunkler Raum, in dem Sie schließlich Formen sehen können, wenn sich Ihre Augen an die Dunkelheit gewöhnen. In gleicher Weise entsteht das erworbene Zeichen allmählich aus der formlosen Stille des Geistes.

Die nächsten beiden Zeilen des Sutta sagen uns, was wir tun sollen, wenn subtile Formen von Dumpfheit oder Aufregung auftreten, während Sie sich auf das erworbene Zeichen konzentrieren:

Einatmen, den Geist erfreuen, ausatmen, den Geist erfreuen
Einatmen, den Geist konzentrieren, ausatmen, den Geist konzentrieren.

Es kann sein, dass Ihre Erfahrung des erworbenen Zeichens unklar oder verunreinigt ist, weil Ihre geistige Energie möglicherweise gering ist. Das Gegenmittel dazu ist, mehr Freude in die Meditation zu bringen und dieses subtile mentale Objekt vollständiger zu erleben. Sie können sich intensiver auf die Mitte des Zeichens konzentrieren, Ihre Aufmerksamkeit schärfen oder vielleicht zur vorherigen Stufe zurückkehren und sich auf den wunderbaren Atem konzentrieren. Sie können Ihre Freude auch steigern, indem Sie an die Vorteile von Tugenden, wie der liebevollen Güte, denken.

Wenn hingegen das Erscheinungsbild des Zeichens instabil ist, müssen Sie sicherstellen, dass Ihr Geist vollkommen ruhig und konzentriert ist. Dies bedeutet nicht nur, das Bild ruhiger zu halten, sondern auch den „Erkennenden" selbst ruhig zu halten; den Aspekt des Geistes, der das Bild „sieht". Wenn das erworbene Zeichen zum ersten Mal auftaucht, können Angst oder Erregung auftreten, genau wie wenn Sie einen Fremden zum ersten Mal treffen. So wie Sie lernen, sich in der Gesellschaft dieses Fremden zu entspannen, wenn Sie ihn kennenlernen, können Sie lernen, den Geist ein wenig zu lockern und bei dem schönen Zeichen präsent zu bleiben.

STUFEN DER MEDITATION

Es gibt zwei Aufmerksamkeitszustände, die diesen Stadien der Atemmeditation entsprechen:

6. **Den Geist beruhigen:** Die subtile Dumpfheit wurde in der vorherigen Stufe durch die Kraft der inspirierten Wachsamkeit überwunden, jedoch sind noch einige Spuren übrig geblieben. Jetzt besteht die Gefahr einer übermäßigen Aktivierung des Geistes, wodurch subtile Erregung oder Aufregung entsteht, die beruhigt werden muss. Während dieses sechsten Zustands wird die Achtsamkeit intensiver, da sie durch ununterbrochene Aufmerksamkeit verfeinert wurde. Eine stärkere Fähigkeit, die als vollständige Wachsamkeit bekannt ist, entwickelt sich ebenfalls. So kann der subtilen Erregung begegnet werden, die jedoch noch nicht vollständig beseitigt ist. Die Qualität der Aufmerksamkeit wird somit wie ein klarer Radiokanal ohne Fremdgeräusche oder Rauschen. Auf dieser Stufe spüren Sie keinen Widerstand mehr gegen die Meditationspraxis und Ihre Sitzungen können eine Stunde oder länger dauern.

7. **Den Geist vollständig beruhigen:** Mit Inspiration und Ausdauer wird die vollständige Wachsamkeit weiterentwickelt und damit werden die verbleibenden Spuren von subtiler Dumpfheit und Aufregung beseitigt und verschwinden vollständig. Auf diese Weise sind Sie in der Lage, diese beiden subtilen Hindernisse, sobald sie entstehen, durch die Kraft des begeisterten Eifers aufzugeben. Auf diese Weise wecken Sie Ihre Aufmerksamkeit, sobald das Sinken in Ihnen einsetzt, und wenn die Unruhe eintritt, lockern Sie sich leicht auf. Diese Unausgewogenheiten in der Aufmerksamkeit werden daher schnell erkannt und können leicht durch ganz feine Anpassungen behoben werden.

Aufmerksamkeitsstufen	Hauptfehler	Kraft	Bewegung
6. Beruhigung	Subtile Erregung	Vollständige Wachsamkeit	Wie ein Fluss, der langsam durch ein Tal fließt
7. Vollständige Beruhigung	Zu geringe Anwendung von Gegenmitteln	Anstrengung	

Tabelle 4-4: Feinabstimmung des Geistes.

Stufe 5 – Den Geist vereinen

„Wie ein Meer, das nicht von Wellen bewegt wird."

Die Praxis der Wahrnehmung des Atems hat sich inzwischen vollständig auf die Wahrnehmung eines schönen und stabilen mentalen Zeichens verlagert. Nachdem Sie fast jede Spur von Trägheit und Aufregung überwunden haben, verläuft die Meditation nun reibungslos und mühelos. Sie lernen, Ihrer Erfahrung vollständig zu vertrauen und bleiben in das Objekt vertieft. Dabei versuchen Sie jede Kontrolle aufzugeben, da die intensive Schönheit des Zeichens Ihre Aufmerksamkeit ohne Ihre Hilfe auf sich zieht. Sie genießen die Reise einfach, da entweder Ihre Aufmerksamkeit auf das Zentrum gelenkt wird oder das Licht sich ausdehnt und Sie einhüllt.

Um mit dem Beispiel des scheuen Tieres fortzufahren, das Ihnen nur dann nahe kommt, wenn Sie still sind, werden Sie feststellen, dass mit zunehmender Stille mehr Tiere auftauchen. Zuerst erscheinen nur gewöhnliche Tiere, aber nun tauchen seltsame und wunderbare Tiere auf. Ebenso kommen weitere Zeichen zum Vorschein, die Sie zu noch tieferen Ebenen der Meditation führen. Insbesondere erscheint ein noch subtileres mentales Zeichen, das Gegenzeichen (Patibhaga Nimitta) genannt wird, als würde es aus dem subtil erworbenen Zeichen herausbrechen. Es ist bei weitem reiner und hat weder Farbe noch Form. Die Erscheinung dieses Zeichens entspricht der Erlangung von Shamatha.

Diese Beschreibung entspricht den letzten beiden Aufmerksamkeitszuständen, die direkt zu Shamatha führen:

8. **Einspitzigkeit:** In diesem Zustand entwickeln Sie eine besondere spontane Fähigkeit, sich so lange einspitzig auf dem Objekt zu fixieren, wie Sie es wünschen. Zu Beginn der Meditation ist eine kleine Anstrengung erforderlich, aber dann trägt Sie der Impuls der Praxis ohne Unterbrechung oder weitere Anstrengung. Subtiles Sinken und subtile Erregung werden daher durch die Kraft des freudigen Eifers mit geringem Aufwand beseitigt. In diesem achten Stadium erreichen

Sie ein ununterbrochenes Engagement, was bedeutet, dass sich der Geist mit kontinuierlicher Absorption auf das Objekt der Konzentration fokussieren kann. Dies steht im Gegensatz zu den vorherigen Stufen, die alle mit unterbrochenem Engagement erreicht werden. Auf dieser Ebene können Sie etwa drei Stunden lang hochkonzentrierte Aufmerksamkeit aufrechterhalten und Ihr Geist ist still „wie ein Ozean, der nicht von Wellen bewegt wird"; nur durch gelegentliche kleine Wellen gekräuselt.

9. **Müheloses Verweilen:** Auf der neunten Stufe gibt es ein müheloses Eintreten und Verweilen in tiefer Meditation. Der Geist stellt sich selbst auf das Objekt seiner Wahl ein, mühelos und spontan. Das wird durch die Kraft vollständiger Vertrautheit und spontanes Engagement erreicht. Der Geist ist jetzt perfekt befriedet und das Entstehen von subtiler Trägheit und Erregung ist während Ihrer Meditationssitzung nicht mehr möglich. Sie sind nun fähig, eine einwandfreie Konzentration für mindestens vier Stunden aufrechtzuerhalten. Wenn Sie jedoch Ihre Übung abbrechen, dann können Trägheit und Aufregung immer noch zurückkehren, da sie nicht vollständig beseitigt sind

Aufmerksamkeitsstufen	Hauptfehler	Kraft	Bewegung
8. Einspitzigkeit	Übermäßige Anwendung von Gegenmitteln	Anstrengung	Wie ein Ozean, der von Wellen unbewegt bleibt
9. Müheloses Verweilen	Keiner	Vertrautheit	

Tabelle 4-5: Den Geist vereinen.

DAS ERREICHEN VON SHAMATHA

Wenn Shamatha tatsächlich erreicht wird, gibt es eine radikale Veränderung in Körper und Geist, wie bei einem Schmetterling, der aus seinem Kokon austritt. Ihr Geist ist in dieser Phase über den Begierdebereich hinausgegangen, und Sie haben nun Zugang zum Formbereich erlangt, einer subtilen Dimension des Bewusstseins, die den Bereich der physischen Sinne überschreitet.

Abbildung 4-1: Die neun aufeinanderfolgenden Stufen von Shamatha.

Diese Verschiebung ist gekennzeichnet durch spezifische Erfahrungen, die innerhalb eines kurzen Zeitraums stattfinden. Erstens tritt ein starker Wind durch Ihren Scheitel ein und löst sich in Ihrem ganzen Körper auf, was sich anfühlt, als ob Sie mit der Kraft einer glückseligen dynamischen Energie erfüllt wären. Ihr Körper und Ihr Geist sind jetzt von einer besonderen Art der Geschmeidigkeit durchdrungen, da sich der Körper beschwingt anfühlt, von körperlichen Störungen befreit ist und den Geist mit einem überwältigenden Gefühl der Freude erfüllt. Sie haben ein Gefühl völliger Frische und erhöhter geistiger Leistungsfähigkeit, da Ihr Geist wie eine Öllampe ist, die vom Wind nicht bewegt wird und hell und klar ruht.

Sobald Sie Shamatha erreicht haben, können Sie diesen Zustand nach Belieben erreichen und so lange ohne Unterbrechung meditieren, wie Sie wollen. Sie können sogar ohne Grundbedürfnisse wie Essen, Trinken oder Schlafen überleben. Während der Meditation wird Ihre Aufmerksamkeit vollständig von den physischen Sinnen, abschweifenden Gedanken und mentalen Bildern abgezogen, obwohl Sie sich vornehmen können, nach einer bestimmten Zeit aus der Meditation herauszukommen. Verblendete Neigungen werden jedoch nicht vollständig beseitigt und starke Emotionen können unter bestimmten Bedingungen immer noch auftauchen. Wenn Sie andererseits einem buddhistischen Weg folgen, kann Shamatha auf dieser Ebene der Erkenntnis als Werkzeug benutzt werden, um einen direkten Einblick in unsere wahre Natur zu gewinnen. Das kann dazu führen, dass alle verblendeten Emotionen und Geisteszustände vollständig beseitigt werden und Erleuchtung erlangt wird.

DIE VIER ANWENDUNGEN DER ACHTSAMKEIT

Hat man die Achtsamkeit auf den Atem geübt, dann ist der Geist des Meditierenden nun ein ausgereiftes Instrument, um introspektive Beobachtungen zu machen. Der spätere Teil des Satipatthana-Sutta beschreibt vier Praktiken, die verwendet werden können, um Einblick in die Natur der eigenen Erfahrung zu gewinnen. Diese vier Praktiken sind als die *vier Anwendungen der Achtsamkeit* bekannt und repräsentieren die zentralen Lehren über Vipashyana. Die vier lauten wie folgt:

1. **Achtsamkeit auf den Körper:** Dazu gehört die Achtsamkeit auf die Atmung, das Wissen, wann man einen langen oder kurzen Atemzug erfährt,

das Bewusstsein für dessen Bewegung und für die Ruhe, die dies durch den ganzen Körper bringt. Es bezieht sich auch auf die Achtsamkeit auf die Körperhaltung; zu wissen, wann man geht, steht, sitzt oder liegt, wohin man geht und wie man sich bewegt. Es ist Achtsamkeit beim Essen, Trinken und Stuhlgang, wenn man spricht und wenn man schweigt. Schließlich ist es die Achtsamkeit auf die Elemente, die den Körper ausmachen, seine unattraktiven Eigenschaften und die Achtsamkeit auf seine Unbeständigkeit und den bevorstehenden Tod.

2. **Achtsamkeit auf die Gefühle:** Das bedeutet einfach zu wissen, wann man Glück erlebt oder ein schmerzhaftes Gefühl oder sogar das Gewahrsein einer neutralen Emotion. Diese können durch Kontakt mit den fünf Sinnen oder durch Kontakt mit geistigen Objekten, wie Wahrnehmungen, Erinnerungen, Gedanken und mentalen Bildern, entstehen. Subtilere Gefühle können auch entstehen, wenn Ihr Geist ruhig ist, wie z. B. ein Gefühl der Zufriedenheit oder leichter Ärger oder Irritation.

3. **Achtsamkeit auf Geisteszustände:** Das schließt das Wissen ein, dass ein Geist mit Verlangen ein Geist mit Verlangen ist, während ein Geist ohne Verlangen ein Geist ohne Verlangen ist. Ebenso wissen Sie, wann Wut, Unwissenheit, Ablenkung und Konzentration vorhanden sind, und Sie wissen, wann diese Zustände fehlen. Sie wissen auch, wann der Geist befreit ist und wann nicht.

4. **Achtsamkeit auf die Phänomene:** Das bedeutet, dass Sie auf alle Phänomene oder Inhalte des Geistes achten. Es kann die Wahrnehmung von Sinnesobjekten wie Töne, visuelle Objekte, Geschmäcker, Gerüche und taktile Empfindungen sowie mentale Objekte wie Erinnerungen und Gedanken umfassen. Es bezieht sich auch darauf zu wissen, dass die Natur solcher Phänomene unbeständig ist, Leiden (d. h. unkontrollierbar) und ohne Eigennatur.

Diese Formen der Achtsamkeit werden durch das Objekt unterschieden, auf das der Meditierende seinen Fokus richtet. Durch solche genaue Beobachtung kann der Meditierende erkennen, wie diese verschiedenen Arten von Phänomenen entstehen, wie sie sich verhalten und wie sie schließlich vergehen. Mit der Erkenntnis der Unbeständigkeit dieser Phänomene prüft der Meditierende auch jede Gruppe abhängig davon, wie sie innen, außen oder sowohl innen als auch außen erscheint. Diese Methode hebt insbesondere die Arten von Beziehungen hervor, die wir um diese Erfahrungen herum entwickeln.

EINE ZUSAMMENFASSUNG DES PFADES VON SHAMATHA

Es ist üblich, dass die neun fortschreitenden Zustände der Aufmerksamkeit in der tibetischen Tradition, wie in Abbildung 4-1 gezeigt, durch die Illustration eines Elefanten, eines Affen und eines Mönchs dargestellt werden. Die wesentlichen Elemente dieser Abbildung sind:

Symbol	Bedeutung
Mönch	verkörpert den Meditierenden
Flamme	stellt die **Anstrengung dar**
Elefant	verkörpert den Geist
Affe	verkörpert die Ablenkungen
Hase	verkörpert subtiles Sinken/Lethargie
schwarze Farbe	stellt den Geist dar, der von einem der fünf Fehler beherrscht wird
weiße Farbe	stellt den Geist dar, der frei von den fünf Fehlern ist

Tabelle 4-6: Symbole, die in Abbildung 4-1 verwendet werden.

Zuerst hat der schwarze Affe die vollständige Kontrolle über den Elefanten, was zeigt, wie wir von Natur aus von Ablenkungen beherrscht werden. Der Mönch arbeitet anfangs sehr hart, um den Geist unter seine Kontrolle zu bringen, und das Feuer symbolisiert die große Anstrengung, die dafür erforderlich ist. Mit Beharrlichkeit beginnt der Mönch allmählich den Elefanten zu leiten, und so beginnen wir mit großer Disziplin, geistige Dumpfheit zu überwinden. Der Elefant wird weißer und symbolisiert die langsame Eliminierung grober Dumpfheit durch das Bemühen in der Meditation. An diesem Punkt erscheint jedoch ein kleiner schwarzer Hase auf dem Elefanten, was subtile Dumpfheit bedeutet. Wenn wir die Meditationspraxis fleißig fortsetzen, kommen wir zur nächsten Stufe, in der der Affe keine Kontrolle mehr über den Elefanten hat. Da wir immer noch Schwierigkeiten mit gelegentlicher Unruhe und Dumpfheit haben, bleibt der Affe mit einigen Unterbrechungen bestehen.

Während der Affe allmählich immer weniger störend wird, gewinnt der Mönch mehr Kontrolle über den Elefanten, der langsam völlig weiß geworden ist. Schließlich erreichen wir das Stadium, in dem der Affe überhaupt keinen Einfluss mehr auf den Elefanten hat, da unser Geist vollständig beruhigt ist. Wir haben jetzt die volle Kontrolle über unsere Emotionen, anstatt von ihnen getrieben zu werden. Das wird durch den Mönch, der neben dem besänftigten Elefanten meditiert, dargestellt. Jenseits dieser Stufe sehen wir den Mönch in Meditation, während er auf dem Elefanten sitzt. Noch weiter tauchen zwei Regenbögen aus dem Herzen des Mönchs auf und symbolisieren die Entwicklung übernatürlicher Kräfte bei der Beherrschung der Verweilenden Meditation. Wir haben dann die Fähigkeit entwickelt, den Geist einspitzig auf die Entwicklung von Einsichtsmeditation zu konzentrieren. Abhängig davon, welcher Pfad verfolgt wird, wird der Fortschritt durch verschiedene Stufen immer tieferer Einsicht geprägt, bis schließlich die Erleuchtung erreicht ist.

Nach der Tradition des Theravada bringt die Verwirklichung von Shamatha mit dem Atem als Objekt Sie an die Schwelle, die Konzentrationszustände der Jhanas zu erleben, die noch brillanter und kraftvoller sind und direkt zu Erkenntnis führen. Der Buddha fasste diesen Weg zusammen, indem er feststellte, dass Achtsamkeit auf den Atem „eine Sache ist, die, wenn sie entwickelt und kultiviert wird, vier Dinge erfüllen wird" – die *vier Anwendungen der Achtsamkeit*. Diese „vier Dinge würden, wenn sie entwickelt und kultiviert wurden, sieben Dinge erfüllen" – die *sieben Faktoren der Erleuchtung*: Achtsamkeit, Erforschung, Energie, Freude, Ruhe, Konzentration und Gleichmut. Diese „sieben Dinge würden, wenn sie entwickelt und kultiviert wurden, zwei Dinge erfüllen" – wahres Wissen und Befreiung.

ZUSAMMENFASSUNG

- In der Theravada-Tradition gibt es fünf Stufen, die den stufenweisen Fortschritt zum Erreichen von Shamatha darstellen: Achtsamkeit auf die Gegenwart, den Geist auf das Objekt ausrichten, den Geist auf dem Objekt halten, den Geist fein abstimmen und den Geist mit dem Objekt vereinen.

- In der tibetischen Tradition gibt es neun Aufmerksamkeitszustände, die verwendet werden, um den gleichen Fortschritt zu beschreiben: Den Geist auf das Objekt ausrichten, kontinuierliches Ausrichten, stückhaftes Ausrichten, geschlossenes Ausrichten, den Geist zähmen, den Geist beruhigen, den Geist vollständig beruhigen, Einspitzigkeit und müheloses Verweilen.

- Während der ersten und zweiten Stufe liegt der Fokus auf der Entwicklung von Entspannung, dann wird in der dritten die Achtsamkeit betont und schließlich in der vierten und fünften Phase die Wachsamkeit.

- Durch die Achtsamkeit auf die Atmung werden Sie schließlich die taktilen Empfindungen des Atems aufgeben und zu einem sehr subtilen geistigen Objekt wechseln, das das *erworbene Zeichen* genannt wird. Das wird wiederum einem noch subtileren Objekt weichen, das als *Gegenzeichen* bezeichnet wird.

- Wenn Sie Shamatha erreichen, werden Ihr Körper und Geist eine radikale energetische Veränderung erfahren. Das erzeugt ein beispielloses Maß an körperlicher und geistiger Geschmeidigkeit, die es Ihnen ermöglicht, den Geist mühelos zu steuern, wohin Sie wollen.

- Auf der Grundlage der Beruhigung des Geistes beschäftigen Sie sich dann mit der Praxis der *vier Anwendungen der Achtsamkeit*, um Einsicht in die Natur Ihrer Erfahrung zu entwickeln.

TEIL ZWEI

*Über die gegenwärtige
Situation nachdenken*

KAPITEL FÜNF

Wie man Dharma praktiziert

Mit den psychologischen Instrumenten, die wir in den ersten Kapiteln gelernt haben, sind wir besser gerüstet, um mit den vielen Höhen und Tiefen des Lebens fertig zu werden. Dann erhalten wir mit den kontemplativen Instrumenten der Meditation eine grundlegende Methodik für die Entwicklung positiver Eigenschaften, die die Auswirkungen dieser Höhen und Tiefen auf unseren Geist weiter verringern. Zusammen bieten sie uns eine stabilere Plattform, auf der wir die Natur unserer Erfahrung untersuchen können.

Sie fragen sich vielleicht, warum sollten wir so etwas tun wollen? Was motiviert uns tiefer zu gehen? Die Antwort lautet, dass wir alle glücklich sein und nicht leiden wollen. So einfach ist das. Wenn wir aufrichtig sind, können wir erkennen, dass allen unseren Handlungen diese elementare Motivation zugrunde liegt, die uns ständig zu bestimmten Arten von Phänomenen hinzieht und uns von anderen wegdrängt.

Obwohl wir alle nach einer Form des Glücks suchen, wissen nur wenige von uns, wie sich echtes Glück wirklich anfühlt. Aus diesem Grund müssen wir zuerst verstehen, was mit diesem Begriff gemeint ist. Im Buddhismus sprechen wir von zwei Arten oder Ebenen des Glücks:

1. **Weltliches Glück:** Diese Art von Glück ist das Vergnügen, das wir aus unserer Interaktion mit äußeren Reizen ziehen. Wenn wir auf ein schönes Bild stoßen, ein köstliches Nahrungsmittel schmecken oder einen verführerischen Duft riechen, wird die Erfahrung, die im Geist als Antwort auf diese Erscheinungen entsteht, „weltliches" Glück genannt. Es ist weltlich, da seine Entstehung von der äußeren Welt abhängt.

2. **Echtes Glück:** Diese Form des Glücks ist nicht abhängig von etwas außerhalb Ihres Geistes. Es entsteht auf natürliche Weise aus den inne-

wohnenden Eigenschaften des Geistes selbst. Es kann erfahren werden, wenn Sie fähig sind Ihr Leben in Übereinstimmung mit dieser Natur zu leben. Während weltliches Glück etwas ist, das man *von der Welt erhält*, ist wahres Glück etwas, *das man in die Welt bringt.*

Die Verwirrung entsteht, wenn wir nicht erkennen, dass wir alle von dem Wunsch motiviert sind, dauerhaftes, aufrichtiges Glück zu erleben, und dennoch immer nur nach weltlichem Glück suchen. Da das weltliche Glück von äußeren Objekten abhängt, kann es uns immer nur einen momentanen Genuss bieten. In dem Moment, in dem das Objekt verschwunden ist oder wir uns an seine Anwesenheit gewöhnt haben, schwindet auch das entsprechende Vergnügen. Leider suchen wir am falschen Ort nach echtem Glück. Wie beim Versuch, Wasser aus einem Felsen zu bekommen, hat das weltliche Glück einfach nicht die Fähigkeit, uns das zu geben, was wir wollen.

Am Ende ist es eine Frage der Zufriedenheit. Tief im Innern spürt man das Gefühl, dass „etwas fehlt". Unabhängig davon, in welcher Situation wir uns befinden, immer fehlt etwas, etwas stimmt einfach nicht, nicht wahr? Grundsätzlich scheint es so, als würden wir in einer permanenten Art von Unzufriedenheit leben. Das wirft die Fragen auf: Können wir etwas dagegen tun? Müssen wir diese Realität einfach akzeptieren? Oder gibt es etwas, das wir in unserem Leben verändern können, um eine dauerhaftere Form der Zufriedenheit zu erreichen?

Nach den Lehren Buddhas gibt es Gründe für unsere Unzufriedenheit, daher ist es möglich, diese Ursachen zu beseitigen. Der Weg wird durch die Praxis des Dharma erreicht. Das Wort Dharma ist ein Sanskrit-Wort, das viele verschiedene Bedeutungen hat. In diesem Fall beziehen wir uns auf alle Arten der Phänomene. Ein Dharma ist etwas, das die Ursache für ein bestimmtes Ergebnis schafft. So können wir von *weltlichen Dharmas* sprechen, die weltliches Glück erzeugen, oder wir können von *heiligen Dharmas* sprechen, die echtes Glück erzeugen. Wenn wir von „Dharma praktizieren" sprechen, beziehen wir uns auf die Pflege des Letzteren.

Heiliger Dharma ist wie ein Spiegel. Es spiegelt unsere Erfahrung auf eine Art wider, die uns erlaubt, das Verständnis zu entwickeln, wie diese Erfahrung entsteht. Es fordert uns heraus, schonungslos einen langen und unbeirrten

Blick auf unser Verhalten zu werfen und einige unangenehme Fragen zu stellen. Wenn wir diese Fragen ehrlich beantworten können, dann wird es möglich, aus unseren Fehlern zu lernen und Veränderungen in unserem Leben vorzunehmen. Veränderungen, die uns letztendlich zu echtem Glück führen werden.

DIE ACHT WELTLICHEN DHARMAS

Wenn wir anfangen, über den Unterschied zwischen weltlichen und heiligen Dharmas zu sprechen, ist es sehr leicht, die Einstellung zu entwickeln, dass etwas Weltliches „schlecht" und alles Heilige „gut" ist. Das kann dazu führen, dass wir eine sehr pessimistische und deprimierte Einstellung zum täglichen Leben entwickeln. Tatsache ist, dass wir in dieser Welt leben – das ist unsere Realität. Was wir tun müssen, ist unser Verhältnis zu dieser Realität auf gesunde und produktive Weise zu verstehen. Anstatt in einer verzerrten Fantasie zu leben, wollen wir unsere falschen Vorstellungen abbauen und zu einer realistischeren Sichtweise gelangen.

Dazu werden wir die weltlichen Dharmas anhand von vier Paaren von Phänomenen analysieren. Diese *acht weltlichen Dharmas* repräsentieren vier Dinge, die wir anstreben, und vier Dinge, die wir um jeden Preis vermeiden wollen. Wie wir sehen werden, ist die Wurzelverblendung, die diese unterschiedlichen Polaritäten steuert, die Anhaftung. Entweder haften wir an etwas an, das wir haben oder wir haften daran, es nicht zu haben. Je mehr Anhaftung vorhanden ist, desto mehr Leiden erleben wir. Durch das Studium dieser vier Themen und das Nachdenken über die Auswirkungen können wir beginnen, diese Bindung zu verringern.

Ziel	Anhaftung	Abneigung
1. Ressourcen	Gewinn	Verlust
2. Gefühle	Vergnügen	Schmerz
3. Einfluss (Macht)	Anerkennung	Ignoriertwerden
4. Selbstwert	Lob	Kritik

Tabelle 5-1: Die acht weltlichen Dharmas.

Gewinn und Verlust

Das erste Paar, das wir betrachten, bezieht sich auf unsere Beziehung zu äußeren Ressourcen. Gewinn bezieht sich auf das Streben nach mehr Wohlstand als Mittel, um mehr Glück zu erfahren. Die allgemeine Annahme ist hier, dass „mehr besser ist". Je mehr Geld ich habe, desto größer ist mein Haus, desto besser mein Auto, desto schöner meine Kleidung, und all dies wird irgendwie mein Glück vermehren. Verlust bezieht sich auf das Gegenteil; es ist unsere tiefsitzende Angst, ohne die Ressourcen dazustehen, die wir für nötig halten. Während sich der Gewinn als unersättliches Verlangen nach Dingen manifestiert, ist Verlust wie eine unterschwellige Angst, die uns daran hindert die Dinge, die wir haben, wirklich zu genießen.

Wenn eine Person eine starke Anhaftung an Reichtum hat, neigt ihr Leben dazu, sich nur um das Geldverdienen zu drehen und den eigenen Besitz zu vermehren. Wir können an dieser Haltung sehr deutlich erkennen, dass der Schwerpunkt unserer Gesellschaften auf der Wirtschaft und der Konsumkultur liegt.

Übung 5.1 – Materielle Besitztümer

- *Stellen Sie in einer entspannten Haltung einen neutralen Geist durch die Praxis der Achtsamkeit auf die Atmung her.*

- *Denken Sie an einige Ihrer wertvollsten Besitztümer. Wählen Sie eines aus und denken Sie an den Moment, in dem Sie dieses Objekt erworben haben. Wie haben Sie sich damals gefühlt? Vergleichen Sie dieses Gefühl mit dem, was Sie jetzt in Bezug auf dieses Objekt fühlen. Hat sich das Gefühl überhaupt verändert? Empfinden Sie immer noch den gleichen Nervenkitzel, die gleiche Freude, das gleiche Gefühl der Zufriedenheit?*

- *Betrachten Sie nun alles, was zum Erwerb dieses Objekts geführt hat. Denken Sie an die Energie, die Sie in das Objekt investiert haben. Erinnern Sie sich, was Sie tun mussten, um das Objekt sicher aufzubewahren. Denken Sie an die Versicherung, die wir abschließen, an die*

Reparaturen und an die üblichen Anstrengungen, die wir unternehmen, um zu verhindern, dass sich unsere Objekte ändern.

- *Denken Sie nun an all die verschiedenen Objekte, die Sie im Laufe Ihres Lebens besessen haben. Wie lange halten sie, bevor Sie das Gefühl haben, dass Sie sie ersetzen müssen? Von denjenigen, die Sie behalten haben, können Sie sich vorstellen, wie es sich anfühlen würde, wenn sie zerbrechen würden oder jemand sie stehlen würde.*

- *Entwickeln Sie ein Gefühl dafür, wie sich Ihr Verhältnis zu den Dingen im Laufe der Zeit verändert hat. Vergleichen Sie die Momente, in denen materieller Besitz Ihre oberste Priorität war, mit denen, wo das nicht der Fall war. Gibt es Unterschiede in der Qualität Ihrer Erfahrung?*

- *Wenn Sie über diese Fragen nachdenken, können in Ihrem Geist unterschiedliche Einsichten entstehen. Wenn das geschieht, dann halten Sie in Ihrer Meditation inne und ruhen Sie sich einfach in dem Gewahrsein der Sicherheit aus, dass die Dinge so sind.*

Vergnügen und Schmerz

Das zweite Paar betrachtet unsere Beziehung zu Sinneserfahrungen. Das ist bei weitem das unmittelbarste der vier Paare. Auf der einen Seite suchen wir alle Arten von Erfahrungen auf, die wir als angenehm bezeichnen, auf der anderen versuchen wir, die Erfahrungen von Schmerz und Unbehagen zu vermeiden. Für jeden Menschen sind die Arten von Objekten, die Vergnügen oder Schmerz auslösen, unterschiedlich. Es ist wichtig sich daran zu erinnern, da wir der Meinung sind, dass die Objekte an sich eine gewisse Fähigkeit haben, die Erfahrung von Vergnügen oder Schmerz zu erzeugen. In Wirklichkeit existieren diese beiden Erfahrungen jedoch nur im Geist

Wenn das Anhaften an diese Erfahrung sehr stark ist, werden wir oft eine starke Betonung auf verschiedene Arten des „Nervenkitzels" legen. Dies kann in Form einer Obsession für bestimmte Arten von Lebensmitteln oder Substanzen (wie Alkohol oder Drogen) äußern, dem ständigen Verlangen nach sexueller Befriedigung oder der Notwendigkeit, immer neue und großartige Situationen zu erleben. Da alle diese Erlebnisse von Natur aus vorübergehend sind, können sie bestenfalls momentanes Glück bieten.

Übung 5.2 – Sinneswahrnehmungen

- *Stellen Sie in einer entspannten Haltung einen neutralen Geist durch die Praxis der Achtsamkeit auf die Atmung her.*

- *Denken Sie an eines Ihrer Lieblingsgerichte. Betrachten Sie die Eigenschaften der Speisen, die sie zu Ihren Lieblingsspeisen machen. Erinnern Sie sich an die Erfahrung, dieses Essen zu genießen. Gibt es einen Unterschied, wenn man das Essen tatsächlich probiert, anstatt sich nur an seinen Geschmack zu erinnern? Überlegen Sie, wie lange die Erfahrung des Schmeckens der Speisen dauert, bevor sie zu einer bloßen Erinnerung wird.*

- *Betrachten Sie nun die Zeit, die Sie für die Zubereitung Ihres Essens benötigen. Wie wichtig ist es, dass das Essen gut schmeckt? Wie viel Aufwand investieren Sie, um das zu erreichen? Denken Sie nicht nur an die unmittelbare Vorbereitung. Berücksichtigen Sie auch die Energie, die aufgewendet wurde, um die richtigen Zutaten zu erwerben und zu lernen, wie man das Essen zubereitet.*

- *Erinnern Sie sich jetzt an all die kleinen Dinge, die wir während unseres Tages tun, um die Erfahrung von Unbehagen zu vermeiden. Denken Sie daran, wie wir uns mit schönen Dingen umgeben, um Hässlichkeit zu vermeiden, oder wie wir überall Düfte sprühen, um bestimmte Gerüche zu vermeiden. Denken Sie an die verschiedenen Möglichkeiten, wie wir uns vor unangenehmen Situationen schützen.*

- *Wie sehr wir auch versuchen uns selbst zu schützen, wir stoßen unweigerlich auf Situationen, die unerwünschte Gefühle hervorrufen. Den-*

ken Sie an einige Beispiele der jüngsten Erfahrungen, die Sie gemacht haben. Wie haben Sie auf diese Erfahrungen reagiert? Hatten sie einen großen oder kleinen Einfluss auf Ihren Geist?

- *Verweilen Sie in den Einsichten, die auftauchen.*

Anerkennung und Ignoriertwerden

Mit diesem dritten Paar konzentrieren wir uns jetzt auf die Qualität des Einflusses, den wir auf andere haben. Was wir Anerkennung nennen, ist der Wunsch, dass andere Menschen Sie respektieren und wertschätzen. Es ist eine allgemeine Sorge, wie sich Ihre Handlungen auf das Verhalten anderer auswirken oder es verändern. Jemand, der viel Anerkennung oder Ruhm von anderen erhält, kann diese Menschen effektiver beeinflussen. Wenn jemand von anderen völlig ignoriert wird, haben seine Handlungen jedoch keine Macht, jemanden zu beeinflussen.

Das Vorhandensein oder das Fehlen von Macht kann auch ein Gegenstand der Anhaftung sein. Wenn diese Anhaftung stark ist, kann es zu einem ständigen Bedürfnis kommen, geliebt zu werden, oder zur Schaffung einer Position führen, in der Sie andere kontrollieren oder manipulieren können. Wir können diese Form der Anhaftung in der Welt der Prominenten, der Politik und der Wirtschaft sehr deutlich erkennen.

Übung 5.3 – Einfluss

- *Stellen Sie in einer entspannten Haltung einen neutralen Geist durch die Praxis der Achtsamkeit auf die Atmung her.*

- *Betrachten Sie die verschiedenen Menschen, mit denen Sie sich gerade verbunden fühlen. Wie würden Sie die Stärke Ihrer Beziehung zu diesen Menschen charakterisieren? Stehen Sie jedem von ihnen gleichermaßen nahe, oder gibt es einige, denen Sie näherstehen als anderen? Überlegen Sie, wie sich diese Nähe auf die Größe des Einflusses auswirkt, den Sie auf diese Menschen haben.*

- *Überlegen Sie, wie sich diese Nähe entwickelt hat. An welchem Punkt hörten diese Menschen auf, Fremde zu sein und wurden zu Freunden oder zu Ihrer Familie? Denken Sie an die Energie, die Sie in die Entwicklung dieser Beziehungen investiert haben.*

- *Überlegen Sie nun, wie wichtig es für Sie ist, diese Menschen in Ihrem Leben zu haben. Was würden Sie tun, wenn alle Ihre Freunde Sie verlassen würden? Wie würden Sie sich dabei fühlen? Betrachten Sie alle Maßnahmen, die Sie ergreifen würden, um sicherzustellen, dass dies nicht passiert.*

- *Schauen Sie zurück auf Ihr Leben. Denken Sie über die verschiedenen Menschen nach, die in den verschiedenen Momenten in Ihr Leben gekommen sind. Betrachten Sie den Einfluss, den Sie damals auf deren Leben hatten und vergleichen Sie das mit dem Einfluss, den Sie auf ihre Leben jetzt haben. Welche Auswirkungen haben vergangene Beziehungen auf Ihr gegenwärtiges Leben?*

- *Verweilen Sie in den Einsichten, die auftauchen.*

Lob und Kritik

Das letzte Paar konzentriert sich auf den wahrgenommenen Wert dessen, wer wir als Individuen sind. Es hängt eng mit unserem Selbstverständnis zusammen und wie sich andere auf dieses Selbst beziehen. Wenn Menschen eine Eigenschaft loben, die wir besitzen, oder eine Handlung, die wir gesetzt haben, empfinden wir das Gefühl großen Selbstwerts. Umgekehrt, wenn jemand unsere Eigenschaften oder Handlungen kritisiert, haben wir das Gefühl, dass unser Selbst irgendwie abgeschwächt ist.

Wenn Menschen an ihrem Selbstwert hängen, neigen sie dazu, anderen gefällig zu sein, um Lob zu erwecken. Es geht nicht darum, ob sie Einfluss auf andere ausüben können; es ist eine Anhaftung an die momentane Erfahrung, die entsteht, wenn sie etwas tun, das andere dazu bringt, ihre Wertschätzung oder ihren Respekt auszudrücken. Es ist ein Verlangen nach allem, was das

Ego stärkt, und eine ebenso starke Unsicherheit bei allem, was als Angriff auf dasselbe Ego gesehen wird.

Übung 5.4 – Selbstwert

- *Stellen Sie in einer entspannten Haltung einen neutralen Geist durch die Praxis der Achtsamkeit auf die Atmung her.*

- *Betrachten Sie die verschiedenen Eigenschaften, von denen Sie glauben, dass sie Sie als Person am besten definieren.*

- *Erinnern Sie sich an einen Moment, in dem Ihnen jemand ein Kompliment gemacht oder Sie vor anderen gelobt hat. Wie haben Sie sich dabei gefühlt?*

- *Vergleichen Sie dies nun mit einem Moment, in dem jemand Sie offen kritisiert hat. Wie haben Sie sich dabei gefühlt? Wie haben Sie auf diese Kritik reagiert?*

- *Denken Sie nun an verschiedene Abschnitte Ihres Lebens zurück. Denken Sie daran, wie Sie als Kleinkind, dann als Teenager, dann als junger Erwachsener und so weiter bis zu Ihrem heutigen Alter auf Lob oder Kritik reagiert haben. Als sich Ihre Selbstwahrnehmung im Laufe der Zeit entwickelte, in welcher Beziehung stand sie zu der Art und Weise, wie Sie auf Lob oder Kritik reagierten?*

- *Verweilen Sie in den Einsichten, die auftauchen.*

Zusammenfassend ist festzuhalten: Wenn unser Leben in erster Linie von der Sorge um diese weltlichen Dharmas bestimmt wird, befinden wir uns ständig in einem endlosen Prozess der Neuordnung unserer Welt, um unsere Hoffnungen zu erfüllen und unsere Ängste zu vermeiden. Diese Art von Leben kann sich wie ein ständiger Kampf mit jedem um uns herum, der Umgebung selbst und sogar unserem eigenen Selbstgefühl anfühlen. Es ist ein Leben, das in Angst, Sorge und Unzufriedenheit verbracht wird, insbesondere wenn wir unsere eigenen Erwartungen nicht erfüllen.

Das Verständnis dieser weltlichen Dharmas bedeutet jedoch nicht, dass es falsch ist, für unsere Fähigkeiten bewundert werden oder den Geschmack von gutem Essen genießen zu wollen. Ebenso wenig ist es falsch, den Schmerz der Ablehnung nicht spüren zu wollen. Wenn wir aber ein Bewusstsein dafür schaffen, wie sehr wir an diesen Aspekten hängen, gibt uns das die Möglichkeit, unseren Umgang damit zu ändern. Wenn wir unsere Fixierung auf deren Besitz oder deren Vermeidung verringern, kann uns das helfen „locker zu lassen" und ein bisschen zu entspannen. Entwickeln wir eine Einstellung, die erkennt, dass es schön ist bestimmte Dinge zu haben, aber dass sie nicht immer gebraucht werden, oder akzeptieren wir, dass wir nicht immer gelobt werden müssen, um zu wissen, dass wir eine gute Arbeit geleistet haben. Das kann zu einer größeren Toleranz gegenüber den Dingen führen, die wir haben, und uns helfen, weniger verkrampft zu sein gegenüber dem, was wir nicht haben. Mit anderen Worten, es lehrt uns zufriedener zu sein mit dem, was auch immer auf uns zukommt.

Manchmal kann unsere Wahrnehmung der weltlichen Dharmas ziemlich begrenzt sein und wir sind oft zu sehr in eine einzige Richtung konzentriert. Als Konsequenz daraus können wir keine anderen Möglichkeiten in Betracht ziehen. Wir können zum Beispiel so sehr von der Idee besessen sein, dass unsere Familie, um glücklich zu sein, „das Traumhaus" braucht. Dadurch arbeiten wir beträchtliche Stunden, um das erforderliche Geld zu verdienen, aber weil wir keine Zeit mehr für unsere Lieben haben, ist das eigentliche Resultat daraus Unglück. Mit Gewinn kann auch Verlust einhergehen, und es mag hilfreich sein uns zu fragen, was der Preis dafür ist, das zu bekommen, was wir wollen. Wir könnten Anerkennung erlangen, aber der Preis, den wir zahlen, könnte unsere Freiheit sein. Wir könnten auch einen immensen Reichtum erwerben, aber auf Kosten großer Energie. Wir müssen nicht die Dinge opfern, die wir mögen, oder uns vormachen, dass wir glauben, es kümmere uns nicht, was andere Leute über uns denken. Wenn wir uns mehr Gedanken darüber machen können, wie diese acht Dharmas unsere Lebenserfahrung beeinflussen, und sie eingehender untersuchen, könnten wir die richtige Balance innerhalb dieser Paare finden und dadurch ein größeres Gefühl des Gleichmuts erfahren.

DHARMAPRAXIS

Unser Standardmodus ist es, uns an weltliche Dharmas zu binden. Das ist nichts weiter als eine tief verwurzelte Angewohnheit. Leider führt diese besondere Angewohnheit zu einer Vielzahl von Problemen in unseren Leben. Um dieser Angewohnheit entgegenzuwirken, müssen wir daher erhebliche Anstrengungen unternehmen. Wir nennen den Prozess der Anstrengung „Dharma üben".

Die obige Analyse der *acht weltlichen Dharmas* ist ein Beispiel für eine solche Praxis. Indem Sie sich durch jedes der verschiedenen Themen durcharbeiten, bemühen Sie sich eine Einsicht in diese Themen zu entwickeln. Das Ergebnis dieser Bemühungen ist, dass Sie fähig sind, einen gewissen Grad an Erkenntnis zu entwickeln, die darauf abzielt die Anhaftung an diese acht Arten von Phänomenen zu verringern.

Die Praxis findet dann statt, wenn wir Wissen mit klarem Verständnis aufnehmen und dann dieses Wissen in unser Leben integrieren können. Wenn wir das gewonnene Wissen nicht integrieren, entwickeln wir keine neuen Gewohnheiten. Die Information bleibt auf einer intellektuellen Ebene und dringt nicht in unsere Erfahrung ein. Das ist in Ordnung, solange wir keine Probleme haben. In dem Moment, in dem solche Situationen auftauchen, fallen wir jedoch in unsere gewohnte Sichtweise zurück und machen immer wieder dieselben Fehler. Den Lehren einfach zuzuhören ohne sie in die Praxis umzusetzen, hat daher keinen langfristigen Nutzen.

Der Hauptzweck der Dharmapraxis ist es, ein Mittel zur Zähmung des Geistes zu sein – den Geist letztendlich nutzbarer zu machen. Dieser Prozess ähnelt dem Gerben von Leder. Derzeit ist unser Geist wie ein Stück harte, trockene Haut. Er wurde durch die starke Betonung der Außenwelt verhärtet; ein Rahmen, der festschreibt, wie die Dinge tatsächlich existieren, und sie fixiert, entweder nur dies oder nur das zu sein. Welchen begrenzten inneren Fokus wir haben, wird oft vom Ego, der Selbstliebe und allen Arten verzerrender Anhaftungen beherrscht. Alle diese Bedingungen trocknen unseren Geist aus wie ein Stück Haut, das in der Sonne liegt. Wenn wir versuchten, diese Haut zu biegen, wäre sie steif und würde möglicherweise sogar zerreißen. Solange unser Geist starr und unbeweglich ist, widersteht er ebenso jedem Versuch, ihn zu beugen oder anzupassen. Indem wir den Dharma ausüben, lernen wir den Geist geschmeidig, flexibler und formbarer zu machen.

Wenn wir einen Geist mit diesen Eigenschaften entwickeln, sind wir besser darauf vorbereitet mit den vielfältigen Situationen umzugehen, die wir im täglichen Leben vorfinden, zum Beispiel, wenn ein Arbeitskollege unserer Leistung übermäßig kritisch gegenübersteht. Anstatt mit Wut und harten Worten zu reagieren oder unsere Kränkung zu verinnerlichen (beides schafft nur mehr Schwierigkeiten), kann ein geschmeidiger Geist uns ermöglichen, die Situation anders zu betrachten. Unser Kollege könnte einen schlechten Tag haben und einfach nur Dampf ablassen, vielleicht ist in seinen Worten etwas Wahres oder vielleicht haben wir einfach das Gefühl, es lohnt sich nicht, darüber zu streiten. Indem wir unseren Geist durch die Dharmapraxis bändigen, lernen wir das zu berücksichtigen anstatt unüberlegt zu reagieren. Es schafft einen Raum, in dem wir uns bewusst sein können, dass unser Handeln Konsequenzen hat, und obwohl wir die Ergebnisse möglicherweise nicht genau vorhersagen können, können wir bei unseren Reaktionen mit größerer Weisheit handeln. Es erlaubt uns auch schwierige Umstände eher zu akzeptieren und sich einfach das Leben zu erleichtern.

Im Allgemeinen können wir zwei Arten von Praxis unterscheiden:

1. **Formale Praxis:** Das bezieht sich auf die vielen spezifischen spirituellen Praktiken, die Sie durchführen können, wie z. B. das Rezitieren von Gebeten oder Mantras, das Ausführen von Niederwerfungen oder das Sitzen auf einem Kissen, um zu meditieren. Diese werden am klarsten als Aktivitäten erkannt, deren Hauptzweck darin besteht, spirituelle Qualitäten zu kultivieren.

2. **Zwanglose Praxis:** Die informelle Praxis bezieht sich auf alle anderen Aktivitäten, die nicht explizit auf spirituelle Ziele ausgerichtet sind. Das kann alle Arten weltlicher Aktivitäten umfassen, mit denen wir uns täglich beschäftigen. Diese Aktivitäten bieten den Kontext für die Integration der in der formalen Praxis erzielten Erkenntnisse in die eigene Erfahrung.

Beide Formen der Praxis sind wichtig für den Prozess der Zähmung des Geistes. Im Idealfall widmen Sie jeden Tag eine bestimmte Zeit der Durchführung der formalen Praxis und den Rest Ihrer Zeit nutzen Sie für eine zwanglose Praxis. Auf diese Weise wird Ihr ganzer Tag zu einer Gelegenheit, den Geist zu zähmen.

Wir haben bereits das Kultivieren von Wissen und Verständnis erwähnt. Wenn wir von einer starken Emotion erfasst werden und in der Lage sind, anzuhalten und zu untersuchen, wie es unserem Geist geht, oder wenn wir unsere Absicht überprüfen und die Auswirkungen analysieren, bevor wir auf eine schwierige Situation reagieren, dann haben wir das verstanden. Wir wenden Dharmawissen an und integrieren es in unser tägliches Leben, indem wir über das Verstehen der Sprache hinausgehen und die Bedeutung durchdringen lassen. Darum geht es in der spirituellen Praxis. Wenn es für Ihr normales individuelles Leben nicht relevant ist, dann ist es unwahrscheinlich, dass es von Nutzen ist.

Wir können die Dharmapraxis auch als eine Möglichkeit betrachten, unseren Geist auf die Ausbildung von größerer Weisheit und wunderbaren Qualitäten, wie Liebe, Mitgefühl, Freude und Gleichmut, vorzubereiten. Stellen Sie sich ein felsiges und karges Stück Land vor, wo nur Unkraut wachsen kann. Mit harter Arbeit und Disziplin kann ein Landwirt die Steine entfernen, das Unkraut jäten und den Boden mit Dünger in ein gesundes Feld verwandeln, das eine reiche, nahrhafte und üppige Ernte hervorbringen kann. Ohne spirituelle Praxis ähnelt unser Geist diesem unfruchtbaren Land. Es ist mit leidbringenden Geisteszuständen, wie Anhaftung und Selbstliebe, überwuchert. Wenn wir anfangen Dharma zu praktizieren, arbeiten wir allmählich daran, das „Unkraut" zu entfernen und unseren Geist in einen fruchtbaren Boden zu verwandeln, auf dem sich alle positiven Eigenschaften entwickeln und wachsen können.

Wenn wir anfangen, unseren Geist zu zähmen und ihn darauf vorzubereiten, kann dies zunächst als eine sehr schwierige Aufgabe erscheinen, ähnlich der, als wir zum ersten Mal mit der Meditation begonnen haben. Indem wir den Geist nach innen lenkten, konnten wir zum ersten Mal sehen, wie chaotisch und sich wiederholend unsere Gedanken tatsächlich waren. Ebenso können wir uns mit der Zeit der Natur der Gedanken, die unser Handeln antreiben, bewusster werden und damit den Einfluss der acht weltlichen Dharmas auf unser Leben erkennen. Das Ausmaß unserer Anhaftungen und Abneigungen zu bemerken, kann manchmal frustrierend sein, und wir fühlen uns möglicherweise durch die Menge an „Unkraut", das wir entdecken, abgeschreckt. Aus diesem Grund müssen wir mit uns selbst geduldig sein, damit sich der Prozess mit der Zeit entwickeln kann. Wenn Sie nicht aufgeben, dann können Sie in ein paar Jahren zurückblicken und ziemlich erstaunt über die Veränderungen sein, die Sie durchgemacht haben.

ERKENNTNISSE DURCH DIE ANALYTISCHE MEDITATION ENTWICKELN

Zuvor sind wir auf eine Reihe von Übungen gestoßen, bei denen es darum ging, bestimmte Themen zu betrachten oder darüber nachzudenken. Wie wir im Kapitel über Meditation gelernt haben, ist dies eine Form der Praxis, die als *analytische Meditation* bekannt ist. Der Hauptzweck dieser Technik besteht darin, größere Weisheit zu kultivieren. Im Allgemeinen können wir drei Ebenen der Weisheit erkennen:

1. **Die Weisheit des Hörens:** Das stellt die Erkenntnisse dar, die durch das Studium der Lehren zu einem bestimmten Thema entwickelt werden. Als Ergebnis dieser Form der Weisheit entwickeln Sie ein klares Verständnis dafür, was die Lehren vermitteln. Sie sind in der Lage, die verschiedenen Themen zu unterscheiden und zu verstehen, wie sie dargestellt werden.

2. **Die Weisheit des Nachdenkens:** Diese nächste Form der Weisheit repräsentiert die Einsichten, die entstehen, wenn Sie aktiv über die erhaltenen Lehren nachdenken und deren Bedeutung verstehen. Durch den Prozess, Fragen zu stellen und Zweifel auszuräumen, entwickeln Sie mehr Klarheit und Sicherheit in Ihrem Verständnis.

3. **Die Weisheit der Meditation:** Diese letzte Form der Weisheit steht im Zusammenhang mit den direkten Einsichten, die entstehen, wenn Sie Ihr Verständnis in Erfahrung umsetzen. Durch wiederholtes Meditieren über ein bestimmtes Thema entwickeln Sie eine immer größere Vertraut-

heit. Diese Vertrautheit ermöglicht es Ihnen, bestimmte Geisteszustände zu erfahren, ohne dass eine konzeptuelle Erläuterung erforderlich ist.

Von diesen drei Ebenen der Weisheit ist nur die Weisheit der Meditation in der Lage, einem tief verwurzelten Missverständnis direkt entgegenzuwirken, denn nur auf dieser Ebene können wir die beobachteten Phänomene tatsächlich erfahren. Davon abgesehen, dürfen wir die anderen Formen der Weisheit nicht außer Acht lassen, da sie die notwendigen Voraussetzungen schaffen, damit die Weisheit der Meditation entsteht. Ohne vorheriges Studium gibt es nichts, worüber man nachdenken könnte. Ohne zuerst nachzudenken, gibt es kein Verständnis, das man aufbauen kann. Ohne dieses Verständnis gibt es keine Grundlage, um die Bedeutung zu erfahren.

Aus diesem Grund besteht ein großer Teil unserer Dharmapraxis darin, verschiedene Themen zu studieren und zu reflektieren, die uns dabei helfen können eine Perspektive zu entwickeln, die echtem Glück dienlicher ist. Unser primäres Werkzeug dafür ist die analytische Meditation. Das Folgende ist eine kurze Darstellung eines grundlegenden Prozesses, mit dem wir diese leistungsstarke Technik optimal nutzen können.

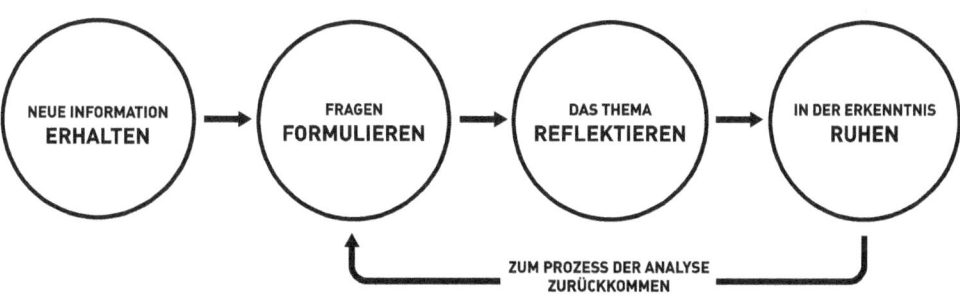

Abbildung 5-1: Das Verfahren der analytischen Meditation.

1. **Information einholen:** Der erste Schritt vor dem Beginn einer analytischen Meditation besteht darin, einige neue Informationen durch den Prozess des Studiums zu erhalten. Das kann dadurch geschehen, dass man ein Buch liest oder bei Belehrungen zuhört. Die Hauptsache ist, dass Sie sich selbst etwas Material beschaffen, mit dem Sie arbeiten können.

2. **Fragen formulieren:** Der nächste Schritt besteht darin, eine Reihe von Fragen zu formulieren, die im Zusammenhang mit den Informationen, die Sie gerade erhalten haben, aufgeworfen werden. Sie können das Material analysieren, um die verschiedenen Aussagen zu ermitteln, die gemacht werden, und die Aussagen dann als Fragen formulieren, damit Sie sie untersuchen können.

3. **Über das Thema nachdenken:** Nachdem Sie Ihren Geist in einen neutralen Zustand versetzt haben, richten Sie Ihre Aufmerksamkeit auf eine der Fragen. Beginnen Sie zu erforschen, wie sich diese Frage auf Ihr Leben im Lichte der Lehren, die Sie erhalten haben, bezieht. Wenn Sie über die Auswirkungen Ihrer Antworten nachdenken, werden Sie vielleicht feststellen, dass mehr Fragen auftauchen. Folgen Sie diesen Argumentationen und sehen Sie, wohin sie Sie führen. Fahren Sie auf diese Weise fort und erkunden Sie das Thema aus so vielen Blickwinkeln wie möglich.

4. **In der Schlussfolgerung verweilen:** Nachdem Sie einige Zeit damit verbracht haben, über gewisse Themen nachzudenken, werden Sie beginnen, eine größere Sicherheit in Bezug auf die Antwort auf Ihre ursprüngliche Frage zu entwickeln. Wenn diese Gewissheit stark ist, können Sie den Prozess der Analyse beenden und einfach in der Gewissheit verweilen, dass „es so ist".

5. **Analyse und Ruhe abwechseln:** Wenn dieses Gefühl der Sicherheit nachlässt, kehren Sie zum Prozess der Untersuchung zurück, indem Sie entweder Ihre Analyse wiederholen oder eine andere Frage auswählen, mit der Sie arbeiten möchten. Wenn Sie das gleiche Gefühl von Sicherheit und Überzeugung erleben, können Sie wieder wie zuvor ruhen. Auf diese Weise wechseln Sie zwischen Analyse und Ruhemeditation und vertiefen und verfeinern allmählich Ihr Verständnis.

Jamgon Kongtrul gibt einige nützliche Richtlinien für den Wechsel zwischen analytischer und Ruhemeditation in seinem „Schatzhaus des Wissens":

Wenn sich aufgrund intensiver Analyse die Fähigkeit zur Ruhe verschlechtert, übe mehr Ruhemeditation und erneuere die Stille.

Wenn du aufgrund längerer Ruhe nicht mehr analysieren willst,
übe analytische Meditation, um die Klarheit des Geistes zu stärken.

Wenn Sie also feststellen, dass der Geist durch die Ausübung der analytischen Meditation aufgewühlt wird, beruhigen Sie ihn, indem Sie den Körper entspannen und eine Weile die Meditation des ruhigen Verweilens praktizieren. Wenn andererseits Ihre Meditation des ruhigen Verweilens zu Dumpfheit führt, können Sie die Klarheit Ihres Geistes verstärken, indem Sie Ihre Analyse fortsetzen. Wenn Sie sich außerdem an den Prozess des Wechselns zwischen Analyse und Ruhe gewöhnen, erreichen Sie schließlich ein Stadium, in dem weniger Analyse erforderlich ist, um Sicherheit zu schaffen. Zu Beginn werden Sie vielleicht feststellen, dass mehr analytische Meditation notwendig ist, dann werden Sie mit der Zeit dazu übergehen, mehr Meditation des ruhigen Verweilens zu praktizieren.

DIE VIER ÜBERZEUGUNGEN DER ENTSAGUNG

In den nächsten vier Kapiteln werden wir uns mit vier spezifischen Themen beschäftigen, die dazu verwendet werden, um die geistige Qualität der *Entsagung* zu erzeugen. Diese Eigenschaft ist eine wesentliche Grundlage für das Engagement auf jeglichem spirituellen Weg. Aus diesem Grund lohnt es sich, dass wir etwas Zeit damit verbringen und versuchen zu verstehen, was unter diesem Begriff gemeint ist.

Im elementarsten Sinn bedeutet das Wort Entsagung ein „starkes Abwenden". Wir erkennen, dass etwas eine zerstörerische Kraft in unserem Leben ist, und wir wenden uns davon ab. Dies beinhaltet, dass es auch ein Zuwenden zu etwas anderem gibt. In gewisser Weise kann Entsagung als eine Verschiebung des Fokus verstanden werden – eine Bewegung weg von einem destruktiven Mittelpunkt hin zu einem konstruktiven.

Die vier Themen, die wir untersuchen werden, sind als die *vier Überzeugungen der Entsagung* bekannt. Sie sind speziell entwickelt worden, um den Übergang von einem Leben, das durch die Bindung an die acht weltlichen Dharmas getrieben wird, zu einem Leben zu erleichtern, das darauf ausgerichtet ist, den Geist durch die Ausübung des Dharma zu zähmen. Sie tun dies, indem sie entweder helfen, die Natur unserer gegenwärtigen Verhältnisse zu verstehen, oder indem sie das Potenzial dieser Bedingungen hervorheben.

Sich sehr stark auf die acht weltlichen Dharmas zu fokussieren, kann unseren Geist einengen. Sie gewöhnen uns an eine extreme Ansicht, die ganz genau vorgibt, was wichtig ist und was nicht. Die vier Überzeugungen erweitern unseren Blickwinkel und lassen ein wesentlich breiteres Verständnis zu. Sie erzählen eine Geschichte von Möglichkeiten, wodurch echte Änderung erreichbar ist. Es ist sehr wichtig, das immer zu bedenken, da es zu Beginn nur allzu leicht ist, von Apathie überwältigt und in den gewohnten Denkmustern fixiert zu werden.

Entsagung kann auch als eine Form von selbstbezogenem Mitgefühl verstanden werden – als Wunsch, frei von Leiden zu sein. Es ist dieser Wunsch, frei zu sein, der uns zu Beginn motiviert, und es ist dieser Wunsch, den wir schließlich ausweiten, um alle anderen einzuschließen. Wenn wir nicht in der Lage sind, uns aufrichtig zu wünschen, selbst frei von Leiden zu sein, dann ist es uns nicht möglich, das aufrichtig für andere zu wünschen. Wenn der Geist der Entsagung stark gefördert wird, kann er zu einer mächtigen Kraft hinter allen möglichen spirituellen Praktiken werden.

Traditionellerweise werden die vier Themen in einer bestimmten Reihenfolge dargestellt. Sie beginnen mit der *Kostbarkeit dieses menschlichen Lebens*, gehen zu *Unbeständigkeit und Tod* über, gefolgt vom *Leiden der zyklischen Existenz* und schließlich hin zum *karmischen Gesetz von Ursache und Wirkung*. Ich habe festgestellt, dass viele dieser Meditationen bereits eine Vertrautheit mit der buddhistischen Weltsicht voraussetzen, was bei einem Publikum im alten Indien und Tibet verständlich ist, die aber einige westliche Schüler dazu bringen können, viele unnötige Hindernisse zu erleben. Aus diesem Grund finde ich es hilfreich die Reihenfolge leicht zu verändern, wenn ich westliche Menschen diese Themen lehre, um zunächst die Grundlagen für das Weltbild zu schaffen, damit sie dann die Bedeutungen dieser Sichtweise verstehen. Das Folgende ist ein allgemeiner Überblick über diesen Ansatz:

1. **Das karmische Gesetz von Ursache und Wirkung:** Wir beginnen damit, zuerst unser Verständnis des Naturgesetzes der mentalen Kausalität zu entwickeln, das als *Karma* bezeichnet wird. Dieses Grundprinzip ist der Schlüssel zum Verständnis, wie Erfahrung durch Handlungen von Körper, Rede und Geist geformt wird. Wenn wir dieses Prinzip klarer verstehen, können wir den Geist der Entsagung entwickeln, der sich von

nicht-tugendhaften Handlungen abwendet und sich mehr auf tugendhafte Verhaltensweisen konzentriert.

2. **Die leidhafte Natur der zyklischen Existenz:** Durch das Verständnis von Karma können wir ein Modell entwickeln, um zu verstehen, wie unsere Handlungen einen Kreislauf wiederholter Reinkarnation erzeugen. Auf Grundlage dieses Modells richten wir unsere Aufmerksamkeit auf eine Analyse der unbefriedigenden Natur unserer Erfahrungen innerhalb dieses Prozesses. Wir betrachten das gesamte Spektrum der Erfahrung auf groben, subtilen und sehr subtilen Ebenen. Das hilft uns, den Geist der Entsagung zu kultivieren, der sich von der zyklischen Existenz abwendet und Freiheit vom Leiden sucht.

3. **Das kostbare menschliche Leben:** Mit dem Wunsch, frei von Leiden zu sein, müssen wir jetzt die Überzeugung entwickeln, dass wir unser Ziel erreichen können. Dazu betrachten wir das erstaunliche Potenzial der verschiedenen Bedingungen, die in diesem spezifischen menschlichen Leben vorhanden sind. Auf diese Weise entwickeln wir den Geist der Entsagung, der sich von der Arbeit nur für das Wohl dieses Lebens abwendet und sich stattdessen auf die Arbeit für das Wohl des zukünftigen Lebens konzentriert.

4. **Tod und Unbeständigkeit:** Das letzte Thema konzentriert sich darauf uns zu helfen, die starke Gewöhnung an die acht weltlichen Dharmas zu überwinden. Unsere bestehenden Gewohnheiten sind eine starke Gegenkraft für jede Art erstrebenswerter Veränderung. Aus diesem Grund müssen wir unsere Anhaftung an die weltlichen Dharmas durchbrechen und ein Gefühl der Dringlichkeit in unserer Praxis entwickeln. Wir tun dies, indem wir über die Unbeständigkeit der Natur der zyklischen Existenz meditieren, insbesondere über die Unbeständigkeit unseres eigenen Lebens. Dieses Thema hilft uns dabei, den Geist der Entsagung zu entwickeln, der sich von Faulheit und Aufschub abwendet und sich einer Haltung zuwendet, die sich mit der Ausübung des Dharmas beschäftigt.

Für viele Menschen können diese Themen besonders herausfordernd sein, da sie ein Weltbild beschreiben, das sich erheblich von den materialistischen Modellen, die innerhalb der wissenschaftlichen Gemeinschaft gebräuchlich sind, unterscheidet. Aus diesem Grund ist es wichtig, einen offenen Geist für all diese Ideen aufrechtzuerhalten und sie auf eine methodische Art durchzuarbeiten. Denken Sie daran, dass jedes Modell, das der Buddha in seinen Lehren vorstellte, aus einer Fülle von kontemplativen Untersuchungen abgeleitet wurde, die aus der Beobachtung von Phänomenen durch direkte Erfahrung stammen. Diese Untersuchung wurde von tausenden und abertausenden nachfolgender kontemplativ Meditierender wiederholt, die seine Ergebnisse bestätigt haben. Das bedeutet, dass unabhängig davon, wie fremd eine bestimmte Idee klingt, es für Sie das Potenzial gibt, diese Phänomene auch persönlich zu erfahren, wenn Sie bereit sind, diese Untersuchung zu wiederholen. Behandeln Sie daher jede Idee als Arbeitshypothese und erforschen Sie die Auswirkungen, als ob Sie sie als wahr betrachteten. Dann, wenn Sie im Laufe der Zeit das Gefühl haben, dass das Modell überzeugend ist, können Sie sich natürlich dafür entscheiden, es weiter zu erforschen.

Thema	Anwendung von	Fokus auf
1. Das karmische Gesetz von Ursache und Wirkung	nicht-tugendhaften Handlungen	tugendhafte Handlungen
2. Die leidhafte Natur der zyklischen Existenz	zyklischer Existenz	Freiheit von Leid
3. Das kostbare menschliche Leben	weltlichen Dharmas	die Praxis von Dharma
4. Tod und Unbeständigkeit	Faulheit und Aufschub	aktive Beschäftigung mit den Themen

Tabelle 5-2: Die vier Überzeugungen der Entsagung.

ZUSAMMENFASSUNG

- Es gibt zwei Formen des Glücks: das weltliche Glück, das auf äußeren Reizen beruht, und das echte Glück, das auf der intrinsischen Natur unseres Geistes beruht. Wir sehnen uns nach wahrem Glück und konzentrieren uns dennoch auf das weltliche Glück, was zu einer allgemeinen Unzufriedenheit führt.

- Ein Dharma ist jedes Phänomen, das als Bedingung für die Erzeugung eines bestimmten Ergebnisses dient. Es gibt weltliche Dharmas, die das

Potenzial haben, weltliches Glück zu erzeugen, und es gibt heilige Dharmas, die die Fähigkeit haben, echtes Glück zu erzeugen.

- Die *acht weltlichen Dharmas* sind: Anhaftung an Gewinn mit Abneigung gegen Verlust, Anhaftung an Vergnügen mit Abneigung gegen Schmerzen, Anhaftung an Anerkennung mit Abneigung gegen das Ignoriertwerden und Anhaftung an Lob mit Abneigung gegen Kritik.

- Die Dharmapraxis ist der Prozess, sich die Mühe zu machen, den Einfluss geistiger Verblendungen auf den Geist zu beseitigen. Durch diesen Prozess wird der Geist gezähmt und wird dadurch nutzbarer.

- Es gibt zwei Arten der Praxis: formale Praxis und zwanglose Praxis. Beide sind notwendig, um den Dharma in Ihr Leben zu integrieren.

- Wir können analytische Meditation verwenden, um Weisheit zu entwickeln. Es gibt drei Arten von Weisheit: die Weisheit des Hörens, die Weisheit des Nachdenkens und die Weisheit der Meditation. Sie können zwischen analytischer Meditation und Meditation des ruhigen Verweilens wechseln, um Ihren Geist zu schärfen.

- Die Entsagung erkennt die Fehler einer bestimmten Denkweise und wünscht diese Fehler aufzugeben.

- Die *vier Überzeugungen der Entsagung* sind vier Themen, die wir analysieren, um unseren Geist von zerstörerischen Gewohnheiten abzuwenden zugunsten von konstruktiveren Gewohnheiten, wie der Dharmapraxis. Sie sind: das karmische Gesetz von Ursache und Wirkung, die leidhafte Natur der zyklischen Existenz, das kostbare menschliche Leben und das Nachdenken über Tod und Vergänglichkeit.

KAPITEL SECHS

Das karmische Gesetz von Ursache und Wirkung

Sehen Sie sich um. Sie werden bemerken, dass wir von Objekten umgeben sind. Von allen Arten von Dingen, einige sind groß, einige klein, einige rund, einige flach. Einige sind natürlich entstanden, während andere von Menschen oder Maschinen gemacht wurden. Woher sind all diese Objekte gekommen? Wie kommt es, dass sie gerade jetzt gemeinsam mit Ihnen hier sind?

Wenn wir innehalten und darüber nachdenken, werden wir sehen, dass jedes dieser Objekte das Ergebnis einer ganzen Reihe von Ereignissen ist, die zu dem Endergebnis des Objekts geführt haben, das Sie vor sich sehen. Nehmen Sie zum Beispiel einen hölzernen Tisch:

> *Irgendwo gab es eine Person, die die Idee hatte, einen Tisch zu bauen. Sie zog ein Stück Papier hervor und begann zu skizzieren, wie der Tisch aussehen sollte. Als sie mit ihrem Entwurf zufrieden war, ging sie hinaus und kaufte etwas Holz und Nägel. Dann nahm sie das Holz in ihre Werkstatt und begann es mit einer Säge zuzuschneiden. Sie schnitzte in das Holz und formte es so, dass es zu ihren Entwürfen passte. Nachdem alle Teile fertig waren, benutzte sie ihren Hammer und die Nägel, um alle Teile zusammenzufügen. Nach vielen Stunden harter Arbeit war der Tisch fertig.*

Nach Ansicht des Buddhismus hängen alle Phänomene von Ursachen und Bedingungen ab. Etwas kann nicht aus Nichts entstehen, und das bedeutet, dass alles in Abhängigkeit von etwas entstehen muss, das vorher da war – einer Ursache. Jede Ursache führt dann zu einem bestimmten Ergebnis, wenn die entsprechenden Bedingungen vorliegen. Wir nennen dieses Prinzip das *Naturgesetz der Kausalität*. Aus dieser Beschreibung können wir zwei Arten von Ursachen erkennen:

1. **Substanzielle Ursache:** Das ist die tatsächliche Substanz, aus der die Wirkung entstanden ist. Es ist das, was durch die verschiedenen Bedingungen

DIE ENTHÜLLUNG DER INNEREN WAHRHEIT

verändert wird, um das Ergebnis zu erzeugen. In unserem Beispiel vom Tisch ist das Holz die substanzielle Ursache des Tisches. Für eine Blume könnten wir sagen, dass die substanzielle Ursache ein Samen war.

2. **Unterstützende Bedingungen:** Das bezieht sich auf all die verschiedenen Umstände, die vorhanden sein müssen, um ein bestimmtes Resultat hervorzubringen. Bei unserem Tisch waren die unterstützenden Bedingungen die Person, die den Tisch entworfen hat, das Papier, auf dem der Entwurf gezeichnet wurde, die verschiedenen Werkzeuge, mit denen er geformt wurde und alle anderen Faktoren, die dazu beitrugen, um den Tisch zu ermöglichen.

Während es immer nur eine substanzielle Ursache gibt, kann es eine nahezu unendliche Anzahl von unterstützenden Bedingungen geben. Denken Sie nur an alles, was in die Entwicklung des Hammers eingeflossen ist, mit dem der Tisch gebaut wurde. Oder woher das Papier stammt, das verwendet wurde, um das Design zu skizzieren? Ganz zu schweigen davon, was alles geschehen musste, damit die Person überhaupt die Idee hatte, den Tisch herzustellen. Es ist diese unglaubliche Vielfalt von Bedingungen, die Kausalität zu so einem komplexen Gegenstand der Untersuchung macht.

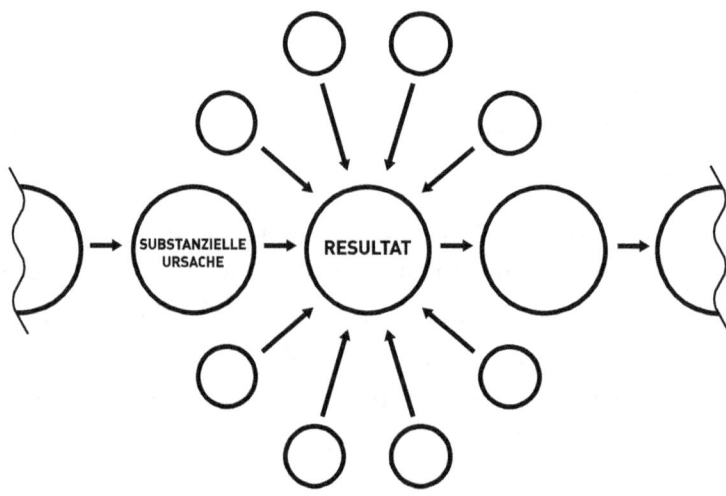

Abbildung 6-1: Substanzielle Ursache und unterstützende Bedingungen.

Die moderne Wissenschaft hat uns ein gutes Verständnis der Ursachen und Bedingungen gegeben, die in den letzten paar Millionen Jahren zur Entwicklung der physischen Welt geführt haben. Aber das ist nur ein Aspekt der Realität. Wie Sie sich aus unseren Diskussionen in den vorangegangenen Kapiteln erinnern werden, ist der Geist aus buddhistischer Sicht kein physisches Phänomen, und doch ist auch er von Ursachen und Bedingungen geformt. Das Modell, das diese Beziehung beschreibt, ist als das *karmische Gesetz von Ursache und Wirkung* oder einfach als *Gesetz des Karmas* bekannt.

Karma ist ein Sanskritwort, das wörtlich „Handlung" bedeutet. Der Begriff wird verwendet, um sich besonders auf die Auswirkungen zu beziehen, die durch unsere Handlungen von Körper, Rede und Geist erzeugt werden. Handlung wird hier als ein beliebiges Verhalten definiert, das von Absicht bestimmt wird. Da die Absicht ein Geistesfaktor ist (siehe Kapitel Zwei), bedeutet dies, dass alle Handlungen im Geist entstehen.

Nehmen wir ein einfaches Beispiel, um diesen Punkt zu veranschaulichen:

Sie bekommen das Gefühl, durstig zu sein. Langsam wächst das Verlangen nach etwas, um Ihren Durst zu stillen. Schließlich wird dieses Verlangen stark genug, dass Sie aufstehen, in die Küche gehen, ein Glas nehmen und es mit Wasser füllen. Sie trinken es in ein paar Zügen aus. Das Durstgefühl ist weg.

Wenn wir in dieser Situation die karmischen Ursachen und Auswirkungen analysieren, können wir feststellen, dass das Durstgefühl im Geist entsteht. Dieses Gefühl löst dann eine Abneigung gegen diesen Durst aus und mit der Zeit wird diese Abneigung stärker. Schließlich erreichen wir eine Schwelle, an der die Abneigung zu groß ist, und wir das Bedürfnis haben, etwas zu tun. Dann entsteht die Idee, ein Glas Wasser zu holen. Diese Idee aktiviert eine Reihe von Nervenzellen, die wiederum eine Reihe von körperlichen Aktionen auslösen, wie z. B. in die Küche zu gehen, das Glas zu holen, es aufzufüllen und es auszutrinken. Das Wasser versorgt dann unseren Körper mit Flüssigkeit, verändert seine Chemie, wodurch wiederum Nervenzellen angeregt werden und in unserem Geist das Durstgefühl reduziert wird. Wenn sich das Gefühl auflöst, löst sich auch die Abneigung gegen dieses Gefühl auf.

Die Wirkung, die wir betrachten, ist der Geist, der frei von Durstgefühl ist. Die substanzielle Ursache für diesen Geisteszustand ist die Kontinuität des

Geistesstroms, denn nur der Geist kann Geist hervorrufen. Alle physischen Komponenten in diesem Szenario wirken als unterstützende Bedingungen, die in der Lage sind, zu beeinflussen, was der Geist wahrnimmt. Auf ähnliche Weise ist der Effekt des erhöhten Wassergehalts im Körper das Resultat des Einbringens von H_2O in das System. Während der Geist als unterstützende Bedingung für die Auslösung dieser chemischen Reaktion wirkt, sind die physischen Moleküle des Wassers die substanzielle Ursache. Es ist sehr wichtig, immer daran zu denken, das Physische und das Nicht-Physische getrennt zu halten. Während sie einander beeinflussen können, gibt es nie eine Situation, in der sich das eine in das andere verwandelt.

Alle karmischen Einflüsse, die in einen bestimmten Moment der Erfahrung einfließen, vollständig zu verstehen, ist ein Beispiel für ein sehr verborgenes Phänomen. Es ist für den Geist eines fühlenden Wesens einfach zu komplex, um es völlig auszuloten. Glücklicherweise konnte der Buddha durch die Kraft seiner meditativen Konzentration eine Vielzahl von ursächlichen Zusammenhängen beobachten und eine Reihe von Grundmustern identifizieren, die beschreiben, wie Karma funktioniert. In diesem Kapitel werden wir diese Muster untersuchen, um die Dynamik zu verstehen, wie Karma die Qualität unserer gelebten Erfahrung beeinflusst.

KARMISCHE SAMEN UND DER GEISTESSTROM

Während das obige Beispiel uns zeigen kann, wie Absicht eine Umwandlung im Geist antreibt, sagt es uns nicht viel über die Gründe, warum wir Durst verspüren, noch darüber, warum wir Abneigung gegen diesen Durst empfinden. Um unsere Reaktionen auf verschiedene Phänomene zu verstehen, müssen wir uns den Prozess ansehen, wie Gewöhnung in unserem Geistesstrom entsteht.

Jedes Mal, wenn wir eine bestimmte Handlung von Körper, Rede oder Geist ausführen, verstärken wir eine bestimmte Gewohnheit. In unserem Beispiel besteht die grobe Angewohnheit darin, den Durst mit Wasser zu stillen. Auf einer subtileren Ebene können wir jedoch sagen, dass die Angewohnheit darin besteht, auf das Durstgefühl mit Abneigung zu reagieren. Jedes Mal, wenn wir auf diese Weise reagieren, erhöhen wir die Wahrscheinlichkeit, dass wir in der Zukunft genauso reagieren werden. Wir bezeichnen diese zur Gewohnheit gewordene Neigung als *karmischen Samen*.

DAS KARMISCHE GESETZ VON URSACHE UND WIRKUNG

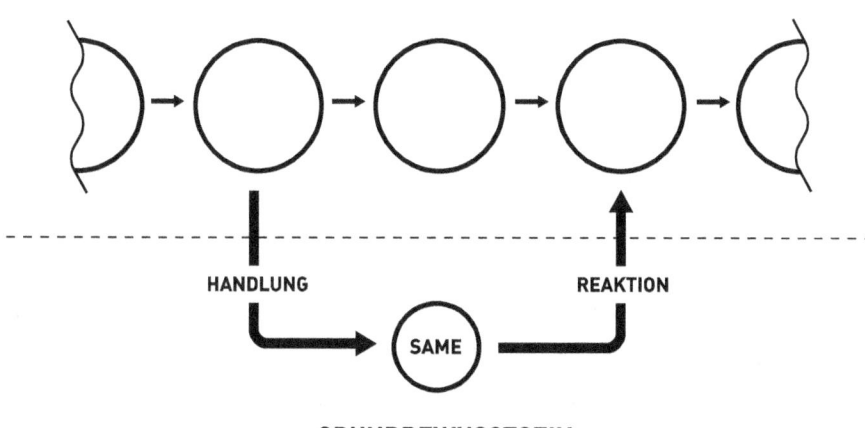

Abbildung 6-2: Wie Handlungen zu gewohnheitsmäßigen Mustern im Geist führen..

Während eines einzigen Tages sind wir in einen ständigen Prozess von Aktion und Reaktion verwickelt. Phänomene entstehen im Geist, wir reagieren darauf und neue Samen werden gesät. Das ist so, wie wenn Verbindungen zwischen Nervenzellen durch wiederholten Gebrauch verstärkt werden. Der einzige Unterschied ist, dass der Geist nicht-physisch ist und das es keine natürliche Rückbildung gibt. Sobald ein Samen gesät wurde, bleibt er im Geist, bis er in Form einer Erfahrung „reift" oder durch die Anwendung einer Gegenkraft geschwächt wird. Beide Umwandlungen werden wir später betrachten.

Vorerst müssen wir hauptsächlich verstehen, dass unser Geist eine große Anzahl von Gewohnheiten speichert, die in jedem Augenblick fortgesetzt werden. Diese Gewohnheiten werden im Grundbewusstsein gespeichert (siehe Kapitel Eins) und bestimmen, wie unsere Erfahrung entstehen wird.

Betrachten wir folgendes Beispiel:

Viele Menschen stellen sich der Herausforderung, ein neues Unternehmen zu gründen, mit dem Ziel, Erfolg und Gewinn zu erzielen. Gleichzeitig hoffen sie alle, weder ihr investiertes Geld noch ihre Glaubwürdigkeit zu verlieren. Und dennoch, trotz aller sorgfältigen Geschäftsplanung, Marktforschung und langer Arbeitszeiten, scheitert ihr Geschäft irgendwie. Sie machten alles richtig und dennoch hatten sie keinen Erfolg. Gleichzeitig beginnen andere Leute mit genau denselben Zielen ein Geschäft, investieren aber nur einen Bruchteil an Vorbereitung und Arbeit. Dennoch, aus welchem Grund auch immer, sind sie erfolgreich und erzielen großen Gewinn. Zwei ähnliche Szenarien, zwei völlig unterschiedliche Ergebnisse.

Wenn wir fragen, warum einer erfolgreich war und einer gescheitert ist, können wir eine Vielzahl verschiedener unterstützender Bedingungen identifizieren, die das Ergebnis beeinflusst haben könnten. Wir können der Wirtschaft, dem Produkt oder allen möglichen äußeren Umständen die Schuld geben. Im Buddhismus würden wir sagen, dass alle diese äußeren Faktoren Nebenbedingungen sind. Ja, sie haben zweifellos eine Wirkung, aber die Hauptursache ist die Reifung karmischer Samen.

Um das zu verstehen, überlegen Sie, wie an diesen beiden Situationen Menschen beteiligt waren. Aus karmischer Sicht erlebte eine Person die Freude am Erfolg, während die andere das Leiden des Scheiterns erlebte. Das sind die karmischen Ergebnisse der beiden Szenarien. Diese Erfahrungen entstammen einer ganzen Reihe von Entscheidungen, die von jedem Einzelnen getroffen wurden. Welche Entscheidungen sie getroffen haben, basierte auf dem stetigen Fluss des reifenden Karmas in ihrem jeweiligen Geistesstrom. Wie sie auf Dinge reagierten, legte die Abfolge der Ereignisse fest und führte sie zum gegenwärtigen Moment. Obwohl die Qualität des Produkts auch ein Grund für das Scheitern des Unternehmens gewesen sein mag, lehrt uns das Gesetz des Karmas, die Ursachen dafür zu erkennen, warum dieses bestimmte Produkt auf diese bestimmte Weise geschaffen wurde. Wenn wir diese Art von Analyse durchführen, werden wir unweigerlich zum Geist zurückgeführt.

Da der Geist eine endlose Kontinuität ist, kann man schlussfolgern, dass nicht alle unsere Gewohnheiten mit Erfahrungen in diesem Leben zusammenhängen. Das kann für manche Menschen sehr schwierig zu akzeptieren sein, weil das bedeutet, dass unsere Erfahrung von Ereignissen geprägt wird, an die wir uns nicht einmal mehr erinnern können. Die Tatsache, dass wir uns nicht an die Vergangenheit erinnern können, bedeutet aber nicht, dass wir nicht von ihr beeinflusst werden können.

Wir können den Einfluss des Karmas aus vergangenen Leben an den angeborenen Eigenschaften erkennen, die verschiedene Kinder zeigen. Es ist das Reifen ihres vorherigen Karmas, das bestimmt, wie sie die Welt erfahren und welche Entscheidungen sie treffen. Es ist das gleiche Prinzip, das sich abspielt, wenn ein Erwachsener versucht, Fahrrad zu fahren. Auch wenn Sie jahrelang nicht mit dem Fahrrad gefahren sind, können Sie die zuvor gepflanzten Samen aktivieren und dadurch diese Fähigkeit schnell wieder erlernen. Dieses Phänomen ist allgemein als „Intuition" oder „Instinkt" bekannt.

Ebenso könnten, wenn wir über natürliche Begabungen, besondere Anlagen oder Fähigkeiten verfügen, die karmischen Samen dafür bereits vor vielen Leben gepflanzt worden sein. Diese Fähigkeiten sind uns zur zweiten Natur geworden, verglichen mit einer anderen Person, die solche Fähigkeiten in ihrem vorherigen Leben möglicherweise nicht geübt hat. Dies ist eine einfache Erklärung für das Wunderkind – wenn ein Kind sehr früh ein außergewöhnliches Talent in einem bestimmten Bereich zeigt. Aus karmischer Sicht erinnert es sich einfach daran, was es bereits getan hat, ohne dass es unterrichtet werden musste. Das erklärt auch, warum verschiedene Personen während ihres gesamten Lebens sehr unterschiedliche Fähigkeiten haben.

Ständige Wiedergeburt

Historisch gesehen gab es in vielen Weisheitstraditionen, wie Hinduismus, Islam, Jainismus und sogar einigen Formen des Christentums, den Glauben an eine ständige Wiedergeburt. Seit über 2.500 Jahren haben viele außergewöhnliche buddhistische Praktizierende dieses Konzept ausführlich untersucht, unterstützt von kraftvollen Meditationspraktiken. Sie haben durch Erfahrung aus erster Hand entdeckt, dass der Geist tatsächlich eine Kontinuität ist, die ständig durch seine karmischen Neigungen konditioniert ist. Basierend auf diesen direkten Erfahrungen wurden viele hunderte buddhistische Texte geschrieben, die Zugang zu tausenden von schriftlichen Belegen und logischen Systemen bieten.

In den *Jataka-Geschichten*, werden viele Ereignisse aus den vergangenen Leben des Buddha erzählt. Er sprach offen, um denjenigen zu helfen, die seinen Lehren lauschten, besonders wenn Kinder anwesend waren. Um ein Beispiel zu geben:

Der Buddha erinnerte sich einst daran, dass er vor seiner letzten Wiedergeburt als indischer Prinz in eine Brahmanenfamilie hineingeboren wurde, die für ihr reines Verhalten bekannt war, und er ein großer Gelehrter und Lehrer wurde. Er zog sich schließlich in einen Wald zurück und begann ein Leben als Asket, wobei er jeglichem Wunsch nach Wohlstand und Gewinn entsagte. Hier traf er auf eine ausgehungerte Tigerin, die von der Geburt ausgezehrt und im Begriff war, ihre eigenen neugeborenen Jungen zu fressen, um zu überleben. Ohne Aussicht auf Nahrung wurde er von unermesslichem Mitgefühl bewegt und bot der Tigerin seinen Körper als Nahrung an.

In der tibetisch-buddhistischen Tradition sehen wir den Beweis vergangener Leben in der Anerkennung von Tulkus (der anerkannten Reinkarnation oder Emanation eines Gurus oder eines erleuchteten Wesens) wie Seiner Heiligkeit, dem 14. Dalai Lama. Sie werden durch spezifische Tests erkannt, wie dem Erkennen von Objekten, die ihren Vorgängern gehörten, sowie durch ihre angeborene und oft außergewöhnliche Fähigkeit, bestimmte buddhistische Lehren zu verstehen. Viele von ihnen haben auch die Fähigkeit, sich an wichtige Ereignisse ihrer vergangenen Leben zu erinnern, genauso wie wir uns an Dinge erinnern, die uns in unserer Kindheit passiert sind. Einige, wie die Reinkarnationslinie des Dalai Lama und des Karmapa, können auch Hinweise auf die Umstände ihrer zukünftigen Geburten geben.

Dieses Phänomen der Erinnerung an vergangene Leben findet sich nicht nur in historischen Aufzeichnungen, sondern ist auch heute noch in der modernen Gesellschaft zu beobachten. Es gibt tausende von Menschen, die behaupten, sich an ihre früheren Leben zu erinnern und ihre früheren Familienmitglieder und Besitztümer zu erkennen, obwohl sie ihnen in ihrem gegenwärtigen Leben noch nie begegnet sind. Es gibt Berichte darüber, wie solche Personen verborgene Vermögenswerte wiederentdeckten, wertvolle Gegenstände, die zu ihrer früheren Identität gehörten, oder dass sie sich an bestimmte Begebenheiten erinnerten. In einigen Fällen war es möglich, ihre Erinnerungen durch die noch Lebenden zu bestätigen.

Obwohl es sich nicht um ein Hauptthema der Forschung handelt, wurden mehrere Bücher darüber geschrieben, und die gesammelten Belege sind zweifellos überzeugend. Dr. Ian Stevenson zum Beispiel sammelte und belegte über 2.000 Fälle von Kindern, die sich an ihr früheres Leben erinnern, und beschrieb viele davon ausführlich in seinem Buch „Parapsychology Research on Exceptional Experiences".

Dem berühmten indischen buddhistischen Meister Bhavaviveka wurde einmal die Frage gestellt: „Woher wissen wir, dass jemand vor seiner heutigen Geburt den Tod erlebt hat?" Seine Antwort war einfach:

Weil es manchen Menschen möglich ist, sich an ihr früheres Leben zu erinnern.

Wenn wir uns weiterentwickeln, ist es wichtig zu versuchen, die Auswirkungen der ständigen Wiedergeburt in unseren Köpfen zu erfassen, da sie eine wichtige Rolle bei der Entwicklung eines breiteren und umfassenderen Verständnisses der Realität spielen werden. Für manche wird die Idee logisch erscheinen und leicht zu akzeptieren. Andere hingegen werden eine sehr starke Angewohnheit haben, nur im Kontext eines einzigen Lebens zu denken, und daher diese Idee herausfordernder finden.

Denken Sie daran, dass es für jeden möglich ist, die notwendigen Fähigkeiten zu entwickeln, um die Erinnerungen an vergangene Leben direkt zu erfahren. Es ist nur die Frage, ob wir bereit dazu sind oder nicht. Das bedeutet aber nicht, dass man in der Zwischenzeit alles in blindem Glauben akzeptieren muss. Behalten Sie einfach einen offenen Geist und nutzen Sie Ihre Argumente, um alle Möglichkeiten auszuschöpfen. Wenn Sie das tun können, werden Sie feststellen, dass es sehr viele Vorteile hat, wenn Sie diese Ansicht vertreten.

DIE VIER NATÜRLICHEN GESETZE DES KARMAS

Wenn wir die Beobachtungen des Buddha zusammenfassen, können wir vier deutliche Muster erkennen, die uns helfen, ein Gefühl für die Manifestation von Karma im Laufe der Zeit zu bekommen. Obwohl wir auch subtilere Muster berücksichtigen müssen, bieten diese vier Punkte einen grundlegenden Rahmen, mit dem wir ein Verständnis von Karma in unsere alltäglichen Aktivitäten integrieren können.

1. Die Ergebnisse sind eindeutig

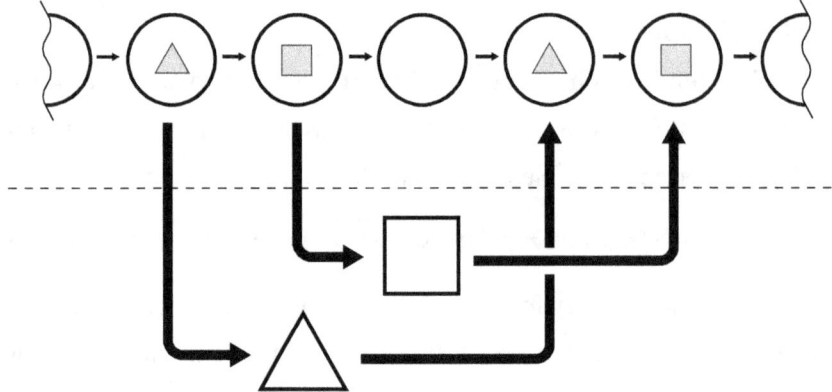

Abbildung 6-3: Jede Ursache hat ein Resultat derselben Art.

Wenn Sie einen Apfelkern pflanzen, erhalten Sie einen Apfelbaum und keinen Orangenbaum. In gleicher Weise führen bestimmte karmische Samen nur zu bestimmten karmischen Ergebnissen. Wenn Sie also Handlungen ausführen, die von verblendeten Geisteszuständen dominiert werden, werden die karmischen Samen, die durch diese Handlungen geschaffen werden, definitiv die Erfahrung von Leiden erzeugen. Wohingegen die karmischen Samen, die von tugendhaften Geisteszuständen geschaffen werden, ganz bestimmt Glück erzeugen.

2. Wenn es ein Ergebnis gibt, muss es eine Ursache geben

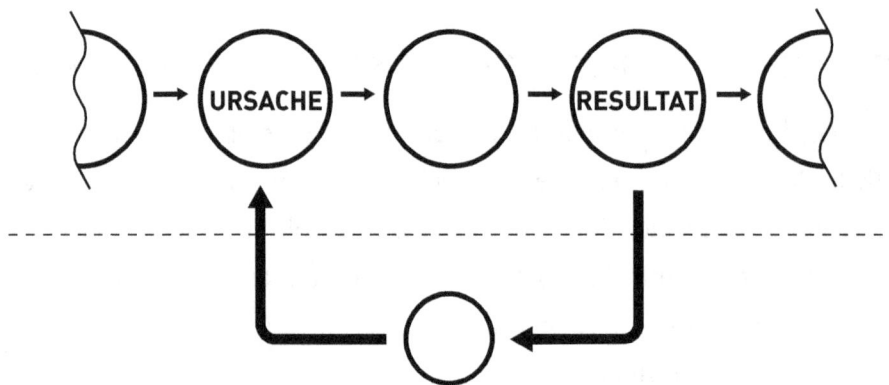

Abbildung 6-4: Jedes Resultat hat eine entsprechende Ursache.

DAS KARMISCHE GESETZ VON URSACHE UND WIRKUNG

Etwas kann nicht aus Nichts entstehen, daher ist es unmöglich, ein Ergebnis zu bekommen, wenn Sie nicht zuerst die Ursache für dieses Ergebnis geschaffen haben. Wir müssen aufpassen, dass wir Karma nicht als eine Art Belohnung und Bestrafung betrachten. Im Buddhismus gibt es kein höheres Wesen, das Ihr Verhalten im Auge behält und beurteilt, ob es Ihnen Glück oder Leid schenken soll. Stattdessen liegt die Verantwortung bei Ihnen, denn es sind Ihre Handlungen, die die Ursachen für die Ergebnisse schaffen, die Sie erleben. Gleichgültig was passiert, wenn Sie es erleben, dann müssen Sie die Ursache dafür geschaffen haben.

Als extremes Beispiel dafür sprang am 11. September ein Mann aus dem einundachtzigsten Stock des World Trade Centers in New York. Er überlebte den Sturz nur mit einem gebrochenen Bein. Aus buddhistischer Sicht geschah dieses scheinbar Unmögliche, weil diese Person nicht die Ursachen dafür geschaffen hatte, auf diese Weise zu sterben.

3. Wenn es eine Ursache gibt, muss es auch ein Ergebnis geben

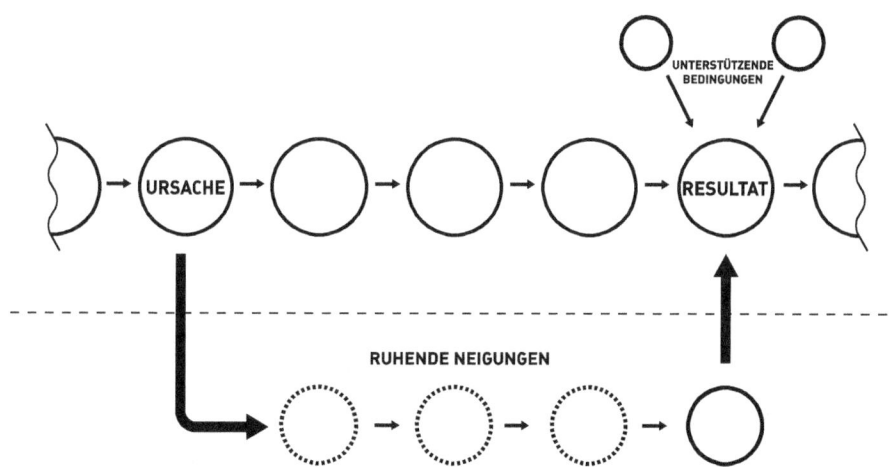

Abbildung 6-5: Jede Ursache führt letztendlich zu einem Ergebnis.

So wie ein Ergebnis nicht aus Nichts entstehen kann, wird eine Ursache nicht einfach mit der Zeit verschwinden. Als nicht-physisches Phänomen verringern sich die karmischen Neigungen nicht auf natürliche Weise. Das heißt, wie lange es auch dauert, wenn die Bedingungen zusammenkommen, wird die Saat als Folge davon reifen. Bis zu diesem Moment ruht die Neigung als Potenzial im Geistesstrom.

Die einzige Möglichkeit, ein bestimmtes Ergebnis zu vermeiden, besteht darin, Maßnahmen zu ergreifen, die Gegenmittel gegen die unerwünschte Gewohnheit anwenden. Der Prozess der Abschwächung bestimmter Neigungen wird als „Reinigung" bezeichnet. Wir werden dies in Band Zwei dieser Serie weiter diskutieren.

4. Das Karma weitet sich aus

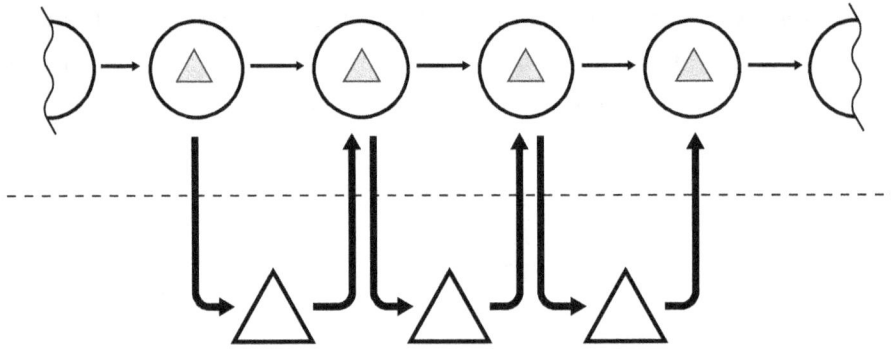

Abbildung 6-6: Gewohnheitstendenzen setzen sich automatisch fort.

Jedes Mal, wenn wir Handlungen von Körper, Rede oder Geist ausführen, führen wir bestehenden gewohnheitsmäßigen Neigungen Energie zu. Je mehr Energie wir hinzufügen, desto stärker werden diese Gewohnheiten und desto mehr sind sie in der Lage, unser Erleben zu beeinflussen. Dadurch entsteht eine Art Rückkopplungsschleife, bei der immer mehr Handlungen von diesen dominierenden Gewohnheiten beeinflusst werden.

Wenn wir bedenken, dass keine Handlung verloren geht, bis sie reift, können auch sehr kleine Handlungen mit der Zeit wachsen. Dies führt uns zu dem Schluss, dass jede Handlung von Bedeutung ist. Wie unbedeutend die Handlung auch scheinen mag, kann sie eine große Anzahl von Ergebnissen entstehen lassen. Wie ein winziger Samen, der zu einem majestätischen Baum wächst.

Übung 6.1 – Die Dynamik des Karmas

- *Stellen Sie in einer entspannten Haltung einen neutralen Geist durch die Praxis der Achtsamkeit auf die Atmung her.*

- *Denken Sie an die Ereignisse Ihres Tages zurück und stellen Sie sich in Ruhe jede Handlung vor, an die Sie sich erinnern. Versuchen Sie, alles, was Sie getan haben, alles, was Sie gesagt haben, und alles, was Sie gedacht haben, einzubeziehen. Schauen Sie sich den Geisteszustand hinter jeder dieser Handlungen an. Würden Sie Ihren Geist in diesen Momenten als verblendet, tugendhaft oder neutral charakterisieren? In Anbetracht der Tatsache, dass Karma definitiv ist, sollten Sie die allgemeinen Ergebnisse berücksichtigen, die Ihre Handlungen erbringen werden. Haben Sie die Ursachen für Glück geschaffen? Oder haben Sie die Ursachen für Leiden geschaffen?*

- *Denken Sie nun an eine Zeit zurück, in der Sie ein gewisses Maß an Glück erlebt haben. Erinnern Sie sich an die Details der Erfahrung und versuchen Sie, sie sich so anschaulich wie möglich vorzustellen. Woher kam dieses Erlebnis? Was waren einige der Bedingungen, die mithalfen, dass sich dieses Erlebnis manifestierte? Betrachten Sie Ihren Geisteszustand in jenem Moment und wie er zu dieser Erfahrung beigetragen hat.*

- *Betrachten Sie auch einen schwierigen Moment in Ihrem Leben, vielleicht einen Moment der Frustration oder des Konflikts. Ohne die Schuld auf dieses oder jenes zu schieben, betrachten Sie die verschiedenen Ursachen und Bedingungen, die zusammenkommen mussten, damit diese Erfahrung entstehen konnte. Während andere Menschen und Ereignisse die Erfahrung ausgelöst haben können, wo ist das Leiden entstanden? Wie verändert das Wissen um den karmischen Einfluss auf das Ereignis Ihre Sichtweise?*

- *Wenn Sie auf Ihr Leben zurückblicken, wie oft wurde Ihr Geist von Verblendungen, wie Anhaftung oder Abneigung, mitgerissen? Wie sehr glich es einer Achterbahnfahrt? Wenn jeder dieser Momente karmische Neigungen in Ihrem Geist hervorgerufen hat und sich diese Neigungen nicht von selbst auflösen werden, was sind dann die Auswirkungen?*

- *Betrachten Sie nun, wie Ihre Handlungen andere beeinflussen. Wählen Sie einige Beispiele für Handlungen, die Sie in Ihrem Leben durchgeführt haben, und folgen Sie der Kette der Ereignisse, die diese Handlungen ausgelöst haben. Betrachten Sie, wie sich winzige Handlungen im Laufe der Zeit ansammeln. Können Sie Beispiele in Ihrem Leben erkennen, in denen eine scheinbar unbedeutende Entscheidung Sie zu einer sehr wichtigen Erfahrung geführt hat?*

- *Verweilen Sie in den Erkenntnissen, die sich entwickeln.*

WEGE, DAS KARMA ZU VERSTEHEN

Da das Karma bei der Konditionierung unserer Erfahrung von Moment zu Moment eine zentrale Bedeutung hat, ist es sehr schwer, die vielfältigen Auswirkungen des Karmas auf unser Leben zu verstehen. Aus diesem Grund kann es hilfreich sein, unseren Fokus ein wenig zu beschränken und mit bestimmten Aspekten des Karmagesetzes isoliert zu arbeiten. Dafür hat der Buddhismus eine Vielzahl unterschiedlicher Methoden zur Klassifizierung des Karmas zur Verfügung. Durch das Studium dieser unterschiedlichen Klassifikationen können wir ein besseres Verständnis der verschiedenen Einflüsse gewinnen, ohne dabei von der Komplexität des Themas überfordert zu werden.

Karma, das von einem selbst und anderen erlebt wird

Wenn wir die Arten von Handlungen betrachten, an denen Menschen sich beteiligen, können wir feststellen, dass einige innerhalb des Geistes eines Individuums angesiedelt sind (z. B. Gedanken und Emotionen), während andere in der physischen Welt wirken (z. B. etwas, das wir tun oder sagen). Während die Handlungen des Geistes privat sind, werden die Handlungen des Körpers und der Rede geteilt und können daher mehr als nur eine einzige Person beeinflussen.

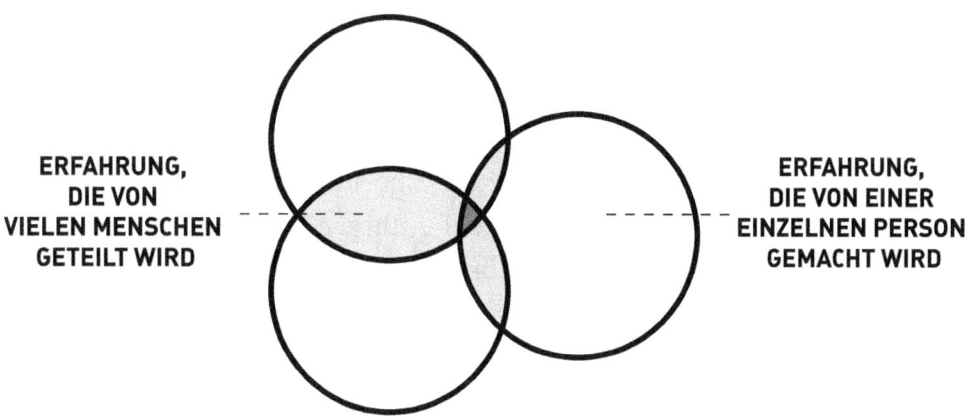

Abbildung 6-7: Überschneidung der Erfahrung von mehreren Personen.

Wenn wir die Reichweite unseres Handelns betrachten, können wir zwei Arten von Karma identifizieren:

1. Kollektives Karma

Karma, das von mehreren Personen geteilt wird, wird als kollektives Karma betrachtet. Es bildet im Wesentlichen eine Verbindung oder Beziehung zwischen Menschen und erzeugt relativ ähnliche Erfahrungen. Zum Beispiel teilen wir alle das kollektive Karma, als menschliche Wesen auf dem Planeten Erde geboren worden zu sein. Das bedeutet, dass wir alle ähnliche Körper mit ähnlichen Sinnesorganen haben, die zu ähnlichen Arten von Bewusstsein führen. Diese Ähnlichkeit ermöglicht es uns, unsere Erfahrungen einander mitzuteilen und verstehen zu können, was gesagt wird. Vergleichen Sie das mit Delphinen. Während sie das kollektive Karma teilen, auf der Erde geboren zu werden, teilen sie nicht das Karma, als Menschen geboren zu werden. Das bedeutet, dass sich ihre Erfahrungen erheblich von unseren unterscheiden, sodass es schwierig (aber nicht unmöglich) ist, klar zu kommunizieren.

Kollektives Karma kann in verschiedenen Größenordnungen wirken. Es kann universell, global oder lokalisiert sein. Wenn wir beispielsweise die Zusammensetzung verschiedener Stämme und Länder auf der ganzen Welt betrachten, können wir sagen, dass diese Menschen gemeinsam ein kollektives Karma haben. Obwohl wir alle Menschen sind, sind wir mehr mit denen eines bestimmten Landes oder einer bestimmten Region verbunden. Selbst innerhalb eines Landes haben wir mehr kollektives Karma mit den Menschen, die in derselben Stadt oder in derselben Nachbarschaft wie wir leben.

Die Verbindungen zwischen uns sind nicht nur geografisch. Wir können auch durch unsere Überzeugungen und Anliegen miteinander verbunden sein. Denken Sie nur an alle, die eine bestimmte Weisheitstradition praktizieren. Es gibt eine Ähnlichkeit darin, wie sie die Welt sehen und verstehen. Das erklärt, wieso es möglich ist, dass so viele westliche Menschen ein Interesse am Buddhismus entwickelt haben, obwohl sie in Ländern aufgewachsen sind, in denen der Buddhismus im Allgemeinen unbekannt war.

Kollektives Karma wird jedes Mal erzeugt, wenn wir mit einer anderen Person in Verbindung treten. Durch unsere gemeinsame Erfahrung pflanzen wir beide ähnliche Samen in unseren jeweiligen Geistesstrom. Je mehr Erfahrungen wir teilen, desto mehr Ähnlichkeit entwickelt sich zwischen den karmischen Neigungen, die in unseren Geistesströmen gespeichert sind. Das führt dazu, dass wir auf verschiedene Situationen in ähnlicher Weise reagieren, was dazu führt, dass ähnliche Entscheidungen getroffen und daher ähnliche Handlungen ausgeführt werden.

2. Individuelles Karma

Während unser persönliches Karma viele Ähnlichkeiten mit dem Karma anderer haben kann, ist es niemals genau dasselbe. Dies liegt vor allem daran, dass unsere körperlichen und verbalen Handlungen nur einen Teil unserer Aktivitäten darstellen. Der größte Teil unseres Karmas wird durch die verschiedenen konzeptuellen Muster unserer Gedanken und subjektiven Erfahrungen geschaffen. Da diese Reaktionen ein einzelnes Individuum persönlich betreffen, erzeugen sie ein einzigartiges Muster karmischer Neigungen.

Aus diesem Grund können eineiige Zwillinge, die in derselben Umgebung aufwachsen, immer noch deutliche Unterschiede in ihrer Persönlichkeit oder ihren Fähigkeiten aufweisen. Es erklärt auch, warum manche Menschen ein unglaublich langes und erfolgreiches Leben führen können, während andere Unglück erfahren und ihr Leben vorzeitig endet. Man denke nur an die große Vielfalt an körperlichen Merkmalen, die sich aus der spezifischen Ausprägung unserer Gene ergibt. All dies wird als ein Beispiel für individuelles Karma betrachtet.

Übung 6.2 – Gemeinsame Erfahrung

- *Stellen Sie in einer entspannten Haltung einen neutralen Geist durch die Praxis der Achtsamkeit auf die Atmung her.*

- *Wählen Sie ein bestimmtes Ereignis aus Ihrem Leben, an das Sie sich gut erinnern können. Dieses Ereignis sollte mehrere Personen einbeziehen. Nehmen Sie sich etwas Zeit, um sich die Details der Situation vorzustellen, sodass alles dem Geist lebendig erscheint.*

- *Überlegen Sie nun, welche Aspekte Ihrer Erfahrung Ihrer Meinung nach der Erfahrung derjenigen um Sie herum ähnlich sein könnten. Denken Sie vielleicht an die verschiedenen Arten des Bewusstseins als eine Möglichkeit, verschiedene Aspekte der Erfahrung zu identifizieren. Überlegen Sie, wie groß die Ähnlichkeiten zwischen den verschiedenen Personen im Ereignis sind. Denken Sie nicht nur an die allgemeinen Gemeinsamkeiten, sondern auch an die spezifischeren. Versuchen Sie die verschiedenen Verbindungen zu identifizieren, die zwischen den Personen dieser bestimmten Gruppe bestehen.*

- *Überlegen Sie nun, welche Aspekte dieser Erfahrung speziell auf Sie zutreffen. Denken Sie über die Unterschiede bei Faktoren, wie Überzeugungen, persönlichen Geschichten oder emotionalen Reaktionen, nach. Versuchen Sie klar zu unterscheiden, welche Aspekte kollektiv und welche individuell sind.*

- *Lassen Sie Ihren Geist in jeglichen Einsichten, die entstehen, verweilen.*

DIE ENTHÜLLUNG DER INNEREN WAHRHEIT

Karma, das auf der Intensität der Absicht beruht

Nach der Diskussion des Karmas im Text „*Der ursprüngliche Grund*" des großen indischen Gelehrten Asanga spielt die Absicht eine Schlüsselrolle bei der Art und Weise, wie ein karmischer Samen gebildet wird. Abhängig von der jeweiligen Absicht erzeugen manche Handlungen einen stärkeren Eindruck im Geist, während andere viel schwächer sind. Wir können einen starken Eindruck als „schwer" und einen schwachen Eindruck als „leicht" bezeichnen. Aufgrund der relativen Intensität eines schweren Karmas sind die Ergebnisse entsprechend stark. Je leichter hingegen das Karma ist, desto weniger Auswirkung wird das Ergebnis haben.

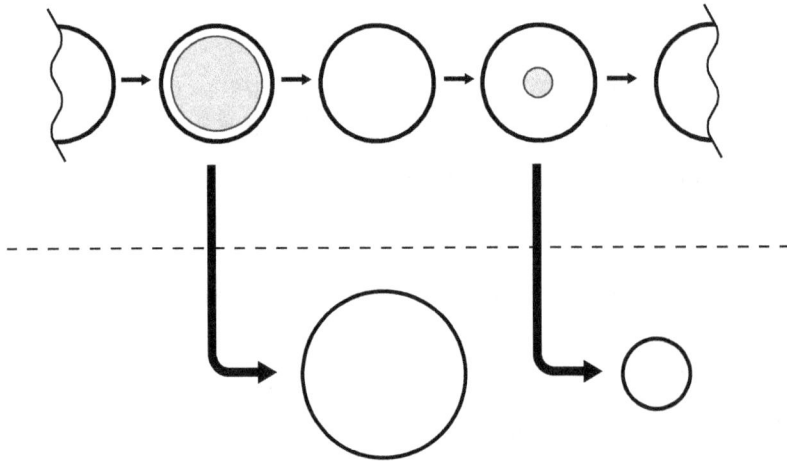

Abbildung 6-8: Die Stärke der eigenen Absicht bestimmt die Stärke der karmischen Prägung.

Die Absicht ist ein Geistesfaktor, und daher ist es möglich, eine Absicht zu entwickeln, ohne die Handlung physisch oder verbal auszuführen. Wenn das passiert, können wir sagen, dass die Handlung unvollständig ist. Eine abgeschlossene Handlung ist dagegen jede Handlung, die wir tatsächlich mit unserem Körper oder unserer Rede ausführen. Wenn wir diese beiden Eigenschaften kombinieren, gibt es vier Möglichkeiten, wie Karma geschaffen werden kann:

1. Karma mit schwacher Absicht und nicht vollendet

Eine schwache Absicht ist so etwas wie eine Laune oder eine impulsive Reaktion auf etwas. In der Regel sind nicht viele Überlegungen erforderlich, die zur Handlung führen. Eine Absicht kann auch schwach sein, wenn wir stark zweifeln, ob wir etwas tun sollen oder nicht. Der Zweifel verhindert, dass die Absicht wirkliche Macht hat. Während eine solche Absicht Spuren im Geist hinterlassen wird, ist sie einfach zu schwach, um selbst signifikante Ergebnisse zu verursachen. Durch die Anwendung von Bedauern können die Auswirkungen eines solchen leichten Karmas relativ einfach beseitigt werden.

2. Karma mit schwacher Absicht und vollendet

Wenn wir uns auf voreilige, unbedachte Handlungen einlassen, werden wir im Allgemeinen ein leichteres karmisches Ergebnis erzeugen. Das liegt daran, dass die Handlungen nicht auf der Kraft einer klar definierten Absicht beruhen. Aufgrund der Unmittelbarkeit der körperlichen oder verbalen Handlung wird sie jedoch einen stärkeren Eindruck machen, als wenn nur ein Gedanke im Geist auftaucht.

Beispiele für diese Art von Karma sind Handlungen, die in nicht-luziden Träumen ausgeführt werden, Handlungen, die versehentlich ausgeführt werden, oder Handlungen, die gegen den eigenen Willen ausgeführt werden. Da der Geist nicht vollständig an dieser Handlung beteiligt ist, kann das karmische Ergebnis im Allgemeinen durch die Anwendung eines entsprechenden Grads des Bedauerns verhindert werden.

3. Karma mit starker Absicht aber nicht vollendet

Wenn die Absicht zu handeln sehr stark ist, führt dies zu einer stärkeren karmischen Neigung im Geist. Ein Beispiel für diese Art von Absicht wäre es, wenn eine Person darüber nachdenkt, jemanden zu töten. Je mehr Zeit sie damit verbringt, über das Töten jener Person nachzudenken, desto stärker würde ihre Absicht wachsen und desto stärker würde der Eindruck im Geist bleiben. Aber unabhängig davon, wie viel Zeit die Person aufwenden würde, um die Tat durchzudenken, bekommt sie womöglich nie die Gelegenheit zur Ausführung. Da die Handlung nie abgeschlossen wurde, wäre die karmische Intensität nicht so schwerwiegend, wie sie hätte sein können.

4. Karma mit starker Absicht und Vollendung

Die schwerste Form des Karmas entsteht durch die Kombination einer starken Absicht mit einer vollständig ausgeführten Handlung. Wenn wir die Zeit damit verbringen, eine sehr klare und starke Absicht zu bilden, werden alle Handlungen, die wir aufgrund dieser Absicht durchführen, äußerst kraftvoll sein. Dies gilt für alle Arten von Handlungen, unabhängig davon, ob sie zu Leid oder Glück führen.

Übung 6.3 – Arten der Absicht

- *Stellen Sie in einer entspannten Haltung einen neutralen Geist durch die Praxis der Achtsamkeit auf die Atmung her.*

- *Nehmen Sie sich einen Moment Zeit, um über all die zufälligen Gedanken nachzudenken, die Ihnen im Laufe eines bestimmten Tages in den Sinn kommen. Denken Sie über die Arten von Szenarien nach, die Ihr Geist in Betracht zieht. Können Sie irgendwelche unheilvollen Einstellungen erkennen, die mit diesen Gedanken verbunden sind? Gewinnen Sie ein Gefühl für das allgemeine Muster dieser Gedanken. In der Erkenntnis, dass selbst diese Gedanken Spuren in Ihrem Geist hinterlassen, entwickeln Sie ein gewisses Maß an Bedauern darüber, dass diese befleckten Geisteszustände entstehen und beschließen Sie, sich dessen bewusster zu werden, was in Ihrem Geist vor sich geht.*

- *Betrachten Sie nun einige Ereignisse aus Ihrer Vergangenheit, bei denen Sie voreilig gehandelt haben, ohne nachzudenken. Vielleicht haben Sie die Beherrschung verloren und etwas gesagt, das die Gefühle von jemandem verletzt hat. Vielleicht haben Sie etwas aus Versehen getan, das dazu führte, dass jemand anderer verletzt wurde. Was auch immer es war, vergegenwärtigen Sie es in Ihrem Geist. Erkennen Sie, dass es geschehen ist, bedauern Sie, dass es geschehen ist, und bestärken Sie Ihren Entschluss, sich in Zukunft Ihrer Handlungen stärker bewusst zu sein.*

- *Erinnern Sie sich an eine Gelegenheit, bei der Sie viel Zeit damit verbracht haben, darüber nachzudenken etwas zu tun, es aber nie wirklich getan haben. Vielleicht hätten Sie mit jemandem sprechen wollen, den Sie mögen, aber Sie waren zu schüchtern. Vielleicht haben Sie darüber nachgedacht, jemanden zu beleidigen, aber Sie haben es nie getan. Wenn es eine konstruktive Handlung gewesen wäre, dann entwickeln Sie das Bestreben, in Zukunft diese Handlung auszuführen. Wenn sie zerstörerisch gewesen wäre, dann erkennen Sie ihre Schädlichkeit, bedauern Sie, darüber nachgedacht zu haben, und fassen Sie den starken Entschluss, es nie wieder zu tun.*

- *Denken Sie schließlich an eine Zeit, in der Sie eine wirklich starke Absicht entwickelt und diese Absicht umgesetzt haben. Vielleicht haben Sie sich selbst eine Herausforderung gestellt und konnten durch harte Arbeit und Entschlossenheit Ihr Ziel erreichen. Vielleicht haben Sie geplant, wie Sie sich an jemandem rächen können, der Sie verletzt hat, und Ihre Pläne umgesetzt. Nochmals, freuen Sie sich wieder über alle konstruktiven Absichten, die Sie entwickelt haben, und bedauern Sie alle negativen Handlungen, die Sie ausgeführt haben. Fassen Sie den starken Entschluss, diese schädlichen Verhaltensweisen in Zukunft nicht zu wiederholen.*

- *Lassen Sie Ihren Geist in jeglichen Einsichten, die entstehen, verweilen.*

Karma, das auf der Größe des Ergebnisses basiert

Die Größe des Ergebnisses wird immer der Intensität der Ursache entsprechen. Je stärker die Ursache ist, desto stärker wird man also das Ergebnis erfahren.

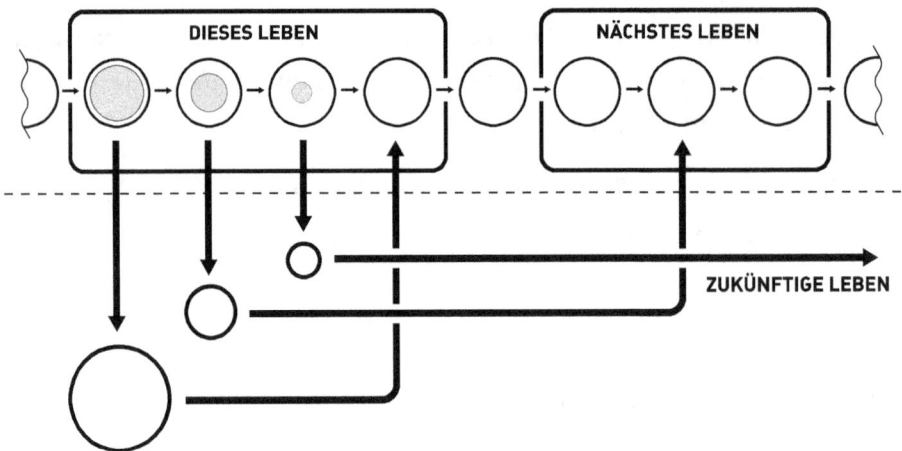

Abbildung 6-9: Schwerwiegendes Karma reift im Allgemeinen schneller.

Wenn wir die Arten von Ergebnissen betrachten, die sich aus den verschiedenen Intensitäten von Karma ergeben können, gibt es drei Punkte zu unterscheiden:

1. Ergebnis, das in diesem Leben erfahren wird

Wenn eine sehr starke Absicht mit einer auf ein kraftvolles Objekt gerichteten Handlung kombiniert wird, ist es möglich, das Ergebnis dieses Karmas im selben Leben zu erfahren. Als kraftvolles Objekt gilt jede Person, die Ihnen in diesem Leben viel Gutes getan hat, wie ein spiritueller Lehrer oder jemand, der Sie bedingungslos geliebt hat, wie Ihre Eltern. Von allen Menschen, denen Sie begegnen, haben diese auf Sie den größten Einfluss. Daher werden alle Handlungen, die Sie in Bezug auf diese Menschen ausführen, einen besonders starken Einfluss auf Ihren Geist haben. Menschen, die großes Leid erfahren, können auch als kraftvolle Objekte betrachtet werden, da sie als Grundlage für die Erzeugung äußerst kraftvoller Haltungen von Mitgefühl und Altruismus dienen können.

2. Karmisches Ergebnis, das man im nächsten Leben erfährt

Einige Handlungen sind kraftvoll genug, um tiefe Eindrücke im Geist zu hinterlassen. So tief, dass, wenn eine Person von diesem Leben ins nächste übergeht, diese Eindrücke ihre Erfahrung derart dominieren, dass sie ganz genau festlegen, welche Gestalt das nächste Leben annehmen wird. Die Stärke dieser Handlungen ist eine Kombination aus extrem kraftvoll und zerstörerischen Absichten, die gegen sehr kraftvolle Objekte gerichtet sind. Im Buddhismus bezeichnen wir diese Handlungen als die *fünf verabscheuungswürdigen Verbrechen*. Dazu gehört:

1. Den Vater töten.
2. Die Mutter töten.
3. Ein hochverwirklichtes Wesen töten.
4. Das Blut eines erleuchteten Wesens vergießen.
5. Eine Spaltung in einer spirituellen Gemeinschaft erzeugen.

Die Ausführung jeder dieser Handlungen hat schwerwiegende karmische Auswirkungen, da sie alle darauf beruhen, dass man Einflüsse schädigt oder sich von Einflüssen trennt, die uns zu wahrem Glück führen können. Anstatt das Glück, das man sucht, zu erzeugen, erzeugen sie das genaue Gegenteil – eine extreme Form des Leidens.

3. Ein karmisches Ergebnis, das in späteren Leben erfahren wird

Meistens werden die Ergebnisse von Handlungen, die wir in diesem Leben ausführen, in zukünftigen Leben erfahren werden. Da das Karma nicht verfällt, gleichgültig wie lange es dauert, werden sich irgendwann die Bedingungen zusammenfinden, damit dieses Karma reifen kann. Deshalb dürfen wir nicht davon ausgehen, dass all unsere Erfahrungen in diesem Leben auf Handlungen in diesem Leben beruhen. Während die Handlungen dieses Lebens zur Reifung unseres Karmas beitragen, stammen die aktuell reifenden Karmas in der Regel aus vergangenen Leben.

Deshalb können manche Menschen, die freundlich sind und ein sehr gutes Herz haben, trotzdem ein schwieriges Leben haben. Möglicherweise sind sie in ihrer Karriere nicht erfolgreich oder leiden an Krankheiten, aber das bedeutet nicht, dass ihre Freundlichkeit und ihre Verdienste nicht wirksam sind. Es kann sein, dass sie einige negative karmische Samen haben, die aus früheren Leben reifen. Die Kraft ihrer Verdienste lässt sie dieses negative Karma oft zuerst erleben und reduzieren, dann beginnen sie aber die Ergebnisse der Ozeane von positivem Karma zu erfahren, das sie angesammelt haben.

Andererseits gibt es einige Menschen, die sehr wenig Mitgefühl haben und häufig andere verletzen, aber dennoch ein erfolgreiches Leben und vorübergehendes Glück haben. In diesem Fall bleibt nur noch wenig verdienstvolles Karma aus ihren früheren Leben, und nach ihrem Tod werden sie aufgrund ihrer angesammelten negativen karmischen Samen sicherlich Leid erfahren.

Übung 6.4 – Die Intensität von Handlungen

- *Stellen Sie in einer entspannten Haltung einen neutralen Geist durch die Praxis der Achtsamkeit auf die Atmung her.*

- *Erinnern Sie sich an die Menschen, mit denen Sie sich am meisten verbunden fühlen. Betrachten Sie nun die Wirkung, die diese Person auf Sie hat. Wenn eine solche Person Ihnen etwas sagt, hat das dann mehr Gewicht, als wenn es von jemand anderem kommt? Ebenso, wenn Sie etwas in Bezug auf diese Person tun, würden Sie sich stärker daran erinnern als an die gleiche Handlung mit jemandem anderen? Versuchen Sie, ein Gefühl für die Bedeutung zu bekommen, die diese Person in Ihrem Leben hat.*

- *Stellen Sie sich nun vor, was es für Sie bedeuten würde, dieser Person etwas Gutes zu tun. Wie würden Sie sich fühlen, wenn Sie wissen, dass Sie dieser Person ein gewisses Maß an Glück oder Zufriedenheit gebracht haben?*

- *Betrachten Sie das Gegenteil. Wie würden Sie sich fühlen, wenn Sie dieser Person etwas antun würden? Was würde passieren, wenn Sie etwas täten, das es dieser Person unmöglich macht, in Ihrem Umkreis zu verbleiben? Stellen Sie sich das Trauma vor, das Sie erleben würden, wenn Sie absichtlich den Tod dieser Person verursacht hätten.*

- *Schauen Sie nun auf Ihr Leben zurück und vergleichen Sie die Arten von Handlungen, an denen Sie beteiligt waren, und die Arten von Erfahrungen, die Sie gemacht haben. Können Sie irgendwelche Situationen erkennen, in denen trotz Ihrer guten Absichten das einzige Ergebnis Ihr eigenes Leiden oder das Leiden anderer war? Denken Sie auch an Zeiten, in denen Ihr Geist mit destruktiven Absichten erfüllt war und doch alles für Sie zu funktionieren schien. Obwohl es sich damals vielleicht gut anfühlte, welche Ergebnisse werden, Ihrer Meinung nach, diese Handlungen bewirken?*

- *Lassen Sie Ihren Geist in jeglichen Einsichten, die entstehen, verweilen.*

Karma zum Zeitpunkt des Todes

Im Laufe eines Lebens werden wir einen kontinuierlichen Fluss karmischer Neigungen erleben, die in Übereinstimmung mit den entstehenden Bedingungen reifen. Gleichzeitig werden wir neue Neigungen auf der Grundlage unserer Reaktion auf diesen Erfahrungsfluss schaffen. Zum Glück verfügen wir Menschen über ein gewisses Maß an Intelligenz, die es uns ermöglicht, unsere Absichten durch die zu treffenden Entscheidungen zu gestalten.

Wenn die Bedingungen für das Ende dieses Lebens entstehen, werden wir eine Auflösung aller unserer groben Geisteszustände erleben, da der Körper nicht mehr in der Lage ist, unser Bewusstsein zu unterstützen. Dazu gehört auch unsere Fähigkeit, zu beeinflussen, wie wir auf Dinge reagieren. Zu diesem Zeitpunkt lösen wir uns in den natürlichen Fluss unserer Erfahrung auf und werden von den unzähligen Gewohnheiten mitgerissen, die wir in diesem und früheren Leben geformt haben. Dann taucht die Frage auf: „Wohin werden mich diese Gewohnheiten führen? Was für ein Leben entwickelt sich nach diesem?" Die Antwort hängt davon ab, welche Gewohnheiten im Moment des Todes aktiviert werden.

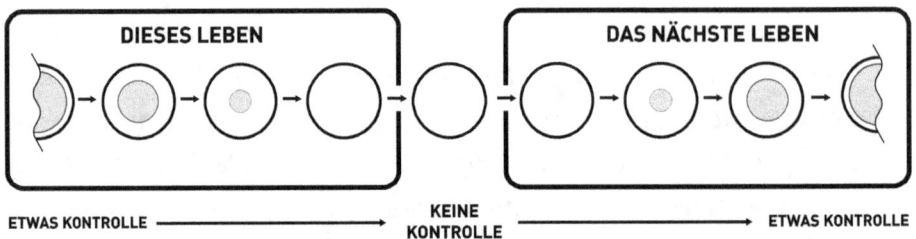

Abbildung 6-10: Wenn wir uns dem Tod nähern, löst sich unser Bewusstsein auf und Gewohnheiten übernehmen die Macht.

Die Reihenfolge, in der Karma reift

Bis zu dem Punkt, an dem sich unser grober begrifflicher Geist auflöst, können wir unser Bewusstsein auf bestimmte Arten von Objekten richten. Je mehr wir uns auf ein bestimmtes Objekt konzentrieren, desto mehr fördern wir die Fähigkeit, verwandte Karmas reifen zu lassen. Wenn diese Karmas reifen, bestimmen sie die nachfolgenden Momente des Bewusstseins, die wiederum die Form unserer nächsten Wiedergeburt bestimmen. Wenn uns während dieses wichtigen Prozesses das Gewahrsein fehlt, wird unser Geist natürlicherweise zu den Karmas in der folgenden Reihenfolge gezogen:

1. Gleichgültig in welchem Geisteszustand wir sind (ob tugendhaft oder nicht), wenn der Geist von einer starken Absicht angetrieben wird, dann wird das zuerst reifende Karma dasjenige sein, das dieser Absicht am unmittelbarsten entspricht.

2. Geschieht dies nicht und sind mehrere karmische Neigungen passend zu unserem Geisteszustand vorhanden, dann reift zuerst die karmische Neigung, die am längsten gebraucht hat, um sich zu entwickeln, oder an die wir am stärksten gewöhnt sind.

3. Andernfalls wird das schwerste Karma (dasjenige mit der größten Wirkung) zuerst erlebt.

4. Trifft das nicht zu, wird das zuletzt erzeugte Karma das erste sein, das reift.

5. Andernfalls wird das Karma, das mit der stärksten Motivation vervollständigt wurde, als erstes reifen.

6. Trifft das nicht zu, wird das auf das kraftvollste Objekt gerichtete Karma (wie zuvor erklärt) dasjenige sein, das zuerst erlebt wird.

7. Geschieht dies nicht, wird zuerst das Karma reifen, das mit der stärksten tugendhaften Absicht gewidmet wurde.

8. Wenn alle oben genannten Faktoren gleich sind und wenn unser Geisteszustand zum Zeitpunkt unseres Todes nicht sehr stark ist, hängt das zuerst reifende Karma von früheren Formen des Karmas ab, die dem Geisteszustand im Moment des Todes am ehesten entsprechen.

Wie wir sehen können, unterstreicht dieser Prozess die komplexe Natur von Karma und zeigt gleichzeitig seine fließenden und dynamischen Aspekte. Besonders hervorzuheben ist hier die Bedeutung, die Gerwahrsein und Absicht spielen, um zu beeinflussen, welches Karma zuerst reift.

Werfendes und vervollständigendes Karma

Wenn wir nachdenken, wie Karma eine zukünftige Wiedergeburt gestaltet, können wir allgemein von zwei Hauptkategorien sprechen:

1. **Werfendes Karma:** Das ist jedes Karma, das stark genug geworden ist, um im Moment des Todes zu reifen, und die Kraft hat, den Geist in eine spezielle Form oder Art der Erfahrung zu werfen. Wenn zum Beispiel Ihr Geist zum Zeitpunkt des Todes von Hass, Ärger oder Verfolgungswahn dominiert wird, wird dieser Geisteszustand bestimmte Karmas zur Reife bringen, die den Geist in eine Erfahrung von extremem Leid und Qual schleudern werden. Auf ähnliche Art wird ein friedlicher Geist, erfüllt von der altruistischen Motivation, anderen zu nützen, ein ganz anderes Karma reifen lassen, das wiederum eine völlig andere Erfahrung hervorbringen wird.

2. **Vervollständigendes Karma:** Während das werfende Karma die allgemeine Form bestimmt, die die Erfahrung annehmen wird, bestimmt das vervollständigende Karma die spezifischen Einzelheiten dieser Erfahrung. Nehmen Sie als Beispiel Ihren derzeitigen menschlichen Körper. Die Tatsache, dass Sie ein Mensch sind, wird als das Ergebnis Ihres werfenden Karmas angesehen. Die Form, Größe, Farbe und Beschaffenheit

Ihres menschlichen Körpers ist ein Beispiel für das Ergebnis des vervollständigenden Karmas.

Hier ist wichtig zu beachten, dass unser früheres, gegenwärtiges und zukünftiges Leben alle das Ergebnis der Reifung *mehrerer* Karmas sind. Während ein Karma den primären Einfluss darauf hatte, welche Gestalt Sie annehmen, tragen unzählige andere Karmas auch zu Ihrer spezifischen Erfahrung bei. Deshalb sehen wir in unserer Welt eine so große Vielfalt von Menschentypen.

Übung 6.5 – Wenn das Leben vor Ihren Augen schnell vorbeizieht

- *Stellen Sie in einer entspannten Haltung einen neutralen Geist durch die Praxis der Achtsamkeit auf die Atmung her.*

- *Stellen Sie sich vor, Sie sitzen in einem Krankenhausbett. Sie können spüren, wie Ihr Körper schwächer wird, und Sie wissen, dass Sie nicht mehr lange zu leben haben.*

- *Wenn Sie die Möglichkeit hätten, zu wählen, wie würden Sie Ihre letzten Momente verbringen wollen? Welche Einstellung möchten Sie zu diesem Zeitpunkt annehmen? Welche Gedanken würden Ihrem Geist den größten Frieden bringen?*

- *Schauen Sie nun auf Ihr Leben zurück und betrachten Sie die Geisteszustände, an die Sie sich am meisten gewöhnt haben. Denken Sie daran, wie Sie sich verhalten, wenn Sie sich nicht besonders bemühen, Ihr Verhalten zu kontrollieren. Sind Sie normalerweise ängstlich oder nervös? Sind Sie oft aufbrausend oder mürrisch? Mit welchen Eigenschaften identifizieren Sie sich am meisten?*

- *Dann betrachten Sie einige der wichtigsten Wendepunkte in Ihrem Leben. Die Ereignisse, die einen sehr großen Einfluss darauf hatten, wer Sie als Person sind. Denken Sie darüber nach, welchen Einfluss diese Ereignisse auf Sie hatten und wie sich Ihr Leben entwickelt hat.*

- *Erinnern Sie sich an die Ziele, die Sie in diesem Leben verfolgt haben. Denken Sie an all die Energie, die Sie in sie investiert haben. Denken Sie daran, wie diese Ziele Ihre Entscheidungen geprägt haben.*

- *Denken Sie an die Menschen, die in Ihrem Leben besonders einflussreich waren (z.B. Eltern oder Lehrer). Betrachten Sie Ihre Handlungen in Bezug auf diese Menschen. Wie würden Sie die Beziehungen charakterisieren?*

- *Bestimmen Sie die sinnvollsten tugendhaften Handlungen, die Sie in Ihrem bisherigen Leben ausgeführt haben. Wie haben diese Handlungen den Menschen um Sie herum Nutzen gebracht?*

- *Verweilen Sie in den Einsichten, die auftauchen.*

Karma, das auf der Art des Ergebnisses basiert

Kraft unseres werfenden und unseres vervollständigenden Karmas nehmen wir jeweils eine bestimmte Existenzform an. Es gibt ein Zusammenkommen von Körper und Geist, das die Grundlage bildet, auf der ein fühlendes Wesen eine Reihe von Phänomenen erleben kann. Wenn wir uns die verschiedenen Arten von Erfahrungen anschauen, die unser Karma erzeugt, können wir die folgenden Muster identifizieren:

1. Das karmische Ergebnis ähnelt der Ursache

Wenn wir eine Handlung ausführen, können wir sicher sein, dass das Ergebnis von ähnlicher Art ist, wie die erzeugte Ursache. Zum Beispiel hat eine Lüge, die erzählt wird, die Natur von Täuschung. Daher besteht das karmische Ergebnis des Lügens darin, andere kennenzulernen, die versuchen, Sie zu täuschen. Ebenso ist es die Natur des Diebstahls, jemandem die Möglichkeit zu nehmen, etwas zu erfahren. Das führt zu dem karmischen Ergebnis, nicht das zu haben, was Sie brauchen.

Zusätzlich zur Erfahrung, die der Ursache ähnlich ist, gibt es auch die Erfahrung, sich an diese bestimmte Handlung zu gewöhnen. Das bedeutet, dass jede karmische Neigung die Ursache für das Erschaffen einer anderen karmischen

Neigung ähnlicher Natur ist. Wenn Sie also stehlen würden, würden Ihnen nicht nur Dinge genommen werden, sondern Sie hätten auch die Gewohnheit, mehr zu stehlen. Auf diese Weise prägt unser Karma nicht nur unsere Erfahrung, sondern setzt auch die Konditionierung unseres Geistes weiter fort.

2. Die karmische Wirkung auf die Umgebung

Aus buddhistischer Sicht beeinflussen sich die physischen und nicht-physischen Welten ständig gegenseitig. Während wir gewohnt sind, die physische Welt als von uns getrennt zu betrachten, fordert uns der Buddhismus dazu auf, die Art und Weise zu erkennen, wie unser Geist die Umgebung, in der wir leben, prägt. Aus unserer eigenen Perspektive verändert die Reifung unseres Karmas, wie wir unsere Umgebung wahrnehmen.

Zum Beispiel wird jemand, der in der Vergangenheit viel getötet hat, dazu neigen, seine Umgebung als freudlos, gefährlich und lebensbedrohlich zu erleben. Wenn man viel gestohlen hat, neigt man dazu, die Umgebung als öde und ohne die gewünschten Ressourcen wahrzunehmen. Wenn Sie ständig lügen und betrügen, erleben Sie eine Umgebung, die feindselig und trügerisch ist, voller Menschen, denen Sie nicht vertrauen können.

3. Die unbestimmte Anzahl karmischer Ergebnisse

Oft haben die Menschen eine ziemlich vereinfachte Ansicht von Ursache und Wirkung, weil sie glauben, dass eine Ursache zu einer bestimmten Wirkung führt. Das ist nicht notwendigerweise der Fall. Um eine Analogie zu verwenden, besteht die Möglichkeit, dass auf einem Baum viele Früchte reifen. Ebenso sind einige Karmas so stark, dass sie im Laufe der Zeit viele Ergebnisse hervorrufen können. Irgendwann wird die Energie dieser Neigung nachlassen, aber bis dahin kann sie immer noch beeinflussen, wie Erfahrungen entstehen.

Dieses Prinzip gilt auch für viele schwache Karmas. Manchmal hat ein einzelnes Karma nicht genug Kraft, um auf signifikante Weise zu reifen. Wenn es jedoch mit anderen Karmas ähnlicher Art kombiniert wird, kann dies zu einem Ergebnis führen. Deshalb ist es so wichtig, auf alle Handlungen zu achten, ob groß oder klein. Am Ende summieren sich die kleinen Dinge und können einen großen Unterschied machen.

Übung 6.6 – Die Erfahrung von Karma

- *Stellen Sie in einer entspannten Haltung einen neutralen Geist durch die Praxis der Achtsamkeit auf die Atmung her.*

- *Erinnern Sie sich an einige wichtige Ereignisse aus Ihrem Leben. Denken Sie sowohl an die Höhen als auch an die Tiefen, die Ihrer Meinung nach den Verlauf Ihrer Erfahrung geprägt haben. Überlegen Sie für jedes Ereignis das Karma, das in diesem Moment reifte.*

- *Beginnen Sie zunächst mit der Betrachtung der subjektiven Erfahrung des Ereignisses. Wie hat es sich für Sie angefühlt? Welcher Art war dieses Gefühl? Zum Beispiel war seine Art vielleicht Verlust oder Konflikt oder Harmonie. Versuchen Sie einige Worte zu finden, um das allgemeine Muster der Erfahrung zu beschreiben.*

- *Betrachten Sie nun die Sorte von Handlungen, die dieses Muster teilen. Wenn Sie zum Beispiel einen großen Verlust erlebt haben, dann steht das in Beziehung zu einem Verlust, den Sie einmal verursacht haben. Welche Art Handlungen können diese Ursachen hervorbringen?*

- *Wenn Sie einige ursprüngliche Ursachen erkannt haben, überlegen Sie, ob Sie in diesem Leben noch solche Aktivitäten ausführen. Identifizieren Sie die Stärke der Gewohnheit, die Sie in Bezug auf diese Art von Handlung haben.*

- *Überlegen Sie sich nun, in welcher Beziehung zu Ihrer Umgebung Sie auf der Grundlage dieser Handlung stehen. Angenommen, Sie haben eine Neigung, andere zu verletzen, erkannt, welche Art von Geisteszustand fördert das? Werden Sie in der Lage sein, ruhig zu schlafen, oder werden Sie immer ängstlich und defensiv sein? Wie verändert Ihr Geisteszustand, wie Sie Ihr Lebensumfeld erfahren?*

- *Verweilen Sie in den Einsichten, die auftauchen.*

EINE ETHISCHE GRUNDLAGE FÜR DAS LEBEN SCHAFFEN

Durch das Studium des Karmagesetzes können wir einen tieferen Einblick in die wechselseitige Abhängigkeit zwischen unseren Handlungen und unseren Erfahrungen gewinnen. Wenn wir den Einfluss verschiedener Handlungsweisen verstehen, können wir feststellen, welche Verhaltensweisen dem Erreichen unserer Ziele förderlich sind und welche nicht. Das ist die Grundlage für das System des ethischen Verhaltens, wie es aus buddhistischer Sicht verstanden wird.

Wenn wir alle verschiedenen Arten von Handlungen berücksichtigen, können wir von drei Toren sprechen:

1. **Körper:** Das sind alle körperliche Handlungen, die mit unserem Körper in Wechselwirkung mit der Außenwelt ausgeführt werden. Das schließt die Interaktion mit Personen oder mit unbelebten Objekten ein.

2. **Rede:** Alle verbalen Handlungen, die als Kommunikation zwischen zwei Personen ausgeführt werden. Um als Rede betrachtet zu werden, muss ein gewisses Maß an Verständnis in Bezug auf die Bedeutung der erzeugten Töne vorhanden sein.

3. **Geist:** Dies sind all die Gedanken, die aufgrund von Absichten im Geist entstehen. Das heißt, die Person muss den Gedanken absichtlich erzeugen, damit er als Handlung betrachtet werden kann.

Von diesen drei gilt der Geist als der wichtigste, da die Absicht für eine Handlung im Geist entsteht. Wenn eine Handlung mit einer Absicht ausgeführt wird, die durch einen verblendeten Geisteszustand bedingt ist, nennen wir diese Handlung *nicht-tugendhaft*. Wenn die Handlung aber mit einer Absicht durchgeführt wird, die durch einen tugendhaften Geisteszustand bedingt ist, dann wird es eine *tugendhafte* Handlung sein. Hier ist Tugend keine moralisierende Beschreibung dessen, was allgemein richtig oder falsch ist. Stattdessen ist es lediglich ein Indikator für den Grad der Verzerrung, die in einem Geisteszustand vorhanden ist. Wenn der Geist zumindest teilweise mit der Realität übereinstimmt, nennen wir ihn tugendhaft, und wenn nicht, dann nennen wir ihn nicht-tugendhaft. Alles hängt immer davon ab, wie genau wir die Realität so erleben, *wie sie ist*. Weitere Informationen dazu finden Sie in Kapitel Zwei.

Wenn wir erkennen, welche Handlungen von Körper, Rede und Geist bestimmten karmischen Konsequenzen entsprechen, können wir in dem Bewusstsein leben, dass wir allein verantwortlich sind, ob wir Glück oder Leiden erleben. Indem wir zusätzlich noch verstehen, dass unglückliche Umstände in unserem Leben das Ergebnis unserer vergangenen Handlungen sind, können wir sie eher akzeptieren und verstehen, dass die Art und Weise, wie wir auf die Reifung eines solchen negativen Karmas reagieren, bestimmt, welche gewohnheitsmäßigen Tendenzen wir für uns schaffen. Wir können daher die Muster aus unserer Vergangenheit ändern, um eine bessere Zukunft zu schaffen. Der Weg dazu ist die Anhäufung von Verdienst.

Aus buddhistischer Sicht ist nicht Verdienst das Ausführen guter Taten, sondern das Ausführen guter Taten erzeugt Verdienst. Alle tugendhaften Handlungen erzeugen positive karmische Neigungen, die das Erleben von Glück erzeugen können. Unsere Gewöhnung an diese Neigungen bezeichnen wir als „Verdienst". Es ist sehr anstrengend, positive Gewohnheiten aufzubauen. Wir sind so daran gewöhnt, negative Karmas zu erzeugen, dass sie sich wie Staub in einem Bücherregal ansammeln.

Wenn wir unseren Geist durch das Praktizieren von Dharma zähmen, erhöhen wir unsere Achtsamkeit, wie wir handeln und auf die vielfältigen Umstände in unserem Leben reagieren. Wenn wir uns entschließen, auf heilsame und tugendhafte Weise zu handeln, legen wir positive Samen und erzeugen in unseren Geistesströmen viel Verdienst. Indem unser Verdienst wächst, führen wir mehr tugendhafte Handlungen aus, die wiederum mehr Samen legen, und erzeugen die positive Verstärkung, die notwendig ist, um unsere Gewöhnung an die Tugend zu festigen. Je mehr wir uns daran gewöhnen, desto mehr positive Eigenschaften können natürlich und spontan in unserem Geist entstehen.

Das Bestreben, heilsame Handlungen zu üben, hat nichts damit zu tun, sich schuldig zu fühlen oder in unserem Verhalten unflexibel zu sein. Es geht mehr darum, eine Gewissheit zu entwickeln, welche Handlungen wohltuend sind und welche nicht. Das karmische Gesetz von Ursache und Wirkung zu verstehen, kann die Grundlage für ein ethischeres und erfüllteres Leben bilden und uns helfen zu erkennen, dass negative Handlungen sowohl langfristig als auch kurzfristig nur zu unserem eigenen Leiden führen. Mit Zeit und Erfahrung wird unser Vertrauen in dieses Naturgesetz des Karmas wachsen.

Um uns dabei zu unterstützen, hat der Buddha einen sehr einfachen Rahmen für die Entwicklung der Achtsamkeit auf unsere Handlungen ermittelt. Im Wesentlichen gibt es zehn Handlungen von Körper, Rede und Geist, die aufgegeben werden sollten, und zehn, die entwickelt werden sollten.

Die zehn nicht-tugendhaften Handlungen aufgeben

Diese erste Gruppe stellt diejenigen Handlungen dar, die aufgegeben werden sollten. Es gibt unzählige Arten nicht-tugendhafter Handlungen, aber die meisten sind Ableitungen der folgenden zehn:

1. **Töten:** Das bedeutet, einem anderem fühlenden Wesen das Leben zu nehmen. Der Kern dieser Tat besteht darin, die Bedingungen zu beseitigen, die das Leben erhalten. Es ist die gewaltsame Trennung eines Geistes vom Körper, an den er gebunden ist. Wenn Sie töten, dann schaffen Sie die Ursachen dafür, dass Sie nicht die Voraussetzungen haben werden, die das Leben unterstützen, was bedeutet, dass Sie schwere Krankheiten und Leiden erleben werden.

2. **Stehlen:** Das bedeutet, etwas zu nehmen, das Ihnen nicht gehört. Das Wesen dieser Handlung ist, jemanden seiner Mittel zu berauben. Die Folge des Diebstahls ist, dass Sie die Ursachen dafür schaffen, keinen Zugang zu Ressourcen, wie Nahrung, Kleidung, Unterkunft oder Wohlstand, zu haben. Sie schaffen die Voraussetzungen, nie genug zu haben und immer nach mehr zu suchen.

3. **Sexuelles Fehlverhalten:** Sexuelles Fehlverhalten liegt vor, wenn Sie die eigene Sexualität als Methode benutzen, um anderen Schaden zuzufügen. Es ist eine Verletzung einer sehr intimen Handlung, die zwischen zwei Menschen eine besondere Bedeutung hat. Das Wesentliche an dieser Handlung ist ein gewisser Verrat, der zur Zerstörung einer Beziehung führt. Die Auswirkungen werden sein, dass Ihre Beziehungen zu anderen sehr schwierig sein und die Partner untreu werden.

4. **Lügen:** Das bedeutet, gezielt Unwahrheiten zu sagen, um eine andere Person zu täuschen. Das Wesen dieser Handlung ist Täuschung und schafft die Ursachen dafür, dass Sie niemandem vertrauen können. Die Informationen, die Sie erhalten, sind oft verzerrt und verwirrend.

5. **Entzweiende Sprache:** Diese Handlung tritt auf, wenn Sie absichtlich etwas sagen, das zu Spaltungen zwischen Menschen führt. Der Kern dieser Handlung ist die Schaffung von Disharmonie. Das Ergebnis des ständigen Versuchs, Menschen zu trennen, ist, dass es Ihnen sehr schwer fallen wird, mit anderen in Verbindung zu treten, und Sie werden von Menschen umgeben sein, die schlecht über Sie sprechen.

6. **Unfreundliche Rede:** Das bedeutet, verbale Beschimpfungen als Mittel einzusetzen, um andere Menschen zu verletzen. Das kann offensichtliche ausfällige Sprache oder subtilere Formen, wie Sarkasmus und passiv aggressive Bemerkungen, beinhalten. Die Essenz besteht darin, durch Mitteilungen geistiges Leiden auszulösen. Der Effekt ist, viele unschöne Worte zu hören, die Sie dazu bringen zu leiden.

7. **Unnützes Geschwätz:** Das bedeutet auf Basis verblendeter Geisteszustände, wie Anhaftung oder Abneigung, sich einer Rede zu befleißigen, die keinen Zweck hat. Das schließt alle Arten von Klatsch und sinnlosem Geplänkel ein. Das Wesen dieses Vorganges ist Sinnlosigkeit und führt dazu, dass Sie viele sinnlose Worte hören, die Ihrem Leben keinen Nutzen bringen.

8. **Begehrliche Gedanken:** Das ist das Nachdenken über den Erwerb eines Objekts auf Grund verblendeter Geisteszustände. Es ist eine Handlung von anhaltendem Verlangen, das im Allgemeinen durch Anhaftung angeheizt wird. Der Kern ist Unzufriedenheit und führt zu einem Geist, der niemals zufrieden sein kann und immer neidisch auf die Dinge ist, die andere Menschen haben.

9. **Feindseligkeit hegen:** Das ist der Vorgang, daran zu denken jemandem zu schaden. Es ist der Wunsch, dass einem bestimmten Menschen die

Ursachen von Leid begegnen. Sein Wesen ist Hass und führt zu einem Geist, der immer paranoid und misstrauisch gegenüber anderen ist, und Angst davor hat, verletzt zu werden.

10. **An falschen Sichtweisen festhalten:** Das bedeutet Gewissheit an einen Gedanken zu entwickeln, der nicht der Realität entspricht. Sein Wesen ist Verwirrung und führt zu einem Geist, der die Wahrheit ignoriert und deshalb allem gegenüber verwirrt ist.

Wenn wir diese Handlungen den drei Toren zuordnen, können wir sehen, dass die ersten drei mit dem Körper zusammenhängen, die nächsten vier mit der Rede und die letzten drei mit dem Geist. Die Handlungen von Körper und Rede sind in absteigender Reihenfolge ihrer relativen Intensität aufgelistet. Dagegen sind die Handlungen des Geistes in aufsteigender Reihenfolge des Einflusses aufgelistet. Indem Sie bewusst eine oder alle dieser Handlungen vermeiden, verhindern Sie das Entstehen einer erheblichen Anzahl von negativen Karmas und erzeugen eine positive Gegenkraft zu Ihren bestehenden karmischen Gewohnheiten.

Die zehn tugendhaften Handlungen pflegen

Der Verzicht auf Nicht-Tugend ist eine großartige Grundlage, um negative Gewohnheiten zu schwächen, aber das ist nur die halbe Geschichte. Um Verdienste zu entwickeln, müssen wir wirklich beginnen, durch die Kultivierung von Tugend positive karmische Neigungen zu etablieren. Die folgenden zehn Handlungen können Ihnen dabei helfen:

1. **Leben retten:** Das bedeutet aktiv hinaus zu gehen, um das Leben anderer zu retten. Es ist ein Geist, der den Wert des Lebens sieht und die Voraussetzungen dafür schafft, dass andere ihr Leben so lang wie möglich verlängern. Dazu gehört, den fühlenden Wesen dabei zu helfen, sich nicht zu verletzen, wie zum Beispiel einer Fliege, die gegen eine Fensterscheibe fliegt und versucht, hinauszukommen. Diese Handlung bewirkt ein langes und gesundes Leben.

2. **Großzügigkeit:** Indem Sie Ihre Ressourcen anderen zur Verfügung stellen, schaffen Sie die Voraussetzungen, um deren Bedürfnisse zu erfül-

len. Dies schafft die Ursachen dafür, dass auch Sie alle Mittel erhalten, die Sie benötigen.

3. **Ethische Disziplin:** Das ist die Handlung, sich zu bemühen Nicht-Tugenden zu vermeiden und sich anzustrengen Tugend zu kultivieren. Als Ergebnis werden Sie ein Erscheinungsbild entwickeln, das anderen gefällt, und Ihre Beziehungen werden friedvoll sein.

4. **Die Wahrheit sagen:** Indem Sie immer die Wahrheit sagen, schaffen Sie die Voraussetzungen dafür, dass Menschen Ihnen vertrauen. Ihre Rede wird stark und voller Überzeugung sein, und daher werden die Menschen Ihren Ausführungen zuhören und Ihre Meinung wertschätzen.

5. **Streitigkeiten schlichten:** Wenn Sie sich bemühen, Menschen zusammenzubringen, indem Sie Konflikte beilegen, schaffen Sie die Voraussetzungen, um Harmonie in Ihren eigenen Beziehungen zu erfahren.

6. **Angenehme Rede:** Wenn Sie höflich zu anderen sind und angenehm sprechen, werden Sie feststellen, dass dieses Verhalten zurückgegeben wird. Die Menschen werden von Natur aus freundlich und respektvoll mit Ihnen reden.

7. **Sinnvolle Rede:** Indem Sie sich bemühen, ziel- und zweckgerichtet zu sprechen, schaffen Sie die Voraussetzungen, um eine Rede zu erleben, die äußerst sinnvoll und nützlich für Ihr Leben ist. Das kann in Form von spirituellen Lehren oder wertvollen Informationen erfolgen, die einen positiven Einfluss auf Ihren Geist haben.

8. **Zufriedenheit:** Indem Sie lernen, sich mit den Bedingungen zufrieden zu geben, in denen Sie sich befinden, schaffen Sie die Voraussetzungen, um Ihren eigenen Reichtum an inneren Ressourcen zu entdecken. Wenn Sie das tun, werden Sie sehen, dass sonst nichts mehr benötigt wird, und Sie werden einen unglaublichen Frieden im Geist erleben.

9. **Guten Willen entwickeln:** Das bedeutet den Wunsch zu entwickeln, dass andere Glück erfahren und frei von Leiden sind. Diese Haltung wird Sie dazu bringen, zum Wohle anderer zu arbeiten, und wird daher dazu führen, dass Sie von anderen Freundlichkeit erhalten und hoch geschätzt werden.

10. **Richtige Ansichten haben:** Wenn Sie sich bemühen, mehr Einsicht und Weisheit zu entwickeln, werden Sie die Ursachen für einen klaren und kraftvollen Geist schaffen. Dieser Geist wird es Ihnen ermöglichen, alle Arten der Unwissenheit zu überwinden und letztendlich dauerhaft echtes Glück zu erfahren.

Die grundlegende Praxis der ethischen Disziplin besteht darin, zu jeder Tageszeit die Achtsamkeit auf diese zwanzig Handlungen aufrechtzuerhalten. Es ist in der Regel am einfachsten, mit den Handlungen des Körpers zu beginnen, da diese am offensichtlichsten und am leichtesten zu kontrollieren sind. Sie können eine bestimmte Handlung auswählen, auf die Sie sich konzentrieren möchten, oder mit allen gleichzeitig arbeiten. Denken Sie morgens an die Handlungen, die Sie vermeiden wollen, und an die, die Sie pflegen wollen. Versuchen Sie dann während des Tages, ein gewisses Maß an Gewahrsein für alles, was Sie tun, aufrechtzuerhalten. Wenn Sie bemerken, dass Sie im Begriff sind, eine der nicht-tugendhaften Handlungen zu setzen, dann versuchen Sie, dies nach Möglichkeit zu vermeiden. Ebenso, wenn Sie eine Gelegenheit sehen, eine der tugendhaften Handlungen auszuführen, unternehmen Sie die Anstrengung, dies nach Möglichkeit zu tun. Während Sie eine größere Vertrautheit mit den Handlungen entwickeln, versuchen Sie dann langsam, mehr Handlungen hinzuzufügen, derer Sie sich gewahr sein wollen, bis Sie alle zwanzig Punkte in Ihr Verhalten integriert haben.

Tor	Nicht tugendhaft	Tugendhaft
Körper	Töten	Leben retten
	Stehlen	Großzügigkeit
	Sexuelles Fehlverhalten	Ethische Disziplin
Rede	Lügen	Die Wahrheit sagen
	Entzweiende Sprache	Streitigkeiten schlichten
	Unfreundliche Rede	Angenehme Rede
	Sinnloses Geschwätz	Sinnvolle Rede
Geist	Begehrliche Gedanken	Zufriedenheit
	Feindseligkeit hegen	Guten Willen entwickeln
	An falschen Sichtweisen festhalten	Richtige Ansichten haben

Tabelle 6-1: Tugendhafte und nicht-tugendhafte Handlungen von Körper, Rede und Geist.

Denken Sie daran, dass diese ethische Disziplin dazu dient, konstruktive Gewohnheiten zu entwickeln. Verurteilen Sie sich nicht, wenn Sie feststellen, dass Ihre bestehenden negativen Gewohnheiten Sie manchmal überkommen. Sich Ihrer Handlungen bewusst zu sein, ist ein wichtiger und sehr positiver erster Schritt. Wenn Sie erkennen, dass das betreffende Verhalten nicht konstruktiv ist, versuchen Sie einfach, den Wunsch zu entwickeln, es in der Zukunft vermeiden zu können. Auf diese Weise schwächen Sie die bestehende Gewohnheit und geben sich selbst eine bessere Chance, in Ihrer Übung erfolgreich zu sein.

ZUSAMMENFASSUNG

- Es gibt zwei Arten von Ursachen: eine substanzielle Ursache und eine unterstützende Bedingung. Die substanzielle Ursache ist das, was sich in das Ergebnis verwandelt, während die unterstützenden Bedingungen dazu beitragen, diese Umwandlung zu ermöglichen.

- Das Gesetz des Karma konzentriert sich speziell auf die Beschreibung der kausalen Beziehungen zwischen unseren Handlungen und unseren Erfahrungen. Während Handlungen zu Veränderungen in der physischen Welt führen können, sind wir hauptsächlich an den Veränderungen im Geist interessiert.

- Handlungen werden auf der Grundlage von Absichten im Geist ausgeführt und diese Absichten hinterlassen eine gewohnheitsmäßige Neigung im Grundbewusstsein, die als karmischer Samen bezeichnet wird.

- Karmische Samen reifen im Geistesstrom als Erfahrung von Leid oder Glück.

- Die vier Naturgesetze des Karma lauten: 1) Karma ist endgültig, 2) wenn es ein Ergebnis gibt, muss es eine Ursache geben, 3) wenn es eine Ursache gibt, muss es ein Ergebnis geben und 4) Karma weitet sich aus.

- Karmas haben einen Spielraum, der auf der Wechselwirkung der an der Handlung beteiligten Personen basiert. Das führt zu einer Kombination aus kollektivem und individuellem Karma.

- Die Intensität des Karmas wird durch die Stärke der Absicht in Verbindung mit dem Abschluss einer Handlung bestimmt.

- Das Ausmaß des Ergebnisses hängt von der Art des Handlungsobjekts und der Art der ausgeführten Handlung ab. Sehr mächtige Karmas können in diesem Leben reifen, während andere definitiv im nächsten oder in den nachfolgenden Leben reifen werden.

- Wenn wir sterben, bestimmt das Karma, das zu dieser Zeit reift, die allgemeine Form unserer nachfolgenden Erfahrung. Das ist als werfendes Karma bekannt. Diejenigen Karmas, die die spezifischen Details Ihrer nachfolgenden Erfahrung prägen, werden als vervollständigendes Karma bezeichnet.

- Jedes Karma erzeugt unterschiedliche Arten von Ergebnissen: Es gibt eine Erfahrung, die der Ursache ähnelt, die gewohnheitsmäßige Tendenz, die der Ursache ähnelt, und die Erfahrung der Umweltbedingungen.

- Der grundlegende Rahmen für Ethik im Buddhismus dreht sich um die Entwicklung von größerer Achtsamkeit auf die drei Tore von Körper, Rede und Geist.

- Tugend ist jede Handlung, die von einem Geist motiviert ist, der frei von Verblendungen ist, während Nicht-Tugend eine Handlung ist, die von einem verblendeten Geist motiviert wird. Ziel der Praxis ist es, zehn nicht-tugendhaften Handlungen aufzugeben und zehn tugendhafte zu kultivieren.

Das Lebensrad.

KAPITEL SIEBEN

Die leidhafte Natur der zyklischen Existenz

Das *Gesetz des Karmas* bietet uns ein detailliertes Modell dafür, wie unser Geist durch unser Handeln beeinflusst wird, und liefert uns die grundlegenden Mechanismen, um zu erklären, warum wir erleben, was wir erleben. In vielerlei Hinsicht ist Karma wie der Treibstoff, der den Fluss der Erscheinungen in unserem Geist aufrechterhält, während er gleichzeitig der Motor ist, der eine bestimmte Art von Beziehung zu diesen Erscheinungen endlos fortsetzt.

Wenn wir die Möglichkeiten betrachten, wie unser Geist mit bestimmten Phänomenen in Beziehung treten kann, können wir zwei grundlegende Arten von Verbindungen erkennen:

1. **Unwissenheit:** Wenn Erscheinungen auf Grund falscher Vorstellungen eines getäuschten Bewusstseins interpretiert werden, kann man sie als durch Unwissenheit verzerrt bezeichnen.

2. **Weisheit:** Wenn Erscheinungen auf der Grundlage eines klaren Gewahrseins der Realität, *so wie sie ist*, interpretiert werden, können wir sagen, dass sie aus Weisheit entstehen.

Wie wir gesehen haben, wird alles, was aus einem verblendeten Geist, wie etwa Unwissenheit, entsteht, entweder direkt oder indirekt die Ursachen von Leid erzeugen. Um jegliches Erleben von Leid zu beseitigen, müssen wir daher aufhören, unsere Beziehung zur Welt auf unserem getäuschten Bewusstsein aufzubauen.

In diesem Kapitel werden wir detailliert die Vielfalt der Ergebnisse untersuchen, die durch Unwissenheit hervorgerufen werden. Insbesondere werden wir die Natur der sogenannten *zyklischen Existenz* (Samsara) untersuchen. Die zyklische Existenz ist kein Ort, den man besucht, es ist ein Modell dafür, wie wir mit der Welt in Beziehung stehen. Dieses besondere Modell wurzelt in Unwissenheit und ist daher von Natur aus für die Erzeugung einer Vielzahl unbefriedigender Erfahrungen verantwortlich. Indem wir die dynamischen Komponenten dieses Systems verstehen, können wir Strategien entwickeln, um uns aus dieser Endlosschleife zu befreien und damit das Tor zu öffnen, unser Leben auf der Basis der Weisheit zu erfahren.

Durch das Erkennen und Nachdenken über das Leiden der zyklischen Existenz, verbunden mit unserem festen Verständnis des karmischen Gesetzes von Ursache und Wirkung, beginnen wir zu erkennen, dass es möglich ist unsere Situation zu ändern. Wir müssen nicht in der Weise leiden, wie wir es tun. Auf dieser Basis entwickeln wir das Bestreben, einen Weg zu suchen, der uns aus solchem Leid führen kann. Es ist dieses Streben, das uns eine starke Motivation für die Entwicklung des Geistes der Entsagung liefert und uns Vertrauen in unsere Fähigkeit gibt, frei zu sein.

WIE KARMA ZUR ZYKLISCHEN EXISTENZ FÜHRT

Der erste Schritt besteht darin, die kausalen Zusammenhänge zu erkennen, die zur zyklischen Existenz führen. Dieses breitere Verständnis ermöglicht es uns das kreative Potenzial zu erkennen, wodurch dieses System die verschiedenen Arten von Erfahrungen hervorrufen kann. Es liefert uns auch einen Kontext, um die verschiedenen Manifestationen in diesem System zu erkunden.

Die Methode dafür ist das Studium der *zwölf Glieder des abhängigen Entstehens*. Diese Lehre wurde ursprünglich vom Buddha im *Sutra vom Reiskeimling* präsentiert:

> *Weil dies existiert, wird das-und-das entstehen. Weil jenes entstanden ist, entsteht das-und-das. Daher entsteht aufgrund von Unwissenheit karmische Gestaltung, weil karmische Gestaltung entsteht, entsteht Bewusstsein und so weiter und so fort. Das Gleiche gilt für Name-und-Form, die sechs Sinneskräfte, Kontakt, Empfinden, Verlangen, Ergreifen, Werden und Geburt bis hin zu Alter, Krankheit und Tod. Dadurch entstehen dann Kummer, Wehklagen, Elend, Unglück und Leid. So entsteht diese große Masse des gesamten Leids ... In ähnlicher Weise wird Gestaltung enden, weil Unwissenheit geendet hat und so weiter, bis zu dem Punkt, da Geburt Alter und Tod erloschen sind, und deshalb auch Kummer und so weiter, diese große Masse des totalen Leidens enden wird. So wurde es gelehrt.*

Einfach gesagt, hängen Körper und Geist, die wir in diesem Leben und in zukünftigen Leben erben, von dem Karma ab, das wir mit unserem Körper, unserer Rede und unserem Geist unter dem Einfluss von Unwissenheit schaffen. Die Kraft des Karmas wirft uns daher in immer neue Wiedergeburten in der zyklischen Existenz und deshalb werden wir vollständig von unserer Konditionierung beherrscht.

Die zwölf Glieder des abhängigen Entstehens

Die zwölf Glieder werden traditionell in einem Bild dargestellt, das *Rad des Lebens* genannt wird und das zeigt, wie zyklische Existenz zustande kommt. Der äußere Kreis stellt die zwölf Glieder des abhängigen Entstehens dar, während die inneren Kreise die sechs Bereiche symbolisieren, in die fühlende Wesen hineingeboren werden. Das Zentrum stellt die drei Gifte (Anhaftung, Abneigung und Unwissenheit) dar, die durch einen Hahn, eine Schlange und ein Schwein dargestellt werden und die bewirken, dass man immer wieder in der zyklischen Existenz geboren wird.

Die ersten sieben der zwölf Glieder beschreiben den Prozess, wie neues Karma die Anlagen für ein bestimmtes Ergebnis erzeugt, während die letzten fünf Glieder zeigen, wie diese Anlagen zu Erfahrungen reifen.

Art	Beziehung	Verbindung
Hervorrufend	Ursache	1. Unwissenheit
		2. Karmische Gestaltung
		3. Bewusstsein
	Resultat	4. Name und Form
		5. Sechs Sinnestore
		6. Kontakt
		7. Empfindung
Reifend	Ursache	8. Verlangen
		9. Ergreifen
		10. Existenz
	Resultat	11. Geburt
		12. Altern und Tod

Tabelle 7-1: Einteilung der zwölf Glieder des abhängigen Entstehens.

Hervorrufende Ursachen

1. **Wurzelunwissenheit:** Das erste Glied, die Wurzelunwissenheit, ist die Basis für alle anderen Glieder und wird im Rad des Lebens durch *einen blinden Mann mit einem Stock* symbolisiert. Da wir die wahre Natur der Dinge nicht so sehen, wie sie sind, projizieren wir Beständigkeit auf alle Phänomene. Wir unterliegen der Täuschung, dass ein wirklich existierendes und unabhängiges Selbst existiert, und wir glauben an falsche Ansichten, wie die Vorstellung, dass uns materieller Besitz echtes Glück bringen kann. Durch diese Verwirrung entsteht unsere samsarische Welt. Dieses getäuschte Bewusstsein ist die Basis für alle unsere Gedanken und Gefühle. Während Unwissenheit als die Wurzel angesehen wird, stellt dieses Glied auch alle anderen verblendeten Geisteszustände dar, die aus dieser Unwissenheit abgeleitet werden.

2. **Karmische Gestaltung:** Das zweite Glied der abhängigen Entstehung wird durch *einen Töpfer* dargestellt, der Töpfe auf einer Töpferscheibe macht. Aufgrund unserer Unwissenheit befassen wir uns mit allen möglichen Handlungen, basierend auf dem Glauben, dass die Welt so ist, wie sie uns erscheint. Wenn unser Geist zum Beispiel von Hass überwältigt wird, sieht er nur die negativen Eigenschaften einer Person oder eines Dings. Diese verzerrte Wahrnehmung führt dazu, dass wir auf verletzende Weise gegen dieses Objekt vorgehen. Mit jeder Handlung, die wir begehen, legen wir karmische Neigungen im Grundbewusstsein fest. Das Ergebnis dieser Neigungen erzeugt zukünftige Erfahrungen und gewohnheitsmäßige Reaktionen. Dieser Akt, karmische Neigungen zu schaffen, wird *karmische Gestaltung* genannt.

3. **Bewusstsein:** Aufgrund unserer Unwissenheit (dem ersten Glied) führen wir Handlungen aus, die karmische Samen in unser geistiges Kontinuum setzen, wodurch das Potenzial für zukünftige Erfahrungen und eine bestimmte Art des Handelns geschaffen wird (das zweite Glied). Dieses konditionierte Bewusstsein birgt das Potenzial, die nächste Geburt hervorzurufen, und wird daher als

das *treibende Bewusstsein* bezeichnet. Wenn alle Bedingungen für die Wiedergeburt erfüllt sind, wird das Ergebnis das *Bewusstsein des getriebenen Ergebnisses* genannt. Beide Begriffe beziehen sich auf dasselbe Grundbewusstsein in verschiedenen Stadien der Manifestation. Da es das Bewusstsein ist, das für die Kontinuität von einem Leben zum nächsten sorgt, wird es als ein *Affe in einem Obstbaum* dargestellt, der sich von Ast zu Ast schwingt.

Übung 7.1 – Der Einfluss der Verblendungen

- *Stellen Sie in einer entspannten Haltung einen neutralen Geist durch die Praxis der Achtsamkeit auf die Atmung her.*

- *Erinnern Sie sich an eine Situation, in der Ihr Geist von Abneigung beherrscht wurde. Verbringen Sie einige Zeit damit, sich die Details des Ereignisses so gut wie möglich zu vergegenwärtigen. Beobachten Sie, wie Ihre Abneigung Ihr Verhalten beeinflusst hat. Welche Gedanken entstanden? Welche Worte haben Sie gesprochen? Welche körperlichen Verhaltensweisen haben Sie gezeigt? Ausgehend von Ihrem Verständnis von Karma überlegen Sie nun die Arten von karmischen Neigungen, die Sie während dieses Ereignisses erzeugt haben. Denken Sie über die grundlegende Natur dieser Handlungen nach und wie sie sich in Zukunft möglicherweise manifestieren könnten.*

- *Machen Sie nun die gleiche Übung, aber denken Sie diesmal an eine Situation, in der die Hauptverblendung die Anhaftung war. Beobachten Sie wieder, was mit Ihren drei Toren (Körper, Rede und Geist) vor sich ging, und identifizieren Sie die Arten von Neigungen, die in Ihrem Geistesstrom erzeugt wurden. Erkennen Sie das potenzielle Leiden, das diese Neigungen in der Zukunft für Sie verursachen könnten.*

- *Wiederholen Sie die Übung ein drittes Mal mit einer Situation, in der Unwissenheit die vorherrschende Verblendung war. Zum Beispiel, als Sie etwas Verletzendes sagten, weil Sie nicht ganz verstanden, was vor sich ging. Berücksichtigen Sie insbesondere, wie Annahmen, die auf falschen Ansichten basieren, Sie zu vielen Arten von törichten Aktivitäten verleiten können. Denken Sie an die potenziellen Ergebnisse, die diese Handlungen hervorbringen können.*

- *Verweilen Sie in den Einsichten, die auftauchen.*

Hervorgerufene Ergebnisse

4. **Name und Form:** Die karmischen Samen, die unser geistiges Kontinuum trägt, werfen unser Bewusstsein in eine neue Wiedergeburt. Für eine menschliche Wiedergeburt müssen drei Komponenten zusammenkommen: ein Bewusstseinsstrom, das Ei der Mutter und das Sperma des Vaters. Aus buddhistischer Sicht ist dies der Zeitpunkt, in dem die Empfängnis stattfindet. Es ist der Augenblick, in dem sich ein Geist (Name) mit einem Körper (Form) verbindet. Diese beiden werden oft als *psycho-physische Aggregate* bezeichnet. Wie wir weiter unten sehen werden, hängt das Zusammentreffen einer bestimmten Gruppe von Aggregaten von der Art des Karmas ab, das sie hervorgerufen hat. Die Form und die Subtilität des Körpers, der sich entwickelt, werden daher erheblich variieren. Bei Menschen und Tieren ist der Körper sehr fest und physisch, während bei anderen nicht-menschlichen Wesen die Körper von Natur aus ätherischer oder traumähnlicher sind. Es gibt sogar Wesen, die ohne jegliches Formaggregat als rein geistiges Wesen existieren. Das Symbol für dieses Glied sind *zwei Männer in einem Boot, das den Fluss des Daseins durchquert.*

5. **Die sechs Sinnestore (auch Sinneskräfte genannt):** Nach dem Moment der Empfängnis durchlaufen die psycho-physischen Aggregate, abhängig von der Art des Lebewesens, einen Evolutionsprozess. Im Falle eines Menschen wird das normalerweise die Bildung der sechs Sinneskräfte einschließen: Augen, Ohren, Nase, Zunge, zentrales Nervensystem und Gehirn. Diese bilden die Grundlage, auf der grobe Formen des Bewusstseins entstehen können. Nicht alle Wesen werden alle sechs Sinneskräfte entwickeln. Zum Beispiel werden manche Menschen ohne Seh- und

Hörfähigkeit geboren. Dies hängt vom spezifischen vollendenden Karma des einzelnen Wesens ab. Dieses Glied wird durch ein *Haus mit sechs Öffnungen* (fünf geschlossene Fenster und eine geschlossene Tür) dargestellt, die die fünf körperlichen Sinne plus den geistigen Sinn darstellen.

6. **Kontakt:** Sobald jede Sinneskraft vollständig entwickelt ist, hat das Wesen nun die Fähigkeit, verschiedene Arten von Objekten wahrzunehmen. Sobald beispielsweise ein menschlicher Fötus die Grundlagen des Nervensystems entwickelt, kann er taktile Empfindungen wahrnehmen. Ebenso kann er, wenn das Sehvermögen vollständig ist, die Dunkelheit des Mutterleibs wahrnehmen. Kontakt steht für das gleichzeitige Zusammentreffen von drei Aspekten: dem Objekt, der Sinnesfähigkeit und dem Bewusstsein. Diese Vereinigung stellt den grundlegenden Mechanismus der Wahrnehmung dar, die wiederum die Grundlage all unserer Erfahrungen ist. Kontakt wird im Rad des Lebens von *zwei Liebenden in sexueller Umarmung* symbolisiert.

7. **Empfindung:** Ausgehend von dieser Wahrnehmung bestimmt der Geist die Erscheinungen von Subjekt und Objekt, und wenn dies geschieht, schafft der Geist auch eine Beziehung zwischen den beiden. Auf dieser grundlegenden Ebene offenbart sich diese Beziehung entweder als ein angenehmes, unangenehmes oder neutrales Gefühl. Das ist die tatsächliche Reifung einer karmischen Neigung in Form einer Erfahrung. Es wird durch *einen Mann mit einem Pfeil im Auge* symbolisiert.

Übung 7.2 – Verschiedene Körper, verschiedene Erfahrungen

- *Stellen Sie in einer entspannten Haltung einen neutralen Geist durch die Praxis der Achtsamkeit auf die Atmung her.*

- *Rufen Sie sich all die verschiedenen Arten von Menschen und Tieren, die Sie auf diesem Planeten kennen, ins Gedächtnis. Gemäß dem Buddhismus besitzen alle diese Wesen einen Geist. Wenn das wahr ist, inwiefern unterscheiden sie sich?*

- *Betrachten Sie die vielen Arten, wie diese Wesen empfangen werden. Dann überlegen Sie sich, wie sich diese verschiedenen Wesen vor der Geburt entwickeln. Denken Sie an Beispiele verschiedener Arten von Wesen, um jeden Fall zu veranschaulichen.*

- *Denken Sie jetzt an die verschiedenen Sinnesfähigkeiten, die wir alle entwickeln. Betrachten Sie zum Beispiel die Unterschiede in der Fähigkeit eines Hundes, zu riechen, oder der Fähigkeit einer Fledermaus, zu hören. Denken Sie daran, wie sich schon unter den Menschen die Fähigkeiten einiger anders entwickeln als die Fähigkeiten anderer.*

- *Welche Auswirkungen haben diese verschiedenen Fähigkeiten auf die Art und Weise, wie wir unsere Welt erleben? Wie wäre es, ganz ohne einen Ihrer Sinne zu sein? Wie wäre es, die Sinne eines Tieres, wie die eines Delphins oder eines Adlers, zu haben? Welchen Unterschied macht es, das Gehirn einer Ameise anstatt das Gehirn eines Menschen zu haben?*

- *Denken Sie jetzt an unsere Fähigkeit, verschiedene Gefühle zu erleben. Nennen Sie Beispiele von Dingen, die in Ihrem Geist angenehme Gefühle auslösen. Ebenso solche, die unangenehme und neutrale Gefühle auslösen. Untersuchen Sie, ob auch Tiere diese Fähigkeit zum Fühlen haben. Gibt es beispielsweise Dinge, die ein Hund angenehm oder unangenehm findet?*

- *Verweilen Sie in den Einsichten, welche auch immer auftauchen mögen.*

Reifende Ursachen

8. **Verlangen (Verstrickung):** Wenn ein Objekt mit einer Sinnesfähigkeit in Kontakt kommt, entsteht ein Bewusstsein. Diese objektive Erfahrung führt zur subjektiven Erfahrung eines Gefühls. Aufgrund dieses Gefühls

möchte der Geist entweder von einem unangenehmen Gefühl getrennt oder von einem angenehmen Gefühl nicht getrennt werden oder er entwickelt Gleichgültigkeit gegenüber einem neutralen Gefühl. Diese grundlegende Beziehung lenkt unsere Absicht, sich einem Objekt entweder zu nähern oder sich von ihm zu entfernen. Dieses Glied wird von *einem Mann, der Wein trinkt,* dargestellt.

9. **Ergreifen (Annehmen):** Auf der Grundlage des Verlangens entwickelt unser Geist eine bestimmte Beziehung zum Objekt, indem er die anfängliche Reaktion durch begriffliche Überlagerungen verstärkt. Unser Geist verwendet Konzepte, um unserer grundlegenden Absicht Gestalt zu geben – eine Geschichte zu erzählen, um den Erwerb eines erwünschten Objekts oder die Ablehnung eines unerwünschten Objekts zu rationalisieren. In dem Moment, in dem der Geist das tut, legt er neue karmische Neigungen fest, die die bestehende Gewohnheit verstärken, und schafft so die Grundlage für ein ähnliches Erlebnis in der Zukunft. Im Allgemeinen gibt es vier Arten des Ergreifens: das Greifen nach Sinnesfreuden, das Greifen nach falschen Ansichten, das Greifen nach Riten und Ritualen und das Greifen nach einem Selbst. Dieses Glied wird durch *einen Mann, der Früchte sammelt,* symbolisiert.

10. **Existenz (Werden):** Je mehr Ergreifen entsteht, desto mehr wird ein bestimmtes karmisches Muster verstärkt. Während des Todesprozesses, wenn sich unser grobes Bewusstsein aufzulösen beginnt, bindet sich der Geist an einen bestimmten Gedankengang. Durch das obsessive Greifen nach diesen Ideen wird eine bestimmte karmische Neigung so verstärkt, dass sie den Geist vollständig beherrscht. Auf diese Weise entwickelt der Same die Kraft und die Fähigkeit, das Bewusstsein in das nächste Leben zu treiben. Da dieses besondere Reifen des Karmas die Ursache für das nächste Leben ist, wird es von einer *schwangeren Frau* symbolisiert.

Übung 7.3 – Der Geist des Ergreifens

- *Stellen Sie in einer entspannten Haltung einen neutralen Geist durch die Praxis der Achtsamkeit auf die Atmung her.*

- *Erinnern Sie sich an ein Erlebnis, das Sie als angenehm oder unangenehm bezeichnen können. Stellen Sie sich die Details des Ereignisses in Ihrem Geist so gut wie möglich vor.*

- *Denken Sie an Ihre erste Reaktion. Als das Gefühl aufkam, was haben Sie gemacht? Haben Sie sich vom Objekt zurückgezogen oder haben Sie sich mehr dafür interessiert?*

- *Denken Sie nun an die Geschichte, die in Ihrem Geist direkt nach dem ersten Gefühl entstanden ist. Auf welche Eigenschaften haben Sie sich zuerst konzentriert? Wie nahm Ihre Absicht Gestalt an? Welcher Plan hat sich in Ihrem Geist gebildet?*

- *Was für Handlungen ergaben sich aus diesem Prozess? Blieb er rein geistig oder wurde Ihre Reaktion so stark, dass Sie motiviert wurden, etwas zu sagen oder zu tun? Vielleicht war es etwas Subtiles wie ein Gesichtsausdruck oder ein Geräusch. Vielleicht war es komplexer, so wie Worte aneinanderzureihen, um eine Idee mitzuteilen, oder sich irgendwie physisch mit dem Objekt auseinandersetzen.*

- *Verwenden Sie verschiedene Beispiele, um ein Gefühl dafür zu bekommen, wie das Ergreifen dem Verlangen Kraft verleiht und Handlungen erzeugt.*

- *Verweilen Sie in allen Einsichten, die auftauchen.*

Gereifte Ergebnisse

11. **Geburt:** Mit dem Reifen des Karmas im Moment des Todes werden wir wie ein Stuntman, der aus einer Kanone geschossen wird, in unsere nächs-

te Existenzform geworfen. Ohne ein Gefühl der Kontrolle oder Wahl, erleben wir die Wiedergeburt, indem wir neue psycho-physische Aggregate annehmen, die wiederum durch die karmischen Samen in unserem Grundbewusstsein bedingt sind. Auf Basis dieser Ansammlungen erleben wir erneut die Reifung unseres Karmas, das uns wieder in ein anderes Leben wirft. So dreht sich das Rad, ein endloser Prozess unkontrollierter Konditionierung, der sich in jedem Moment der Erfahrung fortsetzt. Aus diesem Grund symbolisieren wir dieses Glied mit einer *gebärenden Frau*.

12. **Altern und Tod:** Wenn wir unsere unterschiedlichen Erfahrungen in der zyklischen Existenz genau betrachten, sehen wir, dass ein durch Karma bedingtes Leben von Natur aus unbefriedigend ist. Während hin und wieder Momente der Freude auftreten können, dauern sie nicht an. Das Leben verändert sich dauernd in Abhängigkeit von einer ständigen Entwicklung von Ursachen und Bedingungen. Vom Augenblick unserer Geburt an beginnen wir zu altern. Aufgrund des Alterns erleben wir alle Arten von Krankheiten. Aufgrund von Krankheiten verlieren unsere Körper schließlich ihre Fähigkeit, das Leben zu unterstützen, was zum Tod führt. Mit dem Tod erleben wir wieder die Ursachen, die uns in eine neue Geburt werfen. Und so geht der Zyklus weiter. Das Symbol für dieses letzte Glied ist ein *alter Mann, der mit einem Bündel von Stöcken auf dem Rücken auf den Tod zugeht*, denn egal wie kurz oder wie lang unser Leben ist, wir tragen weiterhin das Gewicht karmischer Samen mit uns.

Übung 7.4 – Die Natur der Existenz

- *Stellen Sie in einer entspannten Haltung einen neutralen Geist durch die Praxis der Achtsamkeit auf die Atmung her.*

- *Betrachten Sie Ihre Geburt. Haben Sie sich dafür entschieden, geboren zu werden? Haben Sie Ihre Mutter und Ihren Vater ausgewählt? Haben Sie den Zeitpunkt Ihrer Geburt oder den Ort ausgewählt? Haben Sie sich für den Körper entschieden, den Sie haben? Welche Kontrolle hat-*

ten Sie in diesem Prozess? Wann haben Sie begonnen, Entscheidungen über Ihr eigenes Leben zu treffen?

- *Welche Arten von Erfahrungen haben Sie aufgrund Ihres Körpers gemacht? Welchen Unterschied macht es, einen männlichen oder weiblichen Körper zu haben? Denken Sie an die ganze Bandbreite der Erfahrungen, die im Leben vorkommen und sich um die Form und Farbe unseres Körpers drehen.*

- *Betrachten Sie nun, wie sich dieser Körper im Laufe der Zeit verändert hat. Vergleichen Sie Ihren Körper als Baby, Ihren Körper als Kleinkind, Ihren Körper als Teenager, Ihren Körper als junger Erwachsener und so weiter bis zu Ihrem gegenwärtigen Alter. Welche Arten von Erfahrungen waren typisch für diese einzelnen Phasen Ihres Lebens?*

- *Denken Sie über den Unterschied zwischen Wachstum und Verfall, Gesundheit und Krankheit nach. Ist Ihr Körper insgesamt in einem Wachstumsprozess oder in einem Verfallsprozess? Wenn er verfällt, was sind die Folgen dieses Prozesses? Wie wird es enden? Wann ist der Körper so stark verfallen, dass er Ihr Leben nicht mehr unterstützen kann?*

- *Stellen Sie sich jetzt vor, diesen Zyklus immer und immer wieder zu wiederholen. Stellen Sie sich vor, Sie müssen all diese Dinge erleben, ob Sie wollen oder nicht. Entwickeln Sie ein Gefühl des Überdrusses an diesem Prozess, eine Art Langeweile bei der Idee, es immer und immer wieder zu tun.*

- *Lassen Sie Ihre Wahrnehmung in jeglichen Einsichten, die aufkommen, verweilen.*

Wenn wir diese Sequenz rückwärts durchlaufen, können wir sehen, dass jedes Glied von dem Glied abhängt, das ihm vorangeht. Ohne das eine kann man das andere nicht haben. Das bedeutet, wenn wir das Leiden des Alterns und des Todes nicht erleben wollen, müssen wir die unkontrollierbare Wiedergeburt stoppen. Um das zu tun, müssen wir das Reifen des Karmas im Moment des Todes beseitigen, was bedeutet, dass wir das Ergreifen stoppen müssen, das es dazu ermächtigt. Um das Ergreifen zu durchtrennen, müssen wir das Verlangen nach Annahme oder Ablehnung durchtrennen. Verlangen wird nicht ohne Empfindungen entstehen. Empfindungen werden nicht entstehen können, wenn zwischen Subjekt und Objekt kein Kontakt besteht. Dieser Kontakt wird nicht entstehen, wenn es keine Sinneskräfte gibt, die Objekte wahrnehmen. Diese Sinneskräfte werden nicht entstehen, wenn Geist und Körper nicht zusammenkommen. Die Aggregate werden sich nicht ohne ein bedingtes Bewusstsein bilden, das auf der Anwesenheit karmischer Neigungen beruht, die unsere Handlungen, motiviert von Verblendungen, im Geist hinterlassen. Die Wurzel aller Verblendungen ist Unwissenheit und daher kann sich durch die Beseitigung dieser Unwissenheit keines der übrigen Glieder entwickeln und alles Leid wird aufhören.

Während die zwölf Glieder beschreiben, wie innere Phänomene und Leid aufgrund von Verblendungen und Karma entstehen, können wir auch die Ursachen und Bedingungen verstehen, die äußere Phänomene hervorrufen, indem wir das Prinzip der gegenseitigen Abhängigkeit anwenden. Wir können beobachten, wie physische Dinge mit der Zeit wachsen und sich verändern, so wie ein Same einen Spross, Blättchen, Halme, Knospen, Blüten und Früchte hervorbringt. Jedes dieser Gebilde wird als substanzielle Ursache für das folgende angesehen; so wie Holz die substanzielle Ursache für einen Tisch ist. Zu dieser Entwicklung tragen sechs Bedingungen bei: Erde, Wasser, Feuer, Wind, Raum und Zeit. Erde stabilisiert, Wasser erzeugt Zusammenhalt, Feuer verursacht Entwicklung und Reifen, Wind weitet aus, Raum nimmt auf und Zeit wandelt allmählich um. Die Handlungen der Lebewesen sind ebenfalls unterstützende Bedingungen, wie z. B. ein Tischler, der einen Tisch bauen will, oder eine Biene, die eine Blume bestäubt.

Daher hängt das Entstehen aller äußeren und inneren Phänomene von den jeweiligen Ursachen und Bedingungen ab, die auf geeignete Weise zusammenkommen. Wenn diese Einflüsse vollständig sind, werden Phänomene entstehen, und wenn diese Ursachen und Bedingungen nicht mehr vorhanden sind, werden die Phänomene vergehen. Das ist die Natur des abhängigen Entstehens. Seit anfangsloser Zeit gab es keinen Schöpfer dieses kontinuierlichen

Zyklus, wie das Selbst, Gott oder andere. Das heißt, die Ursachen fassen nicht den Gedanken: „Ich werde diesen Effekt erzeugen", und die Effekte fassen nicht den Gedanken: „Ich bin daraus entstanden", und doch entstehen sie alle durch voneinander abhängige Ursachen und Bedingungen. Wenn wir dies erkennen, können wir verstehen, dass alle Dinge nur ein Ausdruck der gegenseitigen Abhängigkeit sind.

Normalerweise wird beschrieben, dass der Ablauf der zwölf Glieder über die Dauer von drei Leben hinweg stattfindet und abgeschlossen wird, obwohl der Prozess auch über die Dauer von zwei Leben und unter außergewöhnlichen Umständen innerhalb eines Lebens ablaufen kann. Die Ursachen eines vergangenen Lebens, Unwissenheit und karmische Gestaltung lassen das gegenwärtige Bewusstsein entstehen. In der Gegenwart sammeln die nächsten acht Glieder das Karma, das eine Wiedergeburt hervorruft, und wir nennen dies das zweite Leben. Von hier aus wird die Geburt angenommen und dadurch erfährt man das samsarische Leiden des Alterns und Sterbens, das wir das dritte Leben nennen.

Wir sind ständig an unzähligen Zyklen der zwölf Glieder beteiligt, und tatsächlich sind in jeder einzelnen Handlung alle zwölf Glieder vorhanden. Jedes Mal, wenn wir sterben, vollenden wir einen Zyklus von Gliedern, und dennoch schaffen wir zu jedem Zeitpunkt neue karmische Samen, sodass die Glieder immer wieder entstehen. Auf diese Weise wird die zyklische Existenz niemals enden, wenn wir nichts dagegen unternehmen.

DIE NATUR DES LEIDENS VERSTEHEN

Was würde uns motivieren, uns vom zyklischen Dasein zu befreien? Durch unser Verständnis der zwölf Glieder können wir erkennen, dass alles auf Unwissenheit beruht, aber warum sollten wir sie beseitigen wollen? Sie mögen Ihr Leben vielleicht so, wie es ist. Außerdem wird die Entwicklung der Weisheit, die Unwissenheit beseitigen kann, viel Anstrengung und Entschlossenheit erfordern, warum sich also überhaupt die Mühe machen?

Das sind wichtige Fragen, die wir uns an diesem kritischen Punkt unserer Reise stellen sollten. Wenn wir unsere Motivation nicht auf fundierte Überlegungen gründen, wird es sehr schwierig sein, die notwendige Überzeugung zu entwickeln, um in diesem Prozess viel weiter voranzukommen. Wie können wir also mit diesen Fragen umgehen?

Der wichtigste Punkt, an den man sich hier erinnern sollte, ist die Notwendigkeit, eine breitere Perspektive unserer Situation zu entwickeln. Stellen Sie sich vor, Sie wären im Urlaub, entspannen sich am Strand, nippen an einer Kokosnuss, völlig sorgenfrei. Stellen Sie sich nun vor, dass dies seit mehr als fünfzehn Jahren Ihre erste Möglichkeit ist, Urlaub zu machen. Sie waren so beschäftigt mit der Arbeit, dass Sie einfach nicht weg konnten. Schließlich ergab sich ein Wochenende und Sie haben drei Tage Zeit, um sich zu vergnügen. Leider wird dieser Urlaub nicht lange dauern und Sie werden bald wieder arbeiten, wer weiß, wie lange Sie schuften müssen, bis Sie diese Chance wieder bekommen. Fünfzehn Jahre Blut, Schweiß und Tränen gegen drei Tage Ruhe und Entspannung.

Jetzt stellen Sie sich vor, dass Sie während dieses Urlaubs die Arbeit völlig vergessen haben. Sie verlieren sich im Urlaub und bilden sich ein, dass das Leben immer so sein wird. Und dennoch wird Sie irgendwann die Realität einholen, wie fest auch immer Sie an Ihre Fantasie glauben. Es gibt kein Entrinnen.

Zur Zeit sind wir im Urlaub. Es ist absolut wahr, dass es viele wunderbare Dinge in diesem Leben gibt. Wir haben in der Tat das große Glück, Zeit mit unseren Freunden und der Familie verbringen zu können und eine unglaubliche Vielfalt an Sinnesfreuden zu erleben. Aber dies sind alles vorübergehende Erfahrungen und früher oder später werden sie vorbeigehen. Und wenn sie es tun, müssen wir fragen, ob wir auf das vorbereitet sind, was als nächstes kommt?

In dem Bestreben, über unsere gegenwärtige Situation hinauszublicken, lehrt der Buddhismus, dass es sehr wichtig ist, die vielen Formen zu verstehen, die das Leiden im Kreislauf der Existenz annehmen kann. Dabei geht es nicht darum, die Existenz von weltlichem Glück zu leugnen, sondern einfach darum, die vielen Probleme hervorzuheben, mit denen wir aufgrund der Art unserer Beziehung zur Realität konfrontiert sind.

Das Leiden in unserem Leben anzuerkennen, gibt uns die Möglichkeit, die ersten Schritte zu unternehmen, um es zu reduzieren, anstatt uns unbewusst von ihm mitreißen zu lassen. Wir können vielleicht über die groben Ebenen des Leidens hinausblicken, um seine subtileren Aspekte zu erkennen und unser Gewahrsein der samsarischen Realität zu stärken. Das Verständnis zu fördern, dass unser Leiden von den Ursachen und Bedingungen herrührt, die wir schaffen, die auf unseren Einstellungen, Gedanken und Ideen basieren, fördert die Entwicklung der Achtsamkeit auf unseren Körper, unsere Rede und unseren Geist. Wir können dann befähigt werden, Änderungen an der Art und Weise vorzunehmen, wie wir denken und handeln, und an den leidverursachenden Emotionen arbeiten, die unsere Neigungen und damit unser negatives Karma verursachen. Es ist diese Art von Kontemplation und Handeln, die die Dharmapraxis charakterisiert, wodurch wir uns dann langsam in die richtige Richtung bewegen, um das Leiden vollständig zu beseitigen.

Neben einer proaktiven Einstellung zu unserem Leben kann uns das Verständnis des Leidens auch helfen, unsere positiven Eigenschaften und Emotionen zu stärken. Wir werden verstehen, dass die meisten von uns durch fehlende Einsicht in die primären Ursachen unseres Leidens unwissentlich weiterhin den samsarischen Zyklus verschlimmern, indem sie weiteres Leid für sich selbst erschaffen. Das kann große Empathie und Mitgefühl für uns selbst und andere wecken und wir werden vielleicht nicht so schnell diejenigen richten oder verurteilen, die sich schlecht verhalten. Da sie völlig unter der Kontrolle ihres Karmas handeln, verstehen sie Ursache und Wirkung nicht und erkennen daher auch nicht die Folgen ihrer Handlungen. Wenn wir weiters erkennen, dass wir nur ein Wesen unter unzähligen anderen Wesen sind, die auch Leiden erleben (und möglicherweise viel größeres Leiden als wir), erhöhen wir außerdem unser Gefühl der Demut und reduzieren unsere Selbstbezogenheit. Ironischerweise helfen wir uns tatsächlich selbst, indem wir uns auf andere konzentrieren, denn wir werden nicht nur weniger durch unser eigenes Leiden abgelenkt, sondern schaffen auch die Möglichkeit, Verdienste und positives Karma zu erzeugen.

Die drei Ebenen des Leidens

Wenn er sich auf das Leiden bezog, benutzte der Buddha oft den Begriff „Duhkha". Duhkha hat viele Übersetzungen, darunter „Unzufriedenheit", „Stress" und „Unfähigkeit, zufriedenzustellen". Die Bedeutung liegt darin, dass einige Phänomene einfach nicht in der Lage sind, uns das zu geben, was wir wollen. Im buddhistischen Kontext wollen wir lang anhaltendes, echtes Glück, und was wir bekommen, ist ein endloser Strom unbefriedigender, vorübergehender Erfahrungen. Auf Basis dieses breiteren Verständnisses können wir *drei Ebenen des Leidens* erkennen:

1. Das Leiden des Schmerzes

Von den dreien bezieht sich das Leiden des Schmerzes auf die tatsächliche Erfahrung des Leidens, die alle körperlichen, geistigen und emotionalen Schmerzen umfasst. Dazu gehören körperliche Schmerzen infolge von Verletzungen, Krankheiten, Hitze, Kälte, Hunger und Durst. Dazu gehört auch das Leiden von psychischen Schmerzen, die durch Traurigkeit, Unzufriedenheit, Verwirrung, Angst, Einsamkeit, Depression oder Verzweiflung verursacht werden.

Das ist der gröbste Grad an Leid, wie jeder leicht erkennen kann. Wir glauben oft, dass es eine einfache Möglichkeit gibt, diesen groben Grad an Leid zu lindern. „Wenn ich nur einen Job finden könnte, bei dem ich geschätzt werde, dann würde ich mich nicht so deprimiert fühlen", oder „Wenn ich nur jemanden treffen könnte, der etwas Besonderes ist, wäre ich nicht so einsam". Aus buddhistischer Sicht sind dies alles nur kurzfristige Lösungen, die sich auf die unterstützenden Bedingungen konzentrieren und dabei die substanziellen Ursachen ignorieren. Da sie die eigentliche Ursache unseres Leidens (karmische Neigungen in unserem Geist) nicht angehen, können die Auswirkungen immer nur vorübergehend sein.

2. Das Leiden des Wandels

Diese nächste Form des Leidens bezieht sich auf die unbefriedigende Natur dessen, was wir normalerweise als „Vergnügen" oder „weltliches Glück" bezeichnen. Ein zusammengesetztes Phänomen ist etwas, das aus dem Zusammenkommen von Ursachen und Bedingungen entsteht. Alle zusammengesetzten Phänomene sind von Natur aus unbeständig, weil sie von Bedingungen abhängig sind und dadurch Veränderungen unterliegen. Daher wird keine Erfahrung, die von zusammengesetzten Phänomenen abhängt, von Dauer sein. Immer dann, wenn wir denken, dass die Dinge perfekt sind, werden sie sich unweigerlich ändern, und daher kann man sich für ein dauerhaftes Glück nicht auf sie verlassen.

Wir haben normalerweise den Eindruck, dass jede Art von Glück, das wir erreichen, weitergehen wird, ohne zu wissen, dass das Leiden des Wandels im Inneren schlummert. Wenn wir lange Zeit in derselben Position sitzen, beginnen unsere Beine oder unser Rücken zu schmerzen, also bewegen wir uns in eine andere Position. Früher oder später wird auch das wehtun, also bewegen wir uns immer wieder hin und her, um Leiden zu vermeiden und ein gewisses Maß an Behaglichkeit zu finden. Dieser reaktive Ansatz, Glück zu finden, funktioniert bestenfalls für kurze Zeit. Nehmen Sie als Beispiel Schokolade. Es liegt auf der Hand, dass man, wenn Schokolade eine wahre Quelle des Glücks wäre, sich umso glücklicher fühlen würde, je mehr Schokolade man isst. Aber was passiert, wenn man zu viel isst? Irgendwann wird Ihnen schlecht und die Schokolade, die Sie vorher glücklich gemacht hat, wird zu einer Bedingung für Ihr Leiden.

Diese Kategorie von Leiden entsteht aus unserem Irrglauben, dass alles dauerhaft ist, obwohl das Gegenteil der Fall ist – nichts ist dauerhaft. Wir können für einen Augenblick, einen Tag oder ein Jahr etwas Glück empfinden, und dann, im Einklang mit der vergänglichen Natur aller Dinge, vollzieht sich eine Veränderung, die Traurigkeit und Verzweiflung hervorruft, und so geht der Kreislauf weiter. Anstatt die Erfahrung des Vergnügens festzuhalten, wird ein weiser Mensch ein Gefühl der Resignation und Akzeptanz entwickeln, weil er weiß, dass selbst angenehme Umstände Unsicherheit und Leid beinhalten. Mit verminderter Anhaftung und dem Bewusstsein, dass sich alle Erfahrungen ändern, werden solche Menschen weniger verstört sein, wenn unvermeidlicherweise unglückliche Situationen eintreten, da sie wissen, dass dies einfach die Natur der Dinge ist.

3. Alles-durchdringendes Leiden

Die grundlegendste Stufe des Leidens wird als alles-durchdringendes Leiden bezeichnet. Wir werden immer Leid erfahren, solange wir unter der Kontrolle des Karmas bleiben und im Kreislauf der Existenz wiedergeboren werden. In dieser Situation können wir dem Schmerz der Geburt, der Krankheit, dem Alter und dem Tod nicht entgehen. Seit anfangsloser Zeit ertragen wir diesen Prozess und erleben jede erdenkliche Art von Leid. Jedes unserer vergangenen

Leben hat endlose Mühsal und Kummer mit sich gebracht, denn das ist die Natur der bedingten Existenz. Solange unsere Aggregate von Verblendungen befleckt bleiben und unsere Wahrnehmung eines Selbst auf Ego und Selbstliebe basiert, werden wir in einer Existenz erträngt, deren Kern Leiden ist.

Wir denken gewöhnlich, dass die Ursachen und Bedingungen für unseren Komfort und unser Glück Dinge sind, wie Reichtum, Position, Ruf und Beziehungen, aber diese Dinge können uns immer nur vorübergehend Glück bringen. Wenn die Ursachen, die zu diesen Dingen führen, und die Bedingungen, die sie unterstützen, nicht mehr vorhanden sind, wird es zu Veränderungen und unweigerlich zu Leiden kommen. Alles-durchdringendes Leiden ist eingebettet in den Ablauf der zyklischen Existenz und die Anwesenheit unserer befleckten körperlichen und geistigen Aggregate.

Wenn wir tief genug blicken, werden wir sehen, dass Leiden und Unzufriedenheit in jeder Form bedingter Existenz vorhanden sind, entweder auf eine manifeste oder potenzielle Weise. Sogar wenn wir uns mit allen Aspekten unseres Lebens (einer liebevollen Familie und Partnerin, einem guten Job und einer bequemen finanziellen Situation) glücklich und zufrieden fühlen, werden wir feststellen, dass wir tatsächlich mit vielen voneinander abhängigen Prozessen verbunden sind, die alle mit Leiden einhergehen. Zum Beispiel kann die Nahrung, die wir zu uns nehmen, mit gewalttätigen und unmenschlichen Mitteln getötet und an unseren Tisch gebracht worden sein. Oder die Kleidung, die wir tragen, könnte durch Herstellungsverfahren erzeugt worden sein, die eine Vielzahl von schädlichen Chemikalien verwendeten. Diese Beispiele veranschaulichen, wie wir alle in einer Kette von Leiden verbunden sind, die unzählige Wesen betrifft.

Das Leiden auf dieser Ebene kann nicht vermieden werden, wenn wir seine Natur und die Quelle seines Ursprungs nicht wirklich verstehen. Wenn wir unsere wahre Natur enthüllen und unsere fünf befleckten und unreinen Aggregate mit der Wurzel ausreißen, stehen wir nicht mehr unter der Kontrolle des Karmas und den Ursachen und Bedingungen, die zur zyklischen Existenz führen.

Diese drei Ebenen des Leidens wirken in der einen oder anderen Form für jedes einzelne Leben, das im Muster der zyklischen Existenz entsteht. Abhängig vom Karma Einzelner variiert die Mischung aus offenkundigem Leiden und dem Leiden der Veränderung. Für manche Menschen ist das Leben voller Schmerz und Elend, während für andere weltliche Freuden vorherrschen können. Für letztere ist das Leiden, das sie erfahren, stärker verinnerlicht, da sie mit ihren Anhaftungen kämpfen.

Art des Leidens	Beispiele	Hauptsächliche Ursache
Leiden des Schmerzes	Alle Formen von körperlichem Schmerz oder emotionaler Verzweiflung	Abneigung
Leiden des Wandels	Alle Arten von weltlichem Vergnügen, das von äußeren Ursachen und Bedingungen abhängt	Anhaftung
Alles-durchdringendes Leiden	Die systemische Konditionierung der zyklischen Existenz.	Unwissenheit

Tabelle 7-2: Die drei Leiden von Samsara.

Der große indische Meister Chandrakirti verglich die zyklische Existenz mit einem Eimer, der sich in einem Brunnen auf und ab bewegt. So wie der Eimer durch ein Seil gebunden ist, so werden Wesen durch negative Emotionen und Karma eingeschränkt. So wie die Auf- und Abwärtsbewegung des Eimers von einer Bedienungsperson gesteuert wird, so wird auch der Prozess der zyklischen Existenz von einem ungezähmten Geist gesteuert, der von Unwissenheit angetrieben wird. So wie der Eimer im Brunnen immer wieder auf und ab bewegt wird, wandern die fühlenden Wesen unaufhörlich im großen Brunnen der zyklischen Existenz und es erfordert beträchtliche Anstrengungen, sich in glücklichere Situationen hinaufzuziehen, aber es ist leicht in Schmerz und Leid hinunterzufallen. Der Eimer bestimmt seine eigene Bewegung nicht, ähnlich wie die Faktoren, die das Leben eines Menschen prägen, das Ergebnis von Karma sind. So wie der Eimer an die Wände des Brunnens stößt, wenn er sich auf und ab bewegt, werden fühlende Wesen durch das ständige Erleiden von Schmerz, Veränderung und das Gefangensein in einem Prozess, der außerhalb ihrer Kontrolle liegt, geschlagen.

Die einzelnen Leiden innerhalb der sechs Bereiche

Wenn wir das gesamte Spektrum der Erfahrungen betrachten, die im Kontext der zyklischen Existenz möglich sind, können wir eine Reihe von allgemeinen Mustern identifizieren, wie sich ein individuelles Leben manifestiert. Wir nennen diese Muster *Bereiche der Erfahrung*. Jeder Bereich kann durch die jeweils vorherrschende geistige Verblendung charakterisiert werden, die eine bestimmte Existenzform prägt, sowie durch die Arten der Erfahrungen, die einem solchen Wesen in so einer Form der Wiedergeburt begegnen würden. Insgesamt können wir von *Sechs Bereichen der Erfahrung* sprechen:

Kategorie	Bereich	Ursachen	Vorherrschende Erfahrungen
Niedere Bereiche	1. Höllenbereiche	Hass und Groll	Qual und Elend
	2. Bereiche der Hungergeister	Anhaftung, Gier und Geiz	Hunger und Durst
	3. Tierbereiche	Unwissenheit und Dummheit	Furcht und Mangel an Kontrolle
Höhere Bereiche	4. Bereiche der Menschen	Begehren	Verschiedene
	5. Bereiche der Halbgötter	Eifersucht und Konkurrenzdenken	Ständiger Kampf
	6. Götterbereiche	Stolz und Selbstgefälligkeit	Alle weltlichen Vergnügen

Tabelle 7-3: Die sechs Bereiche der Erfahrung.

Von diesen sechs werden die ersten drei von verschiedenen Formen manifester Leiden dominiert und gelten daher als die *drei unteren Bereiche*. Im Gegensatz dazu werden die letzten drei von unterschiedlichen Ausmaßen von weltlichem Vergnügen dominiert und daher als die *drei höheren Bereiche* bezeichnet.

Jeder Bereich existiert auf einer anderen Ebene der Subtilität als die anderen Bereiche. Die gröbsten Existenzformen sind die des menschlichen und tierischen Bereichs. Sie teilen einen ähnlichen Grad an Körperlichkeit und ermöglichen es uns, Wesen auf diesen Ebenen direkt zu erleben. Während wir uns jedoch in Richtung der Extreme bewegen, werden die Wesen immer subtiler, was es immer schwieriger macht, sie wahrzunehmen. Für die meisten Menschen sind Höllenbereiche, die Bereiche der Hungergeister und alle Halbgötter- und Götterbereiche jenseits ihrer Erfahrungsmöglichkeiten. Diese Bereiche können nur erlebt werden, indem man in sie hineingeboren wird oder indem man den Geist durch Meditation subtiler macht.

Wir werden nun jeden Bereich genauer untersuchen, einschließlich der Arten von Wesen, die in jedem Bereich zu finden sind, der besonderen Leiden, die erlitten werden, und des Weges, den es zu gehen gilt, um diese Arten von Leiden zu vermeiden oder zu überwinden. Während einige dieser Beschreibungen schwierig zu akzeptieren sein mögen, müssen wir uns immer der grenzenlosen Kreativität gewärtig sein, die der Geist besitzt.

Um darüber nachzudenken, fragen Sie sich, welche Grenzen Ihre Träume haben. Überlegen Sie, was Sie in einer Traumwelt erleben können, falls Sie sich das vorstellen können. Ein Traum kann wunderbar sein, voll von jeder Art von Vergnügen, oder er kann schrecklich und mit Qualen aller Art erfüllt sein. Stellen Sie sich vor, Sie könnten nicht aus Ihrem Traum erwachen. Was wäre, wenn die Traumwelt, die Ihr Geist erschaffen hat, zu Ihrer Realität würde?

Manchmal sind wir so sehr auf unsere gegenwärtige Realität fixiert, dass wir denken, dass dies alles ist, was es gibt. Wir verschließen unseren Geist vor den Möglichkeiten und beschränken unseren Blick nur auf einen winzigen Teil der Realität. Indem wir über diese verschiedenen Bereiche lernen, erweitern wir unsere Realität exponentiell, um so eine viel größere Bandbreite an Erfahrung einzubinden. Diese umfassendere Sichtweise gibt uns eine Perspektive auf unser gegenwärtiges Leben und hilft uns, eine realistischere Beziehung zum Leben aufzubauen.

Die Höllenbereiche

Höllenwesen sind diejenigen, die scheinbar grenzenlose Vorräte an negativem Karma angesammelt haben. Ihr Geist wird so sehr von intensiven geistigen Verblendungen, wie Hass, Bosheit und Paranoia, beherrscht, dass die Welten, die sie erschaffen, ebenso verdreht und von Qualen erfüllt sind. Alles in diesen alptraumhaften Umgebungen ist so konzipiert, dass es ein derartig überwältigendes Leiden auslöst, dass ein Wesen, das in diese Bereiche hineingeboren wird, nichts tun kann, außer die Qualen zu durchleiden, bis all sein negatives Karma erschöpft ist. Während das Leiden ewig zu sein scheint, wird es irgendwann ein Ende geben und das Wesen wird in einem höheren Bereich der Existenz wiedergeboren. Während es unendliche Möglichkeiten gibt, wie sich ein Wesen selbst quälen kann, sprechen die Schriften im Allgemeinen von achtzehn verschiedenen Ebenen, die die verschiedenen Arten von Leiden in diesen Bereichen repräsentieren.

Die acht heißen Höllen

Diese acht Höllen liegen übereinander wie die Stockwerke eines hohen Gebäudes mit der „leichtesten" Form der Hölle oben und der „schwersten" Form der Hölle unten. Diese Bereiche werden als von einer glühenden Hitze gesättigt beschrieben, die einem jeden Moment das Gefühl gibt, als stünde man auf der Sonne. Mit jeder Höllenebene nimmt die Intensität der Hitze und die Dauer des Leidens zu. In den unteren Höllen müssen Wesen Äonen über Äonen ständigen Schmerz und Elend ertragen. Die heißen Höllen können wie folgt beschrieben werden:

1. **Hölle der Wiederbelebung:** Hier gibt es unzählige Wesen, die durch ihre früheren negativen Handlungen gezwungen sind, sich gegenseitig zu bekämpfen, zu zerhacken und zu zerschlagen, bis sie alle einen schrecklichen Tod erlitten haben. Wenn sie alle gestorben sind, wird das Wort „auferstehen!" gebrüllt und sie erwachen sofort zum Leben und kämpfen wieder bis zum Tod. Im Gegensatz zu den anderen Höllenreichen, in denen der Schmerz und das Leiden ununterbrochen sind, bietet dieses Reich wenigstens für einen kurzen Moment die Gnade des Todes.

2. **Hölle der schwarzen Linie:** Die Bewohner dieser Hölle werden auf Metallplatten gelegt und mittels glühendem Metall in Stücke geschnitten. Sobald sie zerteilt sind, setzen sie sich sofort wieder zu einem Ganzen zusammen, nur um wieder zerteilt zu werden. Die Dauer der Prozesse fühlt sich für diese Höllenwesen wie eine Ewigkeit an.

3. **Hölle des Zusammentreibens und Zerquetschens:** In dieser Hölle werden Millionen Wesen in riesige Mörser aus Eisen geworfen, die so groß sind wie ganze Täler. Grässliche Höllenwächter benutzen riesige Hämmer, um Äonen lang unerbittlich ihre Opfer zu zerstampfen.

4. **Heulende Hölle:** Hier leiden die Wesen darunter, dass sie in Gebäuden aus rotglühendem Metall geröstet werden ohne entfliehen zu können. Sie schreien und weinen und spüren, dass sie nie entkommen werden, während ihr Fleisch von ihren Knochen fällt und sie in Flammen aufgehen.

5. **Die große heulende Hölle:** Auf dieser Höllenebene schieben eine große Anzahl von Höllenwächtern die Opfer in Metallhütten mit feurigen Außen- und Innenwänden, wo sie mit Hämmern und anderen Waffen auf sie einschlagen.

6. **Brennende Hölle:** Unzählige Wesen leiden in dieser Hölle, wo sie in unvorstellbar großen Eisenkesseln gekocht werden, in denen geschmolzene Metalle brodeln. Immer wenn sie auftauchen, werden sie von den Höllenwächtern mit Metallhaken gepackt und mit Hämmern auf den Kopf geschlagen und manchmal verlieren sie dabei das Bewusstsein. Dieser seltene Moment ist ihre Vorstellung von Glück, da sie vorübergehend keinen Schmerz empfinden. Diese Höllenwesen erleben dieses unvorstellbare Leid mehrere Äonen lang.

7. **Intensiv brennende Hölle:** Die Wesen in dieser Hölle sind in lodernden Metallhäusern gefangen, wo sie durch ihre Fersen und ihren Anus mit Dreizacken aus glühend heißem Eisen aufgespießt werden, bis die Zinken durch die Schultern und das Schädeldach nach außen stoßen. Dies dauert über einen unermesslichen Zeitraum an.

8. **Hölle der äußersten Qual:** Das wird als die Hölle der äußersten Qual bezeichnet, weil nirgendwo eine schrecklichere Qual zu finden ist. Es ist die Hölle, in der diejenigen wiedergeboren werden, die die fünf abscheulichen Verbrechen mit sofortiger Bestrafung begangen haben oder die ihre heiligen Verpflichtungen gegenüber ihrem spirituellen Lehrer gebrochen haben. Keine anderen Handlungen haben die Macht, eine Wiedergeburt hier zu bewirken. In dieser Hölle werden die Wesen an einen rotglühenden Ort unsäglicher Qualen geworfen. Der einzige Lebenslaut ist der gelegentliche Schrei derjenigen, die dort für eine scheinbare Ewigkeit gefangen sind.

Die benachbarten Höllen

Für diejenigen, deren Karma soweit abgenommen hat, dass sie nicht in die intensive Hitze der heißen Höllen geboren werden, gibt es verschiedene benachbarte Höllen. Jede dieser Höllen stellt verschiedene Prüfungen dar, die ein Höllenwesen durchlaufen muss, um das verbleibende negative Karma zu reinigen, das sie an die Höllenreiche gebunden hält. Dazu gehören:

1. **Die Grube der heißen Glut:** Wenn Wesen den Großteil der Auswirkungen ihrer Handlungen gereinigt haben, die sie in die Hölle der äußersten Qual gestürzt haben, kommen sie hervor, um in der Ferne etwas zu sehen, das wie ein schattiger Graben aussieht. Sie springen mit Freude hinein, nur um in einer riesigen Grube mit lodernder Glut zu versinken, die ihr Fleisch und ihre Knochen verbrennt.

2. **Der Sumpf der verwesenden Leichen:** Aus dem Graben befreit, sehen sie dann einen Fluss. Nachdem sie seit Äonen in einem Feuer mit der intensivsten Hitze brannten, erfüllt sie der Anblick des Wassers mit Freude und sie eilen darauf zu. Es gibt jedoch kein Wasser. Es gibt dort nichts als vermodernde Leichen, die einen fauligen Gestank abgeben. Diese Flüchtlinge versinken in diesem Sumpf und werden von fleischfressenden Würmern verschlungen.

3. **Die Ebene der Rasierklingen:** Aus dem Sumpf der Leichen auftauchend, werden die Höllenwesen ekstatisch, da sie eine schöne grüne Ebene sehen. Wenn sie auf die Wiese treten, schneiden die Grashalme ihre Füße, als wären sie scharfe Dolche.

4. **Der Wald aus Schwertern:** Während sie die Ebene überqueren, hören sie die Laute von wilden Tieren, die sie verfolgen. In der Ferne ist ein Wald zu sehen, und sie eilen auf ihn zu, um in ihm Schutz zu suchen. Als sie dort ankommen, stellen sie jedoch fest, dass die Äste und Bäume wie Waffen sind und immer wieder in ihre Körper schneiden.

5. **Der Hügel des eisernen Salmali-Baums:** Diejenigen, die ihr Keuschheitsgelübde gebrochen oder sich dem sexuellen Fehlverhalten hingege-

ben haben, sehen, wie alle ihre ehemaligen Liebhaber ihnen zurufen. Sie klettern über Bäume und Berge, um zu ihnen zu gelangen, wobei aber ihre Körper in Stücke geschnitten werden. Als sie schließlich am Ziel ankommen, verschwinden ihre Liebhaber und ihre Augen werden von Krähen ausgehackt.

6. **Der kochende Fluss:** Schließlich erreichen sie einen großen Fluss. Aus Angst, zu den heißen Höllen zurückzukehren, springen die Wesen hinein und versuchen, zum anderen Ufer zu schwimmen. Sobald sie das Wasser berühren, entdecken sie, dass es kochend heiß ist und die Haut von ihren Knochen verbrennt. Wenn sie sich dem gegenüberliegenden Ufer nähern, erscheinen Höllenwächter, versperren ihnen den Weg und werfen sie zurück in den Fluss.

Die acht kalten Höllen

Die kalten Höllen sind eisige und dunkle Landschaften, die von eiskalten Winden und Eis verwüstet werden. Die in diese Umgebung hineingeborenen Wesen werden nackt und allein geboren und leiden daher unvorstellbar. Diese Höllen umfassen:

1. Die Hölle der Blasen
2. Die Hölle der geplatzten Blasen
3. Die Hölle der zusammengepressten Zähne
4. Die Hölle der Wehklagen
5. Die Hölle der Seufzer
6. Die Hölle der Spalten
7. Die Hölle des Knallens
8. Die Hölle des Zerschlagens

Diese Namen leiten sich von den verschiedenen Qualen ab, die in ihnen erlitten werden. Diese Leiden werden immer intensiver bis zur Hölle des Zerschlagens, wo das Leiden am größten ist. In dieser Hölle wird das Fleisch der Bewohner von innen nach außen gedreht und sogar Knochen freigelegt. Egal wie kalt es wird, das Leiden endet erst, wenn das negative Karma erschöpft ist.

Die vergänglichen Höllen

Die vergänglichen Höllen gibt es an den unterschiedlichsten Orten und das damit verbundene Leiden kann fast alles beinhalten, was man sich nur vorstellen kann. Zum Beispiel können Wesen zwischen Felsen zerquetscht, im Eis eingefroren oder in Gegenständen gefangen sein, die ständig benutzt werden, wie Besen, Türen und Seile. An diesen Orten kann jede erdenkliche Art von Folter stattfinden.

Übung 7.5 – Das Leiden eines Höllenwesens

- *Stellen Sie in einer entspannten Haltung einen neutralen Geist durch die Praxis der Achtsamkeit auf die Atmung her.*

- *Stellen Sie sich vor, Sie öffnen Ihre Augen, um sich inmitten einer schrecklichen Albtraumwelt zu befinden. Wählen Sie die Beschreibung eines der Höllenbereiche und stellen Sie sich vor, Sie erleben die extreme Qual dieser Situation.*

- *Verbringen Sie so viel Zeit wie möglich damit, sich die Details dieses Erlebnisses vorzustellen. Beginnen Sie mit dem Umfeld und malen Sie sich ein Bild Ihrer unmittelbaren Umgebung aus. Stellen Sie sich das Versengen der intensiven Hitze oder das Beißen eines eiskalten Windes vor. Stellen Sie sich die schattenhafte Landschaft und die beängstigenden Formen von gedrehtem Metall und höllischen Silhouetten vor. Setzen Sie alle Sinne ein und machen Sie das Erlebnis so real wie möglich.*

- *Dann beschwören Sie die verschiedenen Wesen herauf, die die Hauptakteure in dieser Szene sind. Stellen Sie sich wiederum diese Wesen so beängstigend wie möglich vor, mit all den Dingen, die Ihren Geist wirklich mit Schrecken erfüllen würden.*

- *Dann stellen Sie sich vor, wie diese Wesen Ihnen unsägliche Foltern auferlegen. Denken Sie nicht nur an den unerträglichen Schmerz, sondern auch an die geistige Qual von Angst und Paranoia, die jeden Moment begleitet.*

- *Stellen Sie sich vor, wie sich diese Folter immer wieder wiederholt, über unzählige Äonen hinweg. Bekommen Sie ein Gefühl für den scheinbar unendlichen Strom von Schmerz und Leid. Machen Sie das so extrem wie möglich, bis das Gefühl der Abneigung einfach zu groß ist.*

- *Lassen Sie die Bilder des Schreckens in Ihrem Kopf verblassen und richten Sie Ihr Gewahrsein auf den intensiven Wunsch, nie mit einer solchen Existenz konfrontiert zu werden. Entwickeln Sie den festen Willen, alles zu tun, was in Ihrer Macht steht, um die Ursachen für eine solche Erfahrung zu vermeiden, insbesondere Handlungen von Hass und Missgunst.*

Die Bereiche der Hungergeister

Die Wiedergeburt in einem Bereich der Hungergeister ist das Ergebnis extremer Selbstbezogenheit, Gier, Verlangen, Geiz und mangelnder Großzügigkeit. Im Allgemeinen gibt es zwei Kategorien von hungrigen Geistern:

Hungrige Geister, die gemeinsam leben

Diese Geister teilen genügend kollektives Karma, um einen ähnlichen Existenzbereich zu erleben. Sie lassen sich in drei Arten unterteilen:

1. **Diejenigen, die unter äußeren Verdunkelungen leiden:** Diese Geister sind besessen davon, ihren endlosen Hunger und Durst zu stillen. Ihre äußere Umgebung ist so, dass dieses Verlangen nie erfüllt werden kann. Sie verbringen ihre ganze Existenz damit, Trugbilder zu verfolgen, die Essen und Trinken versprechen, nur um sie dann als vorgegaukelt zu erfahren. Infolgedessen verbringen sie ihr ganzes Leben in einem Zustand ewiger Unzufriedenheit.

2. **Diejenigen, die unter inneren Verdunkelungen leiden:** Diese Geister haben Münder, die nicht größer sind als ein Nadelöhr. Wenn sie zufällig ein kleines Stückchen Nahrung finden, das in ihren Mund passt, muss es durch eine Kehle hinuntergeschluckt werden, die nicht breiter als ein einziges Haar ist. Selbst wenn sie in der Lage wären, genug zu essen und zu trinken, um ihren bodenlosen Hunger zu stillen, verbrennt ihr Magen jedes Essen, bevor es sie ernähren kann. Auf diese Weise verhin-

dert die Form ihrer Körper, dass sie das bekommen, wonach sie gierig verlangen.

3. **Diejenigen, die unter speziellen Verdunkelungen leiden:** Diese Geister haben alle möglichen unterschiedlichen Erfahrungen, die zu Leiden von unterschiedlicher Intensität führen. Zum Beispiel haben einige von ihnen viele Lebewesen in ihrem Körper, die sie ganz verzehren. Das Gemeinsame an ihren Leiden ist, dass sie daran gehindert werden, ihre Wünsche zu erfüllen – alles ist ein Hindernis.

Durch den Raum gehende hungrige Geister

Dazu gehören all die verschiedenen Gespenster, Geister und weltlichen Gottheiten, die ihre Existenz in Wahnvorstellungen und Schrecken ausleben. Sie unterliegen ständiger Folter und werden, wie alle Geister, von verzerrten Wahrnehmungen geplagt. Sie erfahren Hitze als Kälte und Freude fühlt sich wie Schmerz an.

Übung 7.6 – Das Leiden eines hungrigen Geistes

- *Stellen Sie in einer entspannten Haltung einen neutralen Geist durch die Praxis der Achtsamkeit auf die Atmung her.*

- *Beginnen Sie damit, sich die ödesten Umgebungen vorzustellen. Malen Sie sich jeden Aspekt dieser Landschaft so unwirtlich wie möglich aus. Es gibt hier nichts, was irgendeinen Komfort bietet. Es ist rau und trocken.*

- *Stellen Sie sich nun vor, dass Sie sich nicht mehr daran erinnern können, wann Sie das letzte Mal gegessen oder etwas getrunken haben. Ihr Körper ist völlig unterernährt und schwach. Ihre Haut hängt von Ihren Knochen und jeder Zentimeter Ihres Wesens wird von Schmerzen geplagt.*

- *Wie wäre es, wenn man immer nach Essen und Trinken suchen müsste? Sie leiden Mangel, bekommen aber nie etwas. Stellen Sie sich die Qual der Situation vor. Stellen Sie sich vor, dass jeder um Sie herum das Glei-*

che erlebt. Selbst wenn Sie etwas zu essen finden, müssen Sie unzählige andere abwehren, um es zu behalten.

- Stellen Sie sich nun vor, Ihr jetziger Körper ist ein Hindernis. So viel Anstrengung ist nötig, nur um etwas Nahrung aufzunehmen. Und selbst wenn es Ihnen gelingt, sind Sie voller Schmerz und das Essen befriedigt Sie nicht. Stellen Sie sich vor, Sie versuchen, etwas zu essen und scheitern immer und immer wieder. Wie qualvoll und frustrierend wäre das?

- Lassen Sie zu, dass sich Frustration, Hoffnungslosigkeit und Kummer in Ihrem Geist entwickeln. Bewahren Sie dieses Gefühl und entwickeln Sie dann den starken Wunsch, frei davon zu sein. Erkennen Sie, dass diese Existenz das Ergebnis von intensiver Anhaftung und Geiz ist, und fassen Sie den Entschluss, alles zu tun, was Sie können, um diese schädlichen Geisteszustände zu vermeiden.

Die Bereiche der Tiere

Die Hauptursachen für die Wiedergeburt im Tierbereich sind Unwissenheit und eine intensive Beschäftigung mit der Befriedigung von Instinkten, wie Essen, Schlafen und sexueller Befriedigung. Diese Fixierung führt zu einer Missachtung der Entwicklung des Geistes, was zu „Dumpfheit" führt. Es gibt zwei Kategorien von Tieren: solche, die in den Tiefen der Ozeane leben, und andere, die an verschiedenen Orten auf dem Land verstreut sind.

1. **Tiere, die in den Tiefen der Ozeane leben:** Die großen Ozeane sind voller Kreaturen, so zahlreich, dass wir uns ihre Vielfalt nicht vorstellen können. Alle diese Kreaturen erfahren intensives Leiden, indem sie verfolgt, gefressen, gejagt und ihre Körper von anderen Wesen als Behausung benutzt werden. Sie verstehen ihre Situation nicht und leben daher ihre Tage in den dunklen Tiefen weiter, unbeirrt vom Leid, das sie ertragen müssen.

2. **Tiere, die an verschiedenen Orten verstreut sind:** Tiere werden in der Regel von Menschen so ausgebeutet, dass sie dadurch schon zum Leiden bestimmt sind. Sie werden oft eher als Objekte und

nicht als Wesen mit Gefühlen gesehen. Es gibt Tiere, die gejagt, geschlachtet, versklavt, für die Forschung verwendet und gefangen gehalten werden. Wilde Tiere fallen im Kampf ums Überleben einander zum Opfer und sind selten entspannt, da sie ständig um ihre eigene Sicherheit und die ihrer Nachkommen fürchten. Sie ertragen auch das Leid von Hunger und Durst. Selbst Tiere, die bei einem freundlichen Besitzer gut zu leben scheinen, sind immer noch der Laune dieses Besitzers unterworfen.

Wir sollten sorgfältig über das Leiden der Tiere nachdenken und versuchen, unseren Geist zu entwickeln, anstatt blind animalische Wünsche zu verfolgen. Es ist auch wichtig immer zu versuchen, Leiden bei Tieren (einschließlich Insekten) zu vermeiden, zutiefst über die Not, die sie erleiden, zu meditieren und für ihre Befreiung zu beten. Wir können die Verdienste unserer Meditation ihrer Befreiung vom Leid widmen.

Übung 7.7 – Die Leiden eines Tieres

- *Stellen Sie in einer entspannten Haltung einen neutralen Geist durch die Praxis der Achtsamkeit auf die Atmung her.*

- *Wenn man sich die Vielfalt der Tiere auf diesem Planeten vor Augen führt, sollte man zunächst die Tiere betrachten, die im Meer leben. Benennen Sie einige Beispiele und betrachten Sie, wie ihre tägliche Erfahrung aussieht. Mit welchen Herausforderungen sind sie konfrontiert? Wie reagieren sie auf diese Herausforderungen? Gibt es eine Zeit, in der diese Tiere sich einfach ausruhen können? Oder stehen sie ständig unter unmittelbarer Bedrohung und müssen ihr Leben vor einer Vielzahl von Raubtieren schützen, die sie fressen wollen?*

- *Betrachten Sie nun die Tiere, die auf dem Festland leben. Beginnen Sie mit den Tieren, die in der Wildnis leben. Betrachten Sie noch einmal die Art von Leben, die sie führen. Stellen Sie sich vor, Sie lebten ein solches Leben. Stellen Sie sich die Furcht und die überwältigende Angst vor, die damit einhergeht*

- *Denken Sie schließlich an das Leben jener Tiere, die von Menschen kontrolliert werden. Betrachten Sie das Leben der Millionen von Hühnern, Schweinen und Kühen, die wir für unsere Nahrung züchten, und die schrecklichen Dinge, die sie durchmachen müssen. Stellen Sie sich vor, Sie wären in genau solchen Situationen, und versuchen Sie zu erleben, wie das wäre.*

- *Lassen Sie das Gefühl entstehen, keinerlei Kontrolle über etwas zu haben, nicht nur den Launen anderer unterworfen zu sein, sondern auch Ihren eigenen instinktiven Reaktionen, ohne Wahlmöglichkeit. Erkennen Sie als Ursachen für diese Erfahrungen die gewohnte Unwissenheit, die nicht denkt, sondern einfach jedem Drang folgt. Entwickeln Sie den starken Wunsch, nicht in diesen betäubenden Zustand zu fallen, sondern mehr Intelligenz und Weisheit zu entwickeln.*

Die Bereiche der Menschen

Da die Wiedergeburt in den drei unteren Bereichen von intensivem Leiden geprägt ist, mag man erwarten, dass die drei höheren Bereiche glücklich und angenehm sein würden. Das ist jedoch nicht der Fall, da selbst in diesen höheren Bereichen kein wirklich dauerhaftes Glück zu finden ist.

Da nur Tugenden die Wiedergeburt in den von allen bevorzugten menschlichen Bereich lenken können, ist es ein kostbares und seltenes Ereignis (wie wir im folgenden Kapitel erfahren werden). Trotzdem erleben auch Menschen eine Vielzahl von Leiden, körperliche Schmerzen und psychische Qualen. Im Gegensatz zu den unteren Bereichen manifestiert sich dieses Leiden nicht immer, und es gibt kurze Ruhepausen, die die Gelegenheit bieten, einen Blick auf unsere Situation zu werfen. Die Arten von Leiden, die ein Mensch erlebt, können allgemein und speziell durch die folgenden Kategorien dargestellt werden:

Die vier großen Ströme des menschlichen Leidens

Diese erste Gruppe der Leiden ist eng mit dem Lebenszyklus verbunden und repräsentiert die Natur unserer gelebten Erfahrung als Menschen. Diese Leiden sind immer bei uns, vom Moment der Geburt bis zum Zeitpunkt des Todes. Die vier großen Ströme menschlichen Leidens sind:

1. **Das Leiden der Geburt:** Im Schoß unserer Mutter gibt es eine beträchtliche Menge Leid. Wenn sich unsere Mutter bewegt, werden wir hin und her geworfen. Wenn sie sich hinlegt, spüren wir den Druck ihres Körpers. Wenn ihr Magen voll ist, werden wir gequetscht. Wenn sie heiße oder kalte Speisen und Getränke zu sich nimmt, spüren wir den Schmerz von brennender Hitze oder eisiger Kälte. Wenn wir uns tatsächlich an all dieses Leiden erinnern könnten, würden wir uns sicherlich wünschen, nie wiedergeboren zu werden. Wir können uns aber wegen unserer Unwissenheit und des Traumas der Geburt nicht daran erinnern. Dann kommt der Schmerz, aus dem Körper unserer Mutter gepresst zu werden, und das Elend, wenn wir auf die rauere Umgebung der Außenwelt treffen. Von diesem Moment an werden wir nun mit den Leiden einer von unseren Sinnen beherrschten Welt konfrontiert. Aufgrund der Geburt sind wir jetzt diesen Leiden ausgesetzt, ob wir es wollen oder nicht.

2. **Das Leiden des Alterns:** Nach der Geburt haben wir das irrige Gefühl, dass wir wachsen und an Kapazität zunehmen, und dadurch der Täuschung unterliegen, mehr an Leben zu gewinnen. Tatsächlich verkürzt sich jedoch unser Leben mit jedem vergehenden Moment. Während wir damit beschäftigt sind unser Leben zu leben, vergessen wir, dass wir altern. Aufgrund unseres Mangels an Achtsamkeit und Weisheit wissen wir nicht, dass wir mit jedem Augenblick auf den Tod zusteuern. Selbst der erfahrenste Chirurg kann uns nicht jünger machen, auch wenn er unser Aussehen vorübergehend verbessern kann. Schließlich dämmert uns die Realität des Alters, zusammen mit einem kränkelnden Körper, abnehmender Energie und versagenden Sinneswahrnehmungen. Das Altern ist unvermeidlich und wir können ihm nicht entgehen, wie sehr wir uns auch bemühen. Da der Körper sich verschlechtert, kann unser Leiden beträchtlich sein, nicht anders als bei einigen der Existenzen in den unteren Bereichen.

3. **Das Leiden der Krankheit:** Mit zunehmendem Alter wird der Körper anfällig für auftretende Ungleichgewichte. Wir nennen diese Ungleichgewichte „Krankheit" und sie können uns jederzeit treffen. Die meiste Zeit widmen wir unserer Gesundheit wenig Aufmerksamkeit.

Erst wenn wir mit einer schweren Krankheit konfrontiert werden, erkennen wir schockiert die zerbrechliche Natur unseres Lebens. Während wir vielleicht für einige Zeit einige Symptome vermeiden können, holt uns die Krankheit schließlich ein. Je älter wir werden, desto weniger kann unser Körper unser Leben unterstützen und desto mehr Krankheiten entstehen.

4. **Das Leiden des Todes:** Schließlich bricht unser Körper vollständig zusammen und die Krankheit überwältigt uns, sodass unser Geist von unserem Körper getrennt wird. Wir nennen diesen Prozess „Tod". Es kann extrem schmerzhaft sein, hilflos zuzusehen, wie der Körper abschaltet und Sie unkontrolliert ins Unbekannte gestoßen werden. Die Angst, die in diesem Moment aufkommt, kann wirklich erschreckend sein. Für einige wird dieser Prozess über einen kurzen Zeitraum stattfinden (z.B. bei Unfalltod). Für die meisten wird es jedoch ein langwieriger Prozess sein, erfüllt von vielen Formen von körperlichen und geistigen Leiden. Wenn der Moment des Todes näher rückt, wird ein Mensch oft über sein Leben nachdenken. Die Menschen können oft ein intensives Gefühl der Reue und Trauer über ihre Handlungen spüren. Sie können sogar Angst bekommen, wenn sie an die Folgen denken, die diese Handlungen in der Zukunft haben werden. Diejenigen, die nicht an ein Leben nach dem Tod glauben, werden oft eine überwältigende Angst vor Vernichtung haben, die nur dazu dient, negative karmische Tendenzen reifen zu lassen.

Übung 7.8 – Die allgemeinen Leiden der Menschen

- *Stellen Sie in einer entspannten Haltung einen neutralen Geist durch die Praxis der Achtsamkeit auf die Atmung her.*

- *Stellen Sie sich vor, Sie befinden sich gerade in der Gebärmutter. Verbringen Sie einige Zeit damit, über diese Umgebung nachzudenken. Wie würde es sich anfühlen? Stellen Sie sich nun das Gefühl vor, geboren zu werden. Wie fühlt es sich an, wenn Ihr Körper durch eine winzige Öffnung gedrückt wird? Wie verstörend wäre das? Stellen Sie sich vor, wie es wäre, in eine Welt mit allen möglichen unbekannten Eindrücken, Geräuschen und Gefühlen versetzt zu werden. Denken Sie daran, wie verwirrt Sie durch all diese seltsamen Erfahrungen wären.*

- *Gehen Sie nun durch die Phasen des Lebens von der Geburt bis zum natürlichen Tod. Betrachten Sie die Erfahrung, ein kleines Kind zu sein, mit all den Herausforderungen, denen ein kleines Kind gegenübersteht. Betrachten Sie dann die Erfahrungen eines Jugendlichen, eines jungen Erwachsenen, eines Erwachsenen und eines älteren Menschen. Denken Sie an all die verschiedenen Probleme, mit denen wir in jeder Phase unseres Lebens konfrontiert sind. Achten Sie besonders auf die Beziehung, die wir in jeder Phase zu unserem Körper haben.*

- *Stellen Sie sich vor, dass Sie krank sind. Wie fühlt es sich an, wenn Ihr Körper nicht richtig funktioniert? Bedenken Sie die verschiedenen Arten von Krankheiten, die Sie bisher durchgemacht haben, von einem relativ geringen Energiemangel bis hin zu einer sehr schweren oder lebensbedrohlichen Krankheit. Denken Sie an all die verschiedenen Krankheiten, die Sie möglicherweise bekommen könnten.*

- *Stellen Sie sich vor, Sie liegen auf dem Sterbebett, Ihre Familie und Freunde sind um Sie herum versammelt. Sie wissen, dass Sie sterben werden, und es gibt nichts, was Sie dagegen tun können. Welchen Geisteszustand hätten Sie? Was würde Ihnen Angst machen? Was würde Ihnen Trost spenden?*

- *Lassen Sie ein allgemeines Gefühl der Unzufriedenheit entstehen, solchen Leiden ausgesetzt zu sein. Lassen Sie Ihr Bewusstsein in diesem Gefühl verweilen.*

Vier weitere natürliche menschliche Leiden

Die nächsten Leiden hängen mit der turbulenten Natur unseres Lebens und den vielen problematischen Situationen zusammen, in denen wir uns befinden. Diese Arten von Leiden erzeugen ständig Schwierigkeiten in unserem Leben und schaffen die Voraussetzungen dafür, dass Unzufriedenheit entsteht.

1. **Das Leid, Feinden zu begegnen:** Niemand will gefährliche Feinde oder Menschen treffen, die gegen uns sind. Wenn es uns jedoch nicht gelingt, ein gutes moralisches Verhalten aufrechtzuerhalten, und wir stattdessen unsere Aufmerksamkeit darauf richten, Reichtum, Ruhm oder Status zu erlangen, angetrieben von einer habgierigen Motivation, dann werden wir uns natürlich Gegner schaffen. Es ist dann viel schwieriger, einen wirklich friedlichen Geist zu haben. Unser Leiden steht oft in direktem Verhältnis zu unserem angesammelten Reichtum und Status, da wir glauben, dass wir uns vor diesen Menschen schützen müssen, die gegen uns sind. Wir sollten daher über die Bedeutung, in Frieden zu leben, nachdenken und meditieren und uns bemühen, unsere Anhaftung, insbesondere an Reichtum und Ruhm, zu verringern.

2. **Das Leid, von seinen Lieben getrennt zu sein:** Wenn wir so in der Welt leben wie wir, entwickeln wir eine große Anhaftung an verschiedene Menschen und oft auch an Tiere. Da kein Wesen für immer leben kann, werden wir irgendwann in unserem Leben den Verlust von geliebten Menschen in irgendeiner Form erleben, sei es durch Trennung oder Tod. Außerdem gibt es keine Garantie dafür, dass wir unseren Lieben immer nahestehen werden. Freunde und Familie, die behaupten, uns zu lieben, werden uns in bestimmten Situationen nicht unterstützen oder feindselig werden. Denken Sie an einen Mann und eine Frau, die sich mit feindseligen Gefühlen getrennt haben. Einst waren diese beiden innig verliebt, jetzt verhalten sie sich wie tödliche Feinde. Auch harmonische Beziehungen werden enden, denn der Tod ist der endgültige Punkt der Trennung und wird definitiv für jeden Menschen eintreten.

3. **Das Leid, nicht das zu bekommen, was man will:** Es liegt in der menschlichen Natur, dass jeder wünscht, glücklich zu sein und alles zu haben, was er will. Genau dieser Wunsch bedeutet, dass es jedes Mal, wenn wir mit Hindernissen gegen die Erfüllung unserer Wünsche konfrontiert werden, sicher irgendeine Art von Leid geben wird. Selbst wenn unsere Wünsche erfüllt werden, wollen wir oft noch mehr und sind folglich nie wirklich zufrieden. Wir sollten daher über die Vorteile der Praxis des Dharma nachdenken und versuchen, unser Vertrauen in samsarische Unternehmungen, wie sie von den acht weltlichen Dharmas skizziert werden, zu verringern. Irgendwann werden wir verstehen, dass sie keine zuverlässige Quelle für wahres und dauerhaftes Glück sind.

4. **Das Leid, zu bekommen, was man nicht will:** Während wir alle danach streben, bestimmte unangenehme oder unerwünschte Dinge zu vermeiden, werden wir sicherlich immer wieder Situationen begegnen, die wir mit allen Mitteln hätten vermeiden wollen. Das ist eines der häufigsten Leiden, denen wir im Leben begegnen. Wenn wir nicht verstehen, dass alles, was wir erleben, das Ergebnis unserer vergangenen Handlungen ist, schaffen wir ständig die Ursachen für Leiden. Auch wenn wir uns nach Glück und Wohlstand sehnen, gelingt es uns oft nicht, die für das Glück notwendigen Ursachen zu entwickeln.

Wir sollten das Glück nicht als selbstverständlich betrachten. Stattdessen sollten wir die zahlreichen positiven Aspekte unseres Lebens schätzen, insbesondere wenn wir in einem wohlhabenden Land geboren wurden, mit einem gesunden Körper und mit allen intakten Sinnesfähigkeiten. Diese glücklichen Bedingungen ermöglichen es uns, ein erfolgreiches Leben zu führen und bieten die unglaubliche Gelegenheit, den Dharma zu studieren. Gleichzeitig sollten wir jedoch verstehen, dass dies alles das Ergebnis spezifischer Ursachen, wie Großzügigkeit und tugendhaften moralischen Verhaltens, ist. Diese Art von Einsicht hilft uns, eine glückliche Zukunft für uns selbst zu schaffen und zu erkennen, warum weniger glückliche Umstände entstehen, und somit können wir beginnen, das Leiden zu reduzieren, das wir erfahren.

Der Grad, in dem wir leiden, wird auch durch unsere geistige Einstellung bestimmt. Wenn wir heilsame Denkweisen wie Geduld und Flexibilität entwickeln können, haben wir eher realistische Erwartungen und akzeptieren eher herausfordernde Situationen. Dadurch entwickeln wir Weisheit, die uns helfen kann, diese Art von Leiden zu reduzieren.

Zusammenfassend lässt sich sagen, dass wir nicht immer bekommen können, was wir wollen, oder vermeiden können, was wir nicht wollen, da dies die Natur von Samsara ist. Es ist daher besser, unsere Einstellung zu ändern und so viel Verdienst und positives Karma wie möglich zu kultivieren, anstatt ein Leben zu führen, das von Wollen und Verlangen gesteuert wird.

Übung 7.9 – Die spezifischen Leiden der Menschen

- *Stellen Sie in einer entspannten Haltung einen neutralen Geist durch die Praxis der Achtsamkeit auf die Atmung her.*

- *Erinnern Sie sich an verschiedene Ereignisse, bei denen Sie Personen begegneten, die Sie daran gehindert haben, etwas zu tun. Sie können versehentlich Hindernisse für Sie geschaffen haben oder sie haben absichtlich versucht, Ihnen in irgendeiner Weise zu schaden. Denken Sie daran, wie diese Menschen in Ihrem Leben immer und immer wieder auftauchen. Denken Sie an die Frustration, die in Bezug auf diese Menschen entsteht.*

- *Betrachten Sie nun den Schmerz, von einem geliebten Menschen getrennt zu sein. Denken Sie an Ihre vergangenen Beziehungen zurück und benennen Sie all jene Menschen, denen Sie sich zuvor sehr nahe gestanden haben und die jetzt nicht mehr Teil Ihres Lebens sind. Berücksichtigen Sie all die verschiedenen Umstände, die dazu beigetragen haben, dass diese Beziehungen auseinanderfielen. Notieren Sie sich alle Personen, mit denen Sie in Kontakt kommen, und die Dauer dieser Beziehungen. Gewinnen Sie ein Gefühl für die Rolle, die Anhaftung bei dem Leiden spielt, das während der Trennung erfahren wird.*

- *Denken Sie an all die Dinge, die Sie sich in diesem Leben gewünscht haben. Identifizieren Sie die Menschen, Orte und Situationen, nach denen Sie sich gesehnt haben und die Sie dennoch nicht kennenlernen konnten. Wie fühlt es sich an, etwas so sehr zu wollen und dennoch diesen Wunsch nicht erfüllen zu können?*

- *Betrachten Sie nun all die Dinge, um die Sie nicht gebeten haben, die Sie aber dennoch erleben mussten. Denken Sie an die verschiedenen Zeiten, in denen Sie krank wurden oder irgendein Missgeschick in Ihrem Leben hatten. Denken Sie an die Probleme, mit denen Sie jeden Tag konfrontiert werden, an die kleinen Dinge, die Ihnen das Leben schwer machen. Denken Sie an Krisenmomente, die Sie durchlebt haben, und an das Leiden, nicht zu wissen, was passieren würde.*

- *Lassen Sie ein allgemeines Gefühl der Unzufriedenheit entstehen. Verweilen Sie in dem Wunsch, frei von diesen Formen des Leidens zu sein. Beschließen Sie, die geistigen Zustände von Verlangen und Begehren aufzugeben, die die Ursache für diese Art von Erfahrungen sind.*

Der Bereich der Halbgötter

Ein Halbgott ist ein sehr mächtiges Wesen, das vollständig von Gefühlen der Eifersucht, Unzulänglichkeit und Konkurrenzdenken beherrscht wird. Auch wenn ihre Umgebung mit zahlreichen Freuden und Reichtümern erfüllt ist, verblassen sie im Vergleich zu den Götterreichen und das bringt den Halbgöttern kein Ende des Leidens. Ihr eifersüchtiger Wunsch, das zu haben, was die Götter besitzen, führt sie dazu, endlose Kriege gegen die Götter zu führen, in dem Wunsch, alles zu erwerben, was sie wollen. Aber da die Götter noch mächtiger sind, werden die Halbgötter immer besiegt und ihre Ambitionen somit nie erfüllt.

In einem solchen Reich des ständigen Kampfes gibt es keine Möglichkeit zur Ruhe. Um nicht hier geboren zu werden, müssen wir Eifersucht und Neid immer vermeiden. Versuchen Sie stattdessen, Mitgefühl für andere zu entwickeln, indem Sie aus der Tiefe Ihres Herzens über ihre Notlage nachdenken.

Übung 7.10 – Die Leiden eines Halbgottes

- *Stellen Sie in einer entspannten Haltung einen neutralen Geist durch die Praxis der Achtsamkeit auf die Atmung her.*

- *Stellen Sie sich vor, Sie wurden in einer Stadt am Ufer eines Flusses geboren. Alles, was Sie brauchten, stand Ihnen zur Verfügung: Essen, Kleidung und Gefährten.*

- *Aber stellen Sie sich vor, jenseits des Flusses gab es noch eine weitere, prächtigere Stadt. Alles an diesem Ort war größer und besser als dort, wo Sie wohnten. Jeden Tag saßen Sie am Ufer des Flusses und sahen zu den Leuten hinüber, die sich amüsierten. Jeden Tag entwickelten Sie Ihr Verlangen, das zu haben, was sie hatten. Stellen Sie sich den Neid und das Verlangen vor, das in Ihrem Geist entsteht.*

- *Denken Sie jetzt darüber nach, was Sie tun würden, wenn dieser Neid so stark wäre, dass Sie es nicht mehr ertragen könnten. Und nicht nur Sie allein, sondern jeder in Ihrer Stadt ist von einem intensiven Verlangen nach dem, was die Nachbarstadt hat, erfüllt.*

- *Stellen Sie sich vor, Sie ziehen in den Krieg, überzeugt davon, dass der einzige Weg, das zu bekommen, was Sie wollen, darin besteht, es sich zu nehmen. Versuchen Sie, die Grausamkeit und Brutalität des Kampfes gegen einen Feind zu erleben, der größer und stärker ist als Sie. Jedes Mal, wenn Sie wild um sich schlagen, schlagen sie Sie zurück, verspotten Sie und verweigern Ihnen alles, was Sie sich wünschen. Stellen Sie sich den Groll und die Frustration vor, die entstehen würden.*

- *Erkennen Sie, dass diese Form der Existenz das Ergebnis der Kultivierung eines Geistes von Eifersucht und Begehren ist. Entwickeln Sie eine starke Entschlossenheit, diese destruktiven Geisteszustände aufzugeben und stattdessen ein Gefühl der inneren Zufriedenheit mit dem, was Sie haben, zu entwickeln.*

Die Bereiche der Götter

Im Kontext der buddhistischen Weltanschauung wird der Begriff „Gott" verwendet, um eine immer subtilere Existenzform zu beschreiben, die durch immenses Vergnügen und Abwesenheit von offensichtlichem Leiden gekennzeichnet ist. Diese Götter sind nicht erleuchtet und immer noch im Kreislauf der Existenz gefangen. Obwohl sie unvorstellbar lange Zeiträume leben können, unterliegen sie dennoch Ursachen und Bedingungen, sodass die Natur ihrer Existenz unbeständig ist. Irgendwann wird ihre Existenz zu Ende gehen und sie müssen in einem der anderen Bereiche wiedergeboren werden, wo sie wieder verschiedene Grade von Leiden erfahren und die Ursachen schaffen, dieses Leiden aufrechtzuerhalten.

Wenn wir über die Götterbereiche sprechen, können wir drei Arten von Bereichen feststellen, die drei Ebenen der Subtilität entsprechen:

1. **Der Begierdebereich:** Diese Götter existieren innerhalb der physischen Dimension, die von den anderen fünf Existenzbereichen geteilt wird. Während ihre Körper subtiler sind als die eines Menschen oder eines Tieres, können sie dennoch mit anderen Arten von Wesen interagieren. Ihr Leben ist geprägt von intensivem Vergnügen und einem völligen Fehlen von offensichtlichem Leiden.

2. **Der Formbereich:** Das ist eine überwiegend geistige Sphäre der Erfahrung mit einem sehr subtilen Körper, die durch die Kraft der Meditation erzeugt wird. Da dieser Bereich nur von Wesen in meditativer Versenkung erlebt werden kann, ist er aus dem Begierdebereich nicht direkt zugänglich. Er ist gekennzeichnet durch immer subtilere Formen der Glückseligkeit, Nichtbegrifflichkeit und Klarheit des Geistes.

3. **Der formlose Bereich:** Durch die Kraft der Konzentration ihres Geistes sind diese Wesen in der Lage, jeden Anschein subtiler Form zu transzen-

dieren und in einer rein mentalen Sphäre zu verbleiben. Sie bleiben für unzählige Äonen in einem glückseligen Zustand, wie scheintot, ohne alle anderen fühlenden Wesen wahrzunehmen.

Während die Götter das Leiden des Schmerzes nicht erleben, erleben sie schließlich das Leiden des Wandels und das alles-durchdringende Leiden. Konkret können wir von den folgenden Leiden für jede der drei Arten von Göttern sprechen:

Die sechs Ebenen von Göttern im Begierdebereich

Insgesamt gibt es sechs verschiedene Ebenen von Göttern im Begierdebereich. Jede Ebene ist subtiler und mächtiger als die darunterliegenden, was eine Art Hierarchie unter der verschiedenen Gottheiten schafft. Um eine Wiedergeburt in einem dieser Bereiche zu erzielen, muss man eine große Menge verdienstvoller Taten erbracht haben. Diese Götter haben ein unglaublich langes Leben, in dem sie einen ständigen Strom an vollkommener Gesundheit, Komfort, Reichtum und Glück genießen. Bis zu ihrem Tod erleben sie nie das Leid des Schmerzes, während das Leid des Wandels und das alles-durchdringende Leid für sie überhaupt nicht offensichtlich sind, und deshalb haben sie wenig Grund, Dharma zu praktizieren. Jeder Moment ist für sie angenehm, aber da sie von diesem kontinuierlichen Strom des Vergnügens erfüllt sind, können sie ihren nahenden Tod nicht vorausahnen und denken daher nie daran, sich darauf vorzubereiten. So kann ein Gott in großem Kummer sterben und in einer Weise leiden, die mit dem Leiden einiger der Höllenreiche verglichen werden kann, da ihr Tod unglaublich lange dauert und schmerzhaft ist. Zum Zeitpunkt des Todes sehen sie durch Hellsichtigkeit den Ort ihrer nächsten Geburt, und sie werden oft von Reue verzehrt, wenn sie erkennen, dass sie alle ihre Vorräte an positivem Karma während ihres jetzigen Lebens verschwenderisch erschöpft haben, nur um in den unteren Bereichen wiedergeboren zu werden.

Die siebzehn Ebenen des Formbereichs

Die Formbereiche nehmen einen subtileren Existenzzustand ein als die Bereiche der Begierdegötter, enthalten aber im Gegensatz zu den formlosen Bereichen noch ein Formelement wie Farbe, Form, Klang, Geruch, Geschmack oder taktile Empfindung. Um in diesen siebzehn Formbereichen geboren zu werden, braucht man mehr als nur eine Ansammlung von Tugenden. Die Mindestvoraussetzung ist, den Zustand von Shamatha, der vollständigen Stabilisierung des Geistes, erreicht zu haben. Dadurch wird das sogenannte feste oder unveränderliche Karma hergestellt, da es nicht verändert werden kann, bis sich das Resultat erschöpft hat. Es gibt siebzehn verschiedene Formbereiche mit einer obersten Ebene und sechzehn Ebenen zunehmender Subtilität. Diese sechzehn sind in vier verschiedene Ebenen gruppiert, die vier verschiedene geistige Zustände oder Arten von meditativen Versenkungen einspitziger Konzentration repräsentieren, die Jhanas genannt werden. Die Wesen aus diesen sechzehn Formbereichen können für Äonen im jeweiligen Form-Jhana oder in der meditativen Versenkung verbleiben, die ihrem Geisteszustand entspricht.

Solche Wesen sind dem alles-durchdringenden Leid nicht entkommen, und wenn das unveränderliche Karma erschöpft ist, das ihren Geist im Zustand von Shamatha hält, beginnen sie Emotionen zu entfachen und nehmen schließlich eine Wiedergeburt in einem der anderen sechs Bereiche an, je nachdem, welche ihrer karmischen Prägungen als nächste auftaucht.

Es gibt einige Ausnahmen von diesem Szenario, da einige Wesen in den Formbereichen geboren werden, um bestimmte Praktiken auf dem Weg zur Erleuchtung zu erlangen. Die Qualität des geistigen Zustands der Wesen im Formbereich ist sehr förderlich für eine effektive Meditation und die Möglichkeit, Erleuchtung zu erlangen. Dennoch kann der Geist des Shamatha in einer menschlichen Form erreicht werden, und wenn er auf Erleuchtung ausgerichtet ist, ist dies eine weitaus effektivere Methode als karmisch zur Wiedergeburt in den Form- oder formlosen Bereichen getrieben zu werden.

Die vier Ebenen des formlosen Bereiches

Wie beim Formbereich erfordert die Wiedergeburt im formlosen Bereich als Minimum das Erreichen von Shamatha. Ähnlich wie der Formbereich bestehen diese Bereiche aus vier Ebenen, die unterschiedliche mentale Zustände oder meditative Versenkungen repräsentieren, die in diesem Fall als die formlosen Jhanas bezeichnet werden. Wesen innerhalb der formlosen Bereiche nehmen keine physischen Subjekte oder Objekte wahr, noch besitzen sie eine der fünf Sinneskräfte. Deshalb werden diese Bereiche formlos genannt. Obwohl sie keine Gefühle haben, haben Wesen in den formlosen Bereichen die Wahrnehmung einiger der subtileren Aspekte des Geistes.

1. Auf der ersten Ebene sind Wesen in der Lage, den Raum wahrzunehmen.

2. Auf der zweiten Ebene haben Wesen eine subtilere Wahrnehmung, mit der Fähigkeit, den Geist wahrzunehmen, aber keine Wahrnehmung des Raumes.

3. Auf der dritten Ebene haben Wesen nur die Wahrnehmung des Nichts und keine Wahrnehmung des Geistes.

4. Auf der vierten Ebene leben Wesen in einem äußerst subtilen Geisteszustand, sogar ohne der Wahrnehmung von Nichts.

All das bedeutet, dass der Geist der Wesen in den formlosen Bereichen sehr substanzlos und daher zu schwach ist, um als ausreichende Grundlage für die Beseitigung der Samen geistiger Verblendungen zu dienen. Alle vier Arten der Wesen in den formlosen Bereichen haben einen Shamatha-Zustand erlangt, aber keinen Grad an Einsicht erreicht. Daher vermeiden es Bodhisattvas, in den formlosen Bereichen geboren zu werden, da sie dort nicht in der Lage sein würden, die erforderlichen Geisteszustände zu erreichen, um Erleuchtung zu erlangen.

Übung 7.11 – Die Leiden eines Gottes

- *Stellen Sie in einer entspannten Haltung einen neutralen Geist durch die Praxis der Achtsamkeit auf die Atmung her.*

- *Stellen Sie sich vor, Sie leben in einem prunkvollen Lustschloss. Sie können erleben, was Sie wollen, ohne Langeweile oder Unzufriedenheit. Während Ihres ganzen Lebens müssen Sie sich lediglich etwas wünschen, und jeder Ihrer Wünsche wird erfüllt. Verbringen Sie einige Zeit damit, sich den Luxus und die Glückseligkeit einer solchen Situation vorzustellen.*

- *Stellen Sie sich nun vor, dass Ihnen nach tausenden und abertausenden Jahren, all der Reichtum, all der Überfluss, all das sinnliche Vergnügen genommen wird. Wo früher angenehme Düfte herrschten, steigt jetzt der Gestank von Körpergeruch auf. Wo einst Ihre Haut in goldenem Glanz erstrahlte, beginnt nun dieser Schein zu verblassen. Wo Sie einst von schönen Gefährten umgeben waren, sind Sie jetzt isoliert und allein. Versuchen Sie, ein Gefühl dafür zu bekommen, wie es sich anfühlt, alles zu verlieren. Das ist das Leiden der Götter des Begierdebereiches.*

- *Stellen Sie sich vor, Sie haben eine starke Droge genommen, die Sie in eine glückselige Starre versetzt. Stellen Sie sich vor, Sie bleiben Milliarden von Jahren in diesem Zustand. Und dann lässt die Wirkung der Droge nach und Sie stürzen hinunter, zurück in den Schmutz und Staub der zyklischen Existenz. Das ist das Leiden der Götter des Formbereiches.*

- *Jetzt stellen Sie sich vor, dass Sie wie entrückt sind. Ihr Geist erstarrt in einem scheinbar endlosen Strom von Glückseligkeit. Absolut keine Bewegung. Und dann, ohne es wirklich zu merken, bricht der Strom zusammen, und wieder einmal müssen Sie sich der Härte der Realität stellen, erst jetzt ist Ihr ganzes tugendhaftes Karma erschöpft und Sie müssen das intensive Leiden der unteren Bereiche erleben. Das ist das Leiden der formlosen Götter.*

- *In dem Bewusstsein, dass keine dieser Existenzformen eine dauerhafte Lösung für Ihr Leid ist, entwickeln Sie den starken Wunsch, sich nicht in ihrem verführerischen Netz zu verfangen. Entwickeln Sie die Entschlossenheit, Stolz und Selbstgefälligkeit aufzugeben, und konzentrieren Sie sich stattdessen auf die Pflege der Tugend, die von Mitgefühl und Weisheit gelenkt wird.*

Wie wir sehen können, wird es immer eine Form des Leidens geben, in welchem dieser sechs Bereiche Sie auch immer geboren werden. Wenn Sie in den unteren Bereichen geboren werden, ist das Leiden so intensiv, dass Sie keine Chance haben, Tugend zu kultivieren, sondern nur Schmerz und Not erleben. Und sogar wenn Sie in den höheren Bereichen geboren werden, sind Sie immer noch nicht frei von karmischen Ursachen und Bedingungen, und deshalb werden Sie unweigerlich unbefriedigende Situationen erleben.

Drei Bereiche	Sechs Bereiche	Art der Existenz
Begierdebereich	1. Höllenbereich	Höllenbereich: 1. Heiße Höllen 2. Kalte Höllen 3. Benachbarte Höllen 4. Vergängliche Höllen
	2. Bereich der hungrigen Geister	Hungrige Geister: 1. Diejenigen, die gemeinsam leben 2. Diejenigen, die im Raum leben
	3. Bereich der Tiere	Tiere: 1. Diejenigen, die in den Tiefen des Ozeans leben 2. Diejenigen, die am Festland leben
	4. Bereich der Menschen	Menschen
	5. Bereich der Halbgötter	Halbgötter
	6. Bereich der Götter	Götter des Begierdebereichs: 1. Die vier großen Könige 2. Himmel der Dreiunddreißig 3. Nicht kämpfend 4. Tushita Himmel 5. Ausstrahlungen genießend 6. Ausstrahlung anderer kontrollierend
Formbereich		Götter des Formbereichs 1. Erste Stabilisierung 2. Zweite Stabilisierung 3. Dritte Stabilisierung 4. Vierte Stabilisierung 5. Reine Bereiche
Formloser Bereich		Götter des formlosen Bereichs 1. Sphäre jenseits der Wahrnehmung 2. Sphäre des Nichts 3. Sphäre des grenzenlosen Bewußtseins 4. Sphäre des genzenlosen Raums

Tabelle 7-4: Die gesamte Bandbreite der Erfahrung in der zyklischen Existenz.

ZUSAMMENFASSUNG

- Die zyklische Existenz entsteht aufgrund der wechselseitigen Abhängigkeit von zwölf kausal zusammenhängenden Gliedern: Unwissenheit, karmische Gestaltung, Bewusstsein, Name und Form, die sechs Sinnestore, Kontakt, Empfindung, Verlangen, Ergreifen, Existenz, Geburt, Altern und Tod.

- Es gibt drei Ebenen des Leidens: das Leiden des Schmerzes, das Leiden des Wandels und alles-durchdringendes Leiden.

- Es gibt sechs Bereiche der Existenz: die Bereiche der Höllen (Abneigung), die Bereiche der hungrigen Geister (Anhaftung), die Bereiche der Tiere (Unwissenheit), die Bereiche der Menschen (Verlangen), die Bereiche der Halbgötter (Eifersucht) und die Bereiche der Götter (Stolz).

- Traditionell werden achtzehn Höllenreiche beschrieben: acht heiße Höllen, die benachbarten Höllen, acht kalte Höllen und vergängliche Höllen. Die tatsächliche Anzahl ist jedoch unendlich.

- Die Bereiche der Hungergeister sind nach den Arten der Verdunkelung gegliedert, mit denen diese Wesen konfrontiert sind: diejenigen, die mit äußeren Verdunkelungen konfrontiert sind, diejenigen, die mit inneren Verdunkelungen konfrontiert sind, und diejenigen, die unter spezifischen karmischen Verdunkelungen leiden.

- Der Bereich der Tiere wird nach dem Aufenthaltsort der Wesen eingeteilt: Es gibt diejenigen im Meer und diejenigen an Land. Von denen an Land gibt es diejenigen, die wild sind, und diejenigen, die von Menschen kontrolliert werden.

- Der Bereich der Menschen ist nach den Arten von Leiden, die wir erleben, geteilt: Es gibt vier große Ströme des Leidens (Geburt, Altern, Krankheit und Tod) und die anderen natürlichen Leiden der Menschen.

- Der Bereich der Halbgötter ist gekennzeichnet durch das Leiden, sich nie mit dem zufrieden zu geben, was man hat, und immer andere zu bekämpfen und deren Eigentum nehmen zu wollen.

- Die Bereiche der Götter werden in drei Unterbereiche geteilt: die Götter des Begierdebereichs, die Götter des Formbereichs und die Götter des formlosen Bereichs.

Khentrul Rinpoche bei der Meditation in den Hügeln seiner Heimat Tibet.

KAPITEL ACHT

Die kostbare Gelegenheit, die ein menschliches Leben bietet

Wenn wir den Zyklus der Existenz untersuchen, entwickeln wir ein viel umfassenderes Verständnis von einem Universum, das in vielen verschiedenen Dimensionen wirkt. Es ist ein Universum, das von Lebensformen aller Arten und Größen wimmelt, in dem Menschen nur eine Möglichkeit unter vielen sind. Nachdem wir das gesamte Spektrum dieses Potenzials dargelegt haben, können wir uns nun auf die spezielle Situation konzentrieren, in der wir uns gerade befinden.

Von allen sechs Existenzbereichen bewohnen wir derzeit den gemäßigsten der sechs, den menschlichen Bereich. Dieser Bereich ist insofern einzigartig, als er weder von extremem Leid noch extremem Genuss dominiert wird. Er ist im Allgemeinen so etwas wie ein Mittelweg, auf dem man ein breites Spektrum an angenehmen, unangenehmen und neutralen Gefühlen erleben kann, ohne von diesen Erfahrungen völlig überwältigt und übersättigt zu werden. Diese Gefühle kommen und gehen auf eine spürbar vergängliche Weise, was aufmerksamen Menschen ermöglicht, über ihre Natur nachzudenken. In einem solchen Umfeld ist es möglich, Erkenntnisse über Phänomene zu erlangen und dadurch mehr Intelligenz und Weisheit zu entwickeln. Dies ist etwas (wie wir unten sehen werden), das in den anderen Bereichen äußerst unwahrscheinlich ist.

Besonders unsere Fähigkeit, den Geist aktiv zu entwickeln, macht den menschlichen Bereich zu einer so wichtigen Existenzform für die Ausübung des Dharma. Wenn wir die Eigenschaften dieses Bereiches ehrlich betrachten, sehen wir, dass wir alle Bedingungen haben, um zu erreichen, was immer wir wollen. Das ist möglich, weil wir jetzt, in diesem Moment, die Fähigkeit haben, zu wählen. Wir können wählen, ob wir die Ursachen für Leiden oder die Ursachen für Glück erschaffen. Es liegt ganz bei jedem von uns, wie wir unsere Zeit verbringen.

Die folgenden Lehren sollen uns helfen, Einblicke in zwei wesentliche Aspekte unseres menschlichen Lebens zu gewinnen:

1. Die unglaublich *wertvolle Gelegenheit*, die uns dieses Leben bietet
2. Die unglaubliche *Seltenheit*, einer solchen Gelegenheit begegnet zu sein

Wenn wir diese beiden Qualitäten kombinieren, unterstützen sie ein Gefühl der Wertschätzung für die gegenwärtige Situation. Das ist ein starker Motivator für die Ausübung des Dharma. Anstatt diese Gelegenheit zu verschwenden, können wir stattdessen das Beste aus jeder Sekunde herausholen und so eine gewöhnliche menschliche Existenz in ein sogenanntes *kostbares menschliches Leben* umwandeln. Nur dieses kostbare menschliche Leben stellt die vollkommene Grundlage dar, um spirituelle Verwirklichung zu erlangen.

DIE MERKMALE EINES KOSTBAREN MENSCHLICHEN LEBENS

Wir werden zunächst genau definieren, was ein kostbares menschliches Leben von allen anderen Existenzformen unterscheidet. Traditionellerweise machen wir das durch die Untersuchung von acht Merkmalen, von denen wir frei sind, und zehn Merkmalen, mit denen wir ausgestattet sind. Diese achtzehn Punkte verdeutlichen die unterstützenden Bedingungen, die bei geschickter Anwendung zu dauerhaftem, echtem Glück führen können.

Einfach als Mensch geboren zu werden, garantiert nicht automatisch, dass wir ein *wertvolles* Menschenleben haben. Ob wir dieses Leben wertvoll machen oder nicht, hängt von unseren Entscheidungen ab. Leider leben viele Menschen unklug, erzeugen dadurch negatives Karma und verursachen Leid für sich selbst und andere und das führt unweigerlich zu weiterem Leid in der Zukunft. Wenn wir die folgenden Merkmale durchlesen, ist es wichtig zu überlegen und zu analysieren, ob wir sie tatsächlich besitzen, und wenn nicht, müssen wir uns überlegen, wie wir die fehlenden Bedingungen bekommen können.

Die acht Freiheiten

Zuerst analysieren wir das Fehlen von acht Situationen, die eine Dharmapraxis unmöglich machen. Diese Bedingungen werden als „Freiheiten" bezeichnet, denn solange sie fehlen, haben wir die Freiheit, uns mit einer spirituellen Praxis zu beschäftigen. Die ersten vier Bedingungen beziehen sich auf die nicht-menschlichen Zustände, die keine Möglichkeit zur Praxis bieten:

1. **In einem Höllenbereich geboren werden:** Wie wir schon gelesen haben, werden Höllenwesen unaufhörlich von intensiver Hitze oder Kälte und verschiedenen unerträglichen Foltermethoden gequält. Dieser unaufhörliche Strom von Schmerz und Leid gibt einem Höllenwesen absolut keine Möglichkeit, Dharma zu praktizieren. Da sie die Ergebnisse ihres negativen Karmas ertragen, sind sie einfach zu sehr von ihrer Qual überwältigt, um überhaupt einen positiven Vorsatz entwickeln zu können.

2. **Als Hungergeist geboren werden:** Wie Höllenwesen haben auch Hungergeister keine Möglichkeit, den Dharma zu praktizieren, da sie ständig die Qualen von Hunger und Durst erleiden müssen. Sie werden so sehr von der Sehnsucht nach Nahrung verzehrt, ihr Geist kann nicht einmal eine Sekunde lang versuchen zu praktizieren.

3. **Als Tier geboren werden:** Der Geist eines Tieres reagiert ständig auf Druck und Gegendruck seiner gewohnten Neigungen. Ein derartiger Geist trifft keine Entscheidungen, er reagiert auf einer instinktiven Ebene. Das ist ein Zeichen ihrer tief sitzenden Unwissenheit, wodurch sie die Bedeutung der Lehren nicht erkennen können. Sie sind daher unfähig die Lehren zu verstehen und haben daher keine Gelegenheit Dharma zu praktizieren.

4. **Als langlebiger Gott geboren werden:** Die Götter leben ein Leben in extremem Luxus und Vergnügen, daher haben sie nur sehr wenig Anreiz, die Natur ihrer Realität in Frage zu stellen. Das versperrt ihren Blick gegenüber den Nachteilen der zyklischen Existenz und hindert sie

daran, sich um den Dharma zu bemühen. Diejenigen, die sich in den höheren Versenkungsstufen verlieren, haben einen so subtilen Geist, dass sie gar nicht in der Lage sind, über ihre Situation nachzudenken. Folglich verschwenden sie eine scheinbare Ewigkeit damit, alle ihre positiven Anlagen zu erschöpfen, bis sie schließlich in die niedrigeren Bereiche zurückfallen.

Übung 8.1 – Davon frei sein, keine Chance für die Praxis zu haben

- *Stellen Sie in einer entspannten Haltung einen neutralen Geist durch die Übung der Achtsamkeit auf den Atem her.*

- *Erinnern Sie sich an ein Ereignis, bei dem Sie erhebliche Schmerzen verspürt haben oder bei dem Sie eine Art intensiver Notlage erlebt haben. Verstärken Sie nun dieses Empfinden um das Tausendfache, um ein Gefühl für die Intensität des Leidens von Höllenwesen zu bekommen. Welche Art von Gedanken würden Ihnen in einer solchen Situation in den Sinn kommen? Wie verwirrt wäre Ihr Geist? Können Sie sich vorstellen, sich in einer solchen Situation zum Meditieren hinzusetzen?*

- *Denken Sie jetzt an eine Zeit zurück, in der Sie eine Weile nichts gegessen haben. Wie hat der Hunger Ihre Stimmung und Ihren Geisteszustand beeinflusst? Stellen Sie sich vor, Sie verbringen zwei oder drei Tage ohne Essen. Wie würde sich der Geist in einer solchen Situation verändern? Bedenken Sie, dass Hungergeister hunderte Jahre ohne einen einzigen Bissen zu essen oder einen Tropfen Wasser zu trinken existieren müssen. Wie könnten sie je den Dharma praktizieren?*

- *Versuchen Sie sich an eine Zeit zu erinnern, die mit viel Angst und Furcht erfüllt war. Sie waren so besorgt, dass etwas passieren könnte, Sie haben alles getan, um das zu vermeiden. Stellen sie sich nun vor, Sie müssten ihr ganzes Leben in diesem Zustand verbringen. Stellen Sie sich vor, dass die Gefahr ganz real ist und Sie getötet werden könnten, wenn Ihre Wachsamkeit nur einen Moment nachließe. Denken Sie an den Geisteszustand eines solchen Wesens. Hat es den nötigen Raum, um zu praktizieren?*

- *Denken sie jetzt an die Zeiten in Ihrem Leben, in denen alles gut lief. Sie waren in einer großartigen Beziehung, litten keinen materiellen Mangel und waren von wunderbaren Menschen umgeben. Alles war perfekt. Würden Sie Ihr Leben verändern wollen? Stellen Sie sich diesen Zustand der Vollkommenheit vor und multiplizieren Sie ihn mit tausend, ein ständiger Fluss von Freude und Zufriedenheit. Wie motiviert wären Sie, die Anstrengungen einer Praxis auf sich zu nehmen?*

- *Wenn Sie jeden dieser Punkte betrachten, können Sie erkennen, dass Sie von diesen Arten der Existenzen frei sind. Natürlich erleben Sie Höhen und Tiefen, aber es gibt auch viel Raum dazwischen. Lassen Sie zu, dass sich in ihrem Geist ein Gefühl der Erleichterung aufbaut. Verweilen Sie in diesem Gefühl.*

Die nächsten vier Bedingungen beziehen sich alle auf verschiedene Arten von Menschen, denen die notwendige Unterstützung für die Ausübung des Dharma fehlt:

5. **In einer Zeit geboren werden, in der es keine Lehren gibt:** Nach Ansicht des Buddhismus durchläuft das Universum Perioden zunehmender Dunkelheit und Perioden wachsenden Lichts. Das Licht bezieht sich hier auf die Gegenwart der Lehren, die vom Erscheinen eines Lehrers (d.h. eines erleuchteten Wesens) abhängen. In den Perioden, in denen kein Lehrer auftritt, gibt es keine Lehren zu praktizieren, daher werden diese als dunkle Äonen betrachtet.

6. **In abgelegenen Gebieten geboren werden:** Selbst wenn die Lehren in unserer Welt existierten, könnten wir in entlegenen Gebieten, wo sie nicht bekannt sind, geboren werden. Dort gibt es gibt keine Dharmagemeinschaft, die Ermutigung oder Inspiration gibt. An einem solchen Ort gibt es nur sehr wenige Möglichkeiten, den Dharma zu praktizieren. Oftmals werden die lokalen Werte und Bräuche stark weltlich ausge-

richtet sein. Das macht es sehr schwierig überhaupt etwas über die Idee zu erfahren, echtes Glück anzustreben.

7. **Geboren werden ohne die geistige Fähigkeit, die Lehren zu verstehen:** Selbst wenn wir in einer Region geboren werden, wo der Dharma existiert, haben wir vielleicht nicht die geistige Fähigkeit, die Bedeutung hinter den Lehren zu verstehen. Unser Intellekt könnte stark eingeschränkt sein oder wir haben sensorische Beeinträchtigungen, die uns daran hindern die Lehren vollständig zu verstehen. Während diese Bedingung normalerweise nicht unüberwindbar ist, bringt sie zusätzliche Hindernisse mit sich, die überwunden werden müssen.

8. **Falsche Sichtweisen vertreten:** Selbst wenn wir in der Lage sind, die Lehren zu verstehen, können wir falsche Überzeugungen entwickelt haben, die uns daran hindern, den Dharma zu praktizieren. Diese Überzeugungen können durch unsere Eltern oder durch die Gesellschaft, in der wir leben, weitergegeben worden sein. Wie immer sie auch erworben wurden, sie schränken unsere Aufnahmebereitschaft ein und hindern uns, die ganze Bandbreite ihres Potenzials auszuschöpfen.

Übung 8.2 – Frei davon sein, nicht praktizieren zu können

- *Stellen Sie in einer entspannten Haltung einen neutralen Geist durch die Übung der Achtsamkeit auf den Atem her.*

- *Betrachten Sie all die großen Weisen der Vergangenheit. Stellen Sie sich vor, wie diese Welt aussehen würde, wenn es sie nie gegeben hätte. Denken Sie an all die Belehrungen, die nie gegeben worden wären, und an all die Weisheit, die nie geteilt worden wäre. Stellen Sie sich eine Welt ohne Dharma vor. Wie könnten wir etwas praktizieren, das nicht einmal existiert?*

- *Jetzt stellen Sie sich vor, Sie lebten auf einer einsamen Insel, völlig vom Rest der Welt abgeschnitten. Selbst wenn die Lehren existierten, Sie könnten sie nicht kennen. Wie könnten Sie etwas praktizieren, dem Sie*

- *nie begegnet sind? Wie können wir über etwas lernen, wenn es niemanden gibt, der es uns beibringt?*

- *Dann überlegen Sie sich, wie es wäre, wenn Sie das geschriebene Wort der Lehren nicht sehen oder die Laute der Worte nicht hören könnten. Was würde passieren, wenn Sie nicht verstehen könnten, was diese Worte aussagen? Wenn Ihnen die Bedeutung so verborgen bliebe, welchen Nutzen könnten Sie dann aus ihnen ziehen? Stellen Sie sich vor in einer Kultur zu leben, in der es an Unterstützung fehlt, diese Hindernisse zu überwinden.*

- *Was würde passieren, wenn Sie in einer Kultur lebten, die die spirituelle Entwicklung nicht wertschätzt? Welche Glaubensvorstellungen wirken als Hindernisse für die Ausübung des Dharma? Denken Sie über die verschiedenen Vorurteile nach, die uns davon abhalten können, konstruktive Verhaltensweisen zu entwickeln.*

- *Untersuchen Sie Ihr eigenes Leben, um zu sehen, ob eine dieser Situationen vorliegt. Wenn Sie von allen vier frei sind, dann lassen sie wieder das Gefühl der Erleichterung aufkommen und ruhen im Gefühl der Freiheit und der Möglichkeiten.*

Die zehn Vorteile

Nachdem wir uns die Bedingungen angeschaut haben, die in unserem Leben nicht vorhanden sind, können wir uns nun die Bedingungen ansehen, die zutreffen. Mit den zehn Vorteilen in unserem Leben haben wir alles Notwendige, um den Dharma zu praktizieren. Durch die Ausübung des Dharma können wir die Ursachen für echtes Glück in unserem Leben schaffen und letztlich frei von allen Formen des Leidens sein. Wenn wir also feststellen, dass wir alle diese zehn Punkte haben, ist das ein großer Grund zur Freude. Wenn uns eine oder mehrere Bedingungen fehlen, ist es wichtig, alles in unserer Macht Stehende zu tun, um die Situation zu verbessern. Diese zehn Punkte werden in zwei Gruppen zusammengefasst:

Die fünf individuellen Vorteile

Diese erste Gruppe konzentriert sich in erster Linie auf die eigenen persönlichen karmischen Bedingungen, die die Grundlage für die Ausübung der Dharmapraxis bieten. Die fünf individuellen Vorteile sind:

1. **Als Mensch geboren sein:** Wie wir gesehen haben, ist die Geburt als Mensch die günstigste von all den verschiedenen Existenzformen, da nur sie die richtige Ausgewogenheit und Mäßigung bietet, die einer spirituellen Kontemplation förderlich ist.

2. **An einem spirituell zentralen Ort geboren sein:** Traditionell wird als „zentraler" Ort jeder Ort bezeichnet, an dem die vollständigen Lehren des Buddha etabliert sind (insbesondere die Mönchsregeln). Ausgeweitet auf andere Weisheitstraditionen ist ein zentraler Ort überall dort, wo es Zugang zu authentischen spirituellen Lehren gibt (ob buddhistisch oder nicht). Tibet galt lange Zeit als Grenzland, dem es an geistigen Lehren fehlte. Erst unter der Herrschaft mehrerer einflussreicher Könige wurde der Buddhismus im Land etabliert und Tibet in ein zentrales Land verwandelt.

3. **Intakte Sinneskräfte haben:** Kognitive und sensorische Beeinträchtigungen behindern die Ausübung des Dharma. Das schließt diejenigen ein, die nicht das Glück haben, durch Darstellungen des Buddha zu Hingabe inspiriert zu werden, oder die wertvollen und hervorragenden Lehren zu lesen oder zu hören. Da es dann viel schwieriger wäre zu studieren und zu reflektieren, wird es daher als Vorteil angesehen, alle Sinnesfähigkeiten intakt zu haben.

4. **Keinen widersprüchlichen Lebensstil haben:** Nicht-tugendhafte Aktivitäten und Handlungen auszuüben, die dem Dharma widersprechen, kann als widersprüchlicher Lebensstil betrachtet werden. Dazu gehört auch das Begehen schwerwiegender karmischer Handlungen, wie das Brechen wesentlicher Gelübde, das Aufgeben des Dharma, das Verüben der fünf abscheulichen Verbrechen oder sich den Lebensunterhalt auf eine Art verdienen zu müssen, bei der negative Handlungen nicht vermieden werden können. Obwohl wir vielleicht nicht in einen solchen Lebensstil hineingeboren wurden, könnten wir leicht später einem solchen verfallen.

5. **Vertrauen in den Dharma haben:** Schließlich ist es wichtig, Vertrauen in eine authentische Quelle des Dharma zu haben (wie die Lehren des Buddha). Ohne Vertrauen haben wir keine Neigung zu praktizieren. Wenn wir durch Kontemplation, Analyse und Meditation einen richtig begründeten Glauben an die Lehren entwickeln, sind wir ohne Zweifel ein geeignetes Gefäß für den wahren Dharma. Das ist der größte der fünf individuellen Vorteile.

Übung 8.3 – Die persönliche Fähigkeit

- *Stellen Sie in einer entspannten Haltung einen neutralen Geist durch die Übung der Achtsamkeit auf den Atem her.*

- *Erkennen Sie als erstes, dass Sie tatsächlich als Mensch geboren wurden. Sie haben einen menschlichen Körper und einen menschlichen Geist. Bedenken Sie die Eigenschaften, ein Mensch zu sein, und wie besonders nützlich sie sind. Konzentrieren Sie sich besonders auf den Vorteil, zwischen konstruktiven und destruktiven Handlungen unterscheiden zu können.*

- *Betrachten Sie nun den Ort, an dem Sie sich befinden. Was zeichnet Ihren Wohnort aus? Haben Sie Zugang zu spirituellen Lehren, entweder durch Bücher oder durch eine lokale Gemeinschaft, die Sie besuchen können? Stehen Ihnen Informationen zur Verfügung? Wenn ja, leben Sie in einem zentralen Land. Denken Sie an die Vorteile, an so einem Ort zu leben.*

- *Als nächstes denken Sie an die Qualität Ihrer geistigen und sensorischen Fähigkeiten. Sind Sie in der Lage, alle Aspekte der Lehren vollständig zu erfahren? Auf welche Weise können Sie mit ihnen interagieren?*

- *Berücksichtigen Sie Ihre persönliche Lebenssituation. Ist sie der spirituellen Praxis förderlich? Können Sie sich den täglichen Aktivitäten widmen, ohne negative Handlungen begehen zu müssen? Welche Geisteshaltung fördert Ihr persönlicher Tagesablauf? Denken Sie an die Gewohnheiten, die den Lebensstil verstärken. Wenn es negative Einflüsse gibt, können Sie etwas daran ändern?*

- *Sehen Sie einen Wert in der spirituellen Praxis? Können Sie den Nutzen erkennen, der sich aus dem Training des Geistes ergibt? Sind Sie daran in-*

teressiert Ihre persönliche Fähigkeit zu Liebe, Mitgefühl und Weisheit zu entwickeln? Wie wichtig ist Spiritualität in Ihrem Leben?

- *Nachdem Sie sorgfältig darüber nachgedacht haben, ob diese Bedingungen in Ihrem Leben existieren, anerkennen Sie, dass Sie alles haben, was Sie brauchen, um sich mit einer spirituellen Praxis zu beschäftigen. Entwickeln Sie einen freudigen Geist, der diese gegenwärtige Situation feiert. Lassen Sie Ihr Bewusstsein in diesem Gefühl verweilen.*

Die fünf Vorteile der Umstände

Die zweite Gruppe betrachtet das kollektive Karma der jeweiligen Zeit und des Ortes unserer Geburt. Sie zeigt auf, warum diese Umgebung hilfreich für die Praxis ist. Die fünf Vorteile der Umstände sind:

6. **Ein erleuchtetes Wesen ist in der Welt erschienen:** Wenn wir auf unsere Geschichte zurückblicken, können wir erkennen, dass wir in einer Zeit leben, in der viele erleuchtete Wesen in unserer Welt erschienen sind. Diese Wesen waren mit außergewöhnlicher Weisheit ausgestattet und besaßen die Fähigkeit, uns zu lehren.

7. **Dieses Wesen hat Lehren gegeben:** Auch wenn ein erleuchtetes Wesen in unserer Welt erschien, bedeutet dies keine Garantie, dass wir das Karma haben, um Lehren von ihnen zu erhalten. Glücklicherweise gab es jedoch zur Zeit der großen Weisen wie Buddha oder Jesus Menschen, die sie baten zu lehren. Aufgrund dieser Lehren haben wir die unglaubliche Gelegenheit, sie in die Praxis umzusetzen.

8. **Diese Lehren blieben in dieser Welt:** Wir leben in einer Zeit, in der die fünf Degenerationen zunehmen: Unsere Lebensspanne ist kürzer (in Bezug auf die buddhistische Kosmologie), unsere Überzeugungen und Emotionen verschlechtern sich, die Zeiten werden immer schwieriger und es fällt schwerer den Wesen zu helfen. Trotz allem bestehen die Lehren weiterhin als textbasierte Übertragung und als Erkenntnisse im Geist der Praktizierenden. Obwohl wir zur Zeit des Buddha noch nicht da waren, haben wir daher immer noch Zugang zu seinen Lehren.

9. **Es gibt Anerkennung und kulturelle Akzeptanz der Lehren:** Das bedeutet nicht nur, dass die Lehren heute unter uns sind, sondern dass sie

auch in vielen Teilen der Welt als authentisch und wertvoll akzeptiert werden. An den meisten Orten gibt es ausreichende religiöse und staatliche Freiheiten, die Lehren zu praktizieren und sich gegenseitig in Form spiritueller Gemeinschaften zu unterstützen.

10. **Wir sind einem spirituellen Lehrer begegnet:** Wir haben vielleicht das Glück, an einem Ort zu leben, an dem die Lehren zugänglich sind. Aber wir müssen auch unser großes Glück erkennen, diesen Lehren tatsächlich in Form eines lebenden spirituellen Lehrers begegnet zu sein. Durch einen solchen Lehrer erhalten wir die notwendige Anleitung, um die Lehren vollständig zu erfassen und in unserem Geistesstrom zu verwirklichen.

Übung 8.4 – Ihre gegenwärtige Gelegenheit

- *Stellen Sie in einer entspannten Haltung einen neutralen Geist durch die Übung der Achtsamkeit auf den Atem her.*

- *Denken Sie an die vielen Weisheitstraditionen, die es derzeit auf dieser Welt gibt. Betrachten Sie den unglaublichen Nutzen, den Milliarden von Menschen durch das Ausüben dieser Traditionen erhalten haben. Erkennen Sie, dass keiner dieser Vorteile möglich gewesen wäre, ohne dass der ursprüngliche Gründer dieser Traditionen in diese Welt hineingeboren worden wäre. Lassen Sie ein Gefühl der Freude aufkommen, dass diese Wesen tatsächlich auf dieser Erde erschienen sind.*

- *Denken Sie nun darüber nach, was passiert wäre, wenn diese großen Weisen ihre Erkenntnisse nie mit anderen geteilt hätten. Wenn sie uns ihre Lehren nicht gegeben hätten, dann hätten wir nie den Nutzen daraus ziehen können. Lassen Sie ein Gefühl tiefer Dankbarkeit entstehen, weil diese Wesen Mitgefühl mit uns hatten und ihre Weisheit mit uns teilten.*

- *Denken Sie daran, wie diese Lehren in dieser Zeit zu uns gekommen sind. Denken Sie an all die großen Meister und Heiligen, die diese Lehren schätzten und ihr Leben der Aufgabe widmeten, die Lehren in ihrem Geist zu verwirklichen. Entwickeln Sie ein Gefühl großer Wertschätzung für die unglaublichen Anstrengungen, die sie unternommen haben, um diese Weisheit zu bewahren.*

- *Denken Sie an die Einstellungen zur Spiritualität, die in Ihrem eigenen Kulturkreis existieren. Denken Sie an die Freiheiten, die Sie in Bezug auf die Ausübung des Dharma genießen. Stellen Sie sich vor, an einem Ort zu leben, an dem Sie diese Freiheit nicht hätten. Lassen Sie ein Gefühl der Dankbarkeit entstehen für die Toleranz und Unterstützung, die Sie von Ihrer Gemeinschaft oder Ihrer Gesellschaft erhalten.*

- *Denken Sie an die verschiedenen LehrerInnen, denen Sie in Ihrem Leben begegnet sind. Betrachten Sie den Einfluss, den diese Menschen auf Sie hatten. Erkennen Sie, wie sie Ihnen geholfen haben, mit Ihrem Geist zu arbeiten und als Person zu wachsen. Fördern Sie das Gefühl der Dankbarkeit dafür, diese Menschen in Ihrem Leben zu haben.*

- *Denken Sie über die unglaublichen Möglichkeiten nach, die diese Gegebenheiten bieten. Erzeugen Sie ein tiefes Gefühl der Freude darüber, diese wertvolle Gelegenheit erkannt zu haben. Verweilen Sie in diesem Gefühl.*

Gruppe	Kategorie	Eigenschaften
Acht Freiheiten	Freiheit von nicht-menschlichen Zuständen	1. Frei zu sein, als Höllenwesen geboren zu sein
		2. Frei zu sein, als Hungergeist geboren zu sein
		3. Frei zu sein, als Tier geboren zu sein
		4. Frei zu sein, als langlebiger Gott geboren zu sein
	Freiheiten als menschliches Wesen	5. Frei zu sein, in einer Zeit geboren zu sein, in der es keine Lehren gibt
		6. Frei zu sein, in abgelegenen Gebieten geboren zu sein
		7. Frei zu sein, ohne die geistige Fähigkeit, die Lehren zu verstehen, geboren zu sein
		8. Frei zu sein, falsche Sichtweisen zu vertreten
Zehn Vorteile	Individuelle Vorteile	1. Als Mensch geboren sein
		2. An einem spirituell zentralen Ort geboren sein
		3. Intakte Sinneskräfte haben
		4. Keinen widersprüchlichen Lebensstil haben
		5. Vertrauen in den Dharma haben
	Vorteile der Umgebung	6. Ein erleuchtetes Wesen ist in der Welt erschienen
		7. Dieses Wesen hat Lehren gegeben
		8. Diese Lehren blieben in dieser Welt
		9. Es gibt Anerkennung und kulturelle Akzeptanz der Lehren
		10. Wir sind einem spirituellen Lehrer begegnet

Tabelle 8-1: Die Merkmale eines kostbaren Menschenlebens.

DIE SELTENHEIT, DIESES KOSTBARE MENSCHLICHE LEBEN ZU ERLANGEN

Sobald wir die konkreten Bedingungen, die unser Leben kennzeichnen, erkannt haben, begreifen wir, wie unglaublich selten sie tatsächlich sind. Nur dann können wir ein Gefühl für die Kostbarkeit ihres Potenzials entwickeln. Wir können dies durch folgenden Überlegungen tun:

Die Ursachen für das Erlangen eines kostbaren menschlichen Lebens

Um ein Gefühl dafür zu bekommen, wie unglaublich schwierig und kostbar es ist, als Mensch wiedergeboren zu werden, untersuchen wir zunächst die spezifischen Ursachen und Bedingungen, die dafür notwendig sind:

1. **Ethisches Verhalten:** Die Hauptursache für das Erlangen einer kostbaren menschlichen Geburt ist, dass man zuvor ein gutes ethisches Verhalten an den Tag gelegt hat. Man hat mindestens eine Form von Gelübde oder Gebot für einige Zeit befolgt, ohne es zu brechen. Im Buddhismus sprechen wir davon, die acht Vorschriften einzuhalten und Folgendes zu unterlassen: Lebewesen zu verletzen, zu stehlen, sexuelles Fehlverhalten, zu lügen, Rauschmittel einzunehmen, die den Geist trüben, zur falschen Zeit Mahlzeiten einzunehmen, zu tanzen und zu singen, sich zu schmücken oder hohe Sitze zu benutzen. Die grundlegendste Form des ethischen Verhaltens ist das Befolgen der *zehn tugendhaften Handlungen* (wie bereits in Kapitel Sechs beschrieben).

2. **Sehr viele Verdienste:** Wir müssen in der Vergangenheit Ozeane von verdienstvollen Handlungen vollbracht haben. Dazu können Handlungen der Großzügigkeit, Disziplin oder Geduld gehören.

3. **Starkes Streben:** Verdienst allein reicht nicht aus, um ein kostbares Menschenleben zu erlangen. Es müssen auch sekundäre Ursachen geschaffen werden, wie z.B. das ständige Streben nach einem solchen Leben und die Widmung aller verdienstvollen Handlungen für die Wiedergeburt als Mensch.

Ohne diese drei Faktoren ist es unmöglich, ein kostbares menschliches Leben zu erlangen.

Übung 8.5 – Die Schwierigkeit, die Ursachen zu schaffen

- *Stellen Sie in einer entspannten Haltung einen neutralen Geist durch die Übung der Achtsamkeit auf den Atem her.*

- *Worin besteht der Unterschied zwischen einfachem ethischen Handeln und dem Gelübde, ethisch zu handeln? Welche Anstrengungen sind erforderlich, um ein solches Gelübde einzuhalten? Welche Gelübde halten Sie? Wie verbreitet ist es, dass Menschen solche Gelübde einhalten?*

- *An welche Art von Handlungen sind Sie gewöhnt? Ist es einfacher, eine nicht-tugendhafte oder eine tugendhafte Handlung auszuführen? Warum, glauben Sie, ist so viel Aufwand nötig, um etwas Tugendhaftes zu tun? Fördert unsere Gesellschaft Tugend oder Nicht-Tugend? Wie beeinflusst diese Voreingenommenheit Ihre Fähigkeit, zu praktizieren?*

- *Wie stark ist Ihre Überzeugung von der Existenz zukünftiger Leben? Können Sie den Wert einer kostbaren menschlichen Geburt erkennen? In Anbetracht ihrer Bedeutung, wie viel von Ihrem Tag verbringen Sie damit, die Ursachen für eine solche Geburt zu schaffen? Wie viel Mühe würde es kosten, dieses Streben ständig zu verstärken und Ihr Leben auf diese Erlangung auszurichten?*

- *Bedenken Sie, dass Sie gerade jetzt eine kostbare menschliche Wiedergeburt erlangt haben. Das bedeutet, dass Sie in einem früheren Leben unglaubliche Anstrengungen unternommen haben, um die Ursachen für diese gegenwärtige Situation zu entwickeln. Ihr früheres Selbst lebte sein Leben in Übereinstimmung mit einem ethischen Verhaltenskodex. Sie verbrachten Ihre ganze Zeit damit, Verdienste durch tugendhafte Handlungen zu sammeln. Sie haben sich auch große Ziele gesetzt und sich mit aller Kraft diesem Ziel gewidmet. Wie würde das frühere Selbst sich fühlen, wenn Sie die ganze Mühe aus dem Fenster werfen und dieses Leben verschwenden?*

- *Entwickeln Sie eine starke Entschlossenheit, dieses Leben nicht durch die Finger gleiten zu lassen. Lassen Sie Ihr Bewusstsein in diesem Gefühl verweilen.*

Beispiele für die Seltenheit der Erlangung eines kostbaren menschlichen Lebens

In den Reden des Buddha finden sich mehrere Beispiele, die traditionell verwendet werden, um zu veranschaulichen, wie unglaublich schwierig es ist, eine kostbare menschliche Geburt zu erlangen:

1. **Das Beispiel der blinden Schildkröte:** Stellen wir uns vor, es gibt ein Stück Holz mit einem Loch darin, das auf der Oberfläche eines großen Ozeans treibt. Dieses Stück Holz ist der Laune der Wellen ausgeliefert, wird zufällig umhergeworfen und bleibt nie für einen Moment am selben Ort. Gleichzeitig lebt in den Tiefen dieses riesigen Ozeans eine blinde Schildkröte. Aufgrund ihrer geringen Ansammlung von Verdiensten kann die Schildkröte nur alle hundert Jahre zur Meeresoberfläche aufsteigen.

    Die Chance dieser blinden Schildkröte, genau an der Stelle an die Oberfläche zu steigen, an der ihr Kopf durch das Loch des Holzstückes passt, ist praktisch Null. Wenn die Schildkröte nicht blind wäre und das Holzstück tatsächlich ausfindig machen könnte, wäre die Situation ganz anders. Aber in dieser Situation wäre eine unvorstellbare Reifung günstigen Karmas notwendig, damit dies von selbst geschieht.

    Der riesige Ozean repräsentiert die scheinbar unendlichen Formen der Existenz, die auf der Grundlage von Unwissenheit entstehen. Die Schildkröte repräsentiert jedes einzelne Wesen, das in diesem Kreislauf der Existenz gefangen ist. Die Tiefen des Ozeans repräsentieren die Zeit, die dieses Wesen in den unteren Bereichen verbringt, während die Möglichkeit, an die Oberfläche zu schwimmen, die relative Zeit repräsentiert, die in den oberen Bereichen verbracht wird. Das Holzstück stellt die Möglichkeit dar, ein kostbares Menschenleben zu finden.

2. **Das Beispiel der Senfkörner:** Betrachten wir auch die folgende Darstellung. Stellen wir uns eine Schale vor, die unendlich viele Senfkörner von hunderten verschiedenen Sorten enthält. In dieser Schale befindet sich ein einzelner Samen, der die Seltenheit einer kostbaren menschlichen Geburt darstellt. Denken Sie an die Chance, diesen einzelnen Samen zufällig aus der Schüssel zu nehmen, während Sie in die entgegengesetzte Richtung schauen.

Diese beiden Beispiele weisen sehr deutlich auf die Anhäufung einer unglaublichen Menge an positivem Karma hin, das auf genau die richtige Weise reift, um eine kostbare menschliche Wiedergeburt zu erzeugen. Wenn wir das erkennen, wäre es nicht sehr dumm, daraus keinen Nutzen zu ziehen?

Vergleich der Anzahl der Wesen in den sechs Bereichen

Eine andere Möglichkeit, ein Gefühl für die extreme Seltenheit dieses menschlichen Lebens zu bekommen, ist, die Zahl der Menschen zu betrachten im Vergleich zu den Wesen in allen anderen Bereichen. Wenn wir über die schiere Menge der Wesen in den sechs Bereichen nachdenken, werden wir feststellen, dass deren Zahl immens ist. Wie wir gesehen haben, wird jeder dieser Bereiche durch bestimmte Geisteszustände erzeugt. Daher wird die Anzahl der in diese Reiche hineingeborenen Wesen direkt proportional zur Häufigkeit dieser Geisteszustände sein.

Im Allgemeinen führt Tugend zu den drei höheren Bereichen, wie denen der Menschen, Halbgötter und Götter, während Nicht-Tugend zu den drei niedrigeren Bereichen der Tiere, hungrigen Geister und Höllenwesen führt. Wenn wir überlegen, ob Tugend oder Nicht-Tugend häufiger vorkommt, stellen wir fest, dass die überwiegende Mehrheit der Wesen sich sehr stark an die Nicht-Tugend gewöhnt hat. Das bedeutet, dass die große Mehrheit der Wesen die Ursachen für eine Geburt in den unteren Bereichen schafft. Das klassische Beispiel ist der Vergleich der Anzahl der Wesen in den unteren Bereichen mit dem gesamten Sand auf dem Meeresboden, während die Anzahl der Wesen in den höheren Bereichen mit dem Staub verglichen wird, der auf die Spitze eines Fingernagels passt.

Um ein besseres Gefühl dafür zu bekommen, vergleichen wir die Anzahl der Menschen mit der Anzahl der Tiere. Wovon gibt es mehr? Auf diesem Planeten gibt es etwa 7 Milliarden Menschen. Wie viele Ameisen gibt es? Wie viele Vögel? Wie viele Fische? Wie viele winzige Mikroorganismen, die im Meer herumtreiben? Sehr schnell können wir sehen, dass viel mehr Wesen das Karma hatten, als Tiere geboren zu werden, als solche, die das Karma hatten, als Menschen geboren zu werden. Und das betrifft nur einen Planet in einem Sonnensystem einer Galaxie. Und die ungeheure Zahl von Wesen, die auf anderen Planeten und in anderen Galaxien leben, ist unvorstellbar.

Wir können dann all die Wesen berücksichtigen, die wir derzeit nicht einmal sehen können. Es heißt, dass jedes einzelne Stück Raum von einer Art Wesen bewohnt wird. Nach den buddhistischen Lehren sind die hungrigen Geister den Tieren zahlenmäßig weit überlegen. Die Höllenwesen wiederum sind den hungrigen Geistern zahlenmäßig weit überlegen. Wenn wir also unseren Blickwinkel erweitern, wird der Prozentsatz der in einem menschlichen Bereich geborenen Wesen äußerst klein und selten.

Eine Geburt als Bewohner eines höheren Reiches zu erlangen, ist schon schwierig genug, aber ein kostbares menschliches Leben mit all den guten Bedingungen, die für die Erlangung der Freiheit von Samsara erforderlich sind, ist noch seltener. Das bedeutet, dass wir an einem Ort und in einer Zeit geboren werden, in der der Dharma verstanden wird, und wir die Möglichkeit haben, die Lehren auf authentische Weise zu praktizieren. Wenn eine dieser Bedingungen unvollständig ist, dann ist es nicht möglich, unser menschliches Leben als kostbar zu betrachten, unabhängig davon, wie umfangreich unsere Fertigkeiten, Begabungen oder unser Wissen erscheinen mögen.

Wir haben bereits betrachtet, wie viele Menschen es im Vergleich zu anderen Lebensformen auf diesem Planeten gibt, von der einfachsten bis zu den am weitesten fortgeschrittenen Formen. Versuchen Sie nun, die kleine Zahl von Menschen zu betrachten, die glücklich genug sind an Orten geboren worden zu sein, an denen der Dharma verstanden und praktiziert wird. Sie werden erkennen, dass es nur sehr wenige Menschen gibt, die überhaupt als Besitzer eines kostbaren menschlichen Lebens betrachtet werden können.

DER GROSSE VORTEIL, DIESES KOSTBARE MENSCHLICHE LEBEN ZU ERLANGEN

Die acht Freiheiten und zehn Vorteile helfen uns, die Einzigartigkeit unserer gegenwärtigen Situation zu erkennen. Durch die Untersuchung der Seltenheit der Situation erkennen wir, dass diese Bedingungen nicht jederzeit auftreten. Dann stellt sich die Frage: „Was soll ich mit dieser kostbaren Gelegenheit machen?" Entsprechend dem Buddhismus gibt es drei sinnvolle Wege, dieses Leben zu nutzen, um sich selbst und den Mitmenschen mehr Frieden und Glück zu bringen:

1. **Der eindeutige Wert einer höheren Wiedergeburt:** Zunächst einmal können Sie dieses Leben nutzen, um die Ursachen für eine höhere Wiedergeburt zu schaffen, welche frei vom intensiven Leiden der unteren Bereiche ist. Während Sie die Wiedergeburt in einem Götterbereich anstreben könnten, ist es aus buddhistischer Sicht lohnender, die Voraussetzungen für eine weitere kostbare menschliche Geburt zu schaffen, weil Sie dort die spirituelle Praxis fortsetzen können. Auf diese Weise können Sie sich von Leben zu Leben bewegen und Ihre Fähigkeiten entfalten und damit alle guten Eigenschaften entwickeln.

2. **Befreiung vom Leiden:** Diejenigen mit besonders starkem Überdruss hinsichtlich des Zyklus der Existenz können dieses Leben nutzen, um die Weisheit von der Realität zu entwickeln, die als Gegenmittel für die Unwissenheit wirkt. Durch die Beseitigung von Unwissenheit können Sie die Kette der zwölf Glieder durchbrechen und so den Prozess der unkontrolliert bedingten Wiedergeburt beenden. Dadurch erreichen Sie einen Zustand dauerhaften wahren Glücks, der frei von Leiden ist. Dieser Zustand wird allgemein als *Nirvana* bezeichnet.

3. **Vollständige Erleuchtung:** Diejenigen, die sich nicht damit zufrieden geben, nur ihr eigenes Wohlergehen zu erreichen, sondern entschlossen sind, allen fühlenden Wesen Nutzen zu bringen, können dieses Leben nutzen, um die größte aller Errungenschaften zu erreichen: die vollständige und vollkommene Erleuchtung. Auf diese Weise beseitigen Sie nicht nur die groben Verdunkelungen, die Ihr eigenes Leiden verursachen, sondern auch die subtilen Verdunkelungen. Dadurch können Sie sich auf unendliche Arten manifestieren, um anderen Nutzen zu bringen.

Welche dieser Motivationen Sie wählen, hängt davon ab, wo Sie sich in Ihrer persönlichen spirituellen Entwicklung gerade befinden. Es ist aber hilfreich daran zu denken, dass Sie durch die Arbeit auf ein höheres Ziel hin automatisch auch die Vorteile der Suche nach den niedrigeren Zielen erlangen. Wenn Sie sich also entscheiden Ihr Leben dem Erreichen der Erleuchtung zu widmen, werden Sie auch persönliche Befreiung und eine höhere Wiedergeburt erlangen. Das Wichtigste ist, zu versuchen, über unser unmittelbares Leben hinauszuschauen und den größeren Rahmen unserer Situation zu berücksichtigen. Wenn wir nur zum Wohle dieses Lebens arbeiten, schaffen wir keine Ursachen für echtes Glück. Das bedeutet, wenn wir sterben, verlieren wir alles, was wir hart erarbeitet haben.

Übung 8.6 – Eine Frage der Prioritäten

- *Stellen Sie in einer entspannten Haltung einen neutralen Geist durch die Übung der Achtsamkeit auf den Atem her.*

- *Denken Sie an die verschiedenen Aktivitäten, die Sie täglich verrichten. Identifizieren Sie Ihre vorherrschenden Gewohnheiten. Wie viel Energie verwenden Sie auf diese Handlungen?*

- *Betrachten Sie nun die Arten von Ergebnissen, die durch diese Aktivitäten erzielt werden. Sind diese Ergebnisse auf dieses gegenwärtige Leben ausgerichtet oder auf zukünftige Leben? Wie viel von Ihrer Zeit verbringen Sie in spirituellen Beschäftigungen verglichen mit weltlichen Beschäftigungen? Gewinnen Sie ein Gefühl dafür, in welchem Verhältnis Sie Ihre Zeit darauf aufteilen.*

- *Denken Sie jetzt darüber nach, wie Sie Ihre Zeit nutzen könnten. Gibt es Gewohnheiten, die Ihrem Leben keinen dauerhaften Nutzen bringen? Gibt es Gewohnheiten, die aktiv zu Ihrem Leiden beitragen (jetzt oder in der Zukunft)? Was können Sie tun, um die Energie zu reduzieren, die Sie für diese Aktivitäten aufwenden?*

- *Denken Sie an die Vorteile, die Sie erreichen könnten, wenn Sie die Prioritäten auch nur ein wenig verschieben würden. Welche Auswirkungen hätte das auf Ihr Leben und auf die Menschen um Sie herum? Welche Auswirkungen hätte es auf zukünftige Leben?*

- *Identifizieren Sie ein paar einfache Änderungen, die Sie in Ihrem Leben vornehmen könnten, um der persönlichen spirituellen Entwicklung größere Priorität einzuräumen.*

HINDERNISSE FÜR DIE AUSÜBUNG DES DHARMA

Mit der Wertschätzung unserer gegenwärtigen Umstände und dem Wunsch, das Beste aus dieser Gelegenheit zu machen, haben Sie alles, um Dharma zu praktizieren. Wir müssen uns allerdings immer gewahr sein, dass sich diese Bedingungen jederzeit verschlechtern können. Im Folgenden sind zwei Arten von Bedingungen aufgeführt, die die Praxis behindern können. Sie sollten so weit wie möglich vermieden werden, da sie Ihre Entschlossenheit zerstören und die schlechten Gewohnheiten verstärken können, die die zyklische Existenz weiter antreiben.

Die acht temporären Umstände

Sie werden auch die acht intrusiven Umstände genannt und wurden zuerst von dem großen tibetischen Meister Rigdzin Jigme Lingpa unterrichtet. Seine ursprünglichen Lehren wurden erweitert und werden heute wie folgt dargestellt:

1. Menschen, bei denen die fünf Gifte (Unwissenheit, Anhaftung, Abneigung, Stolz und Eifersucht) zu stark sind, können keinen reinen Dharma praktizieren. Selbst wenn sie den Wunsch oder das Interesse haben, zu praktizieren, sind diese geistigen Verblendungen zu dominant. Deshalb müssen wir alles tun, um diese verblendeten Geisteszustände zu beseitigen.

2. Menschen mit begrenztem Intellekt können, auch wenn sie die Möglichkeit haben, Dharma nicht richtig praktizieren, weil sie nicht fähig sind, den tieferen Sinn der Lehren zu verstehen. Deshalb müssen wir große Anstrengungen unternehmen, unseren Geist durch Studium, Reflexion und Meditation zu schärfen.

3. Schüler von Lehrern, die „falsche spirituelle Freunde" sind, werden zu verzerrten Ansichten und Handlungen geführt, die auf falsche Pfade führen. Da sie nicht den reinen Dharma lernen, können sie in ihrer Praxis nicht vorankommen. Deshalb müssen wir unsere spirituellen Lehrer sorgfältig prüfen, ob der Dharma, den sie lehren, authentisch ist.

4. Selbstzufriedene oder faule Menschen können niemals etwas über den Dharma lernen und ihn authentisch praktizieren, da ihnen die Beharr-

lichkeit fehlt, um das erforderliche Studium durchzuführen. Diese Leute werden es immer aufschieben und denken: „Ich mache es später." Später kommt aber nie. Unternehmen Sie daher große Anstrengungen, die Gegenmittel gegen die Faulheit anzuwenden.

5. Aufgrund der Ansammlung von Hindernissen über viele Lebenszeiten, werden es einige Menschen sehr schwierig finden, die richtigen Eigenschaften zu entwickeln, um den Dharma auszuüben. Sie werden von einem Rückstau an negativem Karma überwältigt und durch ihren mangelnden Fortschritt desillusioniert. Sie erkennen nicht, dass dies alles das Ergebnis ihres eigenen Handelns ist. Bemühen Sie sich daher, das negative Karma so weit wie möglich zu reinigen.

6. Diejenigen, die sklavisch weltliche Bestrebungen verfolgen oder bindende Verpflichtungen haben, die als Hindernisse für den buddhistischen Weg dienen, haben ihre Freiheit verloren, den Dharma zu praktizieren, selbst wenn sie dies wünschen. Meditieren Sie daher über die Nachteile der zyklischen Existenz und entwickeln Sie einen starken Geist der Entsagung.

7. Einige Leute studieren den Dharma aus Angst oder um zu versuchen, ihrer gegenwärtigen Lebenssituation zu entkommen. Sie können sogar als Mönch in einem Kloster leben und als guter Praktizierender erscheinen. In Wahrheit können sie aber keine Fortschritte erzielen, da ihre Absichten nicht authentisch sind. Entwickeln Sie daher Achtsamkeit für Ihre wahre Absicht und arbeiten Sie hart daran, eine sinnvolle Motivation für dieses Leben zu wählen.

8. Einige Leute haben den äußeren Anschein, ein Dharmapraktizierender zu sein, aber ihr Geist ist mehr an weltlichen Anliegen, wie Prestige und Macht, interessiert. Sie sind zu weit vom Pfad entfernt, um sich wahrhaftig mit dem Dharma auseinanderzusetzen. Meditieren Sie daher ausführlich über die *acht weltlichen Dharmas* und die *vier Überzeugungen der Entsagung*.

Die acht ungeeigneten Einstellungen

Sie werden auch die acht inkompatiblen Neigungen, die vom Dharma wegführen, genannt. Sie beinhalten:

1. Einige Menschen sind so sehr von ihrem Reichtum, ihrer Familie, ihrem Besitz und ihrem Geschäftsleben besessen und in Anspruch genommen, dass sie keine Gelegenheit haben, den Dharma zu praktizieren. Diese Menschen mögen sich wünschen zu praktizieren, aber sie werden durch ihre weltlichen Verpflichtungen gefangen gehalten. Setzen Sie daher in Ihrem Leben sinnvolle Prioritäten.

2. Einige Menschen haben Charaktere, die so arrogant und egoistisch sind, dass ihnen die Demut fehlt, überhaupt daran zu denken, sich selbst zu verbessern. Selbst wenn sie das Glück haben, den wunderbarsten Lehrer und die wunderbarste spirituelle Gemeinschaft zu treffen, werden sie sich nicht zum Besseren wenden. Entwickeln Sie daher einen Geist, der offen und empfänglich dafür ist, von anderen zu lernen.

3. Selbst wenn eine Person oft und gut über die Nachteile von Samsara und das unglaubliche Leiden der niederen Bereiche unterrichtet wird, fehlt ihr vielleicht immer noch jegliches wirkliche Verständnis. Sie haben keine Entschlossenheit, sich zu befreien, wenn sie sich mit Dharmapraxis beschäftigen. Studieren Sie daher unaufhörlich und denken Sie über die *vier Überzeugungen der Entsagung* nach.

4. Menschen, die kein Vertrauen in den Lehrer und die Lehren haben, haben keinen Schlüssel, um die Tür des Dharma zu öffnen. Nehmen Sie sich daher Zeit, um über Ihr Potenzial zu kontemplieren und Vertrauen in die Fähigkeit des Dharma zu entwickeln, dass er Ihnen hilft dieses Potenzial zu erreichen.

5. Einige Menschen haben tatsächlich Freude daran, sich mit ihrem Körper, ihrer Rede und ihrem Geist nicht-tugendhaft zu verhalten. Da sie ihre Gedanken, Worte und Taten nicht kontrollieren können, können sie den Dharma nicht praktizieren, da sie sich von ihm abgewandt haben. Achten Sie daher immer gewissenhaft auf Ihr Handeln und seine Auswirkungen auf Sie selbst und andere.

6. Andere Menschen sind so apathisch dem Wert der Kultivierung von Tugend oder der Bedeutung der Lehren gegenüber, dass sie sich nie dazu überwinden können, Dharma zu praktizieren. Sie werden mit einem Hund verglichen, dem Gras zum Fressen angeboten wird. Sie werden einfach nie daran interessiert sein. Konzentrieren Sie sich daher in Ihren Studien darauf, das *karmische Gesetz von Ursache und Wirkung* zu verstehen.

7. Jeder, der die buddhistische Praxis begonnen hat und dann die Gelübde des moralischen Verhaltens bricht ohne die ernsthafte Absicht, sie zu erneuern, wird in den unteren Bereichen wiedergeboren werden. Dann wird es keine Chance geben, den Dharma zu praktizieren. Achten Sie deshalb darauf, welche ethischen Richtlinien auch immer Sie in Ihr Leben integrieren wollen, diese jederzeit zu bewahren.

8. Jeder fortgeschrittene spirituell Praktizierende, der seine heiligen Verpflichtungen gegenüber seinem Lehrer oder seinen geistigen Brüdern und Schwestern bricht und der innerhalb eines bestimmten Zeitraums keine echte Reue zeigt, wird nicht nur sich selbst, sondern auch andere in der spirituellen Gemeinschaft zu Fall bringen. Nehmen Sie daher Ihre spirituelle Verpflichtungen ernst und bemühen Sie sich, sie rein zu halten.

Diese Gelegenheit optimal nutzen

Gerade jetzt, in diesem Moment, sind Sie gesegnet, authentischen Dharmalehren zu begegnen. Was Sie als Nächstes tun, ist allein Ihre Entscheidung. Wenn Sie diese Chance nicht wahrnehmen, verschwenden Sie Ihr menschliches Leben und setzen sich selbst in den Nachteil, indem Sie keine Tugenden pflegen und einem spirituellen Weg folgen. Deshalb entscheiden Sie klug, denn es ist ein großes Unglück, zur Kostbarkeit dieses Lebens erwacht zu sein und dann dieser Gelegenheit den Rücken zu kehren.

Wie der große Heilige Milarepa sagte:

Gut benutzt, ist dieser Körper unser Floß zur Freiheit,
schlecht benutzt, verankert uns dieser Körper an Samsara,
dieser Körper bietet beides, das Gute und das Böse.

Jetzt ist es an der Zeit, sich ernsthaft zu bemühen ein sinnvolles Leben zu führen, indem wir einem spirituellen Weg folgen und unsere Verdienste widmen, zukünftige Wiedergeburten zu erlangen, durch die wir uns selbst und anderen durch echte Dharmapraxis helfen können.

Wie im „Weg eines Bodhisattva" von Shantideva gesagt wird:

Nachdem ich also die Freiheit eines menschlichen Lebens gefunden habe,
wenn ich es jetzt versäume, mich in Tugend zu üben,
welche größere Torheit könnte es jemals geben?
Wie könnte ich mich selbst verraten?

ZUSAMMENFASSUNG

- Unsere gegenwärtige Situation hat zwei Eigenschaften, die wir erkennen müssen: dass sie uns eine kostbare Gelegenheit bietet und dass diese Gelegenheit äußerst selten ist.

- Es gibt achtzehn Bedingungen, die eine kostbare menschliche Wiedergeburt definieren: acht Freiheiten und zehn Vorteile. Die Freiheiten beschreiben das Fehlen bestimmter Hindernisse, die die Praxis unmöglich machen, während die Vorteile die Bedingungen beschreiben, die unsere Praxis unterstützen.

- Die acht Freiheiten werden in zwei Gruppen zu je vier eingeteilt: die vier nicht-menschlichen Zustände, denen es aufgrund der extremen Erfahrungen von Vergnügen oder Schmerz an Muße mangelt, und die vier menschlichen Voraussetzungen, die uns direkt daran hindern, sich voll und ganz mit der Dharmapraxis zu beschäftigen.

- Die zehn Vorteile werden auch in zwei Gruppen zu je fünf unterteilt: Die fünf individuellen Vorteile beschreiben spezifische Eigenschaften, die eine Person besitzen kann, die sie besonders geeignet für die Ausübung des Dharmas machen. Die fünf Vorteile der Umstände beziehen sich auf die Besonderheiten, an einem bestimmten Ort und zu einer bestimmten Zeit geboren zu werden.

- Die Wertschätzung für die Seltenheit dieses kostbaren Lebens wird entwickelt, indem man die erforderlichen Ursachen für ein solches Leben betrachtet. Weiters denkt man über die verschiedenen Beispiele nach, die die Seltenheit der Erlangung eines solchen Lebens veranschaulichen, und analysiert die relative Anzahl von Wesen, um die Unwahrscheinlichkeit der Erlangung dieses Lebens festzustellen.

- Um das Potenzial zu erkennen, das wir haben, betrachten wir die Vorteile, die auf der Grundlage dieses Lebens erreicht werden können: eine höhere Wiedergeburt, Befreiung von der zyklischen Existenz und vollständige Erleuchtung.

- Es gibt verschiedene Hindernisse, die auftreten können, um die eigene Fähigkeit zur Praxis zu schwächen. Es gibt acht temporäre Umstände, die vermieden werden, und acht ungeeignete Einstellungen, die aufgegeben werden sollten.

KAPITEL NEUN

Über Tod und Vergänglichkeit reflektieren

Die Praxis des Dharma erfordert oft, dass wir gegen den Fluss unserer eigenen gewohnten Tendenzen und den allgemein anerkannten Prioritäten der Gesellschaften, in denen wir leben, handeln. Indem wir das kostbare Potenzial erkennen, das dieses Leben zu bieten hat, gewinnen wir einen neuen Blickwinkel für das Wesentliche, aber das ist nicht immer im Einklang mit der allgemeinen Sichtweise.

In vielen Ländern geht man zur Schule, bekommt einen Job, verliebt sich, hat eine Familie, arbeitet, geht in Rente und stirbt. Das ist das Muster, das sich immer und immer wieder auf der ganzen Welt wiederholt. Obwohl an einem solchen Muster nichts grundsätzlich falsch ist, ist das eine begrenzte Perspektive, wie wir bereits erfahren haben, da sie nur dieses gegenwärtige Leben berücksichtigt.

Wenn wir uns also dem Dharma zuwenden, müssen wir zwischen dieser uns von klein auf vermittelten, weltlichen Sichtweise und einer spirituellen Sichtweise, die wir derzeit entwickeln, einen Ausgleich finden. Zuerst kann es sich zwischen den beiden wie ein Tauziehen anfühlen, denn unsere Gewohnheiten behaupten sich immer wieder aufs Neue. Meistens gewinnen unsere Gewohnheiten. Wir fangen an, Ausreden zu finden, wie z. B. nicht genug Zeit zu haben oder von zu vielen Ablenkungen umgeben zu sein. Wir sagen uns: „Es ist im Moment einfach zu schwierig. Sobald dies oder jenes fertig ist, werde ich üben." Wir formulieren für uns alle möglichen Bedingungen und Anforderungen, die wir für unsere Praxis notwendig halten. Jedes Mal schieben dann wir die Praxis aus der Gegenwart in die Zukunft.

Der Dharma kann unser Leben unglaublich verändern. Es nützt aber nichts, wenn Sie ihn auf eine Fantasiewelt beschränken, die eintreten kann oder nicht.

Wir müssen ihn in diesen gegenwärtigen Moment bringen, damit wir wirklich davon profitieren können. Dazu brauchen wir ein Gefühl der Dringlichkeit, das unserer Tendenz zum Aufschieben entgegenwirkt – eine Stärke des Geistes, die es uns ermöglicht, gegen den Strom zu schwimmen. Diese Kraft entsteht durch die Meditation über das Thema Tod und Vergänglichkeit.

Ob wir es wissen oder nicht, die meisten von uns gehen davon aus, genug Zeit zu haben die Dinge zu tun, die wir tun wollen. Unsere Kultur ist ziemlich gut dabei, uns zu helfen, unser Leben auf verschiedene Weise durchzuplanen. Alle diese Pläne gehen davon aus, dass man da sein wird, um sie zu erleben. Es ist diese Annahme, die wir analysieren müssen. Denn auf der Grundlage dieser Annahme verschieben wir oft das wirklich Wichtige zugunsten einer vorübergehenden Maßnahme, die zu den von uns gewünschten Ergebnissen führen kann oder auch nicht. Wir tun das so oft, wir können unser ganzes Leben in einer Art Warteschleife verbringen, immer auf ein nie wirklich eintretendes Ergebnis hinarbeitend. Auf diese Weise kann unser Leben buchstäblich vor unseren Augen vorbeirasen und, bevor wir es merken, haben wir gerade diese kostbare menschliche Wiedergeburt verschwendet.

Einige finden die Idee, über den Tod nachzudenken, beängstigend und unnötig. Die westliche Kultur neigt dazu, mit diesem Thema viel Angst zu verbinden. Das hängt vermutlich am ehesten mit dem Vorherrschen eines eher nihilistischen Standpunktes zusammen, der den Tod mit Auslöschung gleichsetzt. Für diese Menschen ist er das Ende von allem und sollte deshalb um jeden Preis vermieden werden. Unsere Kultur stärkt diese Ideen mit der Förderung der Werte, jung und schön zu bleiben. Sie versucht den Tod hinter einer Ziegelmauer zu verstecken in der Hoffnung, dass er verschwindet.

Aus buddhistischer Sicht bringt diese Ansicht keinen Nutzen. Durch das Verständnis von Karma und zyklischer Existenz erkennen wir, dass der Tod lediglich ein Übergang aber kein Ende ist. Statt ihn zu fürchten, bietet er uns tatsächlich große Möglichkeiten und kann für die spirituelle Entwicklung auf außergewöhnliche Weise genutzt werden. Indem wir über die Natur von Tod und Vergänglichkeit nachdenken, können wir unsere Anhaftung an die Dinge dieses Lebens verringern. Zusätzlich entwickeln wir einen realistischeren und pragmatischeren Ansatz dafür, wie wir unser Leben gestalten. Vor allem aber erinnert uns der Tod daran, dass das Leben kurz ist. Wir können es uns nicht leisten, auch nur eine Sekunde mit belanglosen Aktivitäten zu verschwenden. Aus diesem Grund entfacht er das Feuer unserer Entschlossenheit und treibt uns voran, was uns die notwendige Kraft gibt, um alle Hindernisse zu überwinden.

GROBE UND SUBTILE VERGÄNGLICHKEIT

Das Wesen unserer äußeren Realität ist vergänglich – sie verändert sich ständig von Moment zu Moment. Es gibt nichts in dieser Realität, was sich nicht ändert, denn alles, was wir auf dieser Ebene erleben, ist ein *bedingtes Phänomen*. Das heißt, es entsteht in Abhängigkeit durch das Zusammentreffen von Ursachen und Bedingungen.

1. **Grobe Vergänglichkeit:** Auf einer sehr offensichtlichen Ebene können wir sehen, wie Phänomene entstehen, eine Zeit lang bleiben und dann enden. Zum Beispiel werden wir geboren, altern und dann sterben wir. Ebenso wächst ein Samen zu einem Spross, der zu einem Baum wächst, der Früchte hervorbringt, der schließlich verrottet und sich wieder in der Erde auflöst. Oft spielt sich dieser Prozess über längere Zeiträume ab und wir bemerken ihn erst, wenn wir den aktuellen Zustand eines Phänomens mit einem früheren vergleichen. Vergleichen Sie, wie Sie jetzt aussehen gegenüber dem Aussehen als Kind. Dieser offensichtliche Veränderungsprozess wird als *grobe Vergänglichkeit* bezeichnet.

2. **Subtile Vergänglichkeit:** Auf einer tieferen Ebene können wir jedoch von *subtiler Vergänglichkeit* sprechen, die sich auf den Grundmechanismus bezieht, der die offensichtlicheren Formen des Wandels bedingt. Eine Änderung erfolgt nicht abrupt. Wir wechseln nicht in einem Augenblick von jung zu alt. So funktioniert das nicht. Stattdessen entwickeln wir uns in einem konstanten Fluss sehr kleiner Schritte auf der Ebene einer Mikrosekunde. Jeder Moment, der entsteht, trägt schon die Ursachen für seine eigene Beendigung in sich. Weil er nur für einen ein-

zigen Moment existiert, schafft er dann die Gelegenheit, dass an seiner Stelle ein anderer Moment entsteht. Dieser neue Moment wird jedoch durch eine leicht veränderte Reihe von Bedingungen bestimmt, was zu extrem subtilen Variationen der daraus entstehenden Phänomene führt.

Mit bloßem Auge sieht alles so aus, als ob es gleich bliebe. Auf einer sehr subtilen Ebene allerdings verändert sich alles. Im Laufe der Zeit sammeln sich diese winzigen Veränderungen an, bis es eine spürbare Veränderung auf der offensichtlichen Ebene gibt. Da wir normalerweise nur die offensichtlichen Veränderungen wahrnehmen, entwickeln wir den Glauben, dass Phänomene über die Zeit andauern. Wir schreiben ihnen eine Art Beständigkeit zu, durch die wir ein Objekt eindeutig als „dasselbe" Objekt identifizieren, das es zuvor war. Das ist eine Illusion. Während wir sie konzeptuell als Teil desselben Kontinuums von Veränderungen bezeichnen können, überdauert nichts von einem früheren Moment bis zum jetzigen. Diese Momente mögen ähnlich sein, aber sie sind nicht dieselben.

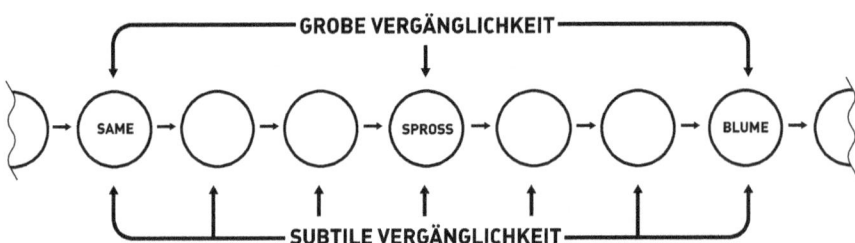

Abbildung 9-1: Grobe und subtile Vergänglichkeit über die Zeit.

Ein gutes Beispiel dafür ist es, an einen Fluss zu denken. Wenn wir den Fluss sehen, können wir das vorbeifließende Wasser wahrnehmen. Wenn wir unseren Blick auf einen bestimmten Abschnitt des Flusses richten, entdecken wir, dass sich das Wasser, das durch diesen Abschnitt fließt, ständig verändert. Es gibt nie einen Moment, in dem der Fluss erstarrt. Wenn wir am nächsten Tag wiederkommen, können wir sicher sein, dass das Wasser desselben Flussabschnitts ein ganz anderes ist als das Wasser vom Vortag. Der Fluss fließt einfach in einem stetigen Strom der Veränderung weiter. Obwohl wir diese Ansammlung von Änderungen als „Fluss" bezeichnen können, gibt es jedoch nichts Festes oder Stabiles, worauf sich diese Bezeichnung beziehen könnte.

Subtile Vergänglichkeit ist nur für diejenigen direkt wahrnehmbar, die ein hohes Maß an kontemplativer Verwirklichung erlangt haben. Durch die Praxis der Meditation des ruhigen Verweilens wird es möglich, den Geist so weit zu fokussieren, dass er den subtilen Fluss der momentanen Veränderung aufnehmen kann. Eine solche Erkenntnis gibt solchen Praktizierenden eine direkte Einsicht in die Natur ihrer Realität und kann zu einer signifikanten Veränderung der Beziehung so einer Person mit der Außenwelt führen. Diejenigen von uns, die noch nicht so weit gekommen sind, müssen sich auf eine indirekte Kenntnis dieses Phänomens durch Konzepte stützen.

DIE SIEBEN BETRACHTUNGEN ÜBER DIE GROBE VERGÄNGLICHKEIT

Auch wenn es schwierig ist, die subtile Vergänglichkeit direkt zu verstehen, ist ein Verständnis der groben Vergänglichkeit äußerst hilfreich, um die Anhaftung an weltliche Phänomene, wie materielle Besitztümer, Beziehungen und Status, zu reduzieren. Diese Aspekte als dauerhafte Quellen des Glücks zu begreifen, wird nur zu Leid und Unzufriedenheit führen. Es ist daher wichtig, die grobe Ebene der Vergänglichkeit sorgfältig zu untersuchen und zu analysieren. Denken wir darüber nach, wie sich die Vergänglichkeit auf unser eigenes Leben auswirkt und auf die Welt, in der wir leben. Nach der glorreichen *Nyingthig-Übertragungslinie* des tibetischen Buddhismus gibt es sieben Überlegungen zur groben Vergänglichkeit. Wir werden nun jede von ihnen im Detail untersuchen.

1. Die Entwicklung der Außenwelt

Die einfachste Möglichkeit, um den ständigen Fluss der Vergänglichkeit zu bemerken, ist, einen Blick auf die Evolution der natürlichen Welt zu werfen. In der Natur können wir den Kreislauf der Zeit sehen, der sich in allen möglichen Phänomenen abspielt, wie in den vier Jahreszeiten, Ebbe und Flut, der Gezeiten des Ozeans und den wirbelnden Wetterstrukturen, die unsere tägliche

Erfahrung prägen. All dies geschieht durch die Bewegung dieses Planeten im Verhältnis zu den anderen Planeten in diesem Sonnensystem. Das Sonnensystem bewegt sich wiederum im Verhältnis zu den Planeten in anderen Sonnensystemen, die sich im Verhältnis zu den Planeten in anderen Galaxien bewegen. Alles bewegt und verändert sich in einem endlosen kosmischen Tanz.

Wie nimmt also dieses riesige Universum Gestalt an? Es kommt darauf an, wen Sie fragen. Für einige wurde dieses Universum durch ein allmächtiges Wesen erschaffen. Andere glauben, dass es aus dem Nichts entstanden ist. Wenn wir Wissenschaftler fragen, gibt es unterschiedliche Meinungen. Die meisten glauben an die Theorie, dass das Universum mit einer Singularität der extrem verdichteten Materie begann, die in einer schnellen Expansion nach außen explodierte, bekannt als der „Urknall". Aus buddhistischer Sicht ist diese Theorie nicht falsch, sie ist nur unvollständig, weil nicht untersucht wird, warum diese Singularität überhaupt entstanden ist.

Der Buddhismus geht vom Verständnis der gegenseitigen Beeinflussung zwischen geistiger und physischer Realität aus. Er nimmt an, dass das Universum aus den kollektiven karmischen Neigungen der in diesem Raum lebenden fühlenden Wesen entstanden ist. Während es keine physische Grundlage für grobe Wesen, wie Menschen oder Tiere, gab, existierten dennoch rein geistige Wesen, wie Götter der Form- und formlosen Bereiche. Es war ihr Karma, das die Verdichtung der Energie katalysierte, die schließlich zum Urknall führte.

In den frühen Phasen des Kosmos begannen sich die verschiedenen Elemente zu manifestieren. Das schuf die Voraussetzungen dafür, dass fühlende Wesen in immer gröberen Formen geboren werden konnten. Die allerersten Menschen waren daher das spontane Ergebnis der Reifung der Wesen der Götterbereiche. Natürlich hatten diese Menschen wenig Ähnlichkeit mit uns selbst. Sie waren viel reiner mit subtilen Körpern aus Energie.

Nachdem sie Körper angenommen hatten, begannen sie, auf im Geist aufkommende Empfindungen zu reagieren. Anfangs waren diese Menschen nicht besitzergreifend und teilten alles miteinander. Einander nur anzuschauen genügte, um sie vollkommen sexuell zu befriedigen. Aber im Laufe der Zeit wuchs ihr Verlangen und ihr Begehren, ihr Blick auf die Realität verfestigte sich und wurde gröber. Im weiteren Verlauf erforderte es für sie mehr Aufwand, Befriedigung zu erfahren. Wo früher ein Blick genügte, mussten sie nun ein Lächeln sehen und dann schließlich Körperkontakt erleben.

Je mehr ihr Verlangen wuchs, desto konkreter wurde ihre Welt. Sterne begannen sich zu bilden und es entstanden Planeten, die sie umkreisen. Je fester ihre Körper wurden, desto individueller fühlten sie sich. Die Menschen entwickelten ein Gefühl der Besitzgier gegenüber verschiedenen Arten von Objekten. Sie begannen negative Handlungen zu setzen, um diese Objekte zu erlangen. Auf dieser Grundlage entstand Zwietracht in ihren Gemeinschaften. Um Konflikte zu vermeiden, stellten sie soziale Regeln auf und wählten Anführer, um sie durchzusetzen. Menschen, die diese Regeln nicht befolgten, wurden bestraft.

Als die verschiedenen Geistesgifte stärker wurden, begannen fühlende Wesen neue Formen anzunehmen. Zuerst gab es nur ein paar Tiere, aber schließlich wuchs diese Zahl. Jedes von ihnen wurde von Unwissenheit, Anhaftung und Abneigung angetrieben. Diese Geisteszustände führten dazu, dass Wesen in den Hungergeister- und Höllenbereichen geboren wurden. Auf diese Weise entstanden die sechs Bereiche.

Irgendwann war der Geist der Menschen so stark degeneriert, dass sie eine Form annahmen, die den Tieren um sie herum sehr ähnlich war. Was wir die Evolution des Menschen nennen, ist eigentlich die fortschreitende Reifung des menschlichen Karmas im Laufe von tausenden von Jahren. Während es äußerlich so aussehen mag, als hätten wir uns gegenüber unseren Neandertaler-Vorfahren deutlich verbessert, sind wir im Vergleich zur Reinheit unserer früheren Existenzform erheblich degeneriert.

Dieser Evolutionsprozess stellt einen Zeitraum der Degeneration dar. Aus der Perspektive der kosmischen Zyklen betrachtet, ist dieser Zeitraum nur ein Teil eines kontinuierlichen Prozesses von Schöpfung und Zerstörung. Wenn dieses gegenwärtige Universum weiter degeneriert, wird es irgendwann anfangen zu zerfallen. Dieser Prozess beginnt, wenn viele Wesen beginnen, fortgeschrittene Stadien der meditativen Versenkung zu erreichen. Das wird sie dazu bringen, eine Wiedergeburt in den Form- und formlosen Bereichen anzunehmen. Diejenigen, deren negatives Karma zu stark ist, werden in anderen Sonnensystemen wiedergeboren, wodurch dieser spezielle physische Bereich im Endeffekt geleert wird. Ohne das kollektive Karma, das es aufrechterhalten kann, wird die Atmosphäre dieser Welt zusammenbrechen und die Sonne wird sich ausdehnen und die Welt letztendlich in einer lodernden Supernova verzehren.

Die erste Welle der Ausdehnung der Sonne wird alle Früchte tragenden Bäume und Wälder verbrennen. In der zweite Welle werden alle Bäche, Flüsschen und Teiche verdunsten, während die dritte und vierte Welle alle Ströme und die großen Seen austrocknen wird. In der fünften Phase werden dann alle riesigen Ozeane in unterschiedlichem Maße nach und nach verdunsten. Das verbleibende Meerwasser schrumpft auf eine so kleine Fläche, dass nicht einmal ein Fußabdruck gefüllt werden kann. Wenn die sechs Wellen der Ausdehnung der Sonne die Erde erreicht haben, werden die gesamte Erde und ihre schneebedeckten Berge in Flammen aufgegangen sein. Mit der siebten Ausdehnung wird selbst die subtilste Essenz der Erde, zusammen mit allen verbleibenden Spuren der physischen Welt, von Flammen verschlungen werden.

Mit der Zerstörung des grobstofflichen physischen Bereiches wird sich die Energie des Feuers weiter ausbreiten und sogar noch feinere Bereiche verzehren. Zuerst die hungrigen Geister, dann die Höllenwesen und schließlich die verschiedenen Ebenen der Götter. In diesem Stadium werden nur noch diejenigen übrig bleiben, die den Begierdebereich überwunden und in den Form- und formlosen Bereichen Zuflucht gesucht haben.

Die Ursache für die Zerstörung des Formbereichs ist die Unfähigkeit dieser Wesen, einen subtilen geistigen Zustand aufrechtzuerhalten, sowie das Aufgeben von Untersuchung und Analyse durch die Wesen bis zum ersten Formbereich. Da dieser Zustand durch eine feuerähnliche Energie gekennzeichnet ist, sind diese Wesen dann in den sieben Wellen der Zerstörung anfällig für die Zerstörung durch Feuer. Im Bereich der Götter des zweiten Formbereichs werden sich dann Sturmwolken bilden und ein gewaltiger sintflutartiger Regen wird fallen. Wie Salz, das sich im Wasser auflöst, wird alles bis hin zum Reich der Götter des zweiten Formbereichs zerfallen. Das wiederum wird durch die Unfähigkeit, einen subtilen geistigen Zustand aufrechtzuerhalten, verursacht und durch die Unfähigkeit der Wesen des zweiten Formbereichs, auf weltliche Freude und Glückseligkeit zu verzichten. Da dieser Geisteszustand eine wasserähnliche Energie hat, werden sie von der Zerstörung durch Wasser nicht verschont.

Nach sieben Verwüstungen durch Wasser wird ein alles-durchdringender Wind aus der Basis des Universums aufsteigen. Wie Staub, der vom Wind verstreut wird, wird alles bis hin zum Bereich der Götter des dritten Formbereichs vollständig weggeweht. Das geschieht, da die Wesen des dritten Formbereichs zu wenig Subtilität in ihrer meditativen Stabilisierung entwickelt haben und das Stadium des mühelosen Verweilens nicht aufgeben. Dieser meditative Zustand ist durch windartige Energie gekennzeichnet und diese Wesen sind daher anfällig für die Zerstörung durch Wind.

Am Ende dieses Prozesses bleiben nur noch der Raum und die Wesen des formlosen Bereichs übrig. Sie werden in ihrer äußerst subtilen geistigen Stabilisierung bleiben, bis ihr Karma aufgebraucht ist, was dann den gesamten Prozess wieder in Gang setzt. Auf diese Weise treiben fühlende Wesen den Wandel sowohl auf individueller als auch auf kollektiver Ebene ständig voran.

Übung 9.1 – Die Vergänglichkeit der Umwelt

- *Stellen Sie in einer entspannten Haltung einen neutralen Geist durch die Übung der Achtsamkeit auf den Atem her.*

- *Konzentrieren Sie sich auf die natürliche Welt um Sie herum und identifizieren Sie die verschiedenen Muster des Wandels, die im Laufe eines Jahres auftreten. Betrachten Sie zum Beispiel die Zeichen, die die verschiedenen Jahreszeiten anzeigen. Sind diese Zeichen weltweit einheitlich oder werden sie auf unterschiedliche Weise erlebt? Was treibt diese saisonalen Veränderungen an? Berücksichtigen Sie sowohl die physischen als auch die karmischen Ursachen für diese Veränderung in der Erfahrung.*

- *Betrachten Sie nun die Veränderung der Landschaften auf diesem Planeten. Denken Sie an die verschiedenen Lebensräume und wie sie jeweils in der Lage sind, eine andere Lebensform zu unterstützen. Denken Sie an die Beziehung zwischen einem Wesen und der Umgebung, in der es lebt. Wie beeinflussen sie einander? Wenn ein Wesen mit seiner Um-*

gebung in Harmonie ist, was ist dann das Ergebnis? Und was passiert, wenn ein Wesen in Disharmonie ist?

- *Erweitern Sie den Bereich Ihrer Beobachtung, um zu überlegen, wie unsere Umwelt von den Planetenkörpern um sie herum beeinflusst wird. Welche Wirkung hat zum Beispiel der Mond auf der Erde? Durch welche Anzeichen erkennen wir diesen Effekt? Überlegen Sie, wie sich die Sonne im Laufe der Jahre verändert hat. Denken Sie an die Entwicklung eines Sterns und was das für das Leben auf diesem Planeten bedeutet.*

- *Versuchen Sie ein Gefühl für die unglaubliche Verbindung von Ursachen und Bedingungen zu bekommen, die die ständige Evolution dieser Welt antreiben. Erkennen Sie seine unbeständige Natur und lassen Sie den Geist in dieser Gewissheit verweilen.*

2. Die Vergänglichkeit weltlicher Wesen

Vom höchsten Himmel von Akanishtha bis zur niedrigsten Hölle kann kein einziges Wesen dem Tod entkommen. Wie es im *Brief des Trostes* heißt:

> *Auf Erden oder in allen Himmeln,*
> *Gab es ein Wesen, das nicht sterben wird?*
> *Oder gar davon gehört hat?*
> *Oder sich vorgestellt hat, dass es das könnte?*

In allen Bereichen ist noch nie jemandem ein Wesen begegnet, das geboren wurde und nicht gestorben ist. Der Tod ist eine Gewissheit, und wir leben in einer Zeit, in der die Dauer des Lebens ziemlich unvorhersehbar ist. Wir wissen weder, wie wir sterben werden, an welchem Tag oder zu welcher Stunde, noch wohin wir gehen werden, nachdem wir gestorben sind. Der Tod tritt zwischen dem Einatmen und Ausatmen ein und kann jederzeit stattfinden. Wie es in der *Sammlung der wohlüberlegten Sprüche* heißt:

> *Wer kann sicher sein, dass er bis morgen leben wird?*
> *Die Zeit, bereit zu sein, ist jetzt gekommen,*
> *Für die Gesandten des Herrn des Todes;*
> *Sind das deine Freunde?*

ÜBER TOD UND VERGÄNGLICHKEIT REFLEKTIEREN

Auch Nagarjuna sagt:

Das Leben flackert im Wind von tausend Krankheiten,
Zerbrechlicher als eine Blase in einem Fluss.
Im Schlaf kommt und geht jeder Atemzug;
Wie erstaunlich, dass wir lebend aufwachen!

Obwohl wir wissen, dass wir eines Tages sterben werden, reden wir im Allgemeinen nicht darüber und denken selten darüber nach. Wir planen und sorgen uns ständig um unsere Zukunft und tun so, als würden wir für immer leben. Wir arbeiten unermüdlich an einem glücklicheren Leben, bis uns plötzlich die Realität des Todes gegenübertritt. Zu diesem Zeitpunkt kann uns nichts helfen – Macht, Reichtum, Intelligenz, Schönheit oder Gesundheit werden völlig nutzlos sein. Wenn unsere karmische Lebenskraft aufgebraucht ist, kann uns die mächtigste Armee der Welt nicht beschützen, auch der Medizinbuddha oder ein anderer Gott könnte unseren Tod nicht verzögern, selbst wenn sie persönlich erscheinen würden. Sobald der Tod eintritt, beginnt unsere Haut zu verblassen, unsere Augen werden trüb, unser Kopf und unsere Gliedmaßen werden schlaff, und unter der Kontrolle unseres Karmas werden wir schnell zu unserer nächsten Wiedergeburt fortgetrieben.

3. Die Vergänglichkeit großer Herrscher

Es gibt Götter und Rishis, die ein Äon lang leben können, aber schließlich müssen auch sie den Tod erfahren. Selbst diejenigen, die über Wesen, wie Brahma, Indra, Vishnu, Ishvara, und andere große Götter herrschen, liegen nicht außerhalb des Karmas und der Reichweite des Todes. Im Laufe der Geschichte gab es viele mächtige Kaiser und einflussreiche Herrscher, wie Julius Cäsar, Alexander der Große, Dschingis Khan und Napoleon. Sie leisteten Großes, erreichten enormen Ruhm und unglaublichen materiellen Reichtum, aber schließlich erlagen sie dem Tod, genau wie alle anderen Wesen, und konnten nichts von ihren weltlichen Errungenschaften oder ihrer Macht mitnehmen.

Die Geschichte Tibets ist ein perfektes Beispiel für Vergänglichkeit. Tibet hat eine bunte Vergangenheit, die sich über tausende von Jahren erstreckt, besonders seit der Zeit des Königs Nyatri Tsenpo, der als Emanation eines großen Bodhisattva gilt. Vierundvierzig Könige regierten, aus verschiedenen Dynastien, alle mit unterschiedlichen Programmen. Es gab Zeiten, in denen Tibet über viele Nachbarländer, wie China, die Mongolei und einige Teile Indiens und Burmas, herrschte, aber getreu dem Wesen der unvermeidlichen Veränderung und Vergänglichkeit sind diese glorreichen Zeiten heute nur noch eine Erinnerung. Derzeit kämpft das tibetische Volk gegen den Verlust der politischen Freiheit und sogar seiner kulturellen Identität. Der ehemalige Ruhm Tibets erscheint den meisten Tibetern wie ein Traum, da ihre Situation nun völlig umgekehrt ist. Dieses Muster hat sich in der Weltgeschichte unzählige Male wiederholt.

Das Nachdenken über solche Dinge kann uns helfen, nicht vergeblich an etwas festzuhalten mit der Vorstellung, es sei dauerhaft oder unveränderlich. Je größer unsere Anhaftung an weltliche Belange, wie materiellen Besitz, Beziehungen und Ansehen, ist, desto mehr werden wir Kummer und schmerzhafte Verluste erleben.

4. Die Vergänglichkeit erleuchteter Wesen

Alles, was von den erhabenen Heiligen aus den großen spirituellen Traditionen der Welt, wie Jesus Christus, Abraham, Mohammed und Krishna, übrig bleibt, sind ihre Geschichten. Im gegenwärtigen Äon sind bereits vier Buddhas erschienen, jeder mit seiner eigenen großen Anzahl von Shravaka- und Arhat-Jüngern. Das sind Wesen, die die Befreiung von der zyklischen Existenz erreicht haben. Heutzutage haben wir nur noch das, was von den Lehren des aktuellsten Buddha – Buddha Shakyamuni – übrig ist.

In Indien wurden die Lehren von Buddha Shakyamuni von fünfhundert Arhats zusammengestellt. Seit dieser Zeit gab es viele große Praktizierende, wie die *Zwei Höchsten* (Nagarjuna und Asanga), die *Sechs Ornamente*, die *Achtzig Mahasiddhas* und viele andere. Sie beherrschten alle Elemente der Pfade und alle möglichen Ebenen der Errungenschaft und erreichten unbegrenzte Hellsicht und wunderbare Kräfte. Jetzt jedoch sind von ihnen nur noch die Geschichten aus ihrem Leben übrig. In Tibet gab es auch viele außergewöhnliche Praktizierende, wie den großen Padmasambhava und den Mahasiddha Panchen Dawa Gonpo, die außergewöhnliche erleuchtete Qualitäten und wunderbare Kräfte erlangten. Alle tibetisch-buddhistischen Linien blühten auf und das Kalachakra-Rad des Dharma wurde gedreht, um Wesen zu reifen und zu befreien.

Auf der ganzen Welt gab es viele Wesen, die wundersame Kräfte erlangt haben, aber am Ende beschlossen sie alle zu zeigen, dass alles vergänglich ist. Heute haben wir nur noch ihre Geschichten, um uns an ihre Errungenschaften zu erinnern. Wenn alles, was von solchen großen Wesen übrig bleibt, ihre Lebensgeschichten sind, wie können wir hoffen dauerhafte Freiheit zu erlangen, getragen vom Wind unserer negativen Handlungen? In Anbetracht dessen sollten wir erneut unsere eigene vergängliche Natur betrachten.

Übung 9.2 – Die Vergänglichkeit fühlender Wesen

- *Stellen Sie in einer entspannten Haltung einen neutralen Geist durch die Übung der Achtsamkeit auf den Atem her.*

- *Denken Sie an jeden, den Sie kannten, der in Ihrem Leben gestorben ist. Denken Sie nun an all jene, die gestorben sind, die Sie nicht gekannt haben. Denken Sie nur über die Zahl der Menschen nach, die jeden Tag sterben.*

- *Erweitern Sie dann den Bereich auf alle Tiere. Denken Sie an diejenigen, die durch natürliche Ursachen sterben, die von anderen getötet werden oder deren Leben versehentlich genommen wird.*

- *Denken Sie in der Geschichte zurück und identifizieren Sie die berühmtesten Persönlichkeiten, an die Sie sich erinnern. Wo sind sie jetzt? Kennen Sie jemanden, der dem Tod entronnen ist? Betrachten Sie diejenigen, die eine große politische Macht innehatten oder reich waren. Konnte einer von ihnen den Tod vermeiden?*

- *Denken Sie an alle großen Weisen der Welt zurück. Was bleibt heute von ihnen übrig? Denken Sie an all die Heiligen, die nach ihnen kamen. Hat jemand von ihnen überlebt?*

- *Mit der Erkenntnis, dass alle fühlenden Wesen irgendwann sterben werden, lassen Sie Ihr Gewahrsein in dieser Gewissheit verweilen.*

5. Weitere Beispiele für Vergänglichkeit

Die vier Jahreszeiten und der Aufstieg und Fall von Regierungen und Führungspersönlichkeiten sind eine stete Lektion in Unbeständigkeit. Der Alterungsprozess gibt uns auch einen ständigen Beweis für den Lauf der Zeit. Wer von all unseren Familienmitgliedern, die vor hundert Jahren gelebt haben und alle ihre Verpflichtungen im Berufs- und Familienleben erfüllt haben, ist noch übrig? Alle unsere menschlichen Beziehungen unterliegen Veränderungen. Liebhaber kommen und gehen, alte Freunde driften im Laufe der Jahre weg und neue Freundschaften werden geschlossen. Selbst wenn wir glücklich verheiratet sind und es scheint, dass wir für immer zusammen sein werden, wird irgendwann eine Person sterben. Daher sind wir weiterhin der Vergänglichkeit ausgeliefert. Nichts ist also garantiert.

Wer wird in hundert Jahren von allen sogenannten berühmten Persönlichkeiten unserer Zeit bleiben? Diese Menschen scheinen alles zu haben, was von den Massen begehrt wird. Die Menschen wollen sein wie sie und besitzen, was sie besitzen. Aber in hundert Jahren werden diese Menschen sicherlich gestorben sein und wo werden sie dann sein? Vielleicht wandern sie in den Höllenreichen umher, wenn sie viele negative Handlungen begangen haben. Wenn sie große Anhaftung an weltliche Besitztümer hatten, könnten sie zurückversetzt werden, als Vogel zu leben, der Nester unter dem Dachvorsprung des Hauses eines reichen Mannes baut.

Um die vielfältige Darstellung der Vergänglichkeit tiefer zu verstehen, brauchen wir nur die Kreisläufe von Aufstieg und Untergang oder Ebbe und Flut des Lebens über die Jahrtausende zu betrachten. In der fernen Vergangenheit, zu Beginn dieses Äons, konnten sich die Menschen nach buddhistischer Sicht völlig auf das Licht ihrer eigenen inneren Natur verlassen. Sie brauchten keine äußeren Himmelskörper, wie die Sonne oder den Mond, um ihnen Licht und Wärme zu spenden. Sie konnten sich nach Belieben durch Zeit und Raum bewegen und waren sechsmal größer als die durchschnittlichen Menschen von heute.

Diese Wesen gediehen in einer Umgebung von Frieden, Mitgefühl und Zufriedenheit. Sie lebten wie die Götter selbst und nährten sich von himmlischer Ambrosia. Getreu der Natur der Vergänglichkeit entstand schließlich Disharmonie unter diesen Menschen. Sie wurden Opfer von Fehleinschätzungen und anderen negativen Emotionen. Allmählich degenerierten sie zu den fehlerhaften Menschen von heute.

In den buddhistischen Lehren heißt es, dass sich dieser Zyklus der Degeneration fortsetzen wird. Der Dharma wird nach mehreren tausend Jahren nicht mehr existieren und viele Menschen werden in Zeiten von Krieg und Seuchen sterben. Zu diesem Zeitpunkt werden die verbliebenen Menschen nur noch einen Meter groß sein und eine Lebensdauer von nur zehn Jahren haben. Dann wird eine Emanation des Buddha Maitreya erscheinen, die die Überlebenden von Verhaltensweisen, die der Erleuchtung nicht förderlich sind, wegführen wird. Durch den Segen und die Führung von Buddha Maitreya werden die Menschen beginnen, als Volk wieder aufzuleben. Sie werden ihre Lebensdauer allmählich wieder von zehn auf zwanzig Jahre und weiter erhöhen, bis sie achtzigtausend Jahre erreicht. Maitreya wird dann in Menschengestalt erscheinen, sich als Buddha manifestieren und das Rad des Dharma drehen.

Nach achtzehn solcher Zyklen von Wachstum und Verfall wird der Buddha des Unendlichen Strebens erscheinen und so lange leben, wie alle anderen tausend Buddhas dieses Äons zusammen. Schließlich wird selbst dieses Äon in Zerstörung enden. Nichts entgeht also der Vergänglichkeit.

6. Tod

Das Betrachten der oben genannten Punkte wird Ihnen helfen zu verstehen, wie die Vergänglichkeit alle Aspekte unseres Lebens durchdringt. Die meisten Menschen halten jedoch immer noch an der Vorstellung fest, dass sie irgendwie die Ausnahme von der Regel sein werden. Wir wachen morgens auf und erwarten, den Tag zu überleben. Wir planen umfassend für die Zukunft und erwarten, dass wir sie genießen können. Um dieses tief verwurzelte Festhalten an unserer eigenen Beständigkeit zu überwinden, müssen wir gezielt über die Realität unseres eigenen Todes meditieren.

Die Gewissheit des Todes

Es gibt sehr wenig, was im Leben gewiss ist, der Tod ausgenommen. Nichts, ob belebt oder unbelebt, kann sich der Tatsache entziehen, dass alles, was entsteht, irgendwann vergehen wird. Es gibt im gesamten Universum nichts, was als wirklich dauerhaftes Gebilde bezeichnet werden kann. Alles verändert sich.

Dieser kostbare Körper, den wir nähren, kleiden und pflegen, wird ebenfalls vergehen und im Moment des Todes zurückgelassen werden. Es ist einzig der Geist, der nach dem Tod durch den Zwischenzustand wandern wird. Dann gibt es keine Gefährten, da alle unsere Beziehungen aufgelöst sein werden. Unsere einzige Zuflucht werden die angesammelten Neigungen sein, die wir durch unsere altruistischen oder egozentrischen Absichten gesammelt haben. Das ist das einzige Gepäck, das mit uns reist, wohin wir auch gehen.

Unser Leben ist von einem endlosen Strom von Höhen und Tiefen erfüllt. Keine Situation ist gegen die Verwüstungen der Zeit immun. Es gibt so viel, was außerhalb unserer Kontrolle liegt. Ermutigen Sie sich daher, die Anhaftung zu lockern und stattdessen liebende Güte und andere gute Eigenschaften zu pflegen. Das wird unsere Aufmerksamkeit auf natürliche Art auf den Dharma lenken. Wenn wir aufrichtig nach Erleuchtung streben, sollten wir über die wahre Natur der Vergänglichkeit nachdenken, damit sich unsere Hingabe an weltliche Errungenschaften in Hingabe an unsere Lehrer und die Lehren, die uns befreien werden, umwandeln kann.

Mit der Gewissheit des Todes, der über unsere Schulter schaut, sollten wir jede Gelegenheit ergreifen, um unseren höchsten Zweck zu erfüllen, solange wir noch dieses seltene und kostbare menschliche Leben haben. Es ist durchaus möglich, dass wir im Alter nicht mehr die notwendigen Bedingungen haben, wie körperliche Fähigkeiten und den Wunsch zu praktizieren. Deshalb zögern Sie nicht! Alles unterliegt Veränderungen. Wir müssen daher gut die Folgen überlegen, wenn wir unser Engagement für einen Pfad aufschieben, der zum ultimativen Nutzen für uns selbst und andere führt. Jetzt haben Sie die Chance, Dharma zu praktizieren und Ihre heilige Wahrheit zu entdecken!

Übung 9.3 – Nichts währt ewig

- *Stellen Sie in einer entspannten Haltung einen neutralen Geist durch die Übung der Achtsamkeit auf den Atem her.*

- *Blicken Sie in der Zeit zurück und identifizieren Sie die Menschen, die Ihnen in verschiedenen Phasen des Lebens nahestanden. Wie viele von ihnen sind noch da? Denken Sie an Freunde aus der Kindheit, Mitarbeiter und romantische Beziehungen. Überdenken Sie, wie sich die einzelnen Beziehungen im Laufe der Zeit verändert haben.*

- *Betrachten Sie nun die Person, die Sie in verschiedenen Phasen Ihres Lebens waren. Denken Sie an die Dinge, an denen Sie damals interessiert waren. Wie haben sich Ihre Vorlieben und Abneigungen im Laufe der Zeit entwickelt? Welche Aktivitäten haben Ihnen früher gefallen, die Sie jetzt nicht mehr interessieren? Wenn Sie die Person, die Sie damals waren, mit der Person, die Sie jetzt sind, vergleichen, wie ähnlich sind Sie dann?*

- *Denken Sie an die Veränderungen in Ihrem Körper. Erinnern Sie sich daran, wie Sie in verschiedenen Phasen aussahen und sich fühlten. Inwiefern sind sie körperlich anders? Welcher Teil des früheren Körpers existiert noch in diesem gegenwärtigen Körper?*

- *Was unterscheidet Sie von anderen Menschen? Fällt Ihnen ein guter Grund ein, warum Sie nicht sterben werden? Geben Sie zu, dass Sie genauso vergänglich sind wie sie, und verweilen Sie in der Gewissheit, dass Ihr Leben früher oder später enden wird.*

Die Ungewissheit über den Zeitpunkt des Todes

Nachdem wir geboren wurden, ist es sicher, dass wir sterben werden. In jedem Moment nach der Geburt kommen wir unserem Tod näher. Weder sind wir uns sicher, wann und wo der Tod eintreten wird, noch werden wir die Ursache kennen. Es gibt nur wenige Dinge auf dieser Welt, die das Leben fördern, und viele, die es bedrohen. Wie Meister Aryadeva betont,

> *Die Ursachen des Todes sind zahlreich;*
> *Die Ursachen des Lebens sind wenige,*
> *Und selbst diese können zur Ursache des Todes werden.*

Es gibt unzählige Umstände, die zu unserem Tod führen können, wie Autounfälle, Herzinfarkte, Brände oder Überschwemmungen. Selbst Dinge, die uns normalerweise nützen, wie Nahrung oder Medikamente, können uns töten. Wir können an der Nahrung ersticken, oder wir könnten eine allergische Reaktion auf ein bestimmtes Medikament haben, die dazu führt, dass wir nicht mehr atmen. Ebenso kann das Verlangen nach Ruhm, Reichtum und Ehre zu Streitigkeiten oder gar Kriegen führen, die den Tod vieler Menschen zur Folge haben könnten.

Wir sind uns nie sicher, wann eine dieser Todesursachen auf uns zukommen könnte. Einige sterben im Mutterleib oder bei der Geburt. Andere werden in Armut geboren und sterben jung, weil sie nicht die medizinische Versorgung erhalten können, die sie brauchen. Viele Menschen sterben plötzlich beim Essen, Reden, Arbeiten oder Reisen, während andere einen langen und schmerzhaften Prozess durchmachen und dann alt und geschwächt sterben. Einige nehmen sich sogar das Leben, angetrieben von Verzweiflung über die Umstände ihres Lebens. Angesichts dieser großen Unsicherheit gibt es absolut keine Garantie dafür, dass uns der Tod nicht plötzlich trifft. Es ist durchaus möglich, dass wir morgen im Körper eines Hungergeistes oder eines Tieres aufwachen. Der Tod ist unvorhersehbar und kann jederzeit eintreten.

Übung 9.4 – Jeden Tag so leben, als wäre es der letzte

- *Stellen Sie in einer entspannten Haltung einen neutralen Geist durch die Übung der Achtsamkeit auf den Atem her.*

- *Da jedes Leben von einem einzigen Karma bestimmt wird, haben wir alle eine maximale Lebensdauer. Früher oder später wird die Energie aufgebraucht sein, die dieses Leben erhält. Das bedeutet, dass wir uns mit jeder Sekunde eine Sekunde mehr unserem Tod nähern. Denken Sie an die notwendige Zeit, um die verschiedenen Aktivitäten in ihrem Tagesablauf durchzuführen. Während Sie diese Handlungen durchführen, rücken Sie um soviel dem Tod näher. Wie ein Pfeil, der aus einem Bogen geschossen wird, nähert sich das Ende schnell. Gewinnen Sie ein Gefühl für den unkontrollierbaren Lauf der Zeit.*

- *Betrachten Sie nun die vielen Möglichkeiten, wie Menschen sterben. Wie stark muss der Körper geschädigt werden, damit er nicht mehr funktioniert? Was könnte ihm diesen Schaden verursachen? Denken Sie an die vielen Umstände um Sie herum und wie sie alle zu Bedingungen für Ihren Tod werden könnten.*

- *Denken Sie an die Dinge, auf die wir uns verlassen, um unseren Körper zu schützen. Kann eines davon benutzt werden, um uns zu töten? Zum Beispiel ist Nahrung normalerweise notwendig, um den Körper zu erhalten, aber wenn sie in unserer Luftröhre hängen bleibt, können wir einen Tod durch Ersticken sterben. Suchen Sie nach weiteren Beispielen.*

- *Nun, welche Garantien haben wir, dass wir nicht innerhalb der nächsten vierundzwanzig Stunden sterben werden? Wissen Sie, was in Zukunft passieren wird? Wenn Sie von Dingen umgeben sind, die das Potenzial haben, Sie zu töten, was macht Sie dann so sicher, dass sie es nicht tun werden? Betrachten wir alle Menschen, die unerwartet durch Unfälle oder andere unvorhergesehene Ereignisse gestorben sind.*

- *In dem Bewusstsein, dass der Tod unmittelbar bevorsteht und jederzeit eintreten kann, entwickeln Sie die Entschlossenheit, nicht eine einzige Sekunde der kostbaren Zeit zu verschwenden, die Ihnen noch bleibt. Lassen Sie Ihr Bewusstsein in dieser Schlussfolgerung verweilen.*

7. Das ständige Erkennen der Vergänglichkeit

Die siebte und letzte Kontemplation über die grobe Vergänglichkeit betrachtet den Nutzen der einspitzigen Meditation über den Tod zu jeder Zeit und unter allen Umständen. Ob wir im Bett liegen, zur Arbeit gehen oder mit unseren Freunden einen Kaffee trinken, wir können nie sicher sein, dass wir in diesem Moment nicht sterben werden. Wenn wir eine Erkenntnis der ständigen Möglichkeit unseres Todes aufrechterhalten, verhalten wir uns wie die Kadampa-Geshes, die sich des Todes jederzeit bewusst waren. Nachts stellten sie ihre Schalen mit der Öffnung nach unten ab und ließen die Glut ihres Feuers unbedeckt, da sie wussten, dass es am nächsten Tag nicht nötig sein könnte, ein Feuer zu entzünden oder eine Mahlzeit zuzubereiten.

Die Konzentration auf die Unsicherheit des Todeszeitpunkts kann uns ein Gefühl der Dringlichkeit für unsere Praxis des authentischen Dharma geben. Sie kann uns dazu veranlassen, die Vergänglichkeit weltlicher Aktivitäten und die Unbeständigkeit unseres Körpers und unseres Geistes zu betrachten und dadurch unser Bewusstsein für die Kostbarkeit jedes Augenblicks zu schärfen.

Angeregt durch den Gedanken an Vergänglichkeit können wir versuchen, jede Situation, der wir begegnen, mit Demut, Dankbarkeit und reiner Wahrnehmung zu betrachten. Das wird uns helfen, eine tiefe Konzentration zu entwickeln und unsere Achtsamkeit und unser Gewahrsein zu nähren, das sogar im Schlaf vorhanden sein kann und Albträume, die durch Unwissenheit verursacht werden, abwehrt.

Denken Sie daran, dass selbst die, die wir lieben, Freunde und Familie vergänglich sind. Daher wecken Sie an einem einsamen Ort den Wunsch nach Befreiung. Name und Ruhm sind vergänglich, also verhalten Sie sich immer bescheiden. Rede ist vergänglich, also inspirieren Sie sich selbst, Gebete und Mantras zu rezitieren. Ideen und Gedanken sind vergänglich, ebenso wie der Glaube und der Wunsch nach Befreiung. Bemühen Sie sich eine freundliche Wesensart zu entwickeln und den eigenen Verpflichtungen entschlossen nachzukommen.

Manchmal sind die Menschen stolz auf ihre Erfahrungen in der Meditation, aber auch diese sind vergänglich. Üben Sie fleißig, bis sich alles in die wahre Natur der Realität auflöst. Zu diesem Zeitpunkt wird der Kreislauf von Tod und Wiedergeburt enden und wir werden dann vollständig auf den Tod

vorbereitet sein. Tatsächlich werden wir uns sogar darauf freuen, den Tod als eine wunderbare Gelegenheit zur Befreiung nutzen zu können. Meditieren Sie einspitzig über Tod und Vergänglichkeit, bis Sie dieses Stadium erreichen, in dem Sie jede Angst vor dem Tod überwunden haben.

Wie der große tibetische Heilige Milarepa sang:

Aus Angst vor dem Tod ging ich in die Berge,
Meditierte intensiv über die Ungewissheit des Moments des Todes,
Und entdeckte die Festung der unsterblichen, unveränderlichen Natur des Geistes,
Jetzt habe ich alle Angst vor dem Sterben überwunden!

Für einen Anhänger des Buddha-Dharma ist der Fokus auf die Vergänglichkeit das wesentlichste Meditationsobjekt. Wie Buddha sagte:

Beharrlich über die Vergänglichkeit zu meditieren, bedeutet, allen Buddhas Opfer zu bringen.
Beharrlich über die Vergänglichkeit zu meditieren, bedeutet, von allen Buddhas vor dem Leiden gerettet zu werden.
Beharrlich über die Vergänglichkeit zu meditieren, bedeutet, von allen Buddhas geleitet zu werden.
Beharrlich über die Vergänglichkeit zu meditieren, bedeutet, von allen Buddhas gesegnet zu werden.

Padampa Sangye erklärt, wie wichtig diese Kontemplation in jeder Phase des spirituellen Weges ist:

Zu Beginn, wenn du vollständig von der Unbeständigkeit überzeugt bist, nimmst du den Dharma auf;
In der Mitte entfacht es deinen Fleiß;
Am Ende bringt es dich zum strahlenden Dharmakaya.

Es gibt in unserem weltlichen Leben viel zu gewinnen, wenn wir zutiefst die Vergänglichkeit kontemplieren und uns ihre Botschaft zu Herzen nehmen. Es ist auch wichtig zu erkennen, dass wir ohne eine aufrichtige Überzeugung von der Vergänglichkeit aller Dinge nicht in die wahre Bedeutung des Dharma eindringen werden. Die Meditation über die Vergänglichkeit ist die Tür, die den Weg zu jeglicher Dharmapraxis öffnet.

Wir sollten wie Geshe Kharak Gomchung sein, der in den Bergen von Jomo Kharak in der Provinz Tsang meditierte:

> *Vor seiner Höhle stand ein Dornbusch, der sich immer wieder an seiner Kleidung festhakte. Zuerst fragte sich Geshe Gomchung, ob er ihn abschneiden sollte. Er dachte bei sich selbst: „Aber schließlich könnte ich in dieser Höhle sterben. Ich kann wirklich nicht sagen, ob ich jemals wieder lebend herauskommen werde. Es ist wichtiger, mit meiner Praxis weiterzumachen." Als er herauskam, hatte er das gleiche Problem mit den Dornen. Diesmal dachte er jedoch: „Ich bin mir nicht sicher, ob ich jemals wieder hineingehen werde". Und so ging es viele Jahre lang weiter, bis er ein verwirklichter Meister wurde. Als er die Höhle zum letzten Mal verließ, war der Busch immer noch nicht geschnitten.*

Übung 9.5 – Die Koffer packen

- *Stellen Sie in einer entspannten Haltung einen neutralen Geist durch die Übung der Achtsamkeit auf den Atem her.*

- *Stellen Sie sich vor, Sie liegen auf dem Sterbebett. Sie bereiten sich auf den letzten Moment des Lebens vor. Betrachten Sie die Natur dieses Übergangs. Beginnen Sie damit, sich zu fragen, was mit Ihrem physischen Besitz passieren wird. Können Sie etwas davon mitnehmen? Welchen Nutzen werden Sie davon haben, wenn Sie tot sind? Wie könnte sich das Anhaften an diese Gegenstände auf die nächste Wiedergeburt auswirken?*

- *Denken Sie jetzt darüber nach, was mit Ihren Beziehungen passieren wird. Kann jemand von der Familie oder den Freunden mit Ihnen auf diese Reise gehen? Nochmals, welche Auswirkungen hätte Ihr Anhaften an diese Beziehungen auf den Geist?*

- *Denken Sie nun an die Grundlagen Ihres Bewusstseins. Denken Sie an all die verschiedenen karmischen Neigungen, die Sie in diesem und in anfangslosen vergangenen Leben geschaffen haben. Werden diese Neigungen nach dem Tod einfach verschwinden? Wenn Sie das glauben, was würde sie dazu bringen, zu verschwinden? Wenn nicht, wie werden sie dann den Geist nach dem Tod beeinflussen?*

- *Erkennen Sie, dass das Einzige, was nach dem Tod weitergeht, der Geistesstrom und seine karmische Prägung sind. Das Wichtigste in diesem Leben ist dann, sicherzustellen, dass wir so viele positive Neigungen erzeugen, wie möglich. Entwickeln Sie aus diesem Grund die Entschlossenheit, der Faulheit nicht nachzugeben und den Dharma so intensiv wie möglich zu praktizieren. Lassen Sie Ihr Bewusstsein in dieser Entschlossenheit verweilen.*

ZUSAMMENFASSUNG

- Über Tod und Vergänglichkeit nachzudenken, ist der beste Weg, um der Faulheit entgegenzuwirken und Dringlichkeit in unsere Praxis zu bringen.

- Es gibt zwei Formen der Vergänglichkeit: grob und subtil. Die grobe Vergänglichkeit umfasst die offensichtlichen, für unsere Sinne sichtbaren Veränderungen. Die subtile Vergänglichkeit bezieht sich auf den kontinuierlichen Strom der Veränderung, der von Moment zu Moment stattfindet.

- Die Außenwelt ist von Vergänglichkeit durchdrungen, angetrieben von den gegenseitigen Interaktionen des Geistes der fühlenden Wesen und der physischen Umgebung, in der sie leben. Das Universum ist zyklischer Natur und entwickelt sich in einem endlosen Prozess von Wachstum und Zerfall.

- Der Tod ist ein natürlicher Teil aller bedingten Erscheinungen. Da die Form eines fühlenden Wesens durch sein Karma bedingt ist, wird es auch irgendwann sterben. Jeder, der in dieser Welt geboren wird, wird irgendwann sterben. Es spielt keine Rolle, wie mächtig oder berühmt Sie sind. Selbst erleuchtete Wesen manifestieren den Tod.

- Es gibt zwei Erkenntnisse, die Sie bezüglich Ihrer eigenen Sterblichkeit entwickeln müssen. Erstens werden Sie definitiv sterben und zweitens haben Sie keine Ahnung, wann dieser Tod eintreten wird.

- Indem Sie sich ständig an den Tod erinnern, können Sie sicher sein, die Zeit nicht mit belanglosen Dingen zu verschwenden. Das wird Ihren Geist auf den Dharma fokussiert halten.

Ein einsamer Mönch wandert durch den Wald

TEIL DREI

Vetrauen in einen Pfad entwickeln

KAPITEL ZEHN

Einen spirituellen Pfad wählen

Die *vier Überzeugungen der Entsagung* sind speziell darauf ausgerichtet, unseren Geist auf die Praxis des Dharma zu lenken. Sie beleuchten die Merkmale unserer gegenwärtigen Situation und zeigen uns, wie unser Geist unser eigenes Leiden aufrechterhält. Auf dieser Grundlage können wir sehen, dass wir Optionen haben und nicht blind unseren gewohnten Denkmustern folgen müssen. Vielmehr zeigen uns die vier Überzeugungen, dass wir eine Wahl haben. Wir können wählen, ob wir weitermachen wollen wie bisher oder ob wir uns für eine Veränderung entscheiden. Es liegt ganz an uns.

Die Entscheidung, sich auf eine spirituelle Reise zu begeben, ist ein großer erster Schritt. Sie kann wie eine Art Kompass wirken, der Ihrem Geist Orientierung bietet und Sie zum Ziel führt. Leider reicht es nicht aus nur zu wissen, in welche Richtung Sie gehen wollen. Irgendwann müssen Sie anfangen, konkrete Schritte zu unternehmen, und das ist der Punkt, an dem ein spiritueller Pfad unerlässlich ist.

Wie wir gesehen haben, gibt es viele verschiedene Arten von Dharmas. Einige können Ihnen helfen, einen größeren Erfolg in diesem Leben zu erreichen; andere können mehr Harmonie in Ihre Beziehungen bringen. Einige können leidbringende Geisteszustände reduzieren; einige können Unwissenheit durchbrechen und andere können Ihre wahre Natur enthüllen. Obwohl wir vielleicht wissen, dass wir Dharma praktizieren wollen, ist nicht immer klar, welche Dharmas wir praktizieren sollen und in welcher Reihenfolge.

Um diese Unsicherheit zu beseitigen, müssen wir uns auf die Landkarten stützen, die uns die großen Weisen unserer Welt hinterlassen haben. Diese Landkarten fassen zeitlose Weisheit in genau definierten Wegen zusammen. Wir können sie alle nutzen, um uns den Übergang von einem Leben voller Unzufriedenheit zu einem Leben wahren Glücks zu erleichtern. Sie sind der Schlüssel zur Verwirklichung einer sinnvollen Veränderung in unserem Leben.

ARTEN DER PFADE

Wenn das so ist, müssen wir uns fragen: „Sind alle Pfade gleich?" Die Antwort ist nein. Da jeder Pfad aus dem Zusammentreffen bestimmter Ursachen und Bedingungen entstanden ist, ist die Form, die sie angenommen haben, notwendigerweise unterschiedlich. Im Folgenden sind nur einige Beispiele aufgeführt, wie wir zwischen Pfaden unterscheiden können.

Einteilung der Pfade nach der Reichweite

Die Reichweite eines Pfades bezieht sich auf die möglichen Ergebnisse, die dieser Pfad erzeugen kann. Sie können sich das als seine maximale Kapazität vorstellen. Einige Wege sind von Natur aus begrenzter als andere aufgrund der Art der Phänomene, auf die sie sich konzentrieren. Bei der Betrachtung der Reichweite können wir zwei große Kategorien von Pfaden erkennen:

1. **Weltliche Pfade:** Ein weltlicher Pfad ist ein Pfad, der sich auf die Anwendung herkömmlicher Weisheit konzentriert, um Ergebnisse zu erzielen, die das grobe Niveau der eigenen Erfahrung verändern. Ein Beispiel dafür wäre ein Bachelor-Abschluss. Am Beginn eines solchen Weges fehlt Ihnen ein bestimmtes Wissen. Am Ende werden Sie das Wissen und die Fertigkeiten entwickelt haben, als Profi in jenem Bereich zu arbeiten, den Sie studiert haben. Diese Art des Pfades ist nicht in der Lage, dauerhaft echtes Glück zu bringen. Er ist aber in der Lage, Ihnen zu helfen, Bedingungen für ein vorübergehendes weltliches Glück zu schaffen. Da dieses Wissen oberflächlich ist, ist es leider nur in diesem Leben hilfreich und geht beim Auflösungsvorgang zwischen diesem und dem nächsten Leben weitgehend verloren.

2. **Spirituelle Pfade:** Ein spiritueller Pfad ist ein Pfad, der sich darauf konzentriert, Weisheit in Bezug auf die Natur der Realität zu entwickeln.

Durch diese Weisheit ist man fähig den Geist zu reinigen. Dadurch schafft man die Voraussetzungen dafür, dass die Erfahrung von echtem Glück entsteht. Wie weit man den Geist reinigen wird, hängt vom verwendeten Pfad ab. Weil diese Pfade dahingehend wirken, dass sie den Praktizierenden der Realität, so wie sie ist, näher bringen, sind sie in der Lage, einen tieferen Grad der Veränderung zu erzeugen als ein weltlicher Pfad. Die Veränderungen, die sie hervorrufen, sind in der Regel längerfristiger Natur und berücksichtigen die Fortsetzung der Erfahrung nach dem Zeitpunkt des Todes.

Da es unser Ziel ist, echtes Glück zu erfahren, werde ich mich von nun an vor allem auf spirituelle Pfade konzentrieren. Seien Sie sich aber bewusst, dass weltliche Pfade sehr nützlich sein können, um die Voraussetzungen für die Praxis eines spirituellen Pfades zu schaffen. Sie sollten daher nicht völlig außer Acht gelassen werden. Stattdessen müssen wir einfach deren Grenzen erkennen und unsere Aufmerksamkeit auf die Pfade richten, die uns die Ergebnisse liefern können, die wir letztendlich suchen.

Einteilung der Pfade nach der Motivation

Innerhalb der Gruppe der spirituellen Pfade können wir verschiedene Arten unterscheiden, die auf den unterschiedlichen Motivationen der verschiedenen Praktizierenden basieren. Diese Motivationen begrenzen das Potenzial, das ein Pfad hat, um bestimmte Ergebnisse im Geist eines Individuums hervorzurufen. Im Allgemeinen können wir drei Arten von spirituellen Motivationen unterscheiden:

1. **Das Bestreben, die Bedingungen für das nächste Leben zu verbessern:** Diese Motivation konzentriert sich auf das Leben, das unmittelbar nach dem Tod folgt. Pfade, die auf dieser Motivation basieren, neigen dazu, die Ausübung tugendhafter Aktivitäten zu betonen, die die Ursachen für die Wiedergeburt in einem himmlischen Bereich schaffen.

2. **Das Bestreben, die Ursachen für das eigene Leiden zu beseitigen:** Diese Motivation zielt darauf ab, die sogenannte Befreiung von der zyklischen Existenz zu erreichen. Pfade, die auf diese Motivation ausgerichtet

sind, werden im Allgemeinen die Entwicklung einer Weisheit betonen, die die Ursachen des Leidens beseitigt. Verschiedene Pfade definieren Befreiung auf jeweils unterschiedliche Art, was zu weiteren Varianten der Methoden führt, um diesen Zustand zu erreichen.

3. **Das Bestreben, die Ursachen für das Leiden von sich selbst und anderen zu beseitigen:** Diese letzte Motivation zielt nicht nur darauf ab, das eigene Leiden, sondern auch das Leiden aller anderen in der zyklischen Existenz zu beenden. Diese Art des altruistischen Strebens ist äußerst selten und ebenso gering ist die Anzahl der Wege, die sie fördern. Es basiert auf einem tiefen Verständnis der Natur unserer Realität und ihrer Wechselbeziehungen und wird durch das Mitgefühl für fühlende Wesen gefördert. Diese Art der Pfade können als Pfade zur Erleuchtung betrachtet werden.

Aus buddhistischer Sicht ist die erste Motivation die beschränkteste, während die dritte die umfassendste ist. Glücklicherweise sind die Motivationen nicht fixiert und können sich daher mit der Zeit ändern. Während ein Praktizierender mit einer bestimmten Denkweise vielleicht nur bis zu einer bestimmten Grenze gehen kann, kann er dennoch die Grundlagen für eine umfassendere Motivation entwickeln. Diese gibt ihm wiederum die Möglichkeit, später mehr von seinem Potenzial zu verwirklichen. Auf diese Weise erkennen wir, dass wir uns im Laufe unseres Lebens mit mehreren spirituellen Pfaden befassen können, die je nach unserer aktuellen spirituellen Entwicklung unsere speziellen Bedürfnisse erfüllen.

Reichweite	Motivationen	Beispiele
Weltlich	Nutzen für dieses Leben	• Universitätsabschlüsse • Berufsausbildung
Spirituell	Nutzen für das nächste Leben	• Fremde Glaubenssysteme (wie Hinduismus, Judentum, Christentum und Islam) • Eigene Glaubenssysteme (wie Jainismus, Buddhismus, Taoismus)
	Persönliche Befreiung	
	Erleuchtung	

Tabelle 10-1: Motivationen für verschiedene Arten von Pfaden.

Einteilung der Pfade nach der Authentizität

Die Reichweite begrenzt das maximal mögliche Potenzial des Pfades und die Motivation begrenzt das Potenzial des einzelnen Praktizierenden. Das sagt aber nichts darüber, ob der Pfad tatsächlich die Fähigkeit hat, dieses Potenzial zu realisieren. Der Sinn, auf einen spirituellen Pfad zu vertrauen, besteht darin uns zu helfen, Weisheit wirksamer zu entwickeln. Wenn der Pfad dazu nicht in der Lage ist, dann gibt es keinen Grund, ihm zu folgen. Wenn wir also die Wirksamkeit eines Pfades analysieren, können wir zwei Kategorien unterscheiden:

1. **Authentische Pfade:** Ein authentischer Pfad ist jedes Wissen, das aus Weisheit entstanden ist und sich auf Methoden stützt, die erwiesenermaßen diese Weisheit kultivieren. Er ist insofern authentisch, als er über die legitime Fähigkeit verfügt, die behaupteten Ergebnisse zu erzielen.

2. **Verfälschte Pfade:** Ein verfälschter Pfad ist eine Sammlung von Wissen, die aus Unwissenheit entstanden ist oder durch Unwissenheit verzerrt wurde und daher nur in der Lage ist, mehr Unwissenheit zu erzeugen. Diese Pfade mögen ursprünglich als authentische Pfade begonnen haben, aber im Laufe der Zeit entwickelten sich falsche Interpretationen, die schließlich die Lehren verzerrten und dadurch ihr Potenzial einschränkten.

Zu beurteilen, ob ein Weg authentisch ist oder nicht, kann sehr schwierig sein. Es ist daher wichtig, unser Verständnis von korrekter Wahrnehmung zu nutzen, um die Authentizität eines bestimmten Weges zu bewerten. Wie wir uns aus Kapitel Zwei erinnern, gibt es drei Möglichkeiten, wie wir etwas wissen können:

1. **Vertrauen in die Autorität:** Normalerweise beginnen wir unsere spirituelle Reise, indem wir uns auf die Autorität anderer Menschen (wie Freunde, Familie oder die größere Gesellschaft) verlassen. Diese schlagen verschiedene Wege vor, denen wir möglicherweise folgen könnten. Auch wenn dies ausreichen mag, um uns an einen Weg heranzuführen, müssen wir schließlich unsere eigenen Kriterien entwickeln, um die Authentizität zu bewerten.

2. **Logische Überlegungen:** Zu Beginn können wir dies tun, indem wir die Lehren des vorgenommenen Pfades studieren. Es ist wichtig, in dieser Phase so neugierig wie möglich zu sein, um die Eigenschaften dieses Pfades zu testen. Durch das aktive Hinterfragen des Gesagten können wir mehr Klarheit darüber schaffen, ob er tatsächlich in der Lage ist, die gewünschten Ergebnisse zu erzielen. Wenn der Pfad authentisch ist und deshalb auf Weisheit basiert, die der tatsächlichen Existenz der Dinge entspricht, wird er der Analyse standhalten.

3. **Unmittelbare Erfahrung:** Nach konzeptueller Analyse des Pfades können Sie vielleicht feststellen, dass Sie genügend Vertrauen entwickelt haben, um den Pfad zumindest auszuprobieren. Sie sind vielleicht nicht ganz überzeugt, aber Sie können zumindest das Potenzial erkennen, einen Nutzen daraus zu ziehen. Indem Sie die Methoden des Pfades in die Praxis umsetzen, beginnen Sie die Lehren tatsächlich zu erfahren. Auf der Grundlage dieser Erfahrung können Sie feststellen, ob die Lehren authentisch sind oder nicht.

Übung 10.1 – Authentische spirituelle Pfade erkennen

- *Stellen Sie in einer entspannten Haltung einen neutralen Geist durch die Übung der Achtsamkeit auf den Atem her.*

- *Beginnen Sie damit, zuerst zwischen weltlichen und spirituellen Pfaden zu unterscheiden. Denken Sie an ein paar Beispiele für Kenntnisse oder Fertigkeiten, die Sie in diesem Leben nützlich finden würden. Betrachten Sie nun die verschiedenen Möglichkeiten, wie Menschen dieses Wissen erwerben oder diese Fertigkeiten erlernen können. Das sind weltliche Pfade.*

- *Betrachten Sie ebenso die Art von Wissen, das notwendig ist, um das Leiden zu überwinden. Welche Wege können Sie sich dazu vorstellen? Wie unterscheiden Sie diese Wege von den weltlichen Pfaden? Welche*

Eigenschaften haben sie, die ein weltlicher Pfad nicht hat? Das sind spirituelle Pfade.

- *Betrachten Sie nun einige der spirituellen Pfade, die Sie kennen. Was ist die Hauptmotivation hinter diesen Pfaden? Welche Ziele haben die Praktizierenden dieser Pfade? Welche Art von Ergebnis können sie erwarten? Wählen Sie eine Reihe von Beispielen aus und schauen Sie, ob Sie sie mindestens einer der drei Motivationsarten zuordnen können. Können Sie sich verschiedene Motivationen vorstellen, die Praktizierende innerhalb eines einzigen Pfades haben können? Nennen Sie Beispiele.*

- *Verwenden Sie den spirituellen Pfad, den Sie bereits benannt haben, und überlegen Sie, wie diese Wege entweder authentisch oder verfälscht sein können. Versuchen Sie, zwischen der wesentlichen Botschaft des Pfades und den verzerrten Arten, wie dieser Pfad verstanden werden kann, zu unterscheiden. Identifizieren Sie die unterschiedlichen Auswirkungen, die diese Verzerrungen erzeugen.*

Nachdem wir unsere Fähigkeit entwickelt haben, zu erkennen, ob ein Weg authentisch ist oder nicht, stehen Sie nun vor einer neuen Herausforderung. Welcher der verfügbaren authentischen spirituellen Pfade dieser Welt wird am besten für Ihre eigenen spezifischen Bedürfnisse geeignet sein? Um diese Frage zu beantworten, müssen wir lernen, wie wir ein breites Spektrum von Glaubensvorstellungen bewerten, um die Gesamttauglichkeit eines bestimmten Pfades zu erkennen.

Dieser Prozess hängt von Ihrer Fähigkeit ab, die Vorzüge zu erkennen, die eine Vielfalt von Glaubensvorstellungen bieten kann. Indem Sie sich mit verschiedenen Perspektiven vertraut machen, werden Sie ein sehr umfassendes Gesamtbild der verfügbaren Möglichkeiten entwickeln können. Sie können diese Möglichkeiten dann vergleichen und Erkenntnisse darüber gewinnen, wie diese verschiedenen Ansätze funktionieren und wo sie ihre Schwerpunkte setzen.

Während Sie das tun, können Ihnen tatsächlich einige Ideen ins Auge springen. Ihr Interesse wird geweckt und Sie werden mehr wissen wollen. Dies ist ein gutes Zeichen, das darauf hindeuten kann, dass Sie bereits das Karma für einen bestimmten Weg haben. Auf Grund der Stärke Ihrer intuitiven Verbindung entwickeln Sie vielleicht eine ausgeprägte Überzeugung, sich mehr auf diesem Pfad zu engagieren.

Aufgrund einer solchen Analyse wird Ihre Wahl des Pfades auf einer Kombination aus intuitivem und begründetem Glauben beruhen. Das wird Ihrer Praxis mehr Kraft und Entschlossenheit verleihen. Ohne dieses Vertrauen fällt es Ihnen vielleicht schwer, sich wirklich einer bestimmten Tradition zu verpflichten. Das wird zu einem Ansatz führen, bei dem Sie immer wieder von einem Pfad zum anderen springen und auf keinem wirklich weiterkommen. Diese Vorgehensweise kann auch das Potenzial für Verzerrungen erhöhen, die sich in Ihre Praxis einschleichen. Damit kann sich die allgemeine Wirksamkeit des verfolgten Pfades verringern.

EINE RIME-PHILOSOPHIE AUFBAUEN

Im Tibetischen verwenden wir den Begriff „Rime", um einen Geist „frei von Vorurteilen" zu beschreiben. Es ist eine besondere Haltung, die den Menschen hilft die Vielfalt zu nutzen, um die eigene persönliche Entwicklung zu unterstützen. Gleichzeitig fördert sie eine größere Harmonie mit denjenigen, die unterschiedliche Ansichten vertreten. Wir nennen diese Einstellung die *Rime-Philosophie.*

Wenn wir eine spirituelle Reise beginnen, kann eine Rime-Philosophie Unterstützung bei der Wahl eines Weges bieten. Während Sie auf diesem Pfad fortschreiten, hilft sie Ihnen Hindernisse zu überwinden, da sie alternative Denkweisen aufzeigt. Und wenn Sie schließlich weiter fortgeschritten sind, bietet diese Einstellung größere Flexibilität des Geistes. Diese können Sie nutzen, um sich an eine Vielzahl von Situationen anzupassen, wodurch Sie den Menschen um sich herum mehr Nutzen bringen können. Auf diese Art ist die Rime-Philosophie am Anfang, in der Mitte und am Ende hilfreich.

Wir können diese Einstellung in vier verschiedene Qualitäten unterteilen, die sich in einem stufenweisen Prozess im Laufe der Zeit entwickeln. Wenn Sie eine Eigenschaft stärken, schafft das ganz von selbst die Voraussetzungen dafür, dass die nächste Eigenschaft entsteht. Auf diese Weise können wir uns die Rime-Philosophie wie eine Blume vorstellen, die als Samen beginnt und schließlich zu einem schönen Farbenspiel heranwächst.

Toleranz

Die erste Eigenschaft, die wir entwickeln müssen, ist Toleranz, die auf der Grundlage gegenseitigen Respekts aufgebaut ist. Ein Geist, dem diese Art von Toleranz fehlt, ist feindlich gegenüber Menschen, die andere Ansichten vertreten. Es ist ein Geist, der sehr stark an den eigenen Überzeugungen festhält und sich durch die bloße Anwesenheit anderer Standpunkte bedroht fühlt. Wir müssen diesen Griff lockern, um auf sinnvolle Weise kommunizieren zu können.

Die Entwicklung von Toleranz für eine Ansicht basiert auf der Entwicklung von Respekt vor einer Person. Respekt bedeutet, mit einer Person auf eine Art in Verbindung zu treten, dass wir, auch wenn wir nicht mit ihr einer Meinung sind, ihr dennoch das Recht zugestehen, diese Meinung zu vertreten. Der Schlüssel zur Entwicklung dieser Art von Toleranz besteht darin, die Gültigkeit einer Idee von der Gültigkeit der Person zu trennen, die diese Idee vertritt. Hinter jeder Idee steht eine Motivation, die von Hoffnungen und Ängsten geprägt ist. Wenn wir fähig sind, diese zugrundeliegende Motivation zu erkennen, werden wir den Wunsch der anderen wahrnehmen, Glück zu finden und frei von Leiden zu sein. Letztendlich wollen wir alle das Gleiche, wir haben nur verschiedene Wege, um das zu erreichen. Gegenseitiger Respekt kann wachsen, wenn man diese grundlegende Gemeinsamkeit der Motivation versteht, die uns als Menschen vereint. Wenn Sie sich mit dieser Grundmotivation verbinden, dann schaffen Sie eine Arbeitsgrundlage für den Dialog.

Übung 10.2 – Eine Grundlage des Respekts

- *Stellen Sie in einer entspannten Haltung einen neutralen Geist durch die Übung der Achtsamkeit auf den Atem her.*

- *Verbringen Sie einige Zeit damit, über Ansichten nachzudenken, mit denen Sie überhaupt nicht einverstanden sind. Machen Sie sich diese Ideen bewusst und registrieren Sie jede aufkommende Abneigung. Wenn diese Abneigung zu stark ist, um mit ihr zu arbeiten, dann suchen Sie nach anderen Beispielen.*

- *Wenn Sie ein Thema gefunden haben, stellen Sie sich eine Situation vor, in der Sie einer Person begegnen könnten, die diese Ansicht vertritt. Stellen Sie sich vor, dass diese Person Ihnen erzählt, was sie glaubt.*

- *Unabhängig von Ihrer ersten Reaktion nehmen Sie sich einen Moment Zeit, um einen Schritt zurückzutreten und zu überlegen, was diese Person sagt. Überlegen Sie, warum sie eine solche Ansicht vertreten könnte. Selbst wenn Sie wissen, dass es falsch ist, welche Gründe könnten jemanden dazu bringen, auf diese Weise zu denken? Forschen Sie weiter nach ihrer Motivation und fragen Sie sich, warum, warum, warum? Versuchen Sie, die Motivation auf das Wesentliche zu reduzieren.*

- *Nun überlegen Sie, ob Sie so eine Motivation haben könnten. Ist das etwas, mit dem Sie sich identifizieren können? Denken Sie an Beispiele aus Ihrem eigenen Leben, in denen Sie aus einer ähnlichen Motivation heraus gehandelt haben.*

- *Nachdem Sie sich mit dieser tiefergehenden Motivation verbunden haben, können Sie eine Veränderung Ihrer Wahrnehmung dieser Person erkennen? Wenn Sie die Person anders wahrnehmen, verändert das dann die Art und Weise, wie Sie ihre Ansicht beurteilen?*

- *Verweilen Sie in den Einsichten, die auftauchen.*

Aufnahmebereitschaft

Toleranz ermöglicht es, eine grundlegende Verbindung mit einer anderen Person herzustellen. Auf der Grundlage dieser Verbindung können Sie dann beginnen, sich der Möglichkeit einer Kommunikation zu öffnen. Alle

Formen der Kommunikation beinhalten die Übertragung von Ideen und die Aufnahme dieser Ideen. An dieser Stelle liegt unser Hauptaugenmerk auf der Beschaffung neuer Informationen und deshalb müssen wir eine höhere Qualität der Empfänglichkeit anstreben.

Die Grundidee der Aufnahmebereitschaft ist es, im Geist Raum für neue Ideen zu schaffen. Solange unser Geist voll ist, wird er nicht in der Lage sein, etwas Neues zu erwerben. Deshalb werden wir nicht in der Lage sein, etwas zu lernen. Glücklicherweise ist der Geist seiner Natur nach unendlich und hat daher die Fähigkeit, so viel aufzunehmen, wie wir wollen. Nur unser „Festhaltenwollen" kann diese Kapazität deutlich einschränken. Wir schließen unsere Ideen ein und verfestigen sie, dadurch erschweren wir es uns, zu wachsen.

Um dieser Tendenz der Abschottung entgegenzuwirken, müssen wir einen Geist der Demut und des „Nicht-an-sich-Reißens" pflegen. Die Demut wirkt dem Stolz entgegen, der uns sagt, dass wir alles wissen. Das kann durch die Betrachtung der Einzigartigkeit der Bedingungen entwickelt werden, die zu einer bestimmten Situation führen. Wenn wir in der Lage sind, das Lernpotenzial einer solchen Situation zu erkennen, wird es viel einfacher, uns für Kommunikation zu öffnen.

Wenn man in der Zwischenzeit einen Geist frei von Besitzergreifen verwirklicht, ist er ein direktes Gegenmittel gegen eine enge und festgefahrene Betrachtungsweise. Dieser Geist kann im Allgemeinen entweder formal durch Gewahrseinsmeditation oder informell durch Achtsamkeit auf den gegenwärtigen Moment entwickelt werden. Auf jeden Fall besteht das Wesen dieser Praxis darin, einfach zu beobachten, was geschieht, ohne sich von übertriebenen Urteilen oder anderen diskursiven Gedanken mitreißen zu lassen.

Übung 10.3 – Sich anderen öffnen

- *Stellen Sie in einer entspannten Haltung einen neutralen Geist durch die Übung der Achtsamkeit auf den Atem her.*
- *Beginnen Sie damit, eine Person zu finden, die andere Ansichten vertritt als Sie selbst. Es kann jeder sein, bei dem der Gedanke, mit ihm zu*

sprechen, eine gewisse Abneigung hervorruft. Stellen Sie sich vor, diese Person kommt auf der Straße auf Sie zu und beginnt ein Gespräch. Beobachten Sie, wie Sie sich fühlen würden. Können Sie Barrieren erkennen? Gibt es einen Widerstand, zuzuhören? Versuchen Sie, ein Gefühl für diese verschlossene Geisteshaltung zu bekommen.

- *Bringen Sie nun eine Wahrnehmung für den gegenwärtigen Moment in das Szenario. Wenn Sie dieser Person begegnen, konzentrieren Sie sich auf das, was hier und jetzt geschieht. Lassen Sie die Geschichte, die Sie mit dieser Person haben, los und beobachten Sie einfach, was in diesem Moment gesagt wird. Lassen Sie auch alle Erwartungen los, wohin dieses Gespräch führen könnte. Bleiben Sie in der Gegenwart, engagiert und bewusst, was vor sich geht. Wie verändert das die Art und Weise, wie Sie die Szene erleben?*

- *Nun überlegen Sie, was Ihnen erscheint. Da ist eine Person, die einzigartige Hoffnungen und Träume hat. Eine Person, die einzigartige Erfahrungen hat. Diese Person ist einzigartig. Es gibt niemanden sonst, der denselben Blickwinkel auf das Leben hat wie diese Person, und gerade jetzt ist diese Person hier und spricht mit Ihnen. Inwiefern könnte diese Begegnung Sie etwas lehren? Denken Sie an das Potenzial, nicht nur in Bezug auf sachliche Informationen, sondern auch in Bezug darauf, wer Sie als Person sind und wie Sie auf verschiedene Dinge reagieren. Durchlaufen Sie das Szenario noch einmal und stellen Sie sich verschiedene Möglichkeiten vor, wie Sie am meisten aus dieser Situation lernen können.*

- *Verweilen Sie in den Einsichten, die auftauchen.*

Neugier

Wenn Sie anfangen sich mehr und mehr für die Lektionen des Lebens zu öffnen, werden Sie natürlich von den Informationen beeinflusst, die Sie aufnehmen. Wenn dem Geist neue Ideen eröffnet werden, durchlaufen sie einen Integrationsprozess, in dem der Geist zu klären versucht, was diese neuen Informationen in Bezug auf bestehende Ideen bedeuten.

An dieser Stelle haben wir die Wahl. Wir können uns dafür entscheiden, die neuen Informationen zu ignorieren, in diesem Fall sind wir nicht besser dran als zu Beginn. Wir können uns aber auch aktiv darum bemühen, die Auswirkungen dieser neuen Informationen zu verstehen. Das führt zu einem stabileren und stärker integrierten Geist. Wenn Sie sich für letzteres entscheiden, müssen Sie die Eigenschaft der Neugierde entwickeln.

Neugierde ist ein wissbegieriger Geist, der verstehen will. In gewisser Weise können wir sagen, dass Neugierde eine Reaktion auf Unsicherheit ist. Wenn ein solcher Geist zwei widersprüchliche Ideen sieht, möchte er die Unsicherheit darüber, welche Idee sinnvoller ist, beseitigen. Das führt dazu, Fragen zu stellen, und darauf bekommen wir Antworten. Die neuen Informationen, die diese Antworten liefern, helfen uns Lücken in unserem Verständnis zu schließen. Dies führt dann zur Beseitigung der Unsicherheit.

Um einen solchen Geist zu entwickeln, müssen wir unseren Durst nach Verständnis stillen. Wir müssen dem passiven Geist entgegenwirken, der selbstgefällig nur Dinge aufnimmt. Das kann man tun, indem man sich mit jeder Möglichkeit beschäftigt, als wäre sie das fehlende Teil in einem großen Puzzle. Wir entwickeln Freude am Prozess des Ausarbeitens von Dingen und genießen die Herausforderungen, die das Leben uns stellt. Auf diese Weise wird alles faszinierend, weil alles die Fähigkeit hat, uns etwas zu lehren. Das ist der Geist der Neugierde.

Übung 10.4 – Das Wunder des Lebens

- *Stellen Sie in einer entspannten Haltung einen neutralen Geist durch die Übung der Achtsamkeit auf den Atem her.*

- *Stellen sie sich vor, Sie machen sich auf den Weg zu einem großen Abenteuer, auf die Suche nach einem unglaublichen Schatz. Sie haben keine Ahnung, wem Sie begegnen werden oder was auf dem Weg passieren wird. Lassen Sie die Vorfreude im Geist aufkommen, den Nervenkitzel, nicht zu wissen, was passieren wird.*

- *Lassen Sie nun die verschiedenen Aktivitäten Ihres Tages Revue passieren. Wählen Sie ein Szenario aus, mit dem Sie arbeiten möchten. Zum Beispiel, mit Ihrem Kind zu spielen oder zur Arbeit zu fahren. Stellen sie sich vor, dass in dieser Erfahrung Hinweise verborgen sind. Hinweise, die Sie zum Schatz führen. Wie ein Kleinkind auf Ostereiersuche interessieren Sie sich intensiv für das, was gerade geschieht. Betrachten Sie jedes Detail und genießen Sie die Erfahrung auf so vielen Ebenen wie möglich.*

- *Beginnen Sie nun, über die verschiedenen Muster nachzudenken, die Sie beobachten. Fangen Sie wie bei einem großen Puzzle an, die Teile zusammenzusetzen. Schauen Sie, welche Art von Bild entsteht. Was sagt Ihnen dieses Bild über die Art der Situation?*

- *Denken Sie über die Auswirkungen Ihrer Beobachtungen nach. Welche Fragen treten auf? Stellen sie sich vor, dass jede Frage eine Brotkrume ist, die Sie immer näher an den Schatz heranführt. Wie könnten Sie Antworten auf diese Fragen finden?*

- *Fördern Sie Ihren Wunsch, das Geheimnis zu lüften, den Brotkrumen zu folgen und den Schatz zu enthüllen. Lassen Sie ihr Bewusstsein in diesem Wunsch verweilen.*

Flexibilität

Die bisherigen drei Eigenschaften, Toleranz, Aufnahmefähigkeit und Neugierde, verbinden sich zu einem starken Motor für den Informationserwerb. Ein Mensch, der alle diese Eigenschaften kultiviert, wird wie ein Schwamm sein. Diese Menschen werden so viel wie möglich aufnehmen, wann immer sie können. Sie bemühen sich aktiv um die Klärung ihres Verständnisses, wodurch die Qualität ihrer Sichtweise sehr stark und sehr breit wird.

Eine solche Sichtweise bietet einem Praktizierenden eine wirklich einzigartige Gelegenheit. Je mehr Sie über verschiedene Ansätze für ähnliche Probleme lernen, desto mehr Flexibilität weist Ihr Geist auf. Sie fangen an zu verstehen, wie verschiedene Ideen besser für bestimmte Bedingungen geeignet sind.

Wenn diese Bedingungen eintreten, sind Sie somit in der Lage, angemessen zu reagieren, um den Nutzen für sich selbst und andere zu optimieren.

Diese Art von Flexibilität entsteht aus einem Bewusstsein, das klar wahrnimmt, was in einem bestimmten Moment vor sich geht. Diese differenzierte Wahrnehmung kann kultiviert werden, indem man den Geist einer Vielzahl von Umständen aussetzt und diese Umstände dann aus vielen Blickwinkeln betrachtet. Das reduziert das Festhalten an der Realität als nur einer einzigen Möglichkeit und fördert einen formbaren Geist, der sich sehr leicht an Veränderungen anpassen kann.

Übung 10.5 – Perspektivenwechsel

- *Stellen Sie in einer entspannten Haltung einen neutralen Geist durch die Übung der Achtsamkeit auf den Atem her.*

- *Erinnern Sie sich an verschiedene Ereignisse aus Ihrer jüngsten Geschichte, bei der Sie mit einer anderen Person interagiert haben. Wählen Sie ein Ereignis aus und legen Sie die Details des Szenarios im Geist fest. Machen Sie es so lebendig wie möglich.*

- *Spielen Sie das Szenario aus verschiedenen Perspektiven durch. Rufen Sie sich zuerst nochmals die eigene Erfahrung dieses Ereignisses in Erinnerung. Versuchen Sie ein Gefühl dafür zu bekommen, wie Sie reagiert haben, sowohl was die Gedanken betrifft als auch die persönlichen Gefühle.*

- *Ziehen Sie sich nun aus der eigenen Perspektive zurück und beobachten Sie das Geschehen aus der Perspektive einer dritten Person (wie z. B. einer Fliege an der Wand). Stellen Sie sich den Ablauf noch einmal vor. Beobachten Sie, wie beide Personen reagieren. Welche Handlungen führen sie durch? Wie hängen die verschiedenen Handlungen zusammen?*

- *Nehmen Sie nun die Perspektive der anderen Person ein. Versuchen Sie ein Gefühl für die Geisteszustände zu bekommen, die die verschiedenen Handlungen motiviert hatten, die Sie zuvor beobachtet haben.*

- *Überlegen Sie anhand der Beobachtungen dieses Ereignisses, was Sie anders machen hätten können, um die Interaktion zu optimieren. Gab es eine andere Möglichkeit das Gespräch zu führen? Gab es Handlungen, die Sie hätten vermeiden sollen? Gab es noch andere Maßnahmen, die hilfreich gewesen wären? Nutzen Sie so viel wie möglich von Ihrem Wissen, um die Möglichkeiten, die dieses Ereignis bietet, voll auszuschöpfen.*

- *Wiederholen Sie diesen letzten Schritt so oft wie möglich und denken Sie über verschiedene Möglichkeiten nach, wie dieses Szenario hätte optimal ablaufen können. Es gibt immer mehr Möglichkeiten. Untersuchen Sie das Potenzial der Situation.*

Eine unvoreingenommene Haltung zu entwickeln bedeutet nicht, dass wir alle Wege als gleichwertig betrachten müssen. Das würde auch nicht der Wahrheit entsprechen. Jeder hat seinen eigenen Charakter und eigene Stärken. Wir versuchen deshalb, ein größeres Bewusstsein dafür zu entwickeln, was diese Vielfalt zu bieten hat. Unser Ziel ist es, ihre Unterschiede klar festzustellen und sie als geschickte Mittel zu respektieren, um die verschiedenen fühlenden Wesen zu mehr Glück zu führen.

Wir können uns diese Wege als eine Art Medizin vorstellen. Im Moment leiden wir an vielen Krankheiten, wie Unwissenheit, Anhaftung und Abneigung. Wir brauchen Hilfe, und so wenden wir uns an die großen Lehrer dieser Welt, die wie Ärzte sind. Diese Ärzte schauen sich unsere speziellen Zustände an und verschreiben uns eine Reihe von Heilmitteln, die unser Leiden lindern sollen. Sie erkennen unsere Einzigartigkeit als Individuen und lehren uns daher entsprechend.

Auch wenn einer Ärztin zwei Patienten mit unterschiedlichen Symptomen vorgestellt werden, gibt sie jedem ein Medikament, das seinen Bedürfnissen entspricht. Zum Beispiel wird sie einer Person, die an einer Magenverstimmung leidet, keine Kopfschmerzmittel geben. Sie ist auch nicht der Meinung, dass ein Kopfschmerzmittel die beste Medizin ist und dass alle anderen Medikamente nutzlos sind. Stattdessen weiß sie, dass jedes seine Vorteile hat und unter den richtigen Umständen alle Medikamente nützlich sein können. Das ist die Haltung, die wir in Bezug auf unseren spirituellen Weg entwickeln müssen.

Die Voreingenommenheit, die wir zu vermeiden versuchen, ist das Festhalten an der Überzeugung, dass unsere eigene Ansicht allen anderen Ansichten überlegen ist. Diese Art der Einstellung stärkt nur unseren Stolz und bringt uns in Konflikt mit anderen Menschen. Anstatt verschiedene Ansichten als gegensätzlich zu betrachten, können wir sie stattdessen im Kontext eines dynamischen Ökosystems des Glaubens sehen, das jedem von uns hilft, sich besser an seine besonderen Umstände anzupassen.

Auf diese Weise ist es möglich, mehr Respekt vor den Glaubenssystemen anderer Menschen zu entwickeln und gleichzeitig ein tiefes Vertrauen in den eigenen spirituellen Weg zu entwickeln. Sie können erkennen, dass sie einander nicht widersprechen. Während wir einen Weg als Kern unserer Praxis verwenden, können wir Ideen aus anderen Traditionen geschickt integrieren, um ein abgerundetes und robustes Verständnis der Realität zu entwickeln. Dies regt uns nicht nur dazu an, tiefer über unseren bevorzugten Ansatz nachzudenken, sondern hilft uns auch, uns mit anderen zu verbinden und zu verstehen, wie sie die Welt sehen. Diese Verbindung ist von entscheidender Bedeutung, da wir nicht isoliert leben. Im Guten wie im Schlechten teilen wir alle das kollektive Karma, in derselben Welt geboren zu werden. Deshalb ist es in unserem Interesse, sinnvolle und harmonische Wege zu finden, um miteinander in Beziehung zu treten. Die Entwicklung der oben vorgestellten Qualitäten ist ein wunderbarer Weg, dies zu tun.

Übung 10.6 – Die Glaubenssysteme der Welt

- *Stellen Sie in einer entspannten Haltung einen neutralen Geist durch die Übung der Achtsamkeit auf den Atem her.*

- *Verbringen Sie einige Zeit damit, sorgfältig über ein Ihnen unbekanntes Glaubenssystem zu lesen. Beginnen Sie mit dem Studium des historischen*

Kontextes, in dem sich dieses Glaubenssystem entwickelt hat. Was waren die wichtigsten Ereignisse, die die Entwicklung des Systems beeinflussten? Denken Sie an die verschiedenen geografischen und politischen Gegebenheiten, die auch den Schwerpunkt innerhalb des Systems beeinflussten.

- *Betrachten Sie nun die zentralen Glaubenssätze, die die Sichtweise auf das System definieren, das Sie studieren. Wie sind diese Glaubensvorstellungen strukturiert? Was für Themen werden behandelt? Warum ist das Wissen um diese speziellen Phänomene für das System wichtig?*

- *Erforschen Sie die verschiedenen Methoden, die in diesem System verwendet werden, ausgehend von seiner eigenen Sichtweise. Betrachten Sie die Arten von Eigenschaften, die diese Praktiken beim Praktizierenden hervorrufen. Welche Art der Transformation wird entwickelt?*

- *Schließlich analysieren Sie die Vielfalt innerhalb des Systems und suchen Sie nach den verschiedenen Arten, wie die zentralen Glaubensvorstellungen oder die gemeinsamen Praktiken interpretiert werden. Nach welchen Kriterien unterscheiden sich die Gruppen von Praktizierenden? Versuchen Sie die Motivation hinter diesen Einteilungen zu verstehen. Welchen Nutzen bringen diese alternativen Möglichkeiten, sich mit dem System zu beschäftigen?*

- *Basierend auf dem, was Sie gelesen haben, betrachten Sie die Hauptthemen, die Ihrer Meinung nach das System charakterisieren. Wie wichtig sind diese Themen für Sie? Welche Art der Verbundenheit empfinden Sie mit ihnen?*

DIE WICHTIGKEIT, SICH AUF EINE AUTHENTISCHE LINIE ZU VERLASSEN

Wenn wir beginnen, unser Verständnis für die Wege zu erweitern, die unsere spirituelle Landschaft ausmachen, werden wir einer großen Vielfalt von Ideen und Methoden ausgesetzt sein. Sie könnten versucht sein, diejenigen Praktiken zu sammeln, die für Sie am „attraktivsten" sind. Das wird zu einer Art benutzerdefiniertem Glaubenssystem führen, das sich ein wenig von hier und ein wenig von dort leiht. Ich würde aus den folgenden Gründen von diesem Ansatz abraten.

Erstens ist die Wahl einer Praxis allein auf der Grundlage dessen, was gefällt, ein sicherer Weg, sich nie wirklich herauszufordern und zu verändern. Am Ende üben Sie nur das, was Ihren gegenwärtigen Geisteszustand stärkt. Dadurch wird Ihr Verständnis auf einem eher oberflächlichen Niveau bleiben. Denken Sie daran, dass es beim Praktizieren des Dharma darum geht, den Geist zu zähmen. Das bedeutet, dass wir uns unseren schlechten Gewohnheiten stellen und lernen müssen, mit ihnen zu arbeiten. Es wird bestimmt manchmal unangenehm sein, aber diese Unannehmlichkeit ist der Beweis dafür, dass das Medikament wirkt.

Zweitens gibt es in der westlichen Gesellschaft eine starke Betonung des Individualismus. Wir sind zutiefst daran gewöhnt zu glauben, dass wir wissen, was das Beste für uns selbst ist. Dies führt zu der Ansicht, dass unser Urteil immer „richtig" ist. Im Kontext der spirituellen Entwicklung allerdings schafft diese Art der Betrachtungsweise Probleme. Wir üben eine spirituelle Praxis aus, um unsere neurotische Art der Beziehung zur Welt zu überwinden, und dennoch vertrauen wir unserem neurotischen Geist mehr als der Weisheit der großen Weisen, die uns vorausgegangen sind. Dieser ungebrochene Strom der Weisheit wird *Übertragungslinie* genannt. Wenn wir unseren eigenen, selbst erstellten Ansatz wählen, ignorieren wir die Übertragungslinie und verlassen uns stattdessen auf unseren eigenen verwirrten Geisteszustand. Es wäre so wie ein Patient, der sich entscheidet, entgegen den Anweisungen des Arztes Alkohol mit seinen Schmerzmitteln zu mischen. Die Ergebnisse daraus können nur zu Leiden führen.

Drittens wollen wir alle Gewinn und keinen Verlust. Die Weisheit, die in den verschiedenen Glaubenssystemen dieser Welt liegt, wurde in Jahrtausenden entwickelt. Sie enthält die effektivsten Methoden, um eine tiefgreifende spirituelle Transformation zu erreichen und viele Fallen zu vermeiden. Das kombinierte Wissen, das sie repräsentieren, ist wirklich bemerkenswert. Wenn wir es vorziehen, diese kollektive Weisheit zu ignorieren, dann versuchen wir im Wesentlichen, das Rad neu zu erfinden. Obwohl es nichts gibt, was Sie davon abhalten könnte, ist es eine enorme Zeitverschwendung. Und Zeit ist etwas, das keiner von uns zu verschwenden hat. Dieses Leben ist unglaublich wertvoll, aber es ist auch unglaublich zerbrechlich. Wie ein Lichtblitz wird es bald vorbei sein. Deshalb müssen wir jedes Werkzeug nutzen, um entlang des Pfades so schnell wie möglich voranzuschreiten.

Sich auf eine authentische Übertragungslinie zu verlassen, ist dafür die beste Methode. Da die Struktur des Pfades bereits festgelegt wurde, können wir den Ratefaktor aus der Gleichung herausnehmen. Wir können uns darauf konzentrieren, die Lehren in die Praxis umzusetzen, und uns der Aufgabe widmen, unseren Geist zu zähmen. Andere sind diesen Weg vor uns gegangen, sodass wir uns auf ihre Weisheit verlassen können. Dort werden wir die effektivsten Methoden zur Überwindung der verschiedenen Hindernisse finden. Wir können auch die Bereiche unseres Geistes besser identifizieren, die die meiste Arbeit erfordern. Anstatt einfach nur den Status quo aufrechtzuerhalten, können wir mutig loslegen und tatsächlich den Heilungsprozess starten.

EINEN KONTEXT FÜR DEN KALACHAKRA-PFAD ERSTELLEN

Der Weg, den wir in dieser Buchreihe erforschen, ist der *Kalachakra-Pfad* in Übereinstimmung mit der *Jonang-Shambhala-Tradition* des *tibetischen Buddhismus*. Diese außergewöhnliche Übertragungslinie gibt den spirituellen Praktizierenden seit mehr als 2500 Jahren Orientierung und hat einen stetigen Strom von hochverwirklichten Wesen hervorgebracht.

In den Bänden Zwei und Drei dieser Serie werden wir diese Linie im Detail untersuchen und uns mit der einzigartigen Philosophie und den Praktiken befassen, die einen Praktizierenden in den Zustand der Erleuchtung führen können. Bevor wir das jedoch tun, müssen wir ein Gefühl für den Kontext dieses Pfades innerhalb des größeren Schemas der Weisheitstraditionen der Welt bekommen.

Aus diesem Grund werde ich in den folgenden Kapiteln eine allgemeine Einführung in den Buddhismus geben, gefolgt von spezifischen Darstellungen der drei Hauptstile der buddhistischen Praxis. Wenn wir den Buddhismus aus diesen verschiedenen Perspektiven betrachten, werden wir ein breiteres und fundierteres Verständnis dafür entwickeln, wo Kalachakra tatsächlich hineinpasst.

ZUSAMMENFASSUNG

- Ein Pfad ist eine Abfolge von Praktiken, die verwendet werden können, um wünschenswerte Eigenschaften zu entwickeln.

- Es gibt zwei Arten von Pfaden, die sich durch ihre Reichweite unterscheiden: weltliche Pfade, die sich auf den Erwerb von Wissen und Fertigkeiten konzentrieren und das weltliche Glück unterstützen können; und spirituelle Pfade, die Wissen und Fertigkeiten für die Entwicklung von echtem Glück vermitteln.

- Spirituelle Pfade können nach der Motivation ihrer Praktizierenden in Gruppen eingeteilt werden: Es gibt diejenigen, die die Bedingungen ihres nächsten Lebens verbessern möchten, diejenigen, die die Ursachen für ihr eigenes Leiden beseitigen möchten und diejenigen, die danach streben, die Ursachen für das Leiden von sich selbst und anderen zu beseitigen.

- Spirituelle Pfade gelten als authentisch, wenn sie verlässlich in der Lage sind, die Effekte zu erzeugen, von denen sie behaupten, dass sie sie erzeugen können. Ein Pfad kann verfälscht werden, wenn falsche Vorstellungen die Lehren so verzerren, dass sie nicht zu den gewünschten Ergebnissen führen.

- Wir können die Authentizität eines spirituellen Weges nur durch gültige Wahrnehmungen beurteilen. Wir verlassen uns zunächst auf vertrauenswürdige Autoritäten, die uns helfen, mögliche Pfade zu identifizieren, dann entwickeln wir durch das Studium mehr Vertrauen in die Kapazität des Pfades und schließlich, nachdem wir die Lehren in die Praxis umgesetzt haben, können wir erkennen, ob der Weg tatsächlich die Ergebnisse bringt, nach denen wir suchen.

- Bei der Wahl eines spirituellen Pfades geht es darum herauszufinden, welcher Ansatz für die Praxis am besten zu den eigenen spezifischen Gegebenheiten passt. Das erfordert ein breites Verständnis dafür, was Ihre Möglichkeiten sind, und danach die Auswahlkriterien zu entwickeln.

- Die Rime-Philosophie ist eine spezielle Haltung, die wir entwickeln können, um die Arbeit mit einer Vielfalt von Ansichten zu erleichtern. Sie besteht aus der Kultivierung von vier Eigenschaften: Toleranz, Aufnahmebereitschaft, Neugierde und Flexibilität.

- Bei der Entwicklung einer unvoreingenommenen Betrachtungsweise geht es darum, die Eigenschaften der verschiedenen Ansichten klar zu unterscheiden und zu verstehen, wie jede Ansicht für bestimmte Arten von Menschen von Vorteil sein kann.

- Es ist wichtig, dass wir Vertrauen an eine authentische Linie entwickeln, um die Qualitäten, die wir brauchen, um unsere temporären und endgültigen Ziele zu erreichen, am effektivsten zu entwickeln.

Der Mahabodhi-Stupa am Ort von Buddhas Erleuchtung in Bodhgaya, Indien

KAPITEL ELF

Einführung in den Buddhismus

Der Begriff „Buddhismus" ist insofern eine Fehlbezeichnung, weil er dazu verleitet, die Tradition als rein religiöses System zu betrachten. Wie wir bereits gesehen haben, lehrte der Buddha auf viele verschiedene Arten je nach den Bedürfnissen seiner Schüler. Sicher können einige dieser Lehren als religiös angesehen werden, da sie sich auf Handlungen der Hingabe oder des Glaubens konzentrieren. Aber wie wir auch im ersten Teil dieses Buches gesehen haben, konzentrieren sich andere Lehren auf die Entwicklung einer soliden Wissenschaft des Geistes, indem sie eine detaillierte Psychologie und Methodik für die kontemplative Forschung bieten. Wieder andere Lehren sind philosophischer Natur und nutzen weitgehend Logik und Erkenntnistheorie. Während wir also sagen können, dass der Buddhismus religiöse Aspekte hat, können wir nicht sagen, dass er *per se* eine Religion im jüdisch-christlichen Sinne ist.

Eine korrektere Art, sich auf die vom Buddha vorgeschlagenen Lehren und Praktiken zu beziehen, ist die Verwendung des Begriffs „Buddha-Dharma". Wörtlich übersetzt bedeutet es „die Lehren des Buddha". Auf diese Weise können wir von christlichem Dharma sprechen, wenn wir uns auf die Lehren Jesu beziehen, muslimischem Dharma, wenn wir uns auf die Lehren Mohammeds beziehen, und so weiter und so fort. Da aber die westliche Welt daran gewöhnt ist, das Suffix „ismus" zur Beschreibung von Weisheitstraditionen zu verwenden, werden wir aus Gründen der Einfachheit weiterhin den Begriff Buddhismus verwenden. Denken wir aber daran, dass wir es als Synonym für den korrekteren Begriff Buddha-Dharma verwenden.

Auf Tibetisch wird ein Anhänger des Buddha-Dharma „Nangpa" genannt, was „Insider" bedeutet. In diesem Zusammenhang beziehen wir uns darauf, dass sich die Person auf der Suche nach mehr Glück nach innen gewandt hat.

Anstatt nach Glück in den temporären Erscheinungen der äußeren Welt zu suchen, erkennen sie, dass wahres Glück in der inneren Welt des Geistes entsteht. Aus diesem Grund machen sie es zu einer Priorität in ihrem Leben, den Buddha-Dharma zu studieren und zu praktizieren, um ihren Geist zu zähmen.

In diesem Buch haben wir uns durchwegs auf einige der universelleren Aspekte der Lehren des Buddha gestützt, um einen besseren Einblick zu erhalten, wie unser Geist funktioniert und wie das Trainieren unseres Geistes zu einem Leben mit mehr Sinn und Zweck führen kann. Während wir bereits einen beträchtlichen Teil der buddhistischen Weltanschauung erforscht haben, haben wir dies aus der allgemeinen Perspektive eines Außenstehenden getan. Dieser Ansatz hat es uns ermöglicht, den größten Nutzen aus den Techniken zu ziehen, ohne dass wir ein bestimmtes Glaubenssystem annehmen müssen.

Wenn wir jedoch voranschreiten, werden wir vielleicht feststellen, dass sich unsere Beziehung zu diesen Lehren zu verändern beginnt. Wenn wir weiterhin mehr darüber erfahren, wie der Buddha die Realität verstanden hat, können wir beginnen, uns intensiver mit diesem Material zu beschäftigen. Anstatt sich nur auf einer rein intellektuellen Ebene mit diesen Ideen zu verbinden, kann unser Geist so inspiriert werden, dass wir jetzt aktiv nach Wegen suchen, uns mit diesen Lehren auf eine tiefergehende Weise auseinanderzusetzen.

Die folgenden Kapitel geben Ihnen einen detaillierten Überblick über das breite Spektrum der Lehren, die vom Ursprung her als buddhistisch angesehen werden können. Diese Information soll Ihnen ein Verständnis dafür geben, wie die verschiedenen Lehren zusammenpassen und sich aufeinander beziehen. Wie Sie sehen werden, gibt es eine beträchtliche Vielfalt innerhalb der Lehren des Buddha. Sie bieten einem buddhistischen Praktizierenden viele Möglichkeiten, wie er sich tatsächlich mit der Praxis beschäftigten kann. Wenn Sie das Gesamtbild verstehen, können Sie besser feststellen, ob Sie den Buddhismus zu Ihrem primären spirituellen Pfad machen möchten.

DAS LEBEN DES BUDDHA

In der uns bekannten Form beginnt der Buddhismus mit der Geschichte seines Gründers, dem historischen Buddha dieses glücklichen Zeitalters, Buddha

EINFÜHRUNG IN DEN BUDDHISMUS

Abbildung 11-1: Wichtige Ereignisse aus dem Leben von Buddha Shakyamuni

Shakyamuni. Die Tatsache, dass wir heutzutage in dieser Welt buddhistische Lehren haben, wurde erst durch das Erscheinen dieses großen Lehrers möglich. Indem wir in seine Fußstapfen treten, haben wir eine seltene Gelegenheit, unser menschliches Leben wirklich sinnvoll zu gestalten.

Es gibt unter Historikern einige Diskussionen über die genauen Daten. Die meisten Leute akzeptieren aber, dass der historische Buddha vor etwa dreitausend Jahren in einem Park namens Lumbini (im heutigen Nepal) geboren wurde. Seine Mutter, Königin Maha Maya, war auf dem Weg nach Koliya (dem Haus ihrer Vorfahren), um ihren Sohn zur Welt zu bringen. Sie hielt kurz an, um sich in einem schönen Park auszuruhen, und dort unter den Salabäumen bekam sie die Wehen. Der Tag war sehr glückverheißend, geprägt von einem Vollmond.

Überglücklich feierte König Shuddhodhana, der Vater des Buddha, die Geburt seines Kindes gemäß dem Brauch mit einer Zeremonie zur Namensgebung. Verschiedene Weise, die an der Zeremonie teilnahmen, untersuchten das Kind und fanden heraus, dass sein Körper mit einer Reihe von sehr verheißungsvollen Zeichen geschmückt war. Insbesondere einer erkannte ihn als ein ganz besonderes Kind und sagte voraus, dass er, würde er ein Herrscher, der König aller Könige werden würde. Wenn er aber einen religiösen Weg wählte, würde er dann die höchste Vollendung erreichen und ein Buddha (Erwachter) werden. Dem Kind wurde der Name Siddhartha gegeben, was „Derjenige, der seine Wünsche erfüllt hat" bedeutet.

Der junge Prinz begann seine Ausbildung in sehr jungen Jahren und zeigte schnell eine hohe Begabung in jedem Studienfach und lernte viel schneller als seine Mitschüler. Bei jedem Wettbewerb war Prinz Siddhartha immer der Beste, der Schnellste, der Stärkste und der Klügste. Er war auch der Weiseste, was ihm viel Respekt von seinen Lehrern einbrachte. Wegen seines unglaublich gütigen Herzens und seiner fürsorglichen Art liebten ihn alle, die ihn kannten.

Als Siddhartha anfing, seine vielen Talente zu entfalten, begann der König, die Prophezeiung der Weisen zu fürchten. Sie hatten ihn gewarnt, dass, würde der Prinz auf Leiden stoßen, er sich sicherlich für einen religiösen Pfad entscheiden würde. Aus Angst vor dem Verlust seines einzigen Thronfolgers beschloss der König, den jungen Prinzen vor allen Arten unangenehmer Erfahrungen zu schützen. Er baute verschiedene Paläste, die speziell entworfen wurden, um zu verhindern, dass Siddhartha in irgendeiner Form auf Leiden stoßen könnte. Aber trotz seines extravaganten und luxuriösen Lebensstils war der Prinz ausgesprochen unzufrieden.

Um die Stimmung seines Sohnes zu verbessern, beschloss der König, ihn zu verheiraten. Er präsentierte ihm eine Auswahl der schönsten Mädchen aus dem ganzen Land. Unter ihnen war auch ein junges Mädchen namens Yashodhara. Siddhartha war so berührt von ihrer Schönheit, dass er ihr ein Verlobungsgeschenk gab, und bald waren sie verheiratet.

Schließlich fühlten sich die Palastmauern, die Siddhartha umschlossen, wie ein Gefängnis für ihn an. Er beschwor seinen Vater, die benachbarten Dörfer besuchen zu dürfen. Sein Vater zögerte, willigte aber schließlich ein. Als der Prinz den Palast verließ, wurde er von der Erscheinung eines älteren Mannes beeindruckt. Er hatte die Auswirkungen eines hohen Alters noch nie zuvor gesehen und war erstaunt zu hören, dass jeder älter wird. Als er in den Palast zurückkehrte, war Siddhartha niedergeschlagen von der Unvermeidlichkeit des Alterns.

Wieder einmal bat der Prinz, den Palast zu verlassen. Sein Vater willigte ein, weil er wusste, dass es sinnlos war Widerstand zu leisten. Als Prinz Siddhartha diesmal durch die Stadt fuhr, sah er einen Mann, der von einer Krankheit heimgesucht wurde. Er konnte nicht glauben, dass ein solches Leiden möglich war und dass niemand dem entkommen konnte. In Gedanken an diesen Mann kehrte Siddhartha in den Palast zurück und wurde noch trauriger.

Der König konnte sehen, dass sich sein Sohn veränderte, konnte aber seine Bitte nicht ablehnen, die Palastmauern ein weiteres Mal zu verlassen. Als der Prinz durch die Straßen des Dorfes ging, stieß er auf eine Trauerprozession. Eine Gruppe von Männern trug eine Leiche zum Verbrennungsplatz. Seine Neugierde war geweckt und der Prinz beobachtete, wie der Körper verbrannt wurde. Er konnte nicht verstehen, warum die Leute das taten und warum sich der Körper nicht bewegte. Als er sich an seinen Begleiter wandte, um eine Erklärung zu erhalten, erfuhr er von der Realität des Todes. Verzweifelt kehrte der Prinz in den Palast zurück und begann darüber nachzudenken, was er gesehen hatte. Infolgedessen entstand in ihm der große Wunsch, einen Weg zu finden, dieses Leiden zu beenden.

DIE ENTHÜLLUNG DER INNEREN WAHRHEIT

Auf seinem vierten Ausflug aus dem Palast fuhr Prinz Siddhartha in einen Park. Er sah einen Mann in alten Gewändern am Straßenrand sitzen. Dieser Mann sah sehr glücklich aus und so fragte Siddhartha, wer er sei. Der Begleiter des Prinzen erklärte, dass er ein spiritueller Entsagender sei. Er habe sein Leben der Erforschung gewidmet, wie man Frieden und Freiheit vom Leiden erhalte. Der Prinz wusste sofort, dass er diesen Weg einschlagen wollte. Er erkannte, dass er, solange er im königlichen Palast blieb, umgeben von allem, was er brauchte, nie die Bedingungen haben würde, um dieses spirituelle Ziel zu erreichen. Daraus entstand der Entschluss, alles aufzugeben, was sein behütetes Leben bot. Die starke Absicht wuchs in ihm, die gesuchten Antworten zu finden und sie mit allen Wesen zu teilen.

Bald darauf entschied er sich, das königliche Leben aufzugeben und mitten in der Nacht zu Pferd aus dem Palast zu fliehen. Mit großer Entschlossenheit ließ er seine geliebte Frau und seinen neugeborenen Sohn sowie alle seine anderen Freunde und Familienmitglieder hinter sich. Er gab seinen königlichen Titel und die damit verbundenen Privilegien auf, einschließlich aller seiner prachtvollen Ländereien. Er entschied sich, seinen Geist allein auf die Aufgabe der Befreiung zu konzentrieren. Er rasierte sich den Kopf und zog zerfetzte Lumpen als Kleidung an und nahm das Leben eines wandernden Asketen an. Bald wurde er im ganzen Land als Shakyamuni bekannt, was „Weiser des Shakya-Klans" bedeutet.

Mit einem Geist, der sich auf die Erlangung der Freiheit vom Leiden konzentrierte, suchte Siddhartha die angesehensten Meditationsmeister des Landes auf: Alara Kalama und Uddaka Ramaputta. Unter ihrer Leitung schritt er schnell den Pfad voran, erlangte dieselben Erkenntnisse wie sie und erzielte fortgeschrittene Stufen des meditativen Gleichgewichts. Und doch war er immer noch nicht zufrieden, gleichgültig, wie sehr er seinen Geist vertiefte.

Siddhartha entschied dann, dass er sich mit der Praxis extremer Askese und Selbstkasteiung beschäftigen würde. Zusammen mit fünf anderen asketischen Praktizierenden übte er sechs Jahre lang intensiv am Ufer des Nairanjana. Er aß nur eine Handvoll Nahrung pro Tag. Als er körperlich extrem geschwächt war, wurde Siddhartha klar, dass dieser von ihm gewählte Weg ein Fehler war. Er erkannte, dass Geist und Körper eine einzige Wirklichkeit bildeten, die nicht getrennt werden konnten. Das bedeutete, den Körper zu missbrauchen, führte nur dazu, dem Geist zu schaden.

In einem Augenblick völliger Erschöpfung wurde ihm von der Tochter eines jungen Brahmanen namens Sujata eine Schale mit süßem Reismilchbrei mit Honig angeboten. Nach dem Essen kam Siddharthas Körper wieder zu Kräften und sein Teint bekam einen goldenen Glanz. Er bemerkte sofort, dass sich die Qualität seiner Meditation verbesserte, er mehr Klarheit hatte und sein Geist friedlicher wurde. Die fünf Asketen, die mit ihm waren, ließen Siddhartha im Stich und gingen getrennte Wege, da sie glaubten, dass er seine Praxis verraten hatte.

Im Alter von fünfunddreißig Jahren wanderte Prinz Siddhartha nach Bodhgaya in Nordindien und setzte sich unter den Bodhi-Baum. Er schwor dort zu bleiben, bis er die volle Erleuchtung erreicht habe. Er überwand dort alle negativen Kräfte des Geistes und blieb von deren Schrecken und Verführung unversehrt und unbeeindruckt. Mit der Erde als Zeuge besiegte er alle seine Dämonen.

Im Morgengrauen des nächsten Tages überwand Siddhartha die subtilsten geistigen Verdunkelungen und erreichte die vollständige Erleuchtung. Nachdem er die Unwissenheit über die wahre Natur der Realität überwunden hatte, fühlte er sich, als wäre er aus einem Gefängnis entlassen worden, das ihn für tausende von Leben eingesperrt hatte. Die endlose Welle verblendeter Gedanken war aufgelöst und besiegt worden. Diese verblendeten Gedanken hatten seine Unwissenheit gefördert und seinen Geist verdunkelt, ähnlich wie Mond und Sterne hinter Wolken verdunkelt werden. Er sah unmittelbar die gegenseitige Abhängigkeit aller Dinge im Universum und wie Wesen endlos litten, weil sie die Realität fälschlicherweise in Subjekt und Objekt aufteilten. Diese falsche Sichtweise führte zu Anhaftung, Abneigung und unzähligen zerstörerischen Handlungen, die immer nur noch mehr Leid verursachten. Er sah auch das Potenzial zur Erleuchtung in jedem Lebewesen. Von da an war er bekannt als der Buddha – der Erwachte.

Zunächst beschloss der Buddha, nicht zu lehren. Erst sieben Wochen später, als die großen Götter Brahma und Indra ihn baten das Rad des Dharma zu drehen, um die Tiefe und Kostbarkeit seiner Verwirklichung zu demonstrieren, setzte er einen neuen Zyklus von Lehren in Gang.

DIE ENTHÜLLUNG DER INNEREN WAHRHEIT

Viele Tage später traf der Buddha seine fünf asketischen Freunde im Hirschpark in Varanasi. Trotz ihrer anfänglichen Zurückhaltung, da er den asketischen Weg aufgegeben hatte, begrüßten sie ihn. Sie waren von seinem strahlenden Aussehen überwältigt und wurden seine ersten Anhänger. Der Buddha drehte das erste Rad des Dharma, indem er die *Vier Edlen Wahrheiten* lehrte. Jeder seiner Anhänger erreichte unter seiner Führung in drei Monaten den Zustand eines *Arhat*. Es wird auch berichtet, dass eine Vielzahl von „unsichtbaren" Wesen an diesen Unterweisungen teilnahmen und enorm profitierten. So wurden zum ersten Mal die kostbaren Drei Juwelen: der Buddha (der Lehrer), der Dharma (die Lehre) und der Sangha (die Gemeinschaft) in dieser Welt bekannt.

Bis zu seinem Dahinscheiden hielt der Buddha fünfundvierzig Sommerretreats ab und drehte das Rad des Dharma unzählige Male. Er legte die Lehren sowohl in endgültiger als auch vorläufiger Bedeutung dar, entsprechend den Bedürfnissen und Veranlagungen seiner Anhänger. Seine Lehren wurden seinen Hauptschülern Shariputra und Maudgalyayana gegeben, zusammen mit einer großen Versammlung von Mönchen, Nonnen, Laienpraktizierenden, Bodhisattvas und nichtmenschlichen Wesen. Seine Lehren offenbarten immer die Vergänglichkeit und inspirierten seine Anhänger zu wahrer Entsagung.

Als ehrenwerter Mönch lehrte Shakyamuni an zugänglichen Orten, wie Rajagriha, dem Geierberg und Vaishali in Nordindien. Durch seine übernatürlichen Fähigkeiten lehrte er in anderen Bereichen für nichtmenschliche Wesen, wie Götter, Nagas und Geister. Er erschien auch in verschiedenen reinen Formen, um fortgeschrittene Schüler auf ihrem spirituellen Weg reifen zu lassen. Zum Beispiel erschien er als die Gottheit Kalachakra, um König Suchandra und ein großes Gefolge in Amaravati in Südindien zu unterrichten.

Im Alter von achtzig Jahren legte sich der Buddha in der Stadt Kushinagar zwischen einem Paar Salabäumen auf seine rechte Seite und gab seine letzte Unterweisung in seiner physischen Form. Dann ging er ins Parinirvana.

Aus der einen Perspektive können wir von Buddha als einem einzigen Menschen sprechen, der im Laufe seines Lebens seine Ausbildung abgeschlossen und Erleuchtung erreicht hat. Dies ist jedoch nur eine Interpretation der Geschichte des Buddha. Aus einer anderen Perspektive war Siddhartha bereits ein völlig erleuchteter Buddha, der sich nun als Mensch manifestierte und aus dem reinen Land von Tushita in das menschliche Reich hinabstieg. Die Person, die wir als der den historischen Buddha Shakyamuni kennen, manifestierte sich, um uns den Dharma zu lehren. Er zeigte uns, wie wir leidbringende Emotionen und versteckte Verdunkelungen überwinden können. In Wirklichkeit hat Buddha jedoch kein Altern, keine Krankheit, keinen Tod und keine karmische Wiedergeburt. Er kam nur auf eine traumähnliche Weise, um einen traumähnlichen Dharma in einer traumähnlichen Welt zu lehren. Wir alle haben diese Wirklichkeit. Sie ist unsere erleuchtete Natur. Bis wir diese heilige Wahrheit entdecken, manifestiert sich Buddha für uns spontan auf verschiedene Weise, sowohl in gewöhnlichen als auch in wundersamen Formen.

DIE DREI DREHUNGEN DES DHARMARADES

Wenn wir alle Lehren betrachten, die der Buddha in seinem Leben gegeben hat, ist es möglich, eine Reihe von wiederkehrenden Themen zu erkennen. Der Buddha unterrichtete diese Themen auf der Grundlage der Fähigkeiten seiner jeweiligen Schüler, da er erkannte, dass nicht jeder für die Tiefgründigkeit bestimmter Ideen bereit war. Anstatt sie unnötig zu verwirren, gab er ihnen Lehren, die am besten die Verdunkelungen in ihrem Geist beseitigen würden, die sie daran hinderten, die Wahrheit zu erfahren.

Wenn wir die Lehren auf diese Weise betrachten, können wir sie in drei Stufen einteilen. Diese Stufen zeigen, wie ein einzelner Praktizierender grobe und dann immer subtilere Verdunkelungen entfernt und schließlich seine eigene ursprüngliche Natur verwirklicht. Diese Stufen werden als die *Drei Drehungen des Dharmarades* bezeichnet. Wir müssen uns bewusst sein, dass es sich um eine thematische und keine chronologische Reihenfolge handelt. Zum Beispiel gab der Buddha in der Zeit direkt nach seiner Erleuchtung viele Lehren aus dem zweiten und dritten Dharmarad an fortgeschrittene menschliche und nichtmenschliche Schüler. Ebenso wurde eine der berühmtesten Lehren des ersten Dharmarades auf seinem Sterbebett gegeben. Am wichtigsten zu wissen ist, auf welches Thema sich jedes Rad konzentriert, und auf welche Weise diese Lehren Schülern helfen können Verdunkelungen zu beseitigen. Die drei Drehungen sind wie folgt:

1. **Die erste Drehung des Dharmarades** dreht sich um das Thema von Ursache und Wirkung, insbesondere in Bezug darauf, wie Leiden entsteht und wie Befreiung erreicht wird. Die grundlegendste Lehre in diesem Zyklus ist bekannt als die Lehre über die *Vier Edlen Wahrheiten*, wie sie in Sarnath, Indien, dargelegt wurde. Indem man das Verständnis von Ursache und Wirkung entwickelt, ist der Praktizierende in der Lage, die Ursachen des Leidens aufzugeben und die Ursachen für echtes Glück zu entwickeln. Das richtet unseren Geist auf den Dharma aus und hilft Verdienste zu sammeln, sodass wir tiefer in die Natur unserer Erfahrung eindringen können.

2. **Die zweite Drehung des Dharmarades** konzentriert sich auf das Thema der Leerheit. Diese Lehren sind am engsten mit den *Sutras von der Vollkommenheit der Weisheit* verbunden, die in Anwesenheit einer Vielzahl von Bodhisattvas auf dem Gipfel des Geierberges in Rajagriha gelehrt wurden. In diesen Lehren diskutiert der Buddha, wie die von uns wahrgenommen Phänomene leer sind von der inhärenten Existenz, die wir auf sie projizieren. Er stellt sehr deutlich dar, wie unsere Unwissenheit über diese wahre Natur der Phänomene die Wurzel all unseres Leidens ist. Deshalb ist es durch Meditation über die Leerheit möglich, diese Fehleinschätzung zu beseitigen.

3. **Die dritte Drehung des Dharmarades** präsentiert die endgültigen Lehren über das tiefgründigste der Themen – unsere innewohnende *Buddhanatur*. Diese Lehren wurden zu seltenen Gelegenheiten an verschiedenen Orten zu Lebzeiten des Buddha gegeben. Sie beschreiben sehr detailliert die unzähligen vortrefflichen Eigenschaften des erleuchteten Geistes, die in jedem und jeder von uns vorhanden sind. Es ist dieser Geist, der in der Lage ist, wenn er von den zeitweiligen Verdunkelungen getrennt ist, sich als vollständig erleuchteter Buddha zu manifestieren. In diesem Stadium gibt es keine Verdunkelungen mehr zu entfernen.

KATEGORIEN VON BUDDHISTISCHEN FAHRZEUGEN

Ein Fahrzeug ist ein Gerät, das jemanden von einem Ort zu einem anderen transportiert. Ein Fahrrad, ein Auto und ein Flugzeug sind alles Beispiele für Fahrzeuge. Obwohl ihre Grundfunktion die gleiche ist, unterscheiden sie sich dadurch, dass sie das gleiche Ergebnis auf unterschiedliche Weise erzielen können.

Nehmen wir an, Sie wollen in eine nahegelegene Stadt reisen. Sie könnten mit dem Fahrrad dorthin fahren, aber es würde lange dauern. Es wäre schneller, ein Auto zu nehmen. Wenn die Stadt am anderen Ende des Landes läge, würden Sie mit dem Auto lange brauchen. Wenn Sie stattdessen ein Flugzeug nehmen, könnten Sie an einem einzigen Tag dorthin gelangen.

Wie schnell und wie weit wir auf unserer spirituellen Reise vorankommen, hängt davon ab, welches Fahrzeug wir wählen. Welches Fahrzeug für uns das richtige ist, hängt von unserer persönlichen Motivation und spirituellen Reife ab. Jeder kann ein Fahrrad nehmen und quer durch die Stadt fahren. Um ein Auto zu fahren, müssen Sie jedoch eine bestimmte Fertigkeit entwickeln, bevor Sie sich hinter das Steuer setzen dürfen. Dasselbe gilt für ein Flugzeug, mit dem Sie viel schneller reisen können, aber wenn Sie nicht richtig darauf vorbereitet sind, könnten Sie sehr leicht abstürzen und verbrennen.

Wenn wir die breite Palette der Lehren des Buddha betrachten, können wir sehen, dass er verschiedene Arten von Fahrzeugen für verschiedene Arten von Praktizierenden angeboten hat. Er erkannte, dass wir alle mit unterschiedlichen karmischen Neigungen in dieses Leben kommen. Deshalb sind einige bereit für ein Fahrrad, während andere bereit für ein Flugzeug sind.

Aber nur weil wir uns derzeit auf einer bestimmten Stufe unserer spirituellen Entwicklung befinden, bedeutet das nicht, dass wir immer in diesem Zustand bleiben werden. Wenn wir uns mit einem Fahrzeug vertraut gemacht haben, werden wir vielleicht feststellen, dass wir jetzt bereit sind, in ein anderes zu wechseln. Auf diese Weise stellen die Fahrzeuge einen stufenweisen Pfad dar, der uns unterstützt uns auf eine bestimmte Ebene unserer spirituellen Reise zu konzentrieren.

Die folgenden Abschnitte beschreiben verschiedene Möglichkeiten, wie wir die Lehren einteilen können. Wir können dadurch die Schwerpunkte besser unterscheiden, die zu einem bestimmten Zeitpunkt bearbeitet werden. Diese Kategorien sind nicht eine Art Hierarchie zwischen den Fahrzeugen, sondern als verschiedene Stücke desselben Kuchens zu verstehen. Welches Stück Sie wählen, hängt davon ab, welches Sie am meisten anspricht.

Einteilung der Fahrzeuge nach ihrer Verbreitung

Der Buddha gab alle drei Drehungen der Lehren während einer Zeitspanne von etwa fünfzig Jahren. Nicht alle diese Lehren wurden sofort in der Öffentlichkeit verbreitet. Es dauerte einige Zeit, bis die allgemeine Bevölkerung geistig reif genug war, um die tiefgründigeren Lehren begreifen zu können. Das führte zu einer allmählichen Offenbarung der Lehren in zwei Hauptfahrzeugen:

1. **Das Grundlagen-Fahrzeug (Hinayana):** Die Lehren der ersten Drehung waren für jeden leicht zugänglich und wurden daher seit der Zeit des Buddha öffentlich gelehrt. Diese Lehren bildeten die Grundlage jeder buddhistischen Praxis und betonten tendenziell den klösterlichen Verhaltenskodex (Vinaya) als die effektivste Methode, um die persönliche Befreiung von der zyklischen Existenz zu erreichen.

2. **Das Große Fahrzeug (Mahayana):** Die Lehren der zweiten und dritten Drehung wurden meist einer begrenzten Anzahl von fortgeschrittenen Schülern privat beigebracht. Das bedeutete, dass sie anfangs nicht weiträumig verbreitet wurden sondern erst viele Jahrhunderte nach dem Tod des Buddha. Diese Lehren wurden in den Laiengemeinschaften sehr beliebt, weil sie das Ideal des uneigennützigen sozialen Engagements und die Verwirklichung der Erleuchtung um aller fühlenden Wesen willen betonen. Auf diese Weise wuchs der Buddhismus und integrierte sich vollständig auf allen Ebenen der indischen Gesellschaft.

Die Begriffe Hinayana (wörtlich „kleineres" Fahrzeug) und Mahayana („größeres" Fahrzeug) werden verwendet, um die Reichweite des Fahrzeugs anzugeben. Da sich die Hinayana-Lehren auf die persönliche Befreiung konzentrieren und das Mahayana auf die Erleuchtung um der anderen willen, können wir sagen, dass das Mahayana eine größere Reichweite hat. Das bedeutet nicht, dass die Qualität der Lehren des einen gegenüber dem anderen besser ist, sondern dass die Ausrichtung des einen Fahrzeugs enger ist.

Tradition	Drehung des Rades	Schwerpunkt
Hinayana	Erste Drehung	Ursache und Wirkung
Mahayana	Zweite Drehung	Leerheit
	Dritte Drehung	Buddhanatur

Tabelle 11-1: Fahrzeuge entsprechend ihrer Verbreitung.

Einteilung der Fahrzeuge nach ihrem Ansatz

Für seine fortgeschrittensten Schüler manifestierte sich der Buddha in einer Vielzahl von reinen Formen, um die esoterischen Lehren zu vermitteln. Sie beschreiben, wie man die eigene Buddhanatur geschickt als Grundlage für ein schnelles Vorankommen auf dem Pfad nutzt. Diese außerordentlich wirkungsvollen Methoden wurden über viele Generationen hinweg unter strenger Geheimhaltung von Lehrer zu Schüler weitergegeben.

Diese gesammelten Lehren wurden als die *buddhistischen Tantras* bekannt, während die öffentlichen exoterischen Lehren als die *buddhistischen Sutras* bekannt wurden. Beide Gruppen der Lehren haben die Fähigkeit, einen Praktizierenden zur Erleuchtung zu bringen. Sie unterscheiden sich in der Wirksamkeit des Ansatzes, mit dem das gewünschte Ergebnis der Buddhaschaft erzielt wird. Wenn wir die Lehren zwischen Sutra und Tantra aufteilen, kommen wir zu den folgenden Fahrzeugen:

1. **Ursachen-Fahrzeuge (Sutrayana):** Diese Fahrzeuge stützen sich in erster Linie auf die sutrischen Lehren. Sie betonen Praktiken aus der Perspektive eines fühlenden Wesens. In diesem Ansatz wird ein fühlendes Wesen von Natur aus als unrein, das heißt von seinem eigenen verblendeten Geist beherrscht, angesehen. Damit ein solches Wesen Erleuchtung erlangen kann, ist es notwendig, zunächst alle negativen Geisteszustände aufzugeben und gleichzeitig alle positiven Eigenschaften zu

entwickeln. Das fühlende Wesen entwickelt langsam seinen Geist, bis es den Zustand der Buddhaschaft erreicht hat. Dieser Prozess dauert in der Regel mehr als drei endlose Äonen.

2. **Ergebnis-Fahrzeuge (Tantrayana):** Diese Fahrzeuge stützen sich in erster Linie auf die tantrischen Lehren. Sie arbeiten unter der Voraussetzung, dass unsere grundlegende Natur die Buddhanatur ist. Diese Natur ist ursprünglich rein und deshalb gibt es eigentlich nichts, was man dafür tun müsste. Anstatt an der Entwicklung von Qualitäten zu arbeiten, liegt der Schwerpunkt auf der Beseitigung von Verdunkelungen. Diese verhindern, dass sich unsere reine Natur auf natürliche Weise offenbart. In diesem Ansatz erkennt der Praktizierende die erleuchtete Natur seiner gegenwärtigen Erfahrung und ist in der Lage, dieselben Erfahrungen geschickt als Unterstützung für seine Praxis zu nutzen. Da sie schon jetzt mit dem Ergebnis (Buddhanatur) arbeiten, werden diese Fahrzeuge als Ergebnis-Fahrzeuge bezeichnet. Durch diese Methoden ist es einem Praktizierenden möglich, innerhalb eines einzigen Lebens Erleuchtung zu erlangen.

Ausgehend davon, wo der größte Schwerpunkt liegt, können wir diese Fahrzeuge und ihren Zusammenhang mit den drei Drehungen wie folgt zusammenfassen:

Fahrzeug	Drehung des Rades	Schwerpunkt
Ursachen-Fahrzeug	Erste Drehung	Ursache und Wirkung
	Zweite Drehung	Leerheit
Ergebnis-Fahrzeug	Dritte Drehung	Buddhanatur

Tabelle 11-2: Fahrzeuge entsprechend ihrem Ansatz.

Einteilung der Fahrzeuge nach ihrem Schwerpunkt

Anhand der vorhergehenden Kategorien können wir sehen, dass das Hinayana vollständig auf den Sutra-Lehren basiert. Das Mahayana enthält Aspekte von Sutra und Tantra. Das führte zur Entwicklung von drei verschiedenen Praxisstilen, diese sich jeweils in verschiedenen Zeiträumen und geografischen Regionen verbreiteten:

1. **Das Grundlagen-Fahrzeug (Hinayana):** Die Hinayana-Lehren waren die ersten Lehren des Buddha. Sie werden hauptsächlich mit dem Stil der buddhistischen Praxis in Verbindung gebracht, der heute in Thailand, Sri Lanka, Kambodscha, Burma und Laos praktiziert wird. Diese Art der Praxis ist allgemein als *Theravada-Buddhismus* bekannt, benannt nach der einzigen überlebenden Schule, die diese Form der Praxis aufrechterhält. Sie folgen den Lehren, die im Pali-Kanon festgehalten sind – der frühesten aufgezeichneten Sammlung von Schriften aus der ersten Drehung.

2. **Das Große Fahrzeug (Mahayana):** Die gemeinsamen Lehren des Mahayana entwickelten sich allmählich und werden im Allgemeinen mit den Stilen der buddhistischen Praxis in Tibet, China, Korea, Japan und Vietnam in Verbindung gebracht. Sie folgen dem Sanskrit-Kanon und halten sich überwiegend an das an der Nalanda-Universität in Zentralindien etablierte System des stufenweisen Studiums und der Praxis. Das wird oft als *Nalanda-Tradition* bezeichnet. Es ist es dieses System, dem die tibetischen Schulen des Buddhismus genau folgen. Einige der anderen Traditionen, die sich in Ländern wie China und Japan entwickelt haben (insbesondere der Chan- und Zen-Buddhismus), folgen einem Ansatz, der sich weniger auf das Studium als vielmehr auf eine eng geführte Meditationspraxis konzentriert. Sie zielt darauf ab, den Geist von allen Konzepten zu leeren.

3. **Das Vajra-Fahrzeug (Vajrayana):** Die Vajrayana-Lehren kommen fast ausschließlich in Tibet vor und sind, wie allgemein anerkannt, aus den außergewöhnlichen Lehren des Mahayana-Buddhismus hervorgegangen. Dieses Fahrzeug wird auch das *Donnerkeil-Fahrzeug* genannt, da es als der schnellste Pfad zum Erwachen gilt. Vajrayana bietet unzählige geschickte Methoden, wie Visualisierungen, Mantras und Techniken, um die inneren Energien des Körpers zu kanalisieren, damit sich der Praktizierende direkt mit seiner Buddhanatur verbinden kann. Um die Hindernisse für die Erleuchtung zu beseitigen, konzentriert sich das Vajrayana auf das Sehen, Erkennen und Beseitigen von Problemen und Einschränkungen im Geist. Dagegen konzentriert sich das Sutrayana auf die Entwicklung guter Eigen-

schaften. Da Vajrayana ein schwieriger Weg sein kann, wird es nicht für alle buddhistischen Schüler empfohlen.

Obwohl Mahayana und Vajrayana mehr Wert auf das zweite beziehungsweise dritte Dharmarad legen, stehen sie nicht im Widerspruch zu den Lehren des Theravada-Buddhismus, der sich auf die erste Drehung konzentriert. Die Theravada-Lehren sind grundlegend für die buddhistische Praxis. Es ist deshalb wichtig, umfassende Grundkenntnisse in diesem System zu haben, um den Mahayana-Buddha-Dharma erfolgreich zu praktizieren. Die tibetisch-buddhistischen Traditionen zum Beispiel studieren den Theravada-Vinaya umfassend, weil er die moralische Norm aufzeigt, die in monastischen Gemeinschaften erforderlich ist. Ebenso hängen die Lehren des Vajrayana stark von den Lehren des Mahayana ab. Ohne die Grundlage für eine Mahayana-Motivation und -Ansicht zu schaffen, ist es unmöglich, das Ergebnis der Erleuchtung durch die Vajrayana-Praxis zu erreichen.

Lehren	Tradition	Betonung	Praktiziert in
Sutra	Grundlagen-Fahrzeug	Erste Drehung	Sri Lanka, Burma, Thailand, Kambodscha and Laos
	Großes Fahrzeug	Zweite Drehung	China, Korea, Japan und Vietnam
Tantra	Vajra-Fahrzeug	Dritte Drehung	Tibet, Mongolei und Himalayaregion

Tabelle 11-3: Fahrzeuge entsprechend ihrem Schwerpunkt.

GRUND, PFAD UND ERGEBNIS

Bei der Analyse verschiedener Fahrzeuge kann es hilfreich sein, ein einfaches Bezugssystem als Vergleichsbasis zu verwenden, um unsere Analyse zu schärfen. Alle Fahrzeuge können in Bezug auf drei Aspekte verstanden werden:

1. **Grund:** Die Grundlage eines jeden Fahrzeugs ist die Sichtweise, wie die Natur der Realität beschrieben wird. Durch diese Sichtweise kann ein Praktizierender erkennen, welche Aspekte seiner Realität unbefriedigend sind. Sie zeigt auch, wie er mit dieser Realität arbeiten kann, um

EINFÜHRUNG IN DEN BUDDHISMUS

ein gewünschtes Ergebnis zu erzielen. Es wird als der *Grund* bezeichnet, weil alle Praktiken auf diesem Verständnis aufbauen und weil wir mit dieser Realität auf dem Pfad arbeiten.

2. **Pfad:** Sobald Sie ein Problem identifiziert haben, können Sie mit der Umsetzung von Strategien zur Veränderung der Situation beginnen. Der *Pfad* stellt alle vom Fahrzeug zur Verfügung gestellten Methoden dar, um die Erfahrung des Grundes beim Praktizierenden zu transformieren. Pfade sind in der Regel stufenweise aufgebaut – wie eine Leiter, wo uns jeder Schritt dem gewünschten Ergebnis näher bringt. Die beiden Hauptwege bestehen in den verschiedenen Methoden von Meditation und Verhalten.

3. **Ergebnis:** Durch die Auseinandersetzung mit einem Pfad entstehen eine Vielzahl von spezifischen *Ergebnissen*. Jedes Fahrzeug ist so konzipiert, dass es Sie zu einem bestimmten Punkt bringt. Sobald Sie das maximale Ergebnis erreicht haben, das ein Fahrzeug bieten kann, müssen Sie auf ein anderes Fahrzeug umsteigen, um weiterzukommen. Auf diese Weise können wir davon sprechen, dass einige Fahrzeuge relativ „höher" sind als andere. Gemeint ist, dass sie in der Lage sind, Sie zu einer tiefergehenden Erfahrung der Realität zu führen. Das Endergebnis des Einsatzes dieser Fahrzeuge ist die vollständig verwirklichte Erleuchtung.

Um diese Prinzipien zu veranschaulichen, werden wir nun den Grund, den Pfad und das Ergebnis betrachten, die allen Formen des Buddhismus gemeinsam sind. Diese Themen bilden das grundlegendste Verständnis der Lehren des Buddha und werden in den folgenden Kapiteln weiter ausgeführt.

Der Grund – Die Vier Siegel

Die Vier Siegel sind die eigentliche Essenz der buddhistischen Sichtweise. Kein Wesen hat oder wird jemals Erleuchtung erlangen, ohne sie zu verstehen. Wenn wir sie wirklich begreifen, können wir auf dem buddhistischen Pfad nicht scheitern. Die Vier Siegel werden so genannt, denn wenn ein Dokument ein Siegel trägt, kann man darauf vertrauen, dass es authentisch ist. Ebenso muss eine Ansicht diese Siegel enthalten, um wirklich buddhistisch zu sein. Wenn wir sie richtig verstehen, können wir dann wissen, was den Buddha-Dharma einzigartig macht. Wir können dann den Unterschied zwischen der buddhistischen Ansicht und allen anderen Philosophien, Glaubenssystemen oder Religionen klar erkennen.

Wenn wir jedes dieser Siegel untersuchen, werden Sie vielleicht feststellen, dass Sie einige der Themen bereits in früheren Kapiteln kennengelernt haben. Das ist ein häufiges Merkmal im Buddha-Dharma. Häufig wird ein einzelnes Thema aus verschiedenen Blickwinkeln analysiert, um ein umfassenderes Verständnis der Phänomene zu entwickeln. Daher ist das keine Wiederholung um der Wiederholung willen. Stattdessen ist es ein geschicktes Mittel, das uns hilft auf dem Pfad voranzukommen. Je mehr wir über diese Themen nachdenken, desto mehr wird sich unsere Sichtweise entwickeln. Wenn sich Ihre Sichtweise ändert, erhalten Sie eine neue Perspektive, mit der Sie die Realität verstehen können. Das ermutigt zu größerer Kontemplation, die letztendlich zu der Möglichkeit führt, dass mehr Weisheit entsteht.

1. Alle zusammengesetzten Phänomene sind vergänglich

Alles, was existiert und für den Geist erkennbar ist, kann als zusammengesetzt verstanden werden. Das bedeutet, dass etwas, auch wenn es solide und real erscheinen mag, tatsächlich aus vielen Teilen besteht und seine Existenz von Ursachen und Bedingungen abhängt. Alle diese zusammengesetzten Phänomene unterliegen daher Veränderungen und Vergänglichkeit.

So ist beispielsweise ein Holztisch abhängig von den Holzstücken, aus denen er hergestellt wurde, und den Bäumen, von denen das Holz stammt. Jeder Baum hängt von einem Samen ab, sowie von Erde, Wasser und Sonnenschein, die ihm helfen zu wachsen. Ohne diese Bedingungen gäbe es ihn nicht. Diese Bäume werden gefällt und in Bretter verwandelt und dann von Menschen in eine Fabrik transportiert und zusammengebaut. Damit können wir sehen, wie die Kette der gegenseitigen Abhängigkeiten viele andere unterstützende Faktoren beinhaltet. Wir können auch darüber nachdenken, was alles notwendig ist, um den Lastwagen zu bauen, der das Holz transportiert, oder all die Bedingungen, die zu den Menschen geführt haben, die in der Fabrik arbeiten. Die Herstellung des Tisches hängt von all diesen Faktoren ab, und wenn eine dieser Ursachen fehlt, kann es keinen Tisch geben.

Alle existierenden Dinge hängen von Ursachen und Bedingungen ab, um entstehen zu können. Aber weil diese Ursachen und Bedingungen nicht ewig andauern, muss alles, was entsteht, natürlich verfallen und untergehen und ist daher vergänglich. Während der Tisch ein offensichtliches Beispiel für ein vergängliches Phänomen ist, können wir auch subtilere Beispiele für Vergänglichkeit in solchen Phänomenen, wie unseren Persönlichkeitsmerkmalen, Gedanken oder Emotionen, bemerken.

Wissen Sie, wo Sie in zehn Jahren sein werden? Werden Sie immer noch im selben Haus wohnen oder immer noch dieselbe Kleidung tragen? Denken Sie darüber nach. Vor zehn Jahren hatten Sie vielleicht andere Ideen oder Ansichten als jetzt. Vielleicht waren Sie voller Jugend und Kraft, aber jetzt fangen Sie an zu altern und Falten zu entwickeln. Wenn Sie darüber nachdenken, wie Sie mit zwanzig waren und jetzt in den Dreißigern oder Vierzigern sind, welche Unterschiede können Sie dann in Ihrem Körper beobachten? Das sind Beispiele für offensichtliche oder grobe Vergänglichkeit, die jeder leicht beobachten kann.

Auf der subtilen Ebene der Vergänglichkeit sind alle zusammengesetzten Phänomene in einem Zustand des ständigen Übergangs, wobei jede Veränderung in einem sehr kleinen Zeitraum stattfindet. Die Lehren des Buddha sprechen von 160 Momenten, die vergehen, während man mit den Fingern schnippt. Das bedeutet, dass sich alles Wahrgernommene viele Male in der Sekunde ändert. Wenn sich die Dinge in einem so winzigen Intervall nicht änderten, wie könnten sie sich dann in einer Sekunde, einer Minute, einer Stunde oder sogar einem ganzen Jahr ändern? Es ist dieser Aspekt des ständigen Wandels, der erklärt, wie alles altert, verfällt und vergeht.

Normalerweise können wir jedoch nicht erkennen, dass ein Objekt, wie unsere Handfläche, heute wesentlich anders ist als gestern. Das kommt daher, weil wir derzeit nur grobe Erscheinungen wahrnehmen. Wenn wir zu einem Fluss gehen, wissen wir, dass er sich in jedem Moment ändert. Trotzdem haben wir die Gewohnheit entwickelt, zu denken, dass es derselbe Fluss ist, den wir letztes Jahr gesehen haben. Wir denken, dass wir dieselbe Hand, dieselben Eltern und dasselbe „Alles" haben, aber in Wirklichkeit ändert sich alles ständig. Wissenschaftler kommen zu einer ähnlichen Ansicht, da der technische Fortschritt es ermöglicht hat, die Dinge in sehr kleinem Maßstab zu beobachten. Hochverwirklichte Wesen, die ihren Geist durch Meditationspraxis entwickelt haben, sind tatsächlich fähig direkt wahrzunehmen, wie sich Phänomene von Moment zu Moment ständig ändern.

Übung 11.1 – Die Instabilität von Ursachen und Bedingungen

- *Stellen Sie in einer entspannten Haltung einen neutralen Geist durch die Übung der Achtsamkeit auf den Atem her.*

- *Wählen Sie ein Phänomen aus, das sie analysieren möchten. Nehmen Sie sich einen Moment Zeit, um über die Eigenschaften dieses Phänomens nachzudenken. Versuchen Sie, so gründlich wie möglich zu sein.*

- *Betrachten Sie nun die Ursachen und Bedingungen, die zusammenkommen mussten, damit dieses Phänomen in dem Zustand auftritt, den Sie gerade jetzt beobachten können. Ermitteln Sie zunächst die substanzielle Ursache des Phänomens und betrachten Sie dann die unterschiedlichen unterstützenden Bedingungen, die die Entwicklung des Phänomens im Laufe der Zeit beeinflussten.*

- *Überlegen Sie, wie sich dieses Phänomen ändern würde, wenn eine dieser Bedingungen anders wäre. Wäre das Phänomen genau dasselbe, ähnlich oder würde es gar nicht existieren? Wählen Sie eine Reihe von Bedingungen und spielen Sie alle möglichen Ergebnisse durch.*

- *Denken Sie nun über die Bedingungen nach, die dieses Phänomen in seinem derzeitigen Zustand erhalten. Berücksichtigen Sie die sich ändernden Einflüsse, die dazu führen, dass dieses Phänomen mit der Zeit zerfällt. Wird das Phänomen lange anhalten? Oder wird es sich in einem relativ schnellen Prozess auflösen?*

- *Denken Sie an verschiedene Möglichkeiten, wie Sie die Bedingungen ändern könnten, um die Transformation des Phänomens zu verlängern oder zu beschleunigen. Was würde zum Beispiel passieren, wenn Sie dem Phänomen Hitze hinzufügen würden? Wie wäre es mit Kälte?*

- *Wiederholen Sie diesen Analysevorgang mit verschiedenen Arten von Phänomenen. Wenn eine Gewissheit über die Unbeständigkeit von zusammengesetzten Phänomenen entsteht, dann verweilen Sie einfach in diesem Zustand.*

2. Alle bedingten Phänomene sind unbefriedigend

Jedes Phänomen, das wir durch die verzerrte Linse unserer geistigen Verblendungen erfahren, wird von Natur aus unbefriedigend sein – das heißt, seine Natur ist Leiden. Diese Wahrheit folgt gleich nach der Tatsache, dass alles, was vergänglich ist, von Natur aus instabil ist. Wenn etwas instabil ist, schafft es in unserem Geist Unsicherheit. Das führt unweigerlich zu Ängsten, Unzufriedenheit und Leiden in unterschiedlichem Ausmaß. Da wir nicht alle Ursachen und Bedingungen erfassen können, die zu einem bestimmten Phänomen geführt haben, stellt jedes Phänomen einen erheblichen Grad an Unsicherheit für uns dar. Diese allgegenwärtige Unsicherheit bedeutet, dass jedes Phänomen das Potenzial hat, als Bedingung für die Entstehung von Leiden in unserem Geist zu wirken. Das wird auch als alles-durchdringendes Leiden bezeichnet.

Stellen Sie sich zum Beispiel vor, Sie haben ein teures Auto besessen und haben erwartet, dass es immer makellos bleibt. Sie würden die ungewisse (oder unbefriedigende) Beschaffenheit des Autos ignorieren. Es ist unvermeidlich, dass das Auto zerkratzt wird, das Metall korrodiert oder der Motor abgenutzt wird. Wie sehr auch immer Sie sich wünschen, dass es so bleibt, wie es ist, in der Realität verfügt das Auto nicht über diese Eigenschaft. Diese Erfahrung der Unzufriedenheit wird als das Leiden des Wandels bezeichnet.

Wenn wir uns bemühen, andere anzulächeln, erwarten wir oft, dass sie zurücklächeln werden. Aber wenn sie es nicht tun, können wir ein gewisses Ausmaß der Niedergeschlagenheit erleben. Wie sehr wir uns niedergeschlagen fühlen, hängt davon ab, wie sehr wir erwartet haben ein Lächeln erwidert zu bekommen. Im Allgemeinen empfinden wir mehr oder weniger psychische Leiden, je nachdem, wie stark wir ein bestimmtes Ergebnis erwartet haben. Dies wird das Leiden des Schmerzes genannt.

Der Begriff Leiden ist weit verbreitet. Aber diese Beispiele zeigen, dass die vollständige Bedeutung von Leiden nicht nur schweres Leiden, wie starke Schmerzen, Depressionen oder Krankheiten, umfasst, sondern vielmehr einen allgemeineren „Grad der Unzufriedenheit", der die Natur des Lebens selbst beschreibt. Es ist besser zu sagen: „Das Leben ist unbefriedigend." Wenn wir verkünden: „Die Natur des Lebens ist Leiden.", kann das zu Missverständnissen über den Begriff „Leiden" führen. Jemand könnte denken, dass Buddhisten zu pessimistisch sind.

Diese Ansicht ist jedoch falsch, da Buddhisten weder pessimistisch noch optimistisch sein wollen, sondern die Realität so sehen, wie sie ist. Buddhistische Lehren können als „realistisch" angesehen werden, da sie uns die Natur der gegenseitigen Abhängigkeit unserer Erfahrung zeigen. Durch sie können wir sehen, dass unsere Gegenwart ein Ergebnis unserer Vergangenheit ist, und ebenso, dass unsere Zukunft ein Ergebnis unserer Gegenwart sein wird. Die Betrachtung der Natur dieser Realität kann zwar ein intensives Gefühl der Traurigkeit hervorrufen, da wir all das Leiden und die Sinnlosigkeit der vielen Dinge in dieser Welt sehen. Sie führt aber auch zu einer ungetrübten Dankbarkeit und Wertschätzung für die vielen Wunder, die die Welt zu bieten hat, und für die kostbare Gelegenheit, unsere Situation zu verbessern und anderen zu helfen, dasselbe zu tun. Daher glauben die Buddhisten nicht, dass das Leben immer ungerecht ist, sondern sehen es voll von Möglichkeiten.

Man mag die Vorstellung in Frage stellen, dass „das Leben unbefriedigend ist". Für Menschen, die Schmerzen und Qualen in ihrem Leben erlebt haben, ist dieses Konzept nicht schwer zu verstehen. Für andere jedoch, die glauben ein tolles Leben zu haben, ist es viel weniger offensichtlich. Da es sicherlich wahr ist, dass solche Menschen Grade des Glücks erleben, müssten sie tiefer blicken, um zu verstehen, dass die Dinge unvorhersehbar und vorübergehend sind und daher nicht so attraktiv, wie sie vielleicht denken.

Der beste Weg, das zu analysieren, ist, unseren Alltag zu erforschen und zu beobachten, wie wir ständig auf der Jagd nach Glück sind. Werfen Sie einen genaueren Blick auf Ihre Handlungen und schauen Sie, was Sie motiviert. Warum wechseln Sie ständig von einer Aktivität zur nächsten? Warum können wir nicht einfach stillhalten? Etwas an diesem gegenwärtigen Moment ist unbefriedigend, etwas stimmt nicht ganz. Obwohl wir unsere Bemühungen ständig verändern, um in unserem Tun Glück zu finden, sind wir letztendlich auf die eine oder andere Weise unzufrieden. Diese Unruhe ist die eigentliche Natur der Unzufriedenheit.

Was immer wir tun, wie realistisch oder unrealistisch unsere Handlungen sein mögen, wie weise oder dumm unsere Absichten, unser ultimatives Ziel ist immer das Glück. Das Problem ist, dass die meisten Wege, auf denen wir nach Glück streben, von etwas Äußerem abhängen – etwas außerhalb von uns. Wir können nie ganz zufrieden sein oder ein stabiles, dauerhaftes Glück finden, wenn dieses Glück von instabilen Phänomenen abhängt.

Glücklicherweise blieb der Buddha nicht dabei stehen, das Problem nur zu identifizieren. Er gab uns dann einen Pfad mit Methoden, das Leiden zu lindern und uns letztlich ganz davon zu befreien. Obwohl alles von Natur aus unbefriedigend ist, unterliegt dieser Zustand wie alles einem Wandel, und deshalb besteht die reale Möglichkeit, dass wir etwas dagegen unternehmen können.

Übung 11.2 – Die Erfahrung, niemals zufrieden zu sein

- *Stellen Sie in einer entspannten Haltung einen neutralen Geist durch die Übung der Achtsamkeit auf den Atem her.*

- *Analysieren Sie einen Tag aus Ihrer jüngsten Vergangenheit. Beginnen Sie am Anfang und arbeiten Sie sich langsam voran. Skizzieren Sie eine Reihe von wesentlichen Aktivitäten, die Sie in dieser Zeit durchgeführt haben.*

- *Gehen Sie nun durch jede dieser Aktivitäten zurück und überlegen Sie, warum Sie sie durchgeführt haben. Denken Sie zuerst daran, was Sie damit erreichen wollten. Überlegen Sie dann, warum Sie dieses Ergebnis überhaupt erreichen wollten. Was fehlte oder woran mangelte es in dem Moment, sodass Sie etwas ändern wollten?*

- *Wenn zum Beispiel die Aktivität das Zubereiten einer Mahlzeit war, war der unbefriedigende Zustand das Erleiden eines Hungergefühls. Da Ihnen dieses Gefühl nicht gefiel, wollen Sie essen, da Sie wussten, dass dies den Hunger lindern würde.*

- *Durchforsten Sie so jeden Moment Ihres Tages. Fragen Sie sich, warum Sie sich entschieden haben, eine bestimmte Aktivität zu beenden. An welchem Punkt wurde die Aktivität selbst unbefriedigend? Was hat Sie motiviert, den Blickwinkel zu verändern?*

- *Analysieren Sie weiterhin verschiedene Erfahrungen, an die Sie sich aus ihrem Leben erinnern können. Wenn eine innere Gewissheit über die ruhelose Natur Ihres Lebens auftaucht, lassen Sie das Bewusstsein in diesem Gefühl ruhen.*

3. Allen Phänomenen fehlt die wahre Existenz

In den beiden vorhergehenden Siegeln haben wir gesehen, wie vergänglich und damit ungewiss alle bedingten Phänomene sind. Diese Unsicherheit führt zu einer unvermeidlichen Erfahrung von Unzufriedenheit, weil wir eigentlich nach dauerhaftem, echtem Glück suchen. Jetzt müssen wir uns diese Situation genauer ansehen. Wir müssen uns fragen, warum diese Phänomene überhaupt vergänglich sind und warum wir so viel Leid in Bezug auf diese Realität erfahren.

Die Antwort ist, weil wir an dieser vergänglichen Realität so festhalten, als wäre sie dauerhaft. Auch verstehen wir die Phänomene als aus sich selbst heraus existierende Quellen echten Glücks. Beides sind Missverständnisse oder Verzerrungen. Diese bringen uns dazu, eine breite Palette falscher Erwartungen an die Realität zu entwickeln, die nicht erfüllt werden können.

Von allen Phänomenen, die wir auf diese Weise wahrnehmen, ist das stärkste Missverständnis die Wahrnehmung eines unabhängigen, substanziellen und von Natur aus existierenden Selbst. Es ist dieses Selbst, das wir als Bezugspunkt verwenden, um alles über unsere Erfahrung zu verstehen. Und wenn wir die tatsächliche Existenz unseres Selbst falsch verstehen, projizieren wir dann dieses Missverständnis auf alles andere.

Der erste Aspekt dieses Missverständnisses ist der Glaube, dass Phänomene von Natur aus unabhängig existieren. Wenn wir uns einen Tisch mit Dingen darauf ansehen, können wir die verschiedenen individuellen Objekte identifizieren, wie z. B. ein Buch, ein Gefäß mit Kugelschreibern oder eine Vase mit Blumen; jedes Ding existiert getrennt von den anderen. Ebenso sehen wir, wenn wir uns selbst betrachten, eine einzelne Person. Es ist ein Ding, das sich von anderen Dingen unterscheidet. Hier sind Sie, während dort andere Leute sind.

Wenn wir diese Vorstellung untersuchen, können wir sehen, dass sie in Wirklichkeit falsch ist. Während wir vielleicht denken, dass wir ein Ding sind, bestehen wir eigentlich aus vielen Dingen. Wie wir in früheren Kapiteln gesehen haben, haben wir einen Körper und einen Geist. Der Körper kann in einen Kopf, einen Rumpf, Arme und Beine zerlegt werden. Der Geist kann in acht Arten des Bewusstseins und einundfünfzig Geistesfaktoren unterteilt werden. Sie können auch in die fünf Aggregate unterteilt werden: Form, Wahrnehmung, Gefühl, geistige Formationen und Bewusstsein. Gleichgültig wie wir einteilen, der wesentliche Punkt ist, dass wir nicht von unabhängiger Natur sind. Diese Ansammlung von Phänomenen, die wir wahrnehmen, ist nur die Grundlage dafür, uns als „Selbst" zu bezeichnen.

Der nächste Aspekt unseres Missverständnisses ist der Glaube, dass wir im Laufe der Zeit im Wesentlichen dieselbe Person sind. Wenn wir morgens aufwachen, haben wir das Gefühl, dass wir dieselbe Person sind wie am Vorabend beim Einschlafen. Es gibt ein Gefühl der Kontinuität oder einen roten Faden, der all diese Erfahrungen miteinander verbindet.

Wenn wir wiederum diesen Glauben untersuchen, stellen wir fest, dass jeder Moment entsteht und sich im selben Augenblick auflöst – jeder Moment ruft einen ähnlichen und doch anderen Moment hervor. Was wir als Phänomen „Verweilen" bezeichnen, ist lediglich eine Reihe ähnlicher Momente, die wir nicht wirklich unterscheiden können. Aus diesem Grund erscheinen die meisten Aspekte, wenn wir nur oberflächlich auf die Person von heute und die Person von gestern schauen, ähnlich. Auf einer viel subtileren Ebene können wir jedoch nichts finden, was genau dasselbe ist.

Schließlich ist der dritte Aspekt unseres Missverständnisses unser Glaube, dass dieses Selbst, das wir wahrnehmen, inhärent, aus sich selbst heraus existiert. Diese Idee verschmilzt die wahrgenommene Eigenschaft eines Phänomens mit dem Phänomen selbst und verfestigt es so zu einer selbstexistenten Einheit. Wenn wir eine Tasse sehen, glauben wir, dass dieses Objekt von Natur aus eine Tasse ist – sie hat eine gewisse „Tassenhaftigkeit". Ebenso ist eine Blume von Natur aus eine Blume, ein Elefant von Natur aus ein Elefant und eine Person von Natur aus eine Person.

Wenn wir tatsächlich nach dieser inhärenten Natur suchen, können wir sie nicht finden. Nehmen Sie zum Beispiel einen Tisch. Wir sehen den Tisch und denken: „Das ist definitiv ein Tisch." Aber wo ist der Tisch, den wir wahrnehmen? Der Tisch besteht aus Teilen, sodass es naheliegt, dass der Tisch dasselbe wie seine Teile sein muss oder etwas von ihnen Getrenntes. Wir können damit beginnen, zuerst jeden Teil zu betrachten und zu versuchen, etwas zu finden, was wir innerhalb dieser Teile als Tisch identifizieren können. Wenn wir uns die Beine ansehen, finden wir keinen Tisch, wir finden Beine. Ebenso finden wir, wenn wir den Rahmen betrachten, keinen Tisch, wir finden einen Rahmen. Wenn wir uns die Tischplatte ansehen, finden wir keinen Tisch, sondern eine Tischplatte. Welche Teile wir auch ansehen, es gibt nichts, was wir eindeutig als Tisch identifizieren können. Wenn also die Teile nicht der Tisch sind, dann muss der Tisch getrennt von diesen Teilen existieren.

Um das zu testen, können wir einfach Teile des Objekts entfernen, bis es nicht mehr als Objekt identifizierbar ist. Beginnen wir mit den Tischbeinen. Während ein dreibeiniger Tisch eher instabil ist, ist er trotzdem noch ein Tisch. Wenn wir ein weiteres Bein wegnehmen, fällt eine Seite nach unten und er sieht jetzt aus wie ein kaputter Tisch. Weil er nicht waagrecht liegt, kann er die Funktion eines Tisches nicht mehr erfüllen, der Dinge tragen soll. Nehmen wir die Tischplatte weg, dann haben wir etwas, das nur auf einen Tisch hinweist. Entfernen wir die letzten beiden Beine, verschwindet das Erscheinungsbild eines Tisches vollständig. Dieser Prozess zeigt uns, dass der „Tisch", von dem wir so sicher sind, dass er von Natur aus existiert, lediglich eine Bezeichnung ist, die wir auf eine Ansammlung von Objekten projizieren. Oder mit anderen Worten, auf eine bestimmte Art des Erscheinungsbildes, das im Geist entsteht. Der Tisch, nach dem wir gesucht haben, existiert nicht im Objekt, sondern nur im Geist, abhängig von den Ursachen und Bedingungen. Wir nennen diese bloße Abwesenheit der inhärenten Existenz die „Leerheit" des Objekts. Alle Phänomene haben diese Eigenschaft und deshalb können wir sagen, dass ihre Natur die Leerheit ist.

Oberflächlich betrachtet können diese Ideen recht logisch erscheinen, daher können Sie vielleicht die große Tiefgründigkeit, die sie beschreiben, nicht nachempfinden. Aber wenn wir Leerheit tatsächlich verwirklichen, hat das einen einschneidenden Einfluss darauf, wie Sie die Welt Ihrer Erfahrungen wahrnehmen. Alles wird seiner Natur nach traumartig werden und der Begriff der „wahren" Realität wird sich anschließend auflösen. Wenn die verdunkelnden Fehleinschätzungen beseitigt sind, wird unsere heilige Wahrheit zum Vorschein kommen, unabhängig vom endlosen Strom der Projektionen – wie die Meerestiefen, die von den Wellen an der Oberfläche unbeeinflusst bleiben. Wenn wir die Leerheit wirklich verstehen, werden wir nicht mehr unter der Kontrolle unserer leidbringenden Geisteszustände stehen. Aus diesem Grund werden wir deshalb vom Erzeugen weiteren Karmas frei sein. Wenn wir Karma beenden, beenden wir die zyklische Existenz und all die unbefriedigenden Erfahrungen, die dadurch entstehen.

Übung 11.3 – Die Suche nach einem Selbst

- *Stellen Sie in einer entspannten Haltung einen neutralen Geist durch die Übung der Achtsamkeit auf den Atem her.*

- *Beginnen Sie damit, zunächst die Art und Weise zu ermitteln, wie wir die Realität wahrnehmen. Diese Person, die hier sitzt und meditiert, ist es eine oder mehrere? Fühlen Sie sich wie mehrere Personen? Oder fühlen Sie sich wie eine einzelne Person, von allem in der Umgebung getrennt?*

- *Betrachten Sie nun diese Person im Laufe der Zeit. Fühlen Sie sich als dieselbe Person, die heute Morgen aufgewacht ist? Sind Sie dieselbe Person wie vor einer Woche? Machen Sie sich im Moment um die Analyse keine Sorgen, versuchen Sie einfach ein Gespür dafür zu bekommen, wie Sie sich fühlen.*

- *Betrachten Sie nun ihre Eigenschaften. Was macht Sie aus? Haben Sie das Gefühl, dass etwas in Ihnen ist, das Sie vor allen anderen einzigartig macht? Etwas, das Sie unterscheidet? Gibt es bestimmte Merkmale, die Sie Ihrer Meinung nach als Person definieren? Denken Sie an diese Eigenschaften und beobachten Sie, wie Ihnen das Selbst erscheint.*

- *Nachdem wir eine starke Erfahrung des Selbst entwickelt haben, werden wir nun anfangen zu suchen, wo dieses Selbst existiert. Wenn Sie an ein Selbst denken, worauf beziehen Sie sich dann? Denken Sie an alles, was dieses Selbst hat. Ihr Selbst hat zum Beispiel einen Körper und einen Geist. Das Selbst, nach dem wir suchen, kann nur auf zwei Arten existieren: entweder ist es Teil des Körpers oder des Geistes, oder es ist von diesen getrennt. Es gibt keine anderen Möglichkeiten.*

- *Beginnen Sie nach dem Selbst in ihrem Körper zu suchen und wählen Sie verschiedene Teile aus, die Sie untersuchen möchten. Stellen Sie sich die Frage: „Bin dieser Teil ich?" Wenn Sie mit ja antworten, dann untersuchen Sie dieses Phänomen und überlegen, ob es auch aus Teilen besteht. Wenn ja, dann durchsuchen Sie jeden Teil und versuchen herauszufinden, welcher davon Sie sind. Machen Sie das so lange, bis Sie das Phänomen nicht mehr aufteilen können oder Sie einfach nichts mehr finden, von dem Sie sagen könnten, dass es Sie wären.*

- *Wenn Sie anfangen potenzielle Orte zu eliminieren, um das Selbst zu finden, können Sie anfangen, Zweifel darüber zu hegen, ob dieses Selbst überhaupt existiert. Je mehr Sie nachforschen, desto stärker kann dieses Gefühl auftreten. Wenn es das tut, ruhen Sie einfach in diesem Gefühl, solange es anhält.*

- *Suchen Sie nun nach dem Selbst als etwas, das von all diesen Teilen getrennt ist. Stellen Sie sich vor, Sie teilen ihren Körper in alle seine Teile auf. Gehen Sie durch jedes Stück, isolieren Sie es und legen Sie es in kleinen Stapeln zur Seite. Wenn Sie Stücke aus ihrem Körper entfernen, stellen Sie sich immer wieder die Frage: „Bin ich immer noch ich?" Finden Sie heraus, wie lange es dauert, bis Sie sich nicht mehr als Selbst empfinden. Sobald Sie den Körper vollständig auseinandergenommen haben, gehen Sie auch durch die verschiedenen Teile Ihres Geistes und suchen Sie nach etwas, das unabhängig und getrennt von all diesen Dingen ist.*

- *An einem bestimmten Punkt in diesem Prozess werden Sie die Erfahrung machen, dass das Selbst einfach verschwindet. Es gibt nichts, woran man sich festhalten könnte. Haben Sie keine Angst vor diesem Gefühl, es ist normal. Verweilen Sie einfach in der bloßen Abwesenheit des Selbst.*

4. Nirvana ist vollkommener Friede jenseits aller Extreme

Wenn wir untersuchen, wie wir normalerweise Dinge wahrnehmen, sehen wie, dass wir einen gewissen Grad an Existenz auf die Realität projizieren und sie in diese oder jene Form einfrieren. Das wird die *Sichtweise des Eternalismus* genannt. Aus dieser Sicht konzipieren wir einen ewigen Schöpfergott oder die Idee einer unveränderlichen Seele.

Wenn wir jedoch anfangen, unsere Erfahrungen genau zu betrachten, beginnen wir zu erkennen, wie falsch unsere Vorstellungen sind. Viele der Annahmen, die wir treffen, erweisen sich als falsch und beginnen sich unter dem Gewicht unserer Analyse aufzulösen. Die Dinge hören auf, sich so solide anzufühlen und werden ihrer Natur nach traumartiger. Leider neigen wir dazu, wenn uns der Boden unter den Füßen wegbricht, zu weit in die andere Richtung zu schwingen, und zu glauben, dass nichts existiert. Das ist die *Sicht des Nihilismus*. Man geht fälschlicherweise davon aus, dass die Existenz entweder von sich aus existent oder völlig inexistent ist.

Der Buddha fand heraus, dass der einzige Weg, ein echtes Gefühl des Friedens zu erreichen, darin besteht, eine ausgewogene Sichtweise jenseits dieser beiden Extreme zu finden. Wenn Sie die Sichtweise des Eternalismus aufgeben, entfernen Sie die Grundlage für das Festhalten und öffnen deshalb Ihren Geist für alle Möglichkeiten. Wenn Sie die Ansicht des Nihilismus aufgeben, erkennen Sie die Fähigkeit der Phänomene, in allen Arten von Manifestationen zu entstehen, was unendliche kreative Ausdrucksmöglichkeiten bietet.

In diesem Zustand, jenseits der beiden Extreme, zu verweilen, wird *Nirvana* genannt – der endgültige Zustand des höchsten Friedens. Es ist nicht etwas, das Sie erschaffen, sondern es ist der natürliche, unverfälschte Zustand, den wir finden, wenn wir alles entfernen, was künstlich oder verdunkelnd ist. Wir können das tun, indem wir die leere Natur unseres Selbst direkt erkennen. Damit wird die Unwissenheit beseitigt, die andere verblendete Geisteszustände antreibt.

Übung 11.4 – Den mittleren Weg finden

- *Stellen Sie in einer entspannten Haltung einen neutralen Geist durch die Übung der Achtsamkeit auf den Atem her.*

- *Beginnen Sie damit, die Sichtweise des Eternalismus in ihrem Leben zu erkennen. Identifizieren Sie die Arten von Phänomenen, denen Sie täglich begegnen. Gehen Sie durch verschiedene Szenarien Ihrer jüngsten Vergangenheit, um Ihre persönliche Geschichte auszuarbeiten. Je mehr Details Sie sich dazu vorstellen können, desto mehr verfestigt sich ihre Realität. Dies wird sich in einem Gefühl der Sicherheit widerspiegeln, dass diese Dinge tatsächlich geschehen sind und sie definitiv an und für sich existieren. Das ist das Festhalten an Dingen, als wären sie ewig.*

- *Wenden Sie nun den gleichen Prozess wie bei der Untersuchung des Selbst (siehe Übung 11.3) auf ein Phänomen in ihrem Leben an. Wählen Sie einen Freund, ein Familienmitglied oder vielleicht einen Besitz. Etwas, von dem Sie mit Gewissheit fühlen, dass es so existiert, wie es Ihnen erscheint.*

- *Beobachten Sie bei der Analyse, wie sich ihre Zuversicht verändert. Wenn Sie keine inhärent existierende Person oder kein inhärent existierendes Objekt finden können, wie fühlen Sie sich dann? Wenn es Ihnen gelingt festzustellen, dass es das Gesuchte nicht gibt, dann verweilen Sie in dieser Gewissheit. Das ist das Festhalten an der Nicht-Existenz von Dingen.*

- *Überlegen wir nun, was verschwindet eigentlich, wenn wir analysieren? Wenn wir zum Beispiel eine Tasse analysieren, verschwindet die Erscheinung vollständig, oder verschwindet unser Konzept, dass diese Erscheinung eine Tasse ist? Bleiben wir mit absolut nichts zurück oder gibt es doch etwas?*

- *Untersuchen Sie, ob es möglich ist, eine Erfahrung zu machen, ohne Etikettierungen zu entwerfen. Sind sie notwendig? Können Sie eine Erscheinung wahrnehmen, ohne sie definieren zu müssen? Wenn Sie ein Etikett auf etwas anbringen, ist es dann notwendig zu glauben, dass das Objekt wirklich das ist, wie Sie es beschriftet haben?*

- *Wenn Sie analysieren, beseitigen Sie falsche Vorstellungen. Dann beobachten Sie, wie Erfahrung aus diesem neuen Blickwinkel entsteht. Sie werden vielleicht feststellen, dass Phänomene beginnen, eine traumähnliche Qualität anzunehmen. Lassen Sie ihr Bewusstsein in diesem Gefühl verweilen.*

Pfad – Die drei höheren Schulungen

Basierend auf unserem Verständnis der Vier Siegel ergibt sich eine Methodik. Wir können sehen, dass, solange wir der Welt mit Unwissenheit begegnen, alles vergänglich und unsicher sein wird, was uns ein breites Spektrum an Leiden erfahren lässt. Die Grundursache für diese Existenzform ist die Unwissenheit, die an der inhärenten Identität der Phänomene festhält. Wenn wir also diese Unwissenheit beseitigen, sind wir dann in der Lage, in einem Zustand frei von Leiden zu verweilen. In diesem Zusammenhang ist der Pfad dann die

Methode zur Beseitigung dieser Wurzelunwissenheit.

Während die Entwicklung eines konzeptuellen Verständnisses der Natur der Realität ein Schritt in die richtige Richtung ist, operiert sie, weil sie konzeptuell ist, immer noch von einer groben Bewusstseinsebene aus. Um einen dauerhaften irreversiblen Effekt zu erzielen, müssen wir diese konzeptuelle Ebene überwinden und die Realität der Leerheit durch direkte Wahrnehmung erfahren. Um dies zu erreichen, können alle buddhistischen Praktiken in den *drei höheren Schulungen* zusammengefasst werden:

1. **Ethische Disziplin (Shila):** Wie wir gesehen haben, bewirken verblendete Geisteszustände, dass sie den Geist verzerren und verunsichern. Solange wir von den drei Giften Abneigung, Anhaften und Unwissenheit dominiert werden, werden wir unseren Geist nicht ausreichend fokussieren können, um tatsächlich subtilere Ebenen der Existenz zu erkennen. Deshalb lehrte der Buddha ein breites Spektrum an ethischen Verhaltensweisen in Form von verschiedenen Ebenen von Gelübden. Praktizierende beginnen damit, zuerst die Handlungen ihres Körpers und ihrer Rede zu zügeln. Das gibt ihnen die Möglichkeit, sich auf ihren Geist zu konzentrieren. Dann sind sie durch die Arbeit mit ihrem Geist in der Lage, den Einfluss der Leiden zu reduzieren und damit die Voraussetzungen dafür zu schaffen, dass kontemplative Praktiken effektiver werden.

2. **Konzentration (Samadhi):** Die Leerheit ist ein Beispiel für ein verborgenes Phänomen. Sie ist ziemlich subtil, und deshalb müssen wir, um sie direkt zu beobachten, den groben Geist vollständig beruhigen und unsere Aufmerksamkeit sehr genau fokussieren. Deshalb ist die Meditationspraxis im Buddhismus so wichtig. Nur durch die Entwicklung der eigenen Aufmerksamkeit durch Meditation ist man fähig, den Geist so einzusetzen, dass er tatsächlich die Leerheit der Phänomene beobachten kann.

3. **Weisheit (Prajña):** Nachdem alle Voraussetzungen geschaffen wurden, um die Leerheit tatsächlich zu beobachten, müssen sich die Praktizie-

renden nun mit diesem Phänomen vertraut machen. Unsere Unwissenheit ist ziemlich durchdringend, und wir sind es gewohnt, nach allem zu greifen, was uns erscheint. Auch wenn wir einen kurzen Moment der Leerheit direkt erleben können, wird uns die Macht unserer Gewohnheit wieder zum Greifen zurückwerfen. Aus diesem Grund müssen wir unseren Geist immer wieder in der Leerheit verweilen lassen. Jedes Mal, wenn wir das tun, schwächen wir die Stärke von Samsara und stärken unsere Fähigkeit, in Nirvana zu bleiben. Schließlich werden die destruktiven Muster des Ergreifens vollständig beseitigt und wir erleben keine verblendeten Geisteszustände mehr. Ohne Verblendungen sind wir endlich fähig in unserer eigenen Natur zu verweilen, frei von allem Leid.

Die ersten beiden Übungen werden oft als Methode oder geschickte Mittel bezeichnet. Sie stellen alle Übungen zur Verfügung, die die Voraussetzungen dafür schaffen, dass ein Praktizierender der Natur seines Geistes begegnen kann. Sie sind temporärer Natur und lediglich ein Mittel zum Zweck. Der eigentliche Zweck der Praxis ist es, die Weisheit der dritten Schulung zu entwickeln. Wir können sie uns wie zwei Flügel eines Vogels vorstellen.

Ein Vogel kann nicht ohne beide Flügel fliegen, ebensowenig kann ein Praktizierender ohne sowohl Methode als auch Weisheit auf dem Weg vorankommen. Wenn Sie nur Methoden praktizierten, könnten Sie einige wunderbare Zwischenergebnisse erzielen, aber Sie würden keine tiefgehende Transformation erleben. Ebenso, wenn Sie nur Weisheit praktizieren, dann werden Sie nur bis zur Ebene Ihrer gegenwärtigen Verdunkelungen vordringen können. Das bedeutet, dass die Art von Weisheit, die Sie entwickeln, nur oberflächlich sein wird. Aus diesem Grund müssen wir die beiden immer so weit wie möglich ins Gleichgewicht bringen. Wenn es richtig gemacht wird, unterstützt die Methode die Weisheit und die Weisheit die Methode, sodass wir nach und nach immer tiefer und tiefer gehen können, bis wir unser Ziel erreichen.

Das Ergebnis – Die zwei Ansammlungen

Samsara ist eine Art, die Realität auf der Grundlage von Unwissenheit zu interpretieren. Der Pfad gibt uns die Möglichkeit, Weisheit zu kultivieren und dadurch diese Unwissenheit und alle davon betroffenen Geisteszustände, die davon abgeleitet werden, zu beseitigen. Während dieses Prozesses führt der Praktizierende eine Vielzahl von Handlungen durch, die zu einer ebenso großen Vielfalt von Ergebnissen führen. Wenn wir die Art dieser Ergebnisse betrachten, können wir von zwei Haupttypen sprechen:

1. **Verdienst:** Bis Sie in der Lage sind, Leerheit direkt zu erkennen, wird Ihr Verstand mit Ergreifen und Unwissenheit vermischt sein. Daher werden alle Ihre Handlungen immer noch Karma erzeugen und deshalb werden sie immer noch unsere Existenz bestimmen. Aber wenn diese Handlungen von einer tugendhaften Absicht motiviert sind, werden sie natürlich eher Glück als Leid hervorrufen. Das ist entscheidend, um die notwendigen Bedingungen zu schaffen, die für den Fortschritt auf dem Weg am günstigsten sind (wie z. B. das Erlangen einer kostbaren menschlichen Wiedergeburt).

2. **Weisheit:** Durch das Anhäufen von Verdiensten sind wir in der Lage, ein ruhiges Gemüt, Vertrauen, ein größeres Gewahrsein und viele andere positive Geisteszustände zu schaffen. Die können dann genutzt werden, um immer tiefere Einsichten zu erzeugen. Die tiefgründigste davon ist die direkte Erfahrung unserer heiligen Wahrheit, wenn wir zum ersten Mal die Leerheit erkennen. Jede Handlung, die aus der Perspektive dieser Weisheit ausgeführt wird, wird als Ursache für das Beenden unserer Gewohnheitsmuster dienen. Diese Veränderungen werden schließlich zu einer dauerhaften und stabilen Freiheit von allen Arten karmischer Konditionierung führen.

Das Endergebnis, das durch diese beiden Ansammlungen entsteht, hängt vom jeweiligen Fahrzeug ab, das man praktiziert. Für den Praktizierenden des Grundlagen-Fahrzeugs ist das Ergebnis die vollständige Befreiung vom Leiden. Für den Praktizierenden des Großen Fahrzeugs erzeugen diese Ansammlungen den allwissenden Zustand der vollständigen Erleuchtung. Wir werden diese Ergebnisse in den jeweiligen Kapiteln näher betrachten.

ZUSAMMENFASSUNG

- Buddha-Dharma ist ein genauerer Begriff für das, was allgemein als „Buddhismus" bezeichnet wird. Es bezieht sich auf die Sammlung der Lehren, die vom Buddha gegeben wurden.

- Der historische Buddha wurde als Prinz Siddhartha geboren und aufgezogen. Er verzichtete auf sein königliches Leben und wurde der wandernde Asket, bekannt als Shakyamuni. Durch intensives Meditationstraining konnte er Einblick in die Natur der Realität gewinnen und sich so von den Ursachen des Leidens befreien.

- Im Laufe seines Lebens lehrte der Buddha eine Vielzahl von Lehren, die sich in drei aufeinander aufbauende Themen einteilen lassen. In der ersten Drehung lehrte er hauptsächlich über das karmische Gesetz von Ursache und Wirkung. In der zweiten Drehung legte er die Lehren über die Leerheit dar. Während der dritten Drehung präsentierte er die tiefgründigen Eigenschaften der Buddhanatur.

- Diese Lehren können in eine Vielzahl von Fahrzeugen unterteilt werden, die eine bestimmte Form der Transformation ermöglichen, basierend auf der aktuellen spirituellen Entwicklung des Praktizierenden.

- Wenn sie nach dem Zeitpunkt ihrer Verbreitung eingeteilt werden, können wir das Grundlagen-Fahrzeug (Hinayana) und das Große Fahrzeug (Mahayana) erkennen.

- Wenn man nach ihrem Ansatz unterscheidet, kann man von zwei sprechen: Ursachen-Fahrzeuge, die in den öffentlichen Lehrreden des Buddha begründet sind (Sutra); und Ergebnis-Fahrzeuge, die auf den esoterischen Lehren basierten, die bestimmten Schülern im Geheimen gegeben wurden (Tantra).

- Ausgehend davon, welche Drehung des Rades betont wurde, können wir drei identifizieren: Hinayana, das sich auf die erste Drehung konzentriert, Mahayana, das sich hauptsächlich auf die Sutra-Lehren der zweiten Drehung konzentriert, und Vajrayana, das sich hauptsächlich auf die Sutra-Lehren der dritten Drehung und die verschiedenen esoterischen Lehren des Tantra konzentriert.

- Bei der Analyse von Fahrzeugen ist es hilfreich, die dreifache Struktur von Grund, Pfad und Ergebnis zu berücksichtigen. Der Grund stellt die Ansicht dar, die erklärt, wie die Realität existiert. Der Pfad kennzeichnet die Methoden, die verwendet werden können, um diesen Grund zu transformieren. Und das Ergebnis zeigt, was man nach dem Abschluss des Pfades erwarten kann.

- Der Grundgedanke jeder buddhistischen Praxis ist bekannt als die Vier Siegel: Alle zusammengesetzten Phänomene sind vergänglich, alle bedingten Phänomene sind unbefriedigend, alle Phänomene haben keine wahre Existenz und Nirvana ist völliger Frieden jenseits von Extremen.

- Der Kern des von buddhistischen Praktizierenden benutzten Pfades basiert auf den *drei höheren Schulungen*: ethische Disziplin, Konzentration und Weisheit.

- Die Ergebnisse der Praxis dieses Pfades sind die *zwei Ansammlungen* von Verdienst und Weisheit. Diese Ansammlungen führen zu unterschiedlichen Ergebnissen, je nachdem, welches Fahrzeug praktiziert wird.

KAPITEL ZWÖLF

Das Grundlagen-Fahrzeug

Die allererste Lehre, die der Buddha nach seiner Erleuchtung gab, betraf die Vier Edlen Wahrheiten. Er gab diese Lehre den fünf asketischen Praktizierenden, die zuvor seine Begleiter waren, im Hirschpark. Es wird gesagt, dass jeder von ihnen durch das Hören dieser Lehre den Zustand eines Arhats (eines Würdigen) erreichte und sich somit völlig von den Fesseln der zyklischen Existenz befreite. Für den Rest seines Lebens gab der Buddha unzählige Lehren, die die Themen dieser wesentlichen Lehre erweiterten.

Nachdem der Buddha in das Parinirvana eingetreten war, versammelten sich die Ältesten der monastischen Gemeinschaft, um die Lehren zusammenzustellen. Jeder von ihnen rezitierte die verschiedenen Sutren, die er persönlich von Buddha gehört hatte. Damals wurde die Tradition mündlich weitergegeben, was bedeutete, dass sie sich etwa einmal pro Jahr trafen, um die gesamte Sammlung von Lehren zu rezitieren, um deren Authentizität sicherzustellen.

Ausgehend von diesen Lehren entstanden verschiedene Schulen des Buddhismus. Die Spaltungen betrafen hauptsächlich die Interpretation der monastischen Disziplin (Vinaya). Der Buddha hatte verschiedene Aktivitäten verboten, je nachdem, wie es für die monastische Gemeinschaft und die unterstützenden Laien am vorteilhaftesten war. Bevor er starb, sagte er seinem Begleiter Ananda, dass einige der Gelübde grundlegend seien, während andere vorläufig seien und fallen gelassen werden könnten, wenn sich der soziale Kontext ändere. Leider gab er nicht an, welche Gelübde wie einzuordnen waren, und diese Verwirrung führte schließlich zur Einführung verschiedener Standpunkte, die zur Bildung der verschiedenen Schulen führten.

Einige hundert Jahre später, unter der Schirmherrschaft des großen indischen Königs Ashoka, waren die buddhistischen Schriften zu dem herangereift, was heute als die *Drei Körbe* bekannt ist:

1. **Klösterliche Disziplin (Vinaya):** Diese Textsammlung enthält den Verhaltenskodex, der in den buddhistischen Klostergemeinschaften (Sangha) verwendet wird. Während die ursprünglichen Schüler des Buddha als spirituelle Nomaden durch das Land wanderten, befürwortete der Vinaya schließlich einen sesshafteren Lebensstil, was zur Gründung fester klösterlicher Einrichtungen führte. Daher enthält diese Sammlung umfangreiche Kommentare, die verschiedene Aspekte des Sozialverhaltens beschreiben, um eine größere Harmonie nicht nur innerhalb des Klosters, sondern auch in Bezug auf die Laiengemeinschaft zu fördern.

2. **Reden des Buddha (Sutra):** Diese Sammlung umfasst mehr als 10.000 öffentliche Unterweisungen, die der Buddha während seines Lebens gab, sowie eine Reihe von Reden, die von seinen nahen Schülern in der Zeit nach seinem Tod gehalten wurden. Alle diese Schriften werden nach Länge oder Gegenstand gruppiert. Sie decken ein breites Themenspektrum ab, um mit dem Geist zu arbeiten, mit dem Ziel, Leiden zu beseitigen.

3. **Höhere Lehren (Abhidharma):** Diese Sammlung von Kommentaren vieler enger Schüler des Buddha bildet die Grundlage für Buddhas Wissenschaft des Geistes. Sie enthält eine Vielzahl von Abhandlungen, die detailliert beschreiben, wie körperliche und geistige Prozesse funktionieren. Als solche ist diese Sammlung die primäre Grundlage, auf der die philosophische Lehre des Buddha aufbaut.

Diese drei Lehrsammlungen wurden zuerst in der Pali-Sprache auf der Insel Sri Lanka südlich von Indien niedergeschrieben. Die dort vorherrschende Tradition wurde als Theravada bekannt. Diese Tradition breitete sich nach Osten in Teile von Burma, Thailand, Kambodscha und Laos aus.

Die Theravada-Tradition zeichnet sich durch einen pragmatischen und fundierten Praxisansatz aus. Sie legt großen Wert auf ethische Disziplin und ist bekannt für ihre extrem strengen monastischen Gemeinschaften. Dem weltlichen Leben zu entsagen ist ein zentrales Thema und die Praktizierenden werden ermutigt, ausgedehnte Perioden des Rückzugs der Meditationspraxis zu widmen.

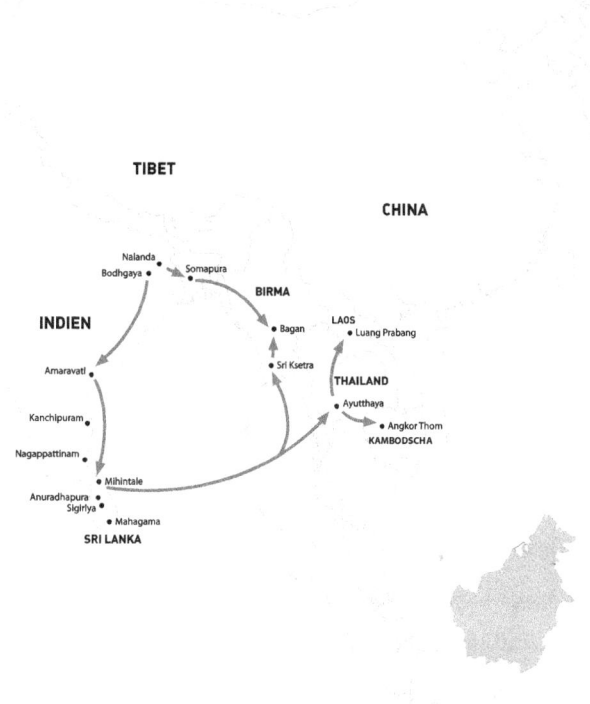

Abbildung 12-1: Verbreitung des Theravada-Buddhismus.

GRUNDLAGEN-FAHRZEUGE

Innerhalb der allgemeinen Kategorie des Hinayana gibt es zwei Fahrzeuge: das *Fahrzeug des Hörers* und das *Fahrzeug des Einzel-Erwachten*. Die Theravada-Tradition ist ein Beispiel für das erstere. Beide Fahrzeuge sind darauf ausgerichtet, dem Praktizierenden zu helfen, die persönliche Befreiung von Samsara zu erreichen. Dies geschieht hauptsächlich durch die Verwirklichung der Selbstlosigkeit durch die meditative Vereinigung von Shamatha und Vipashyana. Im Folgenden finden wir eine Zusammenfassung dieser beiden Fahrzeuge:

Das Fahrzeug des Hörers (Shravakayana)

Das Shravaka-Fahrzeug wird auch das Fahrzeug des Hörers genannt, weil es das Hören der grundlegenden Lehren des Buddha über das Leiden der samsarischen Existenz und das Potenzial, aus diesem Zyklus befreit zu werden, beinhaltet. Indem sie die Lehren des Buddha zur Überwindung des Leidens in die Praxis umsetzen, werden die Praktizierenden von echter Entsagung und Desillusionierung in Bezug auf weltliche Bestrebungen, wie den *acht weltlichen Dharmas,* motiviert. Die Hingabe an diesen Pfad beinhaltet in der Regel, das einfache und zurückhaltende Leben eines Mönchs oder einer Nonne zu führen und in die Fußstapfen des *ordinierten Sangha* des Buddha zu treten.

Diejenigen, die auf diesem Weg sind, nehmen die Gebote des Vinaya an und praktizieren den *Edlen Achtfachen Pfad*. Sie halten sich an ein Leben strenger Disziplin mit voller Konzentration auf Lehren, wie die *Vier Edlen Wahrheiten* und die *vier Anwendungen der Achtsamkeit*. Dies schafft die idealen Bedingungen, um eine perfekte einsgerichtete Konzentration (Shamatha) und die notwendige Weisheit zu entwickeln, um die Verblendungen, die die Quelle des Leidens sind, zu beseitigen. Nachdem sie die Selbstlosigkeit der Person erkannt und alle leidbringenden Emotionen überwunden haben, erreichen sie den Zustand eines *Shravaka-Arhats*. Die fleißigsten Praktizierenden können den Zustand eines Shravaka-Arhats in drei Leben erreichen. Das bedeutet, dass diese Arhat-Schüler des Buddha in früheren Leben mit diesen Lehren verbunden gewesen sein müssen.

Dieser Theravada-Weg ist für diejenigen geeignet, die aufrichtig daran interessiert sind, sich so schnell wie möglich von der samsarischen Existenz zu befreien. Solchen Menschen gegenüber weigerte sich der Buddha, bestimmte Fragen zu untersuchen, wie den Ursprung des Universums, da solche Spekulationen vom Pfad ablenken und nichts mit der Wahrheit des Leidens zu tun haben. Wenn zum Beispiel ein Pfeil in Ihrem Auge landet, ist es am besten, ihn sofort herauszuziehen, anstatt zu viele Fragen darüber zu stellen, wer ihn abgeschossen hat und wie er dorthin gelangt ist. Anstatt sich in konzeptuellen Erörterungen zu verlieren, lehrte der Buddha seine Schüler, durch persönliche Erfahrung zur essentiellen Natur vorzudringen.

Das Fahrzeug des Einzel-Erwachten (Pratyekabuddhayana)

Dieses Fahrzeug ist als das Fahrzeug des Einzel-Erwachten bekannt, weil die Praktizierenden dieses Weges sich ganz auf die gewohnten Neigungen verlassen, die in früheren Leben entstanden sind. Dies ermöglicht es ihnen, Erkenntnisse auf rein instinktiver Ebene zu entwickeln, ohne darauf angewiesen zu sein, in ihrem jetzigen Leben die Lehren hören zu müssen. Solche Praktizierende erscheinen nur in den Perioden, in denen es keine Lehren des Buddha gibt.

Praktizierende auf diesem Weg beginnen damit, die Konventionen des weltlichen Lebens zu hinterfragen und die Frage nach dem Leiden und seinen Ursprüngen gründlich zu untersuchen. Sie entwickeln Weisheit durch Analyse, ausgestattet mit den Tugenden und Bestrebungen, die in früheren Leben gepflegt wurden. Sie führen ein Leben in Einsamkeit und Entsagung und verwenden Methoden, wie den Besuch von Friedhöfen, um die Natur von Tod und Vergänglichkeit zu betrachten. Allmählich entdecken sie die *zwölf Glieder des abhängigen Entstehens*, die den Ablauf von Samsara bestimmen. Sie erkennen die Zusammenhänge von der Unwissenheit bis zum Tod und in umgekehrter Reihenfolge vom Tod bis zur Unwissenheit. Auf diese Weise erkennen diese Praktizierenden die Abfolge des Entstehens und der Beseitigung von Samsara, indem sie das Leiden bis zu seinem Ursprung der Unwissenheit über die wahre Natur der Realität und die falsche Konstruktion eines tatsächlich existierenden Selbst zurückverfolgen. Als Ergebnis außergewöhnlicher Praxis erreichen sie schließlich den Zustand eines *Pratyeka-Arhat*, was in der Regel hundert Äonen benötigt. Ein Äon ist die Zeitperiode zwischen der Entstehung und Zerstörung eines Universums, in der Leben existiert.

Sowohl Shravaka- als auch Pratyeka-Arhats haben nach der Tradition des Theravada Nirvana als das endgültige Ziel erreicht. Weltliche Errungenschaften, wie die vorübergehende Beendigung von Verblendungen, können durch die Shamatha-Meditation erreicht werden, wenn man den geistigen Zustand der Form- und der formlosen Versenkungen (die Jhanas) erreicht. Allerdings bleiben die Anlagen für Verblendungen weiterhin latent vorhanden. Shravaka- und Pratyeka-Arhats gehen über diese Errungenschaften hinaus und verwirklichen Selbstlosigkeit, wodurch alle Leiden vollständig überwunden werden. Damit wird der dauerhafte Frieden des Nirvana erreicht. Da ein Pratyeka-Arhat im Laufe von Milliarden von Leben so viel Verdienst ansammelt, kann er nicht nur die Selbstlosigkeit der Person, sondern teilweise auch die Selbstlosigkeit der Welt der Phänomene erkennen.

Wir werden nun die grundlegenden Lehren des Buddha eingehend untersuchen, wie sie durch die erste Drehung des Rades des Dharma dargelegt wurden und innerhalb des Theravada-Pfades dargestellt werden.

DIE GRUNDLAGE – DIE VIER EDLEN WAHRHEITEN

Die grundlegenden Lehren der *Vier Edlen Wahrheiten* (Catvāryāryasatyāni auf Sanskrit) werden auch als die *Vier Arya-Wahrheiten* oder die *Vier Wahrheiten der Arya-Wesen* bezeichnet. Arya (Sanskrit) kann als „edel", „rein" und „nicht gewöhnlich" übersetzt werden, und der Begriff „Arya-Wesen" wird im Buddhismus häufig verwendet, um einen spirituellen Helden oder Krieger zu bezeichnen – ein Wesen, das ein direktes Verständnis der Vier Edlen Wahrheiten besitzt.

Als Grundlage für alle Praktizierenden können die Vier Edlen Wahrheiten mit dem Fußabdruck eines Elefanten verglichen werden, da sämtliche Lehren des Buddhismus in ihnen enthalten sind. Nach der ersten Drehung des Dharmarades, als der Buddha die Vier Edlen Wahrheiten lehrte, rief er aus:

> *Das ist die edle Wahrheit des Leidens.*
> *Das ist die edle Wahrheit der Ursache des Leidens.*
> *Das ist die edle Wahrheit der Beendigung des Leidens.*
> *Das ist die edle Wahrheit des Pfades, der zur Beendigung des Leidens führt.*

Jede dieser Wahrheiten kann genauer untersucht und betrachtet werden, indem man sie anhand von vier spezifischen Gesichtspunkten unterteilt. Das bietet uns insgesamt sechzehn verschiedene Aspekte. Ein Shravaka-Praktizierender wird nacheinander über diese sechzehn Themen meditieren, um sie direkt erfahren zu können.

Die Wahrheit des Leidens

Die erste Edle Wahrheit erklärt die Natur von Dukkha – dieses Pali-Wort für Leiden wird als „Unzulänglichkeit", „unfähig zufriedenzustellen" und „Stress" übersetzt. Leiden ist der Hauptfehler von Samsara und charakterisiert unsere Erfahrungen innerhalb dieser zyklischen Existenz. Es durchdringt ausnahmslos unser gesamtes Universum und das müssen wir begreifen. Wir tun das, wenn wir die folgenden vier Aspekte verstehen:

Vergänglichkeit

Entgegen unserer alltäglichen Wahrnehmung sind alle zusammengesetzten Phänomene vergänglich. Das bezieht sich nicht nur auf offensichtlich vergängliche Phänomene, wie Altern und Tod. Alle zusammengesetzten Phänomene, wie die fünf Aggregate, aus denen sich Körper und Geist zusammensetzen, sind von Natur aus vergänglich. Ohne sekundären Ursachen zu benötigen, unterliegen sie einem ihnen innewohnenden ständigen Wandel. Diese subtile Ebene der Unbeständigkeit ist ein Aspekt des Leidens (das Leiden der Veränderung), den Arya-Wesen direkt wahrnehmen. Wir sollten versuchen, ein intellektuelles Verständnis der Vergänglichkeit zu entwickeln und ihren tieferen Sinn zu betrachten, bis auch wir sie direkt wahrnehmen können.

Leiden

Niemand will leiden, aber aufgrund unserer Unwissenheit tauchen wir in einen Kreislauf des Leidens ein und wissen nicht, wie wir entkommen sollen. Ein Arya-Wesen ist fähig die fünf befleckten Aggregate als Phänomene zu sehen, die dem alles-durchdringenden Leiden unterliegen, das die Grundlage für das Leiden von Veränderung und Schmerz ist. Da jedes zusammengesetzte Phänomen aus Ursachen und Bedingungen entsteht, ist es seiner Natur nach vergänglich und daher unzuverlässig. Aus diesem Grund hat es die Eigenschaft des Leidens, unabhängig davon, wie es in Erscheinung tritt.

Solange unsere fünf Aggregate unrein und durch negative Verdunkelungen verunreinigt bleiben, können wir dem Leiden der Ungewissheit nicht entkommen. Arya-Wesen erkennen direkt die Natur des Leidens und seinen Ursprung und sind daher in der Lage, sich von diesem Leiden zu befreien. Indem wir uns auf diese Realität konzentrieren und uns an die grundlegende Natur des Leidens erinnern, können wir langsam aufhören uns an Phänomene zu klammern und dadurch allmählich die Befreiung von der zyklischen Existenz erlangen.

Leerheit

Alle Wesen in Samsara nehmen Phänomene als wahrhaft existent wahr. In Wahrheit existiert nichts wirklich, aber wir unterstellen den Objekten eine Existenz, bilden Konzepte und glauben, dass sie real sind. Ein wirklich existierendes Objekt müsste eine eigenständige Einheit sein, die nicht auf der Grundlage ihrer Teile basiert. Daher sind alle Erscheinungen voneinander abhängig und es wird ihnen nur zugeschrieben, dass sie wirklich existieren. Samsarische Wesen nehmen Erscheinungen fälschlicherweise als unabhängig und wirklich existierend wahr, und das ist die Ursache ihres Leidens. Die wahre Realität ist jedoch, dass alles leer davon ist, auf irgendeine wirkliche Art zu existieren. Das ist die buddhistische Sichtweise der Leerheit. Das bedeutet nicht, dass die Dinge gar nicht existieren, sondern vielmehr, dass die Dinge nicht so existieren, wie wir sie wahrnehmen. Dieser Aspekt des Leidens wird nur von Arya-Wesen direkt wahrgenommen.

Selbstlosigkeit

Jedes samsarische Wesen nimmt sich selbst als den wahren Besitzer der fünf Aggregate wahr. In Wirklichkeit aber, so wie äußere Phänomene keine inhärente Existenz haben, existiert auch ein Besitzer oder Selbst nicht wirklich. Damit ein Selbst wirklich existieren kann, müsste es innerhalb der fünf Aggregate (Form, Gefühl, Wahrnehmung, Gestaltung und Bewusstsein) oder unabhängig von ihnen sein. Wenn wir das überprüfen, stellen wir fest, dass es nicht der Fall ist. Wir können unser „Selbst" weder getrennt von den Aggregaten finden, noch in einem der Aggregate, sondern unser „Selbst" ist von ihnen allen abhängig. Ein Arya hat die erworbene Gewohnheit der Wahrnehmung eines Selbst abgelegt, indem er direkt die Selbstlosigkeit erkannt hat und das Selbst nicht mehr als unabhängig existierend wahrnimmt. Sie haben jedoch immer noch die angeborene Wahrnehmung eines Selbst, die seit anfangsloser Zeit in uns ist und unabhängig von fehlerhaften Überzeugungen oder Argumenten funktioniert.

Die Wahrheit über den Ursprung

Die zweite Edle Wahrheit bezieht das Karma ein und befasst sich mit dem Ursprung von Dukkha und den Gründen, warum wir leiden. Buddhisten glauben, dass die Hauptursache für unsere Unzufriedenheit von den drei Geistesgiften (Unwissenheit, Anhaftung und Abneigung) ausgeht, die die Grundlage für all unsere leidbringenden Geisteszustände sind. Es sind diese Geisteszustände, die wir aufgeben müssen. Die vier Aspekte dieser Wahrheit sind:

Entstehung

Solange es Verblendungen gibt, wird immer Samsara entstehen. Dies geschieht nicht zufällig – es ist sicher. Der Ursprung all dieser Verblendungen ist Unwissenheit und das Festhalten an zugeschriebenen Konzepten, als ob sie real wären. Diese erzeugen ein starkes Gefühl von einem Selbst, das die Grundlage für karmische Prägungen bildet. Verlangen und Greifen hinterlassen dann einen Eindruck, der über die karmischen Neigungen, die im geistigen Kontinuum gespeichert sind, die nächste samsarische Wiedergeburt bestimmt. Man wird also innerhalb der drei Arten von Bereichen unkontrolliert wiedergeboren: entweder im Begierdebereich, im Formbereich oder im formlosen Bereich. Das ist der Aspekt der Entstehung, der nur direkt von Arya-Wesen erkannt wird. Die Konzentration auf die Entstehung erlaubt es uns, einen Geist der Entsagung zu entwickeln.

Die Wiedergeburt von Arya-Wesen wird nicht mehr durch diese Verblendungen bestimmt. Ob sie nun karmische Neigungen haben oder nicht, sie werden nicht mehr in eine Wiedergeburt in Samsara geworfen, da ihr Geist nicht durch Verlangen und Greifen geprägt wird.

Ursache

Die Hauptursachen von Samsara sind die Verblendungen aufgrund von Unwissenheit, Verlangen und Abneigung. Nichts könnte ohne diese Ursachen entstehen. Die samsarische Existenz entsteht durch tugendhafte und nicht-tugendhafte Handlungen, aber auch samsarische tugendhafte Handlungen sind durch diese Wurzelverblendungen verunreinigt. Die samsarischen Glückserfahrungen sind daher immer noch verunreinigt. Die tugendhaften Handlungen der Arya-Wesen sind jedoch nicht verunreinigt, weil sie frei von der Wahrnehmung eines wirklich existierenden Selbst sind. Diese Erkenntnis verhindert, dass weitere Verblendungen entstehen.

Bedingung

Die Verblendungen des Verlangens und Greifens sind die Hauptursachen für unsere Wiedergeburt in Samsara. Sie sind auch die Nebenbedingungen für unsere Erfahrung. Das bedeutet, dass unsere Verblendungen die Aussaat karmischer Samen oder Neigungen in unserem Geistesstrom verursachen, aber sie bieten auch die unterstützenden Bedingungen für die Reifung dieser Samen. Wenn ein Mann zum Beispiel etwas stiehlt, ist das Stehlen die Hauptursache dafür, dass er ins Gefängnis kommt, aber das Stehlen wirkt auch als Nebenbedingung, die seine Familie leiden lässt, während er seine Strafe verbüßt. Ebenso wirken tugendhafte und nicht-tugendhafte Handlungen, die wir jetzt begehen, immer als mitwirkende Bedingungen für die Reifung bestimmter karmischer Tendenzen, so wie Dünger und Regen Bedingungen für das Wachstum von Pflanzen darstellen. Es ist wichtig zu wissen, dass wir auch die Möglichkeit haben, zu ändern, welche Tendenzen durch die Ausübung des Dharma reifen.

Arya-Wesen haben das Greifen aufgegeben, weil sie erkennen, dass es kein Selbst gibt, mit dem sie greifen können. Diese Verblendung kann daher nicht mehr als Ursache für einen unkontrollierten Kreislauf der Wiedergeburt oder als sekundäre Bedingung dienen. Das vollständige Verständnis der Rolle der Bedingungen zeigt uns, wie wir allmählich alle umgebenden Bedingungen in unserem Leben kontrollieren können, um die Reifung der karmischen Tendenzen nicht zu unterstützen.

Erzeugung

Verunreinigtes tugendhaftes oder nicht-tugendhaftes Karma muss nicht unbedingt nur zu einem einzigen Ergebnis führen. Eine starke karmische Handlung kann zu vielen Erfahrungen und vielen Wiedergeburten innerhalb der sechs

Bereiche führen, bei denen wir keine Wahlmöglichkeit haben. Wie wir wissen, hat Karma von Natur aus auch das Potenzial, sich zu verstärken.

Eine kleine oder einzelne Handlung führt nicht immer zu einem kleinen oder einzelnen Ergebnis, sondern kann schwerwiegende karmische Folgen haben. Zum Beispiel kann das Töten der Eltern oder das Brechen tantrischer Verpflichtungen eine Person für viele Jahre in die Höllenbereiche bringen. Jede natürliche Sache wächst oder vermehrt sich im Laufe der der Zeit und infolge von sonstigen Bedingungen, genau wie ein Samen, der zu einem Trieb, dann zu einem Stängel und dann zu einem Baum wird. In gleicher Weise nehmen die Ergebnisse samsarischer Ursachen weiter zu. Die Konzentration auf die Erzeugung widerspricht der Ansicht, dass sich die Dinge von selbst entwickeln oder verändern, da alles von vielen verschiedenen Ursachen und Bedingungen abhängt.

Diese vier Aspekte des Ursprungs des Leidens zeigen, dass jede Handlung oder Emotion unrein ist, die aus dem Ego kommt. Sie führt immer, entweder direkt oder indirekt, zu Leiden. Ausgehend von dieser Erkenntnis muss man verstehen, dass die Hauptursachen des Leidens geistige Verblendungen sind. Diese sind nicht dauerhaft und können mit einem gewissen Aufwand beseitigt werden.

Die Wahrheit über die Beendigung

Das Beenden von Dukkha ist die dritte Edle Wahrheit und zeigt, dass unser Leiden dadurch beendet werden kann, dass wir unsere Unwissenheit und unsere verblendeten Geisteszustände verändern. Das ist das Ziel, das erreicht werden muss. Um die Art des Beendens zu verstehen, betrachten wir die folgenden vier Aspekte:

Beendigung

Ohne Beendigung gibt es keine stabile, dauerhafte Errungenschaft. Wir müssen die Beendigung des Leidens erreichen, was die Beseitigung der grundlegenden Unwissenheit erfordert, welche an der falschen Vorstellung von einem wirklich existierenden Selbst festhält. Wenn wir diese Verunreinigung endgültig beseitigen, erreichen wir die Beendigung des Leidens, dazu gehört auch die Beseitigung aller geistigen Verblendungen, wie Anhaftung und Abneigung, die dann nicht mehr auftreten können. Das ist das unvergleichliche Erlangen von Nirvana, einem Zustand, in den die Arya-Wesen eintreten. Die Überzeugung von der Wahrheit der Beendigung reduziert allmählich unsere Abhängigkeit von Konzepten und Zuschreibungen. Das erlaubt uns schließlich, alle Unreinheiten des Geistes zu beseitigen in dem Vertrauen, dass die vollständige Freiheit der Beendigung möglich ist.

Friede

Die Beendigung ist ein ewiger Zustand des unvergleichlichen, absoluten Friedens. Das ist die wahre Freiheit des Nirvana. Unwissenheit und Ego fehlen völlig, sodass wir in unserer eigenen ursprünglichen wahren Natur verweilen können. Wir alle haben diese Natur, es gilt sie aber noch zu entdecken. Ein Arya-Wesen zielt darauf ab, diesen Zustand nicht nur zu enthüllen, sondern auch zu verwirklichen und zu verinnerlichen. Die Konzentration auf das Aufgeben von abschweifenden Gedanken und das Aufgeben der drei Geistesgifte, Unwissenheit, Anhaftung und Abneigung, führt uns zu diesem letztendlichen Frieden, der völlig frei von allem Leid ist.

Vortrefflichkeit

Das Erreichen der Beendigung ist außerordentlich und absolut unvergleichlich, denn wir sind für immer frei von störenden Emotionen. Es gibt nichts Höheres zu begehren oder zu erreichen als diese wahre Befreiung. Wenn wir uns auf das Höchste konzentrieren, spornt uns das mit Begeisterung an, alle Spuren von verblendeten Geisteszuständen und Leiden zu beseitigen. Das widerspricht der Ansicht, dass Nirvana allein durch Shamatha-Meditation erreicht werden kann. Obwohl Shamatha eine bemerkenswerte Leistung ist, sollte es nicht als Ergebnis betrachtet werden, sondern als Werkzeug, um direkte Einsicht in die wahre Natur der Realität zu gewinnen – die Erkenntnis, dass kein „Selbst" existiert.

Heraustreten

Das Erreichen von Nirvana bedeutet, dass wir das Ergebnis der völligen Entsagung erreicht haben. Wir haben alles, was uns an Unwissenheit bindet, vollständig losgelassen und sind frei von Leid und den Ursachen des Leidens. Wenn alle weltlichen Belange aufgegeben wurden, einschließlich der positiven und negativen Aspekte von Samsara, treten wir aus seinem unkontrollierbaren Zyklus von Wiedergeburt, Altern und unvermeidlichem Tod für immer heraus.

Wenn wir wahrnehmen, dass weltliche Belange, wie Lob, Gewinn, Status und Freude, uns kein dauerhaftes Glück bringen können, entsteht Entsagung auf natürliche Weise. Wir erkennen schließlich, dass wir verstehen müssen, wie wir den Pfad des Buddha praktizieren können. Dieser Pfad hängt nicht von weltlichen Leistungen oder materiellen Ressourcen ab. Entsagung ist der Schlüsselfaktor, um aus Samsara „herauszutreten", die Beendigung des Leidens zu erfahren und in den natürlichen Frieden des Nirvana einzutreten.

Die Wahrheit des Pfades

Die vierte Edle Wahrheit erklärt uns, dass es einen Pfad gibt, der, wenn wir ihn kultivieren, zum Ende des Dukkha führen wird. Das ist der Pfad, den wir praktizieren müssen. Themen, wie die Kontemplation der Kostbarkeit der menschlichen Geburt, die Betrachtung von Tod und Vergänglichkeit und der Wert der Befreiung, sind Beispiele für Praktiken, die auf diesem Pfad zu finden sind. Jede Praxis innerhalb der buddhistischen Tradition kann auf diese Vier Edlen Wahrheiten zurückgeführt werden, und während einige Lehren und Praktiken auf einer grundlegenden Ebene funktionieren, sind andere komplexer. Welche Form auch immer diese Praktiken annehmen, sie können nicht widersprüchlich sein, da sie alle im selben Bezugssystem verankert sind. Die vier Aspekte des Pfades sind:

Pfad

Der Heilige Dharma ist der einzig wahre Weg, um das Nirvana zu erreichen. Dharma bedeutet, unseren eigenen Geist nach den Lehren des Buddha zu trainieren. Dies wird zum Pfad, um uns von der gewöhnlichen bedingten Existenz zu befreien. Nur so können wir die vollständige Freiheit der Erleuchtung entdecken.

Arya-Wesen haben diese Wahrheit entdeckt, und indem sie diesem authentischen Pfad mit der konzentrierten Sicht auf die Selbstlosigkeit folgen, vertiefen sie ihre Erkenntnis auf ihrem Weg zum Nirvana und zur Befreiung weiter. Dieses Verständnis wirkt gezielt gegen die falschen Vorstellungen:

1. Dass es keinen Weg gibt, dem man folgen kann
2. Dass ein stabiles Selbst oder eine Seele existiert
3. Dass jemand anderer uns befreien kann.

Argumentation

Der Aspekt der Argumentation ist das geeignete Mittel, diesen Pfad zu entwickeln, indem man den Geist trainiert und die richtige Einstellung pflegt, mit dem Ziel, Nirvana zu erreichen. Durch unterscheidendes Gewahrsein und unschlagbare logische Analyse der Wahrheit des Leiden und seiner Ursprünge wird erkannt, dass es keinen anderen Weg oder alternativen Pfad gibt, der zu diesem Ziel führt. Um diesen Weg zu praktizieren, bedarf es moralischer Disziplin, meditativer Konzentration und Mitgefühl, verbunden mit Weisheit. Dadurch können wir sowohl eine vorübergehende als auch eine dauerhafte Beseitigung des Leidens und seiner Ursachen erreichen. Die Konzentration auf die Argumentation bestärkt uns in der Überzeugung, dass der Weg zum Nirvana durchaus machbar ist.

Errungenschaft

Die wertvollste Errungenschaft ist die Fähigkeit, den Pfad des echten Buddha-Dharma zu praktizieren. Das ist der einzige Weg, um unseren eigenen Geist zu trainieren, und durch ein solches Training gibt es eine absolute Garantie, dass wir unser Ziel, die Befreiung, erreichen werden. Das wichtigste Element des Pfades ist das Verständnis der Notwendigkeit, leidbringende Verdunkelungen und falsche Ansichten, wie sie durch Eternalismus und Nihilismus repräsentiert werden, aufzugeben – den Glauben an einen ewigen Schöpfer oder den Glauben, dass das Leben ohne Zweck und Bedeutung ist. Wenn wir uns auf die Verwirklichung der Freiheit von Verunreinigungen und die korrekte, nicht-konzeptuelle Erkenntnis jenseits dieser zwei extremen Sichtweisen konzentrieren, hilft uns das zu realisieren, dass es einen korrekten und präzisen Pfad gibt, dem man folgen kann. Das widerspricht dem Glauben, dass es einen anderen Pfad gibt, der zu wahrer Befreiung führt.

Völlige Freiheit

Das Ziel der buddhistischen Praxis ist es, die völlige Freiheit von der samsarischen Existenz zu verwirklichen. Um dies zu erreichen, müssen wir die grundlegende Unwissenheit und all ihre Neigungen beseitigen und verhindern, dass sich Verblendungen oder Verdunkelungen immer von neuem wiederholen. Das ist völlige Freiheit. Das Verständnis dieser Idee widerspricht der Ansicht, dass wir Freiheit im dualistischen Geist (mit einem Subjekt und einem Objekt) finden können. Dieser Aspekt der Wahrheit des Pfades wird nur von Arya-Wesen direkt wahrgenommen.

Die Reihenfolge der Vier Edlen Wahrheiten

Wie wir gesehen haben, verfolgt das Grundlagen-Fahrzeug einen sehr pragmatischen Ansatz. Der Buddha packt das Wesentliche des Problems direkt an, wie ein geschickter Chirurg, der ein Krebsgewebe gezielt herausschneidet. Die Reihenfolge, in der der Buddha diese vier Wahrheiten lehrte, ist daher auch von Bedeutung.

Wenn wir diese vier als Gesamtheit betrachten, können wir sehen, dass es zwei Paare von kausalen Beziehungen gibt. Es gibt den Ursprung des Leidens, der die Ursache für das Ergebnis des Leidens ist. Dann gibt es auch den Pfad, der die Ursache für das Ergebnis der Beendigung des Leidens ist. Die erste Gruppe beschreibt Samsara, während die zweite sich auf das Nirvana konzentriert. Warum aber hat der Buddha sie nicht in ihrer logischen Reihenfolge gelehrt?

Die Antwort liegt in der Fokussierung des Buddha auf die Praxis. Wenn unsere Absicht darin bestünde, ein rein intellektuelles Verständnis dieser vier Wahrheiten zu entwickeln, dann könnte es hilfreich sein, sie in der Reihenfolge von Ursache und Wirkung zu betrachten. Wir wollen aber nicht nur die Informationen verstehen, wir wollen frei von Leid sein. Der Buddha erkannte das und lehrte so in Übereinstimmung mit den Bedürfnissen seiner Schüler.

Er begann damit, die Wahrheit des Leidens darzustellen, denn das ist die Welt, in der wir leben – sie ist unsere unmittelbare Erfahrung. Wenn wir den unbefriedigenden Charakter dieser Existenz nicht erkennen, dann werden wir keine Motivation haben, eine Veränderung zu suchen. Danach sprach er von der Wahrheit des Ursprungs, denn wenn wir die Natur unserer Krankheit nicht verstehen, werden wir die Möglichkeit nicht erkennen, wie wir die Situation ändern können. Darauf folgt die Wahrheit der Beendigung, denn wir können uns derzeit nicht einmal eine Welt vorstellen, die frei von Leiden ist. Indem er uns in die Natur des Nirvana einführt, zeigt uns der Buddha, dass echtes Glück möglich ist, und gibt uns ein sinnvolles Ziel zu verfolgen. Schließlich präsentiert er die Wahrheit des Pfades, denn das ist die Methode, um dieses Ziel zu erreichen. Auf diese Weise führt der Buddha den Praktizierenden geschickt weg von Samsara und hin zu Nirvana.

Erfahrung	Edle Wahrheit	Beziehung	Aspekte
Samsara	Leiden	Effekt	• Vergänglichkeit • Leiden • Leerheit • Selbstlosigkeit
	Ursprung	Ursache	• Entstehung • Ursache • Bedingung • Erzeugung
Nirvana	Beendigung	Resultat	• Beendigung • Friede • Vortrefflichkeit • Heraustreten
	Pfad	Ursache	• Pfad • Argumentation • Errungenschaft • Völlige Freiheit

Tabelle 12-1: Die Vier Edlen Wahrheiten.

PFAD – DER EDLE ACHTFACHE PFAD

Nachdem sie eine fundierte Sichtweise durch die Vier Edlen Wahrheiten entwickelt haben, stützen sich die Theravada-Praktizierenden dann auf den *Edlen Achtfachen Pfad* als ihre primäre Methode, um ihren Geist zu trainieren. Dieser Pfad bietet acht einzigartige Aspekte, um jede der drei höheren Schulungen, ethische Disziplin, Konzentration und Weisheit, zu verwirklichen, die schließlich zum Ergebnis der persönlichen Befreiung führen.

Der Schwerpunkt liegt hier auf praktischen und hilfreichen Techniken, um Weisheit und Mitgefühl zu kultivieren, indem sie einen Geist entwickeln, der sich seiner Gedanken und Handlungen besser bewusst ist. Nur durch die Vereinigung der Handlungen unseres Körpers, unserer Rede und unseres Geistes können wir möglicherweise hoffen, uns von Anhaftung und Täuschung zu befreien.

Höhere Schulung	Achtfacher Pfad
Weisheit	1. Rechte Sicht
	2. Rechte Absicht
Ethische Disziplin	3. Rechte Rede
	4. Rechtes Handeln
	5. Rechter Lebensunterhalt
Konzentration	6. Rechtes Bemühen
	7. Rechte Achtsamkeit
	8. Rechte Konzentration

Tabelle 12-2: Der Edle Achtfache Pfad in Beziehung zu den drei höheren Schulungen.

Traditionell wird der Achtfache Pfad der Reihe nach dargestellt, um einige der verschiedenen Beziehungen hervorzuheben, die jede Übung hat. Wir sollten uns jedoch nicht zu eng an diese Reihenfolge halten, da alle diese Übungen voneinander abhängig sind. Daher sollten sie gleichzeitig praktiziert werden, damit sie eine angemessene Unterstützung sind, um immer tiefere und tiefere Geisteszustände zu erreichen. Es kann helfen, sie sich als acht Stränge von Schnüren vorzustellen, die sich zu einem einzigen

Seil zusammendrehen, das stark genug ist, um Sie hochzuziehen. Diese acht Übungen sind wie folgt:

1. Rechte Sicht

Die rechte Sicht kann auch als „rechte Perspektive" oder „rechte Einstellung" bezeichnet werden. Dieser Aspekt gilt als Vorstufe zum gesamten Pfad, da er den Weg zu allen anderen Aspekten weist. Er ermöglicht uns, den Ausgangspunkt und das Ziel zu verstehen. Die richtige Sichtweise zu haben, bedeutet die Dinge so zu sehen, wie sie wirklich sind und wie sie durch die Vier Edlen Wahrheiten verwirklicht werden. Die rechte Sicht kann in folgende Kategorien eingeteilt werden:

1. **Konzeptuelle rechte Sicht:** Eine Sichtweise, die das intellektuelle Verständnis von Aspekten beschreibt, wie das Gesetz von Ursache und Wirkung und die vergängliche und leere Natur aller Dinge. Sie bildet die Grundlage für die Erlangung einer auf Erfahrung beruhenden rechten Sicht.

2. **Auf Erfahrung beruhende rechte Sicht:** Das ist eine Sichtweise, die durch die Kraft der direkten Wahrnehmung entstanden ist.

Unsere Sicht, ob sie nun zum Ausdruck kommt oder nicht, bestimmt unsere Einstellungen, unsere Entscheidungen und unsere Ziele und schafft so den Rahmen, in dem wir auf unsere Welt reagieren. Die falsche Sichtweise führt zu Handlungen, die zu Leiden führen, während eine richtige Sichtweise Handlungen fördert, die zur Befreiung vom Leiden führen.

2. Rechte Absicht

Die rechte Absicht ist die geistige Energie, die unser Handeln steuert und kann auch als „rechtes Denken" oder „rechtes Streben" bezeichnet werden. Es ist der zweite Aspekt auf dem Weg zwischen richtiger Sicht und richtiger Rede, da unsere Absicht das entscheidende Bindeglied zwischen unserer kognitiven Perspektive und unserem aktiven Umgang mit der Welt ist. Ein richtiges Verständnis der richtigen Sicht wird bei der Unterscheidung zwischen richtiger und falscher Absicht helfen, aber die „richtige Absicht" führt nicht immer zu scheinbar angenehmen Ergebnissen. Aus unseren Gedanken entwickeln wir unsere Ziele und Ideale und werden so zum Vorreiter unseres Handelns. Dies führt uns zum nächsten Faktor, der rechten Rede.

3. Rechte Rede

Worte sind sehr mächtig. Sie können uns Freunde und Feinde schaffen, Kriege beginnen oder Frieden herstellen. Die rechte Rede ist daher der erste Faktor, der sich auf das Verhalten bezieht. Buddha stellte klar, dass die rechte Rede darin besteht:

1. Auf falsche Reden, wie z. B. das Erzählen von vorsätzlichen Lügen, zu verzichten
2. Auf verleumderische oder böswillige Rede zu verzichten
3. Auf harsche Worte zu verzichten und
4. Auf leeres Geschwätz, wie z. B. Klatsch und Tratsch, zu verzichten

Es gibt drei Aspekte, die bei jeder Handlung zu berücksichtigen sind:

1. **Absicht:** Dies bezieht sich auf die rechte Absicht. Hier müssen wir die Auswirkungen unserer Worte berücksichtigen. Was ist unsere Motivation, mit anderen zu sprechen? Wird es für sie hilfreich oder verletzend sein?
2. **Fertigkeit:** Neben der Fähigkeit zu sprechen gibt es unsere Fähigkeit, zuzuhören oder lieber zu schweigen. Zu wissen, welche Art unsere Rede im Verhältnis zum Kontext unserer Situation annehmen sollte, ist die Anwendung der Weisheit der rechten Sicht.
3. **Ergebnis / Rückmeldung:** Der dritte Aspekt, der berücksichtigt werden muss, ist das Ergebnis. Es kann zwischen kurz- und langfristigen Ergebnissen unterschieden werden. Wir müssen das Bewusstsein für die Folgen unseres Handelns entwickeln und uns nur für solche Aktionen entscheiden, die für uns selbst oder andere von Nutzen sind.

Wenn wir sicherstellen können, dass alle drei Aspekte von Weisheit beeinflusst werden, dann können wir sehr zuversichtlich sein, dass unsere Rede die richtige ist.

4. Rechtes Handeln

Der vierte Faktor auf dem Pfad ist das rechte Handeln, das sich auf körperliche Handlungen bezieht, die im Einklang mit den anderen Aspekten des Pfades stehen. Rechtes Handeln umfasst Taten in Übereinstimmung mit moralischen Grundsätzen und tugendhaften Handlungen. Die Handlung selbst kann äußerlich sein, zum Beispiel offensichtliche Taten des Körpers, oder innerlich, wie spirituelle Transformation, die eine Handlung des Geistes ist. Im Wesentlichen bezieht sich das richtige Handeln auf folgende Grundsätze:

1. Andere fühlende Wesen nicht zu töten oder zu verletzen
2. Unterlassen, etwas zu nehmen, was nicht gegeben wird
3. Verzicht auf sexuelles Fehlverhalten

Diese Arten von unheilsamen Handlungen führen zu ungesunden Geisteszuständen und erzeugen Leiden, die uns von der Befreiung wegführen.

5. Rechter Lebensunterhalt

Rechter Lebensunterhalt bedeutet, dass wir unseren Lebensunterhalt auf legale und friedliche Weise verdienen sollen. Diese Schulung ist speziell darauf ausgerichtet uns zu helfen, mehr Harmonie in unserem sozialen Kontext zu entwickeln, um die notwendigen Voraussetzungen für einen friedlichen und gezähmten Geist zu schaffen. Als Erweiterung des rechten Handelns legt sie fest, dass wir vier Lebensgrundlagen vermeiden sollten, die anderen Wesen Schaden zufügen (entweder direkt oder indirekt):

1. Der Handel mit Waffen
2. Handel mit Lebewesen (z. B. Prostitution oder Sklavenhandel)
3. Handel mit Schlachtvieh
4. Handel mit Giftstoffen und Giften (z.B. Drogen und Alkohol)

Richtiger Lebensunterhalt bezieht sich auch darauf, jede Beschäftigung zu vermeiden, die gegen rechtes Handeln und rechte Rede verstößt.

6. Rechtes Bemühen

Die vorhergehenden drei Faktoren befassen sich mit der äußeren Lebensführung, während es bei den folgenden drei um die Schulung des Geistes geht. Dieser Prozess beginnt mit dem rechten Bemühen, welches eine Voraussetzung für alle anderen Schulungen ist. Ohne Bemühen können wir nichts erreichen. Da die gleiche Art von geistiger Energie sowohl negative als auch tugendhafte Geisteszustände nährt, müssen wir daher versuchen, das zu erreichen, was als die *Vier Großen Bemühungen* bekannt ist:

1. Das Entstehen unheilsamer Gedanken verhindern
2. Unheilsame Gedanken aufgeben, sobald sie entstanden sind
3. Heilsame Gedanken wecken
4. Heilsame Gedanken, die entstanden sind, aufrechterhalten

Wir können diese vier Arten von Handlungen fördern, indem wir die Überzeugung entwickeln, dass sie nützlich sind, und Freude empfinden, wenn wir sie erfolgreich durchführen.

7. Rechte Achtsamkeit

Einfach ausgedrückt, ist rechte Achtsamkeit Gewahrsein – die geistige Fähigkeit, die Dinge klar zu sehen, wie sie sind. Es ist die Fähigkeit, den eigenen Geist zu beobachten und zu sehen, wohin er geht und was er tut, ohne sich von störenden Gedanken mitreißen zu lassen. Unser gewöhnlicher Geist läuft oft den Objekten der Sinne nach, während der Geist der rechten Achtsamkeit einen Anker für eine klare Wahrnehmung bietet, indem er uns erlaubt, aktiv zu beobachten und zu kontrollieren, wohin unsere Gedanken gehen. Wir können das tun, indem wir unseren Geist trainieren, in vier verschiedenen Erfahrungsbereichen achtsam zu sein:

1. Achtsamkeit auf den Körper
2. Achtsamkeit auf die Gefühle
3. Achtsamkeit auf die Geisteszustände
4. Achtsamkeit auf die Phänomene

8. Rechte Konzentration

Der letzte Aspekt des Edlen Achtfachen Pfades ist die rechte Konzentration und wird als heilsame Vereinigung oder Einspitzigkeit des Geistes definiert. Die buddhistische Methode zur Förderung der Konzentration ist die Meditation, bei der der Geist ohne Ablenkung auf einem einzigen Objekt ruht. Diese Praxis kann dann ganz natürlich auf Alltagssituationen angewendet werden. Mit der Zeit kann der Geist zu einem mächtigen Werkzeug werden, still und gesammelt; er ist fähig Erkenntnis in Weisheit umzuwandeln. In Kombination mit der rechten Achtsamkeit wird die rechte Konzentration uns schließlich zur direkten Erfahrung aller sechzehn Aspekte der Vier Edlen Wahrheiten führen.

ERGEBNIS – PERSÖNLICHE BEFREIUNG

Wenn sich Theravada-Praktizierende mit dem Achtfachen Pfad beschäftigen, durchlaufen sie eine Reihe von wichtigen Stufen der Errungenschaft. Insgesamt gibt es fünf Stufen, die das Fortschreiten eines fühlenden Wesens von der samsarischen Existenz bis zum Erreichen von Nirvana markieren. Wir nennen diese Stufen die *Fünf Pfade der Erlangung*:

1. **Der Pfad der Ansammlung:** Theravada-Praktizierende pflegen einen sehr abgeschiedenen und einfachen Lebensstil, ohne sich mit weltlichen Aktivitäten zu beschäftigen. Sie sind unabhängig und benötigen nur das äußerste Minimum zum Überleben. Sie praktizieren strenge Selbstdisziplin nach der Lehre der Drei Körbe und achten auf jede Handlung von Körper und Geist, z. B. beim Gehen, Sitzen, Stehen oder Schlafen (den sogenannten vier Haltungen).

   Um dies zu veranschaulichen, wird ein Theravada-Mönch beim Gehen auf jeden Moment achten, wenn sich der Körper bewegt. Er wird einen sehr langsamen Schritt machen, gefolgt von einem weiteren, im Gewahrsein jeder Bewegung, von Moment zu Moment. Wenn der Fuß den Boden verlässt und wenn er vor den anderen gestellt wird, um einen Schritt zu machen, bleibt er im vollen Gewahrsein. Theravada-Praktizierende streben danach, ihr ganzes Leben lang eine solche Achtsamkeit bei jeder Handlung an den Tag zu legen. Dieses Training ist grundlegend, und während die meisten von uns vielleicht nicht in der Lage sind, einen so hohen Grad an Gewahrsein aufrechtzuerhalten, können wir sicherlich davon profitieren, ein höheres Maß an Achtsamkeit in unser tägliches Leben zu bringen. Auch wenn wir uns einfach nur eine Tasse Tee machen.

Als Ergebnis ihres makellosen Verhaltens, ihrer engagierten Achtsamkeit und ihrer fleißigen Dharmapraxis sammeln die Theravada-Praktizierenden große Mengen an Verdiensten an, die als Voraussetzungen für das Fortschreiten auf dem Pfad notwendig sind. Aus diesem Grund wird diese Stufe als *Pfad der Ansammlung* bezeichnet.

2. **Der Pfad der Vorbereitung:** Mit tadellosem ethischem Verhalten und kontinuierlicher Achtsamkeit als Grundlage entwickelt der Theravada-Praktizierende durch die Praxis der Meditation eine einspitzige Konzentration. Diese Konzentration ist die Grundlage für das Erreichen verschiedener Stufen von Errungenschaften, einschließlich des Geistes von *Shamatha* und der *vier Form-Jhanas*. Auf ihrem Pfad beginnen sie irgendwann mit dem Training von Weisheit oder Einsicht, indem sie sich auf die *vier Anwendungen der Achtsamkeit* konzentrieren (Körper, Gefühle, Geisteszustände und Erscheinungen). In diesem Zusammenhang beinhaltet die Achtsamkeit auf die Phänomene die Meditation über die fünf Aggregate, die sechs Sinnesorgane, die fünf Hindernisse (sinnliche Begierden, Böswilligkeit, Trägheit, Unruhe und Zweifel), die zwölf Glieder der abhängigen Entstehung und vor allem die Vier Edlen Wahrheiten.

Da diese Meditationen den Geist des Praktizierenden darauf vorbereiten, die Natur der Selbstlosigkeit direkt zu erkennen, wird diese Stufe als *Pfad der Vorbereitung* bezeichnet. Er führt zur Vereinigung von Shamatha und Vipashyana.

3. **Der Pfad der Einsicht:** Während sich die direkte Verwirklichung der sechzehn Aspekte der Vier Edlen Wahrheiten entfaltet und die direkte Wahrnehmung der Selbstlosigkeit erreicht wird, wird der Praktizierende zu einem Arya-Wesen. Das markiert den Eintritt in die nächste Stufe, den sogenannten *Pfad der Einsicht*.

4. **Der Pfad der Gewöhnung:** Der Edle Achtfache Pfad kann nun rein praktiziert werden, da ohne Bezug auf ein „Selbst" die Handlungen von Körper, Rede und Geist nicht mehr verunreinigt sind. Die Einsichten und Erkenntnisse, die zuvor auf dem Pfad der Vorbereitung erfahren wurden, werden nun vollständig gereinigt, da der Praktizierende die Selbstlosigkeit erkennt. Dieser Prozess gewöhnt den Praktizierenden gründlich an diese Erkenntnis, daher wird diese Stufe als der *Pfad der Gewöhnung* bezeichnet.

5. **Der Pfad des Nicht-mehr-Lernens:** Sobald dieser Pfad einmal erreicht ist, gibt es nichts Weiteres mehr zu erreichen, deshalb wird er auch der *Pfad des Nicht-mehr-Lernens* genannt.

Die vier Stufen von Arya-Wesen

Die Hinayana-Lehren sprechen von vier verschiedenen Ebenen von Arya-Wesen, auf jeder Ebene werden bestimmte Leiden aufgegeben. Jede dieser vier Ebenen hat eine Stufe des Pfades und eine Stufe der Frucht – es gibt also insgesamt acht Stufen. Diese acht Stufen können zu zwanzig Kategorien von Praktizierenden erweitert werden, die dann noch weiter unterteilt werden können.

Traditionell werden etwa achtzig Arten von Sangha-Mitgliedern (vier Gruppen von je zwanzig) in einem Text untersucht, der als *Die Lehre der Zwanzig Sangha-Mitglieder* bekannt ist. Das ist ein äußerst komplizierter Text, für dessen gründliches Studium die Mönche viel Zeit benötigen, und deshalb werden wir hier nicht weiter darauf eingehen. Der Einfachheit halber konzentrieren wir uns daher auf die folgenden acht Stufen, die beschreiben, wie ein Theravada-Praktizierender auf den fünf Pfaden voranschreitet:

1. **Der in den Strom Eingetretene:** Das ist ein Praktizierender, der in den Pfad der Ansammlung eingetreten ist, indem er zuerst einen Geist erlangt hat, der den Weg zur Befreiung versteht und darauf abzielt, die erworbenen konzeptuell begründeten Verblendungen zu beseitigen, die mit dem Begierdebereich, den Form- und den formlosen Bereichen verbunden sind. Er geht bis zum Ende des Pfades der Vorbereitung.

2. **Der die Frucht des Stromeintritts verwirklicht hat:** Dieser Praktizierende hat alle erworbenen konzeptuell bedingten Verblendungen beseitigt. Er erkennt zum ersten Mal die Selbstlosigkeit direkt und ist damit in den Pfad der Einsicht eingetreten. Dem Pali-Kanon entsprechend hat der Praktizierende drei der zehn Fesseln eliminiert. Die Fesseln beziehen sich in diesem Zusammenhang auf geistige Bindungen, die fühlende Wesen an Samsara ketten. Die drei Fesseln, die in diesem Stadium entfernt werden, sind: die Sicht auf ein wahrhaft existierendes Selbst, entweder identisch mit oder in Bezug auf die fünf Aggregate (bekannt als Ansicht der Identität), Zweifel an den drei Juwelen und der Gültigkeit des buddhistischen Pfades, und der Glaube, dass die äußerliche Einhaltung von Ritualen und asketischen Praktiken zu Befreiung führen kann. Im Allgemeinen hat der Praktizierende höchstens sieben weitere Geburten bei Menschen oder Göttern.

3. **Der Einmalwiederkehrer auf dem Pfad:** Das ist ein Praktizierender, der in den Pfad der Gewöhnung eingetreten ist. Er zielt darauf ab, die ersten sechs der neun Arten von angeborenen Verblendungen zu entfernen, die mit dem Begierde-Bereich verbunden sind.

4. **Der die Frucht der Einmalwiederkehr verwirklicht hat:** Tibetischen Texten zufolge haben Die-die-Frucht-der-Einmalwiederkehr-verwirklicht-haben sechs der neun Arten der angeborenen Geisteszustände des Begierde-Bereichs beseitigt. Sie werden nach nur noch einem weiteren Leben die Arhatschaft erlangen, daher werden sie „Einmalwiederkehrer" genannt. Nach Ansicht des Theravada sind Anhaftung, Abneigung und Unwissenheit geschwächt, aber es werden in diesem Stadium keine neuen Fesseln gelöst.

5. **Der Niewiederkehrer auf dem Pfad:** Dieser Praktizierende trachtet danach, die letzten drei der neun Arten spontan auftretender störender Emotionen zu entfernen, die mit sinnlichem Begehren verbunden sind.

6. **Der die Frucht der Niewiederkehr verwirklicht hat:** Dieser Praktizierende hat die letzten drei der neun angeborenen Verblendungen des Begierdebereichs entfernt. Er wird als „Niewiederkehrer" bezeichnet, weil er in diesem Leben die Arhatschaft erlangen wird, ohne jemals wieder zu einer samsarischen Wiedergeburt zurückzukehren. In Bezug auf die Fesseln werden in diesem Stadium sinnliches Begehren und Böswilligkeit beseitigt.

7. **Der Arhat auf dem Pfad:** Dieser Praktizierende zielt darauf ab, die neun Arten der angeborenen Verblendungen zu beseitigen, die mit jeder der beiden höheren Ebenen (den Form- und den formlosen Bereichen) der samsarischen Existenz verbunden sind.

8. **Der die Frucht der Arhatschaft verwirklicht hat:** Dieser Praktizierende hat alle neun Arten von Verblendungen entfernt, die mit den Form- und den formlosen Bereichen verbunden sind. Nachdem er alle leidbringenden Tendenzen beseitigt hat, die auf dem nach einem Selbst greifenden Geist basieren, erreicht er das Ziel der Shravaka- oder Pratyeka-Arhatschaft. Das nennt man auch den Pfad des Nicht-mehr-Lernens. In diesem Stadium hat er die fünf höheren Fesseln beseitigt: das Verlangen nach einer Existenz in den Form- oder formlosen Bereichen, nach Eitelkeit, Rastlosigkeit und Unwissenheit.

Einige buddhistische Praktizierende wählen einen Pfad, der als weltlicher Pfad bekannt ist und der Shamatha und die hochkonzentrierten Jhana-Zustände anwendet, um sich speziell auf die Beendigung bestimmter Verblendungen zu konzentrieren. Nachdem sie dies erreicht haben, sind sie ungestört und verweilen in Frieden. Um anschließend den Zustand eines Arya-Wesens zu erreichen, richten sie ihren Geist auf die Vier Edlen Wahrheiten, wodurch sie die subtilen Befleckungen der Unwissenheit vollständig überwinden können.

Der weltliche Pfad wird auch von nicht-buddhistischen Praktizierenden ausgeübt, die Shamatha zusammen mit verschiedenen Form- und formlosen Versenkungen erlangen. Dies führt jedoch nicht zu den Errungenschaften eines Arhats. Diejenigen, die sich auf den weltlichen Pfad konzentrieren, können viele Fehler des Begierdebereichs beseitigen. Ihre Verblendungen lassen nach, ausgenommen die subtilen Befleckungen der Unwissenheit. Vergleicht man die Geisteszustände des Begierdebereichs mit den friedlichen Geisteszuständen der höheren Bereiche, löst die Existenz im Begierdebereich beim Praktizierenden Ernüchterung aus und er strebt nach höheren Geisteszuständen. Das reduziert die Verblendungen auf ein Niveau, auf dem sie keine Störung mehr für den Geist verursachen. Der transzendente Weg hingegen wird von der Verwirklichung der Vier Edlen Wahrheiten begleitet.

Tabelle 12-3 zeigt eine vereinfachte Darstellung der vier Hauptstufen des Theravada-Pfades zusammen mit den Fesseln oder Verblendungen, die auf diesen verschiedenen Stufen beseitigt wurden. Es ist zu beachten, dass die erste der vier in der Tabelle dargestellten Stufen der Frucht auf der Ebene des Pfades der Einsicht beginnt. An diesem Punkt sind der Pfad der Ansammlung und der Pfad der Vorbereitung durchlaufen worden, und es hat eine Transformation von einem gewöhnlichen Wesen zu einem Arya-Wesen stattgefunden.

Pfad	Stufe	Fesseln	Verbleibende Geburten
1. Ansammlung 2. Vorbereitung	Der in den Strom Eingetretene	Keine	Hat weiterhin eine unkontrollierte Wiedergeburt in Samsara
3. Einsicht	1. Der die Frucht des Stromeintritts verwirklicht hat	1. Ansicht der Identität 2. Zweifel 3. Falsches Verständnis von Regeln und Bräuchen Alle erworbenen Verblendungen	Höchstens sieben weitere Geburten bei Menschen und Göttern
4. Gewöhnung	2. Der Einmalwiederkehrer auf dem Pfad und der die Frucht der Einmalwiederkehr verwirklicht hat	Schwächt Anhaftung, Hass und Unwissenheit Sechs der neun angeborenen Verblendungen des Begierdebereichs	Noch eine weitere Geburt im Begierdebereich
	3. Der Niewiederkehrer auf dem Pfad und der die Frucht der Niewiederkehr verwirklicht hat	4. Sinnliches Begehren 5. Böswilligkeit Die letzten drei angeborenen Verblendungen des Begierdebereichs	Spontane Wiedergeburt im Formbereich
5. Pfad des Nicht-mehr-Lernens	4. Der Arhat auf dem Pfad und der die Frucht der Arhatschaft verwirklicht hat	6. Verlangen nach einer Existenz im Formbereich 7. Verlangen nach einer Existenz im formlosen Bereich 8. Eitelkeit 9. Rastlosigkeit 10. Unwissenheit Neun angeborene Verblendungen der Form- und der formlosen Bereiche	Keine bedingte Wiedergeburt mehr in Samsara

Tabelle 12-3: Entwicklung durch die vier Stufen des Theravada-Pfades.

ZUSAMMENFASSUNG

- Das Grundlagen-Fahrzeug entwickelte sich aus den öffentlichen Lehren des Buddha. Sie betonen ethische Disziplin und die Praxis der Meditation, um eine persönliche Befreiung zu erreichen.

- Die Theravada-Lehren sind im Pali-Kanon zusammengefasst. Diese Sammlung ist in drei Abschnitte unterteilt, die als die Drei Körbe bekannt sind: monastischer Verhaltenskodex (Vinaya), Lehrreden des Buddha (Sutra) und die höheren Lehren (Abhidharma).

- Es gibt zwei Fahrzeuge, die mit dieser Art von Praxis zusammenhängen: das Fahrzeug des Hörers (Shravakayana) und das Fahrzeug des Einzel-Erwachten (Pratyekabuddhayana).

- Die Basis des Grundlagen-Fahrzeugs sind die *Vier Edlen Wahrheiten*. Diese sind: die Wahrheit des Leidens, die Wahrheit über den Ursprung des Leidens, die Wahrheit über die Beendigung des Leidens und die Wahrheit über den Pfad, der zur Beendigung des Leidens führt.

- Der Pfad dieses Fahrzeugs ist der *Edle Achtfache Pfad*, der acht Trainingsformen bietet, die einen Praktizierenden zur persönlichen Befreiung führen. Diese acht sind: rechte Sicht, rechte Absicht, rechte Rede, rechtes Handeln, rechter Lebensunterhalt, rechtes Bemühen, rechte Achtsamkeit und rechte Konzentration.

- Das Ergebnis dieses Fahrzeugs sind die *Fünf Pfade der Erlangung*: der Pfad der Ansammlung, der Pfad der Vorbereitung, der Pfad der Einsicht, der Pfad der Gewöhnung und der Pfad des Nicht-Mehr-Lernens.

- Auf diesem Pfad gibt es vier Arten von Arya-Wesen, die wir unterscheiden können: in den Strom Eintretende, Einmalwiederkehrer, Niewiederkehrer und Arhats. Wenn jeder von ihnen aus der Perspektive des Strebens nach einem Zustand und der tatsächlichen Erlangung des Zustandes betrachtet wird, dann können wir von insgesamt acht Stufen sprechen.

Der Bodhisattva Maitreya, ein spiritueller Krieger des Mahayana

KAPITEL DREIZEHN

Das Große Fahrzeug

Als der Buddha lehrte, vermittelte er seine Lehren auf eine Art, dass alle Anwesenden je nach ihren persönlichen Fähigkeiten unterschiedliche Dinge verstehen konnten. Diese einzigartige Eigenschaft von Buddhas Lehren bedeutete, dass ausgehend von einer einzigen Lehre vielfältige Versionen entstanden, je nachdem, wer die Lehren empfangen hatte. Das im vorherigen Kapitel vorgestellte Grundlagen-Fahrzeug war eine solche Interpretation, die eine bestimmte Perspektive des Gelehrten darstellt.

Das *Große Fahrzeug* (Mahayana) ist das Ergebnis einer weiteren Interpretation, die durch die hochverwirklichten Wesen entstand, die auch an den Unterweisungen Buddhas teilnahmen. Auf dem Gipfel des Geierberges außerhalb von Rajagriha (im Nordosten des heutigen Indiens) initiierte der Buddha die zweite Drehung des Dharmarades, indem er das *Sutra von der Vollkommenheit der Weisheit* darlegte. Während dieser Zeit war der Buddha von hunderttausenden von verwirklichten Wesen umgeben, die aus allen zehn Richtungen erschienen. Verschiedene Schüler hörten dieselbe Belehrung auf unterschiedliche Weise, was zu acht Versionen dieses Sutras führte, die zwischen 300 und 100.000 Zeilen lang sind.

Zu anderen Zeiten lehrte der Buddha über das Thema Buddhanatur an Orten wie Shravasti, Kushinagar und auch in vielen nicht-menschlichen Daseinsbereichen. Diese Lehren wurde nur an die am höchsten verwirklichten Wesen weitergegeben, denn sie beschrieben eine Realitätsebene, die einfach zu tiefgründig war, als dass gewöhnliche Wesen sie verstehen konnten.

Viele Jahre später, nachdem der Buddha in das Parinirvana eingetreten war, versammelten sich diese Wesen im Süden Indiens, um die Lehren zusammenzufassen, die sie erhalten hatten. Unter der Leitung der großen Bodhisattvas (der spirituellen Krieger) Maitreya, Manjushri und Vajrapani schufen sie die *Mahayana-Sutras*, welche die Lehren über die Entwicklung des Erleuchtungsgeistes (Bodhicitta), die Schulungen eines Bodhisattvas und vor allem die tiefgründigen Lehren über die Leerheit der inhärenten Existenz detailliert beschrieben.

Ausgehend von zwei aufeinanderfolgenden Konzilen nahmen zwei Übertragungslinien Gestalt an. Bodhisattva Manjushri hielt ein Konzil ab, um die Lehren ausführlicher darzulegen und die Lehren durch eine stärkere Betonung des Themas Leerheit zu präzisieren. Die Linie, die aus diesem Konzil hervorging, wurde als die *Linie der Tiefgründigen Ansicht* bekannt und wurde von dem großen indischen Meister Nagarjuna gehalten. Später wurde sie von Meistern wie Chandrakirti und Shantideva erweitert.

Unterdessen hielt der Bodhisattva Maitreya auch ein Konzil ab, wo er entschied, die Lehren der Dritten Drehung und insbesondere das Thema der Buddhanatur zu betonen. Diese Linie wurde als die *Linie der Weitreichenden Aktivität* bekannt und wurde hauptsächlich von Asanga gehalten; sie wurde später von Meistern wie Vasubandhu und Chandragomin erweitert.

Die Mahayana-Tradition, die auf der Grundlage dieser beiden Linien entstand, gewann im Norden Indiens große Popularität. Ihre Lehren wurden schließlich in Sanskrit zusammengefasst und über das ganze Land verbreitet. Sie nahmen ihren Weg nach Norden durch Kaschmir und dann nach Osten über die Seidenstraße nach China. In China entstanden eine Reihe von Schulen, die sich jeweils auf verschiedene Teile der Mahayana-Sutras konzentrierten. Viele dieser Schulen verbreiteten sich dann in Teilen von Korea, Japan und Vietnam.

Die Mahayana-Lehren waren durch ihre starke Betonung der Kultivierung des altruistischen Wunsches, Erleuchtung zum Wohle aller fühlenden Wesen zu erlangen, gekennzeichnet. Diese einzigartige Motivation, die als *Bodhicitta* bekannt ist, unterschied sie vom Grundlagen-Fahrzeug, wo das Ziel jedes Praktizierenden darin bestand, seine eigene persönliche Befreiung von Samsara zu erreichen. Auf der Grundlage dieser weiterreichenden und umfassenderen Sichtweise suchten die Mahayana-Praktizierenden von sich aus nach einem aktiven Lebensstil, der es ihnen ermöglichte, direkt daran zu arbeiten anderen Nutzen zu bringen. Diese Eigenschaft machte das Mahayana wesentlich attraktiver für eine wachsende Gemeinschaft von Laienpraktizierenden, die nach Alternativen zum entsagenden Leben eines buddhistischen Mönchs suchten.

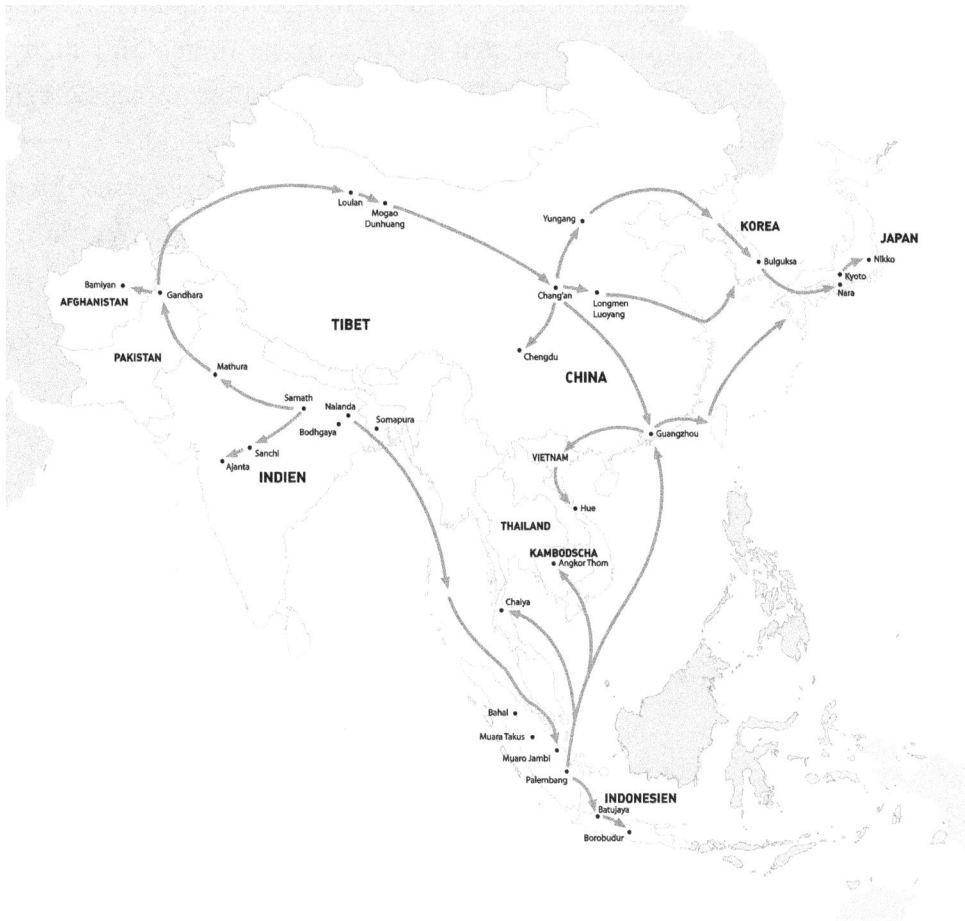

Abbildung 13-1: Verbreitung des Mahayana-Buddhismus.

Ein weiterer wichtiger Unterschied zwischen dem Grundlagen-Fahrzeug und dem Großen Fahrzeug liegt in ihrem unterschiedlichen Verständnis der Bedeutung der Erleuchtung. Für einen Theravada-Praktizierenden bedeutet Erleuchtung, ein vollständiges Heraustreten aus der zyklischen Existenz zu erreichen. Dies geschieht durch die Beseitigung allen Greifens, womit der Zustand eines Shravaka- oder Pratyeka-Arhats erreicht wird.

Für den Mahayana-Praktizierenden ist diese Form der Befreiung unvollständig, denn sie ist nicht in der Lage, die sehr subtilen Verdunkelungen zu beseitigen, welche die Erscheinung von inhärenter Existenz hervorrufen. Solange diese kognitiven Verdunkelungen bestehen, wird der Praktizierende anderen Wesen nur von beschränktem Nutzen sein können. Mahayana-Praktizierende beschäftigen sich daher mit einer breiten Palette von geschickten Mitteln, die es ihnen ermöglichen, die riesigen Mengen an Verdienst anzusammeln, die sie benötigen, um den Zustand eines vollkommen erleuchteten Buddha zu erreichen. Da sie von dem Wunsch getrieben werden, anderen zu helfen und ihnen Nutzen zu bringen, ist dieser Grad der Errungenschaften der beste Weg, dieses Ziel zu erreichen. Dieser Zustand ist durch vier Aspekte gekennzeichnet:

1. Völlige Freiheit vom Leiden im Samsara (Nirvana)
2. Die Verwirklichung des *Wahrheitskörpers* (Dharmakaya) und des *Formkörpers* (Rupakaya) eines Buddha
3. Die Verwirklichung grenzenloser Buddha-Qualitäten
4. Entwicklung der Fähigkeit, sich spontan auf jede erdenkliche Weise zu manifestieren, die von fühlenden Wesen benötigt wird.

Aus der Perspektive des Mahayana wird sich der Geist eines Arhats nach seinem Tod in Leerheit auflösen und in einem Zustand des völligen Nicht-Ergreifens verharren. Dadurch machen sich Arhats von allen Arten des Leidens frei. Das ist zwar eine großartige Leistung, aber sie tun nichts für die fühlenden Wesen, die weiterhin leiden. Aus diesem Grund wird angenommen, dass in ferner Zukunft sogar ein vollständig befreiter Arhat aus seiner Versenkung durch die Buddhas erweckt werden muss, damit er noch einmal wiedergeboren werden kann. Nur werden sie das diesmal mit der Absicht tun, den Weg des Mahayana zu gehen. Da ein Arhat völlig frei von Greifen ist, erlebt er kein Leiden, wie es ein fühlendes Wesen tut. Das macht es ihnen sehr schwer, das notwendige Maß an Mitgefühl für die Erzeugung von Bodhicitta zu erwecken. Aus diesem Grund lehrte der Buddha, dass es am besten ist, in den Weg des Mahayana einzutreten, bevor man die Befreiung erreicht.

DAS BODHISATTVA-FAHRZEUG (BODHISATTVAYANA)

Ein Bodhisattva ist jedes Wesen, das in seinem Geist den unerschütterlichen Entschluss entwickelt hat, zum Wohle aller fühlenden Wesen die völlige Erleuchtung zu erlangen. Ein solches Wesen gilt als *spiritueller Krieger*, weil es sein Leben diesem Ziel widmet und bereit ist, sich allen Herausforderungen und Hindernissen zu stellen, um dies zu erreichen. Für einen Bodhisattva ist es unerheblich, wie lange es dauert, er wird nicht aufhören, bis jedes einzelne fühlende Wesen vom Leiden befreit ist.

Wie bereits erwähnt, kann das Mahayana aus der Perspektive der Sutras und der Tantras verstanden werden. In diesem Zusammenhang stellt das Bodhisattva-Fahrzeug die Perspektive der Sutras dar und der Einstieg in diesen Pfad ist es, zunächst die altruistische Absicht von *Bodhicitta* zu entwickeln. Es ist dieser Geist, der den Kontext von allem, was der Praktizierende tut, verändert und jede Handlung, die er ausführt, zu einer unterstützenden Ursache für den Zustand der Erleuchtung macht.

Auf der Grundlage dieser Motivation entwickelt ein Bodhisattva-Praktizierender eine Sichtweise, welche die Leerheit nicht nur der eigenen Person, sondern auch von allen Arten von Phänomenen erkennt. Auf der Grundlage dieser Sichtweise üben sie sich dann in den sogenannten *Sechs Vollkommenheiten* der Großzügigkeit, der ethischen Disziplin, der Geduld, der freudigen Anstrengung, der Konzentration und der Weisheit.

Durch diese Praktiken entwickelt ein Bodhisattva riesige Ozeane von Verdiensten. Diese positive Energie wird kanalisiert, um die selbstbezogene Geisteshaltung zu durchbrechen und die wahre Natur der Realität vollständig zu erkennen. Ein solcher Praktizierender lernt in der Weisheit zu verweilen, welche die Leerheit erkennt, während er sich gleichzeitig aktiv in der trügerischen Welt des abhängigen Entstehens einbringt. Das wird als das Erreichen der *Vereinigung von Methode und Weisheit* bezeichnet. Indem der Bodhisattva drei endlose Äonen lang auf diese Weise praktiziert, ist er in der Lage, alle Formen der Verdunkelung vollständig zu entfernen und dadurch den Zustand eines vollständig erleuchteten Buddha zu erreichen.

DIE GRUNDLAGE – DIE ZWEI WAHRHEITEN

Der Buddha lehrte Philosophie nicht direkt und systematisch. Stattdessen erläuterte er verschiedene Prinzipien, von denen er wusste, dass sie den Menschen zugutekommen würden, welche die Lehren hörten. Erst viele Jahre später wurde ein systematischerer Ansatz entwickelt, als aus der reichen Debatte zwischen verschiedenen buddhistischen Praktizierenden eine Reihe philosophischer Denkschulen hervorging.

Alle diese Schulen entwickelten sich um die zentrale Lehre des Buddha über die *Zwei Wahrheiten*. In dieser erklärt der Buddha, dass es zwei Ebenen gibt, auf denen Wesen die Realität erleben können: die relative Ebene und die endgültige Ebene. Was als „wahr" angesehen werden kann, hängt von der Ebene ab, auf der man agiert. Daher werden einige Phänomene aus einer relativen Perspektive wahr sein, während andere aus einer endgültigen Perspektive wahr sind. Auf diese Weise können wir von zwei Arten von Wahrheit sprechen:

1. **Relative Wahrheit:** Alles, was diese Welt ausmacht, die wir heute erleben, all die verschiedenen Phänomene, denen wir begegnen, die Menschen und Orte, unser Körper und Geist, sind Beispiele für relative Wahrheiten. Es ist eine Welt voller Subjekte und Objekte. Es gibt verschiedene Menschen mit unterschiedlichen Perspektiven, die jeweils mit allen möglichen Dingen interagieren. In dieser Realität sehen keine zwei Menschen genau das Gleiche, sondern jeder ist das Zentrum seines eigenen Universums und erlebt die Welt aus seinem einzigartigen, besonderen Blickwinkel. Wenn wir unsere Erfahrungen jedoch vergleichen, können wir sehen, dass es Gemeinsamkeiten gibt. Auf der Grundlage dieser Gemeinsamkeiten können wir uns auf bestimmte Konventionen einigen und auf der Grundlage dieser Konventionen können wir miteinander kommunizieren, um festzustellen, was aus unserer Sicht wahr ist.

   Während eine relative Wahrheit für eine Person oder Gruppe von Menschen wahr sein kann, muss sie nicht unbedingt für andere gelten. Betrachten wir beispielsweise die Unterschiede in Bezug auf unseren Geschmack für Lebensmittel. Eine Person kann ein bestimmtes Essen als köstlich empfinden, während eine andere es für völlig abscheulich halten kann. Jede dieser Interpretationen ist aus der Perspektive der Personen, die diese Ansichten vertreten, gleichermaßen wahr. Denken Sie auch daran, wie verschiedene Wesen die objektive Welt erleben. Zum Beispiel wäre die Art und Weise, wie eine Ameise eine Wasserlache auf ihrem Weg erleben würde, völlig anders als die Art und Weise, wie ein Mensch dasselbe Objekt erleben würde.

Deshalb sind relative Wahrheiten dem Wesen nach abhängig. Sie existieren nur abhängig von der Perspektive des Individuums. Wenn diese individuelle Sichtweise durch das Vorhandensein von verblendeten Geisteszuständen verzerrt wird, dann werden auch die relativen Wahrheiten, die sie wahrnehmen, verzerrt. Das ist einer der Hauptgründe, warum wir so viel Leid in unserem Leben erzeugen. Wir greifen nach unserer relativen Realität, als wäre sie die einzige Realität, und das führt uns zu falschen Annahmen darüber, was wir tatsächlich erleben.

2. **Letztendliche Wahrheit:** Wenn wir alle unsere Missverständnisse darüber beseitigen, wie die Realität tatsächlich existiert, bleibt uns eine bloße Erfahrung der Realität, wie sie ist. Es ist dieser Geisteszustand, der als letztendliche Wahrheit bezeichnet wird. Wir können diesen Begriff verwenden, um uns auf Folgendes zu beziehen: den allwissenden Geisteszustand, der frei von allen Verdunkelungen ist; die letztendliche Natur unserer Erfahrung, die „Leerheit" genannt wird; die Weisheit, die diese Natur direkt erkennt; oder unsere Buddhanatur – die innewohnende Fähigkeit, Erleuchtung zu erlangen.

Im Vergleich zu unserer letztendlichen Natur scheinen relative Wahrheiten vorübergehend und oberflächlich zu sein wie ein Traum. Aus der Perspektive einer Person, die aus einem Traum erwacht, war alles, was sie in diesem Traum für wahr hielt, in Wirklichkeit falsch. Ebenso sind aus der Perspektive eines Geistes, der in seiner eigenen Natur der letztendlichen Realität verweilt, alle relativen Wahrheiten, an denen wir so stark festhalten, auch in Wirklichkeit falsch.

Auf diese Weise ist die relative Wahrheit wie der Ozean und die letztendliche Wahrheit wie das Ufer. Um im Meer zu überleben, müssen wir schwimmen lernen, und sobald wir die notwendigen Fähigkeiten haben, können wir den Ozean (die relative Wahrheit) nutzen, um das Ufer zu erreichen (unsere letztendliche Wahrheit). Durch die Dharmapraxis verwenden wir die relative Wahrheit, um unsere letztendliche Wahrheit zu entdecken. Wenn wir die Zwei Wahrheiten in Bezug auf die Vier Siegel betrachten, können wir sehen, dass die ersten beiden Siegel durch Vergänglichkeit und Leiden gekennzeichnet sind und deshalb als Beschreibung der relativen Wahrheit erkannt werden können. Die letzten beiden Siegel beziehen sich auf die letztendliche Wahrheit, da sie direkt von Leerheit und Erleuchtung sprechen.

Wenn wir eine direkte Erfahrung der letztendlichen Wahrheit haben, sehen wir, dass das, was uns derzeit als zwei Wahrheiten erscheint, in Wirklichkeit nur zwei Aspekte derselben Realität sind. Diese tiefgründige Wahrheit durch direkte Erfahrung zu erkennen, bedeutet die letztendliche Einheit der beiden Wahrheiten zu entdecken.

Buddhistisch-philosophische Lehrmeinungen

Während sich alle buddhistischen Fahrzeuge bezüglich der Prämisse der Zwei Wahrheiten einig sind, haben sie unterschiedliche Vorstellungen davon, welche Phänomene zur Kategorie der relativen Wahrheit gehören und welche zur Kategorie der letztendlichen Wahrheit. Wenn wir die verschiedenen Ansichten nach der Subtilität ihres Verständnisses der letztendlichen Wahrheit anordnen, kommen wir zu den folgenden Systemen:

1. **Die Große Schule der Darlegung (Vaibhashika):** Praktizierende, die diese Ansicht vertreten, glauben, dass Phänomene, wie der Geist, die verschiedenen Funktionen des Geistes, die materielle Welt der aus Teilchen bestehenden Objekte, nicht bedingte Phänomene, wie der Raum und die zeitliche Erfahrung von Vergangenheit und Zukunft, alle als substanziell existent angesehen werden. Sie glauben, dass die groben Objekte, die aus dem Zusammenkommen dieser Elemente entstehen, nicht real sind. Wenn zum Beispiel die Sinnesfähigkeit eines Auges auf

ein Objekt trifft, entsteht ein sensorisches Bewusstsein, und all diese Aspekte werden als letztendliche Wahrheit betrachtet. Die Erkenntnis, dass das, was im Geist entsteht, ein „Apfel" ist, ist eine relative Wahrheit. Es ist eine bloße Zuschreibung durch den Geist.

2. **Die Anhänger der Sutra-Schule (Sautrantika):** Diese Schule verfeinert das Verständnis der Vaibhashika-Ansicht. Sie erkennen an, dass nicht-bedingte Phänomene, wie der Raum, die Wahrnehmung eines substanziell existierenden Kontinuums (physisch oder geistig) und die Wahrnehmung vergangener und zukünftiger Zeitpunkte, allesamt bloße Zuschreibungen sind und daher als relative Wahrheiten betrachtet werden sollten. Praktizierende dieser Ansicht sind der Meinung, dass die einzigen Dinge, die wirklich feststehen, winzige Partikel und augenblickliche Momente des Bewusstseins sind. Nach dem vorherigen Beispiel sind die „Fähigkeit", das „Bewusstsein" und das „Objekt" nur relative Wahrheiten, die auf die wechselseitig abhängige Anordnung physischer Teilchen zurückzuführen sind, die von einem Geistesmoment wahrgenommen werden.

3. **Die Nur-Geist Schule (Chittamatra):** Nach dieser Schule entsteht alles, was dem Geist erscheint, im Geist selbst, wie die Bilder in einem Traum. Außerhalb dieses Bereichs der Erfahrung kann also nichts festgestellt werden. Das heißt, da wir die physische Welt immer nur als Erscheinungen im Geist erleben können, gibt es keine Grundlage, die Existenz dieser Welt als etwas anderes als Geist zu bezeichnen. Daher sind die objektive Erscheinung einer Sehfähigkeit, die ein Bild wahrnimmt, und die subjektive Erfahrung eines visuellen Bewusstseins beide bloße Zuschreibungen. Der gewöhnliche Geist, der fähig ist, in einem non-dualen Gewahrsein der Untrennbarkeit von Subjekt und Objekt zu ruhen, gilt als die letztendliche Wahrheit.

4. **Die Schule des Mittleren Weges (Madhyamaka):** Diese Schule gilt als die subtilste aller buddhistischen Denkschulen. Innerhalb dieser Schule gibt es zwei Hauptinterpretationen, die auf den beiden Mahayana-Linien basieren, die durch Nagarjuna und Asanga begründet

wurden. Beide sind sich einig, dass die Behauptung des Chittamatra über ein nicht-duales gewöhnliches Bewusstsein falsch ist und dass ein solches Bewusstsein immer noch an einer subtilen Form der Subjektivität festhält, was es zu einer relativen Wahrheit macht. Beide sind sich einig, dass alle Phänomene, die vom Geist wahrgenommen werden, bloße Zuschreibungen sind, völlig frei von jeglicher Form der inhärenten Existenz. Worin sie nicht übereinstimmen, ist die Natur der endgültigen Wahrheit. Für die eine Gruppe gilt das bloße Fehlen von inhärent existierenden Phänomenen als letztendliche Wahrheit. Für die andere stellt diese bloße Abwesenheit nur die Natur von relativen Wahrheiten dar, sie stellt nicht die Natur letztendlicher Wahrheiten dar. Die letztendliche Wahrheit ist der Zustand des nicht-dualen, ursprünglichen Gewahrseins, das jegliche Konvention überwindet und von allen erleuchteten Qualitäten durchdrungen ist. Wir werden die Unterschiede zwischen diesen beiden Interpretationen in Band Zwei dieser Serie ausführlicher diskutieren.

Zusammenfassend stimmen alle buddhistischen Systeme darin überein, dass alle bedingten Phänomene nicht inhärent existieren, aber das bedeutet nicht, dass nichts existiert. Alles erscheint (einschließlich uns selbst) in Abhängigkeit von verschiedenen Ursachen und Bedingungen, durch einen Prozess von Ursache und Wirkung, an dem wir mitwirken. Es ist wichtig immer daran zu denken, denn sonst laufen wir Gefahr, unabhängig von der Sichtweise, die wir zu vertreten vorgeben, in das Extrem des Nihilismus zu geraten.

Von diesen vier Schulen stellen die ersten beiden Schulen die Ansichten des Grundlagen-Fahrzeugs dar, während die letzten beiden die Ansichten des Großen Fahrzeugs darstellen. Wie wir sehen können, verfeinert jede Schule die Aussagen der vorhergehenden Schulen. Auf diese Weise kann ein Praktizierender daran arbeiten, jede Sichtweise schrittweise aufzubauen, indem er von grob zu fein geht.

Fahrzeug	Schule	Relative Wahrheit	Letztendliche Wahrheit
Hinayana	Vaibhashika	Grobe Objekte	Materielle Teilchen, Geist, Raum und Zeit
	Sautrantika	Grobe Objekte, Raum und Zeit	Teileloses Teilchen und Bewusstseinsmomente
Mahayana	Chittamatra	Objektive und subjektive Erscheinungen	Non-duales gewöhnliches Bewusstsein
	Madhyamaka	Alle groben und subtilen dualistischen Erscheinungen	1. Bloße Abwesenheit von inhärenter Existenz
			2. Unverfälschtes Gewahrsein leer von allen herkömmlichen Anschauungen

Tabelle 13-1: Unterscheidung, wie verschiedene Schulen die Zwei Wahrheiten verstehen.

DER PFAD – DER WEG EINES BODHISATTVAS

Der Weg des Bodhisattva-Fahrzeugs ist speziell auf die Beseitigung der Selbstbezogenheit ausgerichtet. Diese verzerrte Haltung klammert sich an das Selbst als das Wichtigste und erklärt alles andere als zweitrangig. Es ist dieser Geist, der den einschränkenden Blickwinkel auf einen individuellen Geistesstrom aufrechterhält, weshalb dieser Geist eine Verdunkelung darstellt, wodurch der allwissende Zustand eines Buddha nicht erreicht werden kann.

Bodhicitta

Der Eintritt in das Mahayana erfolgt durch die spontane Erzeugung des außergewöhnlichen Geistes des Bodhicitta. Angetrieben von Liebe und Mitgefühl entwickelt der anstrebende Bodhisattva ein echtes Bestreben, alles zu tun, um fühlende Wesen vom Leiden zu befreien. Gleichzeitig erkennt er, dass der einzig realistische Weg dorthin darin besteht, die unendliche Fähigkeit eines völlig erleuchteten Wesens zu erlangen. Deshalb entwickelt diese Person zum Wohle aller fühlenden Wesen den Entschluss, dieses Leben (und so viele nachfolgende Leben, wie nötig) dem Erreichen des Zustands der Buddhaschaft zu widmen.

Am Anfang muss dieser Geist auf eine künstliche Weise erzeugt werden. Es ist ein so gewaltiges Streben, dass es Zeit braucht, bis es spontan entsteht. Es gibt viele Möglichkeiten, diesen Geist zu entwickeln, aber in Tibet sind die häufigsten:

1. **Die Methode der Sieben Punkte von Ursache und Wirkung:** Bei dieser Methode konzentriert sich die Praktizierende auf Meditationen, die ihr helfen, eine liebevolle Verbindung mit allen fühlenden Wesen herzustellen. Dies geschieht in erster Linie durch das Nachdenken über die Liebe zwischen einer Mutter und ihrem Kind, verbunden mit der Tatsache, dass alle fühlenden Wesen irgendwann einmal unsere Mutter waren. Basierend auf dieser Verbindung meditiert sie über das Leiden dieser fühlenden Wesen, bis ihr Mitgefühl so stark ist, dass es zum Handeln motiviert. Aus dieser selbstlosen Absicht heraus fasst sie den Entschluss, um aller lieben mütterlichen fühlenden Wesen willen die Erleuchtung zu erreichen.

2. **Die vier Unermesslichen üben:** Eine weitere Technik ist die Kultivierung von vier universellen Eigenschaften, welche die natürlichen Bedingungen für die Entstehung von Bodhicitta schaffen: Liebe, Mitgefühl, Freude und Gleichmut. Alle diese Eigenschaften wirken, um den selbstbezogenen Geist aufzulösen und den eigenen Geist auf das Wohlergehen anderer zu konzentrieren.

3. **Das Methode des Austauschens von sich selbst mit anderen:** Diese letzte Methode kann verwendet werden, um die beiden anderen Methoden zu verstärken. Sie besteht aus einer Reihe von logischen Überlegungen, die zeigen, warum es unlogisch ist, sich selbst über das Wohl anderer zu stellen. Diese Überlegungen lassen den Praktizierenden schließlich erkennen, dass der selbstbezogene Geist extrem schädlich ist und aufgegeben werden sollte. Das öffnet die Tür zur Entfaltung von unermesslicher Liebe und Mitgefühl.

Durch diese Praktiken bemühen sich anstrebende Bodhisattvas darum, ihren Geist mit dieser Einstellung so weit vertraut zu machen, dass sie schließlich zur Standardmotivation für jede ihrer Handlungen wird. An diesem Punkt wird der Praktizierende tatsächlich zum Bodhisattva und tritt in den Bodhisattva-Pfad ein.

Die Sechs Vollkommenheiten

Die Ausbildung eines Bodhisattva ist in einen sechsfachen Pfad unterteilt, der als die *Sechs Vollkommenheiten* bekannt ist. Diese Abfolge der Übungen bietet einen schrittweisen Pfad, um die Eigenschaften zu entwickeln, die für das Erlangen der Buddhaschaft notwendig sind. Diese Eigenschaften sind wie folgt:

Großzügigkeit

Die erste Vollkommenheit ist ein Gegenmittel gegen den Geist der Anhaftung, der die Dinge für sich behält. Durch die Praxis der Großzügigkeit lernt der Bodhisattva, sich auf die Bedürfnisse anderer zu konzentrieren und alles, was er kann, zu geben, um ihnen Nutzen zu bringen. Dies geschieht durch das Praktizieren von drei Arten der Großzügigkeit:

1. **Materielle Gaben:** Der Bodhisattva erkennt, dass fühlende Wesen nicht fähig sind, sich mit spiritueller Praxis zu beschäftigen, solange sie sich um die Erfüllung ihrer weltlichen Bedürfnisse abmühen müssen. Deshalb übt sich der Bodhisattva in Großzügigkeit, indem er denen, die es brauchen, Nahrung und materielle Ressourcen zur Verfügung stellt.

2. **Schutz vor Angst bieten:** Selbst wenn eine Person ihre Grundbedürfnisse erfüllt hat, kann sie in einer Situation leben, die sie mit Angst oder Furcht erfüllt. Das ist ein weiteres Hindernis für die Ausübung des Dharma, und deshalb arbeitet der Bodhisattva daran, den fühlenden Wesen geistigen Frieden zu bringen, indem er ihnen Schutz bietet.

3. **Dharma geben:** Schließlich, selbst wenn eine Person die Fähigkeit hat, Dharma zu praktizieren, wird sie nicht in der Lage sein, ihre Verblendungen zu überwinden, wenn sie nicht weiß, wie man praktiziert. Deshalb arbeitet der Bodhisattva fleißig daran, den fühlenden Wesen Lehren zu vermitteln, damit sie die Ursachen für echtes Glück schaffen können.

Ethische Disziplin

Die zweite Vollkommenheit hilft dem Bodhisattva, durch die Ausübung ethischer Disziplin eine größere Stärke des Geistes aufzubauen. Sein Hauptaugenmerk liegt darauf, Gewahrsein in jede Handlung zu bringen, sodass er jede Situation in eine Gelegenheit verwandeln kann, anderen Nutzen zu bringen. Das geschieht auf drei Arten:

1. **Negative Handlungen vermeiden:** Indem er negative Handlungen aufgibt, hört der Bodhisattva auf, andere direkt oder indirekt zu schädigen.

2. **Positive Handlungen und Tugenden erzeugen:** Durch die Pflege tugendhafter Eigenschaften verbessert der Bodhisattva seine Fähigkeit, den fühlenden Wesen Nutzen zu bringen.

3. **Anderen Nutzen bringen:** Indem er sich auf die Bedürfnisse anderer konzentriert, lässt der Bodhisattva den selbstbezogenen Geist hinter sich und ist fähig alle seine Handlungen zu einer Ursache zu machen, dass fühlende Wesen frei von Leiden werden.

Geduld

Da der Pfad des Bodhisattva lang und schwierig ist, muss der Praktizierende viel Geduld entwickeln, wenn Schwierigkeiten in seiner Praxis auftreten. Geduld aus dieser Perspektive nimmt daher viele Formen an, wie etwa Disziplin und Toleranz. Gleichgültig was passiert, ein Bodhisattva darf niemals aufgeben. Dieses Maß an Entschlossenheit wird durch die folgenden Übungen entwickelt:

1. **Die Geduld des Vergebens:** Ein zornvoller Geist kann große Mengen an kostbarem Verdienst im Geist einer Bodhisattva zerstören. Deshalb muss sie trainieren, diesem Geistesgift direkt durch die Praxis der Vergebung entgegenzuwirken. Das betrifft auch Geduld gegenüber Menschen, von denen sie schlecht behandelt wird.

2. **Geduld als Stärke und Mut für den Dharma:** Der Pfad ist voller Hindernisse, die einer Bodhisattva überwinden muss. Durch Üben in Geduld angesichts von Schwierigkeiten, wie Kälte und Hunger, lernt sie, die eigene Anhaftung an weltlichen Komfort loszulassen.

3. **Geduld, um furchtlos angesichts der tiefgründigen Wahrheit zu sein:** Während der Bodhisattva auf dem Weg voranschreitet, beginnt sich die Wahrheit der Realität deutlicher zu entfalten. Diese Wahrheit kann schwer zu akzeptieren sein. Diese Übung ist speziell darauf ausgerichtet, den ver-

blendeten Zweifel zu überwinden, der einen Bodhisattva daran hindert, die Tiefgründigkeit seiner Natur zu erkennen.

Freudige Anstrengung

Der Bodhisattva-Pfad ist ein langsamer Prozess zur Vollkommenheit, der den Geist über drei endlose Äonen reift. Um diese Kontinuität der Praxis aufrechtzuerhalten, muss ein Bodhisattva einen unerschütterlichen Fleiß entwickeln, der sich freudig mit der Praxis der Tugend beschäftigt, unabhängig von der Dauer und den Anforderungen an ihn. Das Üben in freudiger Anstrengung soll drei Formen der Faulheit durch die Pflege von drei Formen des Fleißes entgegenwirken:

1. **Rüstungsähnlicher Fleiß:** Das ist das Gegenmittel gegen den Mangel an Selbstvertrauen. Das ist eine Art Faulheit, bei der man glaubt, dass man einfach nicht gut genug ist und sich deshalb nicht einmal die Mühe machen sollte, es zu versuchen.

2. **Der Fleiß des rechten Handelns:** Das ist das Gegenmittel gegen das Aufschieben. Dabei handelt es sich um die Faulheit, welche die Praxis in die Zukunft verschiebt. Durch dieses Training lernt der Bodhisattva, Chancen für die Tugend zu erkennen, und engagiert sich sofort für die Entfaltung dieser Tugend.

3. **Fleiß des andauernden Enthusiasmus:** Diese Übung ist eine Gegenmaßnahme zur Untätigkeit. Sie konzentriert sich auf die Entwicklung eines Geistes, der ständig nach Erleuchtung strebt. Diese Art des Fleißes erlaubt es dem Bodhisattva, alles zu beenden, was er sich vorgenommen hat.

Konzentration

Das Bodhisattva-Fahrzeug ist ein Weg des Engagements. Ein Bodhisattva arbeitet aktiv mit allem, was in ihrem Leben passiert, und verwandelt diese Ereignisse in Möglichkeiten, anderen zu helfen. Sie muss daher imstande sein, eine Situation richtig einzuschätzen und mögliche Handlungsoptionen zu erkennen. Ihre Fähigkeit, das zu tun, hängt von der Stärke und Qualität ihres Geistes ab, der konzentriert, anpassungsfähig und frei von Ablenkungen sein muss. Dies wird durch die Entwicklung von drei Formen der Konzentration erreicht:

1. **Konzentration, die von gewöhnlichen Wesen praktiziert wird:** Das ist der Geist, der in die Erfahrung der Glückseligkeit, die Abwesenheit von Gedanken und die lebendige Klarheit vertieft ist. Er wird durch die Praxis der Meditation des ruhigen Verweilens (Shamatha) entwickelt. In diesem Zustand ruhen die verunreinigten Geisteszustände, was ihn zu einer perfekten Grundlage macht, um die Natur der Realität zu untersuchen.

2. **Unterscheidende Konzentration:** Das ist der Geist, der frei von Greifen ist, und es dem Bodhisattva erlaubt, in Gleichmut zu verweilen, selbst wenn er sich aktiv mit der Analyse eines bestimmten Phänomens beschäftigt. Er wird durch die Praxis der Meditation der Einsicht (Vipashyana) entwickelt.

3. **Die ausgezeichnete Konzentration:** Das ist der Geist, der völlig frei von allen Formen der Verdunkelung ist und daher fähig, ständig in einem Zustand der nicht-dualen Auseinandersetzung mit der Natur der Realität zu verweilen. Er wird durch die Vereinigung von Shamatha und Vipashyana entwickelt.

Weisheit

Alle bisherigen Vollkommenheiten bieten die Voraussetzung dafür, dass der Bodhisattva immer subtilere Formen der Weisheit entwickeln kann. Es ist diese Weisheit, die es dem Bodhisattva erlaubt, sich nicht nur vom Leiden zu befreien, sondern auch die Vielfalt der Phänomene zu verstehen und wie sie genutzt werden können, um fühlende Wesen geschickt in den gleichen erleuchteten Zustand zu führen. Dies geschieht durch die Pflege von drei Formen der Weisheit:

1. **Weisheit durch Hören:** Das ist die Weisheit, die durch den Prozess des Hörens oder Studierens der Lehren erzeugt wird. Sie gibt Sicherheit darüber, was gesagt wurde und wie die Ideen weitergegeben wurden.

2. **Weisheit durch Nachdenken:** Das ist die Weisheit, die entsteht, wenn man über die Informationen nachdenkt, die durch das Studium gesam-

melt wurden. Sie erzeugt eine Klarheit des Geistes, die die Bedeutung verschiedener Ideen vollständig versteht und wie sie auf verschiedene Situationen angewendet werden können.

3. **Weisheit durch Meditation:** Das ist die Weisheit, die das Verständnis in Erfahrungen verwandelt. Es ist diese Form der Weisheit, die den verblendeten Geist der Unwissenheit direkt beseitigen kann und dadurch sowohl die verblendeten als auch die kognitiven Verdunkelungen durchbricht.

Von diesen sechs Vollkommenheiten werden die ersten fünf als geschickte Mittel betrachtet, während die letzte als Weisheit angesehen wird. Wenn wir sie mit den Drei Höheren Schulungen vergleichen, können wir sehen, dass die ersten drei mit ethischer Disziplin zusammenhängen, die letzten beiden sind Konzentration beziehungsweise Weisheit, und die vierte Vollkommenheit betrifft alle drei Schulungen gleichermaßen.

Höhere Schulung	Vollkommenheit	Praxis
Ethik	Großzügigkeit	1. Materielle Gaben 2. Schutz vor Angst 3. Dharma geben
	Ethische Disziplin	1. Negative Handlungen vermeiden 2. Positive Handlungen und Tugenden erzeugen 3. Anderen Nutzen bringen
	Geduld	1. Geduld des Vergebens 2. Geduld als Stärke und Mut für den Dharma 3. Geduld, um furchtlos angesichts der tiefgründigen Wahrheit zu sein
Alle drei	Freudige Anstrengung	1. Rüstungsähnlicher Fleiß 2. Fleiß des rechten Handelns 3. Fleiß des andauernden Enthusiasmus
Konzentration	Konzentration	1. Konzentration, die von gewöhnlichen Wesen praktiziert wird 2. Unterscheidende Konzentration 3. Ausgezeichnete Konzentration
Weisheit	Weisheit	1. Weisheit durch Hören 2. Weisheit durch Nachdenken 3. Weisheit durch Meditation

Tabelle 13-2: Die sechs Vollkommenheiten.

Ergebnis – Erleuchtung

Sowohl Mahayana- als auch Theravada-Praktizierende gehen die fünf Pfade der Ansammlung, Vorbereitung, Einsicht, Gewöhnung und des Nicht-mehr-Lernens. Da die Motivation für die Ausübung dieser Praktiken jedoch sehr unterschiedlich ist, werden auch die Ergebnisse dieser Pfade sehr unterschiedlich sein. Während der Theravada-Pfad einen Arhat hervorbringen kann, ist der Mahayana-Pfad in der Lage, einen vollständig erleuchteten Buddha hervorzubringen. Wir werden nun die fünf Pfade noch einmal aus der Perspektive eines Bodhisattva-Praktizierenden betrachten.

1. **Pfad der Ansammlung:** Wir betreten den Pfad der Ansammlung, indem wir echtes Bodhicitta entwickeln, und an diesem Punkt werden wir zu einem Bodhisattva. Dieser Pfad betont die Ansammlung von Ozeanen verdienstvoller Handlungen und umfasst drei aufeinanderfolgende Ebenen: klein, mittel und groß. Diejenigen auf der kleinen Ebene üben und meistern die Kontemplation des Körpers, der Gefühle, des Geistes und der Phänomene. Diejenigen auf der mittleren Ebene üben und erreichen Ausdauer bei der Vermeidung unheilsamer Gedanken oder Handlungen. Sie geben bereits entstandene unheilsame Gedanken oder Handlungen auf, entwickeln neue heilsame Gedanken oder Handlungen und halten bereits entwickelte heilsame Gedanken oder Handlungen aufrecht. Diejenigen auf der großen Ebene erreichen den ungebrochenen Wunsch und die Absicht, sich zu konzentrieren, das ungebrochene Bemühen bei gleichzeitiger Konzentration und die ungebrochene analytische Konzentration.

   Die Verdienste, die auf dem Pfad der Ansammlung geschaffen werden, werden schließlich zur Ursache für die Fähigkeit eines Bodhisattva, sich in unzähligen Welten zu manifestieren und unzähligen Wesen zu helfen, wenn er oder sie ein Buddha wird. Das wird der Formkörper (Rupakaya) genannt, der sowohl den subtilen Freudenkörper (Sambhogakaya) als auch den groben Ausstrahlungskörper (Nirmanakaya) umfasst. Zu Beginn dieses Pfades erreicht ein Mahayana-Praktizierender zuerst das wahre Bodhicitta, wodurch er zu einem Bodhisattva wird, aber er muss immer noch große Mengen an Verdiensten sammeln, um den erleuchteten Geist von Bodhicitta zu stärken und zu stabilisieren. Schließlich ist sein Geist vollständig von dem Wunsch erfüllt, dass alle Wesen vollständig erleuchtet werden, und sein Herz ist so entwickelt, dass er die volle Verantwortung dafür übernimmt.

Sobald ein Bodhisattva den großen Pfad der Ansammlung verwirklicht hat, entwickelt er großes meditatives Gleichgewicht und die Fähigkeit, Buddhas und Bodhisattvas in anderen Bereichen zu besuchen und deren Lehren zu hören.

2. **Pfad der Vorbereitung:** Während des Pfades der Vorbereitung bereitet sich ein Bodhisattva darauf vor, die dritte Ebene der fünf Pfade der Erlangung zu erreichen; den Pfad der Einsicht, wo er zum ersten Mal die wahre Realität oder Leerheit direkt wahrnimmt. Der Pfad der Vorbereitung ist weiter in vier Ebenen unterteilt: Hitze, Gipfel, Geduld und höchste weltliche Phänomene.

Auf der ersten Ebene erhält der Bodhisattva viele Zeichen oder Vorzeichen, dass er die letztendliche Wahrheit sehen wird, und das wird als Hitze bezeichnet. Dies wird mit der Hitze verglichen, die man spürt, wenn man sich dem Feuer nähert. Auf der zweiten Ebene, dem sogenannten Gipfel, sieht der Bodhisattva zum ersten Mal Anzeichen seiner heilsamen Eigenschaften. Diese Eigenschaften sind der Gipfel der weltlichen Tugenden und werden als die fünf Fähigkeiten bezeichnet. Diese sind Vertrauen, Energie, Achtsamkeit, Konzentration und Weisheit.

Auf der dritten Stufe gewinnt der Bodhisattva zunächst Vertrauen, die Angst vor der Leerheit relativer Phänomene zu überwinden. Das wird als Geduld bezeichnet. Die vierte und letzte Ebene des Pfades der Vorbereitung stellt sicher, dass der Bodhisattva im folgenden Stadium eine direkte Wahrnehmung der Leerheit der relativen Wahrheit erfahren wird. Diese Ebene wird daher als höchstes weltliches Phänomen bezeichnet und ist die letzte gewöhnliche Errungenschaft, bevor man ein Arya-Wesen wird. Auf dieser Stufe sind die fünf Fähigkeiten voll entwickelt und werden zu den fünf göttlichen Kräften: Vertrauen, Energie, Achtsamkeit, Konzentration und Weisheit. Das ist die Stufe, auf der der weltliche Geist schließlich endet und der transzendente Geist beginnt.

3. **Pfad der Einsicht:** Auf dem Pfad der Einsicht erfährt der Bodhisattva direkt die Leerheit der relativen Wahrheit. Er hat alle erworbenen Missverständnisse und falschen Ansichten über die wahre Natur der Phänomene, die auf falschem konzeptuellem Denken beruhen, beseitigt, an denen er während dieses und früherer Leben festgehalten hat. Er erlangt höchste Achtsamkeit, unterscheidendes Gewahrsein, Energie, Freude, Ruhe, Konzentration und Gleichmut, bekannt als die sieben Faktoren der Erleuchtung. Von dieser Stufe bis zur Buddhaschaft ist der Bodhisattva als Arya-Wesen zu betrachten. Er gewinnt außergewöhnliche Kräfte und kann sich an hunderten verschiedenen Orten manifestieren und hunderte Anhänger in einem einzigen Augenblick anführen. Wenn er die letztendliche Wahrheit zum ersten Mal sieht, ist der Pfad der Einsicht wie ein flüchtiger Blick auf das Meer. Durch den Pfad der Gewöhnung wird ein immer umfassenderer Blick entwickelt, bis der gesamte Ozean in seiner ganzen Pracht zu sehen ist.

4. **Pfad der Gewöhnung:** Nachdem der Arya-Bodhisattva die erworbenen begrifflichen Verdunkelungen auf dem Pfad der Einsicht entfernt hat, bewegt er sich auf dem Pfad der Gewöhnung weiter. Hier gewöhnen Bodhisattvas sich an die Erkenntnis der Leerheit der relativen Wahrheit und beseitigen die angeborenen Verdunkelungen für die Buddhaschaft. Dieser Prozess der Gewöhnung ist unerlässlich, denn unsere angeborenen Verdunkelungen sind seit anfangsloser Zeit bei uns und funktionieren von selbst, ohne von fehlerhaften Überzeugungen oder Argumenten abhängig zu sein. Während dieses Prozesses unternimmt der Arya-Bodhisattva große Anstrengungen, um die Meisterschaft der Zehn Vollkommenheiten zu erlangen: Großzügigkeit, Disziplin, Geduld, Fleiß, Konzentration, Weisheit, geschickte Mittel, Streben, Stärke und höchstes Gewahrsein.

5. **Pfad des Nicht-mehr-Lernens:** Im letzten Moment dieser Stufe tritt er in einen meditativen Zustand ein, der vajragleiche meditative Stabilisierung genannt wird, in dem die subtilsten verbleibenden Hindernisse für die Buddhaschaft überwunden werden. Er geht aus dieser Konzentration als Buddha hervor und erreicht Allwissenheit. Das bedeutet, dass

er alle Phänomene der Vergangenheit, Gegenwart und Zukunft direkt, gleichzeitig und ohne Aufwand wahrnimmt. Das wird als der Weg des Nicht-mehr-Lernens bezeichnet, da es nicht mehr notwendig ist, weiter zu gehen.

Die zehn Bodhisattva-Bhumis

Der Arya-Bodhisattva entfernt die angeborenen verblendeten und kognitiven Verdunkelungen schrittweise über eine Reihe von Ebenen. Vom Pfad der Einsicht an werden zehn Bodhisattva-Bhumis oder Ebenen vor der Buddhaschaft erreicht. Jede dieser zehn hat eine ununterbrochene Eingangs- und Befreiungsstufe. Auf der Eingangsstufe kann die Verwirklichung des Bodhisattva nicht durch Verdunkelungen unterbrochen werden, da diese sich sofort nach ihrer Entstehung auflösen und ganz natürlich gereinigt werden, während auf der Befreiungsstufe das Tor zu diesen Verdunkelungen verschlossen ist und nicht wieder geöffnet werden kann. Mit anderen Worten, sie sind zusammen mit ihren Neigungen völlig ausgerottet worden.

Darüber hinaus wird während jeder der zehn Bhumis eine der zehn Vollkommenheiten (oder Paramitas) vollendet, d. h. man entwickelt oder perfektioniert bestimmte Eigenschaften im größtmöglichen Ausmaß.

Von den neun Bhumi-Ebenen des Pfades der Gewöhnung sind die ersten drei als der kleine Pfad, die nächsten drei als mittlerer Pfad und die letzten drei Ebenen als der große Pfad bekannt. Der Pfad der Gewöhnung dauert in der Regel zwei endlose Äonen, obwohl es keine feste Dauer für jedes Individuum gibt.

Zeit ist für einen Arya-Bodhisattva kein Thema, da sie unabhängig davon, wie lange sie brauchen, immer wieder größte Freude daran haben, anderen Nutzen zu bringen. Darüber hinaus kommt diese Zeitspanne nur den anderen so ungemein lang vor, da aus dem Blickwinkel der eigenen Erfahrung des Bodhisattva diese Ebenen viel schneller durchlaufen werden können.

Die zehn Bodhisattva-Bhumis werden im Folgenden kurz beschrieben. Ab der zweiten Bhumi werden die verschiedenen Stadien dadurch erreicht, dass bestimmte Verdunkelungen durch immer tiefere Ebenen der meditativen Versenkung beseitigt werden. Die schwersten Verdunkelungen werden zuerst beseitigt, gefolgt von den feineren Verdunkelungen. Die kleinen, mittleren und großen Pfade sind jeweils in drei Ebenen der Verwirklichung unterteilt – niedrigste, mittlere und höchste Ebene, entsprechend den Verdunkelungen, die beseitigt werden. Es gibt drei Arten von Verdunkelungen – schwere, mittlere und feine –, von denen jede weiter in drei verschiedene Ebenen unterteilt ist. So viele Ebenen innerhalb der Stufen mögen wie eine übertriebene Detaillierung erscheinen, aber wir sollten bedenken, dass dies ein unglaublich fortgeschrittener und tiefgründiger Pfad ist, der Feinheiten des Geistes aufdeckt, die für normale Wesen schwer zu verstehen sind.

Erste Bhumi – Höchste Freude

Die erste Bhumi wird als höchste Freude bezeichnet, weil der Bodhisattva zum ersten Mal den Weg der direkten Einsicht erreicht hat und deshalb von höchster Freude erfüllt ist. Mit anderen Worten, er hat direkt erkannt, dass das Selbst nicht unabhängig existiert und dass jeder und alles voneinander abhängig ist. Mit diesem Verständnis überwindet er die falsche Vorstellung, dass die fünf Aggregate ein tatsächlich existierendes Selbst darstellen. In dieser Phase erreicht der Bodhisattva übernatürliche Kräfte und kann sich an hunderten verschiedenen Orten gleichzeitig manifestieren, mit der Fähigkeit, hunderte Anhänger in einem einzigen Moment zu leiten. Der Bodhisattva ist frei von jeglicher Anhaftung an Phänomene, da er direkt sieht, dass sie substanzlos sind und Leiden, Verfall und Tod unterworfen.

Die Vollkommenheit der Großzügigkeit wird auf der ersten Bhumi erreicht, was bedeutet, dass der Bodhisattva die Fähigkeit hat, alles ohne Bedauern und ohne Gedanken an Lob oder Belohnung zu verschenken. Er würde sogar Teile seines eigenen Körpers weggeben, wenn sie für jemand anderen nützlich wären. Er tut dies mit großer Freude, und obwohl er körperliche Schmerzen erlebt, erfährt er in seinem Geist kein Leid. Auf den höheren Ebenen hat ein Arya-Bodhisattva nicht einmal mehr körperliche Schmerzen, da der Geist stark an die Leerheit der relativen Wahrheit gewöhnt ist. Bodhisattvas auf der ersten Ebene sind in erster Linie vom Vertrauen motiviert. Sie üben sich in reinem ethischem Verhalten, um ihren Geist von verblendeten Verdunkelungen zu reinigen und sich auf die meditative Versenkung der zweiten Bhumi vorzubereiten. Zu diesem Zeitpunkt haben sie die Veranlagung zu unreinem ethischem Verhalten vollständig eliminiert, sodass es nicht wieder auftreten wird.

Zweite Bhumi – Makellos

Diese Bhumi wird erreicht, wenn die Verwirklichung der niedrigsten Stufe des kleinen Pfades die stärkste Verdunkelung beseitigt. Auf dieser Ebene wird die Paramita der ethischen Disziplin vollständig perfektioniert und die Selbstbeherrschung des Bodhisattva wird so vollständig, dass selbst in Träumen keine unmoralischen Gedanken entstehen. Alle Bewegungen oder Aktivitäten von Körper, Rede und Geist werden von den feinsten Verunreinigungen gereinigt. Er erreicht perfekte tugendhafte Handlungen von Körper, Rede und Geist, zu denen auch das freudige Unterlassen jeglicher Form von Töten, Stehlen, sexuellem Fehlverhalten, Lügen, entzweiender Rede, harscher Rede und sinnlosem Geschwätz sowie Gier, schädlicher Absicht und falschen Ansichten gehört.

In dieser Phase erreicht der Bodhisattva übernatürliche Kräfte, die es ihm ermöglichen, sich an tausenden verschiedenen Orten gleichzeitig zu manifestieren, mit der Fähigkeit, tausende Anhänger in einem Augenblick zu leiten.

Diese Fähigkeiten und Kräfte nehmen mit dem Fortschreiten des Bodhisattva durch die nachfolgenden Bhumis weiter zu. Dadurch wird der Geist des Bodhisattva gereinigt und verweilt in Gleichmut. Er erreicht auch die vier meditativen Versenkungen der Formbereiche, die der Erlangung der weltlichen Versenkungen überlegen sind; sie sind stabiler, tiefer und nützlicher bei der Entwicklung des subtilen Geistes.

Durch das Reifen dieser Eigenschaften führen sie das ethische Verhalten zur höchsten Vollkommenheit. Diese Bodhisattvas erscheinen als universelle Herrscher, um Lebewesen zu helfen, oder als Herren über die vier glorreichen Kontinente und die sieben wertvollen Objekte: das kostbare Rad, den Elefanten, das Pferd, das Juwel, die Königin, den Minister und den General. Diese Art des Reichtums gehört ihnen ganz natürlich, was ihnen wiederum hilft, zum Nutzen anderer zu wirken.

Dritte Bhumi – Die Leuchtende

Diese Bhumi wird erreicht, wenn die zweitstärksten Verdunkelungen durch die Verwirklichung der mittleren Ebene des kleinen Pfades überwunden werden. Sie wird die Leuchtende genannt, denn wenn sie erreicht ist, verbrennt das Feuer der Weisheit die Objekte des dualistischen Denkens. Dieses Leuchten ist von Natur aus in der Lage, alle dualistischen Darstellungen während der Meditation zu löschen. Das ist das Stadium, in dem die Paramita der Geduld in einer Weise vollendet ist, die weit über unsere normale Wahrnehmung von Geduld hinausgeht.

Die Gelassenheit des Bodhisattva wird auf dieser Ebene so tiefgründig, dass selbst wenn jemand langsam und allmählich Fleisch oder Knochen von seinem Körper abschnitte, der Bodhisattva nicht wütend oder irritiert werden würde. Da sie erkennen, dass ihr Peiniger aufgrund seiner Unwissenheit das Gesetz von Ursache und Wirkung nicht kennt und von verblendeten Gedanken motiviert ist, die die Samen für zukünftiges Leiden säen, würden sie stattdessen unerschütterliches Mitgefühl für ihn empfinden. Übende auf der dritten Ebene überwinden alle Tendenzen zur Wut und reagieren niemals mit Hass (nicht einmal Ärger) auf schädliche Worte oder Handlungen. Vielmehr bleibt ihr Gleichmut konstant und alle fühlenden Wesen werden mit bedingungsloser Liebe und Mitgefühl betrachtet.

Bodhisattvas auf dieser Ebene kultivieren auch die vier formlosen meditativen Versenkungen, die den formlosen Versenkungen von grenzenlosem Raum, grenzenlosem Bewusstsein, Nichtvorhandensein und Jenseits-der-Wahrnehmung überlegen sind. In dieser Phase werden die vier unermesslichen Eigenschaften von Liebe, Mitgefühl, Freude und Gleichmut verfeinert, ebenso wie die fünf hellseherischen Eigenschaften: das göttliche Auge (die Fähigkeit, subtile und ferne Formen zu sehen), das göttliche Ohr (die Fähigkeit, subtile und ferne Geräusche zu hören), übernatürliche Kräfte (die Fähigkeit, Formen durch die Kraft des Geistes auszustrahlen), den Geist anderer zu kennen und die Erinnerung an frühere Leben.

Vierte Bhumi – Die Strahlende

Die vierte Bhumi, die Strahlende, wird mit der Beseitigung des feinsten Grades der schweren Verdunkelungen durch die Verwirklichung der dritten Stufe des kleinen Pfades erreicht. Zu diesem Zeitpunkt wird die vollkommene Anstrengung, die vierte Paramita, vollendet und der Bodhisattva tritt dann in den mittleren Pfad ein. Diese Ebene wird die Strahlende genannt, weil Bodhisattvas auf der vierten Bhumi ständig den Glanz erhabener Weisheit ausstrahlen. Sie verbrennen verblendete und kognitive Verdunkelungen mit dem Glanz ihrer Weisheit.

Sie treten in immer intensivere meditative Versenkungen ein und erreichen eine kraftvolle geistige Geschmeidigkeit, beseitigen Faulheit und erhöhen ihre Fähigkeit, Meditation über einen längeren Zeitraum zu praktizieren. Sie zerstören tief verwurzelte Verblendungen und pflegen die siebenunddreißig Praktiken des Erwachens, beginnend mit den vier Anwendungen der Achtsamkeit. Durch das Üben dieser siebenunddreißig Praktiken entwickeln Bodhisattvas große Fertigkeit in der meditativen Konzentration und entwickeln Weisheit, indem sie die konzeptuellen Verdunkelungen schwächen, die zu einem falschen Verständnis der Wirklichkeit führen.

Fünfte Bhumi – Schwer zu überwinden

Diese Ebene wird mit der Beseitigung der gröbsten Ebene der mittleren Verdunkelungen durch meditative Verwirklichung der ersten Ebene des mittleren Pfades erreicht. Hier wird die Paramita der Konzentration perfektioniert. Diese Ebene wird als „schwer zu kultivieren" bezeichnet, weil es sich um mühsame Praktiken handelt, deren Perfektionierung viel Mühe erfordert. Sie wird auch als „schwer zu Überwindende" bezeichnet, denn wenn Bodhisattvas das Üben dieser Stufe abgeschlossen haben, verfügen sie über tiefes Wissen und tiefe Einsichten, die schwer zu übertreffen oder zu untergraben sind. Sie kultivieren die Vervollkommnung der meditativen Stabilisierung, überwinden Tendenzen zur Ablenkung und erreichen eine höchste meditative Stabilisierung.

Sechste Bhumi – Die Annäherung

Die sechste Bhumi wird erreicht, wenn die zweite Ebene der mittleren Verdunkelungen durch die Verwirklichung der zweiten Ebene des mittleren Pfades überwunden wird. Hier wird die Paramita der Weisheit, die sechste Vollkommenheit, entwickelt. Die sechste Ebene wird als Annäherung bezeichnet, weil sich der Bodhisattva an die Erkenntnis des abhängigen Entstehens und der Zeichenlosigkeit gewöhnt. Unter Zeichenlosigkeit versteht man die Tatsache, dass Phänomene scheinbar Eigenschaften aus ihrer eigenen Natur heraus besitzen, aber wenn man sie untersucht, erkennt man, dass alle Eigenschaften nur geistig zugeschrieben werden und nicht Teil der Natur der Objekte sind, die sie zu charakterisieren scheinen.

Der Bodhisattva manifestiert meditative Weisheit und gibt die Bindung sowohl an zyklische Existenz als auch an Nirvana auf. Nachdem sie alle Anhaftungen überwunden haben, können Bodhisattvas auf dieser Ebene das Nirvana erreichen, aber aufgrund der Kraft des Erleuchtungsgeistes entscheiden sie sich dafür in der Welt zu bleiben, um anderen fühlenden Wesen zu helfen. Sie vertiefen die Vervollkommnung der Weisheit, wodurch sie erkennen können, dass alle Erscheinungen ohne eigene Existenz sind, ähnlich wie Träume, Illusionen, Spiegelbilder oder magisch erschaffene Objekte. Alle Vorstellungen von „Ich" und „anderen" werden überwunden, ebenso wie Begriffe wie „Existenz" und „Nicht-Existenz". Diese Bodhisattvas der sechsten Ebene bleiben in der Kontemplation der Leerheit mit einem Geist, der von falschen Vorstellungen ungestört ist.

Siebte Bhumi – Weit gegangen

Auf dieser Ebene wird der feinste Grad der mittleren Verdunkelungen durch die Verwirklichung der höchsten Ebene des mittleren Pfades beseitigt und die Paramita der geschickten Mittel wird perfektioniert.

Die vorhergehenden sechs Bhumis sind als unreine Stufen bekannt, weil sie immer noch durch angeborene verblendete und kognitive Verdunkelungen verunreinigt sind, deren Beseitigung noch einige Anstrengungen erfordert. Nach den meisten Sichtweisen von Mahayana und Vajrayana werden all diese geistigen Verblendungen bis zu diesem Stadium beseitigt, sodass nur mehr die subtilsten Verdunkelungen bis zur Allwissenheit bleiben. Wenn man Knoblauch für eine gewisse Zeit in einen Behälter gibt, ihn dann herausnimmt und den Behälter wäscht, kann man die Spuren von Knoblauch noch eine Weile riechen. Auf die gleiche Weise bestehen diese subtilen Verdunkelungen, auch gewohnheitsmäßige Tendenzen genannt, fort.

Bodhisattvas auf dieser Ebene entwickeln die Fähigkeit, ununterbrochen zu kontemplieren und über längere Zeiträume in fortgeschrittene meditative Versenkung einzutreten und so über die Wege sowohl der Shravakas als auch der Pratyeka-Arhats hinauszugehen. Aus diesem Grund wird die siebte Bhumi Weit Gegangen genannt. Bodhisattvas auf dieser Ebene perfektionieren geschickte Mittel in der Meditationspraxis wie auch in der Zeit nach der Meditation und haben die außergewöhnliche Fähigkeit, ihre Lehren an die individuellen Bedürfnisse ihrer Zuhörer anzupassen. Sie entwickeln auch die Fähigkeit, die Gedanken anderer zu kennen und sind in der Lage, in jedem Moment alle Vollkommenheiten anzuwenden. Alle Gedanken und Handlungen sind frei von Verblendungen, und sie handeln ständig spontan und effektiv zum Wohle anderer.

Achte Bhumi – Die Unerschütterliche

Die drei verbleibenden Bhumis, die achte bis zehnte, werden als die drei reinen Bhumis bezeichnet, da in diesen dreien nur noch subtile Verdunkelungen zur Allwissenheit bestehen und keine großen Anstrengungen erforderlich sind, um diese zu beseitigen.

Die achte Stufe wird erreicht, wenn die schwersten der feinen Verdunkelungen zur Erleuchtung durch die Verwirklichung der ersten Stufe des großen Pfades überwunden werden. Zu diesem Zeitpunkt ist die Paramita des Strebens vollständig erreicht. Diese Ebene wird als Die Unerschütterliche bezeichnet, weil Bodhisattvas durch Nicht-Konzepthaftigkeit alle Verblendungen bezüglich der Zeichen überwunden haben, sodass alles rein und direkt wahrgenommen wird und ihr Geist jederzeit vollständig im Dharma aufgeht. Es besteht kein Risiko mehr, dass sie auf dem Weg zaudern, und sie sind für die vollständige Buddhaschaft bestimmt, da sie nicht mehr nach dem persönlichen Nirvana streben. Sie fördern die Vollkommenheit des Strebens, d.h. sie verpflichten sich, verschiedene Gelübde zu erfüllen, wodurch sie die Ursachen für weitere Tugenden sammeln. Obwohl sie entschlossen sind, für die Befreiung anderer zu arbeiten, und allen fühlenden Wesen im Universum Mitgefühl erweisen, haben diese Bodhisattvas die Vorstellung, dass es wirklich existierende Wesen gibt, die befreit werden müssen, völlig überwunden.

Das Verständnis der Leerheit dieser Bodhisattvas ist so vollständig, dass es alle verblendeten Ansichten umstößt und die Realität in einem völlig neuen Licht erscheint. Sie werden mit Menschen verglichen, die aus Träumen erwacht sind, und alle ihre Wahrnehmungen werden von diesem neuen Gewahrsein beeinflusst. Sie erreichen einen meditativen Zustand, in dem sie Gedanken an das Nicht-Entstehen von Phänomenen loslassen, wodurch sie nicht mehr in Begriffen von Ursachen oder Ursachenlosigkeit denken. Sie entwickeln auch die Fähigkeit, sich in verschiedenen Gestalten zu manifestieren, um andere zu lehren; Mitgefühl und geschickte Mittel sind spontan und völlig ungekünstelt. Es besteht keine Notwendigkeit, zu planen oder darüber nachzudenken, wie man anderen am besten helfen kann, da sich diese Bodhisattvas geschickt an jede Situation anpassen.

Neunte Bhumi – Gute Intelligenz

Die neunte Bhumi ist erreicht, wenn die mittlere Ebene der feinen Verdunkelungen durch die meditative Verwirklichung der zweiten Ebene des großen Pfades überwunden wird. Hier erreicht der Bodhisattva die Paramita der Stärke oder Kraft.

Von diesem Zeitpunkt an bewegt sich der Bodhisattva schnell in Richtung Erwachen. Von der achten bis zur zehnten Bhumi wird ein gewaltiger Fortschritt in Richtung Buddhaschaft erreicht. Auf der neunten Stufe verstehen sie die drei Fahrzeuge (die Pfade der Hörer, der Einzel-Erwachten und der Bodhisattvas) und perfektionieren die Fähigkeit, die Lehre zu vermitteln. Da sie eine makellose und vollständige Beherrschung des Dharma erlangen und die Fähigkeit haben, ihn in all seinen Aspekten zu lehren, wird diese Ebene als Gute Intelligenz bezeichnet.

Der Bodhisattva erwirbt die vier analytischen Kenntnisse von der Lehre, der Bedeutung, der Grammatik und der Darlegung. Dadurch entwickeln sie

Sprachgewandtheit und Geschick im Auslegen der Lehre. Ihre Intelligenz übertrifft die aller Menschen und Götter und sie verstehen alle Benennungen, Wörter, Bedeutungen und Sprachen. Sie können jede Frage verstehen und mit einem einzigen Laut beantworten, der von jedem Wesen entsprechend seiner Fähigkeit verstanden wird. Sie pflegen die Vollkommenheit der Kraft und mit der Stärke ihrer Meditation und der Beherrschung der vier analytischen Erkenntnisse sind sie in der Lage, die sechs Vollkommenheiten mit unnachgiebigem Fleiß zu praktizieren.

Zehnte Bhumi – Dharmawolke

Die zehnte Stufe wird mit der Beseitigung der feinsten der feinen Verdunkelungen zur Erleuchtung durch die meditative Verwirklichung der höchsten Stufe des großen Pfades erreicht. Die Paramita des höchsten Gewahrseins wird so erreicht.

Jetzt müssen die Bodhisattvas der zehnten Stufe die subtilsten Verdunkelungen beseitigen, um allwissend zu werden, und dann werden sie den vollständig erleuchteten Zustand der Buddhaschaft erreichen. In diesem Stadium treten sie in die wirkungsvollsten meditativen Versenkungen ein und verwirklichen grenzenlose Fähigkeiten. Die Pflege der Vollkommenheit der erhabenen Weisheit ermöglicht es ihnen, ihre Weisheit zu vermehren und die anderen Vollkommenheiten zu stärken, und als Folge davon verweilen sie ständig in der höchsten Freude des Dharma.

Die Bodhisattvas der zehnten Bhumi verbreiten die Lehre in alle Richtungen, und jedes Wesen nimmt das auf, was es braucht, um spirituell zu wachsen. Sie erwerben perfekte Körper und ihr Geist wird von den feinsten Spuren der Verblendungen gereinigt. Sie manifestieren sich in zahllosen Formen zum Wohle anderer und überschreiten die gewöhnlichen Gesetze von Zeit und Raum. Darüber hinaus können sie ganze Weltsysteme in einer einzigen Pore platzieren, ohne sie zu verkleinern oder die Pore zu vergrößern. Diese Bodhisattvas erhalten Ermächtigung von unzähligen Buddhas. Dies wird als große Lichtstrahlen bezeichnet, weil die Ausstrahlung dieser Bodhisattvas in alle Richtungen leuchtet. Diese Ermächtigung hilft ihnen, die verbleibenden

Verdunkelungen zur Allwissenheit zu beseitigen und gibt ihnen zusätzliches Vertrauen und Stärke.

Im letzten Moment dieser Stufe tritt der Bodhisattva in einen meditativen Zustand ein, der als vajragleiche meditative Stabilisierung bezeichnet wird, in dem die feinsten verbleibenden Hindernisse zur Buddhaschaft überwunden werden. Sie entstehen aus dieser Konzentration als Buddhas und erreichen Allwissenheit. Das bedeutet, dass sie alle Phänomene der Vergangenheit, Gegenwart und Zukunft direkt, gleichzeitig und ohne Aufwand wahrnehmen.

Pfad	Praxis	Ebene	Überwundene Verdunkelungen
Vorbereitung	Die sechs Paramitas sind notwendigerweise noch unvollkommen. Sie werden zu diesem Zeitpunkt Tugenden genannt.		
Ansammlung			
Einsicht	1. Großzügigkeit	1. Höchste Freude	
Gewöhnung	2. Ethische Disziplin	2. Makellos	Klein – schwer
	3. Geduld	3. Die Leuchtende	Klein – mittel
	4. Freudige Anstrengung	4. Die Strahlende	Klein – fein
	5. Konzentration	5. Schwer zu überwinden	Mittel – schwer
	6. Weisheit	6. Annäherung	Mittel – mittel
	7. Geschickte Mittel	7. Weit gegangen	Mittel – fein
	8. Streben	8. Unerschütterlich	Groß – schwer
	9. Stärke	9. Gute Intelligenz	Groß – mittel
	10. Höchstes Gewahrsein	10. Dharmawolke	Groß – fein
Nicht-mehr-Lernen	Keine Praxis	Höchste Stufe	

Tabelle 13-3: Stufen auf dem Bodhisattva-Pfad.

Der Zustand der Buddhaschaft

Indem der Bodhisattva seine Erkenntnis der Leerheit auf die Vervollkommnung aller guten Eigenschaften anwendet, vereint er die beiden Ansammlungen von Methode und Weisheit und erzeugt das Endergebnis eines vollständig erleuchteten Buddha. Wenn ein Individuum einen solchen Zustand erreicht, wird es zwei erleuchtete Aspekte manifestieren:

1. **Den Wahrheitskörper eines Buddha (Dharmakaya):** Das ist die individuelle Erfahrung des erleuchteten Geistes. Sie ist das Ergebnis der Ansammlung von Weisheit, die jede Form von Unwissenheit vollständig beseitigt und es so ermöglicht, dass sich die eigene Buddhanatur uneingeschränkt manifestiert. Es ist ein Zustand, der frei von allem Leid und leer von allen leidbringenden Geisteszuständen ist.

2. **Die Formkörper eines Buddha (Rupakaya):** Das ist der grenzenlose Ausdruck eines erleuchteten Geistes aus dem Blickwinkel der fühlenden Wesen. Es ist das direkte Ergebnis der Ansammlung eines riesigen Ozeans von Verdiensten. Alle guten Eigenschaften sind in diesem Geist ganz und gar vervollkommnet und manifestieren sich spontan in Übereinstimmung mit den Bedürfnissen der fühlenden Wesen.

Während der Wahrheitskörper die Bedürfnisse des Einzelnen erfüllt, erfüllen die Formkörper die Bedürfnisse anderer. Es ist diese einzigartige Eigenschaft, die die komplette und vollständige Erleuchtung definiert.

ZUSAMMENFASSUNG

- Das Mahayana-Fahrzeug basiert auf den Lehren, die von hochrealisierten Wesen empfangen wurden. Diese Lehren konzentrierten sich auf die Entwicklung des Erleuchtungsgeistes (Bodhicitta), eine aktive Form des sozialen Engagements und ein tiefgreifendes Verständnis der Natur der Realität (Leerheit).

- In der Sutra-Tradition des Mahayana entstanden zwei wesentliche Übertragungslinien: *Manjushris Linie der Tiefgründigen Ansicht* und *Maitreyas Linie der Weitreichenden Aktivität*.

- Der Sutrapfad des Mahayana wird auch das *Bodhisattva-Fahrzeug* genannt. Er bietet Methoden, um über einen Zeitraum von drei endlosen Äonen die vollständige Erleuchtung zu erlangen. Er ist auch bekannt als das *Fahrzeug der Vollendung*, da er auf der stufenweisen Vervollkommnung verschiedener Qualitäten beruht, um das Ergebnis der Buddhaschaft zu erreichen.

- Die Grundlage des Mahayana zeichnet sich durch ihre Betonung der Zwei Wahrheiten aus: der relativen Wahrheit und der letztendlichen Wahrheit. Die relative Wahrheit bezieht sich auf alle abhängigen Phänomene, während die endgültige Wahrheit die Natur der Realität ist, wie sie ist.

- Im Laufe der Zeit entstanden verschiedene Denkschulen, die diese beiden Wahrheiten definieren: Vaibhashika, Sautrantika, Chittamatra und Madhyamaka. Die Sichtweise der ersten zwei basiert auf der ersten Drehung des Rades, während das Verständnis der letzten beiden Sichtweisen auf der zweiten und dritten Drehung des Rades basiert.

- Der Pfad des Bodhisattva-Fahrzeugs gliedert sich in zwei Phasen: das Erzeugen von *Bodhicitta* als Einstieg in den Pfad und das Praktizieren der *Sechs Vollkommenheiten*. Die sechs Vollkommenheiten sind: Großzügigkeit, ethische Disziplin, Geduld, freudige Anstrengung, Konzentration und Weisheit.

- Ein Mahayana-Praktizierender durchläuft die fünf Stufen in ähnlicher Weise wie der Theravada-Praktizierende; die Praktiken und die spezifischen Ergebnisse sind jedoch aufgrund der einzigartigen Motivation des Bodhicitta unterschiedlich.

- Das Fortschreiten eines Arya-Bodhisattva von dem Moment an, in dem er die Leerheit der Natur der Realität direkt erkennt, bis hin zur vollständigen Erleuchtung gliedert sich in zehn Stufen, die als *Zehn Bodhisattva-Bhumis* (oder Ebenen) bezeichnet werden. Jede Ebene repräsentiert eine immer subtilere Ebene der Realisation, die immer feinere Schichten von Verdunkelungen auflöst. Die ersten sieben Stufen sind insofern unrein, als der Bodhisattva immer noch die Neigung zu verblendeten Verdunkelungen beseitigt. Die letzten drei werden als reine Stufen bezeichnet, da sie völlig frei von verblendeten Verdunkelungen sind und sich nur mit der Beseitigung der sehr subtilen kognitiven Verdunkelungen befassen.

- Wenn Bodhisattvas den Zustand der Buddhaschaft erreichen, werden sie spontan zwei erleuchtete Aspekte manifestieren: den Dharmakaya-Wahrheits-Körper und eine Reihe von Rupakaya-Form-Körpern.

KAPITEL VIERZEHN

Das Vajra-Fahrzeug

Während seines Lebens gab der Buddha seine höchsten und tiefgründigsten Belehrungen nur einer sehr kleinen Gruppe von Eingeweihten, die fähig waren, die unglaublich subtile Bedeutung zu erfassen. Durch die Kraft seiner geistigen Versenkung konnte der Buddha seinen Geist in verschiedenen reinen Formen, den sogenannten *Gottheiten*, manifestieren. Diese Gottheiten konnten nur von den am höchsten verwirklichten Wesen erfahren werden. Es waren diese Schüler, denen der Buddha die esoterischen Lehren des Tantra übertrug. Aufgrund ihrer extremen Subtilität blieben diese Lehren, nachdem der Buddha ins Parinirvana eingetreten war, viele Jahrhunderte lang relativ unbekannt. Sie wurden als eine rein mündliche Tradition geführt, die eine direkte Übertragung vom Lehrer auf den Schüler erforderte, was bedeutete, dass das Wissen über die tantrischen Lehren selten und geschützt blieb.

Als die Mahayana-Lehren in der Sanskrit-Sprache niedergeschrieben wurden, wurden sie einem breiteren Publikum im alten Indien zugänglich. Immer mehr Menschen begannen diese Lehren zu studieren, was zur Gründung von Klosteruniversitäten führte, von denen die berühmteste die große Klosteruniversität von Nalanda war. Dieser besonderen Institution gelang es, alle großen buddhistischen Köpfe ihrer Zeit an einen einzigen Ort zu bringen. Das führte zu einer explosionsartigen Verbreitung der philosophischen Debatte und Verfeinerung der buddhistischen Lehre.

Als die Mahayana-Gelehrten die Bedeutung der Sutra-Lehren des Buddha eingehend untersuchten, konnten sie erstaunliche Ebenen der Verwirklichung erreichen. Dieser Prozess reifte ihren Geist in einem solchen Maße, dass sie dann bereit für die tantrischen Lehren wurden. Anschließend verließen viele der besten Gelehrten Nalandas die Universität auf der Suche nach den versteckten tantrischen Yogis, die sie auf diesem tantrischen Pfad anleiten konnten.

Während einige selbst zu wandernden Yogis wurden, kehrten andere an die Klosteruniversitäten zurück und setzten ihre Praxis im Geheimen fort. Auf diese Weise begannen viele innerhalb der Nalanda-Tradition einen zweifachen Ansatz zu verfolgen. Tagsüber studierten und praktizierten sie öffentlich die Sutra-Lehren und nachts praktizierten sie heimlich in Übereinstimmung mit den tantrischen Lehren.

Von Nalanda aus entwickelten sich in der Region eine Reihe von Zweiguniversitäten. Insbesondere das Tantrische Kolleg von *Vikramashila* war maßgeblich an der Systematisierung der vielfältigen Methoden beteiligt, die in den Tantras enthalten sind. Während dieser Zeit entstanden zwei Linien zur Übertragung der esoterischen Lehren:

1. **Lehrende Linien:** Diese Übertragungslinien waren überwiegend theoretischer Natur und befassten sich hauptsächlich mit den Details der verschiedenen Rituale und Zeremonien im Zusammenhang mit verschiedenen tantrischen Praktiken sowie mit den unterschiedlichen Theorien, welche den verschiedenen Systemen zugrunde lagen. Sie wurden am häufigsten benutzt, um potenzielle Vajrameister mit den Fähigkeiten und dem nötigen Wissen auszustatten, um andere zu führen.

2. **Praxislinien:** Diese Übertragungslinien bestanden aus detaillierten Kernunterweisungen über die Praxis eines bestimmtes Systems des Tantra. Im alten Indien wurden diese Anweisungen geheim gehalten und nur einer Handvoll Studierenden weitergegeben, nachdem diese ihr Engagement und ihre Hingabe an ihren Lehrer bewiesen hatten.

Aus diesen verschiedenen Linien entstand das Vajrayana. Es führte alle Lehren des Buddha zusammen (sowohl Sutra als auch Tantra) und damit war das Vajrayana bei weitem die umfassendste und vollständigste Darstellung des Buddha-Dharma. Während einige dieser Lehren ihren Weg nach Osten nach China und darüber hinaus fanden, wurde die überwiegende Mehrheit schließlich im Land der Schneeberge im Norden bewahrt.

TIBETISCHER BUDDHISMUS

Das tibetische Hochland war lange Zeit die Heimat verschiedener Nomadenstämme. Diese Stämme wurden schließlich gemeinsam unter einer königli-

DAS VAJRA-FAHRZEUG

chen Dynastie vereint, von der es hieß, dass sie von Göttern abstammte. Als diese Könige immer mächtiger wurden, wuchsen auch ihre Expansionsbestrebungen. Unter der Führung des tibetischen Königs Songtsen Gampo dominierte das tibetische Reich schnell die zentralasiatische Region.

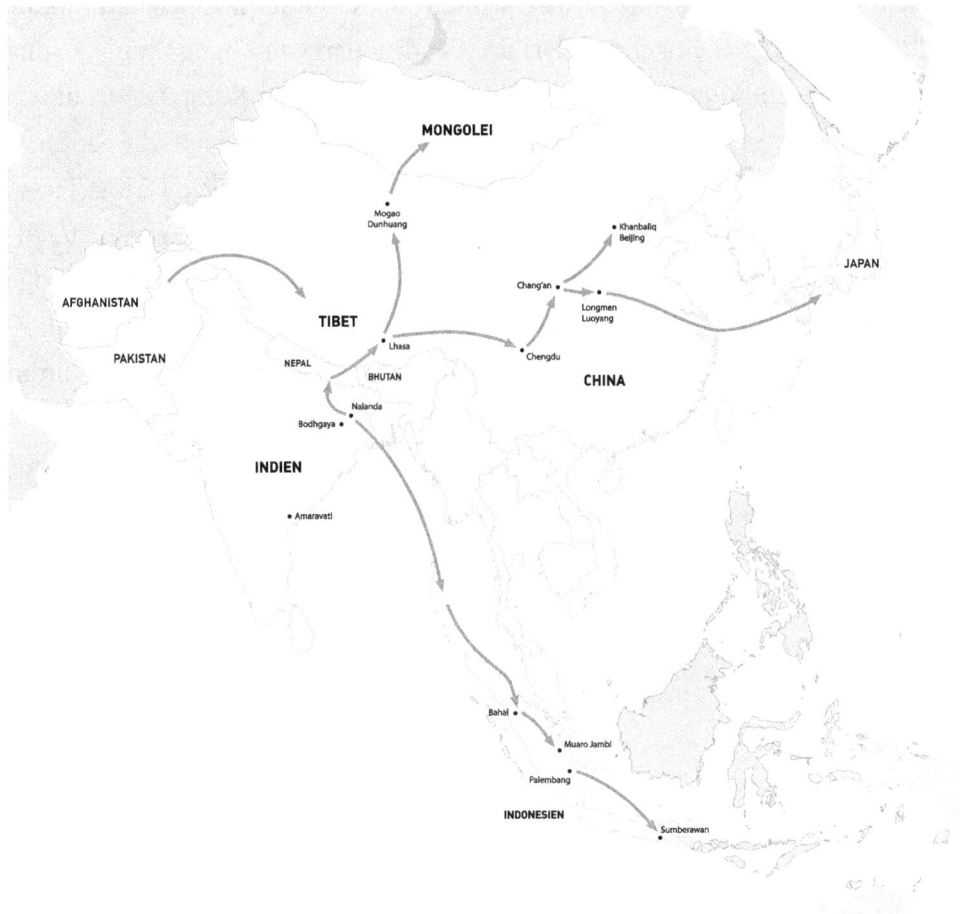

Abbildung 14-1: Ausbreitung des Vajrayana-Buddhismus.

In dieser Zeit der raschen Expansion kamen die Tibeter zum ersten Mal mit den alten Zivilisationen ihrer Nachbarn in Berührung. Die erste Kultur, die einen großen Einfluss auf die königlichen Höfe hatte, war diejenige aus dem westlich gelegenen Land Zhang Zhung (die Region des heutigen Westtibet). Dieses Land wurde von Songtsen Gampo annektiert und dessen kulturelle Vorstellungen wurden bald als Staatsreligion anerkannt. Diese Tradition war als *Yungdrung Bön* bekannt, die sich aus den Lehren von Tonpa Shenrab, einem anderen erleuchteten Wesen, entwickelt hatte.

Aus diplomatischen Gründen heiratete der König die Töchter des chinesischen Königs im Osten und des nepalesischen Königs im Süden. Durch den Einfluss dieser beiden Prinzessinnen wurden der chinesische und der indische Buddhismus in Tibet eingeführt. Die drei Traditionen von Zhang Zhung, China und Indien beeinflussten in den kommenden Jahren den Königshof in unterschiedlichem Ausmaß und prägten dadurch die einzigartige tibetische Kultur.

Während der Herrschaft von König Trisong Deutsen schickte Tibet Heerscharen von Übersetzern nach Indien, um die buddhistischen Lehren zu studieren und ihre Texte zu übersetzen. Die Übersetzer unternahmen die lange und gefährliche Reise über die Himalaya-Berge zu Klosterzentren, wie Nalanda, wo sie zusammen mit indischen Gelehrten den gesamten Sanskrit-Kanon ins Tibetische übersetzten.

Darüber hinaus lud der König eine Reihe hochverwirklichter Meister aus Indien nach Tibet ein, um Belehrungen zu geben. Im Laufe der Zeit wurde die Grundlage für eine buddhistische Mönchsgemeinschaft geschaffen und die Lehren etablieren sich im Land. Während die grundlegenden Lehren der Sutras öffentlich gegeben wurden, wurden die esoterischen Lehren des Tantra nur dem König und einigen wenigen ausgewählten Mitgliedern des königlichen Hofes zuteil.

Als der Buddhismus in Tibet weiter wuchs, begannen sich Spannungen mit den Anhängern des Bön (den „Bönpos") zu entwickeln. Unter der Schirmherrschaft eines strenggläubigen buddhistischen Königs erlebten die Bön-Praktizierenden zunehmende Einschränkungen, was zu Unruhen und schließlich zur Ermordung des Königs führte. Als die Macht in Richtung der Bönpos ausschlug, fand sich der Buddhismus ohne königliche Schirmherrschaft wieder. Viele der buddhistischen Institutionen wurden geschlossen, woraufhin sich die Praktizierenden in entlegene Regionen des Landes zerstreuten. Dadurch verschwand der Buddhismus für viele Jahrzehnte fast zur Gänze aus der zentraltibetischen Region.

Schließlich entstand jedoch eine neue Welle von Übersetzern mit der festen Absicht, die buddhistischen Lehren in Tibet wiederzubeleben. Auf eigene

DAS VAJRA-FAHRZEUG

Verantwortung reisten diese Übersetzer unter großen persönlichen Gefahren nach Indien, wo sie bei den großen Gelehrten von Nalanda und Vikramashila studierten. Sie praktizierten auch mit vielen der hoch vollendeten Yogis ihrer Zeit und empfingen immense Schätze von tantrischen Lehren. Dann kehrten sie in ihre Heimat zurück und begannen die Lehren zu verbreiten, die sie erhalten hatten.

So können wir zwei Hauptübertragungen des Buddhismus nach Tibet identifizieren:

1. **Die frühe Übertragung (Nyingma):** Die Lehren, die von Zhang Zhung eingeführt wurden, und die Lehren, die aus Indien durch die organisierten Bestrebungen der tibetischen Könige und ihrer Übersetzer gesammelt wurden.

2. **Die spätere Übertragung (Sarma):** Die Lehren, die von einzelnen Übersetzern gesammelt wurden, die nach Indien reisten, und die nach ihrer Rückkehr nach Tibet verbreitet wurden. Viele Lehren gelangten auch dadurch nach Tibet, dass verschiedene Könige indische Meister einluden zu ihnen zu kommen, um zu lehren. Auch dadurch wurde die Verbreitung der Lehren gefördert.

Ausgehend von diesen beiden Übertragungen entwickelten sich in Tibet sechs wesentliche spirituelle Traditionen. Jede dieser großen Traditionen vertritt eine eigenständige, von ihren Gründern festgelegte philosophische Darstellung und spezialisiert sich auf besondere tantrische Praxislinien. Basierend auf der Reihenfolge, in der diese Traditionen begründet wurden, sind das:

Bön

Die Bön-Tradition geht auf das alte Land von Zhang Zhung zurück und auf die Lehren des Erleuchteten, der als Tonpa Shenrab bekannt ist. Viele glauben, dass Tonpa Shenrab eine frühere Inkarnation des Shakyamuni Buddha war, was das Bön zu einer früheren Form des Buddhismus macht, der später in Indien entwickelt wurde.

Die Bön-Lehren enthalten eine große Vielfalt an Methoden, um temporär die weltlichen Erfahrungen zu harmonisieren und letztendlich die volle Erleuchtung zu erreichen. Die tantrischen Praktiken dieser Tradition konzentrieren sich auf die Entwicklung der Sichtweise der *Großen Vollkommenheit* (Dzogchen), wobei die Praktizierenden ihren Geist ohne Anstrengung im ursprünglichen Gewahrsein seiner eigenen Natur ruhen lassen. Viele Ritualformen im tibetischen Buddhismus stammen aus der Praxis des Bön.

Nyingma

Die Nyingma-Tradition entstand vor allem aus den Lehren des großen indischen Heiligen Padmasambhava, der in ganz Tibet als Guru Rinpoche (dies bedeutet „kostbarer Lehrer") bekannt ist. Mit Hilfe des indischen Gelehrten Shantarakshita und seines Hauptschülers, des tibetischen Königs Trisong Deutsen, etablierte Padmasambhava erfolgreich den Vajrayana-Buddhismus in Tibet.

Er war auch für die Erhaltung des Buddha-Dharma verantwortlich, da er und seine Weisheitsgefährtin Yeshe Tsogyal ihre wundertätigen Kräfte nutzten, um unzählige Lehren in Form von Schatztexten zu verbergen. Diese spirituellen Zeitkapseln blieben in der physischen Landschaft Tibets und in den nicht-physischen Geistesströmen der engsten Schüler Padmasambhavas so lange verborgen, bis die Menschen bereit waren, sie zu empfangen. Auf diese Weise entwickelten sich die Nyingma-Lehren im Laufe der Zeit weiter.

Die Nyingma-Praktiken stammen aus einer Vielzahl von Sutras und Tantras, aber der Höhepunkt ihres Pfades ist die *Große Vollkommenheit*. Wie im Bön durchlaufen die Praktizierenden verschiedene Phasen der Praxis und reinigen ihren Geist von verschiedenen Schichten der Verdunkelungen. Wenn der Praktizierende bereit ist, lernt er durch Meditation die unverfälschte Natur seines Geistes kennen. Die Praktizierenden machen sich dann mit dieser Erkenntnis vertraut, bis jeder einzelne Moment aus dieser erleuchteten Perspektive erlebt wird.

Sakya

Die Sakya-Tradition ist die erste große Tradition, die während der Zeit der *Späteren Übertragung* entstand. Sie wurde ursprünglich von dem großen

Khön Konchok Gyalpo gegründet, als er den Glauben an die Authentizität der Nyingma-Lehren verlor, die nach der Zeit der Verfolgung überlebt hatten. Er entschloss sich, aktiv die verschiedenen Lehrer aufzusuchen, welche die neuen Übersetzungen verbreiteten und wurde zu einer treibenden Kraft für die Revitalisierung des Buddhismus in Zentraltibet.

Diese Tradition hat ihren Namen von dem Kloster, das von Konchok Gyalpo gegründet wurde. Wörtlich bedeutet es „graue Erde", nach der charakteristischen Farbe des Bodens an der Stelle, an der das Kloster gebaut wurde. Seither wird die Führung der Sakya innerhalb der Dynastien der Khön-Familie aufrechterhalten und vom Vater auf den Sohn oder vom Onkel auf den Neffen übertragen.

Das besondere Merkmal der Sakya-Tradition ist, dass sie die wichtigsten Linienhalter für das Praxissystem sind, das als *Pfad mit dem Ergebnis* (lamdre) bekannt ist. Dieses System, das auf dem *Hevajra-Tantra* basiert, entstand mit dem vollendeten indischen Meister *Virupa* und wurde von Drokmi Lotsawa nach Tibet gebracht. Die Übertragungslinie dieser Praxis wurde als *Lamdre für Versammlungen* bekannt. Sie lieferte die grundlegenden Lehren für die Entwicklung einer Sichtweise entsprechend dem Sutra. Eine weitere Praxislinie wurde unter extremer Geheimhaltung weitergegeben und als *Lamdre für Schüler* bekannt. Es enthielt die besonderen Praktiken, um die Sichtweise des Tantra zu verwirklichen.

Kagyü

Zur selben Zeit, als sich die Sakya als monastische Institution etablierten, entstanden andere Traditionen, die auf der Weitergabe spezifischer Lehren vom Lehrer an den Schüler basierten. Eine Gruppe solcher Traditionen ist insgesamt als die Kagyü-Linien bekannt. Die meisten dieser Linien gehen auf den Dharma des großen Übersetzers Marpa Chökyi Lodrö zurück. Marpa hatte viele Schüler und sein berühmtester war der tibetische heilige Yogi Milarepa.

Milarepas Schüler Gampopa gründete erfolgreich ein Kloster, in dem die Sutra-Lehren, die er von den Kadampas (einer Linie, die vom indischen Gelehrten Atisha Dipamkara stammt) erhalten hatte, und den tantrischen Lehren, die er von Milarepa erhalten hatte, kombiniert wurden. Diese neue Tradition wurde als Dakpo Kagyü bekannt und führte schließlich zu vier Hauptschulen mit acht Unterschulen.

Als Grundlage studieren die Kagyü-Praktizierenden die Sutra-Lehren, wie sie im System der *Stufen des Pfades* (Lamrim) dargestellt werden. Nach Abschluss verschiedener vorbereitender Übungen wenden sich die Praktizierenden in der Regel einem von zwei Pfaden zu. Der *Pfad der Befreiung* konzentriert sich auf die Entwicklung der Sichtweise von *Mahamudra* in Übereinstimmung mit den Sutras, während sich der zweite Pfad, der *Pfad der Geschickten Mittel,* darauf ausrichtet, die Sichtweise von Mahamudra nach dem Praxissystem der *Sechs Dharmas von Naropa* zu entwickeln. Oft werden diese beiden Wege kombiniert, wobei das Sutra-Mahamudra als Vorstufe zur Praxis des tantrischen Mahamudra verwendet wird.

Jonang

Während der Zeit der späteren Übertragung war der indische Buddhismus durch sehr viele hochverwirklichte Meister weit entwickelt. Zu dieser Zeit basierte eines der beliebtesten Praxissysteme auf dem *Kalachakra-Tantra.* Diese einzigartig klare Lehre wurde von nicht weniger als siebzehn verschiedenen Linienhaltern nach Tibet gebracht, die wiederum das Tantra in Tibet stark verbreiteten. Der große Yogi Khunphang Thukje Tsondru bereiste das Land, erwarb die Übertragung jeder dieser Linien und praktizierte sie dann alle ausführlich an abgelegenen Orten. Schließlich ließ er sich in einer Einsiedelei nieder, die er im Jomonang-Tal gründete. Diese Einsiedelei entwickelte sich später zum Jonang-Kloster.

Auf der Grundlage seiner tiefen Erkenntnisse über den Kalachakra-Pfad fasste Thukje Tsondru alle erhaltenen Kernunterweisungen zu einem einzigen einheitlichen Praxissystem zusammen. Durch das Training in diesem System erhielt der allwissende Dolpopa Sherab Gyaltsen eine besonders klare Einsicht in den ursprünglichen Geist der Buddhanatur. Er verbreitete diese Ansichten, die später als *Philosophie des Mittleren Weges der Leerheit vom anderen* (Zhentong Madhyamaka) bekannt wurden. Diese Lehre wich wesentlich von den akzeptierten philosophischen Darstellungen seiner Zeitgenossen ab und war daher für einige von ihnen schwer zu akzeptieren. Dolpopa verändert jedoch die Art und Weise, wie viele Menschen über die letztendliche Wirklichkeit nachdachten, und führte sie geschickt zu ihrer eigenen heiligen Wahrheit.

Die Jonang-Tradition spezialisiert sich auf die höchsten Lehren des Kalachakra-Systems – die Praktiken der Vollendungsstufe, die sogenannten Sechs Vajrayogas. Diese kraftvollen yogischen Methoden bieten eine äußerst effiziente Möglichkeit, engagierte Praktizierende anzuleiten, innerhalb eines einzigen Lebens Erleuchtung zu erlangen.

Gelug

Die Gelug-Tradition wurde von dem geheimnisumwobenen Je Tsongkhapa, Lobsang Drakpa, gegründet. Tsongkhapa studierte bei einer Vielzahl von Lehrern aus verschiedenen Traditionen und konzentrierte sich besonders darauf, das tibetische Denken mit den Lehren der großen indischen Meister in Einklang zu bringen. Basierend auf seiner umfangreichen Beschäftigung mit den Werken von Nagarjuna, Asanga und vielen anderen formulierte Tsongkhapa eine sehr strukturierte und klare Darstellung dessen, was er für das zutreffendste Verständnis des Buddha-Dharma hielt.

Tsongkhapa betonte besonders die Bedeutung der ordinierten monastischen Gemeinschaft und die Verwendung der philosophischen Debatte als Methode zur Schärfung des Geistes. Auf der Grundlage dieser Prinzipien entstanden drei große Klosteruniversitäten: Ganden, Drepung und Sera. Diese Institutionen beherbergten zehntausende Mönche, die alle an einem außerordentlich intensiven Studien- und Praxisprozess teilnahmen.

Die Gelug-Praktiken konzentrieren sich weitgehend auf die Sutra-Lehren des indischen Gelehrten Atisha Dipamkara. In vielerlei Hinsicht verstand Tsongkhapa seine eigene Tradition als Fortsetzung der Kadam-Tradition, die in den frühen Phasen der späteren Übertragungsperiode existierte. Im Wesentlichen stützen sich die Gelug-Praktizierenden auf die Übertragungslinien der *Stufen des Pfades* (Lamrim) und des *Geistestrainings* (Lojong) als Grundlage für die Entwicklung der Verwirklichung von Entsagung, Bodhicitta und Leerheit. Auf dieser Grundlage engagieren sich die Praktizierenden dann in dem System des Tantra, mit dem sie die größte Verbindung haben. Die meisten Gelugpas praktizieren entweder *Guhyasamaja*, *Yamantaka* oder *Chakrasamvara*.

Von diesen sechs Traditionen gehören die ersten beiden zur frühen Übertragung, während die restlichen vier zur späteren Übertragung gehören. Obwohl alle sechs als buddhistisch gelten, ist das Bön einzigartig, da seine Lehren auf einen anderen Gründer zurückgehen. Obwohl ihre Ursprünge unterschiedlich sein können, ist es bei genauer Betrachtung des Ergebnisses ihrer Praxissysteme klar, dass alle diese Traditionen die Fähigkeit haben, einen Praktizierenden zur Erleuchtung zu bringen.

Ursprung	Übertragung	Tradition	Hauptgründer
Zhang Zhung	Früh	1. Bön	Tonpa Shenrab
Indien		2. Nyingma	Padmasambhava
	Später	3. Sakya	Khön Konchok Gyalpo
		4. Kagyu	Gampopa
		5. Jonang	Thukje Tsondru
		6. Gelug	Tsongkhapa

Tabelle 14-1: Die sechs spirituellen Traditionen Tibets

DIE NEUN FORTSCHREITENDEN FAHRZEUGE DER NYINGMA-TRADITION

Wenn wir uns auf die fünf Traditionen konzentrieren, die ihren Ursprung in Indien haben, können wir sehen, dass sie alle einen stufenweisen Pfad verfolgen, um Praktizierende zu ihren spirituellen Zielen zu führen. Jedes Fahrzeug gilt nur als vorübergehende Unterstützung. Sie helfen dem Praktizierenden, die notwendigen Erkenntnisse zu entwickeln, die für den Fortschritt entlang des Pfades notwendig sind. Sobald diese Erkenntnisse umgesetzt sind, wird das Augenmerk auf das nächste Fahrzeug gerichtet. Auf diese Weise durchläuft ein Praktizierender alle Lehren des Buddha, von den Grundlagen bis hin zu den tiefgründigsten esoterischen Lehren.

Unter den frühen (Nyingma) und den späteren (Sarma) Übertragungen wurden verschiedene Systeme zur Kategorisierung dieser Fahrzeuge gebildet. Zum größten Teil drehten sich diese Unterschiede um die verschiedenen Arten von Tantras, die in der jeweiligen Periode übersetzt wurden. Da die Nyingma-Tradition die umfangreichste Darstellung hat, werde ich mit diesem

System beginnen und dann untersuchen, worin sich die Sarma-Traditionen unterscheiden.

Die Ursachen-Fahrzeuge (Sutrayana)

Die Darstellung der neun Fahrzeuge durch die Nyingma ist in drei Gruppen von je drei Fahrzeugen unterteilt. Die erste Gruppe ist allgemein als die der *Ursachen-Fahrzeuge* bekannt. Ihr Fokus liegt auf der Schaffung der Ursachen für die Befreiung von Samsara oder Erleuchtung. Sie werden auch als Sutrayana bezeichnet, weil sie sich auf die in den Sutras dargestellten Lehren beziehen. Wir haben uns diese Fahrzeuge bereits in den vorangegangenen Kapiteln angesehen, sodass es sich im Folgenden nur um eine Zusammenfassung handelt:

1. **Das Shravaka-Fahrzeug:** Dieses Fahrzeug beinhaltet die Lehren der Drei Körbe, die der Buddha öffentlich lehrte. Es führt die Wesen in den Zustand eines *Shravaka-Arhat* oder zur individuellen Befreiung.

2. **Das Pratyekabuddha-Fahrzeug:** Das ist der Pfad der „Einzel-Erwachten", durch den Wesen den Zustand eines *Pratyeka-Arhat* erreichen, indem sie die Sicht und den Pfad selbst entdecken. Sie leben hauptsächlich während dunkler Äonen, wenn kein Buddha erschienen ist, um das Rad des Dharma zu drehen.

3. **Das Bodhisattva-Fahrzeug:** Dieses Fahrzeug unterstreicht die tiefgründigen Lehren des Buddha über Leerheit und Mitgefühl und führt allmählich zur vollständigen Verwirklichung der *Buddhaschaft* über den Verlauf von drei endlosen Äonen.

Von diesen drei Fahrzeugen werden die ersten beiden als Teil des *Grundlagen-Fahrzeugs* (Hinayana) betrachtet, während das dritte den Einstieg in das *Große Fahrzeug* (Mahayana) darstellt.

Die Ergebnis-Fahrzeuge (Tantrayana)

Die übrigen sechs Fahrzeuge werden die *Ergebnis-Fahrzeuge* genannt. Sie arbeiten vor allem damit, das Gewahrsein des Ergebnisses in den gegenwärtigen Moment zu bringen. Diese Fahrzeuge sind auch als *Tantrayana* bekannt, weil sie sich auf die Lehren stützen, die in den Tantras dargestellt werden.

Alle diese Pfade beruhen auf dem Bodhisattva-Fahrzeug als Grundlage. Das bedeutet, dass vom Praktizierenden erwartet wird, dass er das erleuchtete Streben nach Bodhicitta bereits entwickelt hat, sodass alle nachfolgenden Pfade Teil des Mahayana sind. Tatsächlich ist der Hauptgrund für die Beschäftigung mit der Praxis des Tantra, den Zustand der Buddhaschaft schnell zu verwirklichen. Die verschiedenen Tantraklassen bieten geschickte Mittel, um das Ziel der Buddhaschaft in nur einem Leben zu erreichen. Anstatt Milliarden von Leben zu investieren, ist der Praktizierende so schnell wie möglich von größtem Nutzen für die fühlenden Wesen.

Aber nicht jeder ist dazu fähig, sofort die fortschrittlichsten Techniken zu nutzen. Deshalb gibt es eine Reihe von Vorstufen des Tantra, die es einem Praktizierenden ermöglichen, allmählich zu den höheren Praktiken überzugehen. Bevor man sich einer dieser Praktiken widmet, muss man zuerst die notwendigen Ermächtigungen von einem qualifizierten Vajrameister erhalten. Diese Ermächtigungen dienen in erster Linie dazu, die karmischen Neigungen des Praktizierenden heranreifen zu lassen. In der Nyingma-Tradition werden diese Tantras in zwei Gruppen eingeteilt:

Äußere Tantras

In diesen Fahrzeugen lernt der Praktizierende, sich mit seiner eigenen erleuchteten Natur zu verbinden, indem er mit einer *Meditationsgottheit* (Yiddam) arbeitet. Die Gottheit ist eine symbolische Manifestation der Vereinigung von Erscheinungen und Leerheit. Diese Tantras werden insofern als äußere betrachtet, da sich die Praktizierende auf die Gottheit bezieht, die sie als verschieden von ihrem gewöhnlichen Selbst ansieht. Während sich Praktizierende durch diese Fahrzeuge weiterentwickeln, lernen sie langsam, sich mit diesem reinen Aspekt der Wirklichkeit zu identifizieren.

Die drei Fahrzeuge dieser Gruppe sind:

4. **Das Fahrzeug des Handlungstantra (Kriyatantrayana):** Im Handlungstantra empfangen wir die Wasser- und Kroneneinweihungen und visualisieren im Allgemeinen die Gottheit vor uns, die uns diese Ermächtigung gibt. Auf der Ebene der relativen Wahrheit wird diese Gottheit als außerhalb von uns und höher als wir angesehen. Es gibt eine klare Trennung zwischen ihrer Reinheit und unserer eigenen Unreinheit. Das Handlungstantra legt großen Wert auf äußere Handlungen, wie die rituelle Reinigung, die durchgeführt werden, um Segen von der Gottheit zu empfangen.

5. **Fahrzeug des Ausführungstantra (Charyatantrayana):** Das Ausführungstantra (auch Upayogatantra genannt) ist fast identisch mit dem Handlungs-Tantra, wobei die Einweihung mit den Ritualgegenständen und die Namenseinweihung während einer Ermächtigung zusätzlich zu den Wasser- und Kroneneinweihungen verliehen werden. Die Gottheit wird immer noch als außerhalb von uns angesehen, wird aber jetzt als ein Freund betrachtet, von ebenso reiner Erscheinung wie wir selbst. Diese Praxis erlaubt es uns, uns selbst als Gottheit zu erzeugen, obwohl die Art der Segnungen, die wir empfangen, ähnlich wie die im Handlungstantra ist. Die Praxis des Handlungs- oder Ausführungstantra kann uns dazu befähigen unser Leben zu verlängern, um unsere Praxis zu unterstützen. In in den meisten anderen Aspekten jedoch ist diese Praxis dem Sutra-Fahrzeug ähnlich.

6. **Fahrzeug des Yogatantra (Yogatantrayana):** Im Yogatantra erhalten wir zusätzlich zu den vorangegangenen vier Einweihungen auch die Einweihungen von Vajra, Glocke, Name und Verpflichtung. Darauf folgen noch die Vajrameister-Ermächtigung und unterstützende Einweihungen. Die Praxis besteht darin, sich selbst als erleuchtete Gottheit zu erzeugen, eine Verbindung mit dieser visualisierten Gottheit während der Meditation herzustellen, und die Visualisierung dann wieder in Leerheit aufzulösen. Auf diese Weise verschmilzt der Weisheitsaspekt der Gottheit mit unserem eigenen Geist wie Wasser, das in Wasser ge-

gossen wird. Die Praxis des Yogatantra beinhaltet die Meditation über die fünf Zeichen der Erleuchtung, die durch den Mond, die Sonne, die Keimsilbe, die Ritualgegenstände der Gottheit und den ganzen Körper oder die Form der Gottheit dargestellt werden. Im Vergleich zum Sutrapfad enthält dieses Fahrzeug viele geschickte Methoden, wie die oben genannten fünf Punkte. Das Ergebnis der Erleuchtung kann je nach unserer Fähigkeit und Intelligenz in nur sechzehn Leben erreicht werden.

Während die Praxis des Handlungstantra die Konzepte der Reinheit und Sauberkeit besonders stark betont, sind diese Themen im Handlungs- und Yogatantra nicht so wesentlich. Während die Praktizierenden zu höheren Stufen voranschreiten, richtet sich ihr Augenmerk mehr nach innen und ihre Praxis wird weniger auf äußerliche Verhaltensformen ausgerichtet.

Innere Tantras

Während der gesamten *Äußeren Tantras* arbeitet der Praktizierende mit den beiden Wahrheiten als zwei Objekte, über die getrennt meditiert werden soll. Wenn man über die Gottheit meditiert und Mantras rezitiert, arbeitet man mit der relativen Wahrheit. Wenn man über die Leerheit meditiert, nachdem die Gottheit aufgelöst wurde, arbeitet man mit der letztendlichen Wahrheit. Wenn der Praktizierende in die *Inneren Tantras* eintritt, werden diese beiden Arten der Meditation zu einer untrennbaren Einheit verbunden.

Wie wir im Folgenden näher erläutern werden, werden die meisten dieser Tantras auf der Grundlage von zwei Stufen praktiziert. In der *Erzeugungsstufe* arbeitet der Praktizierende mit einer Meditationsgottheit, um die Art und Weise zu transformieren, wie er verschiedene Aspekte seiner persönlichen Erfahrung wahrnimmt. Später, in der *Vollendungsstufe,* arbeitet der Praktizierende daran, einen sehr kraftvollen Zustand der meditativen Versenkung zu erreichen, der dazu genutzt werden kann, die letztendliche Natur der Realität zu erkennen.

Basierend auf den Tantras, die während der frühen Übertragung übersetzt wurden, identifiziert die Nyingma-Tradition drei Arten von Tantras, die zu dieser Kategorie gehören:

7. **Mahayoga:** Mahayoga konzentriert sich hauptsächlich auf die Erzeugungsstufe. Es beginnt mit der Meditation über die Leerheit oder das endgültige Bodhicitta, wo alle Phänomene in ihrer reinen Natur als leer erkannt werden. Daraus ergibt sich die Erkenntnis des relativen Bodhicitta. Die Vereinigung von relativem und endgültigem Bodhicitta wird als Keimsilbe ausgedrückt, die Lichtstrahlen aussendet, welche die gesamte Umgebung von Samsara reinigen. Die Keimsilbe verwandelt sich dann in die reine Erscheinung der Gottheit: Unser Körper wird als die Form der Gottheit angesehen, die äußere Umgebung als das Mandala oder der Palast der Gottheit und jede Erfahrung wird als das Gefolge oder die Aktivität der Gottheit wahrgenommen. Darüber hinaus werden alle Klänge als Mantra und alle Gedanken als uranfängliche Weisheit erkannt.

8. **Anuyoga:** Anuyoga konzentriert sich auf die Vollendungsstufe und verwendet Praktiken, um die Kanäle, inneren Winde und Essenzen des subtilen Körpers der Praktizierenden zu kontrollieren. Die Visualisierung der Gottheiten wird sofort erzeugt und alle relativen Phänomene werden als das Mandala des männlichen Urbuddha Samantabhadra betrachtet, während sie in ihrer letztendlichen Natur als das Mandala des weiblichen Urbuddha Samantabhadri wahrgenommen werden. Die Vereinigung dieser Mandalas ist die Verwirklichung des Mandalas der großen Glückseligkeit, in dem alle Phänomene gleichermaßen verweilen.

9. **Atiyoga:** Atiyoga, auch bekannt als Dzogchen, ist die direkte Verwirklichung der leeren Natur aller Dinge. Der Schüler wird direkt an die Natur des Geistes herangeführt und die Vertrautheit mit dieser Sichtweise wird in der Meditation geübt und dann in jeden Moment der Erfahrung integriert. Die Tantras des Dzogchen sind in die Kategorien des *Geistes* (Semde), des *Raumes* (Longde) und der *Kernunterweisungen* (Mengakde) unterteilt. Von den dreien gelten die Kernunterweisungen als die höchsten, da sie die beiden Pfade „Durchbruch" (trekchö) und „Sprung" (tögal) enthalten. Trekchö, eine Art der Meditation über ursprüngliches Gewahrsein, muss zuerst beherrscht werden, um die ursprüngliche

Reinheit aller Phänomene zu erkennen. Die Praxis von Tögal erlaubt es uns dann, die sich natürlich manifestierenden Visionen von Scheiben, Lichtstrahlen, Gottheiten und Buddhafeldern zu „sehen", die aus dem Zentralkanal entstehen, der das Herz mit den Augen verbindet.

Zusammengenommen bieten diese neun Fahrzeuge eine breite Palette von Praktiken, die für alle buddhistischen Praktizierenden geeignet sind, unabhängig davon, wo sie sich auf ihrer spirituellen Reise befinden. Einzeln stellen sie jeweils einen spezifischen Ansatz für die Praxis dar. Der Unterschied zwischen diesen Ansätzen wird oft durch Vergleich mit einer giftigen Pflanze veranschaulicht, wobei die Pflanze unsere leidbringenden Emotionen symbolisiert.

Die erste Gruppe von Menschen, die diese giftige Pflanze entdeckt, erkennt ihre Gefahr und beginnt sie abzuschneiden. Ebenso sieht der Hinayana-Praktizierende leidbringende Emotionen als etwas, das aufgegeben werden muss, und versucht daher, sich so weit wie möglich von ihnen zu distanzieren. Ihr Hauptaugenmerk ist daher ein Pfad der Entsagung.

Die zweite Gruppe erkennt auch, dass die Pflanze gefährlich ist, erkennt aber, dass es nicht ausreicht sie einfach abzuschneiden, da ihre verbleibenden Wurzeln wieder austreiben werden. So werfen sie heiße Asche oder gießen kochendes Wasser über die Wurzeln, um ein erneutes Wachstum der Pflanze für immer zu verhindern. Das beschreibt den Mahayana-Ansatz, bei dem die Erkenntnis der Leerheit als Gegenmittel gegen Unwissenheit, die Wurzel aller leidbringenden Emotionen, eingesetzt wird.

Und schließlich sieht die dritte Gruppe von Menschen die Pflanze aus der Perspektive eines Arztes. Sie wissen, wie man das Gift der Pflanze in Medizin umwandelt, und so gibt es für einen solchen Menschen keinen Grund, sie zu zerstören. Durch Weisheit ist es möglich, genau zu wissen, wie man die Pflanze verwendet, um Nutzen zu bringen. Ebenso kann auf dem tantrischen Pfad die Energie der Verblendungen geschickt genutzt werden, um die Verdunkelungen zu durchbrechen und so den Prozess der Verwirklichung anzuregen.

HÖCHSTES YOGATANTRA GEMÄSS DEN SARMA-TRADITIONEN

Die ersten sechs Fahrzeuge der Nyingma-Tradition werden größtenteils auch in den Sarma-Traditionen praktiziert. Sie unterscheiden sich allerdings in den Klassifizierungen, mit denen die fortgeschrittensten Praktiken beschrieben werden. Während die Nyingma diese Systeme als die *Inneren Tantras* bezeichnen, bezeichnen die Sarma sie als *Höchstes Yogatantra*. Die eigentlichen Tantras, die diese Klassen umfassen, unterscheiden sich auch aufgrund der Lehren, die in jeder Periode gesammelt wurden.

Im Höchsten Yogatantra reicht es nicht aus, die drei unteren Tantras des Handlungs-, Ausführungs- und Yogatantras zu praktizieren, um tatsächlich Erleuchtung zu erlangen. Schließlich müssen alle Praktizierenden Höchstes Yogatantra praktizieren, da das die einzigen Systeme sind, mithilfe derer die gesamte Bandbreite der Rupakaya-Formkörper eines Buddha erzeugt werden kann.

Alle Systeme auf dieser Ebene sind in sich geschlossene Pfade und bieten einem einzelnen Praktizierenden (mit den richtigen Anlagen) alle Methoden, um Erleuchtung innerhalb eines einzigen Lebens zu erreichen. Die Unterschiede in den Systemen basieren daher darauf, wo sie ihre Schwerpunkte entsprechend den spezifischen Bedürfnissen der Praktizierenden setzen. Wir können hier drei Kategorien identifizieren:

1. **Vatertantras:** Diese Tantras betonen Praktiken der Erzeugungsstufe, wie Mantrarezitation und Visualisierung. Es gibt drei Arten von Vatertantras entsprechend dem Geistesgift, mit dem sie am meisten arbeiten: Verlangen, Wut oder Unwissenheit. Zu den Vatertantras gehören zum Beispiel *Guhyasamaja* und *Yamantaka*.

2. **Muttertantras:** Diese Tantras betonen die Meditation über die erhabene Leerheit der Praktiken der Vollendungsstufe. Diese Pfade konzentrieren sich im Allgemeinen auf die Verwendung des Begehrens als Methode, um ein konzentriertes, glückseliges Bewusstsein zu erzeugen. Beispiele aus dieser Kategorie sind Tantras, wie *Chakrasamvara, Vajrayogini, Hevajra* und *Chandamaharoshana*.

3. **Nicht-duale Tantras:** Diese Tantras legen den Schwerpunkt gleichermaßen auf die geschickten Mittel der Erzeugungsstufe und die tiefgründige Weisheit der Vollendungsstufe. Der Fokus liegt hier auf der Vereinigung von erhabener Leerheit und großer Glückseligkeit. Das wichtigste Beispiel für diese Kategorie ist das *Kalachakra-Tantra*.

Selbst innerhalb des Höchsten Yogatantra ist es möglich, dass einige Praktiken mehr oder weniger tiefgründig sind als andere. Letztlich kommt es auf die Reinheit der Übertragungslinie, ihre Kernunterweisungen und die Fähigkeit des Praktizierenden an, wie tiefgründig eine Praxis sein kann. Innerhalb der Sarma-Traditionen des tibetischen Buddhismus gilt das Kalachakra-Tantra im Allgemeinen als das tiefgründigste und umfangreichste aller Tantras, da es direkt von Buddha Shakyamuni unterrichtet wurde.

Quelle	Fahrzeug	Nyingma	Sarma
Sutra	Hinayana	Shravakayana	
		Pratyekabuddhayana	
	Mahayana	Bodhisattvayana	
Tantra	Vajrayana	Kriyatantra	
		Charytantra	
		Yogatantra	
		Mahayoga	
		Anuyoga	Höchstes Yogatantra
		Atiyoga	

Tabelle 14-2: Klassifikation der Pfade im tibetischen Buddhismus

GRUNDLAGE – BUDDHANATUR

Wie wir gesehen haben, kann das Mahayana in zwei primäre Ansätze unterteilt werden: Sutra und Tantra. Im Sutra wird der Schwerpunkt darauf gelegt, das Missverständnis der inhärenten Existenz durch Meditation über die Leerheit zu widerlegen. Da diese Unwissenheit uns an die zyklische Existenz bindet, können wir diesen Kreislauf durchbrechen, indem wir zuerst die Leerheit unseres eigenen Selbst erkennen. Wenn wir dann die Leerheit aller Phänomene erkennen, sind wir in der Lage, das subtile Greifen nach inhärenter Existenz zu beseitigen, das uns daran hindert, den allwissenden Zustand der Buddhaschaft zu verwirklichen.

Wenn wir mit dieser Art von Leerheit arbeiten, können wir sagen, dass wir einen negativen Ansatz verfolgen, indem wir etwas negieren, was nicht existiert. Im Tantra können wir, nachdem wir die relative Natur der Realität (die man die Vereinigung von Erscheinungen und Leerheit nennt) bereits etabliert haben, unseren Fokus nun darauf verlagern, wie die Dinge tatsächlich existieren. Dies geschieht durch die Arbeit mit der letztendlichen Natur der Realität, die oft als Buddhanatur bezeichnet wird.

Im Höchsten Yogatantra wird die Buddhanatur auch der Geist des Klaren Lichts genannt. Er ist der fundamentalste Grund, auf dem alle Erfahrungen beruhen. Es gibt im Allgemeinen zwei Aspekte, die diesen Geist charakterisieren:

1. **Erscheinung schaffen (Klarheit):** Der Geist ist wie der Raum, von unendlichem Potenzial und völlig frei von allen Grenzen. Innerhalb dieses Raumes kann alles entstehen. Gerade weil der Geist frei von inhärenter Existenz ist, hat er die Fähigkeit, alle Arten von abhängigen Erscheinungen hervorzurufen.

2. **Gewahrsein (Leuchtkraft):** Der Geist ist fähig alles zu erkennen, was in ihm entsteht. Das ist kein begriffliches Wissen, sondern ein direktes Gewahrsein all dessen, was erscheint. Wie die Sonne, die ihre Lichtstrahlen aussendet, ist Gewahrsein das, was das Erlebte erhellt und gestaltet.

Aus dem Zusammenspiel dieser beiden Aspekte der Buddhanatur entstehen auf natürliche Weise alle Erfahrungen von Samsara und Nirvana. Leider können wir aufgrund unserer Unwissenheit diese Natur nicht erkennen und leiden deshalb unkontrolliert. Wir sind in einer einzigen Art, die Welt zu sehen, gefangen und dadurch begrenzen wir unser angeborenes Potenzial. Anstelle von Freiheit schaffen wir Knechtschaft.

Tantra wird als Ergebnispfad bezeichnet, weil seine primäre Methodik darauf ausgerichtet ist, uns zu helfen, die manifesten Eigenschaften dieser Buddhanatur innerhalb unserer gegenwärtigen Erfahrung zu erkennen.

Aus der Perspektive der Buddhanatur besitzen wir bereits alles, was wir brauchen, um die Erleuchtung zu verwirklichen. Es gibt nichts Neues, das hinzugefügt oder erzeugt werden müsste. Gerade jetzt, in diesem Moment, ist es möglich, uns mit unserer heiligsten Wahrheit zu verbinden.

Der Schlüssel dazu ist, zuerst zu erkennen, dass die letztendliche Wahrheit unserer Grundlage als fühlende Wesen dieselbe letztendliche Wahrheit ist wie die eines vollständig erleuchteten Buddha. Letztendlich gibt es überhaupt keinen Unterschied. Wir können sagen, dass diese Natur keinen Anfang und kein Ende hat. Es gibt nichts, was den Geist zerstören oder ihn anhalten kann. Deshalb ist er, relativ gesehen, eine ewige Kontinuität. Während die Buddhanatur selbst kein Ende hat, ist die zyklische Existenz endlich.

Samsara ist nur eine Möglichkeit, wie sich die Buddhanatur manifestieren kann. Da die Buddhanatur alles hervorbringen kann, hat sie auch die Fähigkeit, Unwissenheit hervorzurufen. Wenn Unwissenheit entsteht, wird Samsara geboren und daraus folgt Leiden. Sobald der Geist in einem solchen Zustand gefangen ist, kann er nicht mehr entkommen, bis die Wurzel der Unwissenheit beseitigt ist.

Auf diese Weise können wir sagen, dass die Buddhanatur wie der Himmel ist und die verblendeten Geisteszustände – Unwissenheit, Anhaftung und Abneigung – wie Wolken erscheinen, die zufällig im Raum dieses Himmels entstehen. Solange die Wolken bestehen, verhindern sie, dass wir den Himmel sehen. Aber unabhängig davon, welche Form die Wolken annehmen oder ob sie für lange oder kurze Zeit vorhanden sind, bleibt der Himmel unberührt und genauso rein wie immer. Ebenso bleibt unsere Buddhanatur ursprünglich rein, frei von den Flecken unserer Verblendungen. Es ist diese Tatsache, die Erleuchtung möglich macht.

Eine andere Möglichkeit, sich die Buddhanatur vorzustellen, besteht darin, sie mit einem wunscherfüllenden Juwel zu vergleichen, das tief unter der Erde vergraben ist. Über diesem kostbaren Juwel lebt ein armer Mann in einem verwahrlosten Haus. Sein Leben ist hart und voller unterschiedlicher Arten vonLeiden. Eines Tages bemerkt ein weiser Mann mit hellseherischen Kräften das im Boden vergrabene Juwel. Er weiß, dass es für den armen Mann ein großer Vorteil wäre, das Juwel zu finden, und so sagt er ihm, er solle unter seinem

Haus in der Erde graben. Der arme Mann beginnt, durch den Schmutz und die Steine zu graben, und als er einen Silberschatz freilegt, ist er hocherfreut über sein Glück. Aber der weise Mann sagt ihm: „Grab weiter! Sei nicht mit Steinen zufrieden, die wie Silber aussehen." Und so gräbt der arme Mann weiter. Bald kommt er zu einem Behälter mit Gold und wieder sagt ihm der weise Mann: „Grab weiter! Sei nicht mit Steinen zufrieden, die wie Gold aussehen." Schließlich räumt der arme Mann die letzten Erdklumpen weg und ist geblendet vom Glanz des Lichts, das aus dem wunscherfüllenden Edelstein strahlt. In diesem Moment sind alle Entbehrungen des Mannes vorbei.

Ebenso ist unsere Buddhanatur tief unter den vielen Schichten unserer groben und subtilen Verdunkelungen begraben. Durch die Praxis des Dharma sind wir in der Lage, durch diese Schichten hindurch zu graben. Auf dem Weg dorthin können wir auf viele verschiedene Arten von Konzepten stoßen. Es gibt solche wie Silber, die als Gegenmittel für unsere verblendeten Geistesverfassungen dienen, aber sie sind wie Wundpflaster, die uns keine dauerhafte Freiheit bringen können. Dann gibt es Konzepte wie Gold, die uns helfen die Leerheit unserer zugeschriebenen Welt zu erkennen, aber diese Ideen zeigen uns nur einen Aspekt unserer wahren Natur. Schließlich müssen wir über all diese Konzepte hinausgehen und unser Gewahrsein in der erhabenen Leerheit ruhen lassen, die mit allen Möglichkeiten gefüllt ist. Nur dann sind wir fähig, unser größtes Potenzial zu entfalten, frei von allen Beschränkungen.

Die letztendliche Wahrheit klar erkennen

Von dieser Grundprämisse aus können wir beginnen einige wesentliche Konzepte zu unterscheiden, die uns helfen zu verstehen, wie der tantrische Pfad funktioniert, um zur Erleuchtung zu führen. Diese Konzepte werden am deutlichsten in den Sutras der Dritten Drehung und den Tantras dargestellt. Aus diesem Grund stellen sie das genaueste Verständnis der Lehren des Buddha über die letztendliche Wahrheit dar.

Zwei Arten von Ergebnissen

Wenn wir sagen, dass die Grundlage dasselbe ist wie das Ergebnis, dürfen wir nicht vergessen, dass wir aus der Perspektive der endgültigen Wahrheit sprechen. Letztendlich ist die Buddhanatur zur Zeit der Grundlage dieselbe Buddhanatur, die zur Zeit des Ergebnisses existiert. Auf diese Weise sind sie also dasselbe. Das bedeutet jedoch nicht, dass ihre Erscheinungsform auch dieselbe ist. Im Allgemeinen können wir von zwei Arten von Ergebnissen sprechen, die man erfahren kann:

1. **Trennende Ergebnisse:** Das sind die inhärenten Eigenschaften unserer Buddhanatur, die sich auf natürliche Weise manifestieren, wenn die verblendeten Geisteszustände entfernt worden sind. Wir müssen nichts tun, um diese Qualitäten zu schaffen, da sie bereits in unserer endgültigen Natur vorhanden sind. Ein Beispiel für ein trennendes Ergebnis ist der allwissende Geist, der fähig ist, alle Phänomene direkt zu erkennen.

2. **Erzeugte Ergebnisse:** Das sind die Qualitäten, die erzeugt werden, wenn wir unsere Buddhanatur durch die Praxis des Dharma konditionieren. Was wir tatsächlich tun, ist, die Bedingungen zu schaffen, unter denen Unwissenheit nicht mehr entstehen kann und die somit die Manifestation von Samsara verhindern können. Ein Beispiel für ein erzeugtes Ergebnis ist die Weisheit, welche die Leerheit der inhärenten Existenz erkennt.

Zwei Arten der Linie

Ausgehend von unserem Verständnis dieser beiden Arten der Ergebnisse stellt sich die Frage, ob wir alle die Fähigkeit haben, diese unterschiedlichen Qualitäten zu verwirklichen. Wenn wir das Potenzial verschiedener Menschen betrachten, können wir zwei Hauptlinien (oder Familien) identifizieren, zu denen wir alle gehören:

1. **Natürliche Linie:** Alle fühlenden Wesen, unabhängig von ihrer Gestalt und Größe, gehören zur selben Familie in dem Sinne, dass wir alle gleichermaßen die Buddhanatur besitzen. Alles, was im Geist entsteht, ist lediglich ein offenkundiger Aspekt dieser Natur, und deshalb können wir uns die Buddhanatur als das gemeinsame Band vorstellen, das alle miteinander verbindet. Die Tatsache, dass wir alle diese Natur haben, bedeutet auch, dass wir alle die Fähigkeit haben, Erleuchtung zu erlangen. Wo auch immer wir geboren werden, was auch immer wir

getan haben, wie auch immer unsere gegenwärtige Situation aussieht, wir alle tragen dieses kostbare Juwel in uns. Das ist unsere letztendliche Wahrheit.

2. **Entwicklungslinie:** Weil wir alle zur natürlichen Linie gehören, gehören wir auch zur Entwicklungslinie. Das ist unsere grundlegende Fähigkeit, den Geist durch spirituelle Praxis zu trainieren. Durch die Ausübung verschiedener Arten von Aktivitäten können wir die unreinen Verdunkelungen beseitigen und dadurch die reinen Qualitäten unserer natürlichen Linie enthüllen. Das ist unsere relative Wahrheit. Aus dieser Perspektive können wir drei Stufen eines Praktizierenden unterscheiden: fühlende Wesen, die unreine Erscheinungen aufgrund hinzugekommener Verdunkelungen erleben; Bodhisattvas, die eine Mischung aus unreinen und reinen Erscheinungen erleben; und Buddhas, die nur reine Erscheinungen erleben.

Zwei Arten der Leerheit

Wenn wir beginnen, eine klare Vorstellung davon zu entwickeln, wie sich die letztendliche Wahrheit von der relativen Wahrheit unterscheidet, werden wir feststellen, dass diese beiden Arten von Erfahrung zwar leer sind, aber nicht auf die gleiche Weise leer. Es ist dieser Unterschied in der Art der Leerheit, der bestimmt, wie diese beiden Wahrheiten die gesamte Bandbreite der Erscheinungen hervorbringen können.

1. **Leerheit von einem Selbst:** Das ist die Form der Leerheit, die in der zweiten Drehung des Rades so stark betont wird. Es ist die Erkenntnis, dass jedes abhängig entstandene Phänomen innerhalb einer relativen Perspektive auftritt und somit leer von seinem eigenen Wesen ist. Wenn solche Phänomene analysiert werden, können sie nicht gefunden werden; alles löst sich auf und im Geist bleibt nur mehr ein raumähnliches Gewahrsein einer bloßen Abwesenheit.

2. **Leerheit von anderem:** Durch das Sich-vertraut-Machen mit der Leerheit des Selbst ist ein Meditierender in der Lage, alle groben und feinen

Schichten der Begrifflichkeit zu durchtrennen. Schließlich lösen sich auch die sehr subtilen dualistischen Konzepte, wie die objektive Realität einer bloßen Abwesenheit oder die subjektive Realität des Geistes, der sich dieser Abwesenheit bewusst ist, auf. An diesem Punkt ist es möglich, die eigene Buddhanatur auf eine nicht-duale, nicht-begriffliche Weise zu erleben. Diese Erfahrung ist jedoch nicht nur eine bloße Abwesenheit, sondern in Wirklichkeit eine Erfahrung, die mit reinen Erscheinungen gefüllt ist, die aus der innewohnenden Leuchtkraft des Geistes entstehen. Diese extrem tiefgründige Ebene der Realität ist völlig leer von allen Konventionalitäten, die sie darauf beschränken, „das" oder „dies" zu sein. Aus diesem Grund wird sie als die *Leerheit von anderem* (d.h. allem anderen als sie selbst) oder als die *Erhabene Leerheit, die mit allen Möglichkeiten gefüllt ist*, bezeichnet. Wie auch immer man es nennt, es ist nichts anderes als der vollständig verwirklichte Zustand der Buddhanatur.

Zwei Arten der Reinheit

Aus der obigen Analyse können wir nun sehen, dass die letztendliche Basis der Buddhanatur auf zwei Arten als rein angesehen werden kann:

1. **Natürliche ursprüngliche Reinheit:** Da alles, was im Geist entsteht, aus unserer Buddhanatur hervorgeht, sind alle Phänomene von Natur aus rein. Das bedeutet, dass jedes unreine Phänomen, das wir als fühlendes Wesen erleben, einem reinen Phänomen entspricht, das von einem erleuchteten Wesen erfahren wird. Zum Beispiel können die fünf Elemente, die wir als Grundlage unserer Außenwelt erfahren, in reiner Form als die fünf weiblichen Buddhas erlebt werden. Hingegen können die fünf Aggregate, die unseren Körper-Geist Komplex ausmachen, in reiner Form als die fünf männlichen Buddhas erlebt werden. Jeder Aspekt der unreinen Realität hat das Potenzial zur Transformation, wenn seine ursprüngliche Reinheit erkannt wird.

2. **Reinheit von hinzugekommenen Verunreinigungen:** Ob ein Phänomen als unrein oder rein empfunden wird, hängt ganz und gar von der

Anwesenheit von Unwissenheit oder einem von ihr abgeleiteten verblendeten Geisteszustand ab. Um also die natürliche Reinheit der Phänomene zu erfahren, müssen wir zuerst die Verdunkelungen beseitigen. Diese Form der Reinheit wird durch die Praxis eines spirituellen Pfades erzeugt. Sie tritt nicht natürlich auf und erfordert Anstrengungen von Seiten des Einzelnen.

Zusammenfassend lässt sich sagen, dass die Zwei Wahrheiten klar als verschieden verstanden werden sollten. Sie sind nicht zwei Seiten derselben Medaille. Während die relative Wahrheit abhängig entstanden und frei von inhärenter Existenz ist, wird die letztendliche Wahrheit vollständig durch den nicht-dualistischen Geist etabliert, der frei von allen Konventionalitäten ist. Wenn man fälschlicherweise die leere Natur von relativen Wahrheiten als die letztendliche Wahrheit versteht, negiert man im Grunde die letztendliche Wahrheit, da die Leerheit von einem Selbst ihrerseits eine Konventionalität ist und daher leer von sich selbst. Ohne letztendliche Wahrheit bleibt nur eine relative Perspektive übrig.

DER PFAD – DIE ZWEI STUFEN

Wie können wir also dieses Missverständnis vermeiden? Letztendlich müssen wir alle Konzepte überwinden und diese Realität durch direkte Erfahrung erleben. Aus diesem Grund konzentriert sich das Vajra-Fahrzeug in erster Linie auf kontemplative Praktiken und weniger auf intellektuelle Theorien und Debatten. Wenn der Geist frei von konzeptuellem Denken ist, dann ist er fähig die Realität so zu erkennen, wie sie ist. Aus dieser Perspektive heraus kann sich dann die angeborene Reinheit unserer Erfahrung ohne Einschränkungen vollständig manifestieren.

Ermächtigung

Der Zugang zum Vajrayana erfolgt durch einen Reifeprozess, der als „Ermächtigung" bezeichnet wird. Eine Ermächtigung liegt vor, wenn ein Vajrameister die notwendigen Voraussetzungen schafft, damit ein einzelner Praktizierender einen direkten Einblick in seine absolute Natur erhält. Das kann formell durch eine bestimmte Ermächtigungszeremonie oder informell durch direkte Interaktion zwischen einem Guru und seinem Schüler geschehen.

Ermächtigungen dienen zwei hauptsächlichen Zielen. Erstens bieten sie einem Schüler die Möglichkeit, eine Vajra-Beziehung mit einem qualifizierten Vajrameister einzugehen. Diese Beziehung ist entscheidend für den Schüler, um Tantra wirkungsvoll praktizieren zu können. Die Grundlage für den Aufbau einer solchen Beziehung ist die Ablegung verschiedener Gelübde und Verpflichtungen.

Zweitens bietet die Ermächtigung eine auf Erfahrung beruhende Grundlage für den Schüler, mit der er arbeiten kann. Während der eigentlichen Ermächtigungszeremonie kann der Schüler einige Aspekte seiner Buddhanatur erleben. Diese Erfahrung ist wie der Anblick des ersten Sichel des Mondes zu Beginn eines Mondzyklus. Dann wird im Laufe der Zeit, wenn sich der Schüler mit den Praktiken beschäftigt, immer mehr von diesem Mond enthüllt, bis er eines Tages vollständig sichtbar wird.

Im Allgemeinen verwenden alle Höchsten Yogatantras vier Ermächtigungen, um die Schüler zur Reife zu bringen: die Vasen-, die Geheime, die Weisheits- und die Wortermächtigung. Jede Ermächtigung offenbart einen verborgeneren und tiefgründigeren Aspekt der Buddhanatur und bietet den Schülern so die Grundlage für die Ausübung verschiedener Stufen der Praxis.

Erzeugungsstufe

Während des Ermächtigungsprozesses wird ein Praktizierender mit einer bestimmten Darstellung des erleuchteten Universums, dem sogenannten *Mandala*, vertraut gemacht. Dieses Mandala ist eine symbolische Darstellung der innewohnende Reinheit aller Phänomene. Jeder Aspekt dieses Mandalas soll dem Praktizierenden helfen seine Aufmerksamkeit zu fokussieren, um sich dieser Reinheit stärker bewusst zu werden. Das Hauptziel dieser Praxistufe ist es, unsere unreinen Wahrnehmungen der Realität durch reine Wahrnehmungen zu ersetzen. Während diese reinen Wahrnehmungen noch konzeptueller Natur sind, stehen sie im Einklang mit der letztendlichen Natur der Realität und dienen daher als Brücke, um uns dieser Realität näher zu bringen. Die

Hauptpraxis der Erzeugungsphase ist das *Gottheitenyoga*, das aus drei Aspekten besteht:

1. **Klare Erscheinung:** Das ist der Vorgang, eine lebendige und stabile Visualisierung der Gottheit im Geist zu schaffen. Der Praktizierende entwickelt dieses Erscheinungsbild im Kontext der Weisheit, die seine leere Natur versteht. Auf der Grundlage dieses Erscheinungsbildes erreicht der Praktizierende den Zustand der einspitzigen Konzentration, der Shamatha genannt wird.

2. **Sich auf die Reinheit rückbesinnen:** Jeder Aspekt einer Gottheit ist mit einer reichen Vielfalt an Bedeutung versehen. Indem sie sich mit dieser Bedeutung vertraut macht, ist die Praktizierende in der Lage, sich all diese Qualitäten gleichzeitig vorzustellen und dadurch viele Verdienste zu erzeugen.

3. **Göttlicher Stolz:** Das ist der Vorgang, eine starke Gewissheit zu entwickeln, dass die wahre Natur der eigenen Person die Gottheit ist. Von den dreien ist dies der wichtigste Aspekt der Praxis der Erzeugungsstufe. Denn es ist dieser Aspekt, der dem Praktizierenden hilft, sich von der Identifikation mit gewöhnlichen Erscheinungen zu lösen und sich stattdessen mit reinen Erscheinungen zu identifizieren.

Vollendungsstufe

Sobald der Praktizierende seine reine Wahrnehmung gestärkt hat, ist es möglich, sich mit den Praktiken der Vollendungsstufe zu befassen. Diese kraftvollen yogischen Methoden bieten verschiedene Möglichkeiten, mit dem subtilen Energiekörper des Praktizierenden zu arbeiten, um extrem konzentrierte Zustände meditativer Versenkung zu erzeugen. Dieser sehr subtile Geist kann dann verwendet werden, um den Praktizierenden mit seiner eigenen Buddhanatur vertraut zu machen. Dadurch wird die Unwissenheit sowohl der verblendeten als auch der kognitiven Verdunkelungen durchbrochen. Eine Person mit scharfsinnigen Fähigkeiten, die in früheren

Leben viele Verdienste gesammelt hat, kann diese Techniken nutzen, um die Buddhaschaft in einem einzigen Menschenleben zu erlangen, ohne sich auf einen anderen Pfad stützen zu müssen. Die einzigartigen Methoden der Vollendungsstufe konzentrieren sich auf die Beeinflussung von drei Aspekten des subtilen Körpers:

1. **Kanäle und Chakren:** In unserem ganzen Körper gibt es Räume, durch den die Energie fließen kann. Auf einer groben Ebene können wir vom Nervensystem sprechen, das die Übertragung elektrischer Impulse unterstützt. Auf einer subtilen Ebene können wir von drei *Hauptkanälen* sprechen: dem Zentralkanal (Avadhuti), dem linken Kanal (Lalana) und dem rechten Kanal (Rasana). Diese drei Kanäle verzweigen sich bei bestimmten Energiezentren, den sogenannten *Chakren*. Zusammen bilden die Kanäle und Chakren ein System zur Zirkulation der subtilen Energie, die sowohl begriffliche als auch nicht-begriffliche Zustände des Geistes unterstützt.

2. **Winde:** Täglich führen wir etwa 21.600 Atemzüge durch. Diese Atemzüge transportieren verschiedene Arten von Energie, die verschiedene Körperfunktionen und geistige Zustände unterstützen. Normalerweise bewegen sich diese Winde durch den linken und rechten Kanal, was den dualistischen Geist erzeugt. Wenn diese Winde in den Zentralkanal gebracht werden, dann entsteht ein nicht-dualistischer Geist.

3. **Essenzen:** Auf einer groben Ebene treibt die Bewegung des Windes den Kreislauf verschiedener Körperflüssigkeiten an. Indem man die Bewegung der Winde kontrolliert, kontrolliert man den Kreislauf und kann dadurch steuern, wohin die subtile Energie fließt. Diese subtile Energie ist in der Lage, ein extrem glückseliges und konzentriertes Gewahrsein zu erzeugen, das genutzt werden kann, um Unwissenheit zu durchtrennen und dadurch die Ketten von Samsara zu zerbrechen.

ERGEBNIS – DIE BUDDHASCHAFT IN EINEM EINZIGEN LEBEN

Das Vajra-Fahrzeug wird wegen seiner großen Auswahl an Techniken, mit denen man ein Individuum sehr schnell an seine erleuchtete Buddhanatur heranführen kann, auch als „Pfad des Blitzes" bezeichnet. Obwohl tantrische Praktizierende auf den gleichen fünf Pfaden und Bhumis wie Sutra-Praktizierende voranschreiten, werden sie dies viel schneller tun. Was auf jeder Stufe dieses Prozesses geschieht, hängt vom Tantra-System ab, das praktiziert wird. Im Allgemeinen können wir jedoch die folgenden Stufen auf der Grundlage der Sarma-Traditionen betrachten:

1. **Pfad der Ansammlung:** Der Pfad der Ansammlung hat drei Ebenen. Auf der ersten Ebene beschäftigen wir uns mit den vier Betrachtungen von Körper, Gefühlen, Geist und Phänomenen, den sogenannten vier Anwendungen der Achtsamkeit. Aus der Perspektive des Sutra gilt der Körper als abstoßend, damit man Loslösung und die Erkenntnis der Selbstlosigkeit leichter entwickeln kann. Im Tantra üben wir, anstatt den Körper als abstoßend wahrzunehmen, unseren Körper und die Umwelt als völlig rein zu betrachten. Den Körper zu betrachten bedeutet daher, sich mit der erleuchteten Form einer Gottheit vertraut zu machen, während alle Klänge das Mantra der Gottheit verkörpern und alle Gedanken und Phänomene die Darstellung ihres erleuchteten Geistes sind.

   Auf der zweiten Ebene des Pfades der Ansammlung praktizieren wir die vier Beharrlichkeiten, die darin bestehen, Nicht-Tugend aufzugeben und Tugend zu pflegen, doch wir führen tugendhafte Handlungen nach dem tantrischen Weltbild durch, und jede Handlung wird zum Ausdruck der fünf Weisheiten oder Aktivitäten der fünf Buddhafamilien. Wir lernen Meditation, Nachmeditationsphase und den Traumzustand als gleichwertig zu betrachten. Das ist als mittleres Stadium des Pfades der Ansammlung bekannt. Während es auf dem Pfad des Sutras einen deutlichen Unterschied zwischen Gut und Schlecht gibt, üben wir im Tantra, jederzeit in einer „reinen Welt" zu leben.

Auf der großen Ebene des Pfades der Ansammlung bringt die tiefe Konzentration einen schnellen Fortschritt und wir erreichen verfeinerte Konzentrationszustände, die auf Streben, Geist, Anstrengung und Analyse basieren, den sogenannten vier Grundlagen für wunderbare Kräfte. Auf dieser Ebene erreichen wir ein gesteigertes Gefühl von Klarheit und Glückseligkeit und können auch die Fähigkeit entwickeln, viele Siddhis oder magische Kräfte zu erreichen. Auch wenn wir noch nicht in den Pfad des Sehens eingetreten sind, meditieren wir im Tantra über die Leerheit, indem wir die letztendliche Wahrheit visualisieren, anstatt zu versuchen, die konventionelle Welt auf analytische Weise zu verstehen wie auf dem Sutrapfad. Dadurch können wir uns mit den Eigenschaften einer bestimmten Gottheit identifizieren und Handlungen durchführen, als wären wir diese Gottheit.

2. **Pfad der Vorbereitung:** Auf den ersten beiden Stufen des Pfades der Vorbereitung lernen wir, Frieden und Glückseligkeit zu erfahren. Dazu praktizieren wir die Erzeugungs- und Vollendungsstufe mit den fünf Fähigkeiten: Vertrauen, Anstrengung, Achtsamkeit, Konzentration und Weisheit. Wir üben weiter, bis wir die Beherrschung des physischen Körpers und der subtilen Bewegung des Geistes erlangen. Zu diesem Zeitpunkt haben wir noch keine echte erleuchtete Form entwickelt, aber wir sind imstande, uns in einem subtilen Formkörper in Übereinstimmung mit der praktizierten Gottheit zu manifestieren. Mit einem solchen Körper haben wir die besondere Fähigkeit, Geisteszustände, wie die vierundzwanzig Dakini-Bereiche, zu erleben. Wir sind auch in der Lage, mit menschlichen und nichtmenschlichen Wesen zu praktizieren, um drei der vier Freuden zu erlangen, wenn sich die Winde in den Zentralkanal auflösen und in das Scheitel-, Kehl- und Herzchakra eintreten. Auf dieser Stufe werden die achtzig natürlich auftretenden Verblendungen beseitigt, wenn sich die Geisteszustände, die der Abneigung, dem Begehren und der Unwissenheit entsprechen, auflösen, obwohl ihre Anlagen noch bestehen bleiben.

Wir treten dann in die dritte Stufe des Pfades der Vorbereitung ein, in der wir die Vereinigung von Gefährten (entweder physisch oder visualisiert) mit einem leeren und glückseligen Geist sowohl in den Meditations- als auch in den Nachmeditationsstufen praktizieren. Wenn wir diese Praxis fortsetzen, können wir fünf übersinnliche Kräfte entwickeln, die auf den fünf Sinnesfähigkeiten basieren, wie z.B. die Fähigkeit, entfernte Objekte mit außergewöhnlicher Klarheit zu sehen oder Hellsichtigkeit. Wir erleben auch die ersten beiden der drei Stufen der Versenkung, die als weiße Erscheinung, rote Vermehrung und schwarze Erlangung bekannt sind. Diese entsprechen den letzten Stufen der Auflösung im Moment des Todes und dem Verschwinden von Geisteszuständen, die mit Wut, Begehren und Unwissenheit verbunden sind.

Wenn Sie sich auf weltliche Errungenschaften konzentriert, können Sie potenziell die fünf Wunderkräfte und acht Siddhis entwickeln: die Fähigkeit, Pillen und Augencreme herzustellen, um die Sehkraft zu verbessern, Reisen unter der Erde, das magische Schwert, Schnellfüßigkeit, Unsichtbarkeit, Verhinderung des Todes und Heilung von Krankheiten. Sie können dadurch die fünf Elemente kontrollieren und andere magische Taten vollführen. Die Konzentration auf weltliche Errungenschaften wird jedoch die Erlangung erleuchteter Qualitäten und damit die Erlangung der vollen Erleuchtung in einem Leben verzögern, obwohl Sie Ihre Lebensdauer durch diese weltlichen Siddhis verlängern können.

3. **Pfad der Erkenntnis:** Wenn wir die letzte Stufe des Pfades der Vorbereitung praktizieren, beseitigen wir die achtzig natürlich auftretenden Verblendungen und erleben zwei der drei Versenkungen, die weiße Erscheinung und die rote Vermehrung. Wenn wir die letzte weltliche Errungenschaft vollenden, betreten wir den Pfad der Einsicht und erleben die dritte Versenkung, die schwarze Erlangung, die direkt zur Erfahrung des ursprünglichen Geistes des Klaren Lichts führt. In dieser Versenkung meistern wir die beiden Stufen der Praxis und erleben unsere heilige Wahrheit zum ersten Mal direkt. Wir beseitigen alle Neigungen für die achtzig natürlich auftretenden Verblendungen und erhalten Einweihungen von Emanationen der Buddhas. Ab dieser Stufe üben wir die sieben Faktoren der Erleuchtung mit nicht-dualistischer Weisheit: er-

leuchtete Achtsamkeit, unterscheidendes Bewusstsein, Energie, Freude, wachsame Ruhe, Konzentration und Geichmut.

4. **Pfad der Gewöhnung:** Nachdem wir die achtzig natürlich auftretenden Verblendungen beseitigt haben, praktizieren wir die Vereinigung des Erzeugungs- und Vollendungsprozesses. Wir folgen immer einer richtigen Lebensweise und halten die richtige Sichtweise, die richtigen Handlungen und die richtigen Verwirklichungen aufrecht, wodurch wir allen, denen wir begegnen, Nutzen bringen. Dieser Pfad ist in neun Stufen unterteilt, drei Ebenen in jeder der drei Versenkungen der Erscheinung, der Zunahme und des Erreichens. Diese Stufen sind ähnlich den Bodhisattvabhumis, aber auf dem tantrischen Weg gibt es weniger Unterschiede zwischen der Erfahrung während der Meditation und der Nachmeditationsphase. Es gibt auch geringfügige Unterschiede bei den Methoden zur Beseitigung angeborener Verdunkelungen.

5. **Pfad des Nicht-mehr-Lernens:** Die kontinuierliche Beseitigung der angeborenen Verdunkelungen und ihrer Anlagen, wie oben beschrieben, wird zum Zustand von Vajradhara führen. Das ist dann der Pfad des Nicht-mehr-Lernens und entspricht der vollständigen Erleuchtung oder Buddhaschaft. Es gibt jetzt nichts Weiteres mehr zu lernen.

Die vier Kayas des Vajradhara

Da der kausale Ansatz des Bodhisattva-Fahrzeugs und der resultierende Ansatz des Vajra-Fahrzeugs Teile des Mahayana sind, haben beide die Fähigkeit, das Ergebnis der Buddhaschaft zu erzeugen. Der Unterschied ist der Grad der Subtilität bei der Beschreibung dieses Zustandes und die Begriffe, die sie dazu benutzen.

Aus der Perspektive des Tantra wird die letztendliche Natur eines Buddha als Vajradhara bezeichnet. Deshalb werden Sie in diesen Systemen oft feststellen, dass die Buddhaschaft als der Zustand von Vajradhara bezeichnet wird. Dieser Zustand ist nichts anderes als der Geist, der untrennbar in einer direkten Verwirklichung seiner eigenen Buddhanatur verweilt.

Dieser Zustand kann auf unterschiedliche Weise beschrieben werden, indem man sich auf verschiedene Aspekte konzentriert. Wenn wir zum Beispiel die letztendlichen und relativen Aspekte der Buddhanatur betrachten, können wir von zwei Körpern sprechen: Dharmakaya und Rupakaya. Wenn wir dann die Natur der verschiedenen Rupakaya-Formen betrachten, können wir von drei, fünf oder hundert verschiedenen Aspekten sprechen. Das Wichtigste, was man nicht vergessen darf, ist jedoch, dass sich alle auf den ursprünglichen Grund der Buddhanatur beziehen. Während die relative Erscheinungsform des Buddha-Geistes unendlich ist, ist keine dieser Erscheinungsformen etwas anderes als die letztendliche Wahrheit.

Abgesehen davon werden im Kalachakra-System oft vier Aspekte betont:

1. **Essenzkörper (Svabhavikakaya):** Die essentielle Natur des Buddha ist die zweifache Reinheit der Buddhanatur. Das sind die natürliche Reinheit des grundlegenden Raumes der Realität und die erzeugte Reinheit, von hinzugefügten Verunreinigungen frei zu sein. Es ist diese Essenz, die sich ständig in den Aspekten der anderen Körper manifestiert.

2. **Weisheits-Wahrheitskörper (Dharmakaya):** Das ist der Aspekt des erleuchteten Geistes. Er ruht in einem ständigen Zustand des Gewahrseins der Realität, wie sie ist (dem Essenzkörper). Er ist völlig frei von allen Verdunkelungen, frei von der Erfahrung verblendeter Geisteszustände und frei von den kognitiven Verdunkelungen, die Allwissenheit verhindern. Damit ist der Dharmakaya in der Lage, alle Phänomene direkt und unverzerrt zu kennen.

3. **Freudenkörper (Sambhogakaya):** Während der Geist des Buddha im nicht-dualen Gewahrsein der Realität verweilt, manifestiert er sich im Geist anderer, basierend auf ihren individuellen Neigungen. Für hochverwirklichte Bodhisattvas manifestiert sich der Buddha als der Sambhogakaya-Freudenkörper. Diese extrem subtile Form ist jenseits des dualistischen Greifens und kann sich daher in einer unendlichen Anzahl von Möglichkeiten manifestieren.

4. **Ausstrahlungskörper (Nirmanakaya):** Für alle anderen manifestiert sich der Buddha als sogenannte Ausstrahlungskörper. Diese Formen sind wie der Mond, der sich in einer unendlichen Anzahl Wasserbecken spiegelt. Die Gestalt, die diese Formen annehmen, hängt völlig vom Geist der Wesen, die sie wahrnehmen, ab. Der historische Buddha Shakyamuni ist ein Beispiel für einen *Höchsten Emanationskörper*, eine besonders reine Form, die sich vor 2.500 Jahren für eine Reihe von Schülern manifestierte, die im alten Indien lebten. In der Vajrayana-Praxis gilt der Guru als ein besonders kostbarer Emanationskörper, da er die wichtigste Methode ist, durch die der Dharma an fühlende Wesen weitergegeben wird.

ZUSAMMENFASSUNG

- Das Vajrayana stellt den Höhepunkt der Lehren Buddhas dar, wie sie sowohl in den Sutras als auch in den Tantras dargestellt werden. Es dauerte viele Jahrhunderte, bis diese esoterischen Lehren in Indien weiter verbreitet wurden. In den meisten Fällen blieben sie geheim, weitergegeben als mündliche Anweisungen vom Guru an den Schüler.

- Die Systematisierung dieser Lehren erfolgte an großen Klosteruniversitäten, wie Nalanda und Vikramashila. Das waren die Hauptquellen für den Stil des Buddhismus, der später nach Tibet importiert wurde.

- Der tibetische Buddhismus kann in zwei Hauptperioden unterteilt werden, je nach dem Einstrom buddhistischer Lehren in das Land. Es gab die frühe (Nyingma) Übertragung und die spätere (Sarma) Übertragung.

- Basierend auf den Lehren, die in diesen beiden Perioden gesammelt wurden, entstanden in Tibet sechs spirituelle Traditionen: Bön, Nyingma, Sakya, Kagyü, Jonang und Gelug.

- Alle diese Traditionen fördern die Struktur eines stufenweisen Pfades, welcher die Lehren aus dem Grundlagen-Fahrzeug und dem Großen Fahrzeug integriert. Nach der Nyingma-Tradition gibt es drei Ursachen-Fahrzeuge (Shravakayana, Pratyekabuddhayana und Bodhisattvayana) und sechs Ergebnis-Fahrzeuge. Von den Ergebnis-Fahrzeugen gibt es drei äußere Tantras (Kriyatantra, Charyatantra und Yogatantra) und drei innere Tantras (Mahayoga, Anuyoga und Atiyoga).

- Die Sarma-Traditionen stützen sich auf das Höchste Yogatantra anstelle der drei inneren Tantras des Nyingma. Diese Tantras können in Vater-, Mutter- und nicht-duale Klassen eingeteilt werden.

- Die Grundlage des Tantra basiert auf der Entwicklung eines Verständnisses für die letztendliche Grundlage aller Phänomene, die Buddhanatur. Dieser Begriff bezieht sich auf die Fähigkeit des Geistes, Erscheinungen zu produzieren, und auf seine Fähigkeit, sich dieser Erscheinungen gewahr zu sein.

- Es gibt zwei Arten von Ergebnissen, die in Bezug auf die Buddhanatur identifiziert werden können: trennende Ergebnisse und erzeugte Ergebnisse. Trennende Ergebnisse sind die dem Geist innewohnenden Qualitäten, während die erzeugten Ergebnisse die Qualitäten sind, die entstehen, wenn man den Geist durch Übung konditioniert.

- Alle Wesen gehören zwei Linien an: Die natürliche Linie repräsentiert die Tatsache, dass wir alle Buddhanatur besitzen, was bedeutet, dass wir alle das Potenzial haben, Erleuchtung zu manifestieren; und die Entwicklungslinie, die unsere gemeinsame Fähigkeit repräsentiert, Verdunkelungen durch Übung zu beseitigen.

- Es gibt zwei Arten von Leerheit, welche den beiden Ebenen der Realität entsprechen: Alle relativen Wahrheiten sind leer von einem inhärent existierenden Selbst (Leerheit von einem Selbst); während alle letztendlichen Wahrheiten leer von relativen Konventionalitäten sind (Leerheit von anderem).

- Die letztendliche Wahrheit ist auf zwei Arten rein: die natürliche ursprüngliche Reinheit der Buddhanatur, die nie durch hinzugefügte Verdunkelungen verändert wird, und die Reinheit, wenn hinzugefügte Verdunkelungen durch spirituelle Praxis entfernt werden.

- Das Tor zur Vajrayana-Praxis besteht darin, dass man die Ermächtigung von einem qualifizierten Vajrameister erhält.

- Nach Erhalt der Ermächtigung übt sich ein tantrischer Praktizierender zuerst in der Erzeugungsstufe und dann in der Vollendungsstufe.

- Die Praxis der Erzeugungsstufe konzentriert sich auf Visualisierungspraktiken, die als Gottheiten-Yoga bekannt sind und dem Praktizierenden helfen, eine reine Wahrnehmung seiner Erfahrungen aufzubauen. Es gibt drei Aspekte dieser Praxis: klare Erscheinung, Rückbesinnung auf die Reinheit und göttlicher Stolz.

- Die Praktiken der Vollendungsstufe arbeiten mit den subtilen Energien des Körpers, um einen nicht-konzeptuellen und nicht-dualistischen Geisteszustand zu etablieren, der verwendet werden kann, um in der eigenen Buddhanatur zu verweilen. Dieser subtile Körper besteht aus Kanälen, Winden und Essenzen.

- Wenn eine Praktizierende den Weg des Nicht-mehr-Lernens erreicht, verwirklicht sie den Zustand von Vajradhara. Dieser Zustand ist durch vier Aspekte der Buddhanatur gekennzeichnet: den Essenzkörper (Svabhavikakaya), den Wahrheitskörper (Dharmakaya), den Freudenkörper (Sambhogakaya) und den Ausstrahlungskörper (Nirmanakaya).

Anhänge

ANHANG EINS

Die einundfünfzig Geistesfaktoren

Die Klassifizierung der *Einundfünfzig Geistesfaktoren* stammt aus der Darstellung von Asanga in seinem *Abhidharmasamuccaya*. Dieser Text bildet eine der Hauptquellen der Mahayana-Abhidharma-Literatur und bietet detaillierte Informationen über den buddhistischen Weg im Allgemeinen und einen Rahmen für die buddhistische Psychologie im Besonderen.

Es ist zu beachten, dass die folgende Klassifizierung nicht dazu gedacht ist, rein intellektuelles Wissen zu sammeln. Stattdessen sind die Beschreibungen so konzipiert, dass sie Ihnen genügend Informationen liefern, um jeden geistigen Zustand während der täglichen Erfahrung erkennen zu können. Die Entwicklung eines größeren Gewahrseins dieser Zustände ermöglicht es Ihnen, geschickt mit Ihrem Geist zu arbeiten, um die destruktiven Geisteszustände zu reduzieren und die konstruktiven zu fördern.

Zu diesem Zweck empfehle ich Ihnen, anhand der folgenden Übung jeden Geisteszustand langsam durchzuarbeiten:

Übung – Den eigenen Geist verstehen

- *Stellen Sie in einer entspannten Haltung einen neutralen Geist durch die Übung der Achtsamkeit auf den Atem her.*

- *Wählen Sie einen Geistesfaktor aus, den Sie untersuchen möchten. Lesen Sie zuerst seine Beschreibung durch, damit die Eigenschaften dieses Zustandes in Ihrem Geist frisch sind. Beobachten Sie Ihren gegenwärtigen Geist, um zu sehen, ob Sie den beschriebenen Geistesfaktor erfahren können. Selbst wenn der Geistesfaktor gerade nicht vorhanden ist, so stellen Sie sich vor, wie es wäre, wenn er jetzt auftaucht.*

- *Sobald Sie ein allgemeines Gefühl dafür haben, wie sich der Geistesfaktor anfühlt, nehmen Sie sich Zeit, in Ihren Erinnerungen zu suchen, wann dieser Zustand früher schon aufgetreten ist. Arbeiten Sie mehrere Szenarien durch, um ein Gefühl für die Dynamik dieses Geisteszustands zu bekommen.*

- *Betrachten Sie nun die Intensität des Geistesfaktors. Wie äußert er sich, wenn er stark ist? Wie äußert sich der Geistesfaktor, wenn er schwach ist? Finden Sie ein paar Beispiele, um sich einen Eindruck von der Bandbreite der Erfahrungen zu verschaffen.*

- *Betrachten Sie nun die Wirkung dieses Geistesfaktors auf Ihren Geist. Ist er etwas, das Sie stärken möchten, oder möchten Sie lieber ohne ihn sein? Denken Sie an ein paar Möglichkeiten, wie Sie mit diesem Zustand arbeiten können.*

- *Verweilen Sie in allen Erkenntnissen, die sich daraus ergeben können.*

FÜNF ALLGEGENWÄRTIGE GEISTESFAKTOREN

1. **Empfindung (tshor-ba):** Die Empfindung bildet die Grundlage und ist absolut notwendig, damit der Geist ein Objekt mit den sechs Sinnen (einschließlich des geistigen Bewusstseins) erfahren kann. Wenn ein Sinnesbewusstsein einen Gegenstand durch ein Sinnesorgan wahrnimmt, entsteht eine Empfindung. Es ist nicht nur das grobe Gefühl, das jeder erkennt, sondern auch das subtilere Empfinden, das jede Wahrnehmung durchdringt. Diese Empfindungsqualität ist jedem geistigen Zustand inhärent und umfasst alle unmittelbaren Assoziationen mit dem Objekt, seien sie angenehm, unangenehm oder neutral, die sich innerhalb einer Nanosekunde vollziehen. Am wichtigsten ist es zu verstehen, ist, dass jede Art von Bewusstsein, die entsteht, in jedem Augenblick der Erfahrung ein Element der Empfindung enthält. Jedes Lebewesen besitzt diese Art von Empfindung, ob es nun ein gewöhnliches Wesen oder ein Arya-Wesen ist.

2. **Unterscheidung ('du-shes):** Um Unterscheidung handelt es sich, wenn unser Sinnesfeld eine ungewöhnliche Eigenschaft oder ein herausragendes Merkmal eines Objekts aufnimmt und ihm eine konventionelle Bedeutung zuschreibt. Es etikettiert oder benennt das Objekt nicht, unterscheidet es aber als eine Sache und nicht als eine andere. Um, zum Beispiel, Licht von Dunkelheit oder einen Tisch vom Hintergrund zu unterscheiden, sind keine Worte erforderlich. Das alles geschieht sofort, gleichzeitig und ständig mit allem, was wir erleben. Ohne zu unterscheiden, könnte der Geist das Objekt nicht mit weiteren geistigen Prozessen verbinden.

3. **Absicht (sems-pa):** Das ist der bewusste und spontane Drang, der den Geist dazu bringt, sich mit Objekten zu befassen und sie zu erfahren, oder ein bewusstes Ziel, welches das Handeln leitet. Ohne Absicht könnte der Geist seine Aufmerksamkeit nicht auf ein Objekt richten. Jede geistige Aktivität hat eine Absicht. Hier beziehen wir uns auf alle Arten von Absichten, einschließlich derjenigen, die in jedem Sekundenbruchteil entstehen, ob sie nun Karma erzeugen oder auch nicht. Dazu gehört auch die grundsätzliche Absicht, die alles heilsame oder unheilsame Karma erzeugt.

4. **Kontakt (reg-pa):** Kontakt ist, wie wir uns mit einem Objekt verbinden. Er geschieht durch das Zusammenwirken dreier Faktoren: des vorhergehenden Moments des Bewusstseins (das jedes der Bewusstseinsarten sein kann), des Objekts und der Sinnesfähigkeit mit ihren zugehörigen Bewusstseinsarten. Ohne Kontakt könnte der Geist dem Objekt nicht begegnen und eine Beziehung oder ein Gefühl dazu herstellen. Er unterscheidet, dass ein Objekt der Wahrnehmung angenehm, unangenehm oder neutral ist, und liefert die Grundlage, es mit einem Gefühl von Glück, Unglück oder Gleichgültigkeit zu erleben.

5. **Aufmerksamkeit (yid la byed-pa):** Das ist das Ausrichten des Bewusstseins auf ein Objekt, wobei man ein gewisses Maß an Aufmerksamkeit darauf richtet. Jede Art von Bewusstsein, egal wie kurz es auftritt, beschäftigt sich immer mit einem bestimmten Objekt. Die Aufmerksamkeit ist in jedem Bruchteil einer Sekunde für alle Wesen vorhanden, und ohne sie könnte der Geist nicht auf einem Objekt fi-

xiert bleiben, das von einem der sechs Sinne erlebt wird; es gäbe keine Stabilität.

FÜNF OBJEKTBESTIMMENDE GEISTESFAKTOREN

1. **Streben ('dun-pa):** Streben betrifft den Wunsch oder die Absicht, etwas zu erreichen oder zu erhalten, gleichgültig ob es sich lohnt oder nicht. Streben dient als Grundlage für Anstrengung und erzeugt Fleiß.

2. **Glaube (mos-pa):** Das beschreibt das stabile Festhalten eines bestimmten Objekts oder Subjekts, so wie es ist; die feste Überzeugung, dass es das ist und nicht jenes. Möglicherweise gibt es einen offensichtlichen Beweis dafür, dass das, was geglaubt wird, tatsächlich wahr ist, oder es gibt viele Hinweise darauf, entweder durch direkte Erfahrung, logisches Denken oder schriftliche Belege. Man kann auch ohne Beweise „blind" annehmen oder glauben. In jedem dieser Fälle entsteht der Glaube in direkter Beziehung zum Objekt oder Subjekt.

3. **Achtsamkeit (dran-pa):** Achtsamkeit kann als eine Art „geistiger Klebstoff" bezeichnet werden, der ein Objekt im Fokus behält und im Geist klar aufrecht erhält, so als ob man ein Bild heraufbeschwört, indem man im Gespräch darauf Bezug nimmt. Dies kann über einen langen oder kurzen Zeitraum geschehen, und das Objekt kann den gegenwärtigen Moment einschließen. Achtsamkeit wird erreicht, indem man das Gewahrsein für seine Gedanken, Handlungen und Motivationen kultiviert.

4. **Konzentration (ting nge-'dzin):** Konzentration bedeutet, dass man den Geist einspitzig in eine Richtung auf ein einzelnes Objekt oder ein Untersuchungsthema fokussiert, ohne jegliche Ablenkung. Das ist ein Zustand ungebrochener Fokussierung, genau wie das Eindrehen eines Fadens zu einer feinen Spitze, um ihn durch ein Nadelöhr zu ziehen.

5. **Weisheit (shes-rab):** Weisheit ist das Gegenmittel zum Zweifel. Es ist ein unterscheidendes Gewahrsein, das der Unterscheidung eines Erkenntnisobjekts eine gewisse Entschlossenheit hinzufügt, um die Realität eines Objekts zu kennen, unabhängig davon, was es ist. Zu verstehen,

dass die gesamte konventionelle Existenz auf einer subtilen Ebene unbeständig ist, ist ein Beispiel für Weisheit. Wahre Weisheit führt immer zu Frieden und Ruhe, denn sie lehrt uns, dass alles voneinander abhängig ist, und zeigt uns ganz natürlich, was das Beste für uns selbst und andere ist. Das unterscheidet sich sehr von einigen Arten von Wissen, die schädlich sein und zu großem Leid führen können, wie zum Beispiel dem Entwerfen von Waffen. Natürlich ist das Wissen selbst nicht schädlich, aber es basiert nicht auf wahrer Weisheit.

SECHS WURZELVERBLENDUNGEN

1. **Anhaftung ('dod-chags):** Es handelt sich um Anhaftung, wenn wir uns zu sehr an einen Gegenstand klammern oder ihn festhalten, seine wünschenswerten Eigenschaften übertreiben und es sehr schwierig finden, ihn loszulassen, unabhängig davon, was er ist. So wie Öl auf unserer Kleidung nur sehr schwer zu entfernen ist, so ist es auch mit der Anhaftung.

2. **Abneigung (khong-khro):** Abneigung ist die Wahrnehmung eines Objekts als unangenehm, manchmal übertreibt man seine unerwünschten Eigenschaften, egal ob es gut oder schlecht ist. Jedes Lebewesen, das eine Abneigung besitzt, hegt sie gegen ein bestimmtes Objekt.

3. **Unwissenheit über die Wahrheit (ma-rig-pa):** Unwissenheit ist ein Mangel an Verständnis der Wahrheit von Ursache und Wirkung und der Wahrheit der voneinander abhängigen Existenz. Letztendlich bedeutet es, unsere erleuchtete Natur nicht zu erkennen. Sie wird mit einer armen Person verglichen, die unwissentlich in einem Haus lebt, das auf einer Goldmine steht.

4. **Stolz (nga-rgyal):** Stolz ist die Unterscheidung zwischen sich selbst und anderen, die durch die falsche Vorstellung von einem inhärent existierenden Selbst entsteht, was zu einem Mangel an Respekt und zu Selbstüberschätzung führt. Das führt dazu, dass man sich selbst als größer oder kleiner als einen anderen betrachtet.

5. **Falsche Sicht (lta-ba):** Eine falsche Sichtweise ist das Aufrechterhalten einer starren und falschen Vorstellung davon, was untersucht wird. Sie

umfasst die extremen Ansichten des Eternalismus und des Nihilismus. Der Eternalismus vertritt die Vorstellung, dass etwas dauerhaft existiert, wie ein Schöpfergott als Quelle von allem. Nihilismus ist die Ansicht, die die Existenz subtiler Erscheinungen, wie eines Schöpfers oder Nirvanas, leugnet und die Idee eines Lebens nach dem Tod entweder ablehnt oder sie erst gar nicht untersucht. Es fehlt auch ein genaues Verständnis von Ursachen und Wirkungen. Aus buddhistischer Sicht fehlt diesen beiden extremen Ansichten eine voll entwickelte logische Untersuchung, daher können sie widerlegt werden, wenn sie rationalen Überlegungen unterworfen werden.

6. **Verblendeter Zweifel (the-tshoms):** Verblendeter Zweifel ist ein sehr negativer Zustand. Die Menschen denken oft, dass Zweifel keine so schwere Verblendung ist, allerdings ist es unmöglich die Erleuchtung mit Zweifel in unserem Geist zu erreichen. Um etwas zu erreichen, auch in unserem normalen Leben, müssen wir Vertrauen haben, dass wir es vollenden können. Wenn wir zaghaft handeln, dann werden unsere Handlungen schwach sein und wir werden schließlich aufgeben. Selbst kleinere Handlungen werden durch Vorbehalte schwächer und weniger zuverlässig. Der Zweifel, von dem wir hier sprechen, führt uns weg von der Weisheit oder hält uns in einem nicht hilfreichen, ständigen Zustand der Unsicherheit; das unterscheidet ihn von der Art des intelligenten Zweifels, der uns zu Weisheit führt.

ZWANZIG SEKUNDÄRE VERBLENDUNGEN

Abgeleitet von Abneigung

1. **Zorn (khro-ba):** Dieser unterscheidet sich von Ärger oder Hass, weil er eine flüchtige Reaktion ist, die sofortigen Schaden anrichtet, aber er hält nicht lange an.

2. **Groll (khon du 'dzin-pa):** Einen Groll hegen und sich an die Absicht klammern, den erlittenen Schaden zu erwidern. Nicht vergeben wollen.

3. **Feindseligkeit ('tshig-pa):** Ein Wunsch, Schaden anzurichten, entwickelt aus Zorn oder Wut.

4. **Schädlichkeit (rnam-par 'tshe-ba):** Ein Mangel an Wärme und Fürsorge für sich selbst und andere. Es ist der Wunsch, anderen Menschen oder sich selbst Unheil zuzufügen oder zu schaden, und dazu gehört auch, sich über das Leiden anderer zu freuen. Es ist das Gegenteil von Liebe und Mitgefühl.

Abgeleitet von Anhaftung

5. **Geiz (ser-sna):** Sich an seinem Besitz festhalten und ihn nicht aufgeben oder mit anderen teilen wollen.

6. **Aufregung (rgod-pa):** Eine Flatterhaftigkeit des Geistes gegenüber einem erwünschten Objekt. Sie unterscheidet sich von der Ablenkung, da unsere Aufmerksamkeit von ihrem Objekt abweicht, um sich stattdessen an etwas Attraktives zu erinnern oder zu denken, das wir früher erlebt haben.

7. **Selbstverliebtheit (rgyas-pa):** Eine eitle Haltung und Selbstgefälligkeit aufgrund der Anhaftung an etwas, das man hat, wie z. B. seinen Reichtum, seine Jugendlichkeit oder seine Kinder. Es ist eine Art von Erregung, die sich von Stolz und Arroganz unterscheidet.

Abgeleitet von Abneigung und Anhaftung

8. **Eifersucht (phrag-dog):** Die Unfähigkeit, den Erfolg oder das Glück anderer zu ertragen, weil man den Wunsch hat, für sich selbst Gewinn und Ehre zu erhalten.

Abgeleitet von Unwissenheit

9. **Verheimlichung ('chab-pa):** Der Wunsch, alle unethischen oder nicht-tugendhaften Handlungen zu verbergen, die man selbst oder jemand mit uns begangen hat, anstatt echte Reue zu empfinden.

10. **Faulheit (le-lo):** Wenn der Geist sich nicht mit etwas Konstruktivem beschäftigt oder sich nicht an tugendhaften Taten erfreut, weil er an vorübergehenden Freuden und oberflächlichen Tätigkeiten, wie dem Schlafen, hängt. Es ist das Gegenteil von Fleiß.

11. **Lethargie (rmugs-pa):** Eine Schwere des Geistes und des Körpers, die den Geist unklar und stumpf macht.

12. **Mangel an Vertrauen (ma dad-pa):** Mangelndes Vertrauen in sich selbst oder in ein Phänomen, das auf einer subtilen Ebene existiert. Es bezieht sich auch auf das mangelnde Interesse an dem, was wahr und tugendhaft ist, oder an den guten Eigenschaften anderer, was eine Unterstützung für die Faulheit ist.

13. **Vergesslichkeit (brjed ngas-pa):** Sie verursacht, dass wir unser Ziel aus den Augen verlieren und nicht klar an tugendhafte Handlungen denken. Sie tritt auf, wenn die Achtsamkeit durch störende Emotionen getrübt wird und einen Zustand der Ablenkung unterstützt, und ist damit mehr als „nur vergessen".

14. **Achtlosigkeit (bag-med):** Ein sorgloser, gleichgültiger Geist, der frei und ungehemmt handeln will, ohne die Tugend zu pflegen. Die absichtliche Suche nach geistiger Ablenkung, wie z. B. Tagträumen. Sie ist das Gegenteil von Gewissenhaftigkeit.

Abgeleitet von Anhaftung und Unwissenheit

15. **Täuschung (sgyu):** Andere zu täuschen, indem man vorgibt, tugendhafte Eigenschaften zu besitzen, die man nicht hat, um Gewinn und Ehre zu erringen.

16. **Heuchelei (gYo):** Eine betrügerische Haltung, motiviert von dem Wunsch nach Gewinn oder Ehre, die einen Weg sucht, wie man seine Fehler verbergen und vorgeben kann, Qualitäten zu besitzen, die man nicht hat. Sie unterscheidet sich leicht von der Verheimlichung, die der Wunsch ist, etwas zu verbergen, während die Heuchelei darin besteht, einen Weg zu finden, es zu verbergen.

Abgeleitet von Abneigung, Anhaftung und Unwissenheit

17. **Rücksichtslosigkeit (khrel med-pa):** Negative Handlungen nicht aufgeben, auch wenn sie für andere schädlich sein können. Nicht auf andere Menschen Rücksicht nehmen.

18. **Schamlosigkeit (ngo-tsha med-pa):** Unmoralische Taten nicht vermeiden und sich nicht darum kümmern, wie sich diese Handlungen auf einen selbst auswirken. Einen Mangel an Selbstachtung haben.

19. **Fehlende Selbstbeobachtung (shes-bzhin ma-yin):** Wenn der Geist sich der Handlungen von Körper, Sprache und Geist nicht vollständig gewahr oder aufmerksam ist und keine Maßnahmen ergreift, um unangemessenes Verhalten zu verhindern.

20. **Ablenkung (rnam-pa gYeng-ba):** Ein mentales Wandern angesichts eines Objekts, wodurch man sich auf ein tugendhaftes Objekt nicht mehr konzentrieren kann. Das unterscheidet sie von der Aufregung, weil sie nicht unbedingt auf ein anziehendes Objekts gerichtet ist; die Ablenkung kann in Richtung eines jeden Objekts gehen.

ELF TUGENDHAFTE GEISTESFAKTOREN

1. **Vertrauen (dad-pa):** Vertrauen, Glauben oder Hingabe an das Wahre und Tugendhafte zu haben. Dazu gehört auch das Interesse oder die Bewunderung für Dinge, wie verborgene Phänomene oder die heilsamen Eigenschaften anderer. Der Glaube, der durch bloßes Zuhören erzeugt wird, gilt als instabil, während das Vertrauen, das auf Weisheit basiert, die durch die Untersuchung und Analyse der eigenen Erfahrung gewonnen wird, unerschütterlich ist und nicht verloren gehen kann.

2. **Schamgefühl (ngo-tsha):** Ist eine moralische Selbstachtung, die tugendhafte Qualitäten respektiert und so Scham und Reue empfindet, wenn man unmoralische Taten begeht. Sie bildet die Grundlage, um von negativen Handlungen abzusehen, da sie sich darum sorgt, wie unser

Verhalten auf uns selbst wirkt.

3. **Anstand (khrel-yod-pa):** Das ist dem Schamgefühl insofern ähnlich, als es der Haltung entspricht, keine negative Handlungen zu begehen; aber aus einem Gefühl der Verlegenheit heraus sorgt man sich darum, wie das Verhalten auf andere, insbesondere auf heilige Wesen und edle Praktizierende, wirkt.

4. **Nicht-Anhaftung (ma chags-pa):** Keinen Wunsch nach weltlicher Existenz oder weltlichen Belangen haben und mit ausreichenden Mitteln zum Überleben zufrieden sein, ohne nach mehr zu verlangen. Das verhindert, dass man sich an negativen Handlungen beteiligt.

5. **Nicht-Hass (zhe-sdang med-pa):** Das Fehlen des Wunsches, Schaden anzurichten oder eine feindliche Haltung gegenüber einem Objekt oder einem anderen Lebewesen einzunehmen, die Schmerzen verursacht. Das verhindert, dass man sich in negative Handlungen verwickelt.

6. **Nicht-Unwissenheit (gti-mug med-pa):** Ein Verständnis und ein Gewahrsein für die Wahrheit zu haben, anstatt von den Verblendungen der geistigen Verwirrung und des Zweifels verdunkelt zu werden. Sie ist ein unterscheidendes Gewahrsein, das durch das Lesen und Hören des Dharma und das Nachdenken und Meditieren über seine Bedeutung erworben wird.

7. **Fleiß (brtson-'grus):** Begeistert und freudig danach streben, tugendhafte Handlungen zu vollbringen. Fleiß ist das Gegenmittel gegen Faulheit.

8. **Geschmeidigkeit des Geistes (shin-tu sbyangs-pa):** Das ist eine Flexibilität von Körper und Geist, um so lange wie gewünscht tugendhafte Handlungen auszuüben, ohne Unterbrechung durch schädliche körperliche und geistige Zustände, wie Zappeln oder geistiges Wandern.

9. **Gewissenhaftigkeit (bag yod):** Die ernsthafte Anwendung von Gewahrsein und Sorgfalt in Bezug darauf, was man annehmen und was man aufgeben sollte. Dies hilft, geistige Ruhe zu erreichen.

10. **Gleichmut (btang-snyoms):** Ein klarer Geist, frei von der Ablenkung durch störende Emotionen. Er ermöglicht, dass die geistige Aktivität mühelos und ungestört von Schwankungen oder Stumpfheit bleibt.

11. **Gewaltlosigkeit (rnam-par-mi-'tshe-ba):** Eine mitfühlende Haltung der Wärme und Fürsorge gegenüber anderen, das Verständnis für ihr Leiden und der Wunsch, dass sie frei von ihm und seinen Ursachen sein mögen. Ihre Aufgabe ist es zu vermeiden, anderen Schaden zuzufügen.

VIER VERÄNDERLICHE GEISTESFAKTOREN

1. **Schlaf (gnyid):** Der Schlaf bewirkt, dass sich das mit den fünf Sinnestoren verbundene Bewusstsein nach innen zurückzieht. Wenn der Geist, bevor es sich zurückzieht, Tugend besitzt, dann wird sich der Schlaf in Tugend verwandeln, während er, wenn das vorige Bewusstsein Unheilsames enthält, sich in Nicht-Tugend verwandeln wird. Deshalb wird er als veränderlich bezeichnet. Für Dharma-Praktizierende bieten der Schlaf- und Traumzustand wertvolle und wichtige Übungsmöglichkeiten, die wir in Kapitel 24 ausführlich diskutieren.

2. **Bedauern ('gyod):** Das bezieht sich auf geistige Unzufriedenheit, die durch das Nachdenken über eine frühere Handlung entsteht, was zu einer Veränderung Ihres geistigen Zustandes und des zukünftigen karmischen Potenzials führt. Wenn Sie in der Vergangenheit oder in einem früheren Leben etwas falsch gemacht haben, prägt das negative karmische Eindrücke in Ihrem Geistesstrom, aber echtes Bedauern oder Reue wird Ihren Geistesstrom reinigen und verhindern, dass die negative Folge eintritt.

3. **Grobes Erkennen (rtog-pa):** Das ist die allgemeine Untersuchung eines Objekts, die Suche nach ungefähren oder groben Ideen und Details. Es ist veränderlich, weil sich die eigene Sichtweise durch weitere Untersuchungen ändern kann und die Untersuchung selbst das Potenzial hat, tugendhaft oder nicht-tugendhaft zu sein. Dadurch kann es sehr

nützlich sein, um die richtige Sichtweise für die eigene Dharmapraxis festzulegen.

4. **Unterscheidungsfähigkeit (dpyod-pa):** Das ist die genauere Analyse eines Objekts, um spezifische Details und Bedeutungen zu untersuchen und zu unterscheiden. So prüft beispielsweise beim Korrekturlesen eines Buches das grobe Erkennen, ob alle Seiten vorhanden sind, während die Unterscheidungsfähigkeit die Rechtschreibfehler erkennt. Je größer Ihre Unterscheidungsfähigkeit, desto effektiver werden Sie in der Lage sein, Ihre Sichtweise oder Wahrnehmung zu verändern, was zu einer korrekten Motivation und Handlung führt.

ANHANG ZWEI

Überblick über Band Eins

TEIL EINS: RAUM FÜR REFLEXION SCHAFFEN

1. Den Geist verstehen 1
   1.1 Der Geist – was ist das? 3
   1.2 Die Kontinuität des Geistes 6
   1.3 Die Subtilität des Geistes 8
   1.4 Ein Modell des Geistes 12
        1.4.1 Primäre und sekundäre Arten des Geistes 12
        1.4.2 Die acht Arten des Bewusstseins 14
                1.4.2.1 Sinnesbewusstsein 14
                1.4.2.2 Geistiges Bewusstsein 15
        1.4.3 Wie geistiges Bewusstsein entsteht 20
   1.5 Zusamenfassung 23

2. Mit destruktiven Geisteszuständen arbeiten 27
   2.1 Die einundfünfzig Geistesfaktoren 27
        2.1.1 Allgegenwärtige Geistesfaktoren 28
        2.1.2 Objektbestimmende Geistesfaktoren 31
        2.1.3 Wurzelverblendungen 33
        2.1.4 Sekundäre Verblendungen 34
        2.1.5 Tugendhafte Geistesfaktoren 35
        2.1.6 Veränderliche Geistesfaktoren 36
   2.2 Eine gültige Wahrnehmung herstellen 37
        2.2.1 Direkte Wahrnehmung 38
        2.2.2 Logische Argumentation 39
        2.2.3 Vertrauen in eine Autorität 40

2.3 Destruktive emotionale Zustände bewältigen — 43
   2.3.1 Die sechs Wurzelverblendungen und ihre Gegenmittel — 44
      2.3.1. Anhaftung — 44
      2.3.1.2 Abneigung — 46
      2.3.1.3 Unkenntnis der Wahrheit — 48
      2.3.1.4 Falsche Sichtweise — 49
      2.3.1.5 Stolz (Arroganz) — 51
      2.3.1.6 Verblendeter Zweifel — 52
2.4 Zusammenfassung — 55

3. Wie man meditiert — 57
3.1 Was ist Meditation? — 58
3.2 Kategorien der Meditation — 59
3.3 Die Grundstruktur der Meditationspraxis — 61
3.4 Die Vorteile von Meditation — 62
3.5 Eine Meditationspraxis beginnen — 64
   3.5.1 Ein Meditationsobjekt auswählen — 65
   3.5.2 Die richtige Umgebung für die Meditation schaffen — 68
      3.5.2.1 Der richtige Ort — 69
      3.5.2.2 Die richtige Körperhaltung — 69
      3.5.2.3 Die richtige Einstellung — 74
      3.5.2.4 Einleitende Übungen — 74
3.6 Hindernisse für die Meditationspraxis — 77
   3.6.1 Die fünf Fehler und die acht Gegenmittel — 77
      3.6.1.1 Faulheit — 78
      3.6.1.2 Die Anweisungen nicht kennen oder vergessen — 79
      3.6.1.3 Geistige Dumpfheit und Unruhe — 79
      3.6.1.4 Mangelnde Anwendung — 82
      3.6.1.5 Übermäßige Anwendung — 82
   3.6.2 Die Fünf Hindernisse — 83
      3.6.2.1 Sinnliches Verlangen — 83
      3.6.2.2 Böswilligkeit — 84
      3.6.2.3 Dumpfheit und Schläfrigkeit — 84
      3.6.2.4 Unruhe — 85
      3.6.2.5 Unsicherheit oder Zweifel — 85
3.7 Zusamenfassung — 86

ÜBERBLICK ÜBER BAND EINS

4. Stufen der Meditation **89**
    4.1 Den Atem als Objekt verwenden 90
    4.2 Die fünf Stufen und neun Zustände der Aufmerksamkeit 92
        4.2.1 Achtsamkeit auf den gegenwärtigen Moment 92
        4.2.2 Den Geist auf ein Meditationsobjekt ausrichten 94
            4.2.2.1 Den Geist auf ein Objekt ausrichten 96
            4.2.2.2 Kontinuierliches Ausrichten 97
        4.2.3 Den Geist auf dem Meditationsobjekt halten 98
            4.2.3.1 Stückhaftes Ausrichten 100
            4.2.3.2 Geschlossenes Ausrichten 100
            4.2.3.3 Den Geist zähmen 100
        4.2.4 Feinabstimmung des Geistes 101
            4.2.4.1 Den Geist beruhigen 105
            4.2.4.2 Den Geist vollständig beruhigen 105
        4.2.5 Den Geist vereinen 106
            4.2.5.1 Einspitzigkeit 106
            4.2.5.2 Müheloses Verweilen 107
    4.3 Das Erreichen von Shamatha 107
    4.4 Die vier Anwendungen der Achtsamkeit 109
    4.5 Eine Zusammenfassung des Pfades von Shamatha 111
    4.6 Zusammenfassung 112

TEIL ZWEI: ÜBER DIE GEGENWÄRTIGE SITUATION NACHDENKEN
5. Wie man Dharma praktiziert **117**
    5.1 Die acht weltlichen Dharmas 119
        5.1.1 Gewinn und Verlust 120
        5.1.2 Vergnügen und Schmerz 121
        5.1.3 Anerkennung und Ignoriertwerden 123
        5.1.4 Lob und Kritik 124
    5.2 Dharmapraxis 127
    5.3 Erkenntnisse durch die analytische Meditation entwickeln 130
    5.4 Die vier Überzeugungen der Entsagung 133
    5.5 Zusammenfassung 136

6. Das karmische Gesetz von Ursache und Wirkung ... **139**
   6.1 Karmische Samen und der Geistesstrom ... 142
      6.1.1 Ständige Wiedergeburt ... 145
   6.2 Die vier natürlichen Gesetze des Karmas ... 147
      6.2.1 Die Ergebnisse sind eindeutig ... 148
      6.2.2 Wenn es ein Ergebnis gibt, muss es eine Ursache geben ... 148
      6.2.3 Wenn es eine Ursache gibt, muss es auch ein Ergebnis geben ... 149
      6.2.4 Das Karma weitet sich aus ... 150
   6.3 Wege, das Karma zu verstehen ... 152
      6.3.1 Karma, das von einem selbst und anderen erlebt wird ... 152
         6.3.1.1 Kollektives Karma ... 153
         6.3.1.2 Individuelles Karma ... 154
      6.3.2 Karma, das auf der Intensität der Absicht beruht ... 156
         6.3.2.1 Karma mit schwacher Absicht und nicht vollendet ... 156
         6.3.2.2 Karma mit schwacher Absicht und vollendet ... 157
         6.3.2.3 Karma mit starker Absicht, aber nicht vollendet ... 157
         6.3.2.4 Karma mit starker Absicht und Vollendung ... 158
      6.3.3 Karma, das auf der Größe des Ergebnisses basiert ... 160
         6.3.3.1 Ergebnis, das in diesem Leben erfahren wird ... 160
         6.3.3.2 Karmisches Ergebnis, das man im nächsten Leben erfährt ... 161
         6.3.3.3 Ein karmisches Ergebnis, das in späteren Leben erfahren wird ... 161
      6.3.4 Karma zum Zeitpunkt des Todes ... 163
         6.3.4.1 Die Reihenfolge, in der Karma reift ... 164
         6.3.4.2 Werfendes und vervollständigendes Karma ... 165
      6.3.5 Karma, das auf der Art des Ergebnisses basiert ... 167
         6.3.5.1 Das karmische Ergebnis ähnelt der Ursache ... 167
         6.3.5.2 Die karmische Wirkung auf die Umgebung ... 168
         6.3.5.3 Die unbestimmte Anzahl karmischer Ergebnisse ... 168
   6.4 Eine ethische Grundlage für das Leben schaffen ... 170
      6.4.1 Die zehn nicht-tugendhaften Handlungen aufgeben ... 172
      6.4.2 Die zehn tugendhaften Handlungen pflegen ... 174
   6.5 Zusammenfassung ... 177

ÜBERBLICK ÜBER BAND EINS

7. Die leidhafte Natur der zyklischen Existenz **181**
  7.1 Wie Karma zur zyklischen Existenz führt 182
      7.1.1 Die zwölf Glieder des abhängigen Entstehens 183
           7.1.1.1 Hervorrufende Ursachen 184
           7.1.1.2 Hervorgerufene Ergebnisse 186
           7.1.1.3 Reifende Ursachen 188
           7.1.1.4 Gereifte Ergebnisse 190
  7.2 Die Natur des Leidens verstehen 194
      7.2.1 Die drei Ebenen des Leidens 196
           7.2.1.1 Das Leiden des Schmerzes 197
           7.2.1.2 Das Leiden des Wandels 197
           7.2.1.3 Alles-durchdringendes Leiden 198
      7.2.2 Die einzelnen Leiden innerhalb der sechs Bereiche 200
           7.2.2.1 Die Höllenbereiche 202
           7.2.2.2 Die Bereiche der Hungergeister 208
           7.2.2.3 Die Bereiche der Tiere 210
           7.2.2.4 Die Bereiche der Menschen 212
           7.2.2.5 Der Bereich der Halbgötter 219
           7.2.2.6 Die Bereiche der Götter 221
  7.3 Zusammenfassung 226

8. Die kostbare Gelegenheit, die ein menschliches Leben bietet **229**
  8.1 Die Merkmale eines kostbaren menschlichen Lebens 230
      8.1.1 Die acht Freiheiten 231
      8.1.2 Die zehn Vorteile 235
           8.1.2.1 Die fünf individuellen Vorteile 236
           8.1.2.2 Die fünf Vorteile der Umstände 238
  8.2 Die Seltenheit, dieses kostbare menschliche Leben zu erlangen 241
      8.2.1 Die Ursachen für das Erlangen eines kostbaren menschlichen Lebens .. 242
      8.2.2 Beispiele für die Seltenheit der Erlangung eines kostbaren menschlichen Lebens 244
      8.2.3 Vergleich der Anzahl der Wesen in den sechs Bereichen 245
  8.3 Der große Vorteil, dieses kostbare menschliche Leben zu erlangen .. 246
  8.4 Hindernisse für die Ausübung des Dharma 249
      8.4.1 Die acht temporären Umstände 249
      8.4.2 Die acht ungeeigneten Einstellungen 251
  8.5 Diese Gelegenheit optimal nutzen 252

8.6 Zusammenfassung 253
9. Über Tod und Vergänglichkeit reflektieren **255**
9.1 Grobe und subtile Vergänglichkeit 257
9.2 Die sieben Betrachtungen über die grobe Vergänglichkeit 259
    9.2.1 Die Entwicklung der Außenwelt 259
    9.2.2 Die Vergänglichkeit weltlicher Wesen 264
    9.2.3 Die Vergänglichkeit großer Herrscher 265
    9.2.4 Die Vergänglichkeit erleuchteter Wesen 266
    9.2.5 Weitere Beispiele für Vergänglichkeit 268
    9.2.6 Tod 269
        9.2.6.1 Die Gewissheit des Todes 270
        9.2.6.2 Die Ungewissheit über den Zeitpunkt des Todes ... 271
    9.2.7 Das ständige Erkennen der Vergänglichkeit 273
9.3 Zusammenfassung 277

TEIL DREI: VERTRAUEN IN EINEN PFAD ENTWICKELN

10. Einen spirituellen Pfad wählen **283**
10.1 Arten der Pfade 284
    10.1.1 Einteilung der Pfade nach der Reichweite 284
    10.1.2 Einteilung der Pfade nach der Motivation 285
    10.1.3 Einteilung der Pfade nach der Authentizität 287
10.2 Eine Rime-Philosophie aufbauen 290
    10.2.1 Toleranz 291
    10.2.2 Aufnahmebereitschaft 292
    10.2.3 Neugier 294
    10.2.4 Flexibilität 296
10.3 Die Wichtigkeit, sich auf eine authentische Linie zu verlassen ... 300
10.4 Einen Kontext für den Kalachakra-Pfad erstellen 302
10.5 Zusamenfassung 303

11. Einführung in den Buddhismus **307**
11.1 Das Leben des Buddha 308
11.2 Die drei Drehungen des Dharmarades 315
11.3 Kategorien von buddhistischen Fahrzeugen 317
    11.3.1 Einteilung der Fahrzeuge nach ihrer Verbreitung 318

11.3.2 Einteilung der Fahrzeuge nach ihrem Ansatz ... 319
11.3.3 Einteilung der Fahrzeuge nach ihrem Schwerpunkt ... 320
11.4 Grund, Pfad und Ergebnis ... 322
11.4.1 Der Grund – Die Vier Siegel ... 323
11.4.1.1 Alle zusammengesetzten Phänomene sind vergänglich ... 324
11.4.1.2 Alle bedingten Phänomene sind unbefriedigend ... 327
11.4.1.3 Allen Phänomenen fehlt die wahre Existenz ... 330
11.4.1.4 Nirvana ist vollkommener Friede jenseits aller Extreme ... 335
11.4.2 Pfad – Die drei höheren Schulungen ... 337
11.4.3 Das Ergebnis – Die zwei Ansammlungen ... 339
11.5 Zusammenfassung ... 341

12. Das Grundlagen-Fahrzeug ... 343
12.1 Grundlagen-Fahrzeuge ... 345
12.1.1 Das Fahrzeug des Hörers ... 346
12.1.2 Das Fahrzeug des Einzel-Erwachten ... 347
12.2 Die Grundlage – Die Vier Edlen Wahrheiten ... 348
12.2.1 Die Wahrheit des Leidens ... 349
12.2.1.1 Vergänglichkeit ... 349
12.2.1.2 Leiden ... 349
12.2.1.3 Leerheit ... 350
12.2.1.4 Selbstlosigkeit ... 350
12.2.2 Die Wahrheit über den Ursprung ... 351
12.2.2.1 Entstehung ... 351
12.2.2.2 Ursache ... 351
12.2.2.3 Bedingung ... 352
12.2.2.4 Erzeugung ... 352
12.2.3 Die Wahrheit über die Beendigung ... 253
12.2.3.1 Beendigung ... 353
12.2.3.2 Friede ... 354
12.2.3.3 Vortrefflichkeit ... 354
12.2.3.4 Heraustreten ... 355
12.2.4 Die Wahrheit des Pfades ... 355
12.2.4.1 Pfad ... 355
12.2.4.2 Argumentation ... 356
12.2.4.3 Errungenschaft ... 356

      12.2.4.4 Völlige Freiheit … 357
    12.2.5 Die Reihenfolge der vier edlen Wahrheiten … 357
  12.3 Pfad – Der Edle Achtfache Pfad … 359
    12.3.1 Rechte Sicht … 360
    12.3.2 Rechte Absicht … 360
    12.3.3 Rechte Rede … 361
    12.3.4 Rechtes Handeln … 362
    12.3.5 Rechter Lebensunterhalt … 362
    12.3.6 Rechtes Bemühen … 363
    12.3.7 Rechte Achtsamkeit … 363
    12.3.8 Rechte Konzentration … 364
  12.4 Ergebnis – Persönliche Befreiung … 364
    12.4.1 Die vier Stufen von Arya-Wesen … 366
  12.5 Zusammenfassung … 371

13. Das Große Fahrzeug … 373

  13.1 Das Bodhisattva-Fahrzeug … 377
  13.2 Die Grundlage – Die Zwei Wahrheiten … 378
    13.2.1 Buddhistisch-philosophische Lehrmeinungen … 380
  13.3 Der Pfad – Der Weg eines Bodhisattvas … 383
    13.3.1 Bodhicitta … 383
    13.3.2 Die Sechs Vollkommenheiten … 385
      13.3.2.1 Großzügigkeit … 385
      13.3.2.2 Ethische Disziplin … 385
      13.3.2.3 Geduld … 386
      13.3.2.4 Freudige Anstrengung … 387
      13.3.2.5 Konzentration … 387
      13.3.2.6 Weisheit … 388
  13.4 Ergebnis – Erleuchtung … 390
    13.4.1 Die zehn Bodhisattva-Bhumis … 393
      13.4.1.1 Erste Bhumi – Höchste Freude … 394
      13.4.1.2 Zweite Bhumi – Makellos … 395
      13.4.1.3 Dritte Bhumi – Die Leuchtende … 396
      13.4.1.4 Vierte Bhumi – Die Strahlende … 397
      13.4.1.5 Fünfte Bhumi – Schwer zu überwinden … 397
      13.4.1.6 Sechste Bhumi – Die Annäherung … 398

13.4.1.7 Siebte Bhumi – Weit gegangen 398
13.4.1.8 Achte Bhumi – Die Unerschütterliche 399
13.4.1.9 Neunte Bhumi – Gute Intelligenz 400
13.4.1.10 Zehnte Bhumi – Dharmawolke 401
13.4.2 Der Zustand der Buddhaschaft 402
13.5 Zusammenfassung 403

14. Das Vajra-Fahrzeug **407**
14.1 Tibetischer Buddhismus 408
14.1.1 Bön 411
14.1.2 Nyingma 412
14.1.3 Sakya 412
14.1.4 Kagyü 413
14.1.5 Jonang 414
14.1.6 Gelug 415
14.2 Die neun fortschreitenden Fahrzeuge der Nyingma-Tradition 416
14.2.1 Die Ursachen-Fahrzeuge (Sutrayana) 417
14.2.2 Die Ergebnisfahrzeuge (Tantrayana) 418
14.2.2.1 Äußere Tantras 418
14.2.2.2 Innere Tantras 420
14.3 Höchstes Yogatantra gemäß den Sarma-Traditionen 423
14.4 Grundlage – Buddhanatur 424
14.4.1 Die letztendliche Wahrheit klar erkennen 427
14.4.1.1 Zwei Arten von Ergebnissen 427
14.4.1.2 Zwei Arten der Linie 428
14.4.1.3 Zwei Arten der Leerheit 429
14.4.1.4 Zwei Arten der Reinheit 430
14.5 Der Pfad – Die zwei Stufen 431
14.5.1 Ermächtigung 431
14.5.2 Erzeugungsstufe 432
14.5.3 Vollendungsstufe 433
14.6 Ergebnis – Buddhaschaft in einem einzigen Leben 435
14.6.1 Die vier Kayas des Vajradhara 438
14.7 Zusammenfassung 440

Glossar

- A -

ABHÄNGIGE NATUR: Syn.: fremdbestimmte Natur. Die Existenz von Dingen in Beziehung zueinander, ungeachtet unserer Konzepte und Zuschreibungen. Sie sind nicht wahrhaft existent, weil sie für ihre Existenz von Ursachen und Bedingungen, dem Zusammenschluss von Teilen oder der Bildung von Konzepten abhängen.

ABHÄNGIGES ENTSTEHEN: Lehre über die Wechselbeziehung von Phänomenen. Eng mit LEERHEIT verbunden. Siehe ZWÖLF GLIEDER DES ABHÄNGIGEN ENTSTEHENS.

ABHIDHARMA: Einer der drei Körbe der Lehren des Buddha, der die buddhistische Psychologie und Logik betont. Es enthält eine Beschreibung des Universums, der verschiedenen Arten von Wesen, der Schritte auf dem Weg zur Erleuchtung, falsche Ansichten und so weiter.

ABHIDHARMAKOSHA: Ein buddhistischer Klassiker von Vasubandhu; der früheste Versuch einer systematischen Darstellung der buddhistischen Philosophie, Psychologie und Kosmologie.

ABSOLUTE WAHRHEIT: Siehe LETZTENDLICHE WAHRHEIT.

AGGREGAT: Geistige oder körperliche Anhäufung/Ansammlung. Siehe FÜNF AGGREGATE.

AKSHOBHYA (Skt.): Name einer GOTTHEIT. Eine der FÜNF BUDDHAFAMILIEN, die das Bewusstseins-AGGREGAT aller Buddhas und die Weisheit des allumfassenden Raumes (DHARMADHATU-Weisheit) repräsentiert.

ALAYA (Skt.): Das Grundbewusstsein, in dem alles Karma „gespeichert" ist. Dies hat sowohl reine als auch unreine Aspekte. Siehe ACHT BEWUSSTSEINSARTEN.

AMITABHA: Name einer GOTTHEIT. Eine der FÜNF BUDDHAFAMILIEN, die das Wahrnehmungs-AGGREGAT aller Buddhas und ihre unterscheidende Weisheit repräsentiert.

AMOGHASIDDHI (Skt.): Name einer GOTTHEIT. Eine der FÜNF BUDDHA-FAMILIEN, die das AGGREGAT der gestaltenden Faktoren aller Buddhas und ihre alles-vollendende Weisheit repräsentiert.

ANALYTISCHE MEDITATION: Eine Meditationsmethode, bei der man eine Frage formuliert (zum Beispiel „Ist das Selbst beständig?") und sich darauf konzentriert, bis eine Art von direktem Verständnis erreicht ist. Siehe auch VIPASHYANA.

ANGEBORENE VERDUNKELUNGEN: Die angeborenen fehlerhaften Geisteszustände, die seit anfangsloser Zeit in allen Wesen vorhanden sind und die unabhängig von fehlerhaften

Schriften oder Schlussfolgerungen funktionieren. Sie unterscheiden sich von den ERWORBE-
NEN VERDUNKELUNGEN.

ANHAFTUNG: Die Unfähigkeit, sich von einer Person oder Sache zu trennen, was letztendlich zu LEIDEN führt, wobei die guten Eigenschaften des Objekts gewöhnlich übertrieben werden. Sie ist eine der größten geistigen VERBLENDUNGEN und verhindert das Erlangen der ERLEUCHTUNG.

ANSTREBENDES BODHICITTA: Dieses Bodhicitta erlangt man, indem man den Geist mit Praktiken wie den VIER UNERMESSLICHEN und TONGLEN trainiert (im Unterschied zum AUSÜBENDEN BODHICITTA).

ANUTTARAYOGATANTRA (Skt.): Höchstes YogaTANTRA. Siehe VIER TANTRAKLASSEN. Tantraklasse, die die Methode enthält, sexuelle Erfahrung in den spirituellen Pfad umzuwandeln.

ANUYOGA: Der zweite der drei inneren Yogas und das achte der neun Fahrzeuge (Yanas) nach der Klassifikation der NYINGMA-Schule. Es betont die VOLLENDUNGSSTUFE, insbesondere die Meditation über die Kanäle, inneren Winde und subtilen Essenzen.

ÄON: „Großes Äon": Lebensdauer des Universums (Skt.: KALPA). „Kleines Äon": ein Zwanzigstel eines großen Äons.

ARHAT (Skt.): Einer, der den Feind des dualistischen Greifens nach dem Ich (Festhalten des Ichs) zerstört hat und somit die BEFREIUNG von der ZYKLISCHEN EXISTENZ vollendet hat, auch bekannt als Feindzerstörer. Es gibt drei Arten von Arhats: SHRAVAKA-Arhat, PRATYEKABUDDHA-Arhat, BUDDHA (oder Bodhisattva-Arhat).

ARYA (Skt.): Erhabener, Hoher. Einer, der die direkte meditative Erfahrung der LEERHEIT gemacht hat, zumindest den Pfad der Einsicht erlangt hat, einen der FÜNF PFADE. Siehe auch ARHAT.

ASURA (Skt.): Wesen, das im Asura- oder Halbgötter-Bereich der ZYKLISCHEN EXISTENZ lebt, in Sichtweite der GÖTTER.

ATISHA: Auch Dipamkara genannt; ein großer indischer Gelehrter, der 1042 nach Tibet kam und eine große Reinigung des damaligen Buddhismus durchführte. Er gründete die KADAMPA-Schule.

ATIYOGA: Der höchste der drei inneren Yogas und das letzte der neun Fahrzeuge (Yanas) gemäß der NYINGMA-Schule. Er beinhaltet das Praxissystem, das als DZOGCHEN, die Große Vollendung, bekannt ist.

AUSSTRAHLUNGSKÖRPER: Siehe NIRMANAKAYA.

AUSÜBENDES BODHICITTA: Ein Bodhicitta, das von den Bodhisattva-Gelübden gestützt wird (im Gegensatz zum ANSTREBENDEN BODHICITTA); es schließt die Praxis der SECHS VOLLKOMMENHEITEN ein.

AVADHUTI (Skt.): siehe ZENTRALKANAL.

AVALOKITESHVARA (Skt.): 1. Name der GOTTHEIT, die das MITGEFÜHL aller BUDDHAS repräsentiert; Chenrezig auf Tib. 2. Einer der Hauptschüler von SHAKYAMUNI BUDDHA.

- B -

BARDO (Tib.): Zwischenzustand der Existenz oder eine beliebige Übergangszeit. Es gibt insgesamt SECHS BARDOS: den Zustand des Wachens, des Träumens, der Meditation, des Sterbens, des Dharmata (des Strahlens der Erleuchtung) und des Werdens (der Zeit zwischen Tod und Wiedergeburt). Üblicherweise bezieht sich der Begriff BARDO einfach auf den Bardo des Werdens.

BEFREIUNG (individuelle Befreiung): Zustand nach dem Entfernen der LEIDBRINGENDEN VERDUNKELUNGEN und des KARMAS, die eine unkontrollierte Wiedergeburt in der ZYKLISCHEN EXISTENZ verursachen.

BEGIERDEBEREICH: Einer der DREI BEREICHE innerhalb der ZYKLISCHEN EXISTENZ, wo Wesen die fünf äußeren Sinnesobjekte (Form, Klang, Geruch, Berührung und Geschmack) genießen und wo das LEID des Leidens erlebt wird. Er besteht aus den SECHS BEREICHEN VON SAMSARA (einschließlich der Götter des Begierdebereichs) und unterscheidet sich von den FORM- und FORMLOSEN BEREICHEN der Götter.

BERG MERU: Nach tibetischer Kosmologie ein riesiger Berg im Zentrum des Universums; wird häufig in der Visualisierungspraxis angewendet.

BHAGAVAN (Skt.): Ein Beiname des Buddha. Jemand, der die VIER MARAS überwunden hat, alle guten Eigenschaften der Verwirklichung besitzt und jenseits von SAMSARA und NIRVANA ist.

BHUMI (Skt.): wörtl.: Ebene. Bezieht sich üblicherweise auf die zehn Stufen des Trainings eines Bodhisattvas (Bodhisattva-Bhumi) auf dem Pfad der Gewöhnung, einem der FÜNF PFADE, der auf den Pfad der Einsicht folgt. Auf jeder Bhumi wird eine der ZEHN VOLLKOMMENHEITEN perfektioniert.

BODHICITTA (Skt.): Der Geist der Erleuchtung oder das Herz des erleuchteten Geistes. Die Sehnsucht, zum Wohl anderer vollständige Erleuchtung zu erlangen. Der Geist ist auf das Erreichen der Buddhaschaft ausgerichtet, um allen FÜHLENDEN WESEN zu helfen. „Relatives Bodhicitta" ist entweder AUSÜBENDES oder ANSTREBENDES Bodhicitta. „Endgültiges Bodhicitta" oder „Bodhicitta der natürlichen Realität" ist die WEISHEIT, die, durch relatives Bodhicitta motiviert, direkt die LEERHEIT erkennt.

BODHISATTVA (Skt., Changchup Sempa auf Tib.): Ein Krieger der Erleuchtung, ein Wesen, das nach Buddhaschaft strebt, um allen FÜHLENDEN WESEN von größtmöglichem Nutzen zu sein. 1. Im Allgemeinen jemand, der die Bodhisattva-Gelübde abgelegt hat. 2. Im engeren Sinn ein Wesen, das dieses Gelübde abgelegt und auch spontan Bodhicitta erlangt hat.

BODHISATTVA-GELÜBDE (oder Bodhicitta-Gelübde): Heilige Verpflichtungen, sich selbst und anderen zu helfen, die zur Erleuchtung führen; sie geben spezifische Richtlinien vor, wie man Bodhicitta entwickelt und erhält. Es gibt achtzehn Wurzelgelübde und sechsundvierzig Nebengelübde.

BRAHMA: Im Buddhismus wird Brahma nicht als ewige Gottheit betrachtet (wie in der hinduistischen Tradition) sondern als Herrscher der Götter des FORMBEREICHES.

BRUCH EINES GELÜBDES: Wenn die VIER FAKTOREN, DIE ZUM BRUCH EINES GELÜBDES FÜHREN, vorhanden sind und eine bestimmte Zeitspanne vergangen ist, ohne ein Gefühl von Reue.

BUDDHA (Skt., Sang-gye auf Tib.): Der Erleuchtete/Erwachte/Allwissende. Einer, der alle Verdunkelungen gereinigt und alle guten Eigenschaften und die beiden Arten der Allwissenheit entwickelt hat: die letztendliche Natur und Vielfalt aller Erscheinungen zu kennen. „Der Buddha" bezieht sich normalerweise auf SHAKYAMUNI BUDDHA, aber es gibt in Wirklichkeit eine unendliche Anzahl von Buddhas, die Erleuchtung erlangt haben oder erlangen werden.

BUDDHA-DHARMA (Skt.): 1. Die Lehren des BUDDHA (der Dharma der Übertragung) 2. Die inneren VERWIRKLICHUNGEN, die durch die Praxis der Lehren Buddhas erreicht werden (der Dharma der Verwirklichung).

BUDDHANATUR (Tathagatagarbha auf Skt.): Das Potenzial aller FÜHLENDEN WESEN, ein BUDDHA zu werden.

BUDDHASCHAFT: Vollständige Erleuchtung oder Allwissenheit, frei von den Extremen des Samsara und des individuellen Friedens von Nirvana, auch als nicht-verweilendes Nirvana bezeichnet.

BUDDHISMUS: Religion, Philosophie gegründet von SHAKYAMUNI BUDDHA. Alle buddhistischen Schulen anerkennen die VIER SIEGEL.

BUDDHIST: Person, die ZUFLUCHT zu den DREI JUWELEN genommen hat und der Philosophie der VIER SIEGEL zustimmt.

- C -

CHAKRA (Skt.): Rad, Kreis. Ein Brennpunkt, aus dem sekundäre (Energie-)Kanäle aus dem ZENTRALKANAL abzweigen.

CHENREZIG (Tib.): Siehe AVALOKITESHVARA.

CHITTAMATRA (Skt.): Nur-Geist-Schule, ein buddhistisches philosophisches System, das davon ausgeht, dass nur der Geist wirklich existiert. Siehe VIER LEHRMEINUNGEN.

- D -

DAKA (Skt.): Männliches Äquivalent zu DAKINI.

DAKINI (Skt.): Weibliche tantrische BUDDHA und Frauen, die eine direkte VERWIRKLICHUNG der LEERHEIT mit dem GEIST DES KLAREN LICHTS erlangt haben. Auch das weibliche Prinzip, verbunden mit Weisheit.

DEGENERIERTES ZEITALTER: Ein Zeitraum mit den FÜNF DEGENERATIONEN.

DEVADATTA (Skt.): Name des Cousins von SHAKYAMUNI BUDDHA, der den BUDDHA voller Fehler sah.

DHAMMAPADA (Pali): beliebteste Sammlung von Sprüchen des Buddha im Pali-Kanon.

DHANYAKATAKA: Ort in Südindien, an dem der BUDDHA das KALACHAKRA-TANTRA gelehrt haben soll.

DHARMA (Skt.): Lehre, Gesetz, Wahrheit. 1. Was LEIDEN verhindert; bezieht sich normalerweise auf den BUDDHA-DHARMA. 2. Jegliche Objekte der Erkenntnis. 3. Religion oder religiöses Wissen. 4. VERWIRKLICHUNGEN des Pfades und das daraus resultierende Beenden des LEIDENS.

DHARMABESCHÜTZER: Hüter der Lehren des BUDDHA, der seine Übertragung vor Verwässerung oder Verzerrung schützt. 1. Weltliche Beschützer: gewöhnliche GÖTTER, Geister usw., durch einen tantrischen GURU verpflichtet, den Buddhismus und seine Praktizierenden zu schützen. 2. Nicht-weltlich: Manifestationen von BUDDHAS oder Bodhisattvas in zornvoller Form, die die Praktizierenden schützen.

DHARMADHATU (Skt.): Der allesdurchdringende Raum oder der Grund für alle Wesen sowie die Quelle aller Phänomene. Alle drei KAYAS der Erleuchtung manifestieren sich aus dieser Realität, ebenso alle konventionellen Phänomene. Der DHARMAKAYA ist der erleuchtete Aspekt des Dharmadhatu und die Quelle aller erleuchteten Handlungen.

DHARMAKAYA (Skt.): Wahrheitskörper eines BUDDHA, der reine, allwissende Geist eines BUDDHA, Ergebnis der Transformation des gewöhnlichen GEISTES. Bezieht sich auch auf den Aspekt der LEERHEIT der BUDDHASCHAFT. Siehe DREI BUDDHAKÖRPER.

DHARMAPALA (Skt.): Siehe DHARMABESCHÜTZER.

DHARMODGATA: Bodhisattva, von dem Sadaprarudita die Lehren über die transzendente Weisheit erhielt.

DHYANA (Skt.): siehe JHANA.

DOLPOPA SHERAB GYALTSEN (Tib., 1292 – 1361): Hochverwirklichter Meister und Begründer der Jonang-Tradition, wie sie noch heute fortgeführt wird; er vereinte die Übertragungslinien des ZHENTONG-SUTRA und des KALACHAKRA-TANTRA

DZOGCHEN (Tib.): Tiefgründige Praxis der NYINGMA-Tradition, auch bekannt als die Große Vollkommenheit.

- E -

EINSAMER VERWIRKLICHER: Siehe PRATYEKABUDDHA

EMOTIONALE VERDUNKELUNGEN: Siehe LEIDBRINGENDE VERDUNKELUNGEN.

ENERGIEKANAL: Kanäle innerhalb des Körpers, durch die der innere Wind (Tib. LUNG, Skt. Prana) fließt.

ENTSAGUNG: Die Entschlossenheit, frei zu sein von – oder herauszutreten aus – dem LEIDEN der ZYKLISCHEN EXISTENZ, ohne länger an den Freuden der ZYKLISCHEN EXISTENZ anzuhaften, was zu mehr LEIDEN und VERBLENDUNGEN führt.

ERLEUCHTUNG: Syn.: Buddhaschaft, vollständige(s) Erleuchtung/Erwachen. Höchste Entwicklungsstufe, die alle VERDUNKELUNGEN und karmischen Prägungen für immer beseitigt und alle guten Qualitäten und die WEISHEIT in ihrem vollen Umfang entwickelt hat. Erleuchtung ersetzt die individuelle BEFREIUNG.

ERMÄCHTIGUNG (Skt.: Abhisheka): Verleihung der Erlaubnis und einer besonderen potentiellen Kraft, einen bestimmten Teil des TANTRA zu praktizieren; wird von einem tantrischen GURU durch ein Ritual erteilt, das in der Regel ein Versprechen zur Einhaltung bestimmter tantrischer Verpflichtungen beinhaltet.

ERWORBENE VERDUNKELUNGEN: Jene intellektuell erworbenen Geisteszustände, die durch das Festhalten an falschen Glaubenssystemen oder falschen Ansichten entstehen, die einen über viele Lebenszeiten beeinflusst haben. Diese Verdunkelungen werden auf dem Pfad der Einsicht überwunden. Sie unterscheiden sich von den ANGEBORENEN VERDUNKELUNGEN, die auf dem Pfad der Gewöhnung überwunden werden.

ERZEUGUNGSSTUFE: Eine Praxisstufe im Höchsten YogaTANTRA, bei der man sich selbst geistig als GOTTHEIT und seine Umgebung als MANDALA der Gottheit erzeugt. Man meditiert über Formen, Klänge und Gedanken, die die Natur von Gottheiten, Mantra und Weisheit haben.

ETERNALISMUS: Der Glaube an eine ewig existierende Entität, beispielsweise eine Seele. Eines der ZWEI EXTREME.

- F -

FORMBEREICH: Zustand der ZYKLISCHEN EXISTENZ, in dem kein LEIDEN des Schmerzes mehr erfahren wird. Die Wesen hier haben den Genuss von äußeren Sinnesobjekten aufgegeben, haben aber immer noch eine ANHAFTUNG an eine innere Form (ihren eigenen subtilen Körper und GEIST).

FORMLOSER BEREICH: Höchste Zustände der ZYKLISCHEN EXISTENZ. Die Wesen hier haben Form und ANHAFTUNG an Genüsse der Form aufgegeben und existieren nur in ihrem Geistesstrom. Ihr GEIST ist immer noch an subtiles Begehren und ANHAFTUNG an mentale Zustände und das Ego gebunden. Siehe DREI BEREICHE.

FREUDENKÖRPER: Siehe SAMBHOGAKAYA.

FÜHLENDES WESEN: Wanderer, Durchreisender. Ein Wesen, das einen GEIST besitzt, der durch VERBLENDUNGEN oder ihre Prägungen verunreinigt ist, und das innerhalb der ZYKLISCHEN EXISTENZ lebt (was im Allgemeinen Pflanzen ausschließt).

- G -

GANDHARVA (Skt.): Geruchfresser. Ein Geist, der sich von Gerüchen ernährt. Kann sich auch auf Wesen im Zwischenzustand beziehen.

GEFÄHRTIN (Tib.: Yum): Weibliche GOTTHEIT, die in Verbindung mit einer männlichen GOTTHEIT (Yab) dargestellt wird. Sie symbolisiert Weisheit, die untrennbar mit geschickten Mitteln verbunden ist, symbolisiert durch das Männliche. Sie symbolisieren auch den Raum der Leerheit, der untrennbar mit dem Gewahrsein verbunden ist, oder die Glückseligkeit der Leerheit, die untrennbar mit der leeren Form verbunden ist. In der Kalachakra-Praxis gibt es VIER GEFÄHRTINNEN, die eine zunehmend subtilere Bedeutungsebene haben.

GEIST: „Das, was klar und wissend ist", Geistesstrom. Nicht-physisches Phänomen, das die Umwelt wahrnimmt, denkt, erkennt, erlebt und emotional darauf reagiert. 1. Geistige Fähigkeiten (Tib.: thugs) 2. Arten, bewusst zu sein; bewusste Phänomene (Tib.: shespa).

GEIST DES KLAREN LICHTS: Sehr subtiler Geist, der, wenn er sich manifestiert, alles als klaren, leeren Raum wahrnimmt. Darin der spontane, leuchtende und wissende Aspekt dieser essentiellen Natur des Geistes.

GEISTMANDALA: Im KALACHAKRA-TANTRA die zentralen, obersten Ebenen des Mandalas. Sie enthalten das zentrale Mandala der Großen Glückseligkeit, das Mandala der Erhabenen Weisheit und das sie umgebende Geist-Mandala.

GELÜBDE: Eine heilige Verpflichtung, uns selbst und anderen zu helfen, unterteilt in drei Ebenen: PRATIMOKSHA-, BODHISATTVA- und VAJRAYANA-Gelübde.

GELUG(PA) (Tib.): Gelbmützen. Größte Schule in der tibetischen Tradition, gegründet von TSONGKHAPA. Der Schwerpunkt liegt auf Ethik und fundierter Wissenschaft vor einer ernsthaften Meditation.

GESHE (Tib.): 1. Abschluss wie „Doktor der Theologie", verliehen von den wichtigsten Klosterschulen der GELUGPA-Tradition. Titel einiger Meister der alten KADAM-Tradition.

GEWOHNHEITSMÄSSIGE TENDENZEN: Gewohnheitsmuster des Denkens, Sprechens oder Handelns, die durch das, was man in früheren Leben getan hat, geschaffen wurden; diese bleiben als subtile Prägungen auch nach dem Wegfall gröberer Ebenen von VERDUNKELUNG erhalten und behindern die Verwirklichung der Allwissenheit. Sie sind die subtilste Form der Hindernisse zur Allwissenheit oder der KOGNITIVEN VERDUNKELUNGEN und werden während der drei reinen Bodhisattvabhumis aufgegeben.

GLEICHMUT: Unvoreingenommenheit/Unparteilichkeit. Zustand des GEISTES, in dem man nicht zwischen Freund, Feind und Fremdem unterscheidet, aber es ist kein Zustand stumpfer Gleichgültigkeit.

GLOCKE: Ein Ritualgegenstand, der in der VAJRAYANA-Praxis verwendet wird und den Körper und die Rede des BUDDHA sowie den weiblichen Aspekt von Erleuchtung, Weisheit und leere Form symbolisiert. Zusammen mit dem VAJRA symbolisiert sie die Vereinigung von Weisheit und Methode, leerer Form und unveränderlicher Glückseligkeit oder weiblich und männlich.

GOLDENES ZEITALTER VON SHAMBHALA: Ein Zeitraum von 1.000 oder 1.800 Jahren nach der „Niederlage der Barbaren" durch König Rudra Chakrin, in dem der DHARMA und das KALACHAKRA-TANTRA gedeihen werden.

GOTT (Skt.: Deva): Ein Wesen in ZYKLISCHER EXISTENZ, das aufgrund von tugendhaftem Karma vorübergehend in einem himmlischen Zustand verweilt (im Gegensatz zum christlichen Gott).

GÖTTERBEREICH: Deva-Bereich, „Himmel". Zustand innerhalb der ZYKLISCHEN EXISTENZ. Einige Götterbereiche befinden sich im BEGIERDEBEREICH, andere in den FORM- und FORMLOSEN BEREICHEN. Siehe DREI und SECHS BEREICHE.

GOTTHEIT: Die symbolische Form eines reinen Wesens, das sich durch BUDDHAs Weisheit manifestiert. Meditationsform eines BUDDHA oder Weisheits-Wesen. Manchmal bezieht sich dieser Begriff auf eine Gottheit des Wohlstandes oder einen DHARMABESCHÜTZER.

GÖTTLICHER STOLZ: Nicht-verblendeter Stolz, indem man sich selbst als GOTTHEIT und seine Umgebung und Freuden als die der GOTTHEIT betrachtet. Er ist ein Gegenmittel gegen gewöhnliche Vorstellungen.

GRUND: Die Grundlage für die buddhistische Sichtweise und den Pfad, unterteilt in den vorläufigen Grund (entspricht der RELATIVEN WAHRHEIT) und den endgültigen Grund (entspricht der LETZTENDLICHEN WAHRHEIT).

GURU (Skt., Tib.: Lama): Wörtlich: jemand, der schwer vom Gewicht der guten Eigenschaften ist. Spirituelle/r LehrerIn, FreundIn, /MentorIn.

GURUYOGA (Skt.): Praxis, den eigenen GURU als BUDDHA zu sehen, oder den eigenen Geist mit dem des Lehrers zu verschmelzen.

- H -

HALBGOTT: Siehe ASURA.

HANDLUNGS-MUDRA: Eine Gefährtin im Höchsten YogaTANTRA, die dabei hilft, große Glückseligkeit zu erzeugen, damit der Praktizierende die inneren Winde auflösen und Leerheit erkennen kann. Siehe auch GEFÄHRTIN.

HAUPT- UND NEBENMERKMALE: Die 32 HAUPT- und die 80 NebenMERKMALE EINES BUDDHA – goldene Haut, mit Schwimmhäuten versehene Finger und Zehen etc.

HINAYANA (Skt.): Grundlagen-Fahrzeug (im Gegensatz zu MAHAYANA). Buddhistischer Pfad, der zur individuellen BEFREIUNG von der ZYKLISCHEN EXISTENZ (als SHRAVAKA oder PRATYEKABUDDHA) führt, der die Grundlage aller Lehren des Buddha bildet.

HÖLLENBEREICH: Ein freudloser Zustand oder Bereich innerhalb der ZYKLISCHEN EXISTENZ, in dem intensives LEIDEN erlebt wird. Hier erlebt man in der Regel die Auswirkungen des eigenen Handelns, anstatt neue Ursachen für zukünftiges Leiden zu schaffen. Siehe SECHS BEREICHE.

HÖRER: Siehe SHRAVAKA.

HUNDERT-SILBEN-MANTRA: Mantra des Vajrasattva, das die Reinheit aller Buddhas und die Essenz der hundert Familien repräsentiert, einschließlich der zweiundvierzig friedlichen und achtundfünfzig zornvollen Gottheiten.

- I -

INHÄRENTE EXISTENZ: Syn.: wahre / objektive / letztendliche / aus eigener Kraft / autarke / unabhängige / innewohnende Existenz. Existenz – von der Seite des Objekts; – durch den eigenen Charakter des Objekts; – aus der Grundlage der Benennung heraus; – als ihr eigenes So-Sein; – als ihre eigene Realität; – durch ihr eigenes Wesen. Die inhärente Existenz ist eine falsche Vorstellung, eine nicht-existierende Eigenschaft, die wir auf Personen und Phänomene projizieren und die nicht einmal konventionell existiert. Sie beschreibt die Existenz, die unabhängig ist von Ursachen und Bedingungen, Teilen oder dem ZUSCHREIBENDEN GEIST.

INITIATION: siehe ERMÄCHTIGUNG.

INNERES OPFER: Im Höchsten YogaTANTRA wird dieses Opfer durch die geistige Umwandlung der zehn Körpersubstanzen in Nektar erzeugt.

INNERE WINDE: Siehe LUNG.

- J -

JHANA: Fortgeschrittene Form der konzentrierten MEDITATION, nachdem SHAMATHA verwirklicht wurde. Es gibt vier Form-Jhanas und vier formlose Jhanas, die mit Erfahrungen in der Meditation korrespondieren, die dem geistigen Zustand verschiedener Wesen in den GÖTTERBEREICHEN entsprechen.

JONANG(PA) (Tib.): Tradition des tibetischen Buddhismus, die das Studium der ZHENTONG-MADHYAMIKA-Ansicht mit der Praxis der SECHS KALACHAKRA-YOGAS kombiniert. Sie wurde von Khunphang Thukje Tsondru gegründet.

- K -

KADAM(PA) (Tib.): Tradition des tibetischen Buddhismus, von ATISHA begründet. Vor Lama TSONGKHAPA war sie als „Altes Kadam" bekannt, später unter der Bezeichnung GELUGPA.

KAGYÜ (Tib.): Schule des tibetischen Buddhismus, gegründet von Marpa Chökyi und Khyungpo Nyaljor (11. Jahrhundert). Meditations- und philosophische Linie, deren besondere Praxis MAHAMUDRA ist.

KALACHAKRA (Skt.): Rad der Zeit; Name einer bestimmten GOTTHEIT der höchsten YogaTANTRA-Klasse, die die Grundlage für die Hauptpraxis der Jonang-Tradition, die Sechs Kalachakra-Yogas, bildet. Diese Tantraklasse wurde von Buddha gelehrt und im Königreich Shambhala bewahrt, bevor sie um das 10. Jahrhundert in Indien und Tibet zum ersten Mal erschien. Obwohl die Gottheit gemeinhin mit vierundzwanzig Armen dargestellt wird, verwendet die Jonang-Tradition die zweiarmige Form von KALACHAKRA in der ERZEUGUNGSSTUFE, auf Tibetisch als Dukor Lhangkye bekannt.

KALAGNI (Skt., Tib.: Dume): Im KALACHAKRA-System ist Kalagni ein „Planet" oder Himmelskörper mit spiritueller Bedeutung, dargestellt durch eine gelbe Scheibe, auf der KALACHAKRA steht. Er ist mit dem südlichen Knoten der Mondbahn, den Sonnenfinsternissen und dem „Drachenkopf" in der chinesischen Astrologie verbunden.

KALAPA: Hauptstadt des Landes SHAMBHALA.

KALKI (Skt.): Siehe KULIKA

KALPA (Skt.): Die Lebenszeit eines Universums, auch als ein großes ÄON bezeichnet.

KALYANAMITRA (Tib.: Gewi Shinyen): Ein Freund, der Sie zum Dharma führt; jemand aus einer authentischen Linie, der Sie den Weg zur Erleuchtung lehrt, um Sie zu befreien. Siehe auch GURU.

KANAL (Skt.: Nadi, Tib.: Tsa): subtile Ader, in der subtile Energie bzw. ein innerer Wind zirkuliert. Die linken und rechten Hauptkanäle verlaufen von den Nasenlöchern bis knapp unter den Nabel, wo sie in den ZENTRALKANAL eintreten.

KANGYUR (Tib.): Sammlung aller übersetzten SUTRAS und TANTRAS aus dem Sanskrit ins Tibetische. Siehe auch: TENGYUR.

KARMA (Skt.): Handlung, absichtliche Handlung, Impuls. Auch die Prägung, die die Handlung auf dem eigenen Geistesstrom hinterlässt, und die darin enthaltenen Folgen. „Das Gesetz des Karmas": die Lehre, dass alle Erfahrungen Ergebnisse von Prägungen früherer Handlungen auf unseren Geistesstrom sind; tugendhafte Handlungen führen zu Glück, NEGATIVE HANDLUNGEN zu LEIDEN und unangenehmen Zuständen.

KAYA (Skt.): Körper des BUDDHA. Siehe auch DREI BUDDHAKÖRPER.

KOGNITIVE VERDUNKELUNGEN: Dazu gehören alle Konzepte von Subjekt, Objekt und Handlung und andere, subtilere Befleckungen oder Ideen, die verhindern, dass man Allwissenheit erlangt oder gleichzeitig die letztendliche und die relative Wahrheit sieht. Zum Beispiel könnte man eine Vorstellung davon haben, dass die Vergangenheit, Gegenwart und Zukunft wirklich existieren oder dass Leiden existiert und Nirvana (das Ende des Leidens) existiert; dies sind jedoch nur Ideen, da in Wahrheit Vergangenheit, Gegenwart und Zukunft nur in Beziehung zueinander existieren und Leiden nur eine Idee ist, die in Beziehung zum Nirvana existiert. Ebenso ist der Gedanke, dass unser eigenes Leiden vom Leiden aller anderen getrennt ist, eine Idee, die durch die Praxis des Bodhisattva-Pfades überwunden wird. Sie unterscheiden sich von den LEIDBRINGENDEN VERDUNKELUNGEN, die mit dem Erreichen von NIRVANA überwunden werden.

KONVENTIONELLE WAHRHEIT: siehe RELATIVE WAHRHEIT.

KÖRPERMANDALA: Im KALACHAKRA-TANTRA das Basis-MANDALA, umgeben von vier riesigen Eingangsbereichen, welches das MANDALA DER REDE und das zentrale GEISTMANDALA enthält.

KRIYAYOGATANTRA (Skt.): Die erste von VIER TANTRAKLASSEN, welche die Reinigung betont und die Gottheit höher als einen selbst betrachtet.

KULIKA (Skt., Tib.: Rigden): „Halter der Kasten" oder Wissenshalter von Shambhala. Titel des achten bis vierundzwanzigsten der Könige von SHAMBHALA.

- L -

LAGHUTANTRA (Skt.): das „Kalachakra-Laghutantra" ist eine gekürzte Form des Originaltextes, des Kalachakra-MULATANTRA, das nur in Shambhala existiert. Das Laghutantra wurde vom SHAMBHALA-König MANJUSHRIKIRTI (oder Manjushri Yashas) geschrieben. Dieser Text erfüllt für uns die Funktion des Wurzeltantra, da das Mulatantra nicht verfügbar ist.

LALANA (Skt., Tib.: Kyangma): Linker Hauptkanal des subtilen Körpers.

LAMA (Tib.): Wörtlich „Einer, der darüber ist". Synonym für GURU.

LAM RIM (Tib.): Die Stufen auf dem Pfad zur ERLEUCHTUNG. Systematische Darstellung aller Lehren des BUDDHA, die als „Lampe auf dem Pfad" erstmals in dieser Form von ATISHA präsentiert wurden und derzeit hauptsächlich in der GELUG-Schule verwendet werden.

LEERE-FORM-KÖRPER: (oder Körper der leeren Form) Spezifisch für die Kalachakra-Praxis, ein immaterieller „Körper", der in der Meditation erscheint und sich zum RUPA-

KAYA oder „Formkörper" eines Buddha entwickelt. Manchmal wird er mit dem Regenbogenkörper anderer Tantrapraktiken verglichen, aber diese werden als subtile Materie beschrieben. Der Leere-Form-Körper ist jedoch eine Erzeugung des Geistes und nicht-materiell.

LEERHEIT: Vollständiger Ausdruck: „Leerheit von INHÄRENTER EXISTENZ". Die Lehrmeinung, dass alle Konzepte und Phänomene keine INHÄRENTE EXISTENZ haben. Siehe LETZTENDLICHE WAHRHEIT.

LEIDBRINGENDE VERDUNKELUNGEN: Syn.: emotionale Verdunkelungen, Befleckungen, geistige Verblendungen, leidbringende Emotionen. Verunreinigte geistige Funktionen, die Hindernisse für die BEFREIUNG und die Ursachen für LEIDEN sind. Sie stören unseren geistigen Frieden und treiben uns dazu, anderen (und uns selbst) zu schaden. Die Wurzelverblendungen sind: IGNORANZ, Verlangen/ANHAFTUNG, Wut/Hass/Abneigung, Stolz, Zweifel und falsche Ansichten. Dazu gehören auch karmische Verdunkelungen (jene Verdunkelungen, die durch jede Art von Karma verursacht werden, das nicht gereinigt wurde, einschließlich des positiven Karmas). Sie unterscheiden sich von den subtileren KOGNITIVEN VERDUNKELUNGEN und werden alle aufgegeben, wenn NIRVANA erreicht ist.

LEIDEN: Jeder unbefriedigende Zustand, der sich auf körperliche und geistige Schmerzen, alle problematischen Situationen und die Unzulänglichkeit bezieht, die Teil der sich verändernden und bedingten Natur der ZYKLISCHEN EXISTENZ ist. Siehe die DREI ARTEN DES LEIDENS und die VIER EDLEN WAHRHEITEN.

LEHRMEINUNG: Philosophische Sichtweise. Siehe VIER LEHRMEINUNGEN.

LETZTENDLICHE WAHRHEIT: (1) der Zustand der Buddhaschaft (oder Allwissenheit); (2) die letztendliche Natur der Realität, die „Leerheit" genannt wird; (3) die Weisheit, die diese Leerheit direkt erkennt; und (4) unsere Buddhanatur oder das Potenzial zur Erleuchtung. Synonyme: LEERHEIT, ohne INHÄRENTE EXISTENZ, richtige Sichtweise, grundlegende wahre Natur, nicht wirklich existent, ohne Selbstexistenz, Sphäre des DHARMA, natürliche Realität, Natur des Geistes, innewohnender Geist des Klaren Lichts, Leere, leer von Selbstexistenz, heilige Wahrheit.

LIEBE: Der Wunsch, dass die Wesen Glück und dessen Ursachen haben.

LUNG (Tib.): Wind, Energie, Prana (Skt.). 1. Subtiler (Lebens-) Wind/Energie. Im Tantra sind diese Winde das Vehikel des Bewusstseins, welches den subtilen GEIST DES KLAREN LICHTS entstehen lässt, wenn die Winde sich im Zentralkanal auflösen. 2. Krankheit, Energiestörungen/Ungleichgewicht im Körper. 3. Mündliche Übertragung eines DHARMAtextes.

- M -

MADHYAMIKA (Skt.): Schule des Mittleren Weges. Siehe VIER LEHRMEINUNGENEN.

MAHAMUDRA (Skt.): Großes Siegel. 1. Gemäß dem SUTRA: Tiefgründige Ansicht der LEERHEIT. 2. Im TANTRA: die Vereinigung von großer Glückseligkeit und LEERHEIT.

MAHAYANA (Skt.): „Großes Fahrzeug" (Maha = groß, Yana = Fahrzeug) (im Gegensatz zum HINAYANA). Buddhistischer Weg, der zur Buddhaschaft führt und auf eine vollständige Buddhaschaft zum Wohle aller Wesen abzielt. Auch „Bodhisattvayana" genannt. Es schließt SUTRAYANA und TANTRAYANA ein.

MAITREYA: Der Liebende. Name des nächsten zukünftigen BUDDHA, auch Lehrer und Hauptschüler des SHAKYAMUNI BUDDHA.

MANDALA (Skt.): Mittelpunkt und Umfang, Kreis oder Kugel. 1. Symbolische Darstellung einer Meditationsvisualisierung, meist in Form eines Palastes mit einem oder mehreren GOTTHEITEN. 2. Symbolische Darstellung des Universums (siehe MANDALA-OPFERUNG).

MANDALA DER REDE: Im KALACHAKRA-TANTRA, das Gebiet des MANDALA zwischen dem zentralen GEISTMANDALA und dem umgebenden KÖRPERMANDALA.

MANDALA-OPFERUNG: Das Universum mental in einen reinen Bereich zu verwandeln und darzubringen. „Inneres Mandala-Opfer": den eigenen Körper, Reichtum, Glück usw. als Opfergabe darbringen.

MANJUSHRI (Skt.): Einer der Hauptschüler des BUDDHA und einer der ACHT BODHISATTVAS. Name einer GOTTHEIT, verkörpert die Weisheit aller BUDDHAS.

MANJUSHRIKIRTI (auch Manjushri Yashas): Der achte König von SHAMBHALA (erster KULIKA-König), der das gekürzte KALACHAKRA-TANTRA zusammengestellt hat.

MANTRA (Skt.): „Hilfsmittel für den Geist". 1. Vorgeschriebene Silben (auf Skt.), um den Geist (vor VERBLENDUNGEN) zu schützen. Sie drücken die Essenz bestimmter Energien aus. Das Rezitieren von Mantras erfolgt immer mit bestimmten Visualisierungen. 2. Oft wird Mantra als Synonym für VAJRA oder TANTRA verwendet.

MARA (Skt.): Dämon. Alles, was das Erlangen der BEFREIUNG oder der ERLEUCHTUNG unterbricht. Siehe: VIER MARAS.

MEDITATION (Tib.: Gom): Sich gewöhnen, vertraut machen. Uns an positive und realistische Geisteszustände gewöhnen, insbesondere die Entdeckung des erleuchteten Geistes. Sie kann unterteilt werden in Ruhemeditation (auch bekannt als SHAMATHA, Meditation der Stille oder des ruhigen Verweilens) und ANALYTISCHE MEDITATION.

MILAREPA (Tib.): Großer tibetischer Praktizierender (1040-1123), berühmt für seine Erlangung der Buddhaschaft in einem Leben und die Mühsale, die er erduldet hat.

MITGEFÜHL: Der Wunsch, dass andere frei von LEIDEN und seinen Ursachen sein mögen.

MUDRA (Skt.): Siegel. 1. Tantrische Handgeste, 2. Tantrische Gefährtin

MULATANTRA (Skt.): oder besser: „Kalachakra-Mulatantra"; das ist das originale KALACHAKRA-Wurzeltantra. Ein gekürzter Kommentar dazu wurde von König SUCHANDRA von Shambhala verfasst, aber beide Texte sind außerhalb von Shambhala nicht verfügbar. Die beiden grundlegenden Texte, die wir verwenden, sind das LAGHUTANTRA (das die Funktion des Wurzeltantra erfüllt) von MANJUSHRIKIRTI und der Kommentar, das „VIMALA-PRABHA" von Pundarika.

MUNCHUNG (Tib.): Ein dicker Stoff, der verwendet wird, um die Augen zu bedecken und gleichzeitig Augenbewegungen zu ermöglichen. Er wird von Praktizierenden, die an der Meditationspraxis in einem dunklen Raum teilnehmen, als Ersatz für einen dunklen Raum verwendet.

- N -

NADI (Skt.): Siehe ENERGIEKANAL.

NAGA (Skt.): Eine Art von Geist, der hauptsächlich in Flüssen, Ozeanen oder Seen lebt, der aber überall leben kann. Sie sind im Allgemeinen unsichtbar. Meistens mit einem schlangenartigen Körper dargestellt.

NAGARJUNA (Skt.): Großer indischer buddhistischer Meister, der das MAHAYANA im 1. Jahrhundert n. Chr. nach seinem faktischen Verschwinden wiederbelebt hat, indem er die SUTRAS von der Vollendung der Weisheit ans Licht brachte.

NAMCU (Tib.): Das Zehnfach Mächtige: das Kalachakra-Symbol oder „Logo", das aus zehn Mantra-Silben besteht.

NEGATIVES HANDELN: Nicht-tugendhafte, zerstörerische Handlung, schwarze karmische Prägung. Eine Handlung, die einen Eindruck auf dem Geistesstrom hinterlässt, der in Zukunft zu LEIDEN führen wird.

NGÖNDRO (Tib.): Etwas, das vorher kommt, vorausgeht. Vorbereitungspraxis für die Praxis des TANTRA, die im Allgemeinen die VIER ÜBERZEUGUNGEN DER ENTSAGUNG und die inneren Vorbereitungen von ZUFLUCHT, BODHICITTA, VAJRASATTVA-Praxis, MANDALA-OPFERUNG und GURUYOGA umfasst.

NIRMANAKAYA (Skt.): Ausstrahlungskörper eines BUDDHA. Das Ergebnis der Transformation des gewöhnlichen Körpers und der Erfahrung des Selbst. Es ist die Umwandlung des SAMBHOGAKAYA in eine gewöhnliche physische Form. Ein Netzwerk gröberer Formen, das vom SAMBHOGAKAYA ausgestrahlt wird und manchmal von gewöhnlichen Menschen gesehen werden kann; der Nirmanakaya ist für diejenigen mit reinem KARMA sichtbar, andere werden nur ein gewöhnliches Wesen sehen. BUDDHA SHAKYAMUNI ist ein Beispiel für eine höchste Nirmanakaya-Ausstrahlung.

NIRVANA (Skt.): Jenseits von LEIDEN/Kummer, Transzendenz des LEIDENS, Zustand jenseits der Ursachen für LEIDEN und Unzufriedenheit. Zustand außerhalb der ZYKLISCHEN EXISTENZ, der von einem ARHAT erlangt wird. Dies unterscheidet sich von der BUDDHA-SCHAFT oder dem nicht-verweilenden Nirvana, das eine tiefere Erfahrung der Erleuchtung beschreibt.

NYINGMA (Tib.): Älteste tibetisch-buddhistische Tradition, gegründet von PADMASAMBHAVA. Der Schwerpunkt liegt auf der tantrischen und der DZOGCHEN-Praxis.

- O -

OPFERUNG EINES FESTMAHLES (Skt.: Ganachakra, Tib.: Tsok): ein Ritual, bei dem man Nahrung und Getränke segnet, anbietet und als Weisheitsnektar konsumiert.

- P -

PADMASAMBHAVA (Guru Rinpoche): Großer indischer tantrischer Meister, der 817 n. Chr. nach Tibet kam. Mit seinen SIDDHIS verbannte er böse Kräfte, die den Buddhismus in Tibet behinderten.

PARAMITA (Skt.): VOLLKOMMENHEIT, siehe SECHS und ZEHN VOLLKOMMENHEITEN.

PARAMITAYANA (Skt.): Vollkommenheitsfahrzeug. Das MAHAYANA, aber ohne das TANTRAYANA.

PRANA (Skt.): Siehe LUNG.

PRATIMOKSHA (Skt.): Gelübde der individuellen Befreiung. Von SHAKYAMUNI BUDDHA festgelegte Regeln für buddhistische Laien, Mönche und Nonnen.

PRATYEKABUDDHA (Skt.): einsamer Verwirklicher, ein für sich allein zur Erlösung gelangter Verwirklichter. Anhänger der HINAYANA-Tradition, der durch seine eigenen Verdienste die BEFREIUNG (nicht die Buddhaschaft) erlangt und grundlegende buddhistische Lehren wie die ZWÖLF GLIEDER DES ABHÄNGIGEN ENTSTEHENS entdeckt.

PRETA (Skt.): Hungriger Geist. Ein von Gier und ANHAFTUNG besessenes Wesen, das im Pretabereich innerhalb des BEGIERDEBEREICHS lebt und hauptsächlich unter Mangel an Nahrung, Getränken und Obdach leidet.

PUJA (Skt.): Zeremonie/Akt der Anbetung, Opfergabe.

PUNDARIKA: der zweite KULIKA König von SHAMBHALA, am besten für seinen berühmten Kommentar über das KALACHAKRA-TANTRA, das Vimalaprabha (Makelloses Licht), bekannt.

- R -

RAHU (Skt., Tib.: Dachan): Im KALACHAKRA-System ist Rahu ein „Planet" oder Himmelskörper mit spiritueller Bedeutung, dargestellt durch eine schwarze Scheibe, auf der KALACHAKRA steht. Er ist mit dem nördlichen Knoten der Mondbahn, den Mondfinsternissen und dem „Schwanz des Drachen" in der chinesischen Astrologie verbunden.

RANGTONG: Leerheit von Eigenexistenz oder intrinsische Leerheit (im Unterschied zu ZHENTONG).

RASANA (Skt., Tib.: Roma): Rechter Hauptkanal des subtilen Körpers.

RATNASAMBHAVA (Skt.): Name einer GOTTHEIT. Eine der FÜNF BUDDHAFAMILIEN, welche das Gefühls-AGGREGAT aller Buddhas und ihre Weisheit der Gleichheit repräsentiert.

REINE WAHRNEHMUNG: Die Hauptpraxis in VAJRAYANA, wobei der Praktizierende sich darin übt, die ganze Welt und ihren Inhalt als reines Buddha-Reich wahrzunehmen, als Darstellung der KAYAS und der WEISHEITEN. Dies wird erreicht, indem man sich selbst als Gottheit visualisiert, die Außenwelt als ihr MANDALA, alle Klänge als ihr MANTRA und alle Gedanken als erleuchteten GEIST der Gottheit.

REINES LAND: Bereich außerhalb der ZYKLISCHEN EXISTENZ, wo BUDDHAS, BODHISATTVAS und Praktizierende mit genügend TUGEND verweilen. Alle Bedingungen sind günstig für das Praktizieren von DHARMA und das Erlangen der ERLEUCHTUNG. Der „Reine-Land-Buddhismus" ist eine Tradition des MAHAYANA, bei der die Methoden, um dort wiedergeboren zu werden, im Vordergrund stehen.

REINIGUNG: Verhindern, dass negatives KARMA reift: Das wirkt den Auswirkungen vergangener negativer Taten entgegen und beseitigt VERDUNKELUNGEN und Hindernisse für die spirituelle Verwirklichung. Es gibt viele Methoden der Reinigung, aber eine der effektivsten ist die VAJRASATTVA-Praxis.

RELATIVE WAHRHEIT: All-falsche Wahrheit (im Gegensatz zur LETZTENDLICHEN WAHRHEIT), konventionelle Existenz (z. B. wie sie den sechs Sinnen erscheint); die wechselseitige Abhängigkeit von Phänomenen.

RIME (Tib.): Ökumenische oder nicht-sektiererische Bewegung, wörtl. ohne Vorurteile. Sie ist gekennzeichnet durch eine Haltung des Respekts vor allen Lehren und Schulen des Buddhismus.

RINPOCHE (Tib.): Kostbarer. Bezogen auf einen TULKU, oder manchmal auch nur eine respektvolle Anrede.

RUDRA CHAKRI (Skt.): Rigden Dragpo (Tib.) (2327 - 2427 n. Chr.): „Zorniger mit dem Rad", der König von SHAMBHALA, dem es vorhergesagt wird die „Barbaren" 2424 in einem spirituellen Krieg zu besiegen.

RUPAKAYA (Skt.): Form- (Rupa) Körper (Kaya) eines BUDDHA. Physische Manifestation eines BUDDHA. Sie kann weiter in den SAMBHOGAKAYA und den NIRMANAKAYA unterteilt werden.

- S -

SADHANA (Skt.): Tantrische Methode, sich selbst als den Buddha-Aspekt hervorzubringen, für den man ERMÄCHTIGUNG erhalten hat; auch ein TANTRAYANA-Ritualtext, der eine bestimmte MEDITATIONS-Praxis darlegt.

SAKYA (Tib.): Schule des tibetischen Buddhismus, gegründet von Khon Könchok Gyelpo (11. Jahrhundert). Ihre Hauptpraxis ist „Lamdre" oder die „Dreifache Vision". Die Sakya regierten über 100 Jahre lang in Tibet, bevor die weltliche Macht an den Dalai Lama aus der GELUGPA-Tradition übergeben wurde. (13. und 14. Jahrhundert).

SAMADHI (Skt): Meditative Stabilisierung, Konzentration. Einspitzige Praktizierung der MEDITATION, bei der das Meditationsobjekt und der Praktizierende als untrennbar und ununterscheidbar erlebt werden. Da es viele Arten von Samadhi gibt, kann man von diesem Begriff nichts über die VERWIRKLICHUNG oder Errungenschaften des Praktizierenden ableiten.

SAMAYA (Skt.): Heilige Verbindung oder Versprechen zwischen Lehrer und Schüler im VAJRAYANA, aber auch zwischen Schülern. Es gibt viele ausführliche Verpflichtungen, aber die Wichtigste ist, den Körper, die Rede und den Geist des Lehrers als rein zu betrachten. Siehe auch TANTRISCHE GELÜBDE.

SAMAYASATTVA (Skt.): Siehe VERPFLICHTUNGSWESEN.

SAMBHOGAKAYA (Skt.): Freuden-/Glückseligkeitskörper eines BUDDHA, den nur BODHISATTVAS wahrnehmen können, die die 10. BHUMI erreicht haben, und von dem NIRMANAKAYA-Formen zum Wohle anderer ausgehen. Die physische (psychische) Form der WEISHEIT des BUDDHA. Das Ergebnis der Transformation von Rede, Kommunikation und innerem Wind.

SAMSARA (Skt.): Siehe ZYKLISCHE EXISTENZ.

SANGHA (Skt.): Spirituelle Gemeinschaft. 1. Im weitesten Sinne die ganze Gemeinschaft von Buddhisten: Mönche, Nonnen und Laien bis hin zu den erleuchteten Bodhisattvas (das ist nicht die ursprüngliche Bedeutung von Sangha). 2. Eingeschränkter: Mönche und Nonnen. 3. Ganz spezifisch: ARYA-Wesen.

SELBSTERZEUGUNG: Übung im TANTRA, bei der man sich vorstellt, selbst die GOTTHEIT zu sein.

SELBSTLOSIGKEIT: Siehe LEERHEIT.

SHAKYAMUNI BUDDHA (Skt.): Name des historischen BUDDHA, der im 6. Jahrhundert v. Chr. lebte.

SHAMATHA (Skt.): Ruhiges Verweilen, Konzentration. 1. Methode der MEDITATION, um geistige Ruhe zu erreichen. 2. Der daraus resultierende ruhige meditative Zustand; die Fähigkeit, mit einem geschmeidigen und glückseligen GEIST einspitzig auf einem Objekt zu verweilen. Mentale Stille, beruhigter und ausgeglichener Zustand des Gewahrseins.

SHAMBHALA (Skt.): Mythisches Königreich, das auch das reine Land von KALACHAKRA genannt wird. König SUCHANDRA von Shambhala bat den Buddha, dieses Tantra zu lehren; die KALACHAKRA-Lehren werden dort aufbewahrt und praktiziert.

SHRAVAKA (Skt.): Hörer. Einer, der die Lehren von BUDDHA hört, praktiziert und verkündet. Anhänger der THERAVADA-Tradition, der sich auf ENTSAGUNG und Beruhigung der Emotionen konzentriert, um die BEFREIUNG zu erlangen.

SHUNYATA (Skt.): Siehe LEERHEIT.

SIDDHI (Skt.): Übernatürliche Erlangung/psychische Kraft definiert ein gewöhnliches Siddhi; erleuchtete Erkenntnis definiert ein höchstes Siddhi.

SKANDHA (Skt.): Siehe AGGREGAT.

STUPA (Skt.): Buddhistisches Reliquienobjekt. Indisch-buddhistische Stupas sind kuppelförmige Denkmäler mit Reliquien des BUDDHA oder seiner Schüler. Tibetische Stupas sind normalerweise rein symbolisch; von beliebiger Größe und Material, aber von sorgfältig definierter Form und Proportionen, die den Geist des BUDDHA repräsentieren.

SUBTILE ESSENZ: (Skt.: Bindu, Tib.: Thigle) Die subtile Essenz von Sperma und Blut (Eizelle), die sich in den ENERGIEKANÄLEN oder Nadis (Skt.) befindet. Im KALACHAKRA-TANTRA beziehen sich diese oft auf die VIER ESSENZEN (der Zustände des Wachens, des Tiefschlafes, des Träumens und der Versenkung in Glückseligkeit).

SUCHANDRA: König von SHAMBHALA, der das KALACHAKRA-TANTRA vom BUDDHA erbat.

SUTRA (Skt.): Diskurs/Rede etc. des BUDDHA, ausgenommen die Lehren des TANTRA.

SUTRAYANA (Skt.): SUTRA-Fahrzeug. Auch „exoterischer oder gewöhnlicher Pfad". Gemeinsamer Name des HINAYANA und PARAMITAYANA, also ohne TANTRAYANA (den esoterischen Pfad).

SVABHAVIKAKAYA (Skt.): Naturkörper eines BUDDHA. Die leere Natur des allwissenden GEISTES (oder der Weisheit) des Buddha; das bezieht sich auf alle DREI KAYAS in ihrer Gesamtheit.

- T -

TANTRA (Skt.): Kontinuität, Fluss. (Kontinuität oder Zusammenweben während der gesamten Praxis.) 1. Bezieht sich im Allgemeinen auf die in den TANTRAYANA-Texten beschriebenen Systeme der MEDITATION; Praktiken, die die VIER REINHEITEN betreffen, Meditation über die ENERGIEKANÄLE, die CHAKRAS und die subtilen Essenzen im Körper. Diese esoterischen Lehren sind nicht im SUTRAYANA zu finden und erfordern die ERMÄCHTIGUNG durch einen tantrischen GURU. 2. Im Speziellen eine Schrift, die eine TANTRAYANA-Praxis beschreibt.

TANTRAYANA (Skt.): Tantrisches Fahrzeug oder Pfad; Teil des MAHAYANA. Siehe auch VAJRAYANA.

TANTRISCHE GELÜBDE: Heilige Verpflichtungen (SAMAYA auf Skt.) im VAJRAYANA, um sich selbst und anderen zu helfen, indem man die reine Wahrnehmung des Lehrers und seiner Mitschüler betont. Es gibt viele tantrische Gelübde, aber der Kern umfasst fünfundzwanzig besondere Richtlinien, Gelöbnisse, sich mit den fünf (oder sechs) Buddha-Familien zu verbinden, vierzehn Wurzelgelübde und elf Zweiggelübde.

TANTRISCHES SHAMATHA: Eine besondere Meditation, die in einem dunklen Raum mit weit geöffneten Augen stattfindet; die zweite besondere Vorbereitung für die SECHS KALACHAKRA-YOGAS nach der JONANG-Tradition.

TARA (Skt.): Retterin; Name einer bestimmten weiblichen GOTTHEIT, die die erleuchteten Aktivitäten aller BUDDHAS repräsentiert.

TARANATHA (Tib.): (1575-1635) Hochverwirklichter Meister der Jonang-Tradition.

TATHAGATA (Skt.): Der So-Gegangene; Titel eines BUDDHA.

TENGYUR (Tib.): Sammlung von Kommentaren zu BUDDHAs Lehren, die aus dem Sanskrit ins Tibetische übersetzt wurden.

THERAVADA (Skt.): Die Tradition der Älteren. Diese buddhistische Tradition ist in Südostasien und Sri Lanka weit verbreitet. Generell kann man sagen, dass es sich bei den Praktiken um HINAYANA handelt.

TIRTHIKA (Skt.): Einer, der dem Mittleren Weg nicht folgt, ein Nicht-Buddhist, bezieht sich normalerweise auf einen Hindu.

TONGLEN (Tib.): Geben und nehmen. Geistestraining, um Egoismus zu überwinden und MITGEFÜHL für andere zu entwickeln; das eigene Glück zu schenken und die LEIDEN anderer zu übernehmen.

TORMA (Tib.): Ritueller Opferkuchen, der in tantrischen Ritualen verwendet wird.

TRIPITAKA (Skt.): Drei Körbe. Drei Sammlungen buddhistischer Schriften; 1. VINAYA (Skt.): Disziplin/Gelübde; 2. SUTRA: Betonung der Konzentration/Meditation; 3. ABHIDHARMA (Skt.): Wissen/Weisheit/Phänomenologie.

TROPFEN: Siehe SUBTILE ESSENZ.

TSOK (Tib.): Tantrisches (Nahrungmittel-) Opfer.

TSONGKHAPA (Tib.): Großer tibetischer Gelehrter (1357-1419), Gründer der tibetischen GELUGPA-Tradition.

TUGEND: siehe VERDIENST.

TULKU (Tib.): Anerkannte Reinkarnation oder Ausstrahlung eines GURU oder eines erleuchteten Wesens. Es gibt viele verschiedene Ebenen von TULKU, wobei die oberste eine höchste Ausstrahlung ist, wie BUDDHA SHAKYAMUNI (Choki tulku).

TUMMO (Tib., Skt.: Kundalini): Psychische Hitze, innere Hitze, die in speziellen tantrischen Meditationspraktiken erzeugt wird.

TUSHITA (Skt.): Freudiges Land. Das REINE LAND, in dem die BODHISATTVAS leben, bevor sie als die 1000 BUDDHAS dieses ÄONS wiedergeboren werden. Buddha SHAKYAMUNI soll von Tushita herabgekommen sein, als er in Indien geboren wurde.

- U -

ÜBERTRAGUNGSLINIE: Die ununterbrochene Linie buddhistischer Lehrer („Linienhalter" genannt), die die Lehren verwirklicht haben, durch die der DHARMA übertragen wird; geht auf die Zeit des BUDDHA zurück. Eine authentische, ununterbrochene Übertragungslinie ist unerlässlich, um die Reinheit des DHARMA zu erhalten.

UNWISSENHEIT: Nichtgewahrsein, Nicht-Erkennen unserer selbstlosen, erleuchteten Natur. 1. Weltlich: Die Prinzipien des KARMAs nicht kennen. 2. Überweltlich: Mangelndes Wissen über die LEERHEIT oder diese nicht erkennen.

UNZERSTÖRBARE ESSENZ: Die subtilste Essenz, die sich im Herzen befindet, gebildet aus der Essenz von Sperma und Eizelle der Eltern. Sie schmilzt erst im Tod, wo sie sich öffnet und ermöglicht, dass der sehr subtile Geist und Wind wiedergeboren werden.

UPASAKA (Skt.): Buddhistischer Laie, der die ACHT GELÜBDE einhält.

UPAYOGA (Charyatantra, Ausführungstantra): die zweite der VIER TANTRAKLASSEN oder Fahrzeuge, in denen die LETZTENDLICHE WAHRHEIT durch eine GOTTHEIT repräsentiert wird, die ebenso rein ist wie man selbst und die als Freund angesehen wird.

URSPRÜNGLICHE NATUR: Die LETZTENDLICHE WAHRHEIT der Erleuchtung jenseits aller konzeptuellen Extreme. Nach Meinung der SHENTONG-Schule existiert diese wirklich; sie ist leer von RELATIVER WAHRHEIT, aber nicht leer von ihrer eigenen erleuchteten Natur.

USHNISHA: Die fleischige Erhebung am Scheitel des Kopfes eines BUDDHA.

UTPALA (Skt.): Blaue Lotusblume.

- V -

VAIROCHANA (Skt.): Name einer GOTTHEIT. Eine der FÜNF BUDDHAFAMILIEN, die das Form- (oder Körper-)AGGREGAT und die spiegelgleiche Weisheit aller Buddhas repräsentiert.

VAJRA (Skt.): Unzerstörbar/Diamant/diamanten. 1. Tibetisches Ritualzepter (dorje), das den Geist des BUDDHA, die FÜNF WEISHEITEN, die große Glückseligkeit und die männliche Qualität der ERLEUCHTUNG symbolisiert. Zusammen mit der GLOCKE symbolisiert der Vajra die Vereinigung von Methode und WEISHEIT oder unveränderliche Glückseligkeit und leere Form, und männlich und weiblich. 2 Alles, was in der Praxis des TANTRA verwendet wird, um es von alltäglichen Dingen zu unterscheiden. 3. als Synonym für TANTRA oder MANTRA verwendet.

VAJRADHARA (Skt.): Name einer GOTTHEIT, die den SAMBHOGAKAYA-Aspekt von SHAKYAMUNI BUDDHA repräsentiert. Vajradhara wird oft als Gründer des VAJRAYANA-Buddhismus angesehen.

VAJRAHALTUNG: Gekreuzte Haltung der Beine mit den Füßen auf den gegenüberliegenden Oberschenkeln.

VAJRAPANI (Skt.): Vajra-Halter. Einer der Hauptschüler des BUDDHA. Name der zornvollen GOTTHEIT, die die Macht aller BUDDHAS repräsentiert.

VAJRASATTVA (Skt.): Name einer GOTTHEIT (Vajra-Wesen), speziell im Zusammenhang mit REINIGUNGS-Praktiken wie dem Rezitieren des HUNDERT-SILBEN-MANTRAS.

VAJRAYANA (Skt.): Syn.: MANTRA / VAJRA / geheimes / ungewöhnliches / esoterisches Fahrzeug, ein buddhistischer Pfad des MAHAYANA, der zur ERLEUCHTUNG führt. Siehe auch TANTRA.

VASE: Ritualgegenstand von GOTTHEITEN, symbolisiert in der Regel die erste ERMÄCHTIGUNG

VERDIENST: Tugend, positives Potenzial, Verdienst. Prägung des Geistesstroms durch positive Handlungen, was zu zukünftigem Glück führt. Die Ansammlung von Verdienst und WEISHEIT sind die beiden wesentlichen Aspekte des Pfades zur ERLEUCHTUNG.

VERDIENSTFELD (oder ZUFLUCHTSFELD): Der Fokus oder Gegenstand der Opferung, der eigenen Hingabe, des Gebets, der Niederwerfungen usw., durch die man die notwendigen Ansammlungen von VERDIENST und WEISHEIT erreichen kann. Dies bezieht sich in der Regel auf einen visualisierten Fokus der Praxis, wie die Zufluchtsgottheiten, den Lehrer im Guruyoga, etc. Die Ausrichtung der eigenen Handlungen in Richtung einer entsprechenden Verkörperung der DREI JUWELEN verleiht ihnen eine viel größere Kraft.

VERDUNKELUNG: Falsche Vorstellungen und die daraus resultierenden verblendeten Geisteszustände, einschließlich sowohl der LEIDBRINGENDEN VERDUNKELUNGEN (oder

der Hindernisse zum Nirvana) als auch der subtileren KOGNITIVEN VERDUNKELUNGEN, auch bekannt als Hindernisse zur Allwissenheit. Sie können auch als ERWORBENE oder ANGEBORENE VERDUNKELUNGEN klassifiziert werden.

VERFEHLUNG: Ein Fehler aufgrund der Übertretung eines (monastischen oder anderen) GELÜBDES.

VERPFLICHTUNGEN: Versprechen und Gelöbnisse, die bei der Ausübung spiritueller Praktiken eingegangen werden.

VERPFLICHTUNGSWESEN (Skt.: Samayasattva): Visualisierter BUDDHA oder man selbst als BUDDHA visualisiert. Ein WEISHEITS-WESEN (Skt.: Jñanasattva) ist ein tatsächlicher BUDDHA, der eingeladen wird, sich mit dem Verpflichtungswesen zu vereinen.

VERWIRKLICHUNG: Ein tiefes und starkes Verständnis/inneres Wissen (jenseits des intellektuellen Verständnisses), das Teil von uns wird und unsere Wahrnehmung der Welt verändert.

VIMALAPRABHA (Skt.): „Makelloses Licht", ein Kommentar über das KALACHAKRA-TANTRA von PUNDARIKA (dem zweiten KULIKA-König von SHAMBHALA). Zusammen mit dem LAGHUTANTRA bildet es die Grundlage für unser Wissen über das KALACHAKRA-TANTRA.

VINAYA (Skt.): Disziplin. Regeln für das Verhalten des SANGHA (bezieht sich hier üblicherweise auf Mönche und Nonnen).

VIPASHYANA (Skt.): Darüberhinaus sehen, höheres oder klares Sehen, Einsicht. 1. Meditative Technik, die die Muster des GEISTES und der von ihm projizierten Welt identifiziert und analysiert. 2. Die daraus resultierende WEISHEIT oder das perfekte Wissen, das die Phänomene gründlich und klar unterscheidet. Siehe auch ANALYTISCHE MEDITATION.

VISHVAMATA (Skt.): Gefährtin des KALACHAKRA.

VOLLENDUNGSSTUFE: Die letzte Stufe in der Praxis des Höchsten Yogatantra mit Methoden, die bewirken, dass die inneren Winde des Körpers (Skt.: Prana oder Tib.: LUNG) in den ZENTRALKANAL eintreten, verweilen und sich auflösen und zur BUDDHASCHAFT führen. In den KALACHAKRA-Praktiken wird dieser Prozess in sechs Stufen beschrieben.

VOLLKOMMENHEIT: Darüber hinausgehen, über die Grenzen hinausreichen. (Skt.: Paramita). Siehe: SECHS und ZEHN VOLLKOMMENHEITEN.

- W -

WANDERER: (Oder Durchreisender) Siehe FÜHLENDES WESEN.

WEISHEIT: 1. Prajña (Skt.), Sherab (Tib.); unterscheidendes Gewahrsein. 2. Jñana (Skt.), Yeshe (Tib.); tiefgründiges Gewahrsein, Weisheits-Erkenntnis, ursprüngliche Weisheit.

WEISHEITSWESEN: Siehe VERPFLICHTUNGSWESEN.

WURZELVERFEHLUNG: Wenn die VIER FAKTOREN, DIE ZUM BRUCH EINES GELÜBDES FÜHREN, vorhanden sind und man es versäumt, vor Ablauf einer Sitzung die Verfehlung zu bekennen (alle vierundzwanzig Stunden werden in sechs Sitzungen unterteilt).

- Y -

YAMA (Skt.): Name des Herren des (unkontrollierten) Todes.

YAMANTAKA: YAMA-Gegner. Name einer bestimmten GOTTHEIT, welche die zornvolle Erscheinungsform von MANJUSHRI repräsentiert.

YANA (Skt.): Fahrzeug. Meist: bestimmter Pfad/System der buddhistischen Praxis.

YIDAM (Skt.): Erleuchtete GOTTHEIT oder Erscheinungsform eines BUDDHA, der in der MEDITATION verwendet wird, wie KALACHAKRA oder AVALOKITESHVARA. Sie bildet die Grundlage für die persönliche tantrische Praxis.

YOGA (Skt.): Praxis, Bemühen, Anwendung. Im tibetischen System im Allgemeinen eine rein mentale Tradition, obwohl die sechs KALACHAKRA-Yogas ein sehr präzises System von körperlichen Haltungen und Atemtechniken beinhalten.

YOGATANTRA (Skt.): Die dritte der VIER TANTRAKLASSEN, die sich der SELBSTERZEUGUNG als erleuchtete Gottheit bedient.

YOGINI (Skt.): Weibliche Praktizierende; im KALACHAKRA-TANTRA meist unter Bezugnahme auf die achtzig Yoginis des MANDALAS DER REDE.

YOJANA (Skt.): Längenmaß, etwa eine Meile.

- Z -

ZEN: Japanische Variante des chinesischen Wortes „Chan". Eine buddhistische Tradition des MAHAYANA, die als Chan aus China stammt und in Japan weiterentwickelt wurde.

ZENTRALKANAL (Skt: Avadhuti, Tib.: Uma): Hauptenergiekanal im Körper, die zentrale Achse des subtilen Körpers. Er beginnt an der Stirn zwischen den Augenbrauen, geht unterhalb des Schädels nach hinten und dann hinunter bis zur Höhe des Nabels (oder tiefer). Die genaue Beschreibung variiert je nach Praxis.

ZHENTONG (Tib.): Auch Shentong MADHYAMIKA oder Großer Mittlerer Weg genannt, gilt dies als die höchste aller buddhistischen philosophischen Schulen. Wörtlich bedeutet es „extrinsische LEERHEIT" oder „LEERHEIT von anderem", da alle Phänomene leer von sich selbst sind, außer der BUDDHANATUR, die voller erleuchteter Qualitäten ist. Das unterscheidet sich von der Rangtong MADHYAMIKA-Sichtweise der LEERHEIT („intrinsische LEERHEIT" oder „LEERHEIT von Selbstexistenz"), die besagt, dass die letztendliche Wahrheit die Verneinung der INHÄRENTEN EXISTENZ aller Phänomene, jenseits aller konzeptuellen Extreme, ist.

ZUFLUCHT: Zuflucht zu nehmen bedeutet, die eigene spirituelle Entwicklung den BUDDHAS, dem DHARMA und dem ARYA SANGHA anzuvertrauen. „Innere Zuflucht" bezieht sich auf die Zuflucht zu unserer eigenen BUDDHANATUR: unserer eigenen natürlichen WEISHEIT; das kann auf verschiedenen Ebenen verstanden werden.

ZUGESCHRIEBENE NATUR: die Konzepte, Namen und Bezeichnungen, die wir den Dingen zuschreiben, wie z.B. „Baum", „Haus", „gut" oder „schlecht". Diese Begriffe sind lediglich Konzepte, mit denen wir Objekte beschreiben und Ideen kommunizieren, ohne dass sie eine endgültige Existenz hätten.

ZUSCHREIBEN: Ein Objekt kennzeichnen/benennen/bezeichnen oder einem Objekt eine Bedeutung geben.

ZWISCHENZUSTAND: Siehe BARDO.

ZYKLISCHE EXISTENZ: Der Zyklus von Tod und Wiedergeburt, der unter dem Einfluss von verblendeten Geisteszuständen und karmischen Prägungen zu unkontrollierter WIEDERGEBURT führt. Der Prozess entsteht aus UNWISSENHEIT und ist durch LEIDEN gekennzeichnet. Siehe DREI BEREICHE und SECHS BEREICHE.

NUMMERNGLOSSAR

- 2 -

ZWEI ANSAMMLUNGEN: Ansammlungen von VERDIENST (Tugend/Methode) und WEISHEIT.

ZWEI ARTEN VON PHÄNOMENEN: Beständige und funktionelle.

ZWEI BESONDERE VORBEREITUNGEN FÜR DAS KALACHAKRA-TANTRA: Selbsterzeugung als die Gottheit Kalachakra; tantrische Shamatha-Praxis in einem dunklen Raum.

ZWEI BUDDHAKÖRPER: DHARMAKAYA und RUPAKAYA.

ZWEI EXTREME: Ansichten von Eternalismus und Nihilismus.

ZWEI GRÜNDE FÜR DIE ZUFLUCHT: Angst und Vertrauen.

ZWEI STUFEN DES TANTRA: ERZEUGUNGSSTUFE und VOLLENDUNGSSTUFE.

ZWEI VERDUNKELUNGEN: LEIDBRINGENDE VERDUNKELUNGEN und KOGNITVE VERDUNKELUNGEN, oder Hindernisse zum Nirvana und Hindernisse zur Allwissenheit. Siehe auch NEUN VERDUNKELUNGEN.

ZWEI WAHRHEITEN: RELATIVE WAHRHEIT und LETZTENDLICHE WAHRHEIT.

- 3 -

DREI ANWENDUNGEN DER WEISHEIT: Weisheit des Hörens, Weisheit des Nachdenkens, Weisheit der MEDITATION.

DREI ARTEN DES GLAUBENS: Spontaner Glaube, eifriger Glaube, überzeugter Glaube.

DREI ARTEN DES LEIDENS: Leiden des Schmerzes, Leiden des Wandels und alles-durchdringendes Leiden (das Potenzial, zu leiden).

DREI ARTEN FUNKTIONELLER PHÄNOMENE: Physikalische Materie, geistige Phänomene und zusammengesetzte Faktoren.

DREI ARTEN GÜLTIGER WAHRNEHMUNG: Gültige Wahrnehmung basierend auf: den fünf Arten von Sinnesbewusstsein und dem geistigen Bewusstsein; logische Schlussfolgerung; Vertrauen in die Autorität.

DREI ARTEN VON FAULHEIT: Selbstzufriedenheit, mangelndes Selbstvertrauen, ständig beschäftigt sein.

DREI ARTEN VON GELÜBDEN: PRATIMOKSHA (individuelle Befreiung), BODHISATTVA- und TANTRISCHE Gelübde.

DREI ARTEN VON HANDLUNGEN: Handlungen des Geistes, der Rede und des Körpers.

DREI BEREICHE: BEGIERDEBEREICH, FORMBEREICH und FORMLOSER BEREICH.

DREI BUDDHAKÖRPER: DHARMAKAYA (Wahrheitskörper), SAMBHOGAKAYA (Freudenkörper) und NIRMANAKAYA (Ausstrahlungskörper).

DREI DREHUNGEN DES DHARMARADES: Erste Drehung mit Schwerpunkt auf den THERAVADA-Lehren, zweite Drehung mit Schwerpunkt auf den MAHAYANA-SUTRA-Lehren, dritte Drehung mit Schwerpunkt auf der BUDDHANATUR und den VAJRAYANA-Lehren.

DREIFACHE MORAL: die Gelübde halten, TUGEND sammeln, FÜHLENDEN WESEN helfen.

DREI FEHLER DES GEFÄSSES: Ein auf dem Kopf stehendes Gefäß (das für Engstirnigkeit steht); ein Gefäß mit Löchern darin (das eine schlechte Erinnerung darstellt); ein Gefäß mit Gift (das eine Verunreinigung mit vorgefassten oder fixen Ideen darstellt).

DREI GIFTE: ANHAFTUNG, Abneigung und Unwissenheit.

DREI HAUPTASPEKTE DES PFADES: ENTSAGUNG, BODHICITTA und WEISHEIT, DIE DIE LEERHEIT ERKENNT nach einem Text von Lama TSONGKHAPA.

DREI ISOLATIONEN: Isolation des Körpers, Isolation der Rede, Isolation des Geistes.

DREI JUWELEN: Die drei Objekte der ZUFLUCHT: BUDDHA, DHARMA und SANGHA. Auf der äußeren Ebene: SHAKYAMUNI BUDDHA, seine Lehren und die Gemeinschaft der Ordinierten oder spirituellen Freunde. Auf der inneren Ebene: die eigene BUDDHANATUR, die allesdurchdringende Wahrheit und ARYA-Wesen.

DREI KATEGORIEN VON PHÄNOMENEN: Offensichtliche Phänomene, verborgene Phänomene, sehr verborgene Phänomene.

DREI KATEGORIEN VON TUGENDEN: Natürliche Tugend, indirekte Tugend, vermittelte Tugend.

DREI KAYAS: siehe DREI BUDDHAKÖRPER.

DREI KÖRBE: Siehe: TRIPITAKA.

DREI MERKMALE DER EXISTENZ: Vergänglichkeit, Leiden, Nicht-Selbst.

DREI NATUREN: Zugeschriebene Natur, abhängige Natur, ursprüngliche Natur.

DREI PRAKTIKEN DES ANSTREBENDEN BODHICITTA: Andere Wesen als gleichwertig zu sich selbst betrachten, sich gegen andere austauschen, andere als wichtiger betrachten als sich selbst.

DREI SCHULUNGEN: Schulung in Moral/Disziplin, Konzentration und WEISHEIT/Unterscheidung (die wesentlichen Schulungen des SUTRAYANA).

DREI STUFEN DER ZUFLUCHT: THERAVADA-Zuflucht, MAHAYANA-Zuflucht, VAJRAYANA-Zuflucht.

DREI STUFEN VON BUDDHISTISCHEN PRAKTIZIERENDEN: Ausgangs-/Grundstufe: Erreichen einer guten WIEDERGEBURT, mittlere oder Zwischenstufe: Erreichen der individuellen BEFREIUNG, und höchste/große Reichweite: Erreichen der Buddhaschaft zum Wohle aller Wesen.

DREI TORE: Körper, Rede und GEIST.

DREI VERBLENDUNGEN / GIFTE / NEGATIVITÄTEN: UNWISSENHEIT, Abneigung/Ärger, ANHAFTUNG/Begehren.

DREI VERSENKUNGEN (IN DER TANTRISCHEN PRAXIS): Weiße Erscheinung (Tib. Nangwa), rote Vermehrung (Tib. Chedpa) und schwarze Erlangung (Tib. Thopa).

DREI WEGE, BODHICITTA ZU ERLANGEN: Der Weg des Königs, der Weg des Bootsführers, der Weg des Hirten.

DREI WEGE, EINEN LEHRER ZU ERFREUEN: Im Einklang mit dem, was sie lehren, praktizieren, sich um ihre Bedürfnisse kümmern und materielle Gaben darbringen.

DREI YOGAS DER NICHT-BEWEGUNG: Nicht-Bewegung des Körpers, Nicht-Bewegung der Rede, Nicht-Bewegung des Geistes (Elemente der TANTRISCHEN SHAMATHA-Praxis).

DREI ZEITEN: Vergangenheit, Gegenwart und Zukunft.

- 4 -

VIER ANWENDUNGEN DER ACHTSAMKEIT: Achtsamkeit auf den Körper, die Gefühle, den Geist und die Phänomene (Dharmas).

VIER ARTEN DES ENGAGEMENTS (IN DER MEDITATIONSÜBUNG): Eng fokussiertes Engagement, unterbrochenes Engagement, ununterbrochenes Engagement, spontanes Engagement.

VIER AUSSERGEWÖHNLICHE AKTIVITÄTEN: siehe VIER ERHABENE HANDLUNGEN.

VIER BEHARRLICHKEITEN: Keine neue Nicht-Tugend kultivieren, eine bestehende Nicht-Tugend aufgeben, Tugend kultivieren, nicht zulassen, dass eine bestehende Tugend entartet.

VIER BINDENDE FAKTOREN: Siehe VIER FAKTOREN, DIE ZUM BRUCH EINES GELÜBDES FÜHREN.

VIER BUDDHAKÖRPER: SVABHAVIKAKAYA, DHARMAKAYA, SAMBHOGAKAYA und NIRMANAKAYA.

VIER DÄMONEN: Siehe VIER MARAS.

VIER EDLE DISZIPLINEN: Vermeiden auf (1) Wut mit Wut, (2) körperlichen Schaden mit körperlichem Schaden, (3) Kritik mit Kritik, (4) verbalen Streit mit verbalem Streit zu reagieren. Diese Disziplinen sollen die wahren Praktizierenden kennzeichnen, da diese die Ursachen für Wut und mangelnde Geduld unter Kontrolle haben. (Das gehört zu den Nebengelübden eines Bodhisattvas, verbunden mit der Vollkommenheit der Geduld).

VIER EDLE WAHRHEITEN: Die Wahrheit: des LEIDENS, der Ursache des LEIDENS, der Beendigung des LEIDENS, des ACHTFACHEN EDLEN PFADES.

VIER ERHABENE KRÄFTE (IN DER TANTRISCHEN PRAXIS): befriedend, vermehrend, kontrollierend und zornvoll besiegend/unterwerfend.

VIER ERMÄCHTIGUNGEN: Vasen-Ermächtigung, geheime Ermächtigung, Weisheits-Ermächtigung, heilige Wort- (oder vierte) Ermächtigung.

VIER ESSENZEN: Essenz des Tiefschlafes (Essenz des Geistes), Essenz der Träume, Essenz des Wachens, Essenz der transzendentalen Glückseligkeit (Essenz der vierten Gelegenheit).

VIERFACHE AUTHENTIZITÄT: Authentischer Lehrer, authentische Kommentare, authentisches Wort des Buddha, authentische Erfahrung der Wahrheit.

VIER FAKTOREN, DIE ZUM BRUCH EINES GELÜBDES FÜHREN: (1) Kenntnis: Eine Person handelt wissentlich dem Gelübde zuwider; (2) Motivation: sie handelt absichtlich dem Gelübde zuwider (ohne Bedauern oder Meinungsänderung); (3) sie führt die Aktion zu Ende; (4) dies führt zu einem bestimmten Ergebnis. Diese Faktoren sind im Allgemeinen erforderlich, um jedes Gelübde zu brechen, allerdings können manche Gelübde gebrochen werden, wenn nur einige von ihnen vorhanden sind.

VIER FALSCHE ABSICHTEN: beim Lehrer nach Gewinn suchen; Lehren empfangen, um weltliche Ziele zu fördern; die Beziehung zum Lehrer auf egozentrische Anliegen gründen; die Lehren zum persönlichen Gewinn empfangen.

VIER FALSCHE ARTEN, SICH AN DIE LEHREN ZU ERINNERN: Sich an die Worte erinnern, die einen ansprechen, aber die Bedeutung vergessen; sich an die Bedeutung erinnern, aber die Worte vergessen; die Worte und die Bedeutung auswendig lernen, aber ohne sie zu verstehen; sich an die Worte in der falschen Reihenfolge oder mit der falschen Bedeutung erinnern.

VIER FORM-JHANAS: Vier Ebenen der meditativen Versenkung, deren Ergebnis es ist, in vier Arten von Bereichen der Götter des Formbereichs geboren zu werden.

VIER FORMLOSE JHANAS (ODER VIER FORMLOSE BEREICHE): Unendlicher Raum, unendliches Bewusstsein, Nichtvorhandensein, jenseits der Wahrnehmung.

VIER FURCHTLOSIGKEITEN EINES BUDDHA: Furchtlosigkeit im Wissen um alle Dinge, Furchtlosigkeit im Wissen um die Beendigung, Furchtlosigkeit zu erklären, dass alle Verdunkelungen definitiv überwunden sind, Furchtlosigkeit, dass der Weg des Verzichts, durch den alle ausgezeichneten Eigenschaften erreicht werden sollen, genau so verwirklicht worden ist.

VIER GEDANKEN, DIE DEN GEIST DEM DHARMA ZUWENDEN: Siehe VIER ÜBERZEUGUNGEN DER ENTSAGUNG.

VIER GEFÄHRTINNEN: Physische Gefährtin (Tib. Legya), visualisierte Gefährtin (Yegya), das innere Tummofeuer (Damsik gya) und die große Gefährtin der leeren Form (Shagya chenmo).

VIER GROSSE STRÖME DES MENSCHLICHEN LEIDENS: Das Leiden von Geburt, Altern, Krankheit und Tod.

VIER GRUNDLAGEN FÜR ÜBERSINNLICHE KRÄFTE: Konzentration basierend auf: Streben, Geist, Anstrengung, Analyse.

VIER KONTINENTE: Osten, Purvavideha (Skt.), Edle-Körper-Land; Süden, Jambudvipa, unsere menschliche Welt; Westen, Aparagodaniya, Überfluss an Vieh; Norden, Uttarakuru, Unangenehme Stimme. Diese Kontinente kommen in der MANDALA-DARBRINGUNG vor und sind Teil der symbolischen Darstellung des gesamten Universums nach dem ABHIDHARMA. Die Beschreibung des Universums nach dem KALACHAKRA ist davon leicht verschieden.

VIER KRÄFTE (ZUR REINIGUNG): Bedauern, Stütze, Gegenmittel anwenden (Mantras, Niederwerfungen etc.), Entschlossenheit, Negatives nicht zu wiederholen.

VIER LEHRMEINUNGEN: Vier buddhistische philosophische Schulen, die sich in ihrer Sichtweise der LEERHEIT unterscheiden: Vaibhashika, Sautrantika, Chittamatra und Madhyamika (zu denen sowohl Rangtong- als auch Zhentong-Madhyamika gehört). 1 und 2 sind HINAYANA-Schulen, 3 und 4 sind MAHAYANA-Schulen. Die erste dieser Schulen postuliert wahrhaft existierende, teilelose Teilchen und unteilbare Momente der Zeit. Die späteren Schulen haben eine tiefgründigere Sichtweise, wobei die Anhänger der Madhyamika-Lehren die wahre Existenz aller relativen Phänomene widerlegen.

VIER MARAS: Die AGGREGATE (die Grundlage für Leiden), Verblendung, Tod (YAMA) und angenehme Objekte (wörtlich die Söhne der Götter – Ablenkungen/Gedanken der Anhaftung an äußere Objekte).

VIER MÖGLICHKEITEN, WESEN (SCHÜLER) ANZUZIEHEN: Großzügig sein, auf angenehme Weise sprechen, gemäß den Bedürfnissen der Einzelnen lehren und im Einklang mit dem, was man lehrt, handeln.

VIER ODER SECHS TANTRAKLASSEN: Kriyayogatantra (Handlungstantra), Upayogatantra (Ausführungstantra), Yogatantra, Anuttarayogatantra (Höchstes Yogatantra). In der Nyingma-Tradition wird das Höchste Yogatantra in Mahayoga, Anuyoga und Atiyoga unterteilt, was insgesamt sechs Klassen ergibt.

VIER PARADOXIEN DER ERLEUCHTUNG: (1) Die Buddhanatur ist ursprünglich rein und doch durch vorübergehende Verunreinigungen verhüllt, (2) obwohl die Verunreinigungen nie Teil der Buddhanatur waren, gibt es, wenn wir den Pfad praktizieren, anscheinend die Beseitigung von Verunreinigungen, (3) obwohl alle Qualitäten des Buddha in gewöhnlichen Wesen existieren, sehen wir sie dennoch nicht, (4) obwohl das Mitgefühl des Buddha unendlich ist, allgegenwärtig und alles durchdringend, hat der Buddha dennoch keine Absicht.

VIER RECHTE ERKENNTNISSE: (1) Wir sind krank; (2) der Buddha und die Dharmalehrer sind wie Ärzte; (3) der Dharma ist wie Medizin; (4) die Praxis des Dharma ist wie die Einnahme der Medizin.

VIER RECHTE ABSICHTEN: (1) Bessere Bedingungen in diesem und zukünftigen Leben wollen, mit Vertrauen in die Drei Juwelen, (2) Entsagung und der Wunsch nach der eigenen Befreiung, (3) Bodhicitta, das die vollständige Erleuchtung zum Wohl der anderen erreichen will, (4) reine Wahrnehmung, die alle Wesen als erleuchtet betrachtet, während man auf der relativen Ebene von Bodhicitta motiviert wird.

VIER REINHEITEN (IN DER TANTRISCHEN PRAXIS): Ort (die Umgebung wird als MANDALA der GOTTHEIT angesehen), Körper (der gewöhnliche Körper wird als Körper der GOTTHEIT angesehen), Genüsse (Sinnesfreuden werden als Darbringung an die GOTTHEIT betrachtet), Handlung (alle eigenen Handlungen werden als Handlungen der GOTTHEIT betrachtet).

VIER SCHWERE NEGATIVITÄTEN: (1) die Huldigung eines fortgeschritteneren Praktizierenden annehmen, (2) den Reichtum eines aufrichtig Praktizierenden missbrauchen, (3) verhindern, dass Anhänger Verdienste ansammeln und (4) den eigenen Dharma-Lehrer betrügen.

VIER SIEGEL: Alle zusammengesetzten Phänomene sind vergänglich; alles, was mit geistigen Verblendungen zusammenhängt, enthält von Natur aus Leiden; dem Selbst und allen Phänomenen fehlt wahre Existenz; Erleuchtung ist völliger Friede jenseits aller Extreme.

VIER STUFEN DES THERAVADA-PFADES: In den Strom Eingetretener, Einmalwiederkehrer, Niewiederkehrer, Arhat.

VIER TORE, DIE ZUM BRUCH EINES GELÜBDES FÜHREN: (1) Das Tor der Unwissenheit; (2) das Tor der Respektlosigkeit; (3) das Tor der Nachlässigkeit; und (4) das Tor der geistigen Verwirrung.

VIER ÜBERZEUGUNGEN DER ENTSAGUNG: Kontemplation über: Karma, Leiden, Unbeständigkeit und den Wert eines kostbaren menschlichen Lebens.

VIER UNERMESSLICHE: Unermessliche LIEBE/Güte, MITGEFÜHL, GLEICHMUT und mitfühlende Freude.

VIER VERÄNDERLICHE GEISTESFAKTOREN: Schlaf, Bedauern, grobes Erkennen, Unterscheidungsfähigkeit.

VIER VERSTÖSSE: (1) ein Versprechen brechen, (2) ein Vinaya-Gelübde brechen, (3) ein Bodhisattva-Gelübde brechen, (4) ein tantrisches Gelübde brechen.

VIER WEITERE NATÜRLICHE MENSCHLICHE LEIDEN: das Leiden: Feinde zu treffen, von Lieben getrennt zu sein, nicht zu bekommen, was man will, und zu bekommen, was man nicht will.

- 5 -

FÜNF AGGREGATE: Form (Körper), Gefühl, Wahrnehmung (Unterscheidung, Erkennen), geistige Formationen (Wille, gestaltende Faktoren, Motivationskräfte), Bewusstsein (fünf Arten von Sinnesbewusstsein und geistiges Bewusstsein).

FÜNF ALLGEGENWÄRTIGE GEISTESFAKTOREN: Empfindung, Unterscheidung, Absicht, Kontakt, Aufmerksamkeit.

FÜNF ALLGEMEINE TANTRISCHE VORBEREITUNGEN (Innere Vorbereitungen): Zuflucht, Bodhicitta, Vajrasattva, Mandala-Opfer, Guruyoga.

FÜNF BUDDHAFAMILIEN: AMITABHA, AKSHOBHYA, RATNASAMBHAVA, VAIROCHANA, AMOGHASIDDHI.

FÜNF CHAKREN: Im Buddhismus sind es meist die Energiezentren an der Stirn, am Scheitel des Kopfes (Zentrum der großen Glückseligkeit), an der Kehle (Zentrum der Freude), am Herz (Zentrum des Dharma) und vier Fingerbreit unter dem Nabel (Ausstrahlungszentrum). Im KALACHAKRA-System werden SECHS CHAKRAS benutzt.

FÜNF DEGENERATIONEN: Degeneration von: Lebenserwartung, Zeit (Kriege und Hungersnöte nehmen zu), Wesen (es wird schwieriger ihnen zu helfen), Ansichten (falsche Überzeugungen verbreiten sich) und negativen Emotionen.

FÜNF ELEMENTE: Erde, Wasser, Feuer, Luft und Raum. Diese Elemente haben sowohl grobe als auch subtile Eigenschaften, die bestimmen, wie sich Körper und Geist im Moment des Todes auflösen.

FÜNF ERHABENE SCHÄTZE: der perfekte Lehrer, die Lehre, der Ort, die Schüler und die Zeit.

FÜNF FÄHIGKEITEN: Spirituelle Fähigkeit: des Vertrauens, der Anstrengung, der Achtsamkeit, der Konzentration und der Weisheit.

FÜNF FAKTOREN DER MEDITATIVEN KONZENTRATION: Untersuchung, Analyse, geistiges Glück, Glückseligkeit und Einspitzigkeit.

FÜNF FEHLER BEI DER MEDITATIVEN KONZENTRATION (siehe auch ACHT GEGENMITTEL): Faulheit, Vergessen der Anweisungen, Dumpfheit und Unruhe, zu wenig Anwendung der Gegenmittel, Überanwendung der Gegenmittel.

FÜNF HINDERNISSE: Sinnliches Verlangen, Feindseligkeit, Dumpfheit und Schläfrigkeit, Unruhe und schlechtes Gewissen, Zweifel.

FÜNF OBJEKTBESTIMMENDE GEISTESFAKTOREN: Streben, Glaube, Achtsamkeit, Konzentration, Weisheit.

FÜNF PFADE: Die Pfade: der Ansammlung, der Vorbereitung, der Einsicht, der Gewöhnung und des Nicht-mehr-Lernens. Man wird zu einem ARYA-Wesen, wenn man den Pfad der Einsicht erreicht hat. Die Definition dieser Pfade unterscheidet sich im THERAVADA und im MAHAYANA.

FÜNF RICHTLINIEN: vermeiden von: Töten, Stehlen, sexuellem Fehlverhalten, Lügen mit negativer Absicht und Rauschmittel, die den Geist trüben.

FÜNF STUFEN DER KORREKTEN MEDITATION: Bewegung, Wahrnehmung, Gewöhnung, Stabilisierung, Vollendung (gemäß tantrischer Shamatha-Anweisungen).

FÜNF VERABSCHEUUNGSWÜRDIGE VERBRECHEN (MIT SOFORTIGER VERGELTUNG): Den Vater, die Mutter oder einen ARHAT töten; versuchen einen BUDDHA zu verwunden (von ihm Blut nehmen), eine Spaltung des SANGHA verursachen.

FÜNF WEISHEITEN: Allumfassender Raum oder Dharmadhatu, spiegelgleiche Weisheit, Weisheit der Gleichheit, unterscheidende und alles vollendende Weisheit.

FÜNF WELTLICHE AUSSERSINNLICHE FÄHIGKEITEN: göttliches Hören, das sowohl nahe als auch ferne Laute hört, Hellsicht oder göttliches Sehen, das den Tod und die Wiedergeburt aller Wesen kennt, Erinnerung an vergangene Existenzen, Kenntnis des Geistes anderer, übernatürliche Fähigkeiten, die die Kontrolle über die vier Elemente beinhalten, wie das Fliegen durch den Raum oder das Bewegen durch feste Objekte.

FÜNF WISSENSCHAFTEN: Grammatik, Logik, Medizin (das Heilen von Dingen), Bildende Künste, Philosophie

FÜNF WUNDERBARE KRÄFTE: Kraft des Glaubens, der Anstrengung, der Achtsamkeit, der Konzentration und der Weisheit.

FÜNF WURZELWINDE UND FÜNF ZWEIGWINDE: Wurzelwinde: (1) abwärts entleerender Wind (kontrolliert die Ausscheidung und das Zurückhalten der Abfallstoffe in den unteren Öffnungen, die sich im Genitalbereich befinden), (2) aufsteigender Wind (kontrolliert Schlucken, Sprechen und andere Aktivitäten der Kehle), (3) lebenserhaltender Wind (Erhaltung der Lebensessenz, die sich im Herzen befindet), (4) ausgleichender Wind (kontrolliert die Verdauung und die Trennung von Abfällen, die sich im Nabelbereich befinden) und (5) allesdurchdringender Wind (kontrolliert alle Bewegungen im gesamten Körper). FÜNF ZWEIGWINDE: (1) der sich bewegende Wind (im Bereich der Augen), (2) der sich voll (intensiv) bewegende Wind (Ohren), (3) der sich vollkommen bewegende Wind (Nase), (4) der sich schnell bewegende Wind (Zunge), (5) der sich mit Sicherheit bewegende Wind (Hautoberfläche).

- 6 -

SECHS AUSSERSINNLICHE WAHRNEHMUNGEN: göttliches Hören, das sowohl nah als auch fern hört, Hellsehen oder göttliches Sehen, das den Tod und die Wiedergeburt aller Wesen kennt, Erinnerung an vergangene Existenzen, Kenntnis über den Geiste anderer, übernatürliche Fähigkeiten wie das Fliegen durch den Raum oder die Bewegung durch feste Objekte, Wissen über Befreiung.

SECHS BARDOS: Den Zustand des Wachens, des Träumens, der Meditation, des Sterbens, des Dharmata (des Strahlens der Erleuchtung) und des Werdens (der Zeit zwischen Tod und Wiedergeburt).

SECHS BEREICHE VON SAMSARA: HÖLLE, PRETA (hungrige Geister), Tierbereich, menschlicher Bereich, ASURA- (Halbgötter-) und GÖTTERBEREICH.

SECHS CHAKRAS: In der Regel: Stirn, Scheitel, Kehle, Herz, Nabel, geheimes Chakra (befindet sich an der Basis der Genitalien, auch bekannt als Glückseligkeit bewachendes Zentrum). Manchmal werden Stirn und Scheitel als ein CHAKRA betrachtet.

SECHS FEHLER, DIE BEIM ANHÖREN DER LEHREN ZU VERMEIDEN SIND: Stolz oder engstirnige Arroganz, Mangel an Glauben oder eine überkritische Haltung, Mangel an Bemühung und Interesse, äußerliche Ablenkung, innere Spannung und Entmutigung.

SECHS GRUNDLAGEN DER DHARMA-PRAXIS (ÄUSSERE VORBEREITUNGEN): Betrachtungen über Karma, Leiden, die Vorteile der Befreiung, den Wert eines kostbaren menschlichen Lebens, Vergänglichkeit, einen DHARMA-Lehrer finden und ihm folgen.

SECHS KALACHAKRA-YOGAS: Das System der Höchsten Yogatantra-Praxis, das mit den Energiekanälen, inneren Winden und subtilen Essenzen arbeitet, ist die Grundlage für die KALACHAKRA-VOLLENDUNGSSTUFE, wie sie von der JONANG-Tradition bewahrt wurde. Diese sechs Yogas beinhalten sechs spezifische Praktiken, die nacheinander in einem dunklen Raum in verschiedenen Phasen durchgeführt werden: Zurückziehen, meditative Stabilisierung, Einbehaltung, Lebenskraft, Vergegenwärtigung und meditative Absorption.

SECHS KRÄFTE (IN DER MEDITATIONSPRAXIS): die Kraft: des Zuhörens, der Reflexion, der Achtsamkeit, der Wachsamkeit, des enthusiastischen Eifers, der vollständigen Vertrautheit.

SECHS MÖGLICHKEITEN, KARMA ZU KLASSIFIZIEREN: (1) Individuelles und kollektives Karma, (2) Karma basierend auf der Absicht, (3) Karma basierend auf der Größe des Ergebnisses, (4) Karma in Bezug zum Zeitpunkt des Todes, (5) werfendes und vervollständigendes des Karma, (6) Karma basierend auf der Art des Ergebnisses.

SECHS SINNE: Sehen, Hören, Berühren, Schmecken, Riechen, geistiger Sinn.

SECHS SITZUNGEN/ÜBUNG IN SECHS SITZUNGEN: Eine Reihe von täglichen tantrischen Meditationen, die sechsmal täglich durchgeführt werden, um die täglichen tantrischen

Verpflichtungen einzuhalten. Die besten Praktiker werden sich sechsmal täglich mit dieser Praxis befassen, aber der wichtigste Punkt ist, sich mindestens sechsmal in jedem 24-Stunden-Zeitraum an diese Verpflichtungen zu erinnern. In einigen Traditionen wird die Form dieser Praxis als Guruyoga in sechs Sitzungen bezeichnet.

SECHS VOLLKOMMENHEITEN: Freigiebigkeit, Disziplin, Geduld, freudiger Eifer, Konzentration und WEISHEIT.

SECHS WURZELVERBLENDUNGEN: Anhaftung (Festhalten), Abneigung (Ärger), Stolz, Unkenntnis der Wahrheit, falsche Sicht, Zweifel.

SECHS YOGAS VON NAROPA: Meditationssystem des allgemeinen TANTRA, das das Herzstück der Praxis der VOLLENDUNGSSTUFE in der KAGYÜ-Schule des tibetischen Buddhismus bildet.

SECHS YOGAS DER NIGUMA: Ein Mediationssystem, das dem der SECHS YOGAS DES NAROPA ähnlich ist.

- 7 -

SIEBEN BETRACHTUNGEN ÜBER DIE VERGÄNGLICHKEIT: Die Vergänglichkeit der Außenwelt, der weltlichen Wesen, der Arya-Wesen, der großen Herrscher. Weitere Beispiele für Vergänglichkeit sind der Tod und die ständige Erkenntnis der Vergänglichkeit.

SIEBEN FAKTOREN DER ERLEUCHTUNG: Achtsamkeit, Untersuchung/Unterscheidung, Energie, Freude, Ruhe (wache Gelassenheit), Konzentration und Gleichmut.

SIEBENGLIEDRIGE PRAXIS: Niederwerfung, Opferung, Bekennen, Erfreuen, Bitten an die Buddhas, zu bleiben und DHARMA zu lehren, Widmung.

SIEBEN KOSTBARE OBJEKTE: Besitztümer eines Weltenherrschers (symbolisiert die SIEBEN FAKTOREN DER ERLEUCHTUNG): Kostbares Rad (Achtsamkeit), kostbarer Elefant (WEISHEIT), kostbares Pferd (Energie, WIND), kostbares Juwel (Freude), kostbare Königin (Gelassenheit), kostbarer Minister (Konzentration) und kostbarer General (Gleichmut).

SIEBEN-PUNKTE-HALTUNG DES VAIROCHANA: (1) Beine gekreuzt, (2) Hände im Schoß (rechts über links), (3) Rücken gestreckt, (4) Ellbogen und Schultern leicht vom Körper weggezogen, (5) Kinn leicht abgesenkt, (6) Gesicht entspannt mit der Zunge gegen den oberen Gaumen, (7) halb geöffnete Augen, die an der Nasenspitze vorbei blicken.

SIEBENTEILIGE METHODE VON URSACHE UND WIRKUNG: Eine Methode zur Kultivierung von Bodhicitta, die sieben aufeinanderfolgende Betrachtungen beinhaltet: (1) Alle Wesen als seine Mutter ansehen, (2) sich ihrer Güte bewusst sein, (3) ihre Güte erwidern wollen, (4) tiefempfundene Liebe, (5) Mitgefühl, (6) entschlossene Absicht, (7) Vertrauen in das Ergebnis.

SIEBEN VAJRA-PUNKTE (ASPEKTE DER ERLEUCHTUNG): BUDDHA, DHARMA, SANGHA, BUDDHANATUR (das zentrale Element), Erleuchtung, Qualitäten, Aktivitäten.

- 8 -

ACHT BEWUSSTSEINSARTEN: Hauptbewusstsein von: Auge, Ohr, Nase, Zunge, Körper, Geist, verblendetem Geist und Grundbewusstsein.

ACHT BODHISATTVAS: (Nahes Gefolge des SHAKYAMUNI BUDDHA) MANJUSHRI, VAJRAPANI, AVALOKITESHVARA, Kshitigarbha, Sarvanivaranaviskambini, Akashagarbha, MAITREYA, Samantabhadra.

ACHTFACHER EDLER PFAD: Rechte Sicht, rechte Absicht, rechte Rede, rechtes Handeln, rechte Lebensgrundlage, rechte Anstrengung, rechte Achtsamkeit und rechte Konzentration.

ACHT FALSCHE VERHALTENSWEISEN (ACHT WIDERNATÜRLICHE HANDLUNGEN): (1) Kritik am Guten, (2) Lobpreis des Bösen, (3) Unterbrechung der Ansammlung von Verdiensten einer tugendhaften Person, (4) Störung des Geistes derer, die Hingabe haben, (5) Aufgabe des eigenen spirituellen Lehrers, (6) Aufgabe der Verpflichtungen gegenüber der eigenen Gottheit, (7) Aufgabe der eigenen Vajra-Brüder und -Schwestern, (8) Schändung eines Mandalas oder Missachtung von Regeln während des Retreats.

ACHT FREIHEITEN UND ZEHN VORTEILE: Acht Freiheiten: Freiheit der Geburt, nicht (1) als Höllenwesen, (2) als Preta, (3) als Tier, (4) als langlebiger Gott, (5) als Person ohne Interesse für spirituelle oder ethische Werte, (6) an einem spirituell abgelegenen Ort, (7) mit einer sensorischen oder kognitiven Beeinträchtigung oder (8) in einem dunklen Zeitalter, in der ein Buddha nicht gekommen ist, geboren zu sein. Zehn Vorteile: (1) die menschliche Geburt, (2) an einem spirituell zentralen Ort geboren werden, (3) intakte Fähigkeiten haben, (4) keinem widersprüchlichen Lebensstil folgen, (5) Vertrauen in den Dharma haben, (6) dass der Buddha ist gekommen ist, (7) dass er den Dharma gelehrt hat, (8) dass der Dharma heute noch existiert, (9) dass der Dharma als kostbar betrachtet wird, (10) dass man von einem spirituellen Lehrer angenommen wurde.

ACHT GEGENMITTEL IN DER MEDITATIONSPRAXIS: Streben, Vertrauen, Eifer, Geschmeidigkeit, Achtsamkeit, Wachsamkeit, Anwendung des Gegenmittels, Gleichmut.

ACHT GELÜBDE: sich folgender Handlungen enthalten: (1) Schaden anzurichten und Leben zu nehmen, (2) etwas zu nehmen, was nicht freiwillig gegeben wird, (3) sexuelles Fehlverhalten, (4) absichtlich zu lügen oder verletzende Worte zu verwenden, (5) Rauschmittel, die den Geist trüben, (6) zur falschen Zeit zu essen (die richtige Zeit ist einmal, nach Sonnenaufgang und vor Mittag), (7) zu singen, zu tanzen oder Schmuck zu tragen, (8) an einem hohen oder luxuriösen Ort zu schlafen oder zu viel zu schlafen.

ACHT GLÜCKVERHEISSENDE SYMBOLE: Schirm, goldene Fische, Schatzvase, Lotos, Muschel, (Langlebens-)Knoten, Siegesbanner, Dharmarad.

ACHT HAUPTTYPEN DES BEWUSSTSEINS: siehe ACHT BEWUSSTSEINSARTEN.

ACHT MAHAYANAGELÜBDE: (1) nicht töten, (2) nicht stehlen, (3) keine sexuelle Aktivität, (4) nicht lügen, (5) keine Rauschmittel, (6) nicht mehr als eine Mahlzeit in 24 Stunden, (7) nicht auf hohen, teuren Sitzen oder Betten sitzen, (8) kein Tragen von Schmuck, Tanzen & Musizieren mit ANHAFTUNG. Diese Gelübde können für verschiedene Zeiträume abgelegt werden.

ACHT OPFERGÖTTINNEN: Göttin der Schönheit, der Girlanden, des Gesangs, des Tanzes, der Blumen, des Räucherwerks, des Lichts und des Parfüms.

ACHT PERVERSE HANDLUNGEN: Siehe ACHT FALSCHE VERHALTENSWEISEN.

ACHT QUALITÄTEN DER ERLEUCHTUNG: Drei Qualitäten, die dem Erleuchteten selbst zugutekommen (nicht zusammengesetzt, spontan verwirklicht, seiner selbst gewahr), drei Qualitäten, die anderen zugutekommen (große Weisheit, Mitgefühl und Kraft, hilfreich zu sein), die Qualität sich selbst zu nutzen, die Qualität, anderen von Nutzen zu sein.

ACHT SIDDHIS: die Fähigkeit, Pillen und Augencreme herzustellen, um die Sehkraft zu verbessern, Reisen unter der Erde, das magische Schwert, Schnellfüßigkeit, Unsichtbarkeit, Tod zu verhindern und Krankheit zu heilen.

ACHT STÖRENDE UMSTÄNDE UND ACHT UNGEEIGNETE GEISTIGE EIGENSCHAFTEN: Acht störende Umstände: (1) starke geistige Verblendungen, (2) begrenzter Intellekt, (3) einem falschen spirituellen Freund folgen, (4) Faulheit und Selbstzufriedenheit, (5) von schwerem negativem Karma überwältigt werden, (6) sklavische Abhängigkeit von weltlichen Bestrebungen oder unumstößlichen Verpflichtungen, (7) Praxis aus Angst oder dem Wunsch, zu entfliehen, (8) durch weltliche Anliegen motiviert werden. Acht ungeeignete geistige Eigenschaften: (1) durch weltliche Verpflichtungen gefangen gehalten werden, (2) Mangel an Demut, (3) Mangel an wahrem Verständnis oder Entschlossenheit, frei zu sein, (4) Mangel an Vertrauen in den Lehrer oder die Lehren, (5) Freude an Nicht-Tugend, (6) Gleichgültigkeit gegenüber der Dharmapraxis, (7) Bruch von PRATIMOKSHA- oder BODHISATTVA-Gelübden, (8) Bruch von TANTRISCHEN Gelübden.

ACHT TANTRISCHE NEBENGELÜBDE: Siehe Band Drei (erwähnt werden auch drei zusätzliche tantrische Nebengelübde).

ACHT UNGEEIGNETE GEISTIGE MERKMALE: Siehe ACHT STÖRENDE UMSTÄNDE UND ACHT UNGEEIGNETE GEISTIGE MERKMALE.

ACHT VERSE DES GEISTESTRAININGS: Kurzer grundlegender Text des Kadampa-Meisters Langri Thangpa, der die Praxis des TONGLENs betont.

ACHT WELTLICHE DHARMAS: Wunsch nach: Ruhm, weltlichem Vergnügen, materiellem Gewinn und Lob. Sich unglücklich fühlen, wenn man Ruhm, weltliches Vergnügen und materiellen Gewinn verliert und ebenso, wenn man grobe oder unangenehme Kritik gegen sich selbst hört.

- 9 -

NEUN KONTEMPLATIONEN AUF EINEM BEGRÄBNISPLATZ: (1) eine Leiche ein, zwei oder drei Tage tot, aufgebläht, fahl und nässend, (2) eine Leiche, die von Krähen, Falken, Geiern, Hunden, Schakalen oder Würmern gefressen wird, (3) ein Skelett mit Fleisch und Blut, das von Sehnen zusammengehalten wird, (4) ein fleischloses Skelett mit Blut, das von Sehnen zusammengehalten wird, (5) ein Skelett ohne Fleisch und Blut, das von Sehnen zusammengehalten wird, (6) getrennte Knochen, die in alle Richtungen verstreut sind, (7) Knochen, die

GLOSSAR

weiß gebleicht sind, in der Farbe von Muscheln, (8) Knochen, die aufgehäuft sind, (9) Knochen, die mehr als ein Jahr alt sind, verrottet und zu Staub zerfallen.

NEUN STUFEN DER MEDITATION: Ausrichten des Geistes, kontinuierliches Ausrichten, stückhaftes Ausrichten, geschlossenes Ausrichten, den Geist zähmen, beruhigen, vollständig beruhigen, Einspitzigkeit, müheloses Verweilen.

NEUN VERDUNKELUNGEN: Sieben LEIDBRINGENDE VERDUNKELUNGEN (1-3. drei Gifte in ihrem latenten Zustand, 4. sechs sekundäre Verblendungen, die sich aus den drei Giften ergeben, 5. das angeborene Maß an Unwissenheit, 6. die auf dem Theravada-Pfad des Sehens aufgegeben werden, 7. die auf dem Theravada-Pfad der Meditation aufgegen werden) und zwei KOGNITIVE VERDUNKELUNGEN (1. die auf den sieben unreinen Bodhisattva-Stufen aufgegeben werden, 2. die auf den drei reinen Bodhisattva-Stufen aufgegeben werden, oder gewohnheitsmäßige Tendenzen).

NEUN YANAS: Die fortgeschrittenen Fahrzeuge des buddhistischen Pfades nach der Nyingma-Tradition des tibetischen Buddhismus. Sie beinhalten: Shravakayana, Pratyekabuddhayana, Mahayana, Kriyayoga, Upayoga, Yogatantra, Mahayoga, Anuyoga und Atiyoga.

- 10 -

ZEHN BHUMIS (EBENEN): Stadien auf dem Pfad zur Buddhaschaft, nachdem man den Pfad der Einsicht erlangt hat. Diese sind (von der ersten Bhumi an): höchste Freude, makellos, leuchtend, strahlend, schwer zu überwinden, die Annäherung, weit gegangen, die Unerschütterliche, gute Intelligenz, Dharmawolke. Die „elfte Bhumi" ist die Buddhaschaft.

ZEHN ERINNERUNGEN: der Buddha, Dharma, Sangha, Tugend, Großzügigkeit, Gottheiten, Achtsamkeit auf den Tod, Achtsamkeit auf den Körper, Achtsamkeit auf den Atem, Erinnerung an den Frieden.

ZEHN FESSELN: Ansicht der Identität, Zweifel, falsches Verständnis von Regeln und ihrer Befolgung, sinnliches Begehren, Böswilligkeit, Wunsch nach Existenz in Form- oder formlosen Bereichen, Dünkel, Unruhe, Unwissenheit.

ZEHN KRÄFTE EINES BUDDHA: (1) Wissen, was wertvoll oder ratsam und was wertlos oder nicht empfehlenswert ist; (2) Kenntnis des Reifens aller Handlungen (Karma); (3) Kenntnis der unterschiedlichen Fähigkeiten und Möglichkeiten aller Wesen; (4) Kenntnis der Temperamente aller Wesen; (5) Kenntnis der Wünsche und Sehnsüchte aller Wesen; (6) Kenntnis der Pfade, die das gesamte Spektrum von Samsara und Nirvana erreichen; (7) Kenntnis der meditativen Stabilität und so weiter, wann sie verblendet ist und wann nicht verschmutzt; (8) Erinnerung an frühere Existenzen; (9) Kenntnis der Übertragung des Bewusstseins bei Geburt und Tod durch göttliche Sicht; (10) wissen, dass alle Verblendungen zu Ende sind und der endgültige Frieden erreicht ist.

ZEHN NICHT-TUGENDEN: drei des Körpers: Töten, Stehlen, unangemessenes sexuelles Verhalten; vier der Rede: Lügen, entzweiende Worte, grobe Worte, unnützes Geschwätz; drei des Geistes: Begehren, Feindseligkeit, falsche Sicht.

ZEHN RICHTUNGEN: Die vier Haupt- und vier Zwischenhimmelsrichtungen sowie oben und unten.

ZEHN TUGENDEN: drei des Körpers: das Leben anderer retten, Freigiebigkeit üben, moralische Disziplin entwickeln und andere ermutigen, dasselbe zu tun; vier der Rede: die Wahrheit sprechen, Versöhnung bei Streit, liebevoll und ruhig reden, sinnvoll sprechen (wie beten oder lehren); drei des Geistes: wenige Wünsche haben, guten Willen gegenüber anderen haben und richtige Ansichten haben.

ZEHN VOLLKOMMENHEITEN: SECHS VOLLKOMMENHEITEN plus: geschickte Mittel, Streben, Kraft und erhabene Weisheit.

ZEHN VORTEILE (EINER KOSTBAREN MENSCHLICHEN GEBURT): Siehe ACHT FREIHEITEN UND ZEHN VORTEILE.

ZEHN ZEICHEN (in der Kalachakra-Praxis der Vollendungsstufe): Diese zehn Zeichen sind: Rauch, Luftspiegelung, Wolken, Glühwürmchen, Sonnenlicht, Mondlicht, flammende Edelsteine, Sonnenfinsternis, Sternenlicht, Lichtstrahlen.

- 11 -

ELF TUGENDHAFTE GEISTESFAKTOREN: Vertrauen, Schamgefühl, Anstand, Nicht-Anhaftung, Nicht-Hass, Nicht-Unwissenheit, Fleiß, Geschmeidigkeit des Geistes, Gewissenhaftigkeit, Gleichmut, Gewaltlosigkeit.

ELF WEGE, WESEN ZU HELFEN: Denen zu helfen, die LEIDEN; die KARMA nicht kennen; die Ihnen früher geholfen haben; in Gefahr sind; voller Trauer sind; arm; obdachlos; bereits auf dem wahren Weg; oder auf einem falschen Weg; geschickt zu helfen und zu helfen, indem Sie jegliche SIDDHIS anwenden, die Sie besitzen.

- 12 -

ZWÖLF GLIEDER DES ABHÄNGIGEN ENTSTEHENS: Unwissenheit, karmische Gestaltung, Bewusstsein, Name und Form, die sechs Sinnestore, Kontakt, Empfindung, Verlangen, Ergreifen, Existenz, (Wieder-) Geburt, Altern und Tod.

ZWÖLF TATEN EINES BUDDHA: In Tushita wohnen, Abstieg und Eintritt in die Gebärmutter, Geburt, Kunstfertigkeiten, Genuss sinnlicher Freuden, der Welt entsagen, Askese üben, Erreichen des Punktes der Erleuchtung, Besiegen dämonischer Kräfte, Erlangen der vollkommenen Erleuchtung, Drehen des Dharmarades und Übergang ins endgültige Nirvana.

- 13 -

DREIZEHN ZIERDEN EINES SAMBHOGAKAYA-BUDDHA: Fünf seidene Kleidungsstücke: (1) Stirnband, (2) Oberbekleidung, (3) langer Schal, (4) Gürtel, (5) Unterkleid. Acht juwelenbesetzte Schmuckstücke: (1) Krone, (2) Ohrringe, (3) kurze Halskette, (4) Armbänder an jedem Arm, (5) zwei lange Halsketten, eine länger als die andere, (6) ein Armband an jedem Handgelenk, (7) Ring an jeder Hand, (8) Fußkettchen an jedem Fuß.

- 16 -

SECHZEHN ASPEKTE DER VIER EDLEN WAHRHEITEN: Vergänglichkeit, Leiden, Leerheit, Selbstlosigkeit, Entstehung, Ursache, Bedingung, Erzeugung, Beendigung, Friede, Vortrefflichkeit, Heraustreten, Pfad, Argumentation, Errungenschaft, völlige Freiheit.

SECHZEHN ATEMZÜGE MIT ACHTSAMKEIT: Achtsamkeit auf: den langen Atemzug, den kurzen Atemzug, den ganzen Körper, die Beruhigung des Körpers, die Gefühle, die Beruhigung der Gefühle, die Freude, das Glück, den Geist, das Erfreuen des Geistes, die Konzentration des Geistes, die Befreiung des Geistes, die Unbeständigkeit, das Verblassens (des Leidens), die Befreiung, das Loslassen.

- 18 -

ACHTZEHN WURZELGELÜBDE EINES BODHISATTVA: Sechs Gelübde für Herrscher und Verwalter (die ersten vier werden zweimal gezählt), acht Gelübde für normale Menschen. Manchmal sind auch die vier Wurzelgelübde der Asanga-Tradition mit inbegriffen. Siehe Band Zwei für Details der entsprechenden Gelübde.

- 20 -

ZWANZIG ABGELEITETE VERBLENDUNGEN: Zorn, Groll, Feindseligkeit, Schädlichkeit, Geiz, Aufregung, Selbstverliebtheit, Eifersucht, Verheimlichung, Faulheit, Lethargie, Mangel an Vertrauen, Vergesslichkeit, Achtlosigkeit, Täuschung, Heuchelei, Rücksichtslosigkeit, Schamlosigkeit, fehlende Selbstbeobachtung, Ablenkung

- 25 -

FÜNFUNDZWANZIG BESONDERE RICHTLINIEN: Fünf Handlungen, die aufgegeben werden müssen; fünf Handlungen, die vermieden werden müssen; fünf verbotene Morde; fünf, die respektiert werden müssen; fünf Gruppen, zu denen man nicht respektlos sein darf; fünf Nicht-Anhaftungen.

- 31 -

EINUNDDREISSIG UNATTRAKTIVE MERKMALE DES MENSCHLICHEN KÖRPERS: Kopfhaare, Körperhaare, Nägel, Zähne, Haut, Fleisch, Sehnen, Knochen, Knochenmark, Nieren, Herz, Leber, Zwerchfell, Milz, Lunge, Darm, Gekröse, Magen, Stuhl, Galle, Schleim, Eiter, Blut, Schweiß, Fett, Tränen, Talg, Speichel, Rotz, Gelenkschmiere, Urin.

- 32 -

ZWEIUNDDREISSIG HAUPTMERKMALE EINES BUDDHA: (1) die Fußsohlen gleichmäßig und mit Rädern markiert, (2) die Füße breit und die Knöchel nicht sichtbar, (3) lange Finger und Zehen, (4) Finger und Zehen mit einem zarten Netz umschlungen, (5) die Haut zart und die Muskeln jugendlich, (6) der Körper mit sieben erhöhten und abgerundeten Teilen (Handflächen, Fußsohlen, Schultern und Hals), (7) die Waden wie die einer Antilope, (8) die Genitalien versteckt wie bei einem Elefanten, (9) löwenartiger Rumpf, (10) die Mulde zwischen den Schlüsselbeinen ausgefüllt, (11) die Krümmung seiner Schultern perfekt und schön, (12) die Hände und die Arme rund, weich und eben, (13) lange Arme, (14) der Körper von einer Aura des Lichts umgeben, (15) der Hals wie eine Muschel geformt und von makelloser Farbe, (16) die Wangen wie bei einem Löwen, (17) vierzig Zähne, gleich viele im Ober- und Unterkiefer (je zwanzig), (18) die Zähne äußerst rein und schön gesetzt, (19) die Zähne makellos, von gleicher Länge und in geraden Reihen ausgerichtet, (20) die Eckzähne äußerst weiß und scharf, (21) die Zunge ist lang, die Rede unbeschränkt und von unvorstellbarer Bedeutung, (22) ausgeprägter Geschmackssinn, (23) die Sprache liebenswürdig wie die Melodie des Brahma, (24) die Augen rein wie der blaue Utpala-Lotos, (25) die Wimpern dicht und glänzend wie die eines Ochsen, (26) makelloses weißes Haar der Urna, die sein Gesicht verschönert, (27) eine Ushnisha (Erhöhung am Schädeldach), die seinen Scheitel krönt, (28) reine und zarte Haut, (29) goldfarbene Haut, (30) die Körperhaare fein und weich, sie kräuseln sich jeweils von einer einzigen Pore aus nach rechts und aufwärts in Richtung seines Scheitels, (31) die Haare makellos, von der Farbe eines tiefblauen Edelsteins, (32) eine wohlproportionierte körperliche Gestalt wie ein Nyagrodha-Baum und der Körper fest und unzerstörbar mit der Kraft von Narayana (eine populäre Form des Göttlichen im Hinduismus [Anm. d. dt. Übers.]). Es gibt auch achtzig Nebenmerkmale eines Buddha, wie die Qualität seiner Fingernägel und so weiter.

- 37 -

SIEBENUNDDREISSIG ÜBUNGEN EINES BODHISATTVA: Aufeinanderfolgende Übungen, die alle Aspekte des Weges eines BODHISATTVA zur Erleuchtung umfassen (bekannt auch als die siebenunddreißig Flügel der Erleuchtung, diese Praktiken gelten auch für den THERAVADA-Pfad). Dazu gehören: die VIER ANWENDUNGEN DER ACHTSAMKEIT, VIER BEHARRLICHKEITEN, VIER GRUNDLAGEN FÜR ÜBERNATÜRLICHE KRÄFTE, FÜNF FÄHIGKEITEN, FÜNF WUNDERBARE KRÄFTE, SIEBEN FAKTOREN DER ERLEUCHTUNG und der ACHTFACHE EDLE PFAD.

- 40 -

VIERZIG MEDITATIONSOBJEKTE (GEMÄSS DEM THERAVADA): Zehn Kasinas (Objekte, die die Elemente, Farben, Licht und Raum repräsentieren), zehn Arten des Verfaulens (Stadien des Verfalls menschlicher Überreste), ZEHN ERINNERUNGEN, VIER UNERMESSLICHE, VIER FORMLOSE JHANAS, eine Wahrnehmung (die Widerwärtigkeit von Nahrung und Lebensmitteln), ein bestimmendes (die vier Elemente).

- 46 -

VIERUNDSECHZIG NEBENGELÜBDE EINES BODHISATTVA: 1-6: Vollkommenheit der Großzügigkeit; 7-16: Vollkommenheit der Disziplin; 17-20: Vollkommenheit der Geduld; 21-23: Vollkommenheit des freudigen Eifers; 24- 26: Vollkommenheit der Konzentration; 27-34: Vollkommenheit der Weisheit; 35-46: Gesinnung, das Wohl der anderen zu erreichen.

- 50 -

FÜNFZIG VERSE DER HINGABE AN DEN GURU: Wichtiger Text von Ashvaghosha, der die richtige Haltung gegenüber dem tantrischen Meister beschreibt.

- 51 -

EINUNDFÜNFZIG GEISTESFAKTOREN: FÜNF ALLGEGENWÄRTIGE GEISTESFAKTOREN, FÜNF OBJEKTBESTIMMENDE GEISTESFAKTOREN, SECHS WURZELVERBLENDUNGEN, ZWANZIG SEKUNDÄRE VERBLENDUNGEN, ELF TUGENDHAFTE GEISTESFAKTOREN, VIER VERÄNDERLICHE GEISTESFAKTOREN.

- 80 -

ACHTZIG NATÜRLICH AUFTRETENDE VERBLENDUNGEN (gemäß dem Tantra): Dreiunddreißig Verblendungen, die aus der Abneigung entstehen, vierzig Verblendungen, die aus der Anhaftung entstehen, sieben Verblendungen, die aus Unwissenheit entstehen. (Diese verschwinden, wenn sich die inneren Winde auflösen, entsprechend den DREI VERSENKUNGEN der weißen Erscheinung, der roten Vermehrung und der schwarzen Erlangung).

— Khentrul Rinpoche Jamphel Lodrö —

Über den Autor

Khentrul Rinpoche ist ein nicht-sektiererischer Meister des tibetischen Buddhismus. Er widmete sein Leben den verschiedensten spirituellen Praktiken und studierte bei mehr als 25 Meistern aller großen Traditionen Tibets. Er hat aufrichtigen Respekt und Wertschätzung für alle spirituellen Systeme; sein eigener Weg, den er mit größtem Vertrauen praktiziert und mit dem er die meiste Erfahrung hat, ist das Kalachakra-Tantra, wie es in der Jonang-Shambhala-Tradition gelehrt wird.

Rinpoche nähert sich allem, was er tut, mit Scharfsinn und Neugier an. Seine Belehrungen sind leicht zugänglich und direkt, oft mit pragmatischem Einfühlungsvermögen. In den vergangenen Jahren verfasste Rinpoche eine Reihe von Büchern, um seine Schülerinnen und Schüler anzuleiten. Dabei bemühte er sich besonders, Kommentare und Texte über die Stufen des Kalachakra-Pfades zu übersetzen und zugänglich zu machen.

Rinpoche ist fest davon überzeugt, dass unsere Welt das Potenzial hat, echten Frieden und Harmonie zu entwickeln und damit die Umwelt und die Menschheit zu bewahren. Er vertraut darauf, dass dieses „Goldene Zeitalter von Shambhala" durch das Studium und die Praxis des Kalachakra-Systems verwirklicht werden kann. Zu diesem Zweck bereist Rinpoche die ganze Welt, um sein Wissen über diese einzigartige Übertragungslinie zu teilen, frei von sektiererischen Vorurteilen.

Da Khentrul Rinpoche erkennt, dass dauerhaftes, echtes Glück nur durch tiefgreifende persönliche Veränderung erreicht werden kann, konzentriert er sich besonders darauf, die Welt mit dem einzigartigen Pfad des Kalachakra-Tantra bekanntzumachen. Bis heute wurden die vollständigen Lehren dieser Tradition in Tibet von der Jonang-Tradition des tibetischen Buddhismus bewahrt. Rinpoche sieht es als seine Berufung, diese Weisheit der Welt zugänglich zu machen, gerade in einer Zeit, in der sie so notwendig gebraucht werden. Rinpoche möchte dieses Ziel auf vier Wegen erreichen.

DIE ESSENZ DES KALACHAKRA-TANTRA LEHREN

Das Kalachakra-Tantra wird wegen seiner tiefgründigen Weisheit in Bezug auf die Natur der Wirklichkeit und seiner Vielzahl geschickter Methoden, um diese Weisheit in unserer eigenen Erfahrung zu verwirklichen, als König des Tantra bezeichnet. Verglichen mit anderen Tantras kann das Kalachakra-System allen außer den scharfsinnigsten Praktizierenden extrem komplex und ehrfurchtgebietend erscheinen. Daher bringt Khentrul Rinpoche einen großen Teil seiner Zeit und Energie dafür auf, die wesentliche Bedeutung hinter diesen Lehren zu vermitteln, sodass Studierende auf jeder Stufe ihrer Entwicklung sich diesem System annähern und daraus Nutzen ziehen können.

Zu diesem Zweck reist Rinpoche um die ganze Welt und macht Studierende mit fünf Hauptthemen bekannt, durch die die verschiedenen Aspekte der Kalachakra-Praxis verstanden werden können: (1) den Zusammenhang zwischen Shambhala und Kalachakra verstehen, (2) wie man Vorurteile durch eine nicht-sektiererische Philosophie beseitigt, (3) wie man die endgültige Bedeutung durch die Ansicht der „Leerheit von anderem" erkennt, (4) wie man die allgemeinen und besonderen Vorbereitenden Übungen des Kalachakra praktiziert und (5) wie man die Sechs Vajrayogas der Kalachakra-Vollendungsstufe praktiziert.

DIE ÜBERTRAGUNGSLINIE DURCH SCHRIFTEN UND ÜBERSETZUNGEN BEWAHREN

Um die sich stetig vergrößernde Gemeinschaft von Kalachakra-Praktizierenden zu unterstützen, erkennt Rinpoche die Notwendigkeit, über qualitätvolles Material für Studium und Praxis zu verfügen. Mit Hilfe seiner verschiedenen Bücher können Studierende auf den Belehrungen, die sie erhalten, aufbauen und sich dadurch auf die zukünftige Praxis vorbereiten. Während Rinpoches mündliche Belehrungen die Essenz des Kalachakra betonen, legen seine Bücher den Pfad ganz detailliert dar und bieten dadurch eine klare Struktur, um sich durch das umfassende Material stufenweise durchzuarbeiten.

Zusätzlich zu seinen eigenen Werken arbeitet Rinpoche auch mit Übersetzerinnen und Übersetzern zusammen, um der Welt die uralte Weisheit der Meister der Kalachakra-Übertragungslinie zu vermitteln. Sein Ziel ist es, die Kalachakra-Lehren in allen wichtigen Sprachen verfügbar zu machen, um die Hürden für internationale Studierende bei Studium und Praxis zu verringern.

EINE GLOBALE GEMEINSCHAFT VON KALACHAKRA-PRAKTIZIERENDEN AUFBAUEN

Das Goldene Zeitalter wird nicht als Ergebnis eines einzelnen Ereignisses eintreten sondern als kumulatives Ergebnis der gemeinsamen Anstrengung der Menschen auf diesem Planeten. Wir als Individuen müssen zuerst lernen, in unserem eigenen Geist Frieden und Harmonie zu kultivieren, bevor sie in unserer Welt entstehen können. Aus diesem Verständnis heraus ermutigt Rinpoche aktiv seine Schülerinnen und Schüler, spirituelle Gemeinschaften aufzubauen, die die Entwicklung von Eigenschaften wie Liebe, Mitgefühl und Weisheit fördern. Durch ihre gemeinsame Kalachakra-Praxis werden diese Gemeinschaften ein globales Netzwerk von Praktizierenden bilden, das sich der Verwirklichung ihrer erleuchteten Natur widmet.

Rinpoche erreicht das, indem er eng mit seinen Schülerinnen und Schülern zusammenarbeitet und ihnen dadurch reichlich Gelegenheit bietet, Verdienste anzusammeln und ihre karmische Verbindung untereinander zu stärken. Hauptsächlich geschieht das dadurch, dass er seine Schülerinnen und Schüler ermutigt, sich an den verschiedenen Dharmaprojekten, die er überwacht und koordiniert, zu beteiligen. Diese Projekte können einfache Verwaltungsaufgaben sein bis hin zu komplexeren Unternehmungen wie der Herstellung von kunstvollen heiligen Objekten. Weiters gehört auch dazu, internationale Reisen und Veranstaltungen zu organisieren, wo die Gemeinschaften zusammenkommen und sich zu einer einzigen Vajrafamilie verbinden können.

Weitere Bücher von Khentrul Rinpoche

https://khentrulrinpoche.com/about/bibliography/

The Realm of Shambhala
A Complete Vision for Humanity's Perfection (2021)

***

The Great Middle Way
Clarifying the Jonang View of Other-Emptiness (2020)

***

Unveiling Your Sacred Truth through the Kalachakra Path
Book One: The External Reality — Book Two: The Internal Reality
Book Three: The Enlightened Reality (2017)

Deutsch: **Die Enthüllung der inneren Wahrheit**
Band Eins: Die äußere Wirklichkeit (2021)

***

Hidden Treasure of the Profound Path
A word-by-word commentary on the Kalachakra Preliminary Practices (2016)

Deutsch: **Der verborgene Schatz des tiefgründigen Pfades**
Ein Wort-für-Wort-Kommentar zu den
Vorbereitenden Übungen zum Kalachakra (2018)

***

Ocean of Diversity
An unbiased summary of views and practices,
gradually emerging from the teachings of the world's wisdom traditions (2015)

***

A Happier Life
How to develop genuine happiness and wellbeing
during every stage of your life (2014)

Deutsch: **Ein glücklicheres Leben**
Wie man echtes Glück und Wohlbefinden in jeder Phase des Lebens entwickelt (2019)

www.ingramcontent.com/pod-product-compliance
Lightning Source LLC
Chambersburg PA
CBHW081151070526
44583CB00021B/2795